Peter Priskil

Der Kalte Krieg
Wie der Mono-Imperialismus in die Welt kam

Peter Priskil

Der Kalte Krieg
Wie der Mono-Imperialismus in die Welt kam

Band 2

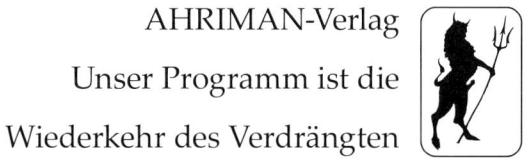

AHRIMAN-Verlag
Unser Programm ist die
Wiederkehr des Verdrängten

Bibliographische Information der Deutschen Nationalbibliothek
Die deutsche Nationalbibliothek verzeichnet diese Publikation in
der Deutschen Nationalbibliographie; detaillierte bibliographische
Daten sind im Internet über http://dnb.d-nb.de abrufbar.

Peter Priskil

Der Kalte Krieg
Wie der Mono-Imperialismus in die Welt kam

AHRIMAN-Verlag GmbH
Postfach 6569, D-79041 Freiburg
Tel. 0761/502303, Fax 0761/502247

www.ahriman.com

Bestellungen per e-mail: ahriman@t-online.de oder
einfacher über den Warenkorb auf unserer Homepage.
(Bitte geben Sie bei e-mail-Bestellungen Ihre vollständige Postanschrift an.)

ISBN 978-3-89484-822-4

Gedruckt auf säurefreiem und alterungsbeständigem Papier.

Bestellungen an den Verlag werden innerhalb einer Woche bearbeitet.
Nichtantwort beweist NATO-Postzensur.
(In diesem Falle Bestellung per Einschreiben wiederholen – Lektion für
fdGO- und Zufallsgläubige, ein Nachhilfeunterricht in Staatsbürgerkunde.)

•

Das hintere Umschlagbild von Band 1 zeigt ein nordvietnamesisches Plakat gegen die US-Aggression.
Text: Imperialisten und Aggressoren! Seid nicht so dumm, Euch an diesem Land zu vergreifen!

Das Titelbild von Band 2 zeigt das Motiv des Plakates zur Amerika-Woche der Bunten Liste Freiburg
1982, das von der lokalen CDU wegen »Verunglimpfung der Vereinigten Staaten« vergebens strafrechtlich beanstandet wurde.

Inhalt Band 2

Widerspiegelungen II

EIN PAAR KLISCHEES GEFÄLLIG? In Edgar Hilsenraths ernsthaft miserablem Roman ›Moskauer Orgasmus‹, einem albernen Machwerk, liest man über den Lebensstandard und die Mobilität des durchschnittlichen US-Bürgers: »Der Verkehr auf den Autobahnen war ein Problem: Es gab zu viele Autos in einer Wohlstandsgesellschaft und zu viele Menschen, die es sich leisten konnten, eines zu kaufen.« (S. 191) Mit der »Wohlstandsgesellschaft« ist ein zentrales Ideologem jener Zeit – der 60er und 70er Jahre des vergangenen Jahrhunderts – genannt, die flüchtige Phase relativer Vollbeschäftigung, die in den USA im wesentlichen rüstungsbedingt war und vorübergehend den Arbeitern und Angestellten einen signifikant höheren Lebensstandard bescherte als heute (in Mitteleuropa dürfte er, streikbedingt, sogar doppelt so hoch gewesen sein als gegenwärtig, zwanzig Jahre nach dem Niedergang der Sowjetunion); die vielgerühmte »Wohlstandsgesellschaft«, um die es seit Jahren schon verdächtig ruhig geworden ist[1] und die sich im Pressegetön einst in leuchtendem Kontrast von der sowjetischen »Mangelwirtschaft« abhob: »Markt« hui, »Planwirtschaft« pfui … Dazu paßt eine Fotografie aus dem Geographiebuch für die Unterstufen an Gymnasien aus jener Zeit, welche die vermeintliche Lebensrealität des durchschnittlichen Nordamerikaners im Vierfarbdruck wie folgt vor Augen führt: ein frischgeföhntes Paar vor hinreißender Landschaftskulisse, ganz allein an einem verträumten See mit kristallklarem Wasser, im Hintergrund schneebedeckte Berge und Wälder in saftigem Grün, weit und breit keine Menschenseele außer diesen beiden glücklichen Menschen mit ihrem unverzichtbaren Straßenkreuzer. Wie schön mußte das Leben in den Vereinigten Staaten sein, wo Träume wahr werden, wie man auf diesem Bild zweifelsfrei erkennen konnte!

Wenn Hilsenraths Protagonisten hingegen einen Blick hinter den »Eisernen Vorhang« werfen, bietet sich ihnen eine ganz andere Szenerie dar: »Militär!

Lange Kolonnen! Panzer! Jeeps! Lastwagen! Auch Schnellfeuerkanonen! Die haben wir Stalinorgeln genannt! Ihr nennt sie Katjuschas!« (S. 114) Ja, die Sowjetunion war das Reich der Kälte, aus der die Spione kamen, des vom Munde abgesparten Militarismus, wo der KGB folterte, die Kleidung dürftig war und es kein »Nachtleben« gab, wo die Literatur unterdrückt und es sogar strengstens verboten war, traurig zu sein, Bauern »die Schnauze halten« mußten und selbst die Sonne bolschewistisch schien. – Nehmen wir ein solches Stück »guter« und deshalb in der Sowjetunion selbstverständlich unterdrückter Literatur zur Hand, natürlich ein Buch des »Samisdat« (Kurzform von russ. samoisdatelstwo, »Selbstverlag«), geschrieben von einem waschechten Dissidenten, nämlich Wenedikt Jerofejews ›Die Reise nach Petuschki‹, eine einzige literarische Alkoholfahne, über die man sich im Westen nicht genug beömmeln konnte, dann begegnet man dem besagten und bis zum Abwinken bedienten Klischee: Der Russe säuft, er säuft wie ein Loch aus Frustration über den »real existierenden Sozialismus«, und Hochprozentiges ist ihm so unentbehrlich wie der heiligen Theresa ihre Stigmata (S. 23). Was hier als Witz, als Satire gefeiert wird, erreicht selten Pennälerniveau, etwa der dämliche Kalauer vom »Libidinismus als höchstes und letztes Stadium des Sexismus« (S. 103), mit dem auf Lenins Imperialismus-Analyse angespielt sein soll (wie sagten wir als Schüler? »DDR-Witz mit Lachzwang«). Kurzum, man kann dieses Opusculum eines christlichen Säufers oder saufenden Christen nur genießen, wenn man den Antikommunismus mit der Muttermilch eingesogen und beständig drei Promille im Blut hat.

Damit sind in schöner west-östlicher Parität zwei literarische Rohrkrepierer genannt, ein kulturelles »Gleichgewicht des Schreckens«, wenn man so will. Ein Wesensmerkmal scheint dabei charakteristisch zu sein und ist in seiner Penetranz geradezu lästig: die westliche Virtuosität im Selbstlob, das einem Sprichwort zufolge ja »stinken« soll. Und dieses Selbstlob stinkt in der Tat: nach Realitätsverleugnung und Schönfärberei. Blickt man nämlich hinter die Glitzerfassade der »Wohlstandsgesellschaft« (die seit dem Aufkommen der Grünen auch »Konsumgesellschaft« genannt wird, weil »Verzehr« und »Verbrauch« über Bangladesch-Niveau etwas furchtbar Schreckliches sein sollen), so stößt man auf ein Phänomen, das in keinem Land so ausgeprägt vorzufinden ist wie in den Vereinigten Staaten: der patriotische Penner. Spätestens seit der Ära Reagan wird dieser Personentypus ubiquitär: der im Elend Lebende, der das Land preist, dessen Regierung ihn ins Elend gestürzt hat, so wie der gepfählte russische Bauer im Mittelalter, der bis zum letzten Atemzug für das Seelenheil des Zaren betet. Allein in der Spielerstadt Las Vegas, diesem baugeschichtlichen Irrtum mit seinen Protzfassaden und seinem architektonischen Eklektizismus, leben etwa hunderttausend von ihnen, auf Parkbänken, in Abrißhäusern und in den Kanalsystemen unter Tage. Beispielsweise der 53jährige Billy, der beteuert: »Ich war nie Sozialist, meine persönliche Erfahrung ist, daß wir Amerikaner uns untereinander helfen.« Dann ist ja alles in Ordnung, sofern man sich nur mit Almosen zufriedengibt. Oder der 43jährige in die Kriminalität abgerutschte Don, der es lieber mit der Kirche hält: »Die Kirche hat doch immer den Menschen geholfen, seit Tausenden von Jahren. Ich glaube an eine übernatürliche Macht. Irgend etwas ist dort draußen, das ich nicht näher erklären kann.« Außerhalb seines früh gealterten Kopfes gibt es in der Tat vieles, das er sich »nicht näher erklären« kann. Oder schließlich die noch junge Irak-Veteranin Brie mit ihren felsenfesten Glaubensgewißheiten: »Unsere Nation wurde mit dem Glauben an Jesus Christus aufgebaut. Wir müssen zu unseren Ursprüngen zurückfinden, dann wird es dem Land auch wieder besser gehen. Gott ist uns in letzter Zeit ein wenig abhanden gekommen.«[2] Das sind drei Stimmen aus dem Millionenheer des amerikanischen Lumpenproletariats, und solche verdummten Dulder kann sich jede herrschende Klasse nur wünschen. Alle sind sie irgendwie »stolz« und zuversichtlich; ihre Gedanken kreisen um »ihr« Land, das ihnen nicht gehört, und »ihre« Nation, die sie mit Füßen tritt, und aus ihren Sätzen springt einem der Fernsehprediger ins Gesicht. Bei zunehmender »globaler« Massenverelendung haben selbstverständlich auch die Monopolmedien in Europa das Zeichen der Zeit erkannt, dem sie mit zwei Neologismen ihren Tribut zollen, einem Haupt- und einem Tätigkeitswort: der »Mülltaucher«, der »containert« und hierin die ultimative Form der Kapitalismuskritik erblicken soll. Der Hohn, der hier kübelweise über das staatsloyale Deppentum gegossen wird, ist mit Händen zu greifen, aber wer den Schaden hat, braucht für den Spott bekanntlich nicht zu sorgen. In Wirklichkeit ist das Elend gesichts- und wortlos, weil die ihm Ausgelieferten über kein Bewußtsein der Ursachen ihrer Deklassierung, über keine adäquaten Ausdrucksmittel außer ihrer verhunzten, fremdbestimmten Sprache und über keinen organisatorischen Rückhalt verfügen.

Aussagen wie die soeben zitierten geben ein gesellschaftliches Kräfteverhältnis wieder, das sich auf der einen Seite durch die vollständige Zerschlagung der historischen Arbeiterbewegung auszeichnet (die in den USA mit einem Bruchteil der Anstrengungen Hitlers zerschlagen werden konnte), andererseits durch die uneingeschränkte Herrschaft der Kapitaleigner, d.h. im 20. Jahrhundert der Konzerne und Trusts, nun seit etwa drei Jahrzehnten der Monopole. Der *Supreme Court*, die höchste Gerichtsinstanz der USA, trug diesem Tatbestand in seinem im Januar 2010 gefällten Urteil Rechnung, wonach Geldspenden an US-Politiker »ein Akt freier Meinungsäußerung« seien (›Süddeutsche Zeitung‹ vom 8.8.2012) – je mehr Dollars, desto mehr »Meinung«! Es liegt auf der Hand, daß diese Transformation an der ökonomischen »Basis« von der kapitalistischen Markt- zur monopolistischen Gefängniswirtschaft[3] (mit Zuteilungen abgestufter Rationen an die Habenichtse, Spitzel, Agenten, Provokateure, Lautsprecher usw.) ihren Niederschlag in den politischen Institutionen und in der Ausbildung entsprechender »Mentalitäten« findet.

Nichts wird als so »unamerikanisch« empfunden wie eine starke zentralisierte Staatsgewalt, da sie in eklatantem Widerspruch zum Geschmack von Freiheit und Abenteuer des *lonesome cowboy* steht. Oder anders ausgedrückt: In der formativen Phase der Vereinigten Staaten, von der Ära des »Go West« bis zum amerikanischen Bürgerkrieg 1861–1865 und der Überfälle auf den südlichen mexikanischen Nachbarn galt das Prinzip des Föderalismus, d.h. des lockeren Bundes weitgehend selbständiger Staaten; der amerikanische Kongreß besaß zu Anfang nicht einmal das Recht, Steuern zu erheben, und ein die Einzelstaaten übergreifendes Justizministerium kennen die USA erst seit 1870. In dem Maße jedoch, wie der riesige Binnenmarkt erschlossen war, das Staatenbündnis sich konsolidierte und die Vereinigten Staaten als imperialistische Macht auf den Plan traten – also im Zeitraum zwischen der Monroe-Doktrin und dem 1. Weltkrieg –, beschleunigte sich auch die Zentralisierung der Staatsgewalt, die in großen Sprüngen gestrafft und ausgeweitet wurde. Oder abermals anders ausgedrückt: der zunehmenden militärischen Aggression »nach außen« entsprach die verschärfte Repression »nach innen«. Als »Epochendatum« für die innenpolitische Entwicklung mag das Jahr 1906 gelten, als Justizminister Charles S. Bonaparte – ein weitläufiger Verwandter des ersten Napoleon – das »Bureau of Investigation« bildete, das sein Nachfolger J. Edgar Hoover in »Federal Bureau of Investigation« (FBI) umbenannte.[4] Dieser Behörde, verharmlosend als »Bundespolizei« bezeichnet, oblagen alle Unterdrückungsmaßnahmen von der Bespitzelung der eigenen Staatsbürger bis zum politischen Mord, und Hoover, der bis in die 70er Jahre amtete und den wir bereits als Strippenzieher des Justizmordes an den Rosenbergs kennengelernt hatten, entwickelte sich zu einem Experten des präventiven Bürgerkrieges. Waren es während des 1. Weltkriegs hauptsächlich »feindliche Ausländer« und Pazifisten, die ins Visier der Behörde gerieten – so wurde der Sozialist Eugene V. Debs zu zehn Jahren Gefängnis verurteilt, weil er eine öffentliche Rede gegen den Krieg gehalten hatte –, so folgten ihnen bald die wenigen Aktivisten und Exponenten der schwachen US-amerikanischen kommunistischen Partei. Bereits 1920 waren ungefähr zehntausend (mutmaßliche) Mitglieder der KP weggesperrt sowie Tausende von Streikenden verurteilt und ins Gefängnis geworfen worden. 1940 erging ein Gesetz, nach dem demokratischen Senator Howard W. Smith auch »Smith Act« genannt, das jeden kriminalisierte, der »wissentlich oder vorsätzlich die Pflicht, Notwendigkeit, den Wunsch oder die Richtigkeit befürwortet, unterstützt, nahelegt oder vermittelt, eine beliebige Regierung der Vereinigten Staaten durch Zwang oder Gewalt oder durch die Ermordung eines Beamten einer solchen Regierung zu stürzen.« Damit war der Staatswillkür bei der Verfolgung und Liquidierung Oppositioneller Tür und Tor geöffnet, und FBI-Hoover wußte von dieser Bestimmung den »rechten Gebrauch« zu machen. Einige drastische Beispiele haben wir anläßlich der von McCarthy entfachten antikommunistischen Hysterie in den 50er und der Zerschlagung der *Black Panthers* Ende der 60er, Anfang der 70er Jahre kennengelernt. Unter Hoovers Führung entwickelte sich das FBI zu einer die gesamte Gesellschaft im Würgegriff haltenden Krake, wie Heiser anhand von nüchternen Zahlen festhält: »Eine der Säulen dieses Hooverschen Sicherheitsimperiums wurde die FBI-Abteilung ›Files and Communications Division‹ (FCD), die 1975 mehr als 6,5 Millionen ›aktive Ermittlungsakten‹ und einen ›Generalindex‹ mit 58 Millionen Karteikarten umfaßte. [...] Die Abteilung ›Division of Identification und Information‹ (DII) hatte bis 1974 die Fingerabdrücke von 159 Millionen US-Bürgern erfaßt, die wiederum mit Ermittlungs- und Personenakten sowie Vorstrafenregistern verknüpft waren.« Hält man allein diese Ziffern neben die permanente Selbstbeweihräucherung der Vereinigten Staaten als »größte Demokratie« und »Führer der freien Welt«, so nimmt allenfalls die Kaltschnäuzigkeit wunder, mit der solche propagandistischen Fürze abgesondert werden. Bedenkt man überdies, daß seit dem WTC-Attentat diese durch Mikroelektronik und lückenlose Videoüberwachung »verfeinerten« Kontrollmechanismen dem gesamten Globus übergestülpt werden – nachvollziehbar insbesondere durch die weltweite Aufhebung des Bankgeheimnisses, den Funktionswandel der Banken vom Geldverleiher zum Elendsverwalter[5] und fiskalischen Hilfsorgan, aber auch solcher vermeintlicher Kleinigkeiten wie der weltweiten Registrierung von Flugpassagierdaten –, so bleibt nur die Feststellung, daß Thomas Hobbes' Vision des »Leviathan«, des allumfassenden Staatsmonsters, Realität geworden ist. Um hierin aber das Walten von »Freiheit und democracy« erblicken zu wollen, bedarf es massiven Orwellschen »Zwiedenks« bzw. der Glaubensbereitschaft und Realitätsverleugnung eines Urchristen oder – patriotischen Penners.

So wahrt die US-Führung gerade bei den wichtigsten Entscheidungen – und das ist immer noch der Krieg nach »innen« wie nach »außen« – nicht einmal den Schein der parlamentarischen Demokratie. Zwar spricht Artikel 1 der amerikanischen Verfassung dem Kongreß – also Senat und Repräsentantenhaus – die alleinige Entscheidungsbefugnis über Krieg und Frieden (*war powers*) zu, aber in der wirklichen Wirklichkeit bestimmt hierüber allein der Präsident samt ein bis zwei Dutzend handverlesener »Berater«. Kriegserklärungen ergehen also nicht in Form von Abstimmungen einer gewählten Körperschaft (wie auch immer sie zustande kam), sondern mittels Befehlen, *executive orders* (»Ausführungsbestimmungen«, »Handlungsanweisungen«), und diese »sind selbst dann verbindlich, wenn bestehende Gesetze umgedeutet oder gänzlich außer Kraft gesetzt werden.«[6] Somit regiert der amerikanische Präsident wie der russische Zar per *Ukas* (»Erlaß«), und die amerikanische Regierungsform ist die Autokratie der Monopole mit wechselnden Darstellern; man könnte sie auch als »Präsidialdiktatur« oder, treffender – da sich mit dem Wort »Diktatur« die Vorstellung von einer *zeitlich befristeten* Notstandsregierung und damit als legitime *Ausnahme* verknüpft – als »Wahlkaisertum« (Fritz Erik Hoevels) bezeichnen. Überdies steht den US-Präsidenten mit den sogenannten *executive agreements* (»Ausführungsvereinbarungen«) besonders seit dem 2. Weltkrieg ein weiteres Instrument autokratischer Herrschaftsausübung zur Verfügung: »Will ein Präsident etwa den Senat umgehen, der laut Verfassung für die Ratifizierung von Übereinkünften mit ausländischen Mächten zuständig ist, deklariert er Verträge nicht mehr als Verträge, sondern als *executive agreements*. Alles in allem stehen einem Präsidenten heutzutage über 500 Ermächtigungs- und Notstandsklauseln, *discretionary powers*, zur Verfügung […] Seit den 1950er Jahren hat sich die Zahl der *executive orders* verdreifacht. Harry S. Truman legte dem Senat 145 Verträge mit Drittstaaten vor, schloß ihn aber von 1300 *executive agreements* aus; und zwischen 1953 und 1972 wurden gut drei Viertel aller militärischen Verpflichtungen ebenfalls über *executive agreements* geregelt. Seitherige Tendenz: gleichbleibend.«[7]

Vom Koreakrieg bis zu den einstürzenden Hochbauten des WTC-Attentats – falls es nicht doch die bärtigen Glaubenskrieger aus dem Hindukusch waren – wurden alle maßgeblichen Entscheidungen der US-Politik also von kleinen, ein- bis eineinhalb Dutzend Personen umfassenden Gremien gefällt; wir hatten mit dem »Nationalen Sicherheitsrat« (NSC) eine solch verschworene Körperschaft faktischer Herrschaftsausübung bereits benannt. Es sei hier keineswegs wortreich beklagt, daß die »Exekutive« bedauerlicherweise das

Übergewicht über die »Legislative« errungen hat; dieser affirmative Mumpitz sei Johannes Agnoli und Konsorten überlassen. Die »Gewaltenteilung« des Barons Montesquieu ist seit über 200 Jahren obsolet; seinerzeit, im frühen 18. Jahrhundert, beschrieb sie völlig korrekt die Aufteilung der Macht zwischen dem aufsteigenden Bürgertum, das als produktive Klasse das Recht der Budgetbewilligung erkämpft hatte, und dem grundbesitzenden Adel, der die Schlüsselpositionen am Hof besetzte und in Verwaltung sowie Militär das letzte Wort besaß. Der Monarch, der französische König, bezeichnete sich als »absolut«, d. h. (scheinbar) »losgelöst« von diesem labilen Gleichgewicht zweier antagonistischer Klassen, von denen Adel und Klerus die Macht *nicht mehr* ausschließlich, die Bourgeoisie *noch nicht* ausübte. Von dem Moment an, in dem die bürgerlichen Revolutionäre das Feudalsystem zerschlagen und seinen Repräsentanten geköpft hatten – mit wem hätten sie wohl die »Gewalt« »teilen« können oder wollen? – von diesem Augenblick an wird Montesquieus Formel, die bis dahin die dem Absolutismus zugrunde liegende Machtbalance zutreffend beschrieben hatte (Bourgeoisie/»Legislative« vs. Aristokratie/»Exekutive«), zur Ideologie, d. h. sie transportiert die Illusion, das Bürgertum als nun allein herrschende Klasse habe in der von ihr geschaffenen Staatsform ausreichend interne Kontrollmechanismen installiert, die eine wechselseitige Balance ermöglichen und harmonisch zusammenwirken, damit »alle Macht vom Volk« ausgehe. Parlament, Regierung und Justiz – das ist die politische Dreieinigkeit, an die Klein-Mäxchen glauben soll; das Mit- und Durcheinander ihrer verschiedenen Institutionen, graphisch illustriert durch unzählige Kästchen und gegenläufige Pfeile, gestalten den Gemeinschaftskunde-Unterricht so unerträglich langweilig und verformen die weichen Schülerhirne. All diese wohlklingenden Ämter sind nichts anderes als lukrative Versorgungsposten für eine uniforme Politikerkaste (»alles an einem Stück«, wie beim Witz von Tünnes und Schäl), aus deren Mitte sich turnusmäßig die Führung rekrutiert, nur ihrem »Gewissen« folgend, fernab vom Volke und die Hand auf dessen Steuergeldern. Die Kritik lautet also nicht, daß das System der »Gewaltenteilung« etwelche Mängel aufweise. Es gibt sie einfach nicht, so wenig wie die transzendente Dreieinigkeit. Die US-amerikanische Entsprechung zur europäischen Gewaltenteilung sind übrigens die *checks and balances*, die angeblichen »Kontroll- und Gleichgewichtsmechanismen« der dortigen Bürokratie. Sie verhüllen mehr als notdürftig eine »postmoderne«, neobyzantinische, im Wortsinne totalitäre (»alles umfassende«) Autokratie, die sich nicht einmal die Mühe gibt, »parlamentarische Umstände« zu machen. Dieser Wandel hin zu offen diktatorischen Herrschaftsformen ist gemeint, wenn jüngst in der

Presse nur halb verschämt ein »postdemokratischer Bedeutungsschwund der Parlamente« konstatiert wurde.

Es gibt also die Herrschaft weniger Privilegierter über ein Heer von Besitz- und Rechtlosen, aber es gibt auch eine Menge Flausen im Kopf, von denen wir die gröbsten vernommen haben, vom Auswurf des *American dream*. Groß ist das Angebot für Brot und Spiele, der Ablenkung durch Zerstreuung aus Gartenzwerg-Perspektive, der *fun-events*, mit der die modernen Sklaven bei Laune gehalten werden sollen. Daneben gibt es noch ein paar wenige andere Möglichkeiten – mehr oder weniger ansprechende, mehr oder weniger komplexe –, um diese ungeheure Diskrepanz von Macht (des Staates) und Ohnmacht (der atomisierten Individuen), wie sie für den zum Monopolismus übergegangenen »verfaulten« Kapitalismus typisch ist, subjektiv zu »bewältigen«. Dies gelingt natürlich nur mangelhaft, ansatzweise und holpernd, solange man sich über die Grundlage der Herrschaft und ihre Funktionsweise keine Rechenschaft ablegt. Und es handelt sich auch hier letztlich um Sackgassen – es gibt keine Nischen der Freiheit im Totalitarismus, man kann es sich nur einreden –, aber man stößt bisweilen, ganz wie im Mittelalter übrigens auch, auf interessante, ja faszinierende Versuche der Selbstbehauptung und -befreiung von einem immensen sozialen Druck, der auf jedem Einzelnen lastet. Sie seien hier in ungezwungener Auswahl und lockerer Aneinanderreihung vorgestellt.

In den 40er und 50er Jahren des 20. Jahrhunderts ist in der amerikanischen Musikszene ein Phänomen zu beobachten, das des Nachdenkens wert ist: Junge schwarze Musiker revolutionieren den Jazz, spielen als Avantgardisten bis dahin Ungehörtes und Unerhörtes, indem sie eine neue Stilform kreieren: den Bebop (da es sich hier um ein mir fachfremdes Gebiet handelt, schreibe ich lediglich als dilettierender Liebhaber dieser Musik). Die bisherigen Domänen der »schwarzen Musik« waren das Gospel-Lied: religiöse, bei den Gottesdiensten unter Begleitung von Trompete und Orgel gesungene Texte, die vom rhythmischen Klatschen der Gemeinde begleitet werden und die Beteiligten schließlich in einen Zustand der Ekstase versetzen; sein weltliches Gegenstück war der Blues mit seinen schwerblütigen, traurigen Texten, die von den Nöten des tristen Alltags kündeten. Das Gebiet des Jazz dominierte bis dahin der »weiße« Swing, eine gutgelaunte Feierabend- und Wochenendmusik, der die Herkunft vom Marsch noch anzuhören war, vorgetragen von Bigbands mit opulenten Blechbläsergruppen (der Name Glenn Miller möge für viele stehen).

Mit dem Bebop – das Wort bezeichnete ursprünglich im Slang der New Yorker Jugendbanden eine Messerstecherei[8] – wurden diese musikalischen

Traditionen und Hörgewohnheiten aufgebrochen; nun herrschten kompli-
zierte Rhythmen vor, die zum Teil gehetzt, wie gejagt wirkten, neue Klang-
kombinationen traten hinzu, und Geräusche des Alltags wie das Quietschen
von Autoreifen und das Rumpeln der Straßenbahnen wurden integriert; ja
man spielte Töne, »die es gar nicht gibt«. Die Improvisationen ließen diese
Musik unvorhersehbar erscheinen und eröffneten ein ungeahntes Spektrum
neuer Ausdrucksmöglichkeiten, die eine Begleitung oder Wiedergabe mit Ge-
sang weitgehend ausschlossen. Die Bands bestanden in der Regel aus zwei
Bläsern (Klarinette und Saxophon), einem Klavier als Rhythmusinstrument
sowie Schlagzeug und Baß; zu den Pionieren dieser Musikrichtung zählten
der Altsaxophonist Charlie Parker, der Trompeter Dizzy Gillespie, der Pia-
nist Thelonious Monk, die Saxophonisten John Coltrane, Eric Dolphy, Julian
»Cannonball« Adderley und Archie Shepp, der Bassist Charlie Mingus und
der Schlagzeuger Max Roach. Man spielte in verrauchten Harlemer Klubs
unter Stimmengewirr und Anfeuerungsrufen. Was den einen eine atonale
Apokalypse zu sein schien, war den anderen ein unerhoffter Weg zur Selbst-
findung und Weiterentwicklung, wie etwa John Coltrane darlegte: »Es fing
damit an, daß ständig diese Musik um mich herum war. Wie jeder in diesem
Land wächst du auf und hörst dauernd diese Musik, und sie ist ein Teil von dir,
vom Babyalter an, weil sie jeden Tag anders gespielt wird. Erst war es zufällig
etwas, das mir gefiel. Bis mir klar wurde, daß ich etwas in mir hatte, das mich
dazu befähigte […]. Es hat alles damit zu tun, wie ich Musik verstehe und was
sie mir bedeutet. Sie ist meine einzige Ausdrucksform. Ich sage kaum meine
Meinung zu anderen Dingen, meist stecke ich zu tief da drin.«[9] Die Bevorzu-
gung der musikalischen Ausdrucksformen vor allen anderen ist ein Erbe der
Sklavenarbeit auf den Baumwollfeldern und hat sich über die Jahrzehnte der
Deklassiertheit konserviert; hierin liegt die Schwäche und zugleich die Stärke
des »schwarzen Protestes« begründet. Der Schwäche, weil der weitgehende
Verzicht auf das verbale Medium, die Artikulation, den Diskurs, zwangsläufig
den Sklavenstatus verlängern muß. Die Freiheit ist untrennbar mit dem Wort
verknüpft, da ohne Artikulation keine gemeinsamen Beschlüsse denkbar
sind; wer von vornherein darauf verzichtet, den Kampf um die »Deutungshoheit« bzw. die »Besetzung der Begriffe« aufzunehmen – dies bezeichnen
die Monopolmedien wenn auch an entlegener Stelle, denn es handelt sich um
Herrschaftswissen, als die Grundlage jedweder Herrschaft[10] –, der ist zum
Knechtsdasein verdammt. Und doch wohnt dem musikalischen Ausdruck
eine gewisse Stärke inne, denn er wirkt identitätsstiftend und -stärkend und
macht seinen Träger für die ungerechte Herrschaft tendenziell unbrauchbar,

da er ihr zu entwischen versucht. Was John Coltrane an der Revolutionierung der Jazzmusik faszinierte, war die eigentümliche Schönheit dieser Musik, und die solistischen Improvisationen dienten ihm zur tastenden experimentellen Selbsterkundung: »Es erscheint mir unlogisch und unvernünftig, unsere Soli abzukürzen. Ideen müssen sich natürlich entfalten können.«[11]

Aber so unpolitisch die Bebop-Jazzer auch sein mochten – sie wurden doch zum Haßmagneten, denn ein Unrechtsregime, das den ganzen Menschen will, wird einen intellektuellen Evasionismus nicht dulden. Zwar galt dies immer als Markenzeichen der Ostblockstaaten, die jede Kunstform außerhalb des sterilen »sozialistischen Realismus« als »formalistisch« oder »bürgerlich-dekadent« ächteten und die dissidenten Künstler ein Nischendasein fristen ließen, aber die Unduldsamkeit gegenüber kulturellen Abweichungen von der herrschaftsstabilisierenden Norm ist in ihrer ungeschminkten Brutalität abermals im Westen beheimatet, wo man gerne so tut, als wüßte man von nichts. Intuitiv nahmen die Herrschenden wahr, daß der absichtlich vollzogene Bruch mit den musikalischen Konventionen einer Mißachtung der Tradition als solcher und der gewaltkonformen Mehrheit gleichkommt. Der Bebop bringt diese Abkehr nicht in leisen Tönen, sondern provokant und aggressiv vor: »Charakteristisch für die Tonbewegungen des Bebop erschienen den damaligen Hörern jagende, nervöse Phrasen, die mitunter nur noch wie melodische Fetzen wirkten. Nur haben sich die Hörgewohnheiten geändert. Heutige junge Hörer können das Jagende, Rasende, Nervöse dieser Phrasen kaum nachempfinden. Sie begreifen nicht, wie damals die Jazzwelt durch die neu entstandene Bebop-Musik buchstäblich geschockt wurde.«[12] Der eher meditativ angelegte »Cool Jazz« eines Miles Davis verstand sich weniger als Kampfansage, sondern versuchte den Anpassungsdruck durch Selbstbesinnung und eine Art »innerer Einkehr« zu egalisieren. Wir haben am Beispiel von Miles Davis bereits gesehen, daß diese Form der »Flucht« nicht gerne gesehen und mit brutaler Polizeiwillkür geahndet wurde, und so taugte der »laute« Bebop erst recht zum Haßmagneten der Herrschenden und aller Angepaßten.

Earl »Bud« Powell kam am 27. September 1924 in New York als Sohn einer hochmusikalischen schwarzen Mittelstandsfamilie zur Welt. Schon im Alter von sechs Jahren widmete er sich mit Hingabe dem Klavierspiel; zu seinen bevorzugten Komponisten zählten Bach, Beethoven, Liszt, Chopin und Debussy. Im Alter von fünfzehn Jahren verließ er die Hochschule und wurde Berufsmusiker, mit achtzehn wirbelte er die New Yorker Jazz-Szene durcheinander, und mit 20 nahm er seine erste Platte auf. Glaubt man, daß ein solcher Mensch als Störenfried, als Aufrührer betrachtet und behandelt wurde, den es unter allen Umständen zu zerbrechen galt? Und doch war es so. Unter dem Rauchpilz der Atombomben von Hiroshima und Nagasaki gedeiht so manches Unrecht: Im Jahre 1945 wurde der 21jährige Bud Powell wegen Randalierens und Trunkenheit ins Gefängnis geworfen und dermaßen brutal zusammengeschlagen, daß er schwere Kopfverletzungen erlitt, von denen er sich zeit seines Lebens nicht mehr erholen sollte. Anschließend steckte man ihn zehn Monate lang in eine psychiatrische Anstalt – es war die erste von unsäglich vie-

Bud Powell in Aktion

len Leidensstationen –, wo man ihn mit Elektroschocks traktierte. In immer rascherem Wechsel folgten begnadete Auftritte, Skandale, Alkoholexzesse und Folterungen in den Psycho-Grüften aufeinander, bis Powell schließlich entmündigt wurde. Im Juli 1959 verließ er die Vereinigten Staaten und ließ sich mit seiner Frau »Buttercup«, welche die Vormundschaft über ihn übernommen hatte, in Paris nieder. Als Wrack kehrte er 1964 in die USA zurück, wo er nach ersten Erfolgen schließlich als Bettler auf der Straße landete. Der von Alkohol und Drogen zerrüttete Künstler besaß keinerlei Widerstandskraft mehr, als er, über Jahre hinweg durch den psychiatrischen Fleischwolf gedreht, schließlich seinen Gnadenstoß erhielt. Hält man es für möglich, daß man ihn nicht nur mit Elektrostößen, sondern auch mit Ammoniakduschen quälte, in einem Land, das sich nicht genug über den stalinistischen »Archipel Gulag« und die von ruchlosen Kommunisten durchgeführte »Gehirnwäsche« erregen konnte? Im Juli 1966 wurde Bud Powell mit Lungenentzündung und Gelbsucht in ein Hospital eingeliefert, wo er kurz darauf starb. Die gängige Diagnose lautete Schizophrenie, verstärkt durch Alkohol- und Drogenabusus, damit man das häßliche Wort »Mord« nicht in den Mund zu nehmen brauchte; ein ansonsten seriöses Kompendium der Musikgeschichte bezeichnete Bud Powell gar als »drogeninfiziertes Opfer der Jazz-Neurose«[13], als wäre Jazz eine Krankheit und als könnte man nur an Drogen, nicht aber an Folter sterben. Der Jazz-Pianist Chick Corea, der wegen seiner Zugehörigkeit zur »Scientology Church« Auftrittsverbote in Deutschland erhalten hatte[14], setzte Bud Powell im Jahre 1997 mit der Einspielung »Remembering Bud Powell« ein

Denkmal, um ihn, so Chick Corea, »ins dritte Jahrtausend hinüberzuretten« (»typisch Scientology«, nicht wahr?!). So bleibt ein Märtyrer des amerikanischen Archipel Gulag ein wenig länger im Menschheitsgedächtnis haften. Die Gefühlshaltung der US-Rassisten dürfte im übrigen dieselbe gewesen sein wie bei den Nazis, als sie die »Negermusik« verboten: der projektive Haß auf den »triebhaften Untermenschen«.

Hört man historische Aufnahmen von Bud Powells Spiel, so bestechen die rasanten Läufe, die atemberaubenden Tempi mit ihren unvermuteten, oft witzigen Wendungen. Seinem Vortrag haftet etwas geradezu Gejagtes, Gehetztes an. Genau derselben Grundstimmung begegnet man in der avantgardistischen Literatur dieser Zeit, den Romanen und Poemen der »Beatniks« um William Burroughs, der, wenn auch dezent, den geistigen Mittelpunkt einiger junger »wilder« Schriftsteller bildete. Jack Kerouac hat mit seinem Roman ›On the Road‹ (»Unterwegs«) das Lebensgefühl der »Beat-Generation« präzise anklingen lassen: es herrscht eine rastlose Bewegung vor, eine Bewegung um ihrer selbst willen, und diese Ruhelosigkeit steht in einem direkten Verhältnis zu den als unerträglich empfundenen (aber selten so benannten) gesellschaftlichen Gewalt- und Unterdrückungsverhältnissen im Amerika des Senators McCarthy (der hier als *pars pro toto* zu betrachten ist). Das innere Getriebensein, das gehetzte Trampen quer über den riesigen Kontinent entspringt einem Fluchtreflex vor dem jede Individualität zerquetschenden sozialen Druck, und die Bewegung als solche wird zur Lebensform der Beatniks: »Wir waren alle froh: wir wußten, daß wir Chaos und Wahnsinn hinter uns ließen und unsere einzige noble Aufgabe in der Zeit erfüllten – wir waren in Bewegung. Und ob wir uns bewegten! Wir flogen an den geheimnisvollen weißen Schildern in der Nacht vorbei …« Mit diesen Worten schildert Jack Kerouac den Aufbruch zu einer Fahrt nach New Orleans, um dort einen gewissen »Old Bull Lee« – hinter diesem Pseudonym verbirgt sich niemand anderes als William Burroughs – einen Besuch abzustatten (›Unterwegs‹, S. 163). Kerouacs Roman ist ein literarisches Road-Movie, und die innere Unruhe seiner Protagonisten findet ihre genaue Entsprechung in den ekstatischen Bebop-Sessions in den Metropolen. Die Atmosphäre in Los Angeles, die Kerouacs Alter ego Sal Paradise und seine Freundin Terry gierig aufsaugen, enthält jene charakteristische Mischung aus staatlicher Repression und »ausgeflippter« Anpassungsverweigerung:

> [Es] war ein phantastischer Rummelplatz voller Lichter und Wildheit. Cops in hohen Stiefeln filzten die Leute an praktisch jeder Straßenecke. Die kaputtesten Typen des ganzen Landes schwärmten über die Bürgersteige […] Man

roch den Tee, das Gras – ich meine Marihuana –, der Geruch hing in der Luft, dazu die Düfte von Chili-Bohnen und Bier. Der wilde phantastische Sound des Bebop schwebte aus Bierhallen und vermischte sich in der amerikanischen Nacht mit Cowboy-Songs aller Art und Boogie-Rhythmen zu einem Potpourri. […] Ausgeflippte Neger mit Bebop-Kappen und Ziegenbärtchen schlenderten vorbei; langhaarige abgerissene Gammler, frisch von der Route 66 aus New York; dann alte Wüstenratten, mit Sack und Pack auf dem Weg zu einer Parkbank auf der Plaza; Methodistenprediger mit ausgefransten Ärmeln und hier und da ein Naturapostel mit Bart und Sandalen. Am liebsten hätte ich sie alle kennengelernt, mit allen geredet … (S. 105 f.)

Aber wohin ihre Unruhe sie auch treibt, die Gewalt ist allgegenwärtig, »gut sein ist nirgends«, denn überall zeigt der Staat, der sich die weltweite Vernichtung des Kommunismus zum Ziel gesetzt hat (aber dies benennen die Beatniks ebenfalls nicht so), demonstrativ seine Machtmittel, die – das spürt jeder – auch gegen Dissidenten im eigenen Land eingesetzt werden würden: »In der Morgendämmerung kamen wir nach Washington. Es war der Tag, an dem Harry Truman in seine zweite Amtszeit eingeführt wurde. Protzige Schaustükke der Kriegsmacht waren an der Pennsylvania Avenue aufgereiht, als wir dort in unserem ramponierten Kahn vorbeischaukelten. B-29-Bomber, Landungsboote, schwere Geschütze, Kriegsgerät aller Art, das auf dem verschneiten Rasen einen mörderischen Anblick bot …« (S. 165) Das war 1948. Der entfesselte Militarismus der USA nahm schließlich solche Ausmaße an, daß sieben Jahre später – die US-Regierung traf gerade ihre Vorbereitungen für einen atomaren Angriffskrieg gegen die Sowjetunion – Passanten, die beim Heulen der Alarmsirenen nicht in Deckung gingen, wegen »Aufsässigkeit« auf der Straße verhaftet wurden. Nichts spricht der abgedroschenen Phrase von Amerika als dem »Hort der Freiheit« mehr Hohn als die nüchternen, illusionslosen, ungeschminkten und stets mit einem fatalistischen Unterton versehenen Schilderungen Kerouacs: die Polizei prägt das Straßenbild, und ihre Schikanen sind von ausgesuchter Niedertracht. Autos mit jungen Leuten beiderlei Geschlechts werden angehalten, weil die männlichen Insassen im Verdacht des »sexuellen Mißbrauchs Minderjähriger« stehen – kommt uns diese Melodie heute, nach über einem halben Jahrhundert, nicht bis zum Erbrechen bekannt vor? Oder die Polizisten berauben einen Tramper, einen »schrägen Vogel«, seiner letzten Dollars, so daß er garantiert die kommende kalte Nacht mit knurrendem Magen im Freien verbringen muß. So fällt denn das Resümee Kerouacs, der die Vereinigten Staaten nicht aus Illustrierten, sondern zwischen allen Längengraden auf den Straßen und in den Städten kennengelernt hat, entsprechend düster und realitätsgerecht aus: »Die amerikanische Polizei führt einen psychologischen Krieg gegen jene Amerikaner, die nicht in der Lage sind, sie mit imposanten Papieren oder Drohungen zu beeindrucken. Es ist eine Polizei wie zu viktorianischen Zeiten; sie späht durch staubige Fensterscheiben und will alles ausspionieren und kann Verbrechen erfinden, wo es keine zufriedenstellenden Verbrechen gibt.« * Dann folgt allerdings ein fataler und für die Beatniks kennzeichnender Nachsatz: »Wir konnten nichts machen, außer unsere gute Laune wiederzufinden und die Sache zu vergessen.« Frohsinn im Faschismus, Hipsein im Totalitarismus – der Preis dafür ist die Ausblendung der Realität, das angestrengte »Vergessen« und die unablässige Selbstbelügung.

Man täte den Beatniks allerdings unrecht, würde man ihnen einen bewußten Vorsatz für ein solches Verhalten unterstellen. Nein, ihre Reflexionen erreichen nie dieses Niveau; sie handeln vielmehr impulsiv, unbedacht, »aus dem Bauch heraus« – wie eben jemand, der analytisch nie zu denken gelernt hat, weder über Wissen noch Übersicht verfügt, in seinem ganzen Leben auch nie den Hauch einer Vorstellung von organisiertem Widerstand und politischer Opposition kennengelernt hat, der einfach nur »ganz Empfinden« ohne die so unerläßliche Ratio (»Berechnung«) ist. Die »Beat-Generation« ist, in wörtlicher Übersetzung, die »geschlagene Generation«, ja, so definiert sie Kerouac, die »von Gott geschlagene« Generation, »BEAT und beatific in einem« (S. 239). »Geschlagen und selig« – es ist verblüffend, wie sehr die musikalische und literarische Avantgarde der USA in den mystisch-chiliastischen Bewegungen des europäischen Mittelalters wurzelt oder dort jedenfalls ihre frühen Vorläufer hat. Der unabweisbare Bewegungsdrang der Beatniks, ihre Präferenz für Musik und Tanz entspricht der seinerzeit als »Seuche« wahrgenommenen »Tanzwut« der frühen europäischen Neuzeit, die man sich seinerzeit nicht anders als vom Leibhaftigen inspiriert vorstellen konnte. Bewegung, also körperliches Ausagieren statt Reflexion – in diesem Punkt trifft sich die Frühe Neuzeit mit der sogenannten »Postmoderne«, also dem technisierten Mittelalter der monopolistischen Gegenwart. Die US-Bürokratie der 50er Jahre reagierte darauf nicht anders als die erschrockenen und erbosten Kleriker des 16. Jahrhunderts, die etwa in einem Frankfurter Traktat über den »Tantzteuffel« anno 1569 monierten:

> Tantzen ist nichts anders / dann ein bewegung zur Geylheyt / ein gefallen der laster / ein bewegung der vnkeuscheyt / ein Spiel / das allen

---

* Dieser Aspekt kommt in der Romanverfilmung von Walter Salles (2012) nicht richtig zum Tragen; statt dessen werden erfundene sexuelle Exzentrizitäten eingebaut.

frommen vbel anftehet / vom leydigen Teuffel / GOtt zur fchmach erfunden / etc.[15]

Und so dient die rastlose Bewegung, das Getriebensein – sei es nun in den
bis zur Verausgabung aller Kräfte vorgetragenen Soli der Bebop-Sessions oder
in den endlosen Landfahrten der Beatniks – nicht allein der Flucht vor unerträglichen Zuständen, sondern zugleich der Rückversicherung der eigenen
Existenz, der eigenen Körperlichkeit: man lebt noch, man ist, weil man sich
spürt: Aufregung, Schmerz, Enttäuschung, Begeisterung und Lust, alles erscheint dem Beatnik gleichwertig, weil es ihm beweist, daß es ihn gibt. Denn
über allem hing ja das Menetekel der Auslöschung, die »Bombe«, die zu jedem
Zeitpunkt ihr endgültiges Machtwort sprechen konnte. Gregory Corso, ein
ehemaliger Kleinkrimineller, der zu den Beatniks gestoßen war, schrieb in einer Pariser Dachkammer ein Gedicht über die Wasserstoffbombe, und Allen
Ginsbergs Poem ›Howl‹, das uns noch eingehender beschäftigen wird, enthält
das seltsame und zugleich bezeichnende Bild von der »Wasserstoff-Jukebox«,
aus der »das Donnern des Jüngsten Gerichts« zu vernehmen ist; dahinter
steckt die Phantasie des Autors, unterirdische Wesen würden das Brüllen dieser Geräte als »gewisse Weltuntergangs- oder apokalyptische Schwingungen«
wahrnehmen[16] – in der angstvollen Erwartung des atomaren Massensterbens
mutiert die harmlose, allenfalls lästige Jukebox zur H-Bombe. Selbst in Mexiko, wohin es die Protagonisten von ›Unterwegs‹ verschlagen hatte, verfolgt sie
die nukleare Katastrophe wie ein unentrinnbares Memento Mori. Bettelnde
Indios lösen in dem Ich-Erzähler folgenden Gedanken aus: »Sie wußten nicht,
daß eine Bombe in die Welt gekommen war, die alle unsere Brücken und
Straßen sprengen und zu Geröll zermahlen konnte; daß womöglich auch wir
eines Tages so arm sein würden wie sie und wie sie die Hände ausstreckten.«
(S. 368) Voraussetzung dieser wenig erbaulichen Zukunftsvision war freilich,
daß man den atomaren *doomsday* erst einmal überleben mußte …

Unter dem Damoklesschwert der existentiellen Vernichtung betrieben
die Beatniks einen Kult des Vegetativen, des Sich-Selbst-Erlebens in Rausch,
Ekstase und Schmerz. * Ziel war nicht das gute Leben, sondern das Leben

---

*   Dringend zu warnen ist an dieser Stelle vor dem hingepfuschten Machwerk der angeblichen Beatnik-Aktivistin Diane di Prima, ›Memoiren eines Beatniks‹. Die Verfasserin nutzte
offensichtlich ihre oberflächliche Bekanntschaft mit Ginsberg und anderen, um ihre billig
gestrickten Porno-Histörchen mit einfallslos aneinandergereihten Beischläfereien an den
Mann zu bringen. Die Neuherausgabe dieses Schwindeletikett-Büchleins durch den mittlerweile halb bankrotten 2001-Verlag folgt dem plumpen propagandistischen Kalkül, eventuell
interessierte Jugendliche vor allem mit Sexualverekelung und Selbstverachtung einzudek-
ken. Ein für die Neuausgabe speziell verfaßtes Zusatzkapitel mit der Überschrift »Scheiß

als solches, dem ein »Wert an sich« zugeschrieben wurde und das in einer Art Apotheose geradezu religiöse Weihen erhielt: »Der Weg ist das Leben«, äußert die Romanfigur Sal Paradise lapidar (S. 259), und der rastlose Dean Moriarty, das Muster des hektisch Getriebenen, keucht auf einer seiner endlosen Fahrten: »Aaah! Gott! Leben!« (S. 172). Bereits auf den ersten Seiten des Romans wird der Leser auf diesen – bewußtlosen, vegetativen – Lebenskult eingestimmt:

> … die einzigen Menschen sind für mich die Verrückten, die verrückt sind aufs Leben, verrückt aufs Reden, verrückt auf Erlösung, voll Gier auf alles zugleich, die Leute, die niemals gähnen oder alltägliche Dinge sagen, sondern brennen, brennen, brennen wie phantastische Wunderkerzen und wie Feuerräder unter den Sternen explodieren, und in der Mitte sieht man den blauen Lichtkern knallen und alle rufen »Aaah!« Wie nannte man solche jungen Leute in Goethes Deutschland? (S. 13)

Man nannte sie »Stürmer und Dränger«, und der gesetzte Geheimrat in Weimar konnte es zu seinen Jugendsünden zählen, dazugehört zu haben. Die »Stürmer und Dränger« des ausgehenden 18. Jahrhunderts setzten der absolutistischen Willkür, die sie zur Ohnmacht verdammte – das Schicksal Daniel Schubarts schwebte wie ein Menetekel über ihnen allen –, die Intensität ihres subjektiven Erlebens entgegen, eine Mischung aus Pathos, Exaltation und Verzweiflung, atemlos wie ihre kurzaktigen Bühnenstücke und die Beatniks auf ihren Bebop-Sessions, Gedichtlesungen und Überlandfahrten. Mochten sich die einen damit vergewissern, daß sie nicht wie der unglückliche Schubart im herzoglich-württembergischen Gefängnis verfaulten, so die anderen, daß sie nicht als verstrahlte und verseuchte Krüppel durch Trümmerlandschaften krochen. Man lebte, man deklamierte, man spürte sich! Das war die Hauptsache…

___

auf die Pille: Eine Abschweifung« enthält die finsterste, ekelerregendste Seuchen- und Gebärpropaganda aus der feministischen Sickergrube. Die nachfolgende Kostprobe läßt jeden Kommentar überflüssig erscheinen: »Nun, könntet ihr denken, das ist doch alles Schnee von gestern, heute gibt es ja die Pille, und Frauen können tun und lassen, was sie wollen, sind so frei wie die Männer, und so weiter und so fort. Die Pille, die Pille, die Pille! Ich kann es nicht mehr hören, dieses Gerede, diese Lobeshymnen. […] Oder wir kriegen halt Babys. Ein Baby hat bestimmte Vorteile, das ist nicht zu leugnen. […] Und was die Geburt betrifft: ein Baby zu haben bedeutet, sich hinzulegen und es zu bekommen. […] vergiß Doktoren, Krankenhäuser, Einläufe, Rasieren des Schamhaars, vergiß ›stoische Gelassenheit‹ und ›schmerzlose Geburt‹ – brüll und drück das verdammte Ding raus. […] Und um das Geschöpf zu ernähren? Geh zum Sozialamt, hör auf zu arbeiten, bleib zu Hause, bleib stoned, und vögele.« (DI PRIMA 2009, S. 114 ff.) – *Ein* Kommentar zu diesem feministischen Paradies aus Parasitismus und Prostitution sei doch gestattet: würg, kotz & spei…

Aber ist es das wirklich? Stoffwechsel, Reizleitung, Hormonausschüttung, Nahrungsaufnahme und -ausscheidung – das ganze »Vegetative« eben – ist ja wohl kaum den Aufwand wert, selbst wenn ab und an ein bißchen Spaß im Sinne der Triebabfuhr dazukommen sollte. Das merkten auch die Beatniks, und daher bleibt ihr Lebenskult, wie ihn Kerouac in ›Unterwegs‹ feierte, bemerkenswert vage und beliebig. »Einfach weitermachen. Das Leben packen«, lautet die Devise des einen (S. 151), ein anderer nimmt sich vor, das »ES« zu erreichen, das darin bestehen soll, »nie durchzuhängen«, »sich in alle Richtungen zu verströmen« usw. (S. 156). Man ist überhaupt froh, am Leben zu sein und etwas erleben zu dürfen, sich im »Rhythmus des ES« zu wiegen, »im Takt dieser völlig überdrehten Freude am Reden, am Leben« (S. 255). Dean Moriarty, der Oberpriester dieses Kultes, vertraut dem Ich-Erzähler an: »… Hauptsache, wir beide wissen, was ES ist, und wissen, was ZEIT bedeutet, und wissen, daß alles wirklich und wahrhaftig BESTENS und in Ordnung ist.« (ebd.)

Damit ist die calvinistische Katze der Prädestination aus dem Sack, und der Bebop-Priester erscheint wie der Wiedergänger des unverwüstlich optimistischen Maître Pangloß aus Voltaires ›Candide‹, der in jeder Unbill, in jeder Katastrophe, in jedem schreienden Unrecht das Wirken der göttlichen Gnade in der BESTEN aller Welten erblicken will. Um eine solche Sicht aufrechtzuerhalten, bedarf es allerdings zahlreicher Ausblendungen, also Realitätsverleugnungen. Ohne das willige sich Blindstellen gegenüber den gesellschaftlichen Gewaltverhältnissen geht das nicht. Gleich zu Beginn des Romans stellt der Ich-Erzähler der Fähigkeit zu Analyse und Kritik – Ichleistungen also, dem »Prinzip Vernunft« – das diffuse »Lebensgefühl« als überlegene Daseinsform gegenüber, und abermals heißt sein Leitstern Dean Moriarty (es gab ihn tatsächlich, nur hieß er im wirklichen Leben Neal Cassady, war mit Kerouac und Ginsberg befreundet und kam unter mysteriösen Umständen in Mexiko ums Leben):

> Außerdem vertraten alle meine New Yorker Freunde den negativen, alptraumhaften Standpunkt, daß die Gesellschaft abzulehnen sei, und lieferten ihre müden, bücherschlauen oder politischen oder psychoanalytischen Gründe dafür, während Dean nur so durch die Gesellschaft raste, gierig nach Brot und nach Liebe; ihm war es egal, ob so oder anders, »solange ich nur an das nette Mädchen mit ihrem süßen Ding zwischen den Beinen rankomme, Mensch« und »solange wir was zu *essen* haben, Mann, verstehst du mich? Ich bin *hungrig*, ich *verhungere*, laß uns *sofort* etwas essen!« – und schon stürzten wir los und *aßen*, wie es, so spricht der Weise Salomo, »dein Teil ist unter der Sonne.« (S. 15 f.)

Wie sympathisch erscheint im Vergleich dazu der madagassische Großlemur Indri (*Indri indri*), der sich in Gefangenschaft nicht vermehrt! (Die Nazis richteten in den Konzentrationslagern Bordelle ein und sahen amüsiert zu, wie die ehrlosesten unter den Insassen Schlange standen, bevor es vom Puff in die Gaskammer ging: solche Opfer hat man gern.) In Wirklichkeit zeigt ja gerade dieses »Kultbuch« der angeblich »rebellischen Jugend« in den Vereinigten Staaten der Fünfziger, wie desolat, niederdrückend, ätzend und jedes Lebensglück zerfressend das sexuelle Elend war, die tägliche Erniedrigung, die von der Gesellschaft vereinnahmte und dadurch versaute, »entfremdete« Sexualität: Jugendliche, die einander zunächst sympathisch sind, verdächtigen und beschimpfen sich bei der ersten sexuellen Annäherung als »Hure« und »Zuhälter« und nehmen Zuflucht zu Alkohol oder Drogen, um zu betäuben, was sie auf dem Weg der Artikulation nicht klären können (S. 102 ff.); das Obdachlosendasein im Zelt, die Knochenarbeit auf den Baumwollfeldern und der Sexualkontakt, der aufgrund der drangvollen Enge in der Gegenwart von Kindern stattfindet, all dies führt mit drastischer Deutlichkeit vor Augen, daß es überhaupt nicht zum BESTEN bestellt ist in der BESTEN aller Welten. Es sei denn, man ändert statt der Verhältnisse die eigene Einstellung dazu, deformiert also die eigene Person, wird, in den Worten des Psychoanalytikers Sandor Ferenczi, auto- statt alloplastisch: dann ist alles »kein Problem« … Sal Paradise, das Alter ego Kerouacs, erweist sich in dieser Disziplin als gelehriger Schüler des Vorturners Moriarty/Cassady:

> Ich trank an die sechzig Glas Bier und zog mich in die Toilette zurück, wo ich mich um die Kloschüssel wickelte und einschlief. Im Laufe der Nacht sind mindestens hundert Seeleute und Zivilisten aller Art gekommen und haben sich über mir entleert, bis ich zur Unkenntlichkeit verschissen war. Aber was macht es schon? Anonymität in der Welt der Menschen ist besser als aller Ruhm im Himmel, und überhaupt, in welchem Himmel? Auf welcher Erde? Alles ist nur im Kopf. (S. 300)

Alles ist *māyā*, alles ist Schein und Trugbild, heißt es in den altindischen Upanishaden oder »Geheimlehren«, und weise ist, wer nicht nach Ursachen fragt. Und heißt es nicht in der ›Bhagavad Gita‹: »Nur der, dem es gelungen ist, sich von diesen vergänglichen Sinneseindrücken freizumachen, ist wirklich frei, und nur er erlangt Erlösung«?[17] Dieser »Lehre« verdankt das Kastensystem seine mehrtausendjährige Existenz, aber ist es nicht entsetzlich, daß ein intellektueller Lumpenproletarier in der Mitte des 20. Jahrhunderts sich auf dieses Niveau begibt, um in eigener Person die gottgewollte Ewigkeit der Klassengesellschaft zu erweisen, indem er sich als sprichwörtlich beschissenes Beispiel in der BESTEN aller Welten vorführt?

Was mit den perlenden Tonkaskaden der Bebop-Jazzer begonnen hat, endete unversehens im elften Höllenkreis des amerikanischen Infernos, und es mag sinnvoll erscheinen, sich die zurückgelegte Wegstrecke noch einmal vor Augen zu führen. Die bislang vorgenommene Analyse vermag noch nicht zufriedenzustellen, zumal die Beatniks heftig dagegen protestiert hätten, und völlig zu Recht: Nie wäre es ihnen in den Sinn gekommen, ein menschenverachtendes System zu rechtfertigen, das sie aufrichtig verabscheuten und dessen identitätszerstörenden Wirkungen sie zu entkommen suchten. Die drastische Kloszene ließe sich auch als verzweifelter Selbstrettungsversuch verstehen, um das Unerträgliche erträglicher zu machen (»es ist alles nicht so schlimm – es ist nur in meinem Kopf«). Die derbe Ausmalung könnte aber auch eine stilisierende Selbsterhöhung sein, nach dem Vorbild der Heiligenlegenden über die frühchristlichen Anachoreten, in denen der »Narr Gottes« den Angepaßten seiner Zeit wie in einem Spiegel ihre eigene Erbärmlichkeit vorführt. Im Falle von Paradise/Kerouac würde die Botschaft demnach lauten: »Seht her, so beschissen ergeht es einem in eurer Scheiß-Gesellschaft!« In der äußersten Selbsterniedrigung läge also immer noch die Anpassungsverweigerung – lieber kaputt als angepaßt –; lieber möchte man dem Auswurf der Gesellschaft angehören als dem verlogenen Mittelmaß. Genau in diese Richtung zielt ein innerer Monolog von Sal Paradise, als er eines Abends durch ein Elendsviertel von Denver schlendert:

> … [Ich] wünschte mir, ich wäre ein Neger, denn ich spürte, daß auch das Beste, was die Welt der Weißen zu bieten hatte, mir nicht genug Ekstase bot, nicht genug Leben, Freude, Spaß, Dunkelheit, Musik, nicht genug Nacht. [...] Ich wünschte, ich wäre ein Mexikaner in Denver oder sogar ein armer abgerakkerter Jap – alles andere, nur nicht das, was ich trostloserweise war, ein desillusionierter »Weißer«. Mein Leben lang hatte ich weiße Ambitionen gehabt [...]
>
>> Unten in Denver, unten in Denver,
>> Fühlte ich mich tot. (S. 221 ff.)

Und so paßt es, wenn Jack Kerouac in seine »Liste des Wesentlichen« unter anderem folgende Punkte einträgt:

2. Gib dich allen Eindrücken hin, sei offen, höre zu
4. Sei in dein Leben verliebt

6. Sei ein verrückter heiliger Narr deiner Seele
9. Schreibe vom Grunde deiner Seele, unergründlich, was du willst
11. Visionäre Anfälle durchbeben die Brust
14. Sei wie Proust ein alter Kiffer der Zeit
19. Akzeptiere endgültigen Verlust
20. Glaube an die heilige Kontur des Lebens
28. Komponiere wild, ohne Disziplin, pur, aus dem Verborgenen heraus, je verrückter, um so besser
29. Du bist ein Genie zu jeder Zeit[18]

Aber diese Strategie der Anpassungsverweigerung ist gefährlich: Man kann tatsächlich dabei kaputtgehen, am gesellschaftlichen Druck zerbrechen, und die Maske des »Gottesnarren« kann anwachsen. »Gut sein ist nirgends« – das gilt für heute, in der fast lückenlos sogenannten »globalisierten« Welt; während des Kalten Krieges hingegen hätte es heißen müssen: »… fast nirgends«, denn winzige Schlupflöcher auf Zeit gab es tatsächlich. William Burroughs, der fähigste Schriftsteller im winzigen Kreis der literarischen Avantgarde Amerikas, hatte eine solche lebens- und identitätsrettende Nische gefunden. Als Old Bull Lee konstatiert er in ›Unterwegs‹, daß keine soziale Klasse in den USA als Hoffnungsträger in Frage komme, und er erläutert es an einem Beispiel: »Man kann Kleider machen, die ewig halten. Aber lieber machen sie billigen Plunder, damit alle arbeiten gehen und ihre Stechuhr betätigen und sich in dumpfen Gewerkschaften organisieren und durchs Leben zappeln, während in Washington und Moskau das große Grapschen weitergeht.« (S. 183) Intuitiv und völlig zutreffend wird hier erkannt, daß die Arbeit den Kapitaleignern nicht nur zur Aneignung von Mehrwert, sondern ebenso zur Disziplinierung der Besitzlosen dient; daß letztere sich, wenn für sie ein paar Brosamen mehr durch die imperialistische Ausplünderung der Dritten Welt abfallen, sich gerne bestechen lassen (»Arbeiteraristokratie«, Verkleinbürgerlichung der Arbeiter) und sich willig ins Geschirr spannen; daß schließlich der militärische Antagonist der USA, die stalinisierte Sowjetunion, zum Totengräber statt zum Hort der Menschheitshoffnung geworden ist. Auch von der Wissenschaft bleibt wegen ihrer Indienstnahme durch die Herrschenden nichts zu erwarten, und daher gilt es auszuharren, bis »die Wissenschaftler endlich aufwachen. Heute wollen die Scheißkerle ja nur herausfinden, wie man die Welt in die Luft jagen kann.« (S. 188) So bleibt nur das innere oder das äußere Exil, und Burroughs hatte es tatsächlich gefunden, nach einem kurzen Intermezzo im südamerikanischen Dschungel: in Nordafrika, in der

Stadt Tanger, die zu jener Zeit einen Sonderstatus als »Internationale Zone« unter der Zuständigkeit von acht europäischen Nationen innehatte, während das restliche Marokko unter französischer Verwaltung stand. Hierher, nach Tanger, strömten nicht nur die Waffenhändler und Drogendealer, sondern auch eben jene jungen amerikanischen Kunstschaffenden, die unter der Bespitzelung und Verfolgung der ihre paranoide Kommunistenfurcht austobenden McCarthy-Ära ansonsten elend zugrunde gegangen wären. Auch hier, in dieser winzigen, gefährdeten Nische – es ist die »Interzone« in Burroughs' phantastischem ›Naked Lunch‹, »die wohl eindrücklichste anti-imperialistische Metapher der letzten drei Generationen«[19] –, wären sie als Unbekannte gestorben, wenn nicht die politische Opposition in Westeuropa, abgeschwächt auch in den Vereinigten Staaten, sich zu formieren begonnen hätte und sich der Beginn der leider nur kurz währenden »Besseren Zeit« (im Sinne Kerstin Steinbachs) ankündigte, so daß sie ihr wackeliges nordafrikanisches Exil verlassen und sogar gesellschaftliche Anerkennung erlangen konnten. Aber selbst wenn sie namenlos in »Interzone« oder sonstwo geblieben wären, hätten sie dennoch eine bessere Lebensbilanz besessen als der durchschnittliche US-Amerikaner und Mitteleuropäer. Hierzu trug maßgeblich bei, daß sich ihre Dissidenz über das Kunstschaffen hinaus bis in ihr Sexualleben hinein erstreckte: Auffallend viele Beatniks waren – ob aus Not oder Neigung, sei dahingestellt – homosexuell. Damit setzten sie sich zwar abermals verschärfter gesellschaftlicher Ächtung und staatlicher Repression aus – laut McCarthy war jeder Schwule Kommunist und jeder Kommunist schwul, und in Westdeutschland galt der naziverseuchte Strafparagraph 175 –, aber sie vermieden damit die Sexualität als Köder der Anpassung; sie waren nicht schmierig genug wie eine di Prima, sie waren nicht so töricht wie jener Dean Moriarty alias Neal Cassady, der wegen »einem süßen Ding zwischen den Beinen« Kopf und Verstand drangab. Bei den in der Tiefsee lebenden Laternenangler-Fischen (Ceratiidae, Photocorynidae und Linophrynidae) wäre ihm als Männchen zwar nichts anderes übriggeblieben *, aber als vernunftbegabtes Wesen sollte man so etwas tunlichst vermeiden.

---

* Bei ihnen »sind die Männchen zwerghaft klein, schmarotzen auf ihren Weibchen und verwachsen dabei unmittelbar mit ihren Partnerinnen. […] ihre Nahrung […] beziehen sie über den Blutstrom ihres ›Wirtsweibchens‹, wobei bestimmte Kopfgefäße der Männchen ›gebärmutterartig‹ mit denen der Weibchen verbunden sind. Untersucht man diese Zwergmännchen daraufhin genauer, so zeigt es sich, daß eine Reihe von Organsystemen mehr oder weniger deutlich rückgebildet ist […] Die biologische Bedeutung der schmarotzenden Zwergmännchen besteht zur Hauptsache darin, daß auf diese besondere Weise die Fortpflanzung gesichert wird.« (Grzimek 1993, Bd. 4, S. 426) – Eigentlich müßte man sie heiligsprechen …

Wir hatten im Getriebensein und im ekstatischen Lebenskult der Beatniks ihre Flucht vor und ihre Selbstbehauptung gegenüber einer anmaßenden Staatsgewalt erkannt, eine historisch bedingte Form der Anpassungsverweigerung, die sich durch den Primat der Empfindung, des Gefühls auszeichnet. Diese Haltung war der Perspektiv- und Hoffnungslosigkeit der 40er und 50er Jahre in den USA geschuldet; man sah sich auf das Subjekt zurückgeworfen, weil es keine Möglichkeiten der gesellschaftlichen Gegenwehr gab. Und zudem: Hatte der Marxismus nicht durch die stalinistische Konterrevolution, die Psychoanalyse nicht durch die Folter-Psychiatrie jeweils den Offenbarungseid geleistet? In Burroughs' ›Naked Lunch‹ treibt ein Psychiater Dr. Benway sein Unwesen dergestalt, daß man meinen könnte, der KZ-Arzt Mengele sei seiner Gruft entstiegen. Doch es ist weniger die physische Brutalität, vielmehr das Feingespür eines Inquisitors, wie man einen Menschen psychisch zerbricht, die den fiktiven, doch in der Wirklichkeit überall anzutreffenden Psychiater so unheimlich macht. Sein Credo – das golden eingerahmt in jeder Praxis eines heutigen IPsaV-Psychologen hängen könnte – lautet wie folgt:

> Ich lehne jede brutale Gewaltanwendung ab. Anhaltende Schikanen dagegen, die kurz vor der physischen Gewaltanwendung haltmachen, werden im Individuum, sofern man die Sache richtig dosiert, Angst und bohrende Schuldgefühle wecken. Einige Grundregeln, oder besser gesagt: Leitlinien, sind dabei allerdings zu beachten. Für das Individuum darf nicht erkennbar werden, daß die Schikanen in Wirklichkeit der bewußte Angriff eines inhumanen Gegners auf seine Persönlichkeit sind. Das Individuum muß das Gefühl bekommen, daß es auf irgendeine nicht näher spezifizierte Weise grauenhaft abnorm ist und daher *jede* Behandlung verdient hat, die ihm zuteil wird. Es muß ein süchtiges Verlangen nach immer stärkeren behördlichen Kontrollmaßnahmen entwickeln. Und das wiederum muß dezent abgeblockt werden von einer vielfältig verschlungenen und rein willkürlich verfahrenden Bürokratie, so daß das Individuum seinen Gegner nie konkret zu fassen bekommt.

Ist diese Form der Herrschaftsausübung nicht wesentlich effizienter als die Hitlersche Brachialgewalt, die freilich erforderlich war, um die gut organisierte und trotz allen Mängeln kampfbereite KPD zu zerschlagen? Und ist es nicht pervers, daß die Herrschenden in den USA, die es in dieser Hinsicht viel leichter als die deutschen Faschisten hatten, es sich als Vorzug ans Revers heften können, daß sie viel weniger Blut vergossen haben und darin ihr Vorzug bestehen soll? Aber auch sie sind auf die Demonstration staatlicher Gewalt angewiesen – das Zeigen der Folterwerkzeuge, die *territio verbalis* der Inquisition –, um eine permanent wirksame Einschüchterung zu bewirken.

Burroughs, der im Drogenrausch seine Erinnerungen und Visionen festhielt, sah auch hier viel klarer als die über den Kontinent hetzenden Protagonisten von ›Unterwegs‹:

> Und überall Bullen: aalglatte Landespolizisten mit College-Bildung, die mit elektronischen Augen deinen Wagen und dein Gepäck, deine Kleider und dein Gesicht taxieren und jederzeit eine routinierte nichtssagende Entschuldigung parat haben; knurrige Großstadtbullen; Sheriffs auf dem Land mit ihrem weichen Dialekt und einer finsteren Drohung in ihren alten Augen, die so blaß und grau sind wie ein verwaschenes Flanellhemd. [20]

Von Burroughs stammt der paradoxe Aphorismus, nur der Paranoiker sei Realist. Wenn er damit zum Ausdruck bringen wollte, daß die eingebildete, wahnhafte Verfolgung nicht an die Schrecken der tatsächlichen Verfolgung durch einen hochtechnologisierten, quasitotalitären Leviathan heranreicht, dann mag er damit recht haben; zu Illusionen über dessen vorgebliche Freiheitsliebe und demokratischen Edelsinn neigt er jedenfalls nicht.

Die vermeintlichen Repräsentanten des Marxismus und der Psychoanalyse, welche die Beatniks zu Gesicht bekamen oder über Zeitung und Fernsehen kennenlernten, standen für bürokratisch erstarrte, freiheitsfeindliche Staaten und Organisationen, die im ersten Fall mit blankem Terror, im zweiten mit zynischer, durchfallartiger Quasselei, beide Male aber unter dem Etikettenschwindel, eine achtenswerte Tradition fortzuführen, zu Werke gingen. Indem die amerikanischen Intellektuellen diesen Prozeß der Zersetzung nicht durchschauten, die falsche für bare Münze nahmen, somit dem Etikettenschwindel auf den Leim gingen und der Marxschen Ökoanalyse wie der Wissenschaft Freuds eine feierliche Absage erteilten, verzichteten sie auf die wertvollsten Instrumente der Erkenntnis, die sie allenfalls vom Hörensagen kannten und infolgedessen auch geistig nie durchdrungen hatten. Der Vernunftverzicht, der manchmal auch recht unbekümmert, ja hochmütig erfolgte, hinterließ eine Leerstelle, ein Vakuum, das sofort von der Religion und ihrem weltlichen Pendant, der Philosophie, ausgefüllt wurde. Die Maske des »Gottesnarren« wuchs an, und an die Stelle von Logik und Vernunft, die keine gesellschaftlichen Träger mehr besaßen, sondern von zynischen Fälschern feixend in den Dreck gezogen wurden, trat das »Erleben«, »das von den Menschen gelebte Leben«, wie es der reaktionäre deutsche Philosoph Wilhelm Dilthey ungefähr ein halbes Jahrhundert zuvor ausgedrückt hatte. Diltheys »Lebensphilosophie« ist, indem sie Intuition vor Erkenntnis, Anschauung vor Definition, Erlebnis vor Verstehen setzt, eine Absage an das 19. Jahrhundert als dem

Jahrhundert der Wissenschaft; indem sie solchermaßen der Irrationalität den Boden bereitete, gedieh darauf die faschistische »Blut und Boden«-Ideologie ganz prächtig. In den USA stieß hingegen die Religion calvinistischer Prägung in die Bresche, die der Lebenskult im Umfeld der Beatniks geschlagen hatte, und so begegnet in Kerouacs Roman das Paradoxon, daß die schlechteste der real existierenden Welten, die überall in ihrem Einflußbereich häßliche Gorilla-Diktaturen wie Metastasen setzt, als die BESTE aller nur denkbaren Welten gepriesen wurde, und dies in original religiösem Überschwang und mit unerschütterlicher Glaubenszuversicht. »Natürlich« gebe es Gott, schwadroniert der Protagonist Moriarty inmitten des allgemeinen Elends, und von seinen »Gottesbeweisen« ist einer dämlicher als der andere: »Schwierigkeiten, siehst du, das ist das verallgemeinernde Wort für das, worin Gott existiert«, räsoniert er, nachdem er zuvor komplexe Sachverhalte, von denen er sicher nicht den schwächsten Hauch einer Ahnung besaß, mit links abgehakt hatte: »Alles ist in bester Ordnung, Gott existiert, wir wissen, was Zeit ist. Alles, was seit den alten Griechen gepredigt wurde, ist falsch. Nicht einmal mit Geometrie und geometrischen Denksystemen kannst du es schaffen. *Darauf* kommt es an!« (S. 147) Als sie einen Jungen beobachten, der Steine auf die vorbeifahrenden Autos wirft, ist gleich der nächste Gottesbeweis fällig: »›Denk daran‹, sagte Dean, ›eines Tages wird er einem Mann einen Stein durch die Windschutzscheibe werfen, und der Mann wird einen Unfall bauen und tot sein – alles wegen dieses kleinen Jungen. Siehst du, was ich meine? Gott existiert und hat keine Skrupel. Und während wir hier so dahinrollen, bin ich ohne jeden Zweifel davon überzeugt, daß in allem für uns gesorgt wird, daß alles glattgehen wird … ‹« (S. 147 f.) Der moderne amerikanische Picaro in der Mitte des 20. Jahrhunderts ist ein calvinistischer Gottesnarr; er sieht »diese Hölle, dieses sinnlose Unterwegssein auf den Straßen des Alptraums« (S. 313), und findet doch nichts dabei, als Penner zu enden, wenn dies nun einmal der unergründliche Ratschluß Gottes sein sollte. Diese fatalistische Fügsamkeit gegenüber einem phantasierten, als allmächtig apostrophierten Wesen entspricht der Ohnmacht des Einzelnen gegenüber den Monopolen und einer quasidiktatorischen Regierung, die es beide wirklich gibt, und diese Haltung hat ihr Modell in der Ohnmacht des Kindes gegenüber den Eltern. Es dürfte kein Zufall sein, daß das heimliche Motiv für die Umtriebigkeit Dean Moriartys die Suche nach seinem Vater ist, einem heruntergekommenen Säufer und Obdachlosen, wobei gänzlich unklar bleibt, weshalb ein Treffen mit dieser Bruchexistenz so dringend erforderlich ist. Die letzte Zeile des Romans besteht in einer hymnischen Anrufung an Moriarty und »den Vater, den wir nie gefunden haben« (S. 380). Die Generation der amerikanischen Beatniks war stark genug, sich von der väterlichen Autorität zu lösen, aber zu schwach, um die Flucht in eine Kampfansage umzugestalten. So bleiben sie im Bannkreis der väterlichen Macht, schädigen sich selbst als Buße für ihr Aufbegehren, akzeptieren das soziale Elend als Strafe für ihren Ungehorsam und harren der Wiederkehr des Vaters in der Gestalt des unbarmherzigen und doch fürsorglichen Gottes. Fritz Erik Hoevels hat in einer psychoanalytischen Studie über den zur gleichen Zeit wirkenden Schriftsteller Samuel Beckett dargelegt, wodurch die ziellose Kreisbewegung und der quälende Nihilismus des absurden Theaters bedingt sind: das »Warten auf Godot« ist in Wirklichkeit ein Warten auf Gott, der sich aber nie blicken läßt, so daß die einsamen Erdenkinder an ihrem grausamen Schicksal verzweifeln und ungetröstet bleiben. Dieses lähmende Patt ist wiederum ein Niederschlag der gesellschaftlichen Gewaltverhältnisse, die eine innerpsychische Blockade gerade bei den fortschrittlichen Intellektuellen jener Zeit bewirken: »subjektiv zu stark zur Unterwerfung, aber zu schwach zur konstruktiven Auflehnung, mußten sie in jenem melancholisch-nihilistischen Schwebezustand verharren, den die […] Stücke Becketts so eindrucksvoll verkörpern«[21] – und dem wir in den Prosaschriften und Gedichten der amerikanischen Beatniks begegnen, wie an einem weiteren Beispiel illustriert sei: Allen Ginsbergs Poem ›Howl‹ (»Geheul«).

»Die Schönheit wird konvulsivisch sein, oder sie wird nicht sein«, sagte André Breton, und es hat den Anschein, als sei dieses Diktum bei der Abfassung des Gedichtes Pate gestanden. Seine emotionale Grundhaltung besteht in einem fortwährenden Zucken und Beben, und der Dichter-Seher ergeht sich in ekstatisch-pathetischen Anrufungen wie ein alttestamentarischer Prophet, der kündet, warnt, verdammt und heiligspricht. Wie in Kerouacs Roman keucht auch hier die Atemlosigkeit der Bebop-Sessions, ja, das Gedicht nimmt sich wie ein langes, improvisiertes Solo eines Jazz-Instrumentalisten aus: »Heilig das stöhnende Saxophon! Heilig die Bop-Apokalypse! Heilig die Jazz-Bands Marihuana Hipster Frieden Peyote Pfeifen & Trommeln!«[22] Die Protagonisten dieses Gedichtes sind die Gestrandeten und Verworfenen, die beispielsweise »hungrig und verlassen durch Houston schlurften und nach Jazz oder Sex oder einer Suppe suchten«, und auch jene, die zerschmettert vom »Moloch« der Kapitalherrschaft, »aufstanden, wiedergeboren im Geistergewand des Jazz im goldschimmernden Schatten der Band, und die quälende Sehnsucht der nackten amerikanischen Seele nach Liebe hinausröhrten in einem eli eli lamma lamma sabacthani Saxophonschrei, der die Städte bis aufs letzte Radio erzittern ließ.« Wie der ans Kreuz geschlagene Jesus erleidet der

Beatnik sein Martyrium in der Hölle des amerikanischen Molochs, nur ist der Beatnik in Ginsbergs ›Howl‹ ein Schmerzensmann besonderer Art: ein geiler, perverser, obszöner, nach Lust gierender: »Die Haut ist heilig! Die Nase ist heilig! Zunge und Schwanz und Hand und Arschloch sind heilig! […] Heilig die Schwänze der Großväter aus Kansas!« (Zeilen wie diese konnten im Land der Freien und der unbegrenzten Möglichkeiten gar nicht anders als in ein Zensurverfahren münden. Aber auch in Westdeutschland wurde der Zensurhammer gegen ›Howl‹ geschwungen. Als die Tübinger Studentenzeitschrift ›Notizen‹ Auszüge des Gedichts veröffentlichte, sahen die Konsequenzen wie folgt aus: »Beschlagnahme der Restauflage […], Einleitung eines Ermittlungsverfahrens gegen den Herausgeber, Kürzung der [studentischen] Sozialbeiträge durch den Rektor der Universität, Weigerung der Druckerei, das Gedicht ›an exponierter Stelle‹ [nämlich auf der Rückseite] abzudrucken«.[23]) Einige der Protagonisten, allesamt unheilige Heilige, sind namentlich, zum Teil auch mit ihren Initialen genannt, so »N. C.«, der uns bereits als Dean Moriarty aus ›On the Road‹ bekannte Neal Cassady. Er zählt, wie Ginsberg in hymnischer Verzückung preist, zu jenen, »die nachts in Myriaden gestohlener Autos durch Colorado hurten, N. C., heimlicher Held dieser Gedichte, Bumser und Adonis von Denver – mit Freuden gedenken wir der unzähligen Male, die er's brachte mit Girls…« Zeilen wie diese waren spektakulär und ließen aufhorchen, als sie erstmals in einer verqualmten Kneipe im Rahmen einer Dichterlesung vorgetragen wurden, erst recht aber, als sie in Amerika und der Welt als Skandalon bekannt wurden; ihre befreiende Wirkung lag in der schnörkellosen, direkten Benennung des strikt tabuisierten Sexuellen – »solche Worte nimmt man nicht in den Mund« –, welche die Prüderie und Verlogenheit des »sauberen Amerika« bloßlegten. Aber es sind nicht die lauten und Anstoß erregenden Stellen, denen hier weiter nachgespürt werden soll, sondern der Name eines seinerzeit völlig Unbekannten, der den dritten Abschnitt des Gedichtes dominiert. Es ist abermals eine hymnische Anrufung, die mit den Worten beginnt: »Carl Solomon! Ich bin bei dir in Rockland / wo du verrückter bist als ich«, und dieses *I'm with you in Rockland* wird achtzehnmal als Anapher wiederholt, also jeweils zu Beginn einer neuen Zeile. Es muß demnach von Bedeutung sein. Und es wird uns in der Tat wieder in den elften Höllenkreis des amerikanischen Infernos führen.

Der Carl Solomon gewidmete Abschnitt des Gedichtes klingt zweimal andeutungsweise an, als Ginsberg von jenen spricht, die »bedacht wurden mit der konkreten Leere von Insulin Metrasol Elektroschock Hydrotherapie Psychotherapie Tischtennis & Amnesie« und er dann unvermittelt den bis dahin unerwähnten Namen in einem Ausruf nennt: »ach, Carl, solange du nicht in Sicherheit bist, bin ich's auch nicht, und jetzt bist du wirklich im totalen tierischen Sumpf der Zeit«. Zu dieser Zeile meinte Solomon später lakonisch: »Es ist in einem Hospital sicherer als draußen. Siehe Neal Cassadys Schicksal.« Bei dem in Rede stehenden »Hospital« handelte es sich in Wirklichkeit um eine Psychiatrie oder, um einen altertümlichen Ausdruck zu verwenden, der die Schrecken solcher Anstalten adäquat zum Ausdruck bringt, um ein Irrenhaus, in das Solomon eingeliefert worden war: das Pilgrim State Hospital in Brentwood, New York, mit 25 000 Insassen seinerzeit die größte psychiatrische Einrichtung der Welt, in der sich Solomon und Ginsberg kennengelernt hatten und in der zu jener Zeit auch Ginsbergs Mutter Naomi ihre letzten Lebensmonate verbrachte. Naomi Ginsberg litt an paranoiden Wahnvorstellungen und war davon überzeugt, daß man ihr während der Insulin-Sedierungen und der Elektroschock-Folter Stäbe als Antennen in den Rücken implantiert hätte, mit denen sie Radiosendungen empfangen und die Stimme Präsident Roosevelts hören konnte, der sie abwechselnd lobte und beschimpfte. Ginsberg hatte zuvor eingewilligt, daß an seiner an schweren psychischen Störungen leidenden Mutter eine Lobotomie vorgenommen wurde, eine Standardprozedur nicht nur, aber besonders in den Vereinigten Staaten, bei der durch einen operativen Eingriff die graue Substanz des Kortexlappens und die weiße Hirnsubstanz des Zentralnervensystems zerstört werden (Leukotomie). Das Operationsverfahren wurde von dem Italiener Mario Fiamberti und dem Portugiesen António Egas Moniz entwickelt und von dem amerikanischen Psychiater Walter Freeman, einem passionierten Hirnzerstörer, sowie dem Neurochirurgen James Winston Watts »verfeinert«. Ursprünglich wurden drei Zentimeter vor und fünf Zentimeter über dem Ohr zwei Löcher in den Schädel gebohrt und ein längliches Messer oder ein anderer geeigneter Gegenstand eingeführt und »geschwenkt«, so daß weite Regionen des Vorderhirns irreversibel zerstört wurden. Die »Verfeinerung« bestand darin, daß der Eingriff von einer einzigen Person, oft nicht einmal einem Chirurgen, durchgeführt werden konnte: Man hob das Augenlid des Delinquenten an, führte einen spitzen länglichen Gegenstand – liebevoll »Eispickel« genannt – oberhalb der Augenhöhle ein und behob den Widerstand, den der an dieser Stelle dünne Schädelknochen bot, mit einem leichten Hammerschlag. Nun führte der Operateur das Instrument nach Gutdünken in die Gehirnmasse ein und rührte dort herum. Für die Anästhesie bevorzugte man einen dreifachen Elektroschock, der die Patienten vorübergehend außer Gefecht setzte; sobald jedoch das Verfahren fließbandmäßig durchgeführt wurde, begnügte man sich mit einer lokalen

Betäubung. Zurück blieb ein Hämatom am Auge – und ein in der Regel willenloser, lethargischer Idiot. Freeman betrieb die Hirnmanscherei mit wahrer Leidenschaft; er operierte im Akkord in Hörsälen und fürs Fernsehen und eilte mit seinem »Lobomobil« von Klinik zu Klinik, so daß er bis zu seiner Pensionierung 1962 weit über 3000 Personen verstümmelt hatte. Es war ja so billig! Ein paar tausend Dollar kostete ein solcher antriebsloser Idiot, der ansonsten Hunderttausende verschlungen hätte. Die ursprüngliche Indikation für Angst- und Panikstörungen sowie für psychotische und depressive Erkrankungen wurde schnell ausgeweitet; bald war die Reihe an übernervösen und zurückgebliebenen Kindern, dann an straffälligen Jugendlichen, aufsässigen Gefängnisinsassen, schließlich an Homosexuellen und Kommunisten, und auch für die Rassenunruhen in den amerikanischen Metropolen meinte man »Hirnstörungen« verantwortlich machen zu müssen. Ken Kesey setzte dieser hochmodernen Barbarei mit seinem Roman ›Einer flog über das Kukkucksnest‹ ein literarisches Denkmal; Milos Forman gelang eine kongeniale Verfilmung der Vorlage mit Jack Nicholson als Hauptdarsteller. Ein Remake des Jack-the-Ripper-Themas mit Johnny Depp als opiumsüchtigem Kommissar führte die »gute alte« Methode der Lobotomie vor Augen, in bereits historisch scheinender Londoner Kulisse – doch dieser Schrecken war erst gestern. Bürgerrechtsbewegungen machten gegen diese Verstümmelungspraxis mobil, auch in den USA; die BRD nahm seit den 70er Jahren davon Abstand, die nordeuropäischen Länder folgten ein bis zwei Jahrzehnte später. Auch in der Sowjetunion sollen angeblich Fälle von Lobotomie vorgekommen sein – dies für die Ausgewogenheitsfetischisten –, doch die erdrückende Mehrzahl der rund eine Million Opfer kam im Westen unter den Pickel, hier wiederum vor allem im angelsächsischen Bereich.

Was aber führte Allen Ginsberg und Carl Solomon Ende der 40er Jahre in die Psychiatrie? Ginsberg sollte dort von seiner Homosexualität »kuriert« werden, und da er sich, wohl aus Angst vor körperlichen Schmerzen, »kooperativ« zeigte, verzichtete die Anstaltsleitung auf Elektroschocks als allfälliges Mittel der Willensbrechung und begnügte sich mit harmloseren Mätzchen wie Hydro- und Beschäftigungstherapie (aber wer weiß, ob sich unter der »Wasserkur« nicht doch das Abspritzen mit eiskaltem Wasser verbarg, wie es in den Irrenanstalten Europas jahrzehntelang praktiziert wurde). Anders lag der Fall bei Carl Solomon. Er hatte während der gemeinsamen Internierung mit Ginsberg eigenen Aussagen zufolge insgesamt 50 Insulin-Sedierungen erhalten, und als man ihn dann Jahre später ins »Rockland« einsperrte – was Ginsberg veranlaßte, dem neuerlichen Martyrium seines ehemaligen

Leidensgenossen ausführlich Platz in seinem Poem einzuräumen –, da hatte man den bedauernswerten Solomon in die Zwangsjacke gesteckt und 21mal mit der Elektrofolter traktiert. Aber was machte ihn in den Augen seiner Peiniger so gefährlich? Solomon hat, als er durch Ginsbergs Gedicht so unversehens Berühmtheit erlangte, eine »Erklärung« und einen kurzen Essay über den französischen Surrealisten Antonin Artaud verfaßt[24], die hochinteressante Mitteilungen über seinen eigenen Werdegang enthalten.

Als junger Intellektueller und, wie er von sich selbst sagte, »Romantiker« wurde er nach dem Ende des 2. Weltkriegs von der US-Army eingezogen und per Schiff nach Frankreich verlegt. Dort angekommen, desertierte er im Mai 1947 »ziemlich dumm und voreilig« – so wenigstens meinte er aus der Rückschau – und schlug sich nach Paris durch, wo er Französisch lernte, Henry Miller las, sich verliebte, Vorlesungen über Kafka hörte, den Louvre besuchte, Jacques Prévert kennenlernte, zu Versammlungen der KPF ging – kurzum, es war das Beste, das er überhaupt in seinem jungen Leben bis dahin unternommen hatte. Er suchte Anschluß an die literarische Avantgarde in Paris, die seinerzeit durch den »Lettrismus« von Isidore Isou repräsentiert wurde, der in der Tradition der Dadaisten sinnfreie Klanggedichte verfaßte (frz. *lettre* = Buchstabe). Zu Solomons einschneidendsten Erlebnissen gehörte jedoch eine Lesung des alten, kranken ehemaligen Surrealisten Artaud in einem kleinen Kreis von Bewunderern. Artaud hatte Ende der 20er, Anfang der 30er Jahre den von Breton forcierten Anschluß an die kommunistische Bewegung zusammen mit Robert Desnos und anderen verweigert und war im Streit von den Surrealisten geschieden. Nun – Desnos wurde im Februar 1944 von der Gestapo verhaftet und ins KZ von Buchenwald gesteckt, wo er sogar noch einige Gedichte zuwege brachte; ins tschechoslowakische Theresienstadt verlegt, starb er bei Ankunft der alliierten Truppen an Erschöpfung im Alter von 45 Jahren. Hatten sich seine Vorbehalte gegenüber dem Kommunismus gelohnt? Antonin Artaud glitt in seiner Vereinzelung zunehmend in Verwirrung und geistige Umnachtung. Eine entsprechende Disposition war vielleicht schon früher vorhanden; jedenfalls stammte der 1925 von den Surrealisten veröffentlichte »Brief an die Chefärzte der Irrenanstalten« aller Wahrscheinlichkeit nach von Artaud. Das Schreiben beginnt mit den Worten: »Meine Herren, die Gesetze, die Gewohnheit gestehen euch das Recht zu, den Geist zu beurteilen. Diese furchtbare höchste Gerichtsbarkeit übt ihr mit eurem Verstand aus. Laßt uns lachen.«[25] Tatsächlich erblickten die Surrealisten in den psychisch Kranken, die mitunter künstlerische Schöpfungen von bizarrer Schönheit schaffen konnten, »Geistesverwandte« insofern, als deren Hervorbringungen nicht nur den Träumen »Normaler«, sondern den mittels »automatischer Schreibweise« entstandenen Texten der Surrealisten glichen; allesamt waren sie Abkömmlinge des Unbewußten. Die »Vernunft« aber, repräsentiert durch die Irrenärzte, agierte mit Gewalt und diskreditierte sich dadurch, wie das Schreiben festhält: »Die Irrenanstalt ist, unter dem Deckmantel der Wissenschaft und der Gerechtigkeit, der Kaserne, dem Gefängnis, dem Bagno vergleichbar.«

Es zählt zu den eher unbekannten und doch großen Tragödien, daß der umnachtete Artaud nun genau der Behandlung unterzogen wurde, die er wenige Jahre zuvor angeprangert hatte. In der Irrenanstalt von Rodez jagten ihm die Ärzte Stromstöße durch den Körper und trieben, wie Artaud sich ausdrückte, seinen nach Freiheit strebenden Geist in seinen Körper zurück, der für ihn »ein Haufen Scheiße« war. In seinem Todesjahr 1948 veröffentlichte Artaud einen Text über Van Gogh, in dem er sein Martyrium schilderte und vehement Stellung gegen die psychiatrischen Folteranstalten bezog. Eben diesen Text führte Carl Solomon mit sich, als er nach kurzen sechs Wochen in Paris sehr unbedacht, sehr naiv in die Vereinigten Staaten zurückkehrte. Und nun soll er etwas länger das Wort erhalten:

> Dieses Buch beeindruckte mich, als ich es 1948 las, dem Jahr von Trumans überwältigendem Sieg über Dewey. Ich war zu jener Zeit noch in der Schule tätig, und die intellektuellen Schüler – unter denen ich jene verstehe, die kein Baseball mochten und die hin und wieder ein Buch lasen, das nicht auf der obligatorischen Leseliste stand – waren zumeist entweder an Marxismus und Folksongs interessiert oder, in den fortgeschrittenen Rängen, an Freud oder Wilhelm Reich. Ich jedenfalls war an Artaud interessiert, der für mich ein Symbol wirklicher Rebellion war, die ihrem Namen Ehre machte.
>
> Um die Stimmung der Studentenschaft am College zu jener Zeit zu beschreiben, sollte ich berichten, daß ich mit einem Exemplar von Baudelaire in ein Klassenzimmer ging und sofort von einer Studentin mit Hauptfach Englisch mit Beschlag belegt wurde, die scheinbar dachte, ich sei Baudelaire selbst. Kurz danach wurde ich in eine Klapsmühle verbracht, wo ich mittels Schocks soweit gebracht wurde, all meiner Lektüre etc. etc. zu entsagen. Die Bücher, die mir nach der Schockbehandlung noch blieben, wurden mir später von verschiedenen Rowdys gestohlen, und bald wurde ich in ein noch wüsteres Irrenhaus gesteckt.

So lernte ihn Allen Ginsberg kennen, und die pathetische Anrufung des bis dahin unbekannten Carl Solomon wird nun schlagartig nachvollziehbar: Es ist ein Hilfeschrei, ein Protestschrei aus den weißgetünchten, schallgedämpften, aseptischen Folterkammern der »freien Welt«, aus denen ansonsten kein Laut dringt. Wenn Solomon sagt, er denke, »die Dr. Benway-Behandlung (*Naked Lunch*) scheint typisch für die moderne Psychiatrie« zu sein, dann mag man erahnen, wieviel an ausgestandenen Folterqualen hinter diesen nüchternen Worten verborgen ist. Und noch Jahre später fragt er Allen Ginsberg: »Kannst du aus diesem juristischen diagnostischen Scheiß klug werden?« Nein, kann man nicht, es sei denn, man begreift es als Mittel zur Willensbrechung. – Nach seiner Entlassung belegte Carl Solomon Kurse zur »Wiedereingliederung«, wie es so schön verheuchelt und sozialstaatsverträglich heißt; er heiratete und wurde in der Verlagsbranche tätig, wo er insofern wieder eine Anknüpfung an sein früheres Leben fand, als er das Buch ›Junkie‹ von Burroughs und andere Texte der Beatniks lektorierte. Ein Foto aus dem Jahr 1983 zeigt ihn als fidelen älteren Herrn, in einem schaukelnden Kahn auf dem Hudson River, der gerade seiner Lieblingsbeschäftigung nachgeht: dem Angeln.

Aber ist es nicht pervers, daß die US-Regierungen und ihre journalistischen Mietlinge ein Lamento über die »Zwangspsychiatrisierung« von Dissidenten in der Sowjetunion anstimmen? daß sie sich über die dort angeblich praktizierte »Gehirnwäsche« kaum einkriegen können, während ihre Psychiater serienweise Gehirne zermanschen? daß Zwangspsychiatrie und Psychofolter für ein Spezifikum des »menschenverachtenden Kommunismus« ausgegeben werden? – Willkommen in der Welt des Zwiedenk, wo nur die Dümmsten sagen: *Right or wrong – my country*.

Da Carl Solomon in seinen Erinnerungen Sigmund Freud und Wilhelm Reich erwähnte, die für den bewußtesten Teil der amerikanischen Intellektuellen offenbar von großer Bedeutung waren, seien zum Umgang der amerikanischen Behörden mit den Werken des Begründers der Psychoanalyse und mit dessen seit Mitte der 30er Jahre geistig erkranktem Schüler Reich einige Informationen nachgeschoben, die ein bezeichnendes Licht auf die amerikanische Lebenswirklichkeit werfen. Die amerikanische Regierung hatte in sieben Ländern des kriegszerstörten Europas rund 200 »Amerika-Häuser« eingerichtet, die eine Vorstellung vom *American way of life* vermitteln sollten und bis heute auf ihre Art vermitteln. Diese Einrichtungen wurden mit Bibliotheken ausgestattet, die Anfang der 50er Jahre rund zwei Millionen Bücher enthielten. Eine von Senator McCarthy nach Europa entsandte Kommission stellte indessen fest, daß sich in dem Bestand auch die Werke von 30 000 »prokommunistischen« Autoren befanden. Das hatte Konsequenzen:

> [...] McCarthy [...] gab telegrafisch die Anweisung zur Vernichtung der Bücher. Ein Teil davon wurde in aller Eile verbrannt; es waren darunter Werke,

die fast auf den Monat genau zwanzig Jahre zuvor schon auf den national-sozialistischen Scheiterhaufen gelandet waren: Thomas Manns *Zauberberg*, Albert Einsteins *Relativitätstheorie*, die Werke Sigmund Freuds, John Reeds *Zehn Tage, die die Welt erschütterten* und Helen Kellers *How I Became a Socialist*. Aussortiert und vernichtet wurden alle Schriften von Sartre, Maxim Gorki, Dashiell Hammett, Langston Hughes, Herman Melville und Howard Fast – um nur die heute noch bekannten Namen zu erwähnen.

Nicht minder schändlich waren die Behandlung des in den Vereinigten Staaten lebenden, geistig umnachteten Wilhelm Reich und der Umgang mit seinen Werken:

> […] im Juli 1956 wurden nach einer Anklage der »US Food and Drug Administration« (FDA) auf richterliche Anordnung die Werke Wilhelm Reichs in dessen Haus in Rangeleg/Maine konfisziert und sofort im Garten verbrannt. Ende desselben Jahres und im März 1960 wurden nochmals insgesamt sechs Tonnen von Reichs Büchern, die man überall in den Bibliotheken beschlagnahmt hatte, aber auch Veröffentlichungen über ihn, in der New Yorker Müllverbrennungsanlage vernichtet. Auch der private Besitz von Schriften Reichs war verboten und wurde strafrechtlich verfolgt. [26]

Unter dem Vorwand, die vom erkrankten Reich entwickelte »Orgon«-Therapie – die Einstein nach eingehender Prüfung als »Illusion« bezeichnet hatte – sei gesundheitsschädlich, wurde die Erinnerung an den bis Anfang der 30er Jahre fähigsten Schüler Sigmund Freuds getilgt (in Wirklichkeit ist sie nur wirkungslos). Buchbesitz – ein Straftatbestand! Das sind Zustände wie in Ray Bradburys ›Fahrenheit 451‹ oder aber im habsburgischen Spanien …

Verlassen wir nun das Amerika der Kommunistenjäger und Nuklearmörder, die zielstrebig auf einen Dritten Weltkrieg zur »Endlösung der Sowjetfrage« hinarbeiteten und wo eine kleine Gruppe von Intellektuellen, von Beboppern und Beatniks, von einem sehr ungünstigen Ausgangspunkt aus um die Wahrung ihrer persönlichen und geistigen Integrität kämpfte, und werfen wir einen Blick über den Teich ins besiegte, kriegszerstörte und geteilte Deutschland. Im westlichen Teilstaat herrschte eine ganz andere Atmosphäre vor, als wir sie soeben kennenlernten, und will man als Spätgeborener in sie eintauchen, so lasse man die Finger von ideologisch vorverdauten Geschichtsbüchern und greife statt dessen zu Wolfgang Koeppens Anfang der 50er Jahre geschriebenen Romantrilogie ›Tauben im Gras‹, ›Das Treibhaus‹ und ›Der Tod in Rom‹. Der Verfasser repräsentiert das humanistisch gebildete, liberale Bürgertum, deren Vertreter in der Weimarer Republik häufig, nach Hitler kaum mehr anzutreffen waren, denn mit der Vernichtung der KPD war auch der Stab über die bürgerliche Demokratie gebrochen. Von den Schergen des Nazi-Regimes, dem uniformierten Lumpenproletariat, verhöhnt, gedemütigt und schikaniert, bezogen sie ein »inneres Exil«, so man sie denn ließ und nicht in den Wehrdienst preßte; nach dem Krieg mußten sie, sofern sie überlebt hatten, fassungslos mit anschauen, wie der alte Nazi-Dreck in neuer Verpackung von den siegreichen Besatzern in Amt und Würden gehievt wurde, als »demokratisch gewendete«, »christlich geläuterte« Quislinge der westdeutschen US-Militärkolonie. Und so war die Atmosphäre beschaffen. Bald wurden Sprüche laut, daß unter Hitler »nicht alles schlecht« gewesen sei, daß er »ruhig ein paar mehr vergasen« hätte können, und bei Negerwitzen lachte man »bis zur Vergasung«. Der durchschnittliche Nazi-Mitläufer, der »Herr Karl« des kurzen Prologs zu diesem Buch, glich einem Hund, dem man das Kunststück andressiert hatte, zur gleichen Zeit zu winseln und zu knurren, und bei dem man nie sicher sein konnte, ob er die Hand seines neuen Herrn leckte oder nach ihr schnappte. Natürlich war ein solcher Anblick ekelhaft für alle, die nicht zu Hitlers »willigen Vollstreckern« zählten und nach dessen militärischer Niederlage wenigstens die Herstellung des *Status quo ante* erhofften; es war widerwärtig zu sehen, wie unter der Militärberatung der westlichen Siegermächte der braune Dreck wieder an die Oberfläche gespült wurde, und kaum hatten die wenigen bürgerlichen Intellektuellen ihr inneres Exil verlassen, mußten sie feststellen, daß sie schon wieder zu den Verlierern zählten. Besaßen sie noch Kraft genug, sich zu artikulieren, so war ihr Ton matt, atemlos wie nach einer beispiellosen Hetze, gedämpft und resigniert. Sie schauten als Fremde in eine Welt, die ihnen fremd war und bleiben würde. Sie hatten die »Zeichen der Zeit« anscheinend nicht erkannt und wurden bestenfalls belächelt. Man brauchte sie nicht umzubringen; es genügte, sie hungern zu lassen, während der Militärexpreß unter neuem Kommando wieder Richtung Osten rollte. All dies ist in Koeppens Romanen enthalten, in montageartig zusammengefügten Schlaglichtern, die ein treffliches Bild einer düsteren Realität vermitteln, geschildert aus der Sicht eines desillusionierten Humanisten, der nicht mehr die Kraft zum Kämpfen hatte, sie vielleicht nie besessen hatte. Im Vorwort zur 2. Auflage von ›Tauben im Gras‹, dem ersten der drei Romane, schreibt Koeppen: »… der Kopf war von Hunger und Bombenhall noch etwas wirr, und alle Sinne suchten Lust, bevor vielleicht der dritte Weltkrieg kam.« Die Romanhandlung spielt an einem einzigen Tag, dessen Ende auch den Roman beschließt. Auf der letzten Seite ist in knappen, wie entkräftet wirkenden

Sätzen die Trostlosigkeit in diesem für den nächsten Krieg als Frontstaat aus-
ersehenen Land *in nuce* gebündelt:

> Mitternacht schlägt es vom Turm. Es endet der Tag. Ein Kalenderblatt fällt.
> Man schreibt ein neues Datum. Die Redakteure gähnen. Die Druckformen der
> Morgenblätter werden geschlossen. Was am Tage geschehen, geredet, gelogen,
> erschlagen und vernichtet war, lag in Blei gegossen wie ein flacher Kuchen
> auf den Blechen der Metteure. Der Kuchen war außen hart, und innen war er
> glitschig. Die Zeit hatte den Kuchen gebacken. Die Zeitungsleute hatten das
> Unheil umbrochen, Unglück, Not und Verbrechen; sie hatten Geschrei und
> Lügen in die Spalten gepreßt. Die Schlagzeilen standen, die Ratlosigkeit der
> Staatenlenker, die Bestürzung der Gelehrten, die Angst der Menschheit, die
> Glaubenslosigkeit der Theologen, die Berichte von den Taten der Verzweifel-
> ten waren vervielfältigungsbereit, sie wurden in das Bad der Druckerschwär-
> ze getaucht. Die Rotationsmaschinen liefen. Ihre Walzen preßten auf das
> Band des weißen Papiers die Parolen des neuen Tages, die Fanale der Torheit,
> die Fragen der Furcht und die kategorischen Imperative der Einschüchterung.
> Noch wenige Stunden, und müde, arme Frauen werden die Schlagzeilen, die
> Parolen, die Fanale, die Furcht und die schwache Hoffnung ins Haus der Leser
> tragen, verfrorene, mißmutige Händler werden den Morgenspruch der Au-
> guren an die Wände ihrer Kioske hängen. Die Nachrichten wärmen nicht.
> *Spannung, Konflikt, Verschärfung, Bedrohung.* Am Himmel summen die Flie-
> ger. Noch schweigen die Sirenen. Noch rostet ihr Blechmund. Die Luftschutz-
> bunker wurden gesprengt; die Luftschutzbunker werden wiederhergerichtet.
> Der Tod treibt Manöverspiele. *Bedrohung, Verschärfung, Konflikt, Spannung.*
> Komm-du-nun-sanfter-Schlummer. Doch niemand entflieht seiner Welt. Der
> Traum ist schwer und unruhig. Deutschland lebt im Spannungsfeld, östliche
> Welt, westliche Welt, zerbrochene Welt, zwei Welthälften, einander feind und
> fremd. Deutschland lebt an der Nahtstelle, an der Bruchstelle, die Zeit ist
> kostbar, sie ist eine Spanne nur, eine karge Spanne, vertan, eine Sekunde zum
> Atemholen, Atempause auf einem verdammten Schlachtfeld.

Mit Abschluß der Trilogie war die BRD »wiederbewaffnet«, die Altnazis saßen
fester denn je im Sessel, der Eintritt ins NATO-Kriegsbündnis stand unmittelbar bevor, der Blick war in Treue fest nach Osten gerichtet, und rings um
Deutschland wurden Atombomben geschichtet. So nimmt es nicht wunder,
daß Wolfgang Koeppen zwar nicht vollständig verstummte, aber nur noch
Reiseberichte veröffentlichte. Wenn schon nirgends »gut sein« war, so wenigstens die Welt besichtigen, bevor sie im nuklearen Inferno zerstäubte.

Mit Arno Schmidt erhielt die deutsche Literatur der Nachkriegszeit ihre
bis dahin kühnste formale wie inhaltliche Erweiterung und Vertiefung. In

der Schule hat man uns bis in die Mitte der siebziger Jahre fürsorglich mit seinen Werken »verschont«, so daß ich ihn, den vom Krieg Geschädigten und Verbitterten, paradoxerweise erst als Soldat kennenlernte, von einem Kriegsdienstverweigerer, der als solcher nicht anerkannt und perfiderweise einer Kampfeinheit zugeteilt worden war, wo er tagsüber seinen Dienst ableistete (allerdings nicht an der Waffe) und abends in die Zelle mußte. Ein quälendes Vierteljahr später hatten sie ein Erbarmen mit ihm und ließen ihn laufen; bis dahin erzählte er mir von Arno Schmidt und ich ihm von Peter Weiss – so war die Zeit des Geschliffen- und Abgerichtetwerdens gerade noch zu ertragen. Man konnte Schmidts Kurzgeschichten nach Dienstschluß in der Kasernenstube lesen, sogar im Panzer beim Manöver; Kameraden, die nach der Hauptschule ihre Lehre abgeschlossen hatten und nun einen Blick in eines seiner Taschenbücher warfen, beanstandeten seine »Schreibe« – sie war, nicht nur in orthographischer Hinsicht, anders als sie's gelernt hatten.

Es war in der Tat ungewöhnlich, außergewöhnlich: Kurze Abschnitte, manchmal nur von Satzlänge; der kursiv gesetzte Satzbeginn war von einer Helligkeit und Brennschärfe, die der deutschen Sprache eine bis dahin nicht gekannte Präzision verlieh. Seine von allen Schlacken befreite »dehydrierte Prosa« (Schmidt) meißelte die umgebende Wirklichkeit in scharfen Konturen heraus, er war der Arbeiter am Wort, der »Wortmetz« (abermals Schmidt). Er hatte Witz – und was für einen! –, einen gargantuesken, ätzenden, manchmal liebevollen, meist aber von Verachtung für die Herrschenden und ihr Stimmvieh triefenden, und er war zornig. Hier litt nicht mehr einer an der Welt wie der Kollege Koeppen, sondern er schüttelte die Faust ob der von Diktatur und Krieg geraubten Lebensjahre; seine frühen Schriften waren ein einziges elaboriertes »Ihr könnt mich mal«. Hier schaltete ein Einsiedler von Verteidigung auf Angriff, und er hatte keine Waffe außer seiner Sprache, er hatte in den Nachkriegsjahren am Hungertuch genagt und konnte sich kaum Socken leisten, aber er bot der kompakten Mehrheit der Angepaßten die Stirn, indem er ganz »Augentier«, ganz »Gehirntier« war (wiederum Schmidt). Die wertvollste Erfahrung, die die Lektüre seiner Werke vermittelte, war vorab jene, daß ein Einzelner gegenüber einer denkfaul-behäbigen Mehrheit im Recht sein konnte, und die hieraus resultierende Stärkung für das eigene Ich kann gar nicht so leicht überschätzt werden: also war man doch nicht verrückt! Denn hier gab es einen, der lieber allein war als mit den Wölfen zu heulen. Es ist natürlich schwer zu sagen, wie viele Identitäten durch den Bargfelder Solipsisten vor der Zerschredderung bewahrt wurden, aber es muß ein statistisch meßbarer Teil gewesen sein, wie die Haßkritiken der Journaille nahelegen (wir werden später eine solche unrühmliche Stimme *pars pro toto* vernehmen).

›Schwarze Spiegel‹ war das erste Werk aus seiner Feder, das ich kennenlernte – ein Lichtkegel in der NATO-Finsternis. Die fiktive Handlung setzt im Mai 1960 ein, in einem atomar völlig zerstörten Deutschland – eine sonderbare Vorstellung ein halbes Jahrhundert später, wo doch der Kalte Krieg so »friedlich« zu Ende gegangen war –, in dem der Ich-Erzähler scheinbar als Einziger überlebt hat:

> *Wie immer* : die leeren Schalen der Häuser. Atombomben und Bakterien hatten ganze Arbeit geleistet. (S.202)

Eine aparte, mutmaßlich häufige und dann schon seit Kindertagen gepflegte Phantasie: allein auf der Welt zu sein, und zwar nicht im Sinne einer trostlosen Vision, wie sie in Großmutters Märchen in Büchners ›Woyzeck‹ begegnet – »Es war einmal ein arm Kind und hatt kein Vater und keine Mutter, war alles tot, und war niemand mehr auf der Welt […] Und es war ganz allein. Und da hat sich's hingesetzt und geweint, und da sitzt es noch und ist ganz allein«, was freilich eine Reaktionsbildung *sensu* Freud sein dürfte, sehr ähnlich wie bei Beckett –, sondern als Befreiung: endlich! endlich aller Peiniger und Belästiger los und ledig! Der Ich-Erzähler stöbert in den Überresten des vergangenen Wahnsinns, schaut sich die durcheinandergeworfenen Skelette in den Hausruinen an, betrachtet Fotografien, blättert grimmig in ›Readers Digest‹-Blättchen und Buchschwarten, den klerikalen und militaristischen Lobhudeleien der »freien Welt«, und er goutiert hämisch die auf Vinyl gepreßten Schlager jener Zeit, die seichte Fröhlichkeit bis zum Inferno: da habt ihr den Salat! Das ist die Quittung für Dummstellerei und Bravsein! Eines der vielen Raisonnements des in der atomaren Wüste Zurückgebliebenen, das in den über sechs Jahrzehnten nach seiner Erstveröffentlichung nichts an Aktualität eingebüßt hat, lautet:

> *Tiefe Traurigkeit* : Ich strich mit der Hand über das mühsam Gemauerte; mein Mund bog sich nach unten, die Füße hafteten im Dielenlosen : das war nun das Ergebnis ! Jahrtausendelang hatten sie sich gemüht : aber ohne Vernunft ! Hätten sie wenigstens durch legalisierte Abtreibung und Präservative * die Erdbevölkerung auf hundert Millionen stationär gehalten; dann wäre genügend Raum gewesen, abendlicher, wie jetzt über jenen lieblichen Gründen und dämmernden Fluren, Licht und Pflanzen schlossen den Hainbund. Aber alle ‹Staatsmänner›, die Waschweiber,

---

* *Nota bene*: Es war die Zeit vor der Pille!

> hatten dagegen geeifert, mit welchem Buchstaben ihr Name auch anfing
> – ach, es war doch gut, daß Alle weg waren : ich spuckte leberkäsig aus,
> so viel ich konnte, daß unten der Sauerampfer zitterte : nein ! ! Es war
> doch richtig so – (S. 210)

Wann hatte man je so etwas gehört, in dieser Sprache? Von den Eltern nicht. In der Schule nicht. Von den Zeitungen sowieso nicht. Es galt einen ganzen Kontinent zu entdecken: die Gedankenwelt dieses eigentümlichen Schriftstellers, der einen darin bestärkte, seinen eigenen Weg zu gehen. Und die äußeren Umstände waren diesem Vorhaben günstiger als heute, zwar nur für kurze Zeit, aber immerhin.

Es ist hier nicht der Platz, den Arno Schmidtschen Kosmos auszuloten; dies sei dem Leser überlassen (und doch stimmt die Vorstellung schmerzlich, daß sein Werk, damals schon ein erratischer Block in der Literaturlandschaft, heute, in Zeiten des zunehmenden Analphabetismus, der Studienanfänger mit »Lese- und Schreibschwierigkeiten« und galoppierender, per Glotze und Internet forcierter Massenverblödung, als »antiquiert« empfunden werden könnte, potz Gottschalk & Bill Gates!). Das Thema des weltweiten Nuklearinfernos zieht sich als Leitmotiv durch sein gesamtes Werk bis zu seinem allzu frühen Tod im Jahre 1979 und zeigt an, welchen Stellenwert die Gefahr eines drohenden, ja unmittelbar bevorstehenden atomaren Schlagabtausches im Denken und Fühlen der Menschen einnahm. Man begegnet dem atomaren Holocaust im Kurzroman ›Die Gelehrtenrepublik‹, einer vergleichsweise heiteren Utopie, einer Art Tragikomödie, in der ein deutschstämmiger Amerikaner – einer der letzten dieser Art – die seltene Sondererlaubnis erhalten hatte, einen atomar verseuchten, mit 4000 Meilen Betonmauer eingehegten Korridor zu betreten, in dem sich allerlei seltsame, durch strahlungsbedingte Mutation zustande gekommenen Lebewesen tummeln: große, giftige und heimtückische Spinnen, die *Never-Nevers*, und ihre Gegenspieler, edelmütige, doch recht naive Kentauren, darunter bärtige Athleten und liebreizende Mädels, die so allerlei halbsodomitische Gelüste wecken, ohne daß ein Tierschutzverein oder eine Schwarzer dazwischenschrillten. Wenigstens eine Kostprobe Schmidtschen Witzes, ein Stück Galgenhumor, heute gewiß *politically incorrect*, sei hier gestattet:

> *Gehen; und immer wieder* den Kopf über die Gedanken schütteln : was die beiden letzten Kriege doch so angerichtet hatten ! / Europa lag zerstrahlt. Hier der große Streifen. / Der Papst umgesiedelt nach Nueva Roma. (Bei Bahia Blanca; wo man sofort eine neue Peterskirche errichtet hatte :

sämtliche Reliquien waren ja angeblich gerettet worden.). / Jerusalem weg (ein Ägypter, hatte es geheißen ..... Worauf natürlich ein Israeli unverzüglich nach Mekka gepilgert war : Hadschi !). / Und immer rüstig ausgeschritten. (S. 233)

›KAFF auch Mare Crisium‹, ein Schlüsselwerk, das zu den Großromanen der Spätphase hinleitet, enthält längere Gedankenspiele darüber, welche Überlebensmöglichkeiten und Widrigkeiten sich den wenigen Vertretern der Spezies Homo sapiens bieten, die sich auf dem Mond in zwei untereinander verfeindeten amerikanischen und sowjetischen Kolonien zusammengeschlossen hatten, nachdem die atomar verseuchte Erde unbewohnbar geworden war. Nun ja: Der Kalte Krieg geht dort oben auf dem unwirtlichen Trabanten in die zweite Runde, während so langsam das Klopapier zur Neige geht... ›Schule der Atheisten‹ schließlich spielt in einer norddeutschen Enklave inmitten eines verstrahlten Europas, der einzig verbliebenen US-Kolonie, die sich für den Besuch der amerikanischen Außenministerin Isis, einer feministischen Xanthippe erster Güte, rüstet.

Hier soll jedoch ein anderes Werk im Mittelpunkt stehen, das Arno Schmidts späten, so bitter erkämpften und nun schon wieder verblassenden Ruhm begründete: ›Das steinerne Herz‹, ›Ein historischer Roman aus dem Jahr 1954‹ über die beiden deutschen Teilstaaten zu Beginn des Kalten Krieges. Wollte man einen anderen Untertitel ersinnen als jenen nüchternen, vom Autor ausgewählten, so böte sich heute, aus der Rückschau, an: ›Das Steinerne Herz. Über den Wert des Vergleiches.‹ Denn der Ich-Erzähler, der im Westen lebt, reist (nicht nur) zu Forschungszwecken in die »Zone«, und da er ein aufgeweckter, scharfer Beobachter ist, schaut er hier wie dort genau hin, wägt ab und zieht seine Schlüsse. Sie waren schon damals nicht recht und werden es heute erst recht nicht sein, da ein Pfarrer und Kommunistenfresser der untergegangenen DDR das höchste Bundesamt bekleidet und es zu einem immerwährenden »Wort zum Sonntag« umgestaltet (aber ein Johannes Rau, der »Bruder Johannes«, war ja auch nicht besser, von anderen Darstellern wie dem Konzentrationslager-Lübke ganz zu schweigen). Kurzum: Die BRD kommt nicht gut weg, ohne daß die DDR sich etwas darauf einbilden könnte: das deutsche Elend zweier von fremden Siegermächten abhängigen Teilstaaten in der Ära politisch-militärischer Konfrontation. Doch an einem läßt der unbestechliche Verfasser keinen Zweifel: der Westen, reklerikalisiert und -militarisiert, stinkt nach Mittelalter und Faschismus, während es im Osten nur, doch das schon deutlich, nach engstirniger Schikane müffelt (was so gar nicht in die heutigen Zeiten paßt, wo die gängige »Geschichtslehre« den Faschismus auf den »Rassenmord« verkürzt, dem Kommunismus oder was sie darunter subsumiert dafür den »Klassenmord« anhängt – abgestandener Totalitarismus-Fusel in neuen Schläuchen). Führen wir Schmidts literarischen Befund am besten in Form einiger Zitate vor, zunächst die Remilitarisierung:

> ‹Wehrmacht› ? : das ist etwas, was nicht zu sein braucht ! Merken Sie sich das !
> ‹Es ist immer so gewesen ? !› : Dann wirds ja Zeit, daß der Unfug mal aufhört !
> Wozu haben wir etwas mehr Vernunft als die Tiere ?
> Achso Sie nicht ? ! – Dann allerdings ! (S. 29)

Oder:

> Gewiß : ein Regime, das aufrüsten will, muß doch einfach auf jene Elemente zurückgreifen, die damals bei Hitler oben schwammen : andere melden sich doch nicht freiwillig zu so was ! : Wer sich darüber wundert, oder s gar leugnen will, muß schon arg naiv sein !
> Sehr richtig : der Westen mit seinem blödsinnigen Fritzwalter=kult ! (Allerdings hier dann wieder : diese ‹Helden der Arbeit› : anstatt die Leute ehrlich aufzuklären, daß Arbeit leider ein noch notwendiges Übel sei. – Immer noch ne ‹Sonderschicht für den Frieden› : die haben ja auch n Knall !). (S. 64)

Oder, als erster Eindruck in der DDR:

> Auch weniger russische Soldaten eigentlich, als bei uns Amis oder Franzosen; hm hm. (S. 74)

Der Protagonist entdeckt so manches Interessante in der »Zone«, wo »unsere Brüder und Schwestern« angeblich so furchtbar unter der »Sowjetdiktatur« litten:

> Ein Schild an der Ecke : Hier hatte ein Schwein von Offizier 2 Volkssturmmänner aufhängen lassen, weil sie sich weigerten, den Irrsinn länger mitzumachen : Lest we forget ! (Aber das war gut so ! : Im ‹Freien Westen› erwähnt man das nicht mehr; würde wohl zu sehr den augenblicklich wieder benötigten ‹Wehrwillen› beeinträchtigen ! – Ist doch eine recht gesund=abweichende Luft hier im Osten !). (S. 74)

Aufschlußreich und stilistisch äußerst gelungen, insbesondere das »Schwein von Offizier«, oder nicht? In der Tat war die Aufklärung über die faschistischen Verbrechen in der DDR so gründlich und durch die Benennung von Straßen, Plätzen und repräsentativen Gebäuden mit Namen antifaschistischer

Widerstandskämpfer in der Öffentlichkeit so präsent, daß es den Westen bei der Annexion der DDR nicht geringe Mühe kostete, diese Spuren zu tilgen und die Gedenkstätten im Sinne der in der BRD gängigen Geschichtslügen umzufunktionieren.[27] – Und so sahen die Tagesnachrichten aus jener Zeit aus:

> Im Westen [...] eitel Streiks, und Leichenfunde um die Amerikanerkasernen. Hier ‹Radfernfahrt für den Frieden› (sic !); drüben wurden lediglich Sprengschächte eingebaut, und Mädchen vergewaltigt. (S. 92)

Das Recycling der Altfaschisten zu Neu-Amerikanern vollzog sich in Westdeutschland unter der Käseglocke der Reklerikalisierung; Taufpate bei der Geburt der BRD war die Geschichtslüge vom »christlichen Widerstand« gegen den Faschismus. Nicht nur hatten sämtliche christlichen Würdenträger, darunter auch der später zum Pazifisten umgelogene »Löwe von Münster«, Bischof von Galen, Hitlers Angriffskriege mit ihrem Segen bedacht und in einem gemeinsamen Hirtenbrief 1941 Hitlers Krieg gegen den Bolschewismus »mit Genugtuung« verfolgt[28], unter Verweis auf die zahlreichen antikommunistischen Hirtenbriefe zwischen 1924 und 1936; auch nach dem 2. Weltkrieg hatte der Vatikan faschistische Verbrecher und Massenmörder über die sogenannte »Rattenlinie« in ihre südamerikanischen Exilländer geschleust. Da war es nur stimmig, wenn in Westdeutschland die Konkordate beibehalten wurden, die Hitler mit den christlichen Großkirchen in Anerkennung ihrer nützlichen Vorarbeit bis zur »Machtergreifung« geschlossen hatte – sie gelten als einzige von Hitlers Verträgen bis zum heutigen Tag und bescheren seinen frommen Handlangern jährlich milliardenschwere Privilegien – und so die Altnazis mit kirchlicher Protegierung nach nur kurzer Unterbrechung weiterregieren durften. Die Wiederaufrüstung Westdeutschlands und sein Ausbau zum atomaren Bollwerk gegen die Sowjetunion erfolgte unter Mißachtung des Votums der erdrückenden Bevölkerungsmehrheit; sie konnte nur mit Gewalt durchgesetzt werden, wie wir gesehen haben, und war daher häßlich; richtig stinkend und obszön hingegen war der Umstand, daß dies, wie im faschistischen Franco-Spanien zur selben Zeit, mittels Alimentierung der Kirchen – Nutznießer und Legitimationsapparate des feudalen wie faschistischen Unrats – geschah. Arno Schmidt war einer der wenigen, wenn nicht der einzige westdeutsche Schriftsteller von Rang, der diesen feudalklerikalen, klerikalfaschistischen, künstlich weiterhin zum Stinken animierten Unrat mit den passenden Worten bedachte, bei denen neben der Empörung nie der Witz für den naturgemäß satireanfälligen religiösen Unsinn fehlt:

> »*Erlauben Sie mir*, ein System abzulehnen, das unter anderen fundamentalen
> Institutionen auch ein Super=KZ vorsieht !« (Der ihre ‹Ewige Hölle› ! :
> welches Verbrechen, das Menschen überhaupt begehen können, wäre
> so groß, daß es ‹ewig› bestraft werden müßte ? ! Wenn überhaupt Einer
> rein gehört, ist es Gott : wegen seiner feinen Schöpfung !)
> »*Gott verflucht Adam :* Warum ? : Weil er Obst gegessen hat ! ! : das muß sich
> Einer mal vorstellen !«. […] iss ja unsagbar traurig ! (S. 49)

Arno Schmidt ist »untaktisch« genug, die Leser seines Romans schon zu Beginn mit seiner persönlichen Schlußfolgerung aus der ganzen Adenauerei zu
konfrontieren:

> *Wenn ich nicht schon von Geburt Atheist wäre, würde mich der Anblick
> Adenauer=Deutschlands dazu machen !* (S. 21)

Bereits vor Veröffentlichung dieses Romans war Arno Schmidt wegen ähnlicher
kirchen- und religionskritischer Äußerungen in seiner Erzählung ›Seelandschaft mit Pocahontas‹ auf der Grundlage des »Gotteslästerungsparagraphen«
166 StGB, des »mittelalterlichen Diktaturparagraphen« (Kurt Tucholsky), der
auch heute noch gilt in dieser pluralsten aller freien Welten, angezeigt worden.
Schmidt, der ohnehin am Rand des Existenzminimums lebte, sah sich nun zusätzlich mit seiner Kriminalisierung bedroht – neben hohen Geldstrafen hält
dieser Paragraph mehrjährige Gefängnisstrafen für den Religions- und Kirchenkritiker parat; einfach nachlesen! –, so daß er ernsthaft erwog, nach Irland
ins Exil zu fliehen. Solcherart gestalteten sich die Arbeitsbedingungen für einen
westdeutschen Schriftsteller in den 50er Jahren, der kein Kommunist war, sondern lediglich das tatsächlich freieste Deutschland repräsentierte, das es bis zu
jenem Zeitpunkt (und bis heute) gab: die Weimarer Republik. Sehen wir uns
anhand eines letzten ausführlichen Zitates an, welcher Schriftsteller hier, einzig
aufgrund seiner durch und durch demokratischen Gesinnung, einer von Nazi-
Pestbeulen entstellten Justiz zum Fraß vorgeworfen werden sollte; ein Vergleich
mit der Gegenwart ist nicht nur legitim, sondern dringend geboten:

> *The other way round :* »Giebt es denn bei Ihnen im Westen : freie Wahlen ? !«
> Ich mußte mißmutig am Zaun klauben; nee; : ooch nich. (Wenn einer
> Partei Unsummen, und der gesamte Regierungsapparat einschließlich
> Rundfunk zur – grundsätzlich egoistisch mißbrauchten ! – Verfügung
> stehen, und die Großindustrie finanziert sie aus nur allzu begreifli-
> chen Gründen. Und eine andere hat zwar Recht, aber kein Geld : da ist
> das eben auch schon einseitige, unfaire Bearbeitung des Volkes, dem

man somit bewußt den Weg zur Objektivität verlegt.) »Ja, leider : die 5=Prozent=Klausel ist natürlich auch verwerflich« (und umgehbar, wie die ‹Wahlbündnisse› beweisen; wenn eine Partei wie die KPD für 700 000 Wähler – also immerhin für anderthalb Millionen Menschen – spricht : so ist es ein übler, unverantwortlicher Trick, sie damit mundtot zu machen. Man stehe zu ihr, wie man wolle !).

(*Traum von der idealen ‹Freien Wahl›* – ungefähr so wie Wielands ‹Gesicht von einer Welt unschuldiger Menschen›, oder ‹Philander von Sittewald› : Jeder müßte mit 21 (bzw. 18) Jahren eine kleine historisch=geographische Prüfung bestehen (die dann alle 5 Jahre wiederholt wird); und ein Zeugnis darüber beibringen, abgestempelt von den 4 bedeutendsten Parteien (das dann am Wahltag, zusammen mit der Legitimation, vorzulegen wäre). Mit 65 erlischt das Wahlrecht unerbittlich, aktiv wie passiv : *es giebt keine Altersweisheit !!* – 4 Wochen vor der Wahl erhält jeder Wähler von staatswegen eine Broschüre : darin stehen jeder zugelassenen Partei (Bedingung 100 000 Wähler) 3 Seiten zur Verfügung, um nach Belieben ihr Programm zu entwickeln (und das der Konkurrenz zu zerpflücken). Ansonsten nichts : keine Wahlmänner, Versammlungen, Plakate, Rundfunkansprachen; der Pfarrer, der in der Kirche Andeutungen macht, erhält sofort 50 auf den nackten Hintern (von dem notorischen Dorfatheisten aufgezählt !); ebensowenig Beeinflussung durch die Gewerkschaften. – Na ja.) (S. 97 f.)

Wie heißt es in Artikel 5 der zuerst west-, nun gesamt- oder eher großwestdeutschen Verfassung? »Eine Zensur findet nicht statt.« Punkt. Zwar mochten die Leser Arno Schmidts, ein verschwindend geringer Prozentsatz der Gesamtbevölkerung, wissen, daß man den Verfasser von ›Seelandschaft mit Pocahontas‹ auf dem Altar des westdeutschen Kirchenstaats zu opfern beabsichtigte, doch war den wenigsten unter ihnen, Arno Schmidt eingeschlossen, bekannt, daß diese Zensur auf der Grundlage des nach wie vor gültigen Konkordats zwischen Hitler-Deutschland und den christlichen Großkirchen erfolgte. Erst recht dürfte ihnen nicht bekannt gewesen sein, daß der Roman ›Das steinerne Herz‹, den sie vielleicht gerade in Händen hielten, seinerseits bereits ein Zensurprodukt war, einer Vorzensur, wesentlich unauffälliger als ein staatlicher Gewalt- und Unrechtsakt. Das Buch, das die Käufer in den Jahren seit 1956 erwarben, war, ohne daß sie es wissen konnten, ein Zensur-Bastard, ein verstümmeltes Produkt aus vorauseilendem Gehorsam und Erpressung, eine wesentlich geschickter und subtiler eingefädelte Manipulation als sie die grob geschnitzte Standard-Phraseologie der DDR (von der ein jeder wußte, daß sie eine solche war) leisten konnte. Und damit hatte es folgende Bewandtnis auf sich.

Der Schriftsteller Alfred Andersch, der die inkriminierte ›Pocahontas‹-Erzählung in seiner Zeitschrift »Texte und Zeichen« veröffentlicht und damit die christlichen Fanatiker auf den Plan gerufen hatte (in der Juristensprache heißt dies »Erregung öffentlichen Ärgernisses«), fragte in einem Akt kollegialer Solidarität mit Arno Schmidt beim Karlsruher Stahlberg-Verlag vorsichtig nach, ob dort eine Publikation des Romans ›Das steinerne Herz‹ in Betracht kommen könnte. Als ahnte er künftige »Schwierigkeiten« bereits voraus, versuchte er eventuelle staatsloyale »Bedenken« in seinem Brief an den Verlags-Mitbesitzer Ernst Krawehl mit Bedacht zu entschärfen: »Man mag zu Arno Schmidts politischen, theologischen und sonstigen Ansichten stehen, wie man will, was in seinen Arbeiten sozusagen in jedem Satz sprachlich geschieht, ist ohne Beispiel und wird, zwar nicht sofort, aber auf lange Sicht, sich für den deutschen Sprachstand auswirken.«[29] Und Andersch sollte mit dieser Prognose recht behalten.

Ernst Krawehl sagte zu, ohne sich näher festzulegen, worauf Arno Schmidt verabredungsgemäß sein Romanmanuskript nach Karlsruhe schickte. Damit begann ein Zensurdrama, das unter Ausschluß der Öffentlichkeit stattfand. Krawehl beanstandete nach der Lektüre 100 Schreibmaschinenzeilen politisch »bedenklicher« und 50 Schreibmaschinenzeilen »obszöner« Stellen, die gerade in Kombination nicht hinnehmbar seien. Es würden, so monierte Krawehl, »Behauptungen über die Bundesrepublik aufgestellt, die nicht beweisbar seien; außerdem würden sie nicht durch gleichscharfe gegen die DDR zureichend ausgewogen.« Liegt in dieser einen Zeile nicht das ganze Elend der feigen Anpässler begründet? Eine subjektive Ansicht, etwa die Ablehnung eines Staatswesens, das von Alt-Hitlerianern gelenkt wird, läßt sich nicht »beweisen«, wohl aber die von diesem Staat begangenen Rechtsbrüche, die zu dieser Ablehnung entscheidenden Anlaß gaben. Aber nun greift das Mantra der »Ausgewogenheit«, das stets dazu dient, die Schuld beim Opfer staatlichen oder imperialistischen Unrechts zu suchen. Hatte Sitting Bull nicht seine Feinde skalpiert, und war es dann nicht völlig rechtens, wenn die US-Armee ihn samt allen rebellischen Rothäuten mit Stumpf und Stiel ausrottete? (Der intelligente Leser wird Parallelen zu Lumumba, Allende, Saddam Hussein, Ghaddafi und Milošević erkennen.) Jedenfalls meinte Krawehl den Verfasser belehren zu müssen, daß sich die Sowjetunion »nützlicher Idioten« im Westen bediene (und Arno Schmidt war wohl ein solcher »Idiot«); jedenfalls könne er – Krawehl – sich nicht dem Vorwurf aussetzen, sein Verlag sei ein Tummelplatz für *fellow travellers* des Ostblocks (so lautete das von Senator McCarthy geprägte Propaganda-Schlagwort), für Wühlmäuse und Sympathisanten des ruchlosen

Kommunismus. Krawehl übergab den Text seinem Anwalt, der prompt »eine Reihe von Beleidigungstatbeständen« entdeckte, »die mit Gefängnisstrafen geahndet werden könnten« (wie sang Dieter Süverkrüp in den 60er Jahren? »Demokratie - hihihihihihihi«, nach der Melodie eines alten Kirchenkanons). Und so lautete die verbale Daumenschraube, die Arno Schmidt angelegt wurde: »Geändert werden müßten alle Stellen, in denen Kollektiven (CDU, USA, Katholizismus) pauschal Absichten unterstellt würden.« Als ob die genannten »Kollektive« nicht allesamt einem rigorosen Kommando unterstünden, und als ob der US-Präsident, der Papst und selbst ein Adenauer nicht »pauschale Absichten« hätten, z. B. jene, die Sowjetunion zu vernichten!

Es wurde eine Liste der Grausamkeiten erstellt, der zum Beispiel folgende Stelle zum Opfer fiel:

> *Bundesdiktatur:* wer eine Volksabstimmung über die Wiederaufrüstung derartig brutal verhindert, verdient keinen besseren Namen! Also Ihr: raus mit dem Kruzifix aus der Linken – der Maschinenpistole aus der Rechten!

Solchen Zeilen sei die Druckerpresse zu versagen, befand die »Bundesdiktatur« in Gestalt ihres folgsamen Handlangers Ernst Krawehl. Hinzu kamen zahlreiche andere Stellen nicht nur politisch mißliebigen, sondern sexuellen Inhalts, teils nette, teils harmlos anzügliche, teils leicht ins Zotige reichende Formulierungen – wie wirkliche Menschen im wirklichen Leben sich wirklich manchmal miteinander unterhalten –, die anzeigen, wie zum Ersticken mief die Atmosphäre in Adenauer-Deutschland war, sehr im Gegensatz zu den schönen »Kameruner« Nacktfesten an den Ostseestränden der DDR *zur selben Zeit* (was der SED-Regierung zwar nicht gefiel, sie aber dulden *mußte!*).[30] Doch die westdeutsche präventive Zensurschere schnippelte unerbittlich an Stellen wie: »Bißnarben in Schaft und Eichel«, »anderthalb Lutschflekken«, »'n Selbstbefriediger aus Meteoreisen«, oder »bis sie mit dem mächtigen Gesäß tief in mich rankerte«, was bisweilen ja auch vorkommen soll... Aber es befinden sich auch ausgesprochen witzige Stellen darunter, etwa »wenn ich bei Ihnen etwas erigieren dürfte, gnäje Frau«, oder jene albernen, leicht obsessiven Kalauer, an denen Arno Schmidt sichtlichen Gefallen hatte, hier anläßlich eines Firmennamens: »Hochstetter & Lange – hoch steht er und lange« – all das verboten im Namen einer verkniffenen, verklemmten, schamvoll verschwitzten, bösartig-neidischen christlichen Dreivierteldiktatur: Wer bei solchen Wendungen ohne einen Anflug schlechten Gewissens lacht, ist schlechter regierbar, lautete das Diktatorenkalkül – also weg damit. (Auch

fragte ich mich als junger Leser, was wohl die »altfränkische gottvergesse-
ne Methode« der Begattung sein mochte, die rund eine halbe Stunde in Anspruch nahm, und habe es bis heute nicht herausgefunden – ob das fleißige
Bargfelder »Dechiffriersyndikat« hier wohl erfolgreicher war?)

Krawehl war so »ehrlich«, daß er seine Tilgungs- und Zensurzumutungen
als »Endlösungsvorschläge« bezeichnete. (Ich habe diesen sauberen Herrn etwas mehr als drei Jahrzehnte nach diesem schändlichen Erpressungsmanöver
im Rahmen einer Buchmesse getroffen und gesprochen: ein aufgepluster-
ter, selbstgefälliger Literaturgockel, der mit seiner Bekanntschaft mit Arno
Schmidt kokettierte wie eine prüde Käuflichkeit … Welch einen angenehmen
Kontrast zu diesem eingebildeten Kapaun bildete da der leider im November
2011 verstorbene Arbeiterschriftsteller Heinrich Droege, ein gelernter Elektri-
ker, der die Telefonleitung in Schmidts Bargfelder Häuschen installiert und
eine lesenswerte kleine Broschüre über seine »Begegnung mit Arno Schmidt«
verfaßt hatte![31]) Anstatt sich auch nur im geringsten konziliant zu zeigen, erweiterte Krawehl den Umfang der »anstößigen« Stellen sogar noch, und sein
Anwalt beanstandete, daß das Werk »insgesamt einen ›unangenehmen‹ Charakter habe, und in querulatorischem Ton gehalten, Niemanden ungeschoren lasse, sich mit nahezu jeder Bevölkerungs- und Interessengruppe und
jedweder Zunft anlege, so daß es kaum Verteidiger finden werde und schon
gar keine mildgestimmten Richter. Es müßten also Stellen getilgt oder ent-
schärft werden, die Anlaß zu Beleidigungsklagen und/oder Anklagen wegen
Verletzung der Sitten geben könnten, außerdem solche, die wegen ihrer Ra-
dikalität, auch wenn diese mit keinem Gesetz zu kollidieren drohten [sic!],
dem Buche die Seriosität nähmen.« Wenn dieses Vorgehen nicht »totalitär«
ist im Sinne einer »alles umfassenden« Unterdrückung, dann gibt es keinen
Totalitarismus. In seinem Dramolett zu einem Gemälde Eberhard Schlotters,
»Das zweite Programm«, faßt Arno Schmidt den Adenauer-Mief und die moralische Statur solcher Mickerlinge wie Krawehl folgendermaßen zusammen:
»Wer ausspricht, daß die Welt zur Hälfte Geschtank & Schock & Irrsinn ist,
kriegt eins mit'm Notstandsgesetz. Und wenn Einer redlich & künstlerisch
schildert, wie'n Mensch gemacht wird, bestrafen se'hn wegen ‹Obszönität›.
Und gehen anschließend hin, in'n Puff; oder beschnuppern die Sättel von
Damen=Fahrrädern.«[32]

So wurde beispielsweise das Wort »nackt« mehrfach gestrichen oder, fast
noch schlimmer, durch das nach Altem Testament müffelnde »bloß« oder gar
das dummdreiste »urgeschaffen« ersetzt. Auch die Wortkombination »christ-
lich-abendländisch«, sonst die Lieblingsfloskel konservativer Dumpfbacken

(denn wo bleibt die griechische Antike?!), wurde gestrichen. Den Gipfel der Demütigung stellte allerdings die Tatsache dar, daß der Autor bei der Verhunzung seiner Texte selbst »mitarbeiten«, selbst Hand anlegen mußte. In einem Brief Arno Schmidts an seinen Peiniger ist die Verzweiflung des Schriftstellers jedenfalls mit Händen zu greifen:

> Ich habe also das STEINERNE HERZ unter Flüchen noch einmal Wort für Wort durchgelesen, und Ihre Änderungsvorschläge soweit nur irgend möglich berücksichtigt, d.h. zu 90 %. Die restlichen 10 % bestehen aus Neufassungen, bzw. Wiederherstellung des alten Textes, wo es einfach nicht anders möglich war. […]
>
> Ich hoffe, daß Sie nunmehr mit dem Text einverstanden sind! *Ich* jedenfalls kann nun nicht mehr weiter gehen, und werde ein 2. Mal das MS nicht mehr durcharbeiten: das Erlebnis ist zu furchtbar und stört die Entstehung neuer Dinge in unberechenbarer Weise […] Außerdem ist der Text jetzt wirklich zahm genug; und ich bin durchaus darauf gefaßt, nach dem Erscheinen, von der CDU zur Mitarbeit aufgefordert zu werden. […]

Aber der Quälereien war noch lange kein Ende, bis das verstümmelte Werk endlich erscheinen konnte und Arno Schmidt erbittert an den Gedankenverstümmler, der sich selbstredend auf dem »Boden der freiheitlich-demokratischen Grundordnung« wähnte, schrieb: »Ich mache Sie darauf aufmerksam, daß ich die Originalfassung des STEINERNEN HERZENS bei mir aufbewahren werde: wahrscheinlich wird dereinst der Augenblick kommen, wo man die Kreditive für die Textvarianten verlangt –: *mein* Gewissen ist dann rein! Möchten es die Gewissen aller anderen Beteiligten dann ebenso sein.« Es stimmt bitter, daß Arno Schmidt diesen Augenblick nicht mehr erleben konnte: zu seinen Lebzeiten kursierte nur das verstümmelte Exemplar. Auf das Originalmanuskript hatte er den Vermerk angebracht: »Wichtig, da ohne alle die im Buch von Krawehl vorgenommenen Kastrierungen!« Wirkt es nicht wie ein Hohn, daß nun, Jahrzehnte später, der Roman unkastriert erhältlich ist – nachdem die Wiederbewaffnung der BRD längst Geschichte geworden und sogar die Sowjetunion selbst spurlos von der Bildfläche verschwunden ist, was damals niemand für möglich gehalten hätte? Ist damit wirklich alles in Butter? Ist nicht auch das Adenauer-Regime unredlichen Angedenkens verblichen und alles heute soooo viel besser? Nun – Arno Schmidt hat eine Antwort auf diese Frage gegeben, die heute genauso »undenkvoll« ist wie vor fünfzig Jahren, denn sie atmet den Geist der Französischen Revolution, von der nach über 200 Jahren so gut wie nichts mehr übriggeblieben ist: »Die Welt hat nicht eher Ruhe, bis der letzte Minister=General am Darm des letzten Pfaffen gehängt ist !«[33]

Ich greife zu einer Ausgabe der ›Frankfurter Allgemeinen Zeitung‹ vom 18. Januar 1994 und schlage das Feuilleton auf. Ein Artikel, der dem 80. Geburtstag Arno Schmidts gewidmet ist, trägt die vielsagende Überschrift: »Der Dichter als Führer« mit der zynisch feixenden Unterzeile: »Nur wer ihn los wird, bleibt ihm treu: Achtzig Jahre Arno Schmidt«. Das Feuilleton dieses »klassischen« Rechtsaußen-Blattes wird schon lange nicht mehr von »Wertkonservativen« geschrieben, sondern von wendehälsigen Alt-Achtundsechzigern, also einem durch und durch verachtenswerten Menschenschlag, der mit den Sozialdemokraten um die Palme des Arschkriechens ringen mag, sofern nicht ohnehin Personalidentität vorliegt. Gibt es nicht einen Straftatbestand der Leichenschändung? In dieser Disziplin erweist sich der alerte Zeitgeist-Sudler jedenfalls als Virtuose. Bei der Lektüre von Arno Schmidts Werken sei die Zusammengehörigkeit von »Autorschaft und Autorität« »fast gewaltsam« zu erfahren; die »herrisch teilenden Gesten« des Ich-Erzählers bewirkten eine »Leserunterwerfung«. Später habe er sich doch tatsächlich »ins Reaktionäre« gewendet, und es sei »der peinliche Eindruck von Aufdringlichkeit, also eines Mangels an ästhetischer Souveränität« geblieben. Natürlich sind Aussagen wie diese reiner Bockmist, und verloren hat, wer hier emsig nach dem Körnchen Wahrheit in diesem Haufen von Verbalkot stochert. Denn es kommt allein auf die assoziative, tendenziöse, gewaltgestützte Suggestion an, die aus Arno Schmidt, einem erklärten Anhänger der radikalen (»französischen«) Aufklärung mit der Losung *Ni dieu ni maître* einen esoterisch-spinnerten Stefan George macht, also einen präfaschistischen Literaten und mithin genau das Gegenteil dessen, was der historische Arno Schmidt verkörperte. Hat man diese heimtückische Verdrehung, diese Insinuation eines Führer-Gefolgschafts-Prinzips nicht durchschaut und infolgedessen »gefressen«, dann schluckt man auch den ganzen übrigen Rest: daß Arno Schmidt »Marotten« gepflegt und mit »triebbesetzten Lauteinheiten« (gemeint sind seine »Etyms«)gespielt habe (so weit ist der Adenauer also nicht entfernt!), daß er sich in »Halbwahrheiten« verbissen habe, daß seine Isolation »selbstgewählt«, seine Einsamkeit »pathologisch« gewesen sei, da er »weder Freund noch Vaterland, noch Religion« besessen habe – man sieht: Adenauer ist wirklich nicht so weit entfernt, er trägt nur die geliftete Maske eines Zynikers – und dergleichen Anpinkeleien mehr. Aber es gibt ein echtes Ärgernis, und deshalb schließt der Artikel mit einer ernstgemeinten Mahnung: Noch leben etliche Personen, die Arno Schmidt nichts Geringeres zu verdanken haben, als daß sie durch die Lektüre seiner

Werke dazu ermutigt wurden, sich dem immensen Anpassungsdruck zu widersetzen. Ausschließlich deshalb wird dieser literarische Einzelgänger zum Haßmagneten einer Schlechteren Zeit, in der man laut einem Schlager »ein Schwein sein« muß, und wo es in einer Laudatio auf einen epigonalen Satiriker heißt, so hätte Arno Schmidt geschrieben, »wenn er nicht bescheuert gewesen wäre«. Doch damit zum Schlußwort, der *admonitio* dieses Schmähartikels, die da lautet: »Arno Schmidt ist keinem Kollektiv und keiner Tradition zuzurechnen, und er hat Besseres verdient als die Anbetung und Nachäffung durch seine Gemeinde.« War Arno Schmidt also vielleicht sogar ein Sektengründer? Er, der »weder Cowboy noch Kosack« sein wollte? Gleichviel: Schreibt's Euch hinter die Ohren, freßt Eure Knackwurst und haltet das Maul!

Ein solches Ärgernis kann demnach jemand darstellen, der allein mit der artistischen Verwendung des Wortes den Jetztzustand seziert, sich aber explizit jeder praktischen Konsequenz des Gedachten, Gesagten und Geschriebenen enthält. Arno Schmidt lebte zurückgezogen als wortmetzender Klausner, und das war als Geschädigter des Hitlerfaschismus und dessen katholischer Nachahmungstäter sein gutes Recht. Aber es soll auch das gute Recht sein, als Anhänger seiner Kunst auf die einzige wesentliche Beschränktheit seiner Auffassung hinzuweisen: Worte mögen Einsichten vermitteln, aber sie verändern nicht die Realität. Was nützt es, klug, belesen und gebildet zu sein, solange die Todfeinde des auf Freiheit und Gleichheit zielenden menschheitsfreundlichen Programms das Sagen haben? Im Faschismus wäre es töricht, da selbstmörderisch gewesen, den Kampf offen aufzunehmen, aber nach dessen militärischer Niederlage eröffneten sich Freiräume, da der Sieger Demokratie heucheln mußte und wegen der Existenz der Sowjetunion nicht so ungezügelt agieren konnte wie die Faschisten seinerzeit in ihrem Herrschaftsbereich oder die US-Regierungen seit dem Untergang der Sowjetunion: Man konnte auch in östliche Richtung über die Mauer fliehen, und tatsächlich haben das gar nicht so wenige getan, wie »man« heute denkt. In den kurzen zwei Jahrzehnten der 60er und 70er Jahre, zwischen Adenauerschem KPD-Verbot und Brandts Berufsverboten, bildeten sich im Westen, vor allem in der BRD, Ansätze organisierter Opposition und damit ernsthafter Dissidenz heraus, die auch ihren literarischen Niederschlag fanden, und zwar in der Person des heute weithin verfemten und vergessenen Peter Weiss. Er ist der einzige westliche Schriftsteller von Rang, der sich in der Ära der verfeindeten Militärblöcke gegen das westliche Lager entschieden hatte, in dem er lebte, und offen, wenn auch kritisch, Partei für den militärischen Feind ergriff. Unter Hitler hätte man ihn ohne weiteres Federlesen umgebracht, als Juden wie als Kommunisten und

»zersetzenden« Schriftsteller (man denke an den Märtyrer Erich Mühsam), während man ihn in seinem schwedischen Exil zähneknirschend dulden mußte, bevor man das Leichentuch des Vergessens über ihn werfen konnte. Seine schriftlich niedergelegten ›10 Arbeitspunkte eines Autors in der geteilten Welt‹[34], erstmals veröffentlicht in der schwedischen Tageszeitung ›Dagens Nyheter‹ am 1. September 1965, bringen am klarsten zum Ausdruck, auf welcher Höhe des Bewußtseins und mit welcher perspektivischen Weitsicht und Entschlossenheit er als Kunstschaffender den politischen Kampf aufnahm. Einige Passagen aus seiner Erklärung sollen daher den Abschluß dieses Abschnittes bilden.

Einleitend konstatiert Peter Weiss die »Zweiteilung der Welt« in »zwei deutliche Machtblöcke«, wofür die Teilung Deutschlands »in zwei Staaten von diametral entgegengesetzter Gesellschaftsstruktur« symptomatisch ist. Als Schriftsteller bezeichnete er es als seine Aufgabe, zu untersuchen, wie seine Worte in den verfeindeten Lagern aufgenommen werden (Punkt 4). Während der Westen den »Eigenwert«, die formalen Gestaltungsprinzipien, das »l'art pour l'art« höher schätzt als eine politische Zwecksetzung der Kunst, verurteilt der Osten Experiment und Individualismus als »kleinbürgerlich« und »formalistisch« und legt Wert auf die »praktische Funktion«, die klassengebundene Parteinahme der Kunst zugunsten der Ausgebeuteten (Punkt 5). »Hier tritt die Frage der Wahl schon an mich heran. Für welche der beiden Seiten entscheide ich mich? […] Kann ich den bequemen dritten Standpunkt aufgeben, der mir immer eine Hintertür offen ließ, durch die ich in das Niemandsland bloßer Imagination entweichen durfte?« (Punkt 6) Was bewirken also Unentschlossenheit und Zweifel, in wohlerwogene kunstvolle Worte gepackt? »Dies ist natürlich: solange ich nur meinem Unbehagen, meinem Überdruß in der Gesellschaft Ausdruck gebe, bleibt dies ein psychologisches Problem, das die Herrschenden in ihren Machenschaften nicht stört.« (Punkt 7) Es gelte demnach, »die ganze Welt als Wirkungsfeld für die künstlerische Arbeit« vorauszusetzen, also den Blick nicht allein auf Europa zu fokussieren, wo sich die feindlichen Blöcke, mit atomaren Massenvernichtungswaffen bestückt, gegenüberstanden, sondern ihn auszuweiten auf die Befreiungskämpfe in Mittel- und Südamerika, in Afrika und Asien. »In dieser Welt fällt die Entscheidung.« (Punkt 9) Und so gelangt Peter Weiss im letzten Abschnitt zu einer Schlußfolgerung und Festlegung, die hier in ganzer Länge zitiert sei:

Die Richtlinien des Sozialismus enthalten für mich die gültige Wahrheit. Was auch für Fehler im Namen des Sozialismus begangen worden sind und noch begangen werden, so sollten sie zum Lernen da sein und einer Kritik unterworfen werden, die von den Grundprinzipien der sozialistischen Auffassung ausgeht. Die Selbstkritik, die dialektische Auseinandersetzung, die ständige Offenheit zur Veränderung und Weiterentwicklung sind Bestandteile des Sozialismus. Zwischen den beiden Wahlmöglichkeiten, die mir heute bleiben, sehe ich nur in der sozialistischen Gesellschaftsordnung die Möglichkeit zur Beseitigung der bestehenden Mißverhältnisse in der Welt.

Ich bin selbst aufgewachsen in der bürgerlichen Gesellschaft, und ich habe in meiner Arbeit und in meinem persönlichen Leben die größte Zeit damit verbracht, mich von der Eingeengtheit, den Vorurteilen und dem Egoismus zu befreien, die mir von diesem Milieu auferlegt wurden. Ich habe lange geglaubt, daß mir die künstlerische Arbeit eine Unabhängigkeit verschaffen könnte, die mir die Welt öffnete. Heute aber sehe ich, daß eine solche Bindungslosigkeit der Kunst eine Vermessenheit ist, angesichts der Tatsache, daß die Gefängnisse derjenigen Länder, in denen Rassenunterschiede und Klassengegensätze mit Gewalt aufrecht erhalten werden, angefüllt sind mit den tortierten Vorkämpfern der Erneuerung. Jedes meiner in vermeintlicher Freiheit gewonnenen Arbeitsresultate hebt sich ab vor der Notlage, die für den größten Teil der Welt noch gegeben ist.

Ich sage deshalb: meine Arbeit kann erst fruchtbar werden, wenn sie in direkter Beziehung steht zu den Kräften, die für mich die positiven Kräfte dieser Welt bedeuten. Diese Kräfte sind heute überall auch in der westlichen Welt zu verspüren, und sie würden ein noch stärkeres Gewicht, eine größere Solidarität und ein noch umfassenderes Engagement bekommen, wenn sich die Offenheit im östlichen Block erweiterte und ein freier undogmatischer Meinungsaustausch stattfinden könnte.

Mit diesem von Peter Weiss vorgegebenen Maßstab waren die 50er Jahre passé, die Ära des KPD-Verbots und der erstickenden gesellschaftlichen Repression, der ärmlichen Lebensbedingungen, der billigen Vergnügungen, des von den Vereinigten Staaten aus strategischen Überlegungen geborgten relativen Wohlstands, der dummen Schlager und des stupid-optimistischen »Hoppla, wir sind wieder wer!«, nur weil man als sündenbeladener Juniorpartner wieder aufgenommen wurde in den Klub der imperialistischen Totschläger, die nun unter dem Schwindeletikett der »Demokratie« agierten. Die 50er Jahre hatten ihren literarischen Niederschlag gefunden in den gedrückten, verzagten und verzweifelten Prosawerken eines Wolfgang Koeppen (den rheinischen Linkskatholiken Heinrich Böll mit seinen moralinsauren Langweilereien lassen wir, wo er ist: in der Stiftung der grünen Kriegspartei), dann der faustschüttelnden Abkehr des Wortkünstlers Arno Schmidt. Erst in den Büchern von Peter

Weiss weht der scharfe Wind des Aufbegehrens, der entschiedenen Parteinah-me, der organisierten Gegenwehr, des weltweiten Kampfes um Selbstbestim-mung. Im Unterschied zu den amerikanischen Beatniks überwindet er die gewaltinduzierte »Flucht nach innen«, den »dritten Standpunkt«, und ebenso den Evasionismus nach außen, in das brüchige Exil von »Interzone«. Zwei objektive Gegebenheiten ermöglichten Peter Weiss, der hier stellvertretend für Zehntausende, ja Hunderttausende in der Ära des Aufbruchs steht, seine Kampfansage: das atomare Patt der Supermächte, das in den jeweiligen Rand-gebieten wie Skandinavien Freiräume schuf, und zweitens die Anknüpfung an die trotz des faschistischen Terrors noch spürbare Tradition der Arbeiterbe-wegung, die in Mitteleuropa noch nicht gänzlich verschüttet war. Diese hatte es aber in den Vereinigten Staaten nie in vergleichbarer Stärke gegeben, so daß die Leitfigur in der Besseren Zeit dort nicht der Oppositionelle, sondern der nischensuchende »Alternative« und »Aussteiger« war; für Mittelstands-kinder bot sich dort die Option des engagierten Sozialarbeitertums, während sich die Deklassierten in eine selbstzerstörerische Militanz verrannten. Auch bildete im Gegensatz zu Mitteleuropa in den USA weniger die Literatur das Forum der Verständigung und des öffentlichen Diskurses, sondern viel aus-geprägter Film, Sport und Musik, also Bereiche, die primär auf die Sinnes-organe und den Körper wirken und weniger den Intellekt beanspruchen, die eher ein beschwingtes »Lebensgefühl« vermitteln als Klarheit im Kopf evo-zieren (aber auch in Europa, in der sogenannten Studentenbewegung, war es nur ein winziger Bruchteil, der am meisten bewußte Teil, der den Kampf um die sexuelle Selbstbestimmung mit dem Kampf um politische Emanzipation durch die kombinierte Anwendung der Erkenntnisse von Psychoanalyse und Marxismus nach dem Vorbild Wilhelm Reichs verknüpfte). Im imperialisti-schen Zentrum bildeten also eher die Unterhaltungssparten ein Medium für abweichende Ansichten, und mochten diese auch ephemer, flüchtig und im Wortsinne nie radikal (»bis an die Wurzeln reichend«) sein, so kannten die Herrschenden doch keinen Spaß, sobald sie sich artikulierten. Da mochte der Bebop-Saxophonist Eric Dolphy nach einem seiner Konzerte noch so sehr be-tonen: »When you hear music after it's over, it's gone in the air; you can never catch it again« – so standen er und seinesgleichen doch auf der Abschußliste. Einige ausgewählte Schlaglichter, die zugleich als atmosphärischer Brücken-schlag zum nächsten Kapitel dienen, mögen dies illustrieren.

Muhammad Ali, der seinen Sklavennamen Clay abgelegt und sich der schwarzen islamischen Protestbewegung von Elijah Muhammad, der »Nation of Islam«, angeschlossen hatte, war neben Jack Johnson wohl der beste, mit

Sicherheit aber der aufsehenerregendste Faustkämpfer des 20. Jahrhunderts. Als besagter Jack Johnson im Jahre 1910 als erster schwarzer Boxer den Weltmeistertitel im Schwergewicht errang, eröffnete der Ku-Klux-Klan die Treibjagd auf Schwarze, die totgeschlagen, geteert, bei lebendigem Leib angezündet und aufgeknüpft wurden. Bis tief in die 60er Jahre des vergangenen Jahrhunderts waren die Vereinigten Staaten ein rassistisches Land, ein finsteres Apartheidsregime, unter dem der Lynchmord an Schwarzen gewissermaßen zum guten Ton gehörte; die »strange fruits«, von denen die Jazzinterpretin Billie Holiday in den 30er, 40er Jahren sang, waren erhängte Schwarze, die in den Bäumen baumelten und deren Blut auf die Blätter tropfte:

> Bäume im Süden tragen seltsame Frucht.
> Blut auf den Blättern und Blut an der Wurzel.
> Schwarze Körper schaukeln im Wind des Südens.
> Seltsame Frucht hängt von den Pappeln herab.
> Idyllische Szene des ritterlichen Südens:
> die hervorquellenden Augen, der verzerrte Mund.
> Duft der Magnolie, süß und frisch,
> dann jäh der Geruch von brennendem Fleisch.
> Frucht ist da für die Krähen – sie pflücken sie;
> für den Regen – er sammelt sie;
> für den Wind – er saugt sie aus;
> für die Sonne – sie bringt sie zum Verfaulen;
> für die Bäume – sie werfen sie ab.
> Schwer und bitter ist diese Ernte.[35]

Billie Holiday

Der in Louisville, Kentucky, geborene Ali war 18 Jahre alt, als er bei den Olympischen Spielen 1960 in Rom die Goldmedaille im Halbschwergewicht gewann. Stolz auf sich und sein Land, mußte der junge Sportler doch erleben, daß ein weißer Ladenbesitzer ihn aus seiner Imbißbude warf und weiße Rocker ihn durch die Straßen hetzten; daß Ali aus Zorn über die rassische Diskriminierung seine Goldmedaille in den Ohio-River geworfen habe, ist leider eine ☞ **Legende,** aber diesmal eine in sich stimmige (er hatte sie verloren und viel später, als schwer an Parkinson Erkrankter, von Bush II. in einer öffentlichen Zeremonie zurückerhalten, womit sich abermals Arno Schmidts Diktum bewahrheitet, daß es keine Altersweisheit gibt). Ali war ein virtuoser Kämpfer, für einen Schwergewichtler unglaublich schnell, technisch perfekt, mit einer den Gegner verwirrenden Beinarbeit und Schlagkombinationen, die man wohl erst bemerkte, wenn man am Boden lag. Ali war ein Ästhet im Ring, ein Boxer der Beatles-Generation, der Spontanverse auf seine Gegner improvisierte und ihnen die Runde voraussagte, in denen er sie k. o. schlug; er besaß ein ausgeprägtes Selbstbewußtsein, um das mindeste zu sagen, und ein noch größeres Mundwerk.

Keine Frage, daß er für die (nicht nur schwarzen) Jugendlichen seiner Zeit eine Ikone war; Schule hin oder her, bei seinen Kämpfen durfte man bis spät in die Nacht oder früh am Morgen aufbleiben, wenn man »dem Vadder sein Bier« aus dem Keller holte. Schluß mit lustig war allerdings, als die US-Behörden den weltberühmten wie unbequemen Sportler in die Blutsümpfe Vietnams schicken wollten, auf daß ihm dort sein legendäres »Großmaul« für immer gestopft werde. Vielleicht war es der mittlerweile eingetretene chronische Mangel an willigen Schlächtern und an Schlachtvieh, der den angeschlagenen Aggressoren zu schaffen machte, vielleicht war es aber auch eine »lex Muhammad Ali«, welche die Rekrutierungsämter bewog, 1965 den Intelligenzquotienten für die Kriegstauglichkeit drastisch herabzusetzen – es mußten nur noch 15 % statt vorher 30 % der gestellten Fragen richtig beantwortet werden –, daß Ali – er war ein notorisch schlechter Schüler gewesen und machte daraus nie einen Hehl – nun doch für tauglich befunden wurde: auf 16 % hatte er es gebracht, und an seiner körperlichen Fitneß konnte ja kein Zweifel bestehen. Nun ging Ali seinerseits in die Offensive. Den Einberufungsbefehl kommentierte der Champion aller Klassen mit dem berühmt gewordenen Satz »I ain't got no quarrel with them Vietcong«[36] (»ich habe mit den Vietkong keinen Ärger«). Damit wurde er zur Symbolfigur der aufkeimenden und rasch an Stärke gewinnenden Antikriegs-Bewegung; der Schwarze Panther Stokely Carmichael assistierte ihm mit dem nicht minder populär gewordenen und bereits zitierten Satz: »No Vietcong ever called me a nigger!« In der Tat: Warum sollte man ein Land überfallen, welches gegen das eigene Land, dessen Staatsbürger man war, keine aggressive Handlung begangen hatte, und warum sollte man dessen Bewohner töten, die einem nie etwas zuleide getan hatten, ja, die im Gegenteil deutlich zum Ausdruck brachten, daß sie Rassendiskriminierung, Ausbeutung und imperialistische Kriege verurteilten? Kurzum: Muhammad Ali verweigerte die Teilnahme an einem völkerrechtswidrigen Angriffskrieg, und diese Haltung hätte den deutschen Soldaten und -Innen (und nicht nur den Sportlern unter ihnen) gut zu Gesicht gestanden, als man sie hieß, Jugoslawien zu bombardieren und Afghanistan neben sechs oder sieben weiteren Ländern zu besetzen.

Doch mit seiner Verweigerung hatte der Champion in ein Wespennest gestochen. Von der Presse aufgestachelt, ließ der chauvinistische Mob sein Rülpsen vernehmen: Ali wurde beschimpft als »nationale Schande«, »feiges

Nigger-Großmaul«, »Drückeberger«, »größter Versager aller Zeiten«, als »der
widerlichste Charakter, den die Sportwelt je gesehen hat« und dergleichen
Nettigkeiten mehr. Während des orchestrierten medialen Kesseltreibens gegen ihn wurde die Staatsgewalt aktiv: J. Edgar Hoover setzte seine Behörde
auf den Champion an, ließ ihn rund um die Uhr überwachen, seine Telefonate – insbesondere mit dem Führer der Black Muslims, Elijah Muhammad
– abhören und regelmäßig Dossiers erstellen. Bald hatte man es schriftlich:
Muhammad Ali war ein Staatsfeind, der wehrkraftzersetzend vor allem auf
die schwarze Bevölkerung wirkte (von der zu diesem Zeitpunkt noch über die
Hälfte die Aggression gegen Vietnam befürwortete). Am 8. Mai 1967 wurde
die Anklage erhoben, am 19. Juni erging nach neunstündiger Verhandlung
der Schuldspruch durch das Bundesgericht in Houston, Texas: fünf Jahre
Gefängnis und 10 000 Dollar Geldstrafe – das höchste Strafmaß. Kurz darauf wurde ihm von den einschlägigen Verbänden der Weltmeistertitel entzo-
gen – Berufsverbot. Für die nächsten dreieinhalb Jahre sollte Muhammad Ali
nicht mehr der Tätigkeit nachgehen können, die er am besten beherrschte: das
Boxen, und die Zeit lief ihm davon, denn an fähigen jungen Faustkämpfern
herrscht in den USA so wenig Mangel wie im antiken Rom an Gladiatoren.
Immerhin befand sich Muhammad Ali nach Hinterlegung einer Kaution vor-
läufig noch auf freiem Fuß, da sein Anwalt Berufung eingelegt hatte. Aber
sein Paß war konfisziert worden, und so wurden die Vereinigten Staaten zu
seinem erweiterten Gefängnis (das sozialistische Kuba, eine ausgesprochen
boxbegeisterte Nation, hätte den vom Thron gestoßenen Champion wahrscheinlich mit Handkuß aufgenommen).

Ali beschränkte sich in dieser Zeit darauf, in den Moscheen vor schwarzen
Glaubensbrüdern gegen den Krieg zu predigen; er war fest entschlossen, ein
»Nigger« zu sein, den die Weißen nicht drankriegten. Darin liegt ein nicht
geringes Verbrechen des amerikanischen Apartheidsregimes begründet: daß
nämlich die von ihm Diskriminierten sich über ihre Rassenzugehörigkeit zu
definieren begannen, die in einer freien, auf Gleichberechtigung beruhenden
Gesellschaft keine Rolle zu spielen hat (so wie die aufgeklärten, ungläubigen
Juden Europas durch den Hitlerfaschismus gezwungen wurden, längst über-
wundene religiöse Positionen und falsche, weil von außen verpaßte »Identitäten« zu verteidigen). Am 6. Mai 1968 lehnte das Gericht Alis Berufung ab,
und das Oberste Gericht bestätigte im März 1969 die Ablehnung: der Knast
rückte näher. Doch allmählich begann sich der Wind zu drehen, denn mit
dem Blutzoll in Fernost stieg die Kriegsunwilligkeit an der amerikanischen
Heimatfront. Eine Viertelmillion Menschen demonstrierten vor dem Capitol

in Washington gegen den Krieg, und nach der Ermordung des Predigers Martin Luther King brannten während der Rassenunruhen die Vorstädte der Metropolen. All diese Vorgänge hatten zur Folge, daß die amerikanische Justiz einen Anfall von Rechtsstaatlichkeit erlitt und verfügte, daß Tonbänder illegal abgehörter Telefonate nicht als Beweismittel bei Gerichtsverfahren zugelassen werden durften. Für den stigmatisierten Boxer tat sich ein schwacher Hoffnungsstreif am Horizont auf, und so faßte er neue Kämpfe ins Visier, obwohl der endgültige Entscheid des Obersten Gerichtshofes mit Sicherheit noch zwei Jahre auf sich warten ließ: auch dort, auch damals mahlten diese Mühlen langsam.

Am 26. Oktober 1970 fand der erste Aufbaukampf in Atlanta, Georgia, statt, einer Hochburg des Rassismus. Zur Einstimmung hatte Ali ein Paket erhalten, das den abgeschlagenen Kopf eines schwarzen Chihuahuahündchens enthielt – ja, in *sweet old Georgia* wußte man, wie man mit schwarzen Hunden verfuhr! Vor Alis Hotelzimmer wurden demonstrativ Gewehre abgefeuert, und die Drohanrufe rissen nicht ab. Sein Gegner hieß Jerry Quarry, ein weißer Automechaniker und keineswegs »Fallobst«, denn seine harten Schläge waren in der Profiszene bekannt und gefürchtet. Und er war vor allem ein anständiger Kerl: Er lehnte es ab, als *white hope* gegen Ali in den Ring zu steigen, da er weder für eine Rasse noch für eine Religion kämpfe. Ali verfaßte vor dem Kampf eines seiner kürzesten Gedichte: »Quarry sorry!«, und er sollte sich nicht irren: noch ungelenk, schickte er seinen Gegner in der dritten Runde auf die Bretter, Abbruch durch technischen K. o.

Von den legendären Auftritten dieses Ausnahmeathleten sei nur ein einziger weiterer Kampf genannt, da er mit unserem übergeordneten Thema zu tun hat: das Duell mit dem neu amtierenden Weltmeister Joe Frazier am 8. März 1971 im New Yorker Madison Square Garden. »Smokin' Joe«, so genannt, weil das Trommelfeuer seiner Schläge seine Handschuhe angeblich zum Qualmen brachte, hatte 1967 die Goldmedaille bei den Olympischen Spielen in Mexiko gewonnen und war dann ins Profilager gewechselt, wo er in einer makellosen Karriere die meisten seiner Kämpfe vorzeitig als Sieger beendete. Joe Frazier war ein bulliger Fighter, der »in den Gegner marschierte« und ihm im Nahkampf den Garaus machte, aber er war überdies ein »guter«, da patriotischer Neger, der mit dem *Stars and Stripes*-Wimpel in den Ring stieg und *American power* (statt *Black Power*) skandierte. Kein Zweifel: hier traf das rebellische auf das »anständige« Amerika, und entsprechend hoch schwappten die emotionalen Wogen. Muhammad Ali tönte, er werde es diesem »Onkel Tom« schon zeigen, während jener knurrte, er werde dem flatterhaften Schmetterling die Flügel stutzen. Um es kurz zu machen: in einer denkwürdigen Ringschlacht nach für beide Seiten harten 15 Runden gewann Joe Frazier nach Punkten (was aus sportlicher Sicht gerecht war), und ein vor Freude außer Rand und Band geratener Richard Nixon hüpfte im Oval Office wie Rumpelstilzchen herum: das war ein Sieg der amerikanischen Werte gegen die finsteren Kräfte der Zersetzung und des Aufruhrs. Im Mai 1971 ging in Südvietnam die »Operation Phoenix« zu Ende, in deren Verlauf über 20 000 angebliche Vietkong-Kader umgebracht worden waren. Einen Monat später, am 28. Juni 1971, wurde Muhammad Ali vom Obersten Gerichtshof endlich als Kriegsdienstverweigerer anerkannt. Nun konnte er sich wieder ungehindert seinem Sport widmen, wo ihn Höhenflüge und jähe Abstürze erwarteten. Derweil verkündete Richard Nixon die »Vietnamisierung« des Krieges, was bedeutete, daß die amerikanischen Verlustziffern zurückgingen, während der Bombenterror gegen den Norden des Landes intensiviert wurde und alle vorangegangenen Schrecken übertraf. –

Am 18. August 1969 rollten aus Verstärkerboxen bis dahin nicht gehörte Töne über ein perplexes Publikum: Jimi Hendrix spielte in Woodstock die amerikanische Nationalhymne, das *Star Spangled Banner*. Diese Hymne, die, gewöhnlich intoniert, von Zuversicht, Stolz, ja Triumph kündet und einen Optimismus verbreitet, wie er nur den Optimistischsten in diesem Land des chronischen Optimismus zueigen ist, war kaum mehr wiederzuerkennen, ging in quälenden klanglichen Verzerrungen, in schmerzlichen Dissonanzen unter. In kurzen Andeutungen war die Melodie nachvollziehbar, um sogleich in ein akustisches Kriegsinferno umzuschlagen: Man duckte sich unter dem Pfeifen fallender Bomben, hörte die Detonationen der Sprengkörper, das Jaulen hochdrehender Flugzeugmotoren, das Rattern der Maschinengewehre. Das betäubte Publikum sah sich unversehens auf ein Schlachtfeld, in eine unter Bombenhagel liegende Stadt versetzt. Jimi Hendrix war einer der ganz wenigen Künstler, der auf diesem Fest der Blumen, der Liebe und des Friedens die zu Scharen angereisten netten jungen Leute, die guter Stimmung waren, tanzten, kifften oder einfach nur der Musik lauschten, daran erinnerte, daß das Land, in dem sie lebten, in eben diesem Moment und seit Jahren schon Völkermord beging. Die amerikanische Hymne in der Version des schwarzen Gitarrengottes war ein Riß in dieser friedvollen Idylle, ihre Botschaft wirkte subkutan, man begriff sie, sobald man die ersten Töne gehört hatte: O ja, dieses Land, das sich als die Verkörperung der höchsten Ideale pries, mordete hemmungslos in entlegenen Weltgegenden; hinter der schönen Fassade des Scheins erstreckten sich vergiftete Landschaften und zerstörte Städte mit den Bergen verstümmelter Leichen.

Und doch: Derselbe Künstler, der sich mit seiner E-Gitarre so klar und kühn auszudrücken verstand, verkörpert wie kaum ein Zweiter die Schwäche und Ambivalenz des von ihm repräsentierten »besseren Amerika«. Der Rassismus, der ganz alltägliche Faschismus der weißen Herrenrasse, war auch ihm zur Genüge bekannt. Als junger, unbekannter Künstler schlief er zwischen Mülltonnen, wo er sich der Ratten erwehren mußte; seine Nahrung bestand in dieser Zeit eigenen Aussagen zufolge aus Orangenschalen und Tomatenmark: ein Müllmensch, der sich von Müll ernährt. Wegen kleinerer Kriminaldelikte stellte man ihn wie Hunderttausende seinesgleichen vor die Alternative, entweder ins Gefängnis oder zur Armee zu gehen. Hendrix entschied sich für das letztere – es war ein Mafia-Angebot, das man bekanntlich nicht ablehnen kann –, und es schien ihm dort nicht einmal schlecht gefallen zu haben. Später, als er schon berühmt war, konnten seine Performances auf der Bühne – er spielte seine Gitarre hinter seinem Kopf, zwischen seinen Beinen, liebkoste sie mit der Zunge und zündete sie an – durch einen rüden Zwischenruf der Marke »Hey nigger!« unterbrochen werden. Noch 1968, als er bereits weltberühmt war, weigerten sich einige angestellte Drecksäcke, ihn in den Drive-Ins von Louisiana zu bedienen. Vor und während seinen Konzerten in Berkeley, Kalifornien, in seinem Todesjahr 1970 war es zu Unruhen unter den Studenten gekommen. Gouverneur Ronald Reagan hatte die Devise ausgegeben: »Wenn ein Blutbad nötig ist, dann müssen wir es schnell hinter uns bringen«[37], und so geschah es denn auch: 2000 Soldaten wurden auf 30 000 Demonstranten losgelassen und hinterließen in deren Reihen einen Toten und 128 Verletzte. So mag man kaum glauben – und doch scheint es wahr zu sein –, daß Jimi Hendrix im revolutionären China eine »Gefahr« für ganz Asien sah und in einem Interview erklärte, die Amerikaner kämpften in Vietnam »für eine freie Welt«, und in seinem Lied ›Izabella‹ einen GI, der statt eines Gewehrs lieber seine Frau in den Armen gehalten hätte, sagen läßt: »I'm fighting this war for the children and you.«[38] Patriotische Platitüden dieser Art kennt man seit Ovid, der in seinem Fach ja auch ein herausragender Meister war, aber in seiner ›Liebeskunst‹ dem römischen Jüngling doch tatsächlich riet: »Liebe die Mädchen und schlage die Parther.« Vielleicht hatte Hendrix' früher Tod auch sein Gutes; wer weiß, ob er in den 80er Jahren unter Reagan mit Zeilen geglänzt hätte wie »Love the girls and bash the Russians« … Als Musiker war Hendrix eine Offenbarung, als intellektuelle Kapazität hingegen – nun ja. Sagen wir: vom Niveau eines Peter Weiss war er Lichtjahre entfernt.

Es war fatal: Gerade jene Pop-Ikonen der späten Sechziger und der Siebziger, die mit ihrer Kunst und in ihrer eigenen Person die Botschaft verkörperten, sich nicht kreuzbrav den gesellschaftlichen Normen zu fügen, sondern die Zwangsjacke aus Sitte, Moral und Anstand abzuschütteln, also sich all jener Gebote und Verbote, in denen die Sexualrepression zu einem Klumpen zusammengebacken war, zu widersetzen – daß alle jene Ikonen (oder jedenfalls die prominentesten unter ihnen) von einem ausgesprochenen Hang zur Selbstschädigung durchdrungen zu sein schienen. Die Rede ist hier nicht von einer Joan Baez, die ihren Auftritt in Woodstock mit einem inbrünstigen »Amen« beendete; das konnte man schon zu Schülerzeiten als häßlich empfinden. Um wie vieles sympathischer waren da die Hunderte, vielleicht sogar Tausende von Namenlosen, die den Mut aufbrachten, im Rahmen dieses Konzertes nackt zu tanzen, nackt zu baden, und die begeistert versicherten, sie würden von nun an nie wieder Textilien beim Schwimmen tragen! Wenn Freiheit ein anderes Wort dafür war, nichts zu verlieren zu haben, wie es in einem der Lieder von Janis Joplin hieß, dann kommt darin genau jene Aufbruchsstimmung zum Ausdruck, der Wille, von nun an ein besseres, ein schöneres Leben zu führen. Wenn man über diese Worte weiter nachdachte, dann konnte die Empfindung, nichts zu verlieren zu haben, allerdings nur den Beginn dieses Kampfes bezeichnen, den Entschluß, »es« zu wagen, aber als Dauerzustand war diese Definition schon weniger attraktiv. Könnte man statt dessen nicht sagen, die Freiheit bestehe darin, in Ruhe gelassen zu werden, wenn man sein Leben nach eigenem Gutdünken gestaltete, ohne jemand Dritten zu beeinträchtigen? Aber damit kam wieder die Gesellschaft und folglich die Gewalt ins Spiel, denn gerade jene Ruhe bekam man nicht, auch nicht in jener Besseren Zeit, außer wenn man sie sich erkämpfte und die gesellschaftliche Tragweite dieser Frage erkannte. Bei den besagten Pop-Ikonen konnte man jedoch den Eindruck gewinnen, daß ihr exzessiver, selbstzerstörerischer Drogenkonsum (der in Hunter S. Thompsons Romanen ins Abstoßende gesteigert ist und deshalb »gemacht« wirkt) in Abhängigkeit dazu stand, in welchem Maße sie die gesellschaftliche Frage mieden. Hier herrschte ein seltsames Laisser-faire; man gab sich nach außen hin locker und tat so, als gebe es die Gewalt nicht, und dabei war eben diese Leugnung, dieses Sich-Blindstellen das Resultat des Gewaltniederschlags. Warum soff eine Janis Joplin, die das Lied von der Freiheit sang, sich zu Tode? Das wirkte irritierend und verstörend, und es gab außerdem dem Affen Zucker, denn die hämische Bemerkung seitens der Eltern, »Da siehst du, was dabei herauskommt!«, blieb natürlich nicht aus. Ein Jim Morrison von den »Doors« stand volltrunken auf der Bühne, inmitten eines Rudels von Polizisten, ohne diese Drohkulisse gegenüber den Tausenden von Konzertbesuchern auch nur mit einem kleinen Zeichen der Mißbilligung zu erwähnen. Diese Szene wirkte nach meinem Dafürhalten im sehenswerten Film von Oliver Stone am gespenstischsten. Warum erzählte Morrison nicht öffentlich die Episode, die man in einer Biographie über ihn findet? »Als die Doors endlich wieder Buchungen bekamen, enthielten die Verträge einen neuen Zusatz. Ein besonderer Passus regelte, daß die Doors schadensersatzpflichtig wären, falls Jim obszön oder blasphemisch wurde. Und man setzte die Doors davon in Kenntnis, daß hinter der Bühne Polizeibeamte mit ausgefüllten Haftbefehlen warteten – sie mußten nur noch die Vorwürfe eintragen, um Jim auf der Stelle festnehmen zu können.«[39] Dieser puritanische Tugendterror war ohne weiteres damit zu vereinbaren, daß Amerikaner in Uniform vietnamesische Frauen in Scharen vergewaltigten. Jim Morrison mußte vor der US-Sittenpolizei nach Frankreich fliehen, weil er auf der Bühne angeblich masturbatorische Handlungen begangen hatte. Selbst wenn es so gewesen wäre – wer hätte deshalb einen Schaden erlitten? Doch anstatt die Gewalt zu thematisieren, sie zum Gegenstand des öffentlichen Diskurses zu erheben, gab er sich in Paris dermaßen die Kante, daß er im Bad ertrank. Seine Anhänger können heute auf dem Friedhof Père Lachaise seiner nicht stilgerecht gedenken – mit einer Gitarre und einer Flasche Wein, warum nicht? –, ohne von den Flics geschurigelt zu werden.

Abseits dieser prominenteren Fälle muß die Dunkelziffer jener, die an diesem Anpassungsdruck zerbrachen, resignierten, verrückt wurden oder auf die eine oder andere Weise Selbstmord begingen, immens gewesen sein. Aber es gab auch Ausnahmen von dieser traurigen Regel, an denen man Halt finden, sich aufrichten und orientieren konnte. Zu ihnen zählt Frank Zappa mit seiner Band ›Mothers of Invention‹. Sie führten – wie vermutlich viele andere auch – den Beweis, daß man nicht schwarz zu sein brauchte, um in die Restaurants nicht eingelassen und an den Imbißständen nicht bedient zu werden: eine Haarlänge von über fünf Zentimetern und ein Bart taten es auch. Zappa wirkte nicht nur auf musikalischem Gebiet innovativ, indem er Jazz und Rock zusammenführte, dem Witz durch Zitate, Anspielung und Parodie musikalischen Ausdruck verlieh und als – weitgehend unbekannt gebliebener – Komponist Myriaden »kleiner Männchen« aufs Papier brachte, sondern er war einer der ganz wenigen, die die Bühne zu einem Ort der Kommunikation umgestalteten und sich nicht scheuten, heiße Eisen anzupacken. Zappas Biograph Barry Miles berichtet ein eindrucksvolles Beispiel, das in seiner ganzen Länge vorgeführt zu werden verdient. Schauplatz ist New York im Jahre 1967. Im Village, dem Künstler- und Bohèmeviertel, war ein Marinesoldat umgebracht worden, und es ging das Gerücht um, daß Marines das Viertel überfallen und alle Langhaarigen zusammenschlagen wollten. So war die Nervosität verständlicherweise groß, als bei den Proben der ›Mothers‹ plötzlich drei Uniformierte auftauchten. Frank hieß sie freundlich willkommen, und es stellte sich heraus, daß sie auf dem Flugzeugträger ›Wasp‹ Dienst leisteten, 19 Jahre alt waren und seine Musik mochten.

> Als Frank sie einlud, am Abend mit den Mothers auf die Bühne zu steigen, waren sie begeistert. […] Am Abend begannen die Mothers wie immer, und die Marines warteten an der Seite.
>
> Frank: »Ich sagte, ›Wenn ich euch ein Zeichen gebe, dann stürmt ihr alle drei zum Mikrophon und brüllt KILL.‹ Dann spielten wir in diesem verrückten Archie-Shepp-Stil, dissonante Akkorde und so weiter, und auf das Stichwort hin rannten sie an die Mikrophone und brüllten KILL! Das Publikum, nun ja – die wußten einfach nicht, wie ihnen geschah. Als alles vorbei war, klatschten sie. Also sagte ich ›Vielen Dank‹ in Richtung Publikum; und dann sagte Ray Collins ›Vielen Dank‹; und als ich auf den ersten Marine zeigte, damit er auch ›Vielen Dank‹ sagte, ging der zum Mikro und sagte ›Ich scheiß auf die Marines‹. Ein Raunen ging durch den Saal. Und dann kam der zweite und sagte ›Ich scheiß auf die Marines‹; zeigte auf den dritten, der ans Mikro trat und sagte: ›He, mir geht's nicht anders als meinen beiden Kumpels: Auf die Marine scheißen wir, und lieben bloß die Mothers hier.‹ Allerbester Blues, Mann.«
>
> Zappa war erstaunt. Für diese Äußerungen konnten die drei mir nichts, dir nichts vor Gericht landen. Aber dazu meinten sie nur: »Das ist uns egal, Mann. Sie können dich nur einmal drankriegen.« [… *nothing left to loose!*, P. P.] Während der Pause bat Frank [seine Frau] Gail, nach Hause zu gehen und eine große Plastikpuppe zu holen, die sie geschenkt bekommen hatten. Dann ging die Band zurück auf die Bühne, und die Marines kamen dazu und sangen ihre Songs.
>
> Zappa: »Sie machten das alles mit, und dann sagte ich: ›Jetzt kommen wir zur Grundausbildung: Meine Damen und Herren, hier haben wir ein Schlitzaugen-Baby, und die Marines werden es vor Ihren Augen in Stücke reißen. Macht es alle!‹ Warf es ihnen zu, sie rissen ihm die Arme aus, trampelten auf ihm herum, zerfetzten es. Nachdem alles vorbei war, wurde die Musik sehr leise, die Scheinwerfer erloschen, und ich hielt die Puppe am Schopf ins Publikum, zeigte die verstümmelten Körperteile herum, so, als ob … In der ersten Reihe saß ein Typ, ein Schwarzer, gerade zurück aus Vietnam, und heulte. Es war einfach schrecklich und für diesen Abend dann auch Schluß.«

Natürlich wurde Kritik an Zappas Vorführung laut, und wahrscheinlich lautete sie, man könne »so etwas« doch nicht machen. Aber *was* nicht machen, *wo* nicht machen: einen grausamen Völkermord in Vietnam oder ein Theater der Grausamkeit (im Sinne Antonin Artauds) in New York? Dazu Zappa: »Musik ist immer auch ein Kommentar zur Gesellschaft, und die Scheußlichkeiten auf der Bühne nehmen sich milde aus im Vergleich zu denen, die unsere Regierung in unserem Namen verübt. Es gibt keinen Akkord, der häßlich genug ist, um das zu sagen, was man manchmal sagen möchte…«[40] So kann bei der auf Unterhaltung angelegten Popmusik die Bühne sich unversehens zur Tribüne der Aufklärung wandeln (hätte man Zappa das Wort Lessings vom »Theater als moralische Anstalt« erzählt, hätte er sich wahrscheinlich totgelacht, aber er war genau nach denselben Richtlinien verfahren). In der von Peter Occhiogrosso zusammengestellten Anekdotensammlung über Zappa[41] ist diese Episode im übrigen verstümmelt und dadurch irreführend wiedergegeben: Es wird lediglich erzählt, wie betrunkene Soldaten die Puppe auf der Bühne zerfetzten, und dadurch der Eindruck erweckt, es habe sich um bestialisierte Totschläger gehandelt. Kein Wort davon, daß sie sich davor drastisch vom Kriegsdienst distanziert und öffentlich ihre Illoyalität erklärt hatten! So läßt sich auch Geschichte schreiben…

Ein weiteres Beispiel bietet Zappas Song ›More trouble every day‹ auf dem Album »Roxy & Elsewhere« (1974). Der Inhalt dieses Liedes ist heute nicht mehr verständlich, wenn man die Ereignisse nicht kennt, auf die es anspielt. Einleitend singt Zappa, es mache ihn krank, wenn er den Fernseher einschalte: allein das Anschauen von Nachrichten mit ihrem alltäglichen »rotten mess« bewirke, daß die Augen ihren Dienst versagten. Dann wird er konkret: »Wednesday I watched the riot / Seen the cops out on the street«, und es folgen Szenen prügelnder, steinewerfender Polizisten, brennender Märkte, whiskytrinkender Plünderer und panisch fliehender Menschenmassen. The riot: damit war der Schwarzenaufstand in Watts, einem Stadtteil von Los Angeles, im August 1965 gemeint, der sich an einem läppischen Verkehrsdelikt eines schwarzen Autofahrers entzündete und aufgrund der brutalen Polizeiwillkür schnell bürgerkriegsähnliche Ausmaße annahm. Nach sechstägigen Kämpfen, an denen ungefähr 30 000 Schwarze teilnahmen, blieben 34 Tote auf den Straßen liegen, und 4000 Menschen wurden ins Gefängnis gesteckt; das Viertel lag in Trümmern, und der Sachschaden betrug rund 200 Millionen Dollar. In einem Interview erläuterte Frank Zappa, bei welcher Nachricht ihm das Kotzen kam und er sich zu diesem Lied inspiriert fühlte:

Channel 5 in Los Angeles, die über den Aufstand berichteten, haben tatsächlich die Geschichte einer Frau gebracht, die von einer 50-mm-Maschinengewehrsalve der Nationalgarde, die die Aufstände beenden sollte, in zwei Teile gerissen wurde. Und diese Bilder sind vielleicht das einzige Denkmal, das dieser Frau jemals gesetzt wurde, die regelrecht auseinandergesägt wurde. Es gibt viele Tatsachen in Songs, die auf diese Weise von reiner Berichterstattung zu Folklore werden.

Solche Szenen trugen sich also nicht nur im fernen Vietnam zu, sondern inmitten der amerikanischen Großstädte, unter dem Surren der Kameras und der wenigstens visuellen Anteilnahme einer ganzen Nation, die, sofern sie weiß war, mehrteils in die Hände geklatscht und vor Begeisterung gejohlt haben dürfte. Zappa gehörte jedenfalls einer kleinen Minderheit an, als er empört ausrief: »Ich bin nicht schwarz, aber es gibt verdammt oft Momente, in denen ich mir wünsche, ich könnte sagen, ich bin nicht weiß.«[42] Man gestatte sich für einen kurzen Augenblick die Phantasie, ein solches Massaker hätte sich zur selben Zeit in Leningrad oder einer anderen sowjetischen Großstadt ereignet: Wochen, Monate und Jahre später wäre das Geschrei über den »menschenverachtenden Kommunismus« nicht verstummt, man hätte alljährliche Gedenktage eingerichtet, und Kommentatoren hätten sturzbetroffen das »sowjetische Völkergefängnis« und seine »Verbrechen« in Erinnerung gerufen. Aber ist dieses obszöne zweierlei Maß heute nicht das täglich Schimmelbrot, wenn es um Irak, Iran, Afghanistan, Nordkorea, Libyen unter Ghaddafi oder Syrien geht? (Unlängst zirkulierte das Foto eines bewaffneten NATO-Söldners in einer umkämpften syrischen Großstadt mit der Legende: »Protestierender mit schwerem Maschinengewehr«. Einen solchen »Protestierenden« stelle man sich in einem Londoner Armenviertel, einer Pariser Banlieue, in der Bronx oder in Kreuzberg vor: aber hoppla!).

Lebte Frank Zappa noch, man könnte ihn sich nicht anders als in einem Gefängnis vorstellen. Und dort saß er ja auch, seinerzeit in den Staaten, wenn auch nur für zehn Tage, so doch unter bemerkenswerten Umständen und aus bemerkenswertem Anlaß. 1965, als das denkwürdige Massaker an rebellierenden Schwarzen in Los Angeles stattfand, betrieb der 24jährige Zappa ein schlechtgehendes Tonstudio in einem Kaff namens Cucamonga, 120 km von der kalifornischen Metropole entfernt. Allein das Äußere dieses »Freaks« hatte die Aufmerksamkeit des örtlichen Sittendezernats erregt, erst recht die Tatsache, daß er mit seiner Freundin Lorraine unvermählt im Studio lebte und mit seiner Band knorrige patriotische Heuler durch den Kakao zog. Diese recht harmlos anmutende Dissidenz, die ja weit davon entfernt war, die »Systemfrage« zu stellen, und sich eher in einem abweichenden »Lebensstil« äußerte, reichte indessen aus, um ihn als Gefahrenquelle für das »freie Amerika«

zu orten, Geheimkameras an seinem Studio anzubringen und Spitzel auf ihn anzusetzen.[43] Ein solches lausiges Subjekt namens Jim Willis tauchte eines Tages bei Zappa unter der falschen Identität eines Autohändlers auf und gab vor, eine kleine Betriebsfeier mit einem Pornofilmchen einschließlich »oralem Sex« aufpeppen zu wollen. Da die anfallenden Kosten jedoch das Budget des Spitzels überstiegen, einigte man sich auf eine akustische Version; Frank simulierte mit seiner Freundin Koitusgeräusche, schnitt das Gelächter und die Albereien raus und unterlegte das Ganze mit Musik. Am Tag der Übergabe – die Verhandlungen waren mit einem Geheimmikrophon in der Armbanduhr des Spitzels aufgenommen worden – stürmte ein Rollkommando das Studio und führte Frank und seine Freundin wegen Verdachts auf »Verschwörung zur Herstellung pornographischen Materials« und wegen »sexueller Perversionen« ab. Das war alles andere als eine Lachnummer, es war im Gegenteil äußerst gefährlich, da es nach kalifornischem »Recht« ein Kapitalverbrechen darstellte: Zwar galt Pornographie »als solche«, d.h. die Wiedergabe des physiologischen Geschlechtsakts in Wort, Schrift, Ton oder Bild, lediglich als mittelschweres Vergehen; sobald aber zwei Personen darüber redeten und entsprechende Absprachen trafen, unterstellte man den Tatbestand der »Verschwörung« und verfolgte ihn als »Schwerverbrechen«. Als Höchststrafe waren 20 Jahre Gefängnis vorgesehen. (Abermals: Klingt das in heutigen Ohren nicht scheußlich vertraut? Macht sich, als Ergebnis der feministischen »PorNo«-Kampagne und des nach Europa überschwappenden US-Sexualstrafrechts, nicht strafbar, wer Bilder mit Nacktdarstellungen oder sexuellen Handlungen per Handy oder Internet weiterleitet? Wie viele Zehntausende sind es wohl, die deswegen mittlerweile in den Gefängnissen sitzen und in den USA nach ihrer Entlassung an den Internet-Pranger gestellt werden?)

Damals wie heute gilt in den Vereinigten Staaten: eine sichtbare weibliche Brustwarze ist in moralischer Hinsicht ein Frevel, in juristischer Hinsicht ein Straftatbestand und als solcher zur Jagd durch die staatlichen Behörden freigegeben (daher sucht man sie auch in amerikanischen Spielfilmen vergebens, und nur in »Gottes eigenem Land« kann es ein *Nipplegate* geben, wobei schon allein die Wortschöpfung Brechreiz erregt). Die Tabuschwelle ist bei diesen für die Öffentlichkeit freigegebenen Movies bereits bei Schlafanzügen, Nachthemden und Unterwäsche erreicht, was in der Regel hysterische Anfälle evoziert und *in praxi* Modeschauen mit *underwear* zur Folge hat. Unmittelbar vor Zappas besten Wirkungszeiten lag die Tabuschwelle noch niedriger; es mochte ausreichen, in einem Lied Achselhaare zu erwähnen oder auf der Bühne das »F-Wort« auszusprechen, um juristisch belangt zu werden. Bis in die fünfziger Jahre stand die ›Lysistrate‹ des antik-griechischen Reaktionärs Aristophanes auf dem amerikanischen Index, und erst ab Mitte der Sechziger durften US-Bürger Bücher von D. H. Lawrence, Henry Miller oder gar William Burroughs lesen. »Ralph Ginzberg, der Verleger der Zeitschrift ›Eros‹, wurde zu fünf Jahren Gefängnis verurteilt, weil eines der Hefte einen geschmackvollen Fotoessay über ein sich liebendes Paar enthielt. Es wurden keine Geschlechtsteile gezeigt, aber der Mann war schwarz und die Frau weiß. Man schrieb das Jahr 1964 …«[44]

Verglichen mit diesem inquisitorischen Rigorismus kam Frank Zappa mit einem blauen Auge davon: Während man seine Freundin auf freien Fuß setzte, brummte man ihm eine Haftstrafe von sechs Monaten auf, von denen er nur zehn Tage absitzen mußte, bevor er mit einer dreijährigen Bewährungsfrist entlassen wurde. Aber was heißt hier »nur zehn Tage«? Sein Biograph Barry Miles beschreibt die Haftbedingungen wie folgt: »In Zelle C waren 44 Männer zusammengepfercht, die Temperatur lag bei 35 Grad, und das Licht brannte Tag und Nacht. Am Ende des Zellenblocks gab es eine einzige Dusche, aber die war so verdreckt, daß Zappa sich dort weder wusch noch rasierte. Er war macht- und hilflos, und so saß er nur da und stellte sich gewaltige Gitarrenakkorde vor, die die Wände seines Gefängnisses zum Einsturz bringen würden.«[45] Dieser Gefängnisaufenthalt sollte ihn für sein weiteres Leben prägen – bis zu seinem allzu frühen Krebstod am 6. Dezember 1993 kämpfte er gegen die Zensur –, aber es war für ihn nicht das erste Mal, daß sich der *American dream*, bei Lichte besehen, als *American nightmare* entpuppte.

Zappas Biographie gibt die hier zur Untersuchung anstehende Epoche in spezifischer Brechung wieder. Als Nachfahre italienischer Einwanderer mochte er sich einen distanziert-kritischen Blick auf seine Umgebung bewahrt haben, da die Immigranten in den Vereinigten Staaten in strikter Segregation nach Herkunftsland, Rasse oder Religion lebten, wie sie sich in New York heute noch in bestimmten Stadtgebieten ballen und damit sogenannte »Parallelgesellschaften«[46] bilden. Ob man nun als »Japse« oder »Itaker«, als »Schlitzauge« oder »Spaghettifresser« tituliert wird – ein Kind, das mit diesem Stigma aufwächst, nimmt die normbildende Mehrheit mit anderen Augen wahr, sieht in den Angehörigen der *WASP-majority* weniger ein nachahmenswertes Ideal als eine latente Gefahrenquelle. Zappas Vater war ein konservativer, gläubiger Katholik mit ausgeprägter Assimilationsneigung; er widmete erst als Lehrer, dann als Naturwissenschaftler, der zeit seines Lebens in der *US-Army* arbeitete, seine Energie und seine Ambitionen dem Staat, dem er diente und der ihn bezahlte; der immigrierte »Itaker« war somit der loyalste und patriotischste US-Bürger, den man sich denken konnte. Was aber mochte der kleine Frank denken, wenn der Vater wochenlang mit Pflastern an den Armen oder an anderen Körperteilen nach Hause kam, die er weder entfernen durfte noch sich bei Juckreiz kratzen? Der Vater Francis Zappa war nämlich eines jener 4000 menschlichen Versuchskaninchen, an denen die Militärführung als höchster Vorgesetzter Experimente mit hochgiftigen biologischen und chemischen Kampfstoffen vornahm. Für jedes Pflaster erhielten sie 10 Dollar und, was man ihnen freilich nicht mitteilte, die Aussicht auf einen vorzeitigen Tod. Auch der kleine Frank kränkelte oft, weil er auf vergiftetem Boden an verseuchten Flüssen spielte – die militärische Niederringung der Sowjetunion besaß absoluten Vorrang vor der Gesundheit auch der eigenen Staatsbürger. Wer weiß, ob der Krebstod Frank Zappas nicht hier seine Wurzeln hat, in Kombination mit fehlenden medizinischen Vorsorgeuntersuchungen aufgrund eines miserablen Gesundheitssystems? Und waren es nicht dieselben Behörden, dieselben Beamten desselben Staates, die später die langhaarigen »Freaks« und Beatniks zu Hunderten von den Straßen in Los Angeles wegen »Herumlungerns« (Mißachtung der Ausgangssperre ab 22 Uhr) wegverhafteten und über Nacht im Gefängnis behielten? Während »draußen« in der Welt der Kalte Krieg in den Ländern der Dritten Welt tobte, führte die US-Regierung einen halb verdeckten, halb offenen Krieg gegen die eigene junge Generation, sofern sie sich nicht anpassungswillig zeigte, mittels Sperrzeiten, Razzien, Musik- und Tanzverboten. Diese von puritanischer Unerbittlichkeit diktierten Maßnahmen, an denen auch ein Khomeini sein Wohlgefallen gehabt hätte, zeigten schließlich eine so durchschlagende Wirkung, daß nur noch schwarze Jugendliche anstatt der verhaßten »Freaks« das Straßenbild bestimmten. So war es nun aber auch wieder nicht beabsichtigt, und man sah sich zu einer gewissen mäßigen Liberalisierung genötigt: Ab 1967 durften auch 17jährige in lizenzierten Lokalen tanzen. Mißliebige Lokale ließ man freilich abreißen.

Nicht nur Lüge und Gewalt – »der Schleim, der aus dem Fernseher trieft« – bestimmten Frank Zappa zur Gegenwehr, zur Entlarvung dieser unerträglichen Zustände mittels künstlerischer Parodie, sondern vor allem jener erstickende Mief der Sexualrepression, die verkniffene Feindseligkeit gegen alle Annehmlichkeiten des Lebens, die verlogene Doppelmoral der verklemmten Spießer, der Familienväter und Puffgänger in Personalunion. Im Kampf um die persönliche Freiheit und Selbstbestimmung war Frank Zappa tatsächlich eine Ikone; seine Musik und seine Texte waren erfrischend, respektlos und befreiend, da sie sich vor keinem Tabubruch scheuten und deshalb angstlösend wirkten. Fragt man danach, was ihn als Künstler persönlich hierzu befähigte, so lautet die Antwort: Es war die bewußt vollzogene Abkehr von der christlichen Religion, der Bruch mit dem »Glauben der Väter«. In den Worten Frank Zappas: »Plötzlich ging mir ein Licht auf. Diese ganze geistlose Morbidität und Disziplin war einfach nur krank – Blut hier, Schmerzen dort und freitags kein Fleisch. Was *soll* dieser Mist? Ich glaube, was ich getan hatte, war nur möglich, weil ich den Fesseln des Daseins als frommer Gläubiger entkommen bin.«[47] Wie recht er damit hatte! Als ihm diese Erleuchtung zuteil wurde, zählte er sechzehn Jahre, und zum Entsetzen seiner Eltern besuchte er nicht mehr die Messe und ging zu keiner Beichte mehr. Sowie sich das imaginierte christliche Droharsenal als Popanz erwiesen und in Nichts aufgelöst hatte, sowie es, durch eine mutige Entscheidung, einfach verpufft war, trat eben nicht jene Leere und Orientierungslosigkeit ein, mit der die Pfaffen orgelnd dräuen, sondern es wurde eine ungeheure, zuvor von Strafangst niedergehaltene Energie freigesetzt, die nach Betätigung drängte. Der Biograph Miles vermerkt diesbezüglich griesgrämig: »Aber auch das erklärt nicht, warum ein Mann von gut 40 Jahren noch immer von Groupies, Blowjobs, Unterwäsche, Sexspielzeug und analem Geschlechtsverkehr singen will.«[48] Doch, das tut es sehr wohl: Frank Zappa war nicht in dem Sinne »vernünftig«, wie es die unvernünftigen, also unterwerfungsbereiten und denkfaulen Erwachsenen meinten. Zappas frühe Heirat mit 20 Jahren – er brauchte dafür als »Minderjähriger« noch die Einverständniserklärung seiner Eltern – mag als ein letztes Zugeständnis an den nach wie vor hohen sozialen Druck betrachtet werden (auch die beachtliche Kinderschar in späterer Ehe), aber über dem Bett der Neuvermählten hing ein Zettel, auf dem in Majuskeln geschrieben war: NIMM DIE PILLE. Zappa konnte anzügliche Texte singen – »doch bekleckere nicht das Sofa« –, ohne daß man je den Eindruck hatte, dies geschehe im Dienst der Sexualverekelung und -erniedrigung. Wenn er drastische Worte gebrauchte (und er tat das oft und gern), so lautete die leicht erkennbare Botschaft: Seht her, ihr braucht keine Angst zu haben, vermeintlich verbotene Dinge zu tun – wenn ich öffentlich so darüber rede und meine Witzchen mache. Als der Papst die Pille mit Bann belegte, stellte Zappa einen Eimer auf die Bühne, gefüllt mit vielen vielen bunten Smarties, der die Aufschrift trug: NIE WIEDER HÄSSLICHE BABIES (schade, daß er sich selber nicht daran hielt!). Aber diese Botschaft wurde verstanden, und sie kam an, ebenso wie seine Worte: »Du möchtest eines Tages frei sein? Du brauchst nichts anderes zu tun, als deine Hose auszuziehen, dir klar zu machen, daß du deine Hosen ausgezogen hast, dir jemand vom anderen Geschlecht zu suchen oder, wenn du es ein bißchen schräger haben willst, etwas anderes zu machen, aber mach es mit Sex, das ist die einzige Art, dich selbst zu befreien.«[49] Es ist kaum zu ermessen, welch ungeheurer Druck damit von den Jugendlichen genommen war, wenn auch die gesellschaftlichen Quellen des Unglücks – Ausbeutung, Unrecht und Krieg – primär davon noch nicht tangiert waren und somit eine Neigung zur Illusion (das private Glück in der Nische) befördert werden konnte, aber dies zu verhindern, wäre die Aufgabe einer politischen Opposition gewesen, die diesen Namen auch verdiente und nicht feige vor dem »heißen Eisen« Sexualität kniff.

Zappas Botschaft kam an, bei Freund wie Feind. In Panik geratene Mütter versuchten ihre Töchter vom Besuch der ›Mothers‹-Konzerte abzuhalten, empörte Elternverbände drangen bei Veranstaltern auf Auftrittsverbote und bei Plattenfirmen auf Zensur. Unter diesen zahllosen Boykott- und Entschärfungsversuchen sei nur eine Episode hervorgehoben, abermals in der Erzählung Frank Zappas:

> Schau mal, was sie aus der Zeile *She's only thirteen and she knows how to nasty* [Sie ist erst dreizehn, weiß aber, wie man's treibt] rausgestrichen haben. Was glaubst du wohl? Das Wort *thirteen*, nicht *nasty*. Und hier: *Magnificent Instrumental, Ejaculation Number 1*. Sie konnten's nicht lassen, es in *Climax* zu ändern. (Gelächter) Kapierst du? Sie wollten *I'd like to make her do a nasty on the White House lawn* [Ich fände es gut, wenn sie eine Nummer auf dem Rasen des Weißen Hauses schiebt] ändern, sie wollten *I'd like to make her do a crossword puzzle on the back of TV Guide* [Ich fände es gut, wenn sie ein Kreuzworträtsel auf der Rückseite der Fernsehzeitschrift löst] daraus machen.[50]

She's only thirteen... Wer denkt hier nicht an den unglücklichen Roman Polanski, der wegen einvernehmlichen Sexualkontakts mit einer Dreizehnjährigen Jahrzehnte später, in hohem Alter, auf Geheiß der US-Regierung von einer Schweizer Polit-Prostituierten in Geiselhaft genommen und mit einer sicherlich tödlichen Auslieferung in die Vereinigten Staaten bedroht wurde? Mit Sicherheit wird nun der Satz verständlich, daß man sich Frank Zappa, lebte er noch, nur im Gefängnis vorstellen könnte. Denn mit dem Feminismus haben das religiöse Dunkelmänner- und das keifende Hausfrauentum gesiegt. Entsprechend laut ist das backenaufblasende Gekreisch über die angebliche »Frauenverachtung« Frank Zappas, für den die Frauen angeblich »verfügbar« sein mußten, er es selbst mit geistig Behinderten getrieben habe (der Song »Dinah-Moe Humm«, der vom Publikum stets begeistert aufgenommen wurde) usw. usf. Diese Verbalanwürfe stinken jetzt zum Himmel wie ein gebrauchter Tampon. Vernehmen wir statt dessen die Stimme aus einer Zeit, die weder den Feminismus noch die entsetzliche, durch staatliche Förderung jedes unbeschwerte Erleben unmöglich machende Sexualseuche kannte. Gail Sloatman, die spätere Ehefrau von Frank Zappa, erzählt über ihre Zeit als »Groupie«:

> Wir hatten in den Sechzigern vor, die Sexualität zu erforschen – was bedeutete, daß es keinen Druck gab, auf einer spirituellen Ebene intim zu werden. Körperliche Intimität war nicht gleichbedeutend mit wirklicher Intimität. Es war sehr einfach, mit jemandem zu schlafen, aber viel schwieriger, ihn wirklich kennenzulernen.

Doch beides war angstfrei möglich: das machte die Bessere Zeit *sensu* Steinbach aus. Die weiblichen Fans der ›Mothers‹ organisierten sich in einem eigenen Klub, dem GTO (»Girls Together Only«, auch »Girls Together Outrageously«) und diese »Gemeinschaft zügelloser Mädchen« begleitete ihre Idole, Freunde, Liebhaber oder wie immer man sie nennen will zu ihren Konzerten, bei denen sie auch auftraten und so manchen Skandal entfachten, wie etwa im erzreaktionären Orange County:

> … kaum waren die GTOs hinter der Bühne angekommen, als sie auch schon in einen Büroraum geführt und von einer wütenden Matrone angeschrien wurden, weil hinter Pamelas Lätzchen eine Brustwarze hervorlugte. Den Rest des Abends wurden sie von Sicherheitskräften bewacht und durften nicht auf die Bühne.[51]

Zappa brachte es schließlich zuwege, daß die GTOs allem Gekeife zum Trotz zum festen Repertoire der ›Mothers‹-Auftritte avancierten und vom Publikum mit Ovationen bedacht wurden.

*

Es fällt schwer, von dieser Zeit relativ unbeschwerter Freiheit in eine Arena umzuschalten, in der ein hochgerüsteter Gigant mit atomarem Totschlag drohte. Vielleicht taugt als Brückenschlag hierzu die beharrliche Weigerung Frank Zappas, in der Sowjetunion aufzutreten, solange es sie noch gab (er hatte viele Verehrer im »Ostblock«). So befreiend seine Botschaft auch wirkte – den antikommunistischen Balken in seinem Auge vermochte er zeitlebens nicht zu entfernen, und aufgrund dieser Beschränktheit konnte auch er nie das Format eines Peter Weiss erreichen; sein naiver Umgang mit dem vom

Dissidenten zum Präsidenten gewandelten Václav Havel in der Tschecho-slowakei berührt eher etwas peinlich. Auch vermag man nicht den seichten Optimismus derer zu teilen, die die Ächtung der Rassendiskriminierung auf der Habenseite der Besseren Zeit verbuchen. Man sieht dem Mehrwert nicht an, ob er einem weißen, schwarzen oder gelben Lohnabhängigen abgepreßt wurde, und so verliert in der nun seit zwei Jahrzehnten angebrochenen Ära der weltweit nahezu uneingeschränkten Monopolherrschaft die Rassenzuge-hörigkeit an Belang: entweder das Elend kommt zum Kapital (als Lohndrük-ker- und Streikbrechermasse), oder das Kapital geht zum Elend (»Tochterfir-men«, d.h. Kapitalexport). Wer daran etwas auszusetzen hat, ist laut offizieller Sprachregelung als »Rassist« zu betrachten und zu behandeln. Auch kann es einem US-Präsidenten gleich welcher Hautfarbe gleichgültig sein, ob ein Sol-dat seiner Armee Puertoricaner oder homosexuell oder beides ist, solange er nur widerspruchslos Serben, Araber oder Afghanen tötet. Denn das ist der »Antirassismus« der Gegenwart: die Gleichheit aller im Elend und im Un-recht, eine »Konfliktgesellschaft nach amerikanischem Muster«, wie es eine Grünen-Funktionärin unübertrefflich formulierte.

Anmerkungen:

1 Dazu PRISKIL 1998.
2 Die Zitate in: ›Badische Zeitung‹ vom 25.2.2012.
3 Vgl. HOEVELS 2009a, *passim*.
4 Hierzu und zum folgenden HEISER, in: ›junge Welt‹ vom 15.2.2012.
5 Dazu DARÉ 2005.
6 GREINER, in: Der Kalte Krieg … (2010), S. 98.
7 Ebd., S. 98 f.
8 BERENDT 1978, S. 163.
9 Zit. in: LIPPEGAUS 2011, S. 18.
10 Die ›Badische Zeitung‹ vom 25.11.2010 bei der Besprechung eines US-Propagandafilms.
11 Zit. in: LIPPEGAUS 2011, S. 11.
12 BERENDT 1978, S. 163.
13 SADIE/LATHAM 1996, S. 588.
14 Dazu ›Ketzerbriefe‹ 43 (Sonderausgabe »Entartete Kunst 1993«, S. 41–82, darunter ein Exklusiv-Interview mit Chick Corea und zahlreiche Dokumente).
15 Tantzteuffel 1569 [1978], S. 88 f.
16 Vgl. MILES 2004, S. 141 f.
17 Mahābhārata, 6. Buch, 2. Abschnitt (S. 218).
18 Zit. in: MILES 2004, S. 153 f.
19 HOEVELS 2011, S. 71; siehe auch PRISKIL 1997.
20 Beide Zitate in: BURROUGHS 1978, S. 313 f., 303.
21 HOEVELS 1985, S. 120 f.
22 Dieses und die folgenden Zitate in: MILES 2004.
23 SCHWENDTER, in: ebd., S. 204.
24 Beides abgedruckt in: ebd., S. 134 f.
25 Vgl. ARTAUD 1985, S. 130–132.
26 Beide Zitate in: FULD 2012, S. 112, 115 f.
27 Abermals sei empfohlen: ZORN 1994.
28 Siehe DESCHNER 1976, S. 545 ff., mit zahlreichen weiteren schönen Belegen.
29 Zit. in: REEMTSMA/EYRING 1988, S. 196. – Die folgenden Zitate ebd., S. 193–224.
30 Siehe STEINBACH 2004, S. 93 f.
31 DROEGE 1985.
32 SCHMIDT 1961 [1989], S. 30.
33 Ebd., S. 31.
34 Siehe WEISS 1971, S. 14–23.
35 Zit. in: BERENDT 1978, S. 315.
36 Dieses Zitat und die folgenden Nachweise in: KEMPER 2010, S. 43–60.
37 KEMPER 2009, S. 66.
38 Die Zitate ebd., S. 121, 100.
39 HOPKINS 1993, S. 103.
40 Die Zitate in: MILES 2011, S. 172 f.
41 OCCHIOGROSSO 1991, S. 103 f.
42 Beide Zitate in: ebd., S. 123 f.
43 Die folgende Episode in: ebd., S. 9–12, 107.
44 Ebd., S. 273.
45 Ebd., S. 11.
46 Zu diesem Begriff siehe HOEVELS 2010b.
47 Zit. in: MILES 2011, S. 75.
48 Ebd., S. 76.
49 Zit. in: ebd., S. 237.
50 Zit. in: ebd., S. 166 f.
51 Die beiden letzten Zitate in: ebd., S. 150, 198.

Herr Carter und sein Knecht Helmut

FRIEDLICHE KOEXISTENZ, Tauwetter, Entspannung, neue Ostpolitik, Abrüstungsverhandlungen, menschliche Erleichterungen, Wandel durch Annäherung – so lauten einige Stichworte, die anzeigen sollten, daß es im Zeitraum von Anfang der 60er bis Ende der 70er Jahre des vergangenen Jahrhunderts so etwas wie einen Funken Vernunft, einen Willen zur Verständigung zwischen den hochgerüsteten »Supermächten« gegeben habe. Freilich war eine solche Sicht nur aufrechtzuerhalten, wenn man nicht nach Mittel- und Südamerika, nach Afrika oder dem Nahen, Mittleren und Fernen Osten schaute; blendete man die Leichenberge aus, die sich aufgrund der imperialistischen Aggressionen in der sogenannten Dritten Welt auftürmten, dann mochte es den Anschein haben, als suchte vor allem der Westen nach Ausgleich, als gebe es hier mäßigende Kräfte, die dem Wahnsinn der nuklearen Hochrüstung Einhalt gebieten wollten. Eine solche vermeintliche Lichtfigur war John F. Kennedy, der junge, dynamische und hoffnungsfrohe Präsident, der kurz vor seiner Ermordung eine spektakuläre Rede über die »Strategie des Friedens« gehalten hatte. Freilich mußte man auch hier aus dem Gedächtnis löschen, daß er während der Kuba-Krise die Welt dicht vor den atomaren Abgrund gestoßen und in Vietnam die erste Stufe der militärischen Intervention eingeleitet hatte. Aber man machte sich in Westeuropa kaum Gedanken darüber, ob dies mal wieder »der Mensch in seinem Widerspruch« war, ob hier ein glückloser Idealist unter die Räder eines so bösen wie anonymen »militärisch-industriellen Komplexes« gekommen war, den er jedoch zugleich und rätselhafterweise befehligte, oder ob der smarte Optimist vom Dienst in der Öffentlichkeit nur deshalb Samthandschuhe trug, damit man nicht den Schlagring darunter sehe – nein: der Glanz des Weißen Hauses strahlte über den Atlantik und bündelte sich in der geteilten deutschen Frontstadt, wo er unter aufbrausendem Jubel verkündete, er sei ein »Berliner« (womit er nicht das marmeladegefüllte Gebäck meinte;

wir Schüler witzelten darüber, was er wohl in der französischen Hauptstadt gesagt hätte). Und in dem präsidialen *Fiat lux!* aus Übersee tauchte eine zweite Lichtgestalt empor, die man zwar kaum und wenn doch, dann nur als wild entschlossenen Antikommunisten gekannt hatte: den dortigen Regierenden Bürgermeister Willy Brandt, genau: der mit dem Warschauer Kniefall und dem Friedensnobelpreis, der im Gedächtnis der Deutschen als eine Art Staatsheiliger figuriert. Es gab Leute, die ihn, den späteren Kanzler, als »Säufer und Hurenbock« bezeichneten und damit recht hatten; allerdings wurden sie strafrechtlich verfolgt, weil sie gewissermaßen eine Heiligenschändung begangen hatten. Schlimmer war und schwerer wog, daß Willy Brandt als erster deutscher Regierungschef die Verfassung gebrochen und damit im Gegensatz zum Kommunistenfresser Adenauer Hochverrat begangen hatte. Auch will zum Bild des Friedensengels so gar nicht passen, daß er sich nie kritisch zum Völkermord in Vietnam geäußert hatte – ganz im Gegenteil –, und während seiner Regierungszeit die BRD zum höchstgerüsteten NATO-Staat avancierte mit Rüstungsraten, die alle Länder des Militärbündnisses außer den USA in den Schatten stellten. Noch rätselhafter mag erscheinen, daß konservative christliche Politiker sich verhalten skeptisch über die amerikanische Hochrüstung und den Ausbau Westeuropas zum atomaren Bollwerk äußerten; ein de Gaulle kündigte die Mitgliedschaft im militärischen Verband der NATO auf, als ihm die US-Regierung das Mitspracherecht beim Einsatz der Atomwaffen verweigerte, und von Franz Josef Strauß, dem Buhmann der damaligen Pseudo-Linken, ist der Ausspruch überliefert, er sei lieber europäisch am Leben als atlantisch zu verrecken. Der ganze Entspannungsrummel gerät vollends zur Farce, wenn man zur Kenntnis nimmt, daß ein Nixon – den wir als veritablen Massenmörder kennengelernt haben – wegen seines »weichen Kurses« gegenüber der Sowjetunion unter Beschuß geriet, da er mit ihr Verhandlungen über die Begrenzung des strategischen Atomwaffenarsenals führte. Wie paßt das alles zusammen?

Analog zum atlantischen Paar Kennedy/Brandt ist ab Mitte der 70er Jahre das Duo Carter/Schmidt zu betrachten, wenngleich es sehr viel weniger propagandistische Strahlkraft entfaltete. An ersterem schien vor allem sein Beruf – wahlweise »Erdnußfarmer« oder »Ingenieur« – bemerkenswert zu sein (was für eine multiple Begabung spricht); ansonsten gilt er als Versager, der beim Joggen Schwächeanfälle erlitt und dessen Militärkommando zur Befreiung der amerikanischen Geiseln in der Teheraner US-Botschaft nach der Machtübernahme durch Khomeini in einem einzigen Fiasko endete (die eingesetzten Hubschrauber kollidierten des Nachts über der Wüste, so daß die Iraner am nächsten Morgen nur noch die Trümmerteile und die verkohlten Leichen einzusammeln brauchten: hier hat US-Amerika noch eine Rechnung offen, die es gerade begleicht). Schmidt gilt im Vergleich zu Brandt, der aus dem Verkehr gezogen werden mußte, weil seine Heuchlervisage nicht länger tragbar, d. h. herrschaftserodierend war (das Pingpong »linke« SPD vs. »rechte« CDU geriet in Gefahr), als farbloser Macher ohne »Visionen« oder gar »Träume«. Sein Auftreten wirkte so mausgrau wie sein Anzug, und folgerichtig bezeichnete er sich, der Hitlersche Offizier und unterkühlt wirkende Hanseate, in erkennbar preußischer Tradition als »erster Angestellter« der Firma BRD. Vielleicht hatte er damit mehr recht, als ihm lieb sein konnte, denn wie im wirklichen Leben gehörte diese Firma nicht den Angestellten, und den Arbeitern erst recht nicht. A propos Arbeiter: Schmidts erklärtes Vorbild war Noske, der Schlächter der deutschen Novemberrevolution, der sich selbst stolz als »Bluthund« bezeichnete. Die Vorgänge in der Stammheimer Nacht mit ihren toten bzw. schwerverletzten Gefangenen runden dieses Bild trefflich ab, wobei die offizielle Version der Geschehnisse ein *sacrificium intellectus* wie sonst nur bei »Glaubenswahrheiten« abfordert.

Das Duo Carter/Schmidt harmonierte nicht nur bei der Installation einer quasi-faschistischen Militärdiktatur in der wacklig gewordenen türkischen Außenbastion der NATO im Jahre 1980. Carter hatte Schmidt angewiesen, die Bewaffnung der Putschgeneräle zu übernehmen, und Schmidt stellte gefügig zweieinhalb Milliarden Mark aus der deutschen Steuerschatulle bereit. An beider Hände klebt demnach das Blut tausender ermordeter und zigtausend gefolterter fortschrittlicher Türken. Aber dies war »nur« ein Nebenschauplatz im Kalten Krieg. Weit wichtiger war, daß während der Präsidentschaft Carters das labile »Gleichgewicht des Schreckens« in eine gefährliche Schieflage geriet, weil die USA Ende der 70er Jahre über einen nicht mehr einholbaren Rüstungsvorsprung gegenüber der Sowjetunion verfügten. Carter, der wohl am meisten unterschätzte US-Präsident, hatte den Ausbau des nuklearen Erstschlagspotentials auf neuer technologischer Basis so zielgerichtet vorangetrieben, daß ein siegreich geführter Atomkrieg gegen die hoffnungslos hinterherhinkende Sowjetunion erstmals seit Jahrzehnten nicht nur denkbar, sondern führbar war, mit besseren Aussichten für die Vereinigten Staaten als in den Dekaden zuvor. Carter hatte diese neue Option in seiner Direktive mit der Nummer 59, die uns als sein politisches Vermächtnis noch eingehender beschäftigen wird, unmißverständlich festgeschrieben, und seine Propagandisten posaunen es in die Welt hinaus: »Victory is possible«. Es fehlte nur noch eine Kleinigkeit: das Land, in dem diese qualitativ neuen Erstschlagswaffen stationiert werden sollten. Hier kam aus geostrategischen Gründen neben den kleineren Beneluxstaaten vor allem die BRD als Frontstaat in Betracht. Und damit schlug die Stunde des Angestellten Schmidt, der das nur scheinbar von ihm regierte Land samt seinen Bewohnern auf dem Tablett präsentierte, zur freien Verfügung seines wahren Besitzers und Herrn. Mochte Deutschland danach nur noch als atomar verstrahlte Ruinenlandschaft existieren, mochte es ganz Europa mit in den Abgrund reißen: die Sowjetunion wäre tödlich verwundet, aber aufgrund der präzisen Schläge nur gering verstrahlt und damit besetzbar, während sich die Schäden an Menschen und Material in den Vereinigten Staaten in vergleichsweise engen Grenzen hielten. Dafür bedurfte es eines Knechts, der sich für seinen Herrn in Stücke reißen läßt, und eben dies ist die Substanz der Sozialdemokratie seit ihrem Burgfrieden mit dem deutschen Kaiser: Gehorsam, und sei es um den Preis der eigenen Vernichtung. Trotzkis kühne Prognose, daß sich die europäische Sozialdemokratie dem amerikanischen Imperialismus gegen die eigene Bourgeoisie (sofern sie überhaupt noch existierte) und gegen die vitalen Interessen des eigenen Landes andienen werde, nahm gegen Ende der 70er, vollends in den 80er Jahren konkrete Gestalt an. Zwei Gegenpositionen zu dieser Aussage sind möglich: die andressierten Standardreflexe »Das können die« – nämlich die Amerikaner – »doch nicht machen« und »Das kann ich mir nicht vorstellen«. Nun, man wird sehen; nur aus Lust und Laune standen (und stehen) die US-Truppen jedenfalls nicht in Deutschland.

Ob »Entspannung« oder atomarer Erstschlag, ob Brandt oder Schmidt – es ist nicht die Schuld des Verfassers dieser Zeilen, wenn sich die Regieanweisungen beide Male bis auf den i-Punkt gleichen: Antreten zum Rapport in Washington, Abholen der Befehle und deren Umsetzung zu Hause. »Große Politik« kann so eintönig sein …

Die »Politik der Entspannung« (*Detention Policy*)

Bereits im Jahre 1957 – Adenauer hatte sich soeben durch die Wiederbewaffnung der BRD, deren Eingliederung in die NATO und durch das KPD-Verbot für die USA äußerst nützlich gemacht – forderte der damals noch wenig populäre Senator John F. Kennedy eine Neuorientierung der amerikanischen Deutschlandpolitik ein:

Obwohl ich mit der Deutschlandpolitik unserer Regierungen, sowohl der republikanischen als der demokratischen, weitestgehend übereinstimme, so besteht doch meiner Ansicht nach die Gefahr, daß gerade die uneingeschränkte Unterstützung, die die Deutschen erfahren haben, sie gegenüber den wechselnden Strömungen in der europäischen Politik ein wenig zu starr und unnachgiebig macht. […] Ich glaube, die Vereinigten Staaten haben […] in ihren öffentlichen Verlautbarungen und auch in den mehr informellen diplomatischen Bemühungen den Beitrag der demokratischen Opposition ungebührlich vernachlässigt; jener deutschen Sozialdemokraten, deren Widerstand gegen den Kommunismus zuverlässig gewesen ist und die eines Tages Teil einer deutschen Regierung sein könnten, mit der wir verbündet sind.

Vor allem in Osteuropa war es unseren Interessen nicht förderlich, die deutschen Sozialdemokraten so zu ächten.[1]

Die abschließende Kritik Kennedys zielte gegen den Republikaner und Konkurrenten um das höchste Staatsamt Richard Nixon, der als Gefolgsmann von McCarthy in den Sozialdemokraten lediglich *fellow travellers*, also nützliche Idioten der Sowjetunion sah. Zum Präsidenten gewählt, leitete Kennedy zielstrebig die Revision der Ostpolitik ein, was mit einer demonstrativen Aufwertung der SPD und einer Brüskierung Adenauers einherging. Der knorrige Reaktionär und Noch-Kanzler hielt den jungen Spund aus den Vereinigten Staaten für einen Schwächling, der sich widerstandslos mit der Teilung Deutschlands und Berlins abfand. Auf die Frage Kennedys, ob er, Adenauer, sich vorstellen könne, die DDR anzuerkennen, gab dieser unwirsch Bescheid: »Niemals werde ich meine Hand dazu hergeben, ein Regime anzuerkennen, das 17 Millionen Deutsche versklavt.« Dieser Starrsinn sollte Konsequenzen haben: »Bei seinem folgenden Westberlinbesuch lehnt Kennedys Vize Johnson vor der Bundestagswahl 1961 demonstrativ den Wunsch Adenauers ab, ihn zu begleiten, was den Regierenden Bürgermeister Brandt als neuen SPD-Kanzlerkandidaten aufwertet.«[2] Es sollte zwar noch weitere fünf Jahre dauern, bis die SPD unter Kanzler und Altnazi Kurt Georg Kiesinger ins Regierungsboot der »Großen Koalition« gehievt wurde und Brandt als Außenminister amtierte, aber bereits so früh wurden die Weichen gestellt: Die USA drängten auf die Kür eines neuen Quislings, der den veränderten geopolitischen Verhältnissen besser Rechnung trug.

Aber wie waren diese Veränderungen beschaffen? In seiner Rede über die »Strategie des Friedens«, die Kennedy im Jahre 1963, fünf Monate vor seiner Ermordung, hielt, sind all jene Phrasen enthalten, von denen sich die Bevölkerung im Westen so gerne blenden ließ. Im Stile eines Fensterredners, wenn nicht eines Predigers, deklamierte Kennedy:

Laßt uns unsere Haltung gegenüber der Sowjetunion nochmals überprüfen. Keine Regierung oder soziale Ordnung ist so böse [*evil*], daß man die betreffende Bevölkerung eines Mangels an Tugend bezichtigen könnte. Wir Amerikaner empfinden den Kommunismus als zutiefst abstoßend, da er die persönliche Freiheit und Würde verneint. Aber wir können das russische Volk immer noch für seine zahlreichen Errungenschaften preisen – in der Wissenschaft und Raumfahrt, im wirtschaftlichen und industriellen Wachstum, in der Kultur und in Handlungen der Tapferkeit. [...] Es ist eine ironische und doch unumstößliche Tatsache, daß die beiden stärksten Mächte zugleich in der größten Gefahr schweben, verwüstet zu werden.[3]

Eben um dieses russische Volk ist es Kennedy zu tun, und während die erleichterte, ja entzückte Öffentlichkeit unter medialer Anleitung nichts als Friede, Freude und Eierkuchen zu erkennen vermeinte, stellte Kennedy in derselben Rede unmißverständlich klar, daß er keineswegs die Aggression gegen die Sowjetunion einzustellen, sondern lediglich die *Form* der Aggression zu verändern gedachte:

Die vor acht Jahren stolz verkündete Politik der »Befreiung« [des Ostens] hat sich als Fallstrick und Irrtum erwiesen. [...] Wir müssen jetzt schrittweise und vorsichtig daran arbeiten, ein Programm zu verwirklichen, das darauf abzielt, den sowjetischen Machthabern alle ihre Untertanen abspenstig zu machen, die Unzufriedenheit erkennen lassen...[4]

Kennedy war weder Idealist noch Traumtänzer. Bereits am 30. Januar 1961 hatte er in einer anderen Ansprache klargestellt, daß der »Kampf um die Freiheit«, wie er es nannte – also der Kalte Krieg –, in Asien, Afrika und Lateinamerika entschieden würde. Er war Realist genug, um zu erkennen, daß die nationalen Befreiungskriege in der Dritten Welt ausschließlich der Sowjetunion nützten und daß diese mittlerweile in der Lage war, einen atomaren Angriff nach der bislang gültigen Strategie der »massiven Vergeltung« zwar nicht ebenso massiv, aber verheerend genug zu beantworten. Zwar hatte Chruschtschow auf dem XX. Parteitag der KPdSU im Februar 1956 die Abkehr von Lenins Imperialismus-Analyse verordnet, derzufolge ein militärischer Angriff der kapitalistischen Länder (in welcher Konstellation auch immer) auf die Sowjetunion unausweichlich war, und statt dessen einseitig die Möglichkeit einer »friedlichen Koexistenz« der beiden Systeme dekretiert, doch der sowjetische Ministerpräsident Aleksej Kossygin stellte noch 1965 in einem Prawda-Artikel klar, die Defensivstrategie der Sowjetunion gegenüber den Vereinigten Staaten bedeute nicht, daß sie die Befreiungskämpfe in der Dritten Welt lediglich als neutraler Zuschauer betrachtete:

Die Politik der friedlichen Koexistenz [...] ergibt sich aus der Unzulässigkeit der Gewaltanwendung bei der Lösung strittiger Fragen zwischen Staaten. Doch das bedeutet keinesfalls, daß das Recht der Völker, mit der Waffe in der Hand einer Aggression Widerstand entgegenzusetzen oder für die Befreiung von ausländischen Unterdrückern zu kämpfen, aufgehoben wäre. Denn es ist ein heiliges [sic] und unveräußerliches Recht, und die Sowjetunion hilft ohne Wenn und Aber allen.[5]

Leider entsprachen die Taten der Sowjetunion nicht dieser vollmundigen Ankündigung, denn mehr als Waffenlieferungen war nie vorgesehen, und nie kämpften sowjetische Soldaten Seite an Seite mit der jeweiligen Befreiungsbewegung (auch die Nationale Volksarmee der DDR kannte keine solchen Auslandseinsätze). Auch ist Kossygins Feststellung, bei staatlichen Interessenantagonismen sei Gewaltanwendung »unzulässig«, mehr als halbgar und ganz grob nach dem kategorischen Imperativ Kants gestrickt, denn wer sanktioniert eine solche »unzulässige« Gewalt, wenn sie nun einmal verübt wurde: der liebe Gott, der sein »heiliges« Recht einfordert, oder ein Staat, der aufgrund seiner militärischen Stärke dazu in der Lage ist? Aber immerhin: wenigstens war die Sowjetunion in der Lage, den Befreiungsbewegungen materielle Hilfe zukommen zu lassen, und sie verfügte nach unermeßlichen Opfern über ein ausreichendes Nuklearpotential, um jeden Angreifer abschrecken zu können. Wir haben am Beispiel Koreas, vor allem aber Vietnams gesehen, welchen ungeheuren Aufwand die USA unter diesen Bedingungen betreiben mußten, um die Bevölkerung eines kleinen Entwicklungslandes niederzuhalten, und trotz Einsatz immenser Mittel damit scheiterten. Selbst ein ausgesprochener Kriegstreiber wie Zbigniew Brzeziński, Berater mehrerer US-Präsidenten, kam nicht umhin, in seiner Eigenschaft als Planer des US-Außenministeriums diesen globalen Kräfteverhältnissen Tribut zu zollen, indem er 1966 einräumte:

Der Westen hat erkannt, daß er die kommunistische Herrschaft in den osteuropäischen Ländern nicht beseitigen kann. [Man bemerke, wie leichthin die bis dato aggressive Militärstrategie der USA eingeräumt wird; P. P.] Anstatt darauf zu warten, daß sie zusammenbricht, sollten die Vereinigten Staaten künftig revolutionäre Veränderungen in den einzelnen kommunistischen Ländern und im sowjetischen Block als ganzem fördern.[6]

Genau dafür kreierten Kennedy und sein Stab die »Entspannungspolitik«, um an die Stelle der risikoreichen Zerschlagung der Sowjetunion die schrittweise Zersetzung oder Auflösung des Ostblocks im Sinne einer gewaltgestützten ideologischen Durchdringung zu setzen. Die »Entspannungspolitik« setzte sich also zum Ziel,

1. die Sowjetunion von der Unterstützung der nationalen Befreiungsbewegungen abzuhalten, indem man
2. ihr die Unverletzlichkeit der Grenzen in ihrem stark gefährdeten westlichen Machtbereich (Osteuropa) in Aussicht stellte und zugleich
3. die Sowjetunion und die ihrer Kontrolle unterstehenden Länder durch ideologische Infiltration »aufweiche«.

Für diesen Zweck und keinen anderen benötigten die USA die im Kalten Krieg bis dahin unverbrauchte deutsche Sozialdemokratie. Die CDU hatte ihr zwar die nützlichsten Dienste geleistet, doch kam sie als Träger der »Entspannungspolitik« nicht in Betracht, da ansonsten ihre überwiegend aus Altnazis bestehenden Mitglieder und Wähler scharenweise zur NPD übergelaufen wären und damit die »Gefahr« einer rechtsnationalen revanchistischen Opposition gegen das US-gefügige Parteienkartell gedroht hätte. So ließ man die CDU gegen die »Preisgabe deutscher Interessen« durch die Anerkennung der Oder-Neiße-Linie (also die Abtretung von rund einem Drittel des ehemaligen deutschen Reichsgebietes als Entschädigung an Polen) und gegen den »Verrat an unseren Brüdern und Schwestern im Osten« wettern. Sie machte das so gut, daß sie ihre Nazi-Klientel größtenteils bei der Stange halten und die NPD nur einen kurzfristigen Aufschwung verzeichnen konnte. Die FDP – je nun, sie kompensierte ihre chronische Mitgliederschwäche durch kräftige finanzielle Zuwendungen von der Kapitalseite und war entsprechend weisungsgebunden. Als »Zünglein an der Waage« brauchte sie nur den entsprechenden Hinweisen zu folgen und den Koalitionspartner zu wechseln; Geschichtsbücher wissen raunend zu berichten, führende FDP-Politiker seien nach hartem inneren Ringen schließlich »umgeschwenkt«, aber da schwenkte gar nichts. Die erste sozialliberale Koalition kam wie die vorangegangenen »konservativen« Regierungen nicht durch Wahlen, sondern durch entsprechende Handhabung des FDP-Jokers zustande, denn die Wahlergebnisse hatten sich nicht geändert. Die in der BRD zugelassenen Parteien hatten sich ihre Lizenz von den westlichen Besatzungsmächten einholen müssen, und diese hatten sich genau überlegt, wie man sich durch das Gaukelbild vermeintlicher Parteienpluralität vorteilhaft vom »monolithischen« Ostblock abheben und zugleich die westdeutschen Wähler nasführen konnte. Um die Sozialdemokratie an die Regierung zu bringen und die »neue Ostpolitik« in die Wege zu leiten, genügte es, das Hebelchen FDP umzustellen. Wie töricht und schmerzhaft illusionsgeladen waren doch jene, die aus Freude über den »Wandel«, den »Wahl«sieg von Brandts SPD, die Läden stürmten und die Sektflaschen köpften! Sie wachten mit einem entsprechenden Kater auf, nachdem sie ein paar Jahre später auf den harten Boden des Verfassungsbruchs und der weiter ungehemmt anhaltenden Hochrüstung geknallt waren.

Wie Schloß und Schlüssel oder Beule und Delle paßte nichts schöner und einträglicher zusammen als der sozialdemokratische Knecht zu seinem US-amerikanischen Herrn. Kennedy hatte ja zu hundert Prozent recht, als er dem Berliner Bürgermeister Brandt zuverlässigen Antikommunismus attestierte. Jener zählte sich selbst zum rechten SPD-Flügel und führte sich anläßlich des Mauerbaus fast noch militanter auf als die CDU. Als hieße er Adenauer, lamentierte er über die »Menschen in der von Ulbricht geknebelten und von sowjetischen Panzern in Schach gehaltenen Zone und in dem von Ulbricht besetzten und annektierten Ostberlin«, die allesamt »hinter der Gefängnismauer verschwinden« müßten. In einer anderen Rede zog er wie folgt vom Leder: »Das Ulbricht-System ist ein Krebsschaden am deutschen Volk. Es muß weg. […] Krebs ist besiegbar.«[7] So weit von Hitler oder Goebbels ist Brandt mit seiner Krebs-Metapher also nicht entfernt, denn auch in der faschistischen Ideologie ist unentwegt von angeblichen »Schädigungen« am »Volkskörper« die Rede. Hierzu paßt, daß der Fall der Mauer 1989/90 für Brandt ein innerer Reichsparteitag gewesen sein mußte; von den westdeutschen Politikern, die in der nun »befreiten Zone« ihre Reden schwangen, war der alte Heuchler meines Wissens der einzige, der fast unverhüllt zur Gewalt aufrief. »Zieht den roten Socken die Hammelbeine lang!«, krächzte Brandt ins Mikrofon, und als es daraufhin zu gewaltsamen Übergriffen gegen SED-Funktionäre kam, sah er sich gezwungen, seinen Pogromaufruf zurückzunehmen: Es hätte doch gar zu häßlich ausgesehen. Statt dessen trat der unauffälligere Plan B in Kraft, den er ebenfalls vorgegeben hatte: massenhafte Existenzvernichtung durch Berufsverbote für politische Funktionsträger und Wissenschaftler in der DDR.[8]

Der rabiate Antikommunist Brandt bedurfte also einer kleinen Umerziehung bzw. eines Image-Liftings, um als Friedenstäuberich durchzugehen, aber nichts ist leichter als das. Im März 1961 wurde Brandt zum ersten Mal in die USA ein- oder vielmehr vorgeladen, gemeinsam mit seinem Pressesprecher Egon Bahr. Später erinnerte er sich beeindruckt an ein »aufschlußreiches abendliches Gespräch, an dem Charles Bohlen, der Berater des Präsidenten [Kennedy] für Ostfragen und ehemalige Botschafter in Moskau, teilnahm […] Bohlen entwickelte den Gedanken, daß sich jenseits des Eisernen Vorhangs die Tendenz zu kommunistischen ›Nationalstaaten‹ immer stärker herausbilden werde.«[9] In anderen Worten: Es gelte, bei Interessengegensätzen innerhalb der Warschauer-Pakt-Staaten das Brecheisen anzusetzen, um die osteuropäische Peripherie vom sowjetischen Kernland abzutrennen, wie es später in den 80er Jahren am Beispiel Polens mustergültig vorexerziert wurde. Am 2. und 3. November des folgenden Jahres – 1962 – durfte Brandt bereits zwei Vorlesungen an der Harvard-Universität zu Fragen der Koexistenz halten. In der schriftlichen Fassung seiner Rede tritt klar die aggressive Tendenz zutage, die dem westlichen Konzept der »Koexistenz« zugrunde lag und die ein Adenauer nie in dieser Form hätte zum Ausdruck bringen können, ohne unglaubwürdig zu werden.

> Das Wort Koexistenz klingt für uns von vornherein verdächtig, weil die Sowjets es ständig gebrauchen. Dabei vergessen wir: Koexistenz ist weder eine Erfindung noch ein Monopol der Sowjets. In Wahrheit ist in der Grundidee der Demokratie die Idee der Koexistenz enthalten; sie folgt aus den demokratischen Grundprinzipien der Menschenwürde, des Selbstbestimmungsrechts, der nationalen Unabhängigkeit und der Toleranz. Wir müssen Chruschtschow und seiner Propaganda den Begriff Koexistenz entreißen, den er der Demokratie geraubt hat … [10]

Brandt war durchaus ein geschickter Demagoge, der sich hier des unlauteren Mittels der Subreption bedient, d. h. des schleichenden, untergeschobenen Bedeutungswandels eines Wortes. * Während die Sowjets unter dem Terminus »Koexistenz« verstanden wissen wollten, daß man sie nicht angriff und in Ruhe ließ, wandelte er sich in der Brandtschen Version zu einem Kampfbegriff westlicher Werte zur Aufweichung des »Ostblocks«. Da der atomare Krieg nicht zu gewinnen war, mußte der ideologische Krieg um die Köpfe der Menschen beginnen.

Als Zauberworte der sogenannten »Entspannung« hatte Kennedy die »Strategie des Friedens« und der durchtriebene außenpolitische Berater Brzeziński den »Wandel durch Annäherung« vorgegeben (»Erstickung durch Umarmung« wäre zutreffender gewesen). Es ist nun aufschlußreich, zu beobachten, wie diese Schlüsselphrasen den deutschen Akteuren von den Lippen flutschen. Die Kunst des Nachplapperns erfordert nur eine geringe Intelligenz, wie das Beispiel der Papageien lehrt; indessen sagt die zeitgleiche Verwendung zentraler identischer Begriffe viel über das Verhältnis von Herr und Knecht im Sinne der verbindlichen Sprachregelung aus. Friede, Wandel, Annäherung: »Dies

---

* Vgl. dazu AVEnz, *s. v.* »Subreption«

ist allerdings keine neue Formel der Sozialdemokraten aus der ›Frontstadt‹, sondern Importware. Hersteller: Kennedys Washingtoner State Department, das Außenministerium des US-Imperialismus.«[11] Als dessen emsigster Lautsprecher in Deutschland betätigte sich Egon Bahr, der Leiter des Westberliner Presse- und Informationsamtes, mithin ein Propaganda-Spezialist und später Brandts Fachmann für »innerdeutsche Angelegenheiten«. In einer aufsehenerregenden Rede am 15. Juli 1963 vor der evangelischen Akademie in Tutzing skizzierte er in einer Vorwegnahme die spätere »neue Ostpolitik« Brandts. Wie seine amerikanischen Einflüsterer konzediert er mit einem hörbaren Zähneknirschen die Unmöglichkeit, die Wiedervereinigung Deutschlands auf gewaltsamem Wege zu erzwingen:

> Wenn es richtig ist, und ich glaube, es ist richtig, daß die Zone dem sowjetischen Einflußbereich nicht entrissen werden kann [sic], dann ergibt sich daraus, daß jede Politik zum direkten Sturz des Systems drüben aussichtslos ist. Diese Folgerung ist rasend unbequem und geht gegen unser Gefühl, aber sie ist logisch.

Beschwichtigend heißt es dann in Richtung CDU, damit das elende Pingpong der Lizenzparteien klappe, mit Verweis auf die Substanzgleichheit der Kartellparteien, die man wohl damals schon die »Gemeinsamkeit der Demokraten« nannte: »Die selbstverständliche und von niemandem in Frage gestellte Weigerung, die Zone als einen rechtmäßigen Staat anzuerkennen, darf uns nicht lähmen.«[12] Besonderen Wert legt der Redner auf die Feststellung, daß es sich bei der sogenannten Entspannung um eine offensive langfristige Strategie der Vereinigten Staaten zur Überwindung des Sowjetsystems handelt:

> Die amerikanische Strategie des Friedens läßt sich auch durch die Formel definieren, daß die kommunistische Herrschaft nicht beseitigt, sondern verändert werden soll. Die Änderung des Ost-West-Verhältnisses, die die USA versuchen wollen, dient der Überwindung des Status quo, indem der Status quo zunächst nicht verändert werden soll.[13]

Sein Vorgesetzter Brandt stieß ins selbe Horn, als er laut einem Bulletin der Bundesregierung vom 31. Mai 1972 schon 1963 seiner Hoffnung auf eine per »Entspannung« herbeigeführte Umpolung der Sowjetunion in Richtung Kapitalismus bzw. Imperialismus Ausdruck verlieh: »Es spricht heute viel dafür, daß die Enkel Chruschtschows sich möglicherweise noch Kommunisten nennen, aber in Wirklichkeit keine mehr sein werden.«[14] Der alte Heuchler verfügte wie ein Geier über ein feines Gespür für Aasgeruch. In der Tat sollten nach Chruschtschows Absetzung noch recht genau zwei Generationen folgen, bis die Sowjetunion »friedlich« kapitulierte und die KPdSU verboten wurde. Mittlerweile wird in zahlreichen osteuropäischen Ländern – darunter Polen, Ungarn, Rumänien, die Slowakei und die baltischen Staaten – bereits das Zeigen kommunistischer Embleme wie fünfzackiger Stern oder Hammer und Sichel unter empfindliche Strafen gestellt. *Mission accomplished!* Läßt man den Kalten Krieg vom Einsetzen der sogenannten Entspannungspolitik bis zu seinem Ende Revue passieren, und memoriert man die nachträglich frei Haus gelieferten Lügengespinste, dann schrillt am abwegigsten die

☞ **Legende:** Das westliche Konzept der Strategie des Friedens »war im Koordinatensystem des Kalten Krieges revolutionär, auch wenn man sich auf die Führungsmacht des Westens berief.«[15]

Das gerade Gegenteil dieser professoralen Einlassung ist richtig: Die von Kennedy proklamierte und von seinem Handlanger Brandt in die Tat umgesetzte »Strategie des Friedens« verfolgte ein Konzept der *Konter*revolution, das den veränderten internationalen Kräfteverhältnissen Rechnung trug.

Hatte die Sowjetregierung und die von ihr auf Gedeih und Verderb abhängige SED-Führung denn keinen blassen Schimmer, was da auf sie zurollte? An der Eindeutigkeit der imperialistischen Absichtserklärungen war jedenfalls kein Mangel. Walter Ulbricht äußerte noch im Jahre 1970 durchaus zutreffend:

> Die Bildung der Regierung unter Führung des Sozialdemokraten Brandt ist mit der gegenwärtigen Phase der Globalstrategie der USA nicht nur vereinbar, sondern auch abgestimmt. Nach dem Scheitern der bisherigen Taktik der Ostpolitik halten es große Teile der herrschenden Klasse der USA für erfolgreicher, nicht nur mit dem Konservatismus der CDU/CSU, sondern vorrangig mit den Sozialdemokraten gegen die sozialistischen Staaten zu kämpfen.[16]

Der Außenminister der DDR Otto Wirzer bezeichnete die von Egon Bahr vorgestellte Strategie kurz und treffend als »Aggression auf Filzlatschen«.[17] Aber dann griffen die Maßnahmen des Westens. Bis 1973 schloß die BRD vier Verträge mit der Sowjetunion und drei ihrer Verbündeten: den Gewaltverzichtsvertrag mit der UdSSR (12.8.1970) sowie die Grundlagenverträge mit Polen (7.12.1970) und der DDR (21.12.1972) sowie mit der ČSSR (11.12.1973). In diesen Verträgen verpflichteten sich beide Seiten zum Gewaltverzicht und zur Anerkennung der jeweiligen Grenzen. Das Wort »Normalisierung« machte die Runde, und die DDR sonnte sich im Glanz ihrer internationalen Anerkennung: endlich durfte sie ihre Delegationen in die UNO schicken und bei Treffen der KSZE gleichberechtigt an einem Tisch mit den Vertretern der BRD sitzen. Aber das war die pseudo-sozialistische Gartenzwerg-Perspektive; der Spätstalinist war froh, ungestört in seiner Datscha sitzen, einem sonnigen Lebensabend entgegensehen und ab und zu beim Nachbarn vorbeischauen zu können: war nicht alles aufs beste bestellt in der Welt der »friedlichen Ko-existenz«? Doch der Westen ging mit ganz anderem Schneid zur Sache. Die Handelsverträge betrachtete er nicht als »Selbstzweck« – also zur Erzielung von Profiten, wie das Klein-Mäxchen oder Klein-Erich über den bösen Kapitalismus gelernt hatte –, sondern als »Hebel«, um die Regierungen des Ostblocks von der Bevölkerung zu isolieren und schließlich auszuheben. Nun entfaltete der Effekt des westlichen Schaufensters, zu jener Zeit so wichtig wie eine neue Raketengeneration, im Osten seine volle Wirkung: der bunte Glitzer der vermeintlichen Wohlstandsgesellschaft, die schiere Menge der Konsumgüter sollte den neidisch-sehnsuchtsvollen Blick nach Westen lenken, auf daß sich die amerikanischen Investitionen in das westdeutsche Wirtschaftswunderland auszahlten und die Loyalität im Osten bröckelte. Dieses Kalkül hatte die DDR-Führung mit Sicherheit sträflich unterschätzt und zugleich die Bevölkerung mit Leistungen verwöhnt, die als selbstverständlich empfunden wurden und deshalb keine Dankbarkeit evozierten: eine so gut wie unkündbare Arbeitsstelle – eine aufsässige Bauarbeiter-Kolonne wie im DDR-Film ›Die Spur der Steine‹ hätte man im Westen mit Schmackes aufs harte Pflaster der Arbeitslosigkeit geknallt, so daß sich keiner mehr erhoben hätte, wie heute eben –, eine billige Wohnung, ebenfalls unkündbar, ausreichend Kinderhorte, Vollbeschäftigung, faktische Gleichberechtigung von Mann und Frau im Produktionsprozeß wie im gesamten gesellschaftlichen Leben. Diese im Westen unbekannte und teure soziale Sicherheit wurde als Selbstverständlichkeit eben mal so mitgenommen, außerdem schummelte man noch ein wenig an der Planwirtschaft vorbei – »das geht seinen sozialistischen Gang« – und erwies sich bei Engpässen als gut im Nörgeln und Quengeln, vor allem als die Phantasmagorie des kapitalistischen Schlaraffenlandes sich am Horizont zeigte. Und dabei war der »Wandel durch Handel« keineswegs alles. Brandt hatte es insbesondere auf »die Jugend in der Zone« abgesehen, die er durch gemeinsame Festivals, Filmvorführungen, Freizeitgestaltungen und Ferienaufenthalte (etwa auf der Insel Rügen) ins westliche Boot holen wollte; sein Einfallsreichtum und seine Umtriebigkeit in diesen Bereichen, die er »menschliche Erleichterungen« nannte, waren durchaus bemerkenswert, doch diese nach außen hin ansehnliche Frucht war verdorben, denn sie trug das langsam wirkende Gift der Illoyalität und Zersetzung in sich.

Auch die Sowjetunion hatte bekommen, was sie wollte: vermeintliche Ruhe an ihrer durch Hochrüstung bedrohten Westgrenze, die im Rückblick freilich nicht mehr war als eine kurze Atempause. Die Einrichtung eines »roten Telefons« zwischen Washington und Moskau war eine symbolische Geste, die die Welt um keinen Deut sicherer machte. Schon nützlicher war das Verbot von Atomwaffentests im Weltraum, in der Atmosphäre und unter Wasser im Jahre 1963 (*Partial Test Ban Treaty*), dem elf Jahre später eine Vereinbarung über die Höchstgrenze der Sprengkraft folgte (150 Kilotonnen pro Versuch, also immer noch über zehnfache Hiroshima-Stärke). Vor allem kamen nun die Verhandlungen über die Begrenzung der strategischen Rüstung in Gang, die 1968 zwischen US-Präsident Johnson und dem sowjetischen Ministerpräsidenten Kossygin vereinbart worden waren (*Strategic Arms Limitation Talks*, SALT). SALT I, 1972 zwischen Nixon und Breschnew in Moskau abgeschlossen, legte eine Begrenzung der Raketen-Abwehrsysteme und der strategischen Offensivwaffen, also der see- und landgestützten Interkontinentalraketen, fest. SALT II, das sich mit mobilen Raketensystemen und strategischen Bombern befaßte, wurde zwar nach langem Hin und Her von Carter und Breschnew unterzeichnet, trat aber nie in Kraft, da der US-Senat die Ratifizierung verweigerte (Vorwand war der sowjetische Einmarsch in Afghanistan, dem ein öffentlichkeitswirksamer Boykott der Olympischen Spiele in Moskau folgte, während man bei derselben Gelegenheit 1936 in Berlin keine Bedenken getragen hatte). Ebenfalls 1968 trat ein Abkommen zur Nichtverbreitung von Atomwaffen in Kraft (*Non-Proliferation Treaty*, NPT), das die Nutzung von Atomenergie zu zivilen Zwecken ausdrücklich gestattet. Bis zum Ende des Kalten Krieges unterzeichneten rund 140 Staaten das Abkommen, das seit 2005 auf Betreiben der USA zur Garottierung, vielleicht sogar atomaren Vernichtung des Iran eingesetzt werden soll.

Bei all dem diplomatischen Getriebe, bei all den Verhandlungen mit ihrem Wust von Verwirrung stiftenden Kürzeln darf die Hauptsache nicht aus dem Blick geraten. Die »Akte von Helsinki«, der »Geist von Genf« – das sind Sedativa fürs Untertanenhirn, die in einer Welt der Hochrüstung und der permanenten nuklearen Kriegsgefahr allgemeine Verständigungsbereitschaft und Friedenswillen vorgaukeln sollten (»Hauptsache, man spricht miteinander«). So will es die

☞ **Legende:**   In der Ära der »Entspannung« kam der gute »Geist von Genf« über die Völker wie der Heilige Geist zu Pfingsten über die Jünger des HErrn.

Nein. Die kurze Phase der »Entspannung« gab es nur aus einem einzigen Grund: Zum ersten Mal in ihrer Geschichte nützte den Vereinigten Staaten ihre kontinentale, von der mächtigsten Flotte der Welt gedeckte Insellage zwischen den Ozeanen nicht mehr, da sowjetische Interkontinentalraketen das amerikanische Kernland erreichen konnten. Nun nutzte es nichts mehr, wie zu Zeiten der Kuba-Krise mit Bombern und Flugzeugträgern zu fuchteln – man mußte verhandeln, auch wenn dies »rasend unbequem« war, um ein weiteres Mal Egon Bahr zu zitieren. Und diese Phase der »Entspannung« währte genau so lange, wie diese sowjetischen Raketen eine wirksame Abschreckung für die USA darstellten und ihre imperialistischen Angriffsgelüste dämpften. Es ist seltsam oder vielmehr bezeichnend, daß die Kreml-Führung diesen Sachverhalt nicht ebenso sah wie ihre Kontrahenten, die nüchtern kalkulierenden und entschlossen agierenden Yankees. Da erhielt man auf einem Blatt Papier die »Unverletzlichkeit« der Westgrenze garantiert und wähnte sich in Sicherheit, als ob es keine Raketen gäbe, die darüber hinwegfliegen könnten! Das militärstrategische Denken der Sowjetführung wirkt, allen aufgezwungenen Rüstungsbemühungen zum Trotz, atavistisch, da es sich nach wie vor im Rahmen des 2. Weltkriegs, ihrem »Großen Vaterländischen Krieg«, bewegte: Krieg führt man mit Soldaten, Panzern, Artillerie und Flugzeugen; eroberte Gebiete dienen als Puffer oder Glacis dem Schutz des eigenen Kernlandes. Daß dies im Zeitalter weitreichender, eben strategischer Massenvernichtungswaffen nicht mehr gilt, haben die Amerikaner wesentlich schneller und besser begriffen; ja, man kann es auf den Tag genau benennen: Seit dem 4. Oktober 1957, als die Sowjets einen Satelliten im Weltraum um die Erde schickten und im Westen den »Sputnik-Schock« auslösten (nur Adenauer wirkte etwas zurückgeblieben, als er den Bundestag mit den Worten zu beruhigen versuchte, »hoch« sei nicht »weit«). Für die US-Führung konnte kein Zweifel bestehen: Wenn die Sowjets die Hündin Laika oder kurz darauf ihren Kosmonauten Juri Gagarin in die Erdumlaufbahn schießen konnten, warum dann nicht auch eine Ladung Sprengsatz? Tag und Nacht, Stunde für Stunde patrouillierten atomare Bomberflotten der *US Air Force* an den Grenzen der Sowjetunion, um im Kriegsfall abzuschwenken und ihre tödliche Fracht über festgelegte Ziele in Rußland abzuladen, während kein sowjetischer Bomber je die Aussicht hatte, auch nur bis zur nordamerikanischen Küste zu gelangen (von einer Rückkehr erst gar nicht zu reden). Mit dem Sputnik war dieser Belagerungsring gesprengt: nun lag Nordamerika, das »nur« einen Bürgerkrieg*, nie aber eine Invasion fremder Truppen erlebt hatte, scheinbar ungeschützt – scheinbar, denn die strategischen Bomberflotten hatte es ja! – einem militärischen Zugriff der Sowjetunion preisgegeben. Der Schock steigerte sich zur Panik, als die amerikanische Antwort auf den Sputnik, die *Vanguard*-Rakete, am 6. Dezember 1957 unmittelbar vor dem Start und unter der Anwesenheit zahlreicher Prominenz explodierte. Die ›New York Herald Tribune‹ orakelte düster:

> Das ist der Triumph der Menschen über den Weltraum [...]. Als Ergebnis hiervon haben uns die Sowjets nicht nur auf dem Gebiete der Satelliten überflügelt. Sie haben uns auch im tödlichen Bereich der Ferngeschosse überflügelt. [...] Die [Weltuntergangs-]Uhr auf dem Umschlag der Monatsschrift ›Bulletin of the Atomic Scientists‹ zeigt auf 2 Minuten vor 12. Es ist spät, sehr spät.[18]

Etwas wehleidig für eine Nation, deren Regierung vor etwas mehr als zehn Jahren selbst ein nukleares Massaker begangen hatte! Aber es waren die Vereinigten Staaten, die die Sowjetunion »einholten und überholten«, und nicht umgekehrt, wie Chruschtschow großmäulig prahlte. Von diesem Zeitpunkt an hatten die USA ihre militärtechnologische Überlegenheit nie mehr aus den Händen gegeben, vielmehr zügig ausgebaut, so daß der Sputnik bald Episode wurde. Gleichwohl blieben die USA eine Zeitlang verwundbar, und diese eineinhalb bis zwei Jahrzehnte – mehr waren es nicht – gingen als »Entspannung« in die Geschichte ein.

Freilich war die Sowjetführung nicht nur einer obsoleten Militärdoktrin verhaftet; der Grund für ihre Defensivität und ihren Opportunismus lag tiefer. Stalin hatte die Träger der revolutionären Ziele ermordet, ihre Spuren getilgt und jeden Versuch einer revolutionären Umwälzung außerhalb der Sowjetunion erfolgreich verhindert. Seine Nachfolger brauchten nicht mehr blutrünstig zu agieren – das Henkerswerk war ja getan –, aber als biedere Bürokraten standen sie den Zielen des Oktoberumsturzes so fern wie ein Noske oder Ebert den Begründern der Ökoanalyse Marx und Engels. Doch sahen sich die Kreml-Insassen mit der unangenehmen, ja gefährlichen Situation konfrontiert, daß man ihnen eben diesen Oktoberumsturz ständig um die

---

* Dieser Bürgerkrieg, von manchen Historikern als der erste »moderne« Krieg bezeichnet und von Karl Marx aufmerksam verfolgt und analysiert, kostete immerhin über 700 000 Kombattanten das Leben. Siehe dazu neuerdings KEEGAN 2012.

Ohren schlug – auf den sie sich doch nur noch *pro forma* zwecks Machterhalt beriefen – und sie dafür zur Rechenschaft ziehen wollte, und zwar durch kalte wie heiße Kriege. Was lag da näher, als den Aggressor der eigenen Harmlosigkeit, Gutwilligkeit, Biederkeit zu versichern, sich eben opportunistisch zu verhalten? »Der Stalinist ist ein an die Macht genagelter Sozialdemokrat« (Fritz Erik Hoevels). Da der Opportunist lieber seine Ruhe hätte, anstatt für Dinge belangt zu werden, an denen ihm nicht das geringste liegt, die er viel wahrscheinlicher sogar »haßt wie die Sünde« (Ebert über die Revolution), kam er auf die Idee der »friedlichen Koexistenz«. Doch mochte er auch ungefährlich sein – sein Hauptfehler bestand darin, *daß es ihn überhaupt gab*, daß er allein kraft seiner Existenz an etwas Besseres erinnerte und deshalb wegmußte. Was liegt abermals näher, als daß ein stets mit seiner eigenen Vernichtung bedrohter Bürokrat, ein Opportunist in dieser Gefühlslage dazu neigt, die Geste für Substanz, den Schein für das Wesen zu nehmen, kurz: auf den Entspannungsschwindel hereinzufallen? »Wenn ich die Yankees nicht reize, dann tun sie mir auch nichts« – dieser unausgesprochenen Maxime folgte die sowjetische Außenpolitik, seit der Westen die »Entspannung« auf die Tagesordnung gesetzt hatte. Die materielle Unterstützung für die nationalen Befreiungsbewegungen in der Dritten Welt wurde gedrosselt, bis sie nur noch tröpfelte; SAM-2-Raketen für den vietnamesischen Volkskrieg – das war einmal. Zeitzeugen aus der DDR, die ihr Gedächtnis intakt halten konnten, erinnern sich daran, daß Vietnam in Kindergarten und Schule (richtig gehört und gelesen: im Kindergarten, denn die Kleinen interessiert das, wenn ihresgleichen mit Napalm abgefackelt wird!) plötzlich kein Thema mehr war. Als in Chile unter Salvador Allende die US-gestützte faschistische Konterrevolution die Zähne bleckte, betätigte sich die Sowjetunion, allem Einmischungsgeschrei des Westens zum Trotz, nur mehr humanitär und befleißigte sich der abgenutzten »Trotz alledem«-Attitüde. Wenn John F. Kennedy mit seiner Einschätzung recht hatte – und er hatte damit recht –, daß der Kalte Krieg in Südamerika, Afrika und Asien entschieden wird, dann befand sich die Sowjetunion von nun an auf der Verliererstraße. Und es sollte ja auch nicht mehr lange dauern.

Der schleichende Kapitulationskurs des Kreml wirkte sich natürlich direkt auf die von ihm abhängigen Staaten aus, was hier nur an einem einzigen, aber dafür schlagkräftigen Beispiel erläutert werden soll. Während sich Walter Ulbricht wenigstens keinen Illusionen über die Absichten des Westens hingab, entblödete sich sein Nachfolger Erich Honecker nicht, »die positive Seite der Regierung Brandt« sehen zu wollen.[19] Zum Dank dafür warf man ihn ins Gefängnis, sobald man seiner habhaft wurde. (Bei einer privaten Unterredung im Hause des Schriftstellers Rudolf Hirsch bestätigte Markus Wolf – der Leiter des Auslandsspionagedienstes der DDR und damit höchstrangiger »Kundschafter« – gegenüber dem Verfasser dieser Zeilen, daß seit Honecker – danach war ja dann auch Schluß – die SPD als das »kleinere Übel« angesehen wurde.) Und das soll es gewesen sein, ein halbes Jahrhundert nach der Ermordung von Karl Liebknecht und Rosa Luxemburg?!? Damit ist der Untergang von Honecker & Co weniger tragisch – er ist es nur insofern, als Millionen andere mitgerissen wurden – als vielmehr verdient; richtige Trauer will sich jedenfalls nicht einstellen. Auch sollte nicht in Vergessenheit geraten, daß die DDR-Niederlassung in Bonn sich weigerte, gegen die Atheistenverfolgungen in der BRD – siehe exemplarisch den Würzburger Prozeß[20] – zu Beginn der 8oer Jahre zu protestieren bzw. überhaupt über sie berichten(!) zu lassen, und zwar mit der in jeder Hinsicht denkwürdigen Bemerkung, man mische sich nicht in die »inneren Angelegenheiten« anderer Staaten ein. Je nun, die Leute hatten Schiß und bemäntelten ihre Feigheit mit der taktischen Klugheit: Ich tu dir nichts, also tust du mir auch nichts. Wirklich klüger und vor allem aufwandsärmer wäre es gewesen, gleich Selbstmord zu begehen. Aber auch hier hätte das Risiko bestanden, daß man sein Leben dabei verliert. Dann lieber den Dingen ihren Lauf lassen. Nein – richtige Trauer will sich wirklich nicht einstellen; es hängen nur so viele dran, einschließlich der Deppen, die den Untergang der Sowjetunion bejubelten und jetzt die Quittung schwarz auf weiß serviert bekommen, an jedem Monatsende …

Auch der Westen hatte aus den Ereignissen seine Konsequenzen gezogen. Die wichtigste war uralt, aber richtig. Sie lautete: Worte verändern die Welt nicht. Worte über »Werte« haben noch nie eine Armee besiegt, auch nicht den Warschauer Pakt. Oder anders ausgedrückt: Wenn die alten Herren im Kreml und ihre Weisungsempfänger in Ostberlin, Prag, Warschau, Budapest, Bukarest und Sofia nicht freiwillig ihre Sessel räumten, dann mußte man ihnen auf die Sprünge helfen. Das Mittel der Wahl hieß Krieg. Während die Politiker im Westen – tonangebend wie immer die US-Regierungen – ihr Entspannungsgesäusel anstimmten, trieben sie ihre Kriegsvorbereitungen auf Hochtouren voran. In welchem Ausmaß dies geschah, davon sollen die beiden folgenden Abschnitte eine Vorstellung vermitteln. Zur Einstimmung sei ein Blick auf die Rüstungsanstrengungen des als solchen genobelten Friedensengels Brandt geworfen:

> Ein vergleichender Blick auf den prozentualen Anteil der Militärausgaben an den Staatsausgaben ergibt: Während von 1968–1971 dieser Anteil in allen (!) anderen 13 NATO-Staaten kontinuierlich und zum Teil sogar um fast ein

Drittel zurückging, nahm in der Bundesrepublik dieser Anteil mit derselben Kontinuität zu! Sogar das Kapital-Sprachrohr ›Handelsblatt‹ ist baff – die Industrie mag sich von dieser Bundesregierung wohl kaum trennen: »Auch die Opposition [CDU] wird, wenn sie die Regierungsverantwortung übernehmen sollte, keinen größeren Kuchen vom Gesamthaushalt für die Verteidigung herausbrechen können.«[21]

So sah es in Westdeutschland aus, das zum Kettenhund Nr. 1 der NATO avancierte. Und in der Welt?

Von Lücken und Fenstern

Zugegeben: hier wird trocken Brot gekaut, denn es geht um Zahlen und Daten. Wer in den 60er und 70er Jahren aufgewachsen ist, wird sich erinnern (so er denn will), daß das Gerede von der »roten Gefahr« allgegenwärtig war: in den Gesprächen Erwachsener, wenn sie sich wenig schmeichelhaft über »den Iwan« ausließen, in den Nachrichtensendungen und Zeitungen, in der Schule. Meist war nicht einmal klar, worin die Gefahr bestand: in einer konkreten Waffengattung oder in der Heimtücke der Bolschewiken? Meist war es eine Mischung aus beidem, obligatorisch war jedoch der schrille bis hysterische Ton. Erzählungen von Kriegsheimkehrern, nach dem Prinzip der »stillen Post« kolportiert, taten ein übriges. Soweit ich es beurteilen kann, stammten die schlechtesten Erzählungen von den Lehrern, die anschaulichsten von den einfachen Leuten (wenn sie nicht betrunken waren). Hin und wieder hörte man sogar von russischen Kriegsgefangenen, die Ringe aus Holz für ein Stück Brot schnitzten, damit sie nicht verhungerten. Aber man hörte nichts davon, daß von den rund 5¾ Millionen sowjetischen Kriegsgefangenen im Deutschen Reich über drei Millionen, das ist mehr als die Hälfte, jämmerlich verreckten: an Hunger und Krankheit, durch Zwangsarbeit, in den Konzentrationslagern. In den russischen Lagern sollen hingegen nach neueren Angaben ungefähr 360 000 deutsche Kriegsgefangene umgekommen sein. Weder von Rückkehrern noch Lehrern vernahm man auch die hochinteressante folgende Kunde:

In den amerikanischen und französischen Zonen wurden mehr als 5 Millionen deutscher Soldaten in Stacheldrahtkäfigen zusammengepfercht. Dem

Wetter ausgesetzt, ohne jegliche auch nur primitive sanitäre Einrichtungen, dazu unterernährt, begannen die Gefangenen sehr bald an Hunger und Krankheiten zu sterben. »Vom April 1945 an vernichteten die amerikanischen und französischen Armeen ungefähr 1 Million Männer, vornehmlich in den amerikanischen Lagern«, so [der US-Militärhistoriker] Colonel Fisher in seinem Vorwort zum aufrüttelnden Buch von James Bacque ›Der geplante Tod‹. »Niemals seit den Greueln in dem von Konföderierten verwalteten Gefängnis in Andersonville während des amerikanischen Bürgerkrieges hatten solche Grausamkeiten unter amerikanischer Militärkontrolle stattgefunden.« Fisher sieht die Ursache in General Eisenhowers grimmigem und besessenem Haß, der sich nicht nur gegen das Nazi-Regime, sondern vor allem gegen alles Deutsche überhaupt richtete. So hatte sich Eisenhower bereits im Mai 1943 bei seinem Generalskameraden Marshall darüber beklagt, wie schwierig es sei, mit den rund 300 000 Kriegsgefangenen fertigzuwerden, welche die Alliierten in Tunesien eingebracht hatten: »Ein Jammer, daß wir nicht mehr umgebracht haben«, schrieb er als Postskriptum eines Briefes, das bei mehreren offiziellen Ausgaben der Eisenhower-Papers unterdrückt wurde.[22]

Womit wir wieder beim Thema wären: der Propagandalüge zu Nutz und Frommen der USA. Bezüglich der »roten Gefahr« während des Kalten Krieges kursierte in vielerlei Varianten und Tönungen die

☞ **Legende:**   Das auf Klassendiktatur bestehende Sowjetregime strebt nach der uneingeschränkten Weltherrschaft und ist deshalb per se aggressiv.

Nie hingegen hatte man aus der gleichen Quelle je vernommen, daß der Kapitalismus aufgrund der ihm eigenen Produktionsweise, seinem Profitstreben und seiner Gier nach billigen Rohstoffen, die niemand für ihn freiwillig aus dem Boden holen will, *per se* nach innen repressiv und nach außen aggressiv ist. Doch das ist hier nicht das Entscheidende. Auch der am wildesten entschlossene kapitalistische Staat wird es sich zehnmal überlegen, Krieg zu führen, wenn er es mit einem eindeutig überlegenen Gegner zu tun hat. Dazu bedarf es keiner Wissenschaft; so klug waren schon unsere Hominidenvorfahren (»Greife nicht an, wenn X bewaffnet und doppelt so groß ist wie du, auch wenn du ihn gerne von seinem Wisentbraten verscheuchen würdest«). Kriege werden nur geführt, wenn die begründete Aussicht besteht, zu gewinnen; der Rest ist Empirie. Diese Regel gilt für alle Zeiten und Epochen unabhängig von der Organisationsform und Eigentumsverteilung in den jeweils betreffenden Ländern.[23] Entscheidend ist also nicht, ob ein Staat Krieg führen *will*, sondern ob er ihn führen *kann*. Letzteres ist eine Frage der Statistik, also von Zahlen, von Produktionsziffern, Ressourcen und Waffengattungen. Doch für diese nüchterne wie einfache Überlegung war in der antikommunistischen Hysterie der Kalten Kriegszeit, die eher an den Zelotismus bei Glaubensstreitigkeiten erinnerte, kein Raum. Wer immer noch Schwierigkeiten hat, sich diese geschürte, aufgeheizte, schäumende, sich in Tiraden ergehende Aufgeregtheit vorzustellen, der denke an die zur Kriegsvorbereitung verbreiteten Propagandalügen der jüngeren Zeit: von irakischen Soldaten angeblich hingemordete Brutkastenbabys in Kuwait, serbische Massenvergewaltigungen, von Saddam Hussein gehortete Massenvernichtungswaffen, libysche Chemiewaffen, iranische Atombomben. All diesen disparaten Beispielen ist gemeinsam, daß es sie in der behaupteten Form nie gegeben hat. So wenig wie die »rote Gefahr« in den 50er und 60er Jahren des 20. Jahrhunderts.

Die sonderbar anmutende Überschrift dieses Abschnitts ist einer gewissen Monotonie der westlichen Propagandalügen geschuldet. Stets verkündete man mit unheildräuender Miene einen verheerenden Rückstand in der eigenen Waffenentwicklung, eine »Lücke« eben, weshalb man in einen aussichtslosen Rückstand gegenüber dem expansiven Sowjetmilitarismus zu geraten drohe und sich dadurch ein »Fenster der Verwundbarkeit« (Ronald Reagan) auftue (US-Politiker und -Militärs lieben diese krude Metaphorik). Später, nachdem viele Milliarden verausgabt worden waren, um die vermeintliche »Lücke« zu füllen, stellte sich regelmäßig heraus, daß es diese »Lücke« nie gegeben hatte und daß der Rüstungsvorsprung des Westens in quantitativer, vor allem aber in qualitativer Hinsicht rasant zugenommen hatte. Man hatte einfach gelogen, kaltblütig und mit Vorsatz, und es gab sogar Lügner, die so taten, als seien sie auf ihre eigene Lüge hereingefallen. Huch!

Am Anfang war die Bomber-Lücke. Zu Beginn der 50er Jahre – die amerikanischen Sicherheitsräte schmiedeten gerade Pläne, wie sie der Sowjetunion den atomaren Garaus machen könnten – meldete die CIA eine dreifache Überlegenheit der Sowjetunion bei den strategischen Langstreckenbombern hinsichtlich ihrer Anzahl und Leistungsfähigkeit (eine dreifache Überlegenheit bei konventionellen Waffensystemen gilt als grobe Richtlinie für die Angriffsfähigkeit eines Staates oder Militärpakts). Sofort heulten die medialen Alarmsirenen nach dem Sputnik-Modell: Fast alle amerikanischen Städte seien bedroht, und Amerika liege ungeschützt im Aktionsbereich der sowjetischen Bomber. *Doomsday* schien wieder einmal nahe zu sein. Und wie verhielt es sich in Wirklichkeit? »Tatsächlich gab es Anfang der fünfziger Jahre noch gar keine sowjetischen Langstreckenbomber. Aber aufgrund der alarmierenden Nachrichten konnte Washington die Rüstungsausgaben von 1949 bis 1955 auf das Dreifache steigern, nämlich von 13,5 auf 40,5 Milliarden Dollar, und 1953 gab es die ersten amerikanischen Fernbomber, vier Jahre später die ersten sowjetischen.«[24] Mittels dieser Lüge wurde also die Strategie der Umzingelung der Sowjetunion (*containment*) und der Reduzierung ihres Einflußbereichs auf das russische Kernland (*roll back*) in die Tat umgesetzt (siehe S. 228). Seit diesem frühen Zeitpunkt zu Beginn des Kalten Krieges befand sich die Sowjetunion in einem schwerwiegenden strategischen Nachteil, denn für die Kriegsfähigkeit sind nicht nur Anzahl und Qualität der Waffen von Belang, sondern nicht minder die Dislozierung der Streitkräfte. Hier bot sich folgendes Bild (Stand 1981):

> Allein 502 600 amerikanische Soldaten und Offiziere waren Anfang 1981 außerhalb der USA stationiert. Jeder vierte US-Militärangehörige verteidigte also die Interessen seines Landes Tausende von Kilometern außerhalb seiner Grenzen, in Südostasien, in Australien, in Afrika, in Südamerika und in Westeuropa. Allein die USA unterhalten in 114 Staaten der Welt militärische Objekte und Anlagen. 386 Stützpunkte sind rund um die Sowjetunion gruppiert. Berücksichtigt man die überseeischen Stützpunkte Großbritanniens und Frankreichs, wird das Bild jenes weltumspannenden Netzes westlicher Globalstrategie erst komplett. Es sind also die USA und ihre Verbündeten, die die Sowjetunion – aber auch andere Staaten – mit Stützpunkten einkreisen und bedrohen. […] Im Hinblick auf die »Bedrohung« bleibt ganz nüchtern festzustellen, daß nicht sowjetische Stützpunkte die USA einkreisen, sondern US-Stützpunkte die Sowjetunion.[25]

Dann kam die Raketen-Lücke. Kein Geringerer als John F. Kennedy rief es in die Welt hinaus, bei einer Rede vor dem US-Senat am 14. August 1958: »Warum erkennen wir nicht, daß wir in den kommenden Jahren durch diese Lücke mit einer Gefahr konfrontiert werden, die tödlicher ist als alle Gefahren, die wir jemals in Kriegszeiten bestanden haben?« An diesen Aufschrei schloß er ein düsteres Szenario an, das ihm die Präsidentschaft einbrachte, obwohl sein Konkurrent Nixon keineswegs ein Mann der leisen Töne war. So sollte laut Kennedy die nahe Zukunft beschaffen sein: »In den Jahren der [Raketen-]Lücke dürften die Sowjets ihre überlegene Schlagkraft einsetzen, um ihre Ziele auf eine Weise zu erreichen, die den Beginn eines wirklichen Angriffs gar nicht erst erforderlich zu machen braucht. Ihre Raketenschlagkraft wird der Schild sein, hinter dem sie langsam, aber sicher vordringen – über Sputnik-

Diplomatie, über begrenzte Konfliktsituationen, indirekte latente Aggression, Einschüchterung und Unterwanderung, innere Revolution, verstärkte Einflußmaßnahme und durch bösartige Erpressung unserer Verbündeten. Die Peripherie der freien Welt wird langsam angefressen…« Dieses Schreckensbild eines Metastasen setzenden Weltkommunismus war eine fünfzehnprozentige Steigerung des US-Rüstungshaushalts und die Realisierung eines gigantischen Raketenprogramms wert. Wie aber sah es in der Wirklichkeit aus? Hören wir:

> Tatsächlich verfügten die USA im Jahre 1961, als die zusätzlichen Rüstungsprogramme, wie sie Kennedy versprochen hatte, anzulaufen begannen, gegenüber der Sowjetunion über einen gewaltigen Vorsprung. Ihr Kernwaffenvorrat hätte ausgereicht, gegen jeden auf der Erde lebenden Menschen eine Sprengkraft von rund zehn Tonnen herkömmlichen Bombensprengstoffs einzusetzen und unseren Planeten vollständig zu vernichten. * Und entsprechend riesig waren auch die Transport- und Abschußmöglichkeiten: Die USA verfügten über 1700 Fernbomber mit interkontinentaler Reichweite, weitere 1000 Atombombenflugzeuge mit Überschallgeschwindigkeit, die von Land, und 300, die von Flugzeugträgern aus starten konnten. Hinzu kamen über 100 Interkontinental- und Mittelstrecken-Raketen sowie 80 auf U-Booten stationierte Polaris-Raketen.
>
> Die Sowjetunion hingegen hatte noch Jahre später, als sich das amerikanische Potential weiter verstärkt hatte, dem nichts Gleichwertiges entgegenzusetzen. 1962 standen ihr 150 Fernbomber, etwa 400 Mittelstrecken- und rund 50 Interkontinental-Raketen zur Verfügung. [26]

Es zeichnet sich ein Grundmuster der amerikanischen Propaganda-Lügen ab: Stets sind es die eigenen Pläne zur Erlangung einer militärischen Erstschlagskapazität, die dem Gegner lauthals untergeschoben werden, nach dem Prinzip: »Haltet den Dieb!« (schreit der Dieb). Sobald das amerikanische Raketenprogramm durchgepeitscht war, mehrten sich die betulichen Stimmen, denn schließlich gibt es immer ein paar zweifelnde Experten, und die sowjetische »Feindpropaganda« war ebenfalls nicht zu vernachlässigen, denn UN-Debatten konnten im Gegensatz zu heute durchaus kontrovers verlaufen. Dann hieß es in den Massenblättern, man habe die sowjetische Stärke »überschätzt«. Die CIA hatte die sowjetische Militärkapazität, die Raketen betreffend, um über das Zehnfache zu hoch angesetzt. Kann ja mal vorkommen… Ganz Zyniker,

---

* Die Anhäufung atomarer Massenvernichtungswaffen führte zu einer weiteren Wortprägung, die für den Kalten Krieg typisch ist: die »*Overkill*-Kapazität«. (P. P.)

räumte der US-Senator James William Fulbright, seinerzeit Vorsitzender des außenpolitischen Senatsausschusses, Anfang der 70er Jahre ein: »Wir sind der Sowjetunion immer voraus gewesen, schon bei der Raketenlücke in der Kennedy-Ära, als Präsident Kennedy behauptete, es gebe eine Raketenlücke. Es gab auch eine Raketenlücke, aber im umgekehrten Sinne. Wir hatten etwa 1000 Waffen, und sie hatten etwa 80. Wohingegen er dem Lande einredete, wir hätten 80 und sie 1000. Das stimmte einfach nicht. Aber die Öffentlichkeit glaubte, wir seien hinter ihnen zurück.«[27] Ausschließlich zu diesem Zweck hatte man den Apparat der Propagandalüge ja angeworfen, und zwölf Jahre später kann man es ruhig eingestehen. Auch diese Eingeständnisse sind Teil der ideologischen Bearbeitung: Denn sie erfolgen keineswegs, um der Wahrheit, wenn auch reichlich spät, Ehre zu erweisen, sondern um die Öffentlichkeit zu demoralisieren, indem man ihr zu verstehen gibt: »Seht her, so haben wir euch angelogen! (Und wir werden es wieder tun, denn ihr verdient, dumm wie ihr seid, nichts anderes…)« Nach demselben Muster verfuhr Bush II.: Nachdem der Irak zerstört und besetzt und sein rechtmäßiger Präsident gehängt war, »gestand« er wenige Jahre später, daß es die irakischen Massenvernichtungswaffen, die ja als Begründung für den Angriffskrieg angeführt wurden, nie gegeben hatte. Das hielt ihn nicht davon ab, dabei zu grinsen und ausgewählten Gästen seine Lieblings-Trophäe zu zeigen: den Revolver, den Saddam Hussein bis zu seiner Gefangennahme getragen hatte. Vor 150 Jahren wäre es wohl der Skalp eines Indianer-Häuptlings gewesen… Man ermesse aber auch die subtile Verlogenheit des Satzes, der im Zusammenhang mit dem NATO-Doppelbeschluß des Jahres 1979 getätigt wurde und in einer neueren Publikation über den Kalten Krieg enthalten ist: »Viele der strategisch-politischen Feinheiten dieser Debatten blieben der europäischen Bevölkerung verborgen…«[28] Ja warum wohl? Etwa weil sie schon immer etwas unterbelichtet war? oder desinteressiert? Nein: weil man sie nach einem sorgsam ausgetüftelten Plan – das Stichwort »*spin doctors*« möge hier genügen[29] – und in einem wohlorchestrierten Konzert nach Strich und Faden belogen, verarscht, verseppelt hatte. Gegen diese durchdachte, austarierte Form des Lügens verhielt sich der berüchtigte sowjetische »Agitprop« wie ein Vorschlaghammer zu einem chirurgischen Präzisionsgerät. Und das spürte jeder, wenn er nur ehrlich gewesen wäre.

Dann herrschte eine Zeitlang Flaute. Es war keine Lücke in Sicht, es herrschte ein richtiger Lücken-Mangel, so daß man fast den Eindruck gewinnen konnte, den Lücken-Experten sei die Phantasie verödet. Schließlich tauchte doch noch eine auf, die der Verfasser dieser Zeilen gewissermaßen aus der

Nähe, als Wehrpflichtiger in einer gepanzerten Infanterieeinheit der Bundeswehr, miterleben mußte: die Panzer-Lücke. Es war, zugegeben, eine deutsche Besonderheit; die Yankees gaben sich mit einem solchen Tüttelkram weniger ab. Aber es wurde doch mit drastischer Rhetorik das Bild der »russischen Panzerwalze« beschworen, die jederzeit losbrechen und Westeuropa überrollen könnte. Hier bemühte man wohl noch Reminiszenzen aus dem 2. Weltkrieg. Man führte uns Soldaten mit todernster Miene vor, wie drastisch sich das Kräfteverhältnis zuungunsten der NATO verändert habe: von 13 500 : 6600 im Jahre 1973 auf 15 500 : 8650 ein Jahr später. Doch die doppelte Überlegenheit des Warschauer Pakts an Panzern reichte für einen konventionellen Angriff – als ob der zukünftige heiße Krieg nur konventionell geführt würde! – noch nicht aus, so daß es dem Amt für politische Bildung der Bundeswehr überlassen blieb, den Gipfel des Grauens zu vermelden: 41 000 Panzer des Warschauer Pakts standen gegen den Westen bereit! Natürlich war das alles Humbug; um zu dieser Zahl zu gelangen, mußte man alle Sowjetpanzer in den Militärmuseen und auf den öffentlichen Plätzen Osteuropas mitzählen. Aber flugs hieß es in den Zeitungen, die Rote Armee stehe im Kriegsfalle in zwei Tagen vor Bonn am Rhein. In der kämpfenden Truppe nahm man diese Prognose eher gelassen: »In zwei Tagen? Nur wenn wir sie durchwinken!« Tatsächlich war die NATO für diesen extrem unwahrscheinlichen Fall bestens gerüstet, und er wurde in jährlichen Manövern durchexerziert, wobei die Absurdität der imaginierten roten Panzerlawine deutlich zutage trat: Panzerbrechende Waffen, die von einem Mann bedient werden konnten, waren massenhaft vorhanden; sie waren billig, präzise und effektiv. Vor allem aber war die hochmoderne, wendige, mit elektronischer Zielortung ausgestattete Luftwaffe der sichere Tod jeder schwerfälligen Panzereinheit, sei sie noch so groß und gut getarnt. In Manövervorführungen mit scharfer Munition konnte man beobachten, wie Panzerattrappen von Flugzeugen zerstört wurden, bevor man diese überhaupt sah (dies wurde mittels Fernlenkwaffen bewerkstelligt). Kurzum, wir hatten das Gefühl, der falschen Truppengattung anzugehören, zumal unsere durchschnittliche Lebenserwartung im Kriegsfalle drei Tage betrug, wie man uns versicherte (im Unterschied zu heute, wo professionelle, hochtechnisierte Söldner-Killer mit ungleich geringerem Risiko nach Herzenslust töten können). Eine späte Anschauung, wie veraltet und nutzlos massive Panzerverbände in modernen Kriegen sind, bot der schaurige »Highway of Death« im Südirak, als gegen Ende des ersten US-Überfalls auf den Irak (Operation *Desert Storm*) Tausende irakischer Panzer mit uranverseuchter Munition zerstört und ihre Besatzungen regelrecht abgeschlachtet wurden (»Hasenschießen« nannten es die US-Piloten). Die sowjetischen Panzer stellten also keine Gefahr dar. Wenn man sie dennoch in so schrillen Tönen beschwor, dann aus anderen, psychologischen Gründen, die selbstverständlich mit der US-Führung abgestimmt waren: die Bevölkerung Mitteleuropas, vor allem Deutschlands, sollte auf den massiven Einsatz von Atomwaffen durch die NATO in ihrem Lebensgebiet eingestimmt werden. Dieser Teil der westlichen Kriegsplanung wird im folgenden Abschnitt gesondert erörtert.

Halten wir fest: Es gab nie eine »Rüstungsspirale«, allenfalls eine Lügenspirale. Und es gab auch nie ein »Wettrüsten«, sondern nur eine westliche, genauer: US-amerikanische Vorrüstung, der die Sowjetunion mühsam, mit immer knapperem Atem, hinterherhechelte. Es unterliegt einem Tabu – und keineswegs nur zu Zeiten des Kalten Krieges –, sich über die realen Kräfteverhältnisse im klaren zu sein. Dazu muß man zählen und die Grundrechenarten beherrschen, also eine Verstandesleistung erbringen, und genau aus diesem Grunde war dies als »Erbsenzählerei« bei der sogenannten »Friedensbewegung« in Deutschland (aber sicher auch anderswo; ich berichte hier nur aus eigener Anschauung) verpönt: Man wäre ansonsten nicht um die eindeutige Festlegung herumgekommen, wer der Aggressor, wer der Kriegstreiber ist und wer nicht. Ohne die Weigerung zu zählen – so wie in Brechts Theaterstück ›Galilei‹ die Kardinäle sich weigerten, durchs Fernrohr zu schauen –, hätte sich der idiotische (und bösartige) Slogan »Abrüstung in Ost und West« (in dieser Reihenfolge) nie halten können, ja, er wäre gar nicht erst aufgekommen. Denn eine westdeutsche Friedensbewegung kann im günstigsten Fall nur Einfluß auf »ihre eigene« Regierung nehmen, und die saß in Bonn und war Befehlsempfänger des Kriegstreibers Nr. 1 in der Welt. Nicht umsonst ist bei diesem Slogan, in kaltschnäuziger Ignorierung der Fakten, der Osten an erster Stelle genannt: Sollen die mal anfangen, dann schauen wir, was wir tun können. Geht Ihr erstmal einen Kilometer aus dem Warschauer Pakt, dann rücken wir einen Millimeter aus der NATO, vielleicht, dies aber knallkritisch. Vergessen wir nicht: Die »Grünen« haben als ebensolche Pazifisten begonnen, und sie wollten ja wirklich Frieden: den Frieden mit der herrschenden Klasse. Wenige Jahre später ließen sie als Regierungspartei zusammen mit den Sozialdemokraten Jugoslawien bombardieren und Afghanistan besetzen. Das war nur der konsequent zu Ende geführte Pazifismus, der nicht einen, sondern gleich dreierlei Frieden kennt: erstens den Frieden mit sich selbst (nach Pfaffenart), zweitens den Frieden mit dem Unrechtsstaat (nach Opportunistenart), drittens den Siegfrieden (nach Imperialistenart).

»Alles ist Zahl«, sagte Pythagoras, und er hat recht. Die Frage, wer im Kalten Krieg als Anheizer zum heißen Konflikt agierte mit dem Ziel, den Gegner zu vernichten – die sogenannte »freie Welt« oder der sogenannte »real existierende Sozialismus« –, wird nicht nach Gusto entschieden oder nach dem Zufall der Geburt, weil man *pro domo* reden soll, sondern aufgrund objektiver Gegebenheiten. Der Übersichtlichkeit halber sind die wichtigsten Daten und Zahlen nachfolgend in Diagrammen in Form einer Gegenüberstellung präsentiert.

Erstentwicklung und Einsatzfähigkeit
verschiedener Waffentypen im Vergleich

Waffentyp	USA	Sowjetunion
Atombombe	1945	1949
Wasserstoffbombe	1953	1957
Langstreckenbomber	1953	1957
Mittelstreckenraketen	1953	1959
Nukleare Artillerie	1953	1956
Taktische Nuklearwaffen	1955	1956
Interkontinentalraketen	1955	1957
Atom-U-Boote	1956	1962
unter Wasser abschießbare Atomraketen	1959	1968
Interkontinentalraketen mit Festbrennstoffen	1962	1969
Raketen mit Mehrfachsprengköpfen	1964	1972
Raketen mit einzeln lenkbaren Mehrfachsprengköpfen	1970	1975
Neutronenbombe	1981	nie

Quellen: KOCH 1982, S. 100; ENGELMANN 1982, S. 82; STÖVER 2011, S. 147–156

In der Prosa eines kundigen Autors klingt derselbe Sachverhalt so:

In diesem Raketen- und Sprengkopfwettlauf waren es immer die USA, die vorrüsteten, die UdSSR rüstete immer nach, aus Angst, die Amerikaner könnten immer genauere Präzisions-Raketen entwickeln, die die ihrigen eines Tages durch »Erstschlag« in den Silos auslöschen könnten und somit die UdSSR strategisch verteidigungslos machen.

Die Amerikaner begannen mit den landgestützten Titan-II-, Minuteman-II- und den seegestützten Polaris-Langstreckenraketen und den Jupiter- und Thor-Mittelstreckenraketen. * Die Russen zogen mit den SS-4-, SS-5-Mittelstreckenraketen, den landgestützten SS-11- und SS-13-Langstreckenraketen und den seegestützten SS-N-Raketen nach. Neue Raketensysteme wurden dann wieder von den Amerikanern zuerst entwickelt, wie die landgestützten Minuteman-III-, die seegestützten Poseidon- und Trident-I-Langstreckenraketen. Die Russen rüsteten mit den landgestützten SS-17-, SS-18-, SS-19-Langstrecken-, den SS-20-Mittelstreckenraketen und nun mit den seegestützten SS-NX-20 nach.[30]

Einige Bemerkungen seien noch nachgeschoben, weil sich diese Sachverhalte weder aus den Zahlen noch aus den Bezeichnungen für die unterschiedlichen Raketensysteme ergeben. Ein kritisches Jahr für die Sowjetunion war 1953, gegen Ende des Koreakrieges, als die Überlegenheit der USA auf dem Gebiet der strategischen Atomwaffen so drückend war, daß ein atomarer Überfall auf die Sowjetunion mehrmals unmittelbar bevorzustehen schien; wir haben die dramatischen Umstände kennengelernt, unter denen das nukleare Armageddon dann dennoch abgewendet wurde. 1956/59 sind ebenfalls *peak points*, die Gefahr eines atomaren Erstschlags seitens der USA betreffend. Denn mit der Einführung atomgetriebener U-Boote und unter Wasser abschießbarer Atomraketen hatte sich die Verteidigungsfähigkeit der Sowjetunion dramatisch verschlechtert. U-Boote konnten beim damaligen Stand der Technik nur schwer aufgespürt werden und galten als praktisch unverletzlich; Rußland war schließlich eine klassische Landmacht, die nur über sehr wenige ganzjährig eisfreie Häfen verfügte. Von den Weltmeeren her – die Vereinigten Staaten sind in der Nachfolge Englands eine ausgeprägte Seemacht – war daher die Umzingelung der Sowjetunion perfekt. Als diese nach sechs Jahren ebenfalls über U-Boote verfügte, kam als Dock und Reparaturanlage einzig die fernöstliche Stadt Wladiwostok in Frage, die natürlich leicht zu vernichten war. Wie mühsam und gefährlich ein sowjetischer U-Boot-Einsatz vor der amerikanischen Küste war, trat anhand der Kuba-Krise deutlich zutage.

---

* Diese wurden, wie erinnerlich, in der Türkei direkt an der sowjetrussischen Grenze stationiert; vgl. S. 410.

Vielleicht ist nicht für jeden Leser deutlich, was die Einführung von Festbrennstoff, bei dessen Entwicklung die Sowjetunion sieben Jahre hinterherhinkte, für die Raketentechnik und die Erstschlagskapazität bedeutete. Mit Festbrennstoff waren die Interkontinentalraketen in Minutenschnelle einsatzbereit (daher die amerikanische Bezeichnung *Minuteman*), während die Sowjets ihre Raketen erst mit Flüssigbrennstoff auffüllen mußten, was Stunden in Anspruch nahm und außerdem, auch ohne Feindeinwirkung, sehr unfallträchtig war. Auch hier machten sich die Nachteile einer Landstreitmacht bemerkbar: Brachte die Sowjetunion ihre Raketen in Silos unter, so waren sie leicht ort- und zerstörbar; entschieden sie sich hingegen für mobile Einheiten, so kamen hierfür nur die ebenfalls leicht zu beschädigenden Eisenbahngleise oder betonierte Straßen für die riesigen Transportfahrzeuge und die Konvois von Lastkraftwagen mit Flüssigbrennstoff in Frage. Rußland war zwar ein großes, aber ein armes Land; gerade die sibirische Landmasse, die sich für solche mobilen Raketeneinheiten angeboten hätte, verfügte über die wenigsten Betonstraßen.

Noch ein Wort über die Vernichtungskapazität eines einzigen amerikanischen U-Bootes der Ohio-Klasse, das mit Trident-Raketen bestückt war, welche ihrerseits einzeln lenkbare Mehrfachsprengköpfe trugen. Ein solches U-Boot enthielt 24 Interkontinentalraketen mit je 14 atomaren Sprengköpfen. Man kann es sich ausrechnen: Ein einziges dieser Monster war in der Lage, 336 russische Städte zu zerstören. Die Folgen eines solchen Einsatzes gestalteten sich nach offiziell zugänglichen Planungsszenarien des Pentagons wie folgt:

> Schon bei nur 100 auf die Sowjetunion gezielten Atomsprengköpfen […] würden 37 Millionen Russen sofort sterben, das wären 15 Prozent der Bevölkerung. 39 Prozent der industriellen Kapazitäten des Landes würden zerstört. Bei 400 Sprengköpfen – und fast so viel kann fortan ein einziger U-Boot-Kommandant losfeuern – würde die Zahl der Toten auf 74 Millionen steigen und 76 Prozent der Industriekapazität vernichtet werden. Da die westliche Sowjetunion aber nur drei große Bevölkerungszentren und 271 Städte mit mehr als 100 000 Einwohnern hat, würde […] ein Vorrat von 500 zum Einsatz kommenden Nuklearraketen schon einen enormen Overkill repräsentieren.[31]

Zwar ging die Fama, auch die Sowjets besäßen ein so ungeheuerliches Mordgerät. Es kursierten aber nur Zeichnungen davon – sie erinnerten mich an frühe *Science fiction*-Comics der Marke Perry Rhodan und stammten von amerikanischen Ingenieuren. Schließlich ist darauf hinzuweisen, daß mit jeder neuen Raketengeneration die Treffgenauigkeit zunahm, und hier mußten die Sowjets schließlich passen. Den Mehrfachsprengköpfen vom letzten Prototyp der Interkontinentalrakete *Minuteman* wurde ein Zielradius von 50 Metern bei 10 000 km Flugstrecke bescheinigt. Der einzige Umstand, der die Sowjetunion zu diesem Zeitpunkt – Ende der 70er Jahre – vor der Vernichtung bewahrte, war die relativ lange Flugzeit dieser Geschosse und damit die Möglichkeit der Gegenwehr vor der völligen Vernichtung. Aber auch das sollte sich ändern; die für die Sowjets überlebenswichtige Vorwarnzeit wurde schließlich auf wenige Minuten herabgedrückt, wie noch zu zeigen sein wird.

Doch zurück in die frühen 60er Jahre. Zwar ging schon seinerzeit die Rede von den »Supermächten«, doch wenn damit die Fähigkeit gemeint war, den Gegner mit strategischen Atomwaffen zu vernichten, dann ist der Plural unzulässig. Hierzu waren nur die Vereinigten Staaten in der Lage, wie aus dem folgenden kleinen Schaubild hervorgeht.

Die strategischen Nuklearpotentiale im Vergleich (1961/62)

	USA (1961)	Sowjetunion (1962)
Langstreckenbomber	1700	150
Interkontinentalraketen	1000	80
U-Boot-Raketen	80	keine

Zu Zeiten der Kuba-Krise taugte das sowjetische Atomarsenal an weitreichenden Waffensystemen also ausschließlich zur Verteidigung: Es reichte aus, um die USA zu schädigen, ohne sie in ihrer militärischen Handlungsfähigkeit wesentlich beeinträchtigen oder sie gar vernichten zu können. Den in diesem Fall eintretenden Verlust an Menschenleben in den Vereinigten Staaten kalkulierten US-Strategen auf bis zu 23 Millionen (oder 23 Mega-Tote). – Nun noch ein abschließender Blick auf die militärischen und rüstungsrelevanten ökonomischen Kapazitäten der beiden Militärpakte (Stand 1967):

	NATO	Warschauer Pakt
Einwohner	510 Mio.	335 Mio.
Truppen	5 650 855	4 071 000
Atomare Sprengköpfe	~ 10 000	»mehrere tausend«

	NATO	Warschauer Pakt
Militärflugzeuge	25 000	13 050
Interkontinentalraketen	1400	300
Bruttosozialprodukt (in Mio. Dollar pro Jahr)	1073	416
Stahlerzeugung (in Mio. t)	258	123
Öl-Produktion (in Mio. Barrel)	3178	1700

Abermals in Prosa: »Der ›Defense Monitor‹ veröffentlichte vor kurzem ein Schaubild über das Kräfteverhältnis in der Welt. Beim Vergleich der demographischen, geographischen, ökonomischen und militärischen Faktoren von 155 Ländern erhielten die USA und ihre Verbündeten einen ›Stärke-Quotienten‹ von bis zu 1800 Punkten. Die Sowjetunion brachte es mit ihren Satelliten nur auf 556 Punkte. […] Sicher, mit keinem dieser Faktoren kann man sich gegenseitig totschlagen. [Mit den militärischen eben doch; P. P.] Doch sie sind nicht ohne Bedeutung, wenn man einen Gegner einschätzen will.«[32] An der Wortwahl – amerikanische »Verbündete« versus sowjetische »Satelliten« – dürfte deutlich geworden sein, daß es sich um eine westliche Quelle handelt. Das Zitat ist der ›Stern‹-Serie »Wahnsinn Rüstung« entnommen, die Anfang der 8oer Jahre anläßlich der NATO-»Nachrüstung« erschien und bald darauf in Buchform publiziert wurde. Diese Artikelreihe enthält so nützliches und aufschlußreiches Material, daß wir es im »Arbeitskreis Frieden« der Bunten Liste Freiburg als Grundlage für Diskussionszirkel verwendeten, die seinerzeit auf reges Interesse stießen (die Öffentlichkeit war damals durchaus an solchen »Feinheiten« interessiert, auch wenn es die Professorenweisheit anders dünkt!). Wer hierin indessen einen unumstößlichen Beweis für die Existenz der Pressefreiheit in der BRD sieht, der irrt sich: Der ›Stern‹ *mußte* so berichten, um die wichtigste Funktion der Presse zu erfüllen: »Nachrichten erfährt man aus der Zeitung« (und nicht von politisch Oppositionellen, die man tunlichst totschweigt). In dem Maße, wie die Gefahr eines atomaren Erstschlags der USA gegen die Sowjetunion wuchs, gab es eine steigende Zahl prominenter Kritiker, die zwar durchaus loyal gegenüber einem System waren, das sie vielleicht als »Demokratie mit Mängeln« bezeichneten oder als solches empfanden, aber nicht bereit waren, den US-Kriegskurs mitzutragen. Zu ihnen zählte etwa der populäre Schriftsteller Bernt Engelmann, dessen vorzügliche Bücher über Faschismus, Krieg und die Geschichte der BRD hohe Auflagen erzielten, oder der Leiter des Friedensforschungsinstituts in Starnberg Alfred Mechtersheimer, ein Oberstleutnant a. D. und CSU-Mitglied, der aufgrund seiner Aktivitäten und Publikationen aus der CSU ausgeschlossen wurde. Auch der Westen hatte seine Dissidenten, und dies sind nur zwei Namen von vielen! Vor allem aber zählten die Demonstrationen gegen die amerikanischen Kriegsvorbereitungen in Westdeutschland nach Hunderttausenden, nicht nach Hunderten oder gar nur traurigen Dutzenden wie unlängst beim NATO-Überfall auf Libyen. Die Massenmedien waren also gefordert, wollten sie nicht den Glaubenskredit ihrer Leser und damit ihr wichtigstes Kapital verlieren. Schon seinerzeit in straff geführten Monopolen zusammengeschlossen, gingen sie geschickter als die Presse im Ostblock vor – die vielleicht »monolithisch«, auf jeden Fall aber eintönig war –, nämlich arbeitsteilig: Der »Springer«-Block (›Welt‹, ›Frankfurter Allgemeine‹, ›Bild‹) stand (und steht) in Treue fest zu den USA, komme was da wolle, während die Blätter von »Gruhner + Jahr« bzw. der »Holtzbrinck-Gruppe«, zu denen neben anderen auch der ›Stern‹ zählt, zuständig sind für die Sparte Kritik, die man freilich nicht überbewerten sollte: sie kam einher als sorgenvolles Bedenken, nachdenklicher Einwurf, »solidarische Kritik« (solidarisch nämlich mit den »westlichen Werten«, für die angeblich die westliche Staatenwelt steht). Jeder wußte ja, daß der ›Stern‹ ein regierungsloyales Blatt ist, aber so weit *mußte* er seinerzeit gehen, um die Loyalität der Leser gegenüber jenem Staat zu *erhalten*, in dem die atomaren Erstschlagswaffen der USA in Kürze (ab 1983) stationiert werden sollten. Der durchschnittliche ›Stern‹-Leser, der dieses abgekartete Spiel nicht durchschaute, empfand also Vertrauen (»die sind ja gar nicht so schlecht«; »wenn selbst die das schreiben«), ja sogar Dankbarkeit (»gut, daß mal jemand die Sache beim Namen nennt«). Die Sparte »Leserbriefe« ist dazu da, um diesen Eindruck zu verfestigen, und damit ist schon mehr als die Hälfte der Ernte eingefahren: Auftrag erfüllt, Loyalität gewahrt, und das sogar »kritisch«! Wie plump war im Vergleich dazu doch die östliche Propaganda … Der ›Stern‹ wäre aber nicht der ›Stern‹, würde er nicht durch die Bahnung der kognitiven Dissonanzreduktion *sensu* Festinger die Gedankenreihe seiner Leser wieder aufs Regierungsgleis zurückbringen. Allein die Verwendung des antagonistischen Wortpaars »Verbündeter/Satellit« ist verräterisch: Verbündeter ist man aus freien Stücken, Satellit aus Zwang; also sind doch wieder »die Russen die Schlechten«, selbst wenn sie Opfer eines atomaren Angriffs werden sollten (und vielleicht darf, ja muß man sie gerade deshalb angreifen). So funktioniert Ideologie, und so träufelt man propagandistisches Gift in die Köpfe. Es wirkt mit tödlicher Sicherheit, wenn man es nicht bemerkt. Der Vollständigkeit halber sei hinzugefügt, daß diese ›Stern‹-

Serie mit fortlaufender Dauer immer schlechter wurde (oder immer besser im Sinne der gegenaufklärerischen West-Propaganda). So nahm der »Atomkrieg aus Versehen« einen ungebührlich breiten Raum ein, denn er war nicht das vorrangige Problem. Was die Leute beunruhigte und auf die Straße trieb, was sachkundige Autoren veranlaßte, ihre Bücher zu schreiben, das war der Atomkrieg aus Absicht, dessen letzte Vorbereitungen Ende der 70er, Anfang der 80er Jahre liefen und bei dem die BRD als Startrampe auserkoren war. Ein elegantes Mittel, um Kriegstreiber und potentielle Mega-Verbrecher aus dem Schußfeld der Kritik zu ziehen!

Aber wir greifen vor. Gerade weil der ›Stern‹ ein westliches Printmedium ist, wiegen die von ihm präsentierten Zahlen, die die substantielle ökonomische und militärische Unterlegenheit der Warschauer-Pakt-Staaten belegen, um so schwerer. Keine einzige in diesem Abschnitt aufgeführte Ziffer ist einer östlichen Statistik entnommen und damit wertlose oder tendenziöse »Sowjetpropaganda«. Freilich schwankten auch die westlichen Zahlenangaben; den Pendelschwung nach rechts stellte das NATO-freundliche Londoner »Institut für Strategische Studien« dar, während die Angaben des Stockholmer »SIPRI-Instituts« (*Stockholm International Peace Research Institute*) eher der Realität entsprochen haben dürften. Aber lassen wir Beckmesser in Wagners »Meistersingern«, dort macht er sich besser. Wie man es auch dreht und wendet, welche Quelle man auch zu Rate zieht, an der erdrückenden strategischen Überlegenheit der USA während der 50er und 60er Jahre kann kein Zweifel bestehen. Und je mehr die USA ihre Rüstungsanstrengungen forcierten, je mehr sich das Ungleichgewicht zuungunsten der Sowjetunion verlagerte, desto größer wurde die Gefahr eines US-amerikanischen atomaren Erstschlages. Dabei ist in dem hier skizzierten Kräfteverhältnis noch nicht einmal berücksichtigt, daß die Volksrepublik China im Jahr 1972 offiziell auf die US-Militärstrategie gegen die Sowjetunion einschwenkte. »General David Johns, derzeit Chef des Führungsstabes der US-Streitkräfte, stellte in einem Dokument im Januar 1979 fest, ›daß die Präsenz von nahezu einer Milliarde im Nachbarland lebender Chinesen, die Realität einer beträchtlichen chinesischen Streitmacht an der sowjetischen Grenze und Chinas tatsächliche, wenn auch begrenzte strategische Nuklearkapazität zweifelsohne Anlaß zu tiefgreifender Besorgnis bei den Sowjets sind.‹«[33] China ließ sich schändlicherweise so sehr in die aggressive NATO-Strategie gegen die Sowjetunion einbinden, daß Reagans Außenminister Alexander Haig und NATO-Generalsekretär Luns Anfang der 80er Jahre des öfteren und spürbar hämisch von China als dem »16. NATO-Staat« sprachen. Nehmen wir sie beim Wort – und das müssen wir, denn es ging um eine ernste Sache: die

Weltherrschaft –, dann sah sich die Sowjetunion, die nun auch an ihrer langen fernöstlichen Grenze mit China bedroht war und ihre ohnehin schwachen Kräfte weiter aufsplittern mußte, bezüglich der Anzahl der Streitkräfte und der Höhe der Militärausgaben einer doppelten Überlegenheit gegenüber.

A propos Rüstungsausgaben – fast hätten wir's vergessen: Es gab natürlich noch eine Ausgaben-Lücke! Mitte der 70er Jahre alarmierte der US-Verteidigungsminister die Welt mit den Worten: »Die Russen geben 50 Prozent mehr für die Verteidigung aus als wir.« Quelle: der US-Geheimdienst CIA. Und so verhielt es sich in Wirklichkeit:

> Bei den Geheimdiensten hatte man sich einfach auf einen neuen Rechnungs-
> modus geeinigt. Die sowjetischen Rüstungsanstrengungen wurden auf ein-
> mal auf Dollar-Basis und auf der Basis amerikanischer Löhne hochgerechnet
> – etwa nach dem Motto »Was würde ein russischer Panzer kosten, wenn man
> ihn bei Chrysler baut?« Oder: »Wieviel Dollar Sold steckt ein Sowjetsoldat ein?«
> Amerikanische Inflationsraten und Lohnerhöhungen fanden auf diese Weise
> Eingang in die Berechnungen. Der Abgeordnete Les Aspin: »So entdeckte man
> riesige Personalausgaben von über 50 Milliarden Dollar für die Sowjet-Armee,
> die allerdings nur in amerikanischen Dokumenten existieren.«[34]

Ja, die CIA entdeckt heute noch so manches, vor allem selbstversteckte Stink-bomben, z.B. in Form imaginärer iranischer Atomwaffen. Hören wir noch einen weiteren Experten für die folgende Dekade, die 70er Jahre, denn mit angeblichen Rüstungs-Versäumnissen der USA in diesem Jahrzehnt und ungeheuren Rüstungsausgaben der Sowjetunion, die über den doppelten Prozentsatz wie die USA verausgabte (angeblich 13 %: 6 %), dienten Reagan zur Begründung für seine explosiv emporschnellende Rüstungspolitik:

> Die Wahrheit ist, daß das US-Bruttosozialprodukt im Durchschnitt der 70er
> Jahre weit mehr als zweimal so groß war wie das der UdSSR. Im Rechnungs-
> jahr 1980 z.B. (letztes Jahr der Carter-Administration) erwirtschafteten die
> USA ein Bruttosozialprodukt im Gesamtwert von 2920 Milliarden Dollar. Die
> UdSSR erwirtschaftete im gleichen Jahr ein geschätztes BSP zwischen 650 und
> 950 Milliarden Rubel (bei einem damaligen Umtauschwert von einem Dollar
> = 0,657 Rubel und bei großzügiger Zugrundelegung des mittleren sowjeti-
> schen BSP-Wertes von 800 Milliarden Rubel wären das rund 1320 Milliarden
> Dollar). Nach dieser Rechnung sind 6 % vom US-BSP (1980) 175–180 Milliar-
> den Dollar und 13 % vom sowjetischen BSP (1980) rund 136 – 140 Milliarden.
> (Die BSP-Zahlen und Verteidigungsausgaben für 1979 waren ungefähr die
> gleichen für die USA; nicht so für die UdSSR, ihr BSP von 1979 lag weit unter

dem von 1980 und so auch ihre Verteidigungsausgaben.) Wonach dann die USA selbst in der Zeit der »Entspannung« – vor allem in den Carter-Jahren – noch weit mehr für ihre Rüstung ausgegeben hatten als die UdSSR.[35]

Alle anderen Angaben zu den sowjetischen Rüstungsanstrengungen bezeichnet der Verfasser zu Recht als »ein bewußter Betrug«. –

Man kann sich anhand dieser Zahlen auch anschaulich vergegenwärtigen, was Totrüsten bedeutet: Denn die 7% Mehrausgaben vom sowjetischen BSP für Rüstung und, sagen wir's doch: Verteidigung fehlen natürlich an anderer Stelle, beim Straßen- und Wohnungsbau, der Gesundheit, den Konsumgütern und und und …

Läßt man die präsentierten Fakten nochmals Revue passieren, dann stellt sich die nur mehr rhetorische Frage: Wer war willens und vor allem in der Lage, wen zu vernichten? Selbst wenn die Sowjetunion von einem wiederauferstandenen Dschingis-Khan regiert worden wäre, seine Horden wären diesmal nicht weit gekommen, und sie waren schnell, die Mongolen, die weltweit mobilste Streitmacht des 13. Jahrhunderts. Aber das war lange her. Bei Lichte besehen, also unter Berücksichtigung der Faktenlage, erweist sich die Phrase vom sowjetischen Expansionismus als nicht mehr als ein wiederaufgewärmtes Klischee, das schon die deutschen Faschisten bemühten – um dann die Sowjetunion zu überfallen. Es soll indessen Leute geben, die gegen Fakten resistent sind, weil sie auf Durchzug schalten. Dieser Personenkreis ist auch nicht durch das bereits zitierte Eingeständnis des US-Senators Fulbright zu erschüttern, der die von Kennedy behauptete Raketen-Lücke offen als das bezeichnete, was sie war, nämlich eine Zwecklüge zur Erlangung der uneingeschränkten atomaren Erstschlagskapazität, oder von einem Caspar Weinberger, Reagans Kriegsminister, der in einem ›Spiegel‹-Interview vom 18. September 1981 en passant die 60er Jahre erwähnte, »als die USA einen Vorsprung in strategischen Waffen hatten« (der aber später irgendwann und irgendwie wieder verlorengegangen sei, so daß logischerweise wieder »nachgerüstet« werden mußte). Eine solche vernagelte Unzugänglichkeit fürs Argument, eine solche störrische Dummstellerei, wie sie besonders militant in der Zeit zwischen dem NATO-Doppelbeschluß (1979) und der Stationierung der atomaren Erstschlagswaffen in der BRD (ab 1983) grassierte, entzieht sich Logik und Vernunft, stellt vielmehr ein psychologisches Rätsel dar. Vielleicht liegt der Schlüssel zu seiner Lösung in der Person dieses Weinberger begründet – als Typus, nicht als Individuum –, an den sich heute kaum mehr jemand erinnern dürfte.[36] Dieser Weinberger war ein Kriegstreiber der unheimlichen Art. Es mochte in der US-Führungsriege Prahlhänse geben, Zyniker und Choleriker oder auch nur unauffällige Bürokraten, aber dieser Weinberger verkörperte, nach meinem Empfinden jedenfalls, einen neuen Typus. Er mochte bei regionalen militärischen Operationen wie der Beschießung Libanons durch US-Kriegsschiffe nervös wirken, in der Hauptsache aber, der Vernichtung der Sowjetunion, war er eiskalt, berechnend, emotionslos und zielstrebig. Er war ein *Manager der Massenvernichtung*. Er sprach über die atomare Auslöschung von Ländern, wie andere Leute über das Wetter redeten, und er machte dabei aus seinem Herzen keine Mördergrube. Er paßte vorzüglich zu einem Präsidenten, der eine Mikrofonprobe am 11. August 1984 nicht mit »eins, zwei« begann, sondern mit den Worten: »Liebe amerikanische Landsleute, ich freue mich, Ihnen sagen zu können, daß ich ein Gesetz unterzeichnet habe, das Rußland für immer vogelfrei erklärt. Wir beginnen in fünf Minuten mit der Bombardierung.«[37] Einem solchen Typus traute man auch ohne weiteres zu, in der allergrößten Ruhe zu sagen: »Ich gehe über Leichen, und die nächste Leiche bist du.« Genau darin bestand ja, aller Phraseologie entkleidet, die US-Militärstrategie Ende der 70er und während der 80er Jahre, nur daß der Angesprochene diesmal Westdeutschland war, das *theatre*, der Schauplatz, das atomare Schlachtfeld, von dem aus die nukleare Enthauptung der Sowjetunion betrieben werden sollte. Fragte man einen solchen Typen, mit welchem Recht, würde er antworten: »Mit dem Recht des Stärkeren.« Oder, wenn er etwas mehr in Gesprächslaune wäre: »Ihr habt den Krieg verloren, wir haben ihn gewonnen.« (Nebenbei: schöne »Verbündete«!) Das macht natürlich Angst, und in dieser Stimmung reden sich Ich-schwache Personen, an denen wahrlich kein Mangel herrscht, allerlei Blödsinn ein, z. B. »Das können die doch nicht machen!« Die ganze hartnäckige Realitätsverleugnung, die hartkackige Resistenz gegen Logik und Argument ist ein einziges solches »Das können die doch nicht machen!« (Der dazugehörige Gesichtsausdruck ist entweder ungläubig und schafsdumm oder greinend weinerlich.)

Und ob »die« können. Wie, davon soll der folgende Abschnitt einen Vorgeschmack geben.

»Stöße in die Tiefe« oder: Das atomare Schlachtfeld Deutschland

Lange Zeit stand das sowjetische Kampfflugzeug MiG im Ruf einer Wunderwaffe, so daß der Westen sich zu Milliardeninvestitionen in seine Düsenjets »genötigt« sah und doch dabei unterstellte, daß seine Prototypen

nie an dieses Wunder der östlichen Wehrtechnik heranreichten. Bis der sowjetische Oberleutnant Viktor Belenko im Jahre 1976 mit einer solchen Maschine nach Japan desertierte. Es stellte sich heraus, daß die vermeintlichen
Titan-Flügel der MiG aus schwerem, leicht rostendem Stahlblech bestanden,
daß die Innenbordausstattung auf der Grundlage von Radioröhren anstelle
der modernen Elektronik funktionierte und daß der Aktionsradius der MiG
nicht, wie stets behauptet, 2000, sondern gerade ein paar hundert Kilometer betrug. Ägyptische Piloten, die während des Jom-Kippur-Krieges ihre
Einsätze mit dreifacher Schallgeschwindigkeit gegen Israel flogen, konnten
ihre MiGs anschließend in den Hangars abstellen, weil deren Triebwerke
ruiniert waren.[38]

Ähnlich verhielt es sich mit der sagenhaften Panzer-Armada der Sowjets,
auf die wir noch einmal zu sprechen kommen müssen. Ein Jahr nach der
MiG-Offenbarung meinte der Oberkommandierende der NATO, US-General
Bernard Rogers, eine neue Gefahr aus dem Osten ausmachen zu müssen, die
er unter anderem mit der Zahl von sage und schreibe 65 000 sowjetischen
Panzern begründete.[39] Nun, das war sein Job, vielleicht hatte er aber auch zu
tief ins Whiskyglas geschaut. Auf jeden Fall hielten die NATO-Truppen eine
halbe Million Lenkraketen bereit, falls der Warschauer Pakt mit seinen eisernen Dinosauriern über die innerdeutsche Grenze vorrücken sollte. Denn
veraltet waren auch sie; die Tatsache, daß ihre Tanks außen montiert waren,
trug ihnen die Spottbezeichnung »rollende Feuerzeuge« ein, und wir übten
seinerzeit sogar, wie man diesen Kolossen mit »Molotow-Cocktails« zu Leibe
rückte. Die leichteren Schützenpanzer der Warschauer-Pakt-Staaten waren
wiederum so leicht gebaut, daß sie als Amphibienfahrzeuge schwimmend
Flüsse überqueren konnten; dies bedeutete allerdings zugleich, daß man sie
recht einfach knacken konnte.

Kurzum, an eine Bedrohung durch die sowjetische »Panzerwalze« konnte
kein vernünftiger Mensch glauben, erst recht nicht die westlichen Militär-
planer. Warum beschworen sie dann unablässig diese imaginäre Gefahr? Die
Antwort lautet: Um die spezifische NATO-Strategie der »Vorneverteidigung«
einschließlich des Ersteinsatzes taktischer Nuklearwaffen auf deutschem Gebiet plausibel zu machen. Es wurde bereits erwähnt, daß Westdeutschland
während des Kalten Krieges der Staat mit der weltweit höchsten Atomwaf-
fendichte war; hier lagerten rund 6000 Sprengköpfe mit Abschußvorrichtungen von erstaunlicher Vielfalt. Die Amerikaner nannten die in der BRD
aufgehäuften Massenvernichtungswaffen TNF, für *Theatre Nuclear Forces*
(»Nuklearwaffen für den Kriegsschauplatz«), und da es sich bei ihnen in der

Regel um Leute handelt, die nicht gerne viele Worte machen, sprachen sie nur vom *Theatre*, womit sie sowohl Deutschland (und, je nach Kriegsverlauf, Mitteleuropa) als auch den Einsatz von Atomwaffen meinten. Die erwähnte NATO-Strategie hatte zur eisernen Voraussetzung – und entsprechend waren auch die militärischen Übungen gehalten –, daß ein Krieg zwischen den Militärblöcken mit energischen Vorstößen massiver östlicher Panzerverbände an wenigen hierfür geeigneten Stellen begann. Der deutsche Führungsstab des Heeres ging nach amerikanischer Vorgabe von folgendem Szenario bei Kriegsbeginn aus:

> Im Falle eines Angriffs wird es voraussichtlich operative Zielsetzung des Warschauer Pakts sein, unter gleichzeitiger Bindung auf breiter Front die Verteidigungsräume in Durchbruchsabschnitten zu durchstoßen, durch schnelle und weiträumige Stöße in die Tiefe des Raumes den Zusammenhang der Verteidigung zu zerreißen und anschließend die aufgespaltenen und mit Teilen eingeschlossenen NATO-Truppen zu zerschlagen. Hierzu wird der Warschauer Pakt starke Folgestaffeln/Reserven bilden, um durch staffelweisen Einsatz den Angriff ununterbrochen zu nähren, Hauptstoßrichtungen dorthin zu verlegen, wo sich ein Erfolg abzeichnet, in Durchbruchsabschnitten eine erdrückende Überlegenheit herzustellen.[40]

Es wird kein Zufall gewesen sein, daß die NATO-Strategen dem Warschauer Pakt unterstellten, seine Angriffe wie Hitler als »Blitzkrieg« in Form von schnellen, massierten Panzervorstößen vorzutragen. Nur – seit Adolfs Zeiten hatte sich in militärtechnologischer Hinsicht einiges getan; nicht nur war die Qualität der panzerbrechenden Waffen wesentlich verbessert worden, sondern es gab zwei neue Waffengattungen, die erst gegen Ende des 2. Weltkriegs zum Einsatz kamen und sich vorzüglich dazu eigneten, große Panzerverbände zu vernichten, zumal wenn sie, wie angenommen, in Keilformation vorstießen: das Kampfflugzeug mit Düsenantrieb und die Atombombe. (Aufschlußreich auch, daß die NATO-Strategen bei ihren Planspielen von konventionellen und nie von atomaren Angriffen des Warschauer Pakts ausgingen, obwohl sie der Sowjetunion stets die übelsten aggressiven Absichten nachsagten; der Ersteinsatz dieser Massenvernichtungswaffe scheint ein westliches Privileg zu sein, nur daß die Sowjetunion damals, im Unterschied zum Iran heute, die Möglichkeit besaß, mit Nuklearwaffen *zurück*zuschlagen – wie traurig, daß dieses ungefähre »Gleichgewicht des Schreckens« nicht mehr existiert, denn es hat sich so viel seit seinem definitiven Verschwinden verschlechtert!)

Gleichviel: Die Prämisse lautete, daß der Warschauer Pakt mit massiven Panzerverbänden »Stöße in die Tiefe des Raums« (die sexuelle Konnotation irritiert ein wenig) vortrug, und diese Angriffe sollten in Gebieten erfolgen, die sich aufgrund ihrer geologischen Beschaffenheit hierzu eigneten, z. B. die norddeutsche Tiefebene. Im für Panzerverbände unwegsameren mittleren und südlichen Teil der BRD machten die NATO-Strategen vier solcher Gefahrenzonen aus, die sie als *gaps* - »Engstellen« oder »Lücken« also (schon wieder!) – bezeichneten: bei Fulda in Hessen, bei Memmingen, am Schwarzwald und an der oberen Donau. Den in Westdeutschland stationierten Streitkräften der NATO wurde die Aufgabe übertragen, diesen präsumtiven Angriff – wir übernehmen einfach die Sichtweise der westlichen Strategen und tun so, als sei sie plausibel – so früh wie möglich abzublocken und zurückzudrängen, und zwar entlang der gesamten Ostgrenze der BRD von Schleswig-Holstein bis Südostbayern. Dieses Konzept der »Vorneverteidigung« barg freilich etliche Probleme. Wolfgang Effenberger, der als Zeit- oder Berufssoldat Stabsoffizier war, daher über wertvolle Innenansichten verfügte und ein äußerst instruktives Buch über »die verborgenen Seiten des Kalten Krieges« – so der Untertitel – geschrieben hat, listet diese Schwierigkeiten auf:

> Die geostrategischen Gegebenheiten der Bundesrepublik – ein handtuchartiges Gebilde mit einer durchschnittlichen Ost-West-Ausdehnung von ca. 250 km – war für weiträumige Operationen völlig ungeeignet. Eine Vorneverteidigung wurde auch dadurch erschwert, daß innerhalb des 100-Kilometer-Streifens westlich der Grenze etwa 30 Prozent der Bevölkerung und damit auch 30 Prozent der Bundeswehrreservisten lebte. [...]
>
> In diesem Streifen waren zudem 25 % des Industriepotentials der Bundesrepublik angesiedelt. Zu den wichtigsten Industrie- und Verkehrszentren gehörten Nürnberg, Kassel, Braunschweig, Hannover und Hamburg.
>
> Im Rahmen der Vorneverteidigung hatte die Bundesrepublik als »Host Nation« etwa 405 000 Soldaten aus Belgien, Frankreich, Großbritannien, Kanada, Niederlande und den Vereinigten Staaten von Amerika aufgenommen. [41]

Mit anderen Worten: Das eigentliche »Problem« bestand in der dichten Besiedlung der BRD, die man nur »verteidigen« konnte, indem man den Tod eines Großteils ihrer Bewohner in Kauf nahm. Darüber wurde nie laut gesprochen, aber für die BRD (und selbstverständlich auch die DDR) war dasselbe Schicksal wie für jene südvietnamesische Ortschaft vorgesehen, über die ein US-Offizier sagte, man habe sie retten müssen, indem man sie vernichtete. Retten wovor? Vor dem Kommunismus natürlich! Lieber tot als rot! Und jetzt: weggetreten!

Bleiben wir noch ein wenig bei diesem Konzept der Vorwärtsverteidigung, denn es wartet, allein auf konventioneller Ebene, mit einigen sonderbaren Eigenschaften auf. Betrachtet man die Zusammensetzung der NATO-Verbände im Osten der BRD, so fällt auf, daß die Truppeneinheiten der Bundeswehr »gesandwicht« wurden: im Norden standen dänische und niederländische, am mittleren Frontabschnitt britische und belgische und im Süden zwei amerikanische Großverbände zwischen den westdeutschen Einheiten. Das Bataillon, in dem ich meine Wehrpflicht ableistete, sollte beispielsweise in Südostbayern eingesetzt werden; zwischen uns und der nächsten deutschen Einheit in Mittelhessen befanden sich US-amerikanische Divisionen (nebenbei gesagt, um die Atmosphäre jener Zeit – Mitte der 70er Jahre – abzurunden, war unser Bataillonskommandeur im Range eines Oberstleutnants ein bekennender Altnazi, der seine Teilnahme am »Rußlandfeldzug« als Unteroffizier als seine »schönste Zeit« bezeichnete; dies bekannte er bei einer öffentlichen Ansprache vor uns Unteroffiziersanwärtern [ich hatte mich dazu nicht wegen der Einemarkfünfzig mehr am Tag entschlossen, sondern weil man dann die Stube nicht zu acht, sondern zu zweit teilte: man konnte lesen!]). Sonderbar war ferner, daß die Kampfstärke der Bundeswehr, die in Friedenszeiten eine halbe Million Mann betrug, im Kriegsfalle auf einviertel Millionen Mann aufgestockt werden sollte; dies bedeutete, daß weitere zwei Millionen westdeutscher Reservisten für einen Einsatz gar nicht vorgesehen waren. Dies fiel dem Stabsoffizier Effenberger auf, der seinen Vorgesetzten darauf aufmerksam machte, daß diese potentiellen Soldaten im Kriegsfalle als Zivilisten getötet werden oder in die Hände des Feindes fallen könnten, worauf der General zuversichtlich äußerte, der Angriff könne seiner Ansicht nach grenznah zum Stehen gebracht werden. Nimmt man diese beiden Tatsachen zusammen – die »Durcheinanderwürfelung« der NATO-Verbände und die Teilmobilisierung der westdeutschen Truppen im Kriegsfall –, dann ist die Annahme nicht von der Hand zu weisen, daß die NATO-Führung, also der US-Generalstab, die Westdeutschen als unsichere Kantonisten ansahen und sie deshalb an der Front flankierten, rechts und links unterhakten, wenn es ins Gefecht ging. Babylonische Sprachverwirrung ist im Kampf ein beträchtlicher Nachteil, aber sie scheint als geringeres Übel angesehen worden zu sein, als wenn man die westdeutschen Verbände geschlossen hätte agieren lassen. Denn der heiße Krieg in Deutschland wäre ja ein Bruderkrieg gewesen, und die Motivation unseres Truppenteils, auf Ostdeutsche zu schießen, war nicht besonders ausgeprägt gewesen, genauer gesagt: es hätte uns mehrteils angekotzt; für diesen Fall hatte ich im Laufe meiner Dienstzeit vom kargen Sold ein paar Hunderter abgespart, mit denen ich mich, sobald sich die Gelegenheit bot, ins damals halbwegs neutrale Österreich durchschlagen wollte (Desertion? allerdings!!!). Auch muß hinzugefügt werden, daß sich die »verbündeten« amerikanischen Soldaten häufig als ausgesprochene Chaotentruppe aufführten; sie verirrten sich leicht und neigten dazu, schnell den Abzug zu drücken, wenn ihnen etwas nicht ganz geheuer vorkam.

Doch bislang war nur von der konventionellen Seite der Unternehmung die Rede. Das eigentliche Skandalon bestand darin (oder besser: hätte darin bestehen müssen), daß der Einsatz taktischer, d. h. kurzreichender oder stationärer Atomwaffen integraler Bestandteil des Konzepts der »Vorneverteidigung« war, wohlgemerkt: der *Erst*einsatz dieser Waffen. Was da alles aufgeboten werden sollte, davon hatten wir unteren Chargen in den Panzern oder auf dem Feld, von der Öffentlichkeit ganz zu schweigen, nicht den blassesten Schimmer. Aber selbst die deutschen Offiziere bis hinauf in die Generalsränge wurden von ihren amerikanischen »Verbündeten« im unklaren gelassen. Nichts Genaues wußte man nicht, denn die amerikanische Militärführung hielt sich bedeckt. »Das ›for American eyes only‹, so berichtet General a. D. Johann Adolf Graf von Kielmansegg, habe für ihn selbst noch während seiner Tätigkeit als Oberbefehlshaber der Landstreitkräfte in Mitteleuropa gegolten. ›Man kam an nichts heran. Wenn man mal an etwas herankam, dann nur auf Grund einer guten Beziehung mit einem der amerikanischen Offiziere, die damit zu tun hatten‹.«[42] Aber was ist das »damit«? Am 6. Januar 1965 machte ein ›Spiegel‹-Titel Furore, der eine Atomdetonation zeigte mit der Überschrift »Atomminen an der Zonengrenze?«. Die deutsche politische und militärische Führung übte sich sofort in der Kunst der Beschwichtigung: Das Bild zeige eine Atomexplosion im US-Bundesstaat Nevada, während an der »Zonengrenze« keine Verlegung eines atomaren Minengürtels vorgesehen sei. Das mochte vielleicht sogar stimmen, für die deutsche Seite, aber die US-Militärs hatten da ganz andere Vorstellungen, und seit wann wedelt der Schwanz mit dem Hund? Schon 1949 äußerte US-General James R. Gavin die Überzeugung, daß aufgrund der konventionellen Überlegenheit der Sowjetunion – mal wieder, und sogar schon 1949, nach 20 Millionen russischen Kriegstoten! – der Einsatz taktischer Atomwaffen in Europa, d. h. in Deutschland, geboten sei. So geschah es auch, und die Atomsprengsätze wurden herbeigeschafft: für Kurzstreckenraketen, Artillerie und als sogenannte »Sperrmittel«, eben die besagten Atomminen, von den Amerikanern ADM genannt (*Atomic Demolition Munition*). Schon Adenauer hatte die US-amerikanische Strategie der Kriegführung einschließlich des Ersteinsatzes von Atomwaffen in vollem

Umfang übernommen, und fortan stritten sich deutsche und amerikanische Militärs nur noch um Details: Sollten die atomaren »Sperrmittel« nur in dünner besiedelten Gebieten mit bis zu sechs Millionen Einwohnern (!) angebracht werden? Nein, befanden die US-Generäle, auch »in der Tiefe des deutschen Raums«. Wäre es nicht besser, nur mit kleinen Sprengwerten zwischen 0,02 und 2,5 Kilotonnen zu operieren? Nein, die amerikanischen Strategen sahen Detonationswerte bis zu 45 Kilotonnen vor, das ist die über dreieinhalbfache Stärke der Atombombe von Hiroshima. Zu diesen »Sperrmitteln« kam ein Sperrgürtel aus atomar bestückten Nike-Kurzstreckenraketen hinzu, von denen bereits die Rede war:

> Als die Militärs zu der Einsicht kamen, daß für den Abschuß von Flugzeugen keine Atomsprengköpfe nötig seien, wurden die »Nike«-Raketen für den »Erdeinsatz« umdisponiert. Seither zieht sich ein »Nike-Gürtel« (Bundeswehr-Jargon) von Ostfriesland über Westfalen, das Ruhrgebiet, Siegerland, Rhein-Main-Gebiet, Schwäbische Alb bis zum Bodensee. Amerikaner, Belgier, Deutsche und Holländer halten gemeinsam diese Stellungen. Da die »Nike-Hercules« eine Reichweite von höchstens 130 Kilometern hat, lägen die Einschläge ihres atomaren Sperrfeuers stets im mittleren und östlichen Teil der Bundesrepublik.[43]

Am 15. Februar 1968 kam eine amerikanische Felddienstanweisung heraus, die den Ersteinsatz von Nuklearwaffen in der BRD nebst genauen Anweisungen für die amerikanischen Stabsoffiziere enthielt. Vorgesehen waren atomare Sprengkörper mit einer Detonationskraft von 0,01 bis 50 Kilotonnen, die in Sprengkammern in den voraussichtlichen Gefechtsgebieten untergebracht werden sollten. Gesprengt werden sollte schlichtweg alles: Brücken und Straßen, Häfen und Bahnanlagen, Fabriken, Versorgungs- und Energiebetriebe, Tunnels und Autobahnen, Dämme, Kanäle und Flugplätze. Dem Aggressor, so die perverse Logik, sollte nichts Brauchbares in die Hände fallen. Der britische Militärschriftsteller Major Edgar O'Ballance schwadronierte: »Gut plazierte atomare Landminen können auch einen Fluß stauen und so viele Kilometer von Land überschwemmen und für vorgehende Truppen unpassierbar machen. [...] Man vermutet, daß ein paar hundert in Westeuropa gut plazierte Atomminen die gesamten grandiosen sowjetischen Eroberungspläne zum Stehen bringen würden und daß eine noch größere Anzahl von Atomminen die Idee der sowjetischen Armee, sich wie eine Dampfwalze ihren Weg zur Nordsee am Tage D plus spätestens 9 Tagen zu bahnen, völlig vereiteln würde.«[44] Wir müssen (West)Deutschland retten, indem wir es vernichten ...

Damit war der Punkt erreicht, an dem Oberstleutnant a. D. Mechtersheimer »ausstieg«, indem er öffentlich seinen Dissens erklärte: »Ich bin ein Konservativer, und zwar ein Wertkonservativer. Das heißt, ich möchte Werte wie Heimat und Frieden erhalten. Deshalb scheint mir das amerikanische Streben nach waffentechnischer Überlegenheit gefährlich zu sein.«[45] Diese Ausführungen sind ohne weiteres nachvollziehbar und … so maßvoll. Aber warum war er einer der ganz wenigen auf weiter Flur, wo waren seine Mitkonservativen? Ein paar verharrten vielleicht in Angststarre, der Rest erging sich im Speichellecken, gehorsam bis in den atomaren Tod – die Karriere, die Familie … Jedenfalls sind auch die Konservativen nicht mehr das, was sie einmal waren. Bis zu Hitler rekrutierte sich aus ihnen die herrschende Klasse, jetzt sind sie zu deren Handlangern heruntergekommen.

Man sollte es kaum für möglich halten, aber die hier vorgeführte Orgie der (Selbst-)Destruktion war noch einer Steigerung fähig. Wolfgang Effenberger enthüllt in seinem verdienstvollen Buch Einzelheiten, die man uns seinerzeit im Wehrkunde-Unterricht wohlweislich vorenthielt; auch die deutsche Öffentlichkeit wäre an diesen »Feinheiten« mit Sicherheit interessiert gewesen. 2000 der in der BRD gelagerten Atomsprengsätze wären mit Jagdbombern in die jährlich von der NATO-Führung festgelegten Zielgebiete geflogen worden, aber die doppelte Menge, 4000 Atomsprengkörper, wären in den beiden deutschen Teilstaaten detoniert. Und was waren da für Sächelchen darunter! Nicht nur eine Nuklearkanone mit einer Reichweite von 38 Kilometern, sondern auch die atomare Panzerfaust »Davy Crockett« mit einer Reichweite von 300 Metern (welcher Idiot die wohl bediente?). Dann gab es atomare Rucksackbomben (*back pack nukes*), die von Fallschirmjägern ins Ziel gebracht werden konnten, oder 75 kg schwere atomare Kofferbomben in der Transportbox H-912, die von Spezialeinheiten transportiert und gezündet werden sollte: mit der Hand zu verlegende Atomsprengkörper, die bis Mitte der 80er Jahre zur festen Ausrüstung der US-Truppen in Deutschland gehörten! Nach Angaben des Oberstleutnants Ed Mitchell vom 7. US-Korps sollten für solche Himmelfahrtsmissionen nur Personen eingesetzt werden, die man als »entbehrlich« einstufte (Neger oder Deutsche?), und ein Sergeant Major Rowe Attaway präzisierte: »Die Einsatzgruppen hätte man mit 7-Tage-Rationen versorgt und dann erwartet, daß sie die zugewiesene Aufgabe erledigen, und dann einfach abgeschrieben.«[46] Im bayerischen Oberammergau finden nicht nur die Passionsspiele statt, sondern hier wurden bis in die 80er Jahre deutsche Stabsoffiziere an einer NATO-Schule anhand von amerikanischen Feldhandbüchern über den Einsatz von Atomminen unterwiesen, ein säkulares Jüngstes Gericht gewissermaßen. Und man fragt sich abermals: Was ging in diesen Köpfen vor? Wie jeder Soldat hatten auch diese Offiziere bei ihrer Vereidigung geschworen, ihr, so wörtlich, »Vaterland mit der Waffe in der Hand tapfer zu verteidigen«. Mit Atomminen, auf US-Befehl?

Der hier bereits zu verschiedenen Malen zitierte Professor für Ökonomie Gerhard Kade, der in den 80er Jahren dem Internationalen Institut für Frieden in Wien als Vizepräsident vorstand, berichtet von einer aufschlußreichen NATO-Stabsübung während der Präsidentschaft Carters:

> Als General Alexander Haig noch NATO-Oberbefehlshaber war, erteilte er während des Manövers »Wintex 77« über Fernschreiben an die ihm unterstellten Einheiten den Befehl: »Kernwaffen müssen eingesetzt werden […] Um unsere Solidarität zu bekunden, habe ich den Einsatz sowohl von britischen als auch von US-Waffen vor allem durch Flugzeuge und landgestützte Raketensysteme in Betracht gezogen. Der Ersteinsatz würde auf die DDR, die Tschechoslowakei, Polen, Rumänien, Ungarn und Bulgarien begrenzt sein.« [47]

Laut Effenberger handelte es sich bei WINTEX/CIMEX um eine Stabsrahmenübung der NATO – wobei CIMEX für die zivil-militärische Zusammenarbeit steht –, an der bis zu 2000 ausgewählte Geheimnisträger teilnahmen. In einer Fußnote präzisiert er:

> Bis ins Jahr 1989 fanden im weltgrößten Atombunker Marienthal an der Ahr bei Bonn alle zwei Jahre die Übungen WINTEX/CIMEX statt. Von hier aus sollten diese Staatsbediensteten die Bundesrepublik im Ernstfall regieren. Die zivilen Mitübenden aus den staatlichen Verwaltungen und Kommunen sollen immer dann eilig entlassen worden sein, wenn die Fragen nach den Vorkehrungen für das Überleben der Bevölkerung drängend wurden. [48]

Es ging das Gerücht, daß ein deutscher Offizier bei einer solchen oder ähnlichen Stabsübung weinend die Räumlichkeiten verlassen haben soll. Aber warum flennte er, anstatt die Öffentlichkeit zu informieren? Das geht auch anonym, und außerdem machte sich in den mittleren Offiziersrängen der Bundeswehr durchaus eine gewisse Unruhe breit, denn manch einer merkte, was die Stunde geschlagen hatte. Auch die Öffentlichkeit hätte sich sicherlich an diesen »Feinheiten« interessiert gezeigt, da sie doch als millionenfaches Bauernopfer im NATO-Schach auserkoren wurde. In Parenthese sei hinzugefügt, daß die Bundesregierung alles unternahm, um vor der Öffentlichkeit diese Sachverhalte geheimzuhalten und sie gezielt in die Irre zu führen. So stellte der sozialdemokratische Ministerpräsident Niedersachsens Diederichs im Anschluß an eine Atomminen-Debatte am 20. Januar 1965 mit feierlicher Miene fest: »Meldungen über Atom-Minen-Felder oder einen Atom-Minen-Gürtel an der Zonengrenze treffen nicht zu. Es besteht weder ein Atom-Minen-Gürtel, noch ist er geplant. Atom-Minen gehören zu den kleineren nuklearen Waffen, die unter amerikanischem Verschluß für die Verteidigung Europas gehalten werden. Ihr Einsatz wird nur im Ernstfall entschieden.« Placebos fürs Volk – in der Königsdisziplin der Lüge und Heuchelei ist die Sozialdemokratie einfach unschlagbar. Helmut Schmidt, »Verteidigungs«minister unter Brandt und dessen Nachfolger als Bundeskanzler, brüstete sich im Jahr 2007 im ›ZEIT‹-Magazin (dessen Herausgeber er ist), er habe gemeinsam mit seinem amerikanischen Amtskollegen Melvin Laird »diesen todgefährlichen Unfug beseitigen« können, für den, wie er in seinen Memoiren betonte, »die Löcher schon gebohrt« waren. Entsprechendes Bohrgerät erhielt die Bundeswehr nach Aussage des Militärfachmanns Effenberger erst Anfang der 70er Jahre, und dann wurden die Löcher für die Atomminen gebohrt. Der Bundeskanzler zu dieser Zeit hieß Helmut Schmidt.[49]

Dem Leser wird aufgefallen sein, daß der Einsatzbefehl Haigs die Sowjetunion als einziges Land des Warschauer Pakts von den vorgesehenen Atomschlägen aussparte. Dahinter verbirgt sich eine Veränderung der NATO-Strategie, die ihrerseits eine weitere Verschiebung des labilen Kräftegleichgewichts zu Lasten der Sowjetunion reflektierte: Die Abkehr von der Strategie der »massiven Vergeltung«, wonach die Sowjetunion mit atomaren Schlägen einschließlich der Interkontinentalraketen vernichtet werden sollte, hin zur *Flexible Response*, der »abgestuften Antwort« in einem militärischen Konflikt. Was sich auf den ersten Blick wie eine Verbesserung ausnimmt, verschärfte in Wirklichkeit die Kriegsgefahr drastisch. Im Rahmen der »Vorneverteidigung« der BRD, also deren Vernichtung, sah sie im Falle eines konventionellen Angriffs – ein Panzerangriff ist ein solcher – in einer »vorbedachten Eskalation« (*deliberate escalation*) den Ersteinsatz von Atomwaffen vor, um den Gegner dazu zu bringen, seine Kriegshandlungen einzustellen. In der Praxis sah dies so aus, daß spätestens am dritten oder vierten Tag einer militärischen Übung der Einsatz von Atomwaffen angeordnet wurde; im Hiroshima-Kapitel wurde eine solche Manöversituation geschildert. Gründe für einen atomaren Ersteinsatz gab es viele: um den Feind zum Halten zu bringen, um seine eingekesselten Einheiten zu vernichten, um das Gelände präventiv unbegehbar zu machen oder um nachrückende Reservetruppen des Feindes am Zusammenschluß mit der Hauptstreitmacht zu hindern. Die NATO-Offiziere wurden angehalten, ihre Soldaten auf den Schock einer atomaren Detonation vorzubereiten, und in der Tat verging keine Woche ohne die bei der Truppe verhaßten »ABC-Übungen«. Pioniereinheiten verbesserten ihre Bohrtechniken, um das Anbringen atomarer Sprengladungen möglichst effektiv zu gestalten: »Danach würde eine ADM von 5 KT in nassem Boden und einer Tiefe von 50 Metern einen Kraterdurchmesser von 130 Meter aufbrechen. Über 200 000 Kubikmeter Erdreich wären dabei in die Luft geschleudert und nach einer Minute als verstrahlter Niederschlag auf Mensch und Tier geregnet.«[50]

Doch die Strategie der *Flexible Response* galt keineswegs nur für einen militärischen Konflikt in Europa, sondern weltweit. Sollte also beispielsweise im explosiven Nahen und Mittleren Osten, der für den US-Imperialismus von zentraler Bedeutung war und ist, ein militärischer Konflikt unter Teilnahme eines Warschauer-Pakt-Staates ausbrechen – das konnte nur die Sowjetunion sein –, dann behielt sich die US-Führung vor, darauf mit einem begrenzten Atomkrieg *in Europa* zu reagieren, um die Sowjetunion von einer Fortsetzung ihrer Handlungen abzuhalten. Dies ist der Hintergrund von Haigs Einsatzbefehl; die Sowjetunion sollte also »gewarnt« werden, indem man »lediglich« die mit ihr verbündeten Länder vernichtete. Ließ sie sich nicht abhalten und setzte ihrerseits Atomwaffen in Europa ein, würden die US-Streitkräfte einen Gang höher schalten, ausgesuchte Ziele in der Sowjetunion atomar vernichten und zusehen, wie der Kreml reagierte. Darin bestand die »Flexibilität« dieser Strategie. Es unterlag auch vollständig amerikanischer Deutungshoheit, was unter einer militärischen Aggression der Sowjetunion zu verstehen sei: War es ein Schußwechsel an der Grenze, ein Gefecht auf hoher See oder gar nur Waffenlieferungen an eine Befreiungsbewegung in der Dritten Welt? Dies ließ man in der Schwebe, und gerade in dieser Unsicherheit, in welcher man die Sowjetunion beließ, zeigte sich die zunehmende Aggressivität der US-Politik. In dem Maße, wie ihre militärische Stärke im Vergleich zur Sowjetunion zunahm, sank die Schwelle für den Ersteinsatz von Atomwaffen, und eben dies machte die immense Gefährlichkeit dieser neuen Strategie aus. In den Worten des Generals Haig:

> Um eine glaubwürdige Abschreckung aufrechtzuerhalten, stützen wir uns auf eine Strategie der flexiblen Reaktion, deren Kern die Ungewißheit ist. Diese Ungewißheit ist begründet in einer ausgewogenen Struktur konventioneller und nuklearer Waffen, die so miteinander verknüpft sind, daß sie einem möglichen Aggressor die Fähigkeit nehmen, verläßlich unsere Antwort auf seine Aggression vorherzusagen. Auf diese Weise berauben sie ihn der Möglichkeit, insgeheim sein äußerstes Risiko auszurechnen.[51]

Man kann es auch einfacher ausdrücken: Die USA behalten sich vor, zu jedem Zeitpunkt an jedem Ort der Welt aus Anlässen, die nur sie kennen, nach Belieben atomare Waffen als erste einzusetzen. Vieles sprach dafür, daß dies in Europa geschehen würde, wo das US-Militär den größten Teil seines nichtstrategischen Atomwaffenarsenals gelagert hatte. Europa befand sich damit in einer prekären Geiselhaft; es war zum Joker in der globalen Kriegspolitik der Vereinigten Staaten geworden.

*

In diesem an geradezu aberwitzigen Details überreichen Abschnitt – sie belegen die kaltblütige Entschlossenheit der USA, über die europäische Leiche zur uneingeschränkten Weltherrschaft zu gelangen – soll eine Episode den Abschluß bilden, die mich mehr als alles andere beschäftigt hat. Anfang der 80er Jahre, als ein Ersteinsatz von Atomwaffen auf deutschem Territorium, an den mutmaßlichen »Engstellen« der ersten konventionellen Kampfhandlungen, immer näher rückte, zeigten wir im Rahmen unserer politischen Aktivitäten als Bunte Liste Freiburg einen Dokumentarfilm mit dem Titel »The Fulda Gap. The First Battle of the Next War«. Er zeigte recht anschaulich, mit welcher Selbstverständlichkeit die US-Offiziere davon ausgingen, daß in unmittelbarer Nähe dieser hessischen Stadt, beim Dörfchen Hattenbach, die ersten Atomdetonationen des Dritten Weltkriegs stattfinden könnten, und dies auch ganz unbekümmert kundtaten. Befragt, was in diesem Fall mit den Einwohnern der Stadt geschehe, ließ ein amerikanischer Offizier den vielsagenden Satz verlauten: »Well, that's a real problem.« Das war es dann auch schon. Der amerikanische Sender CBS hatte den Dokumentarfilm über eine solche Übung im Rahmen des *Reforger*-Manövers 1980 erstmals ausgestrahlt; der bayerische Rundfunk hatte daraufhin – wie bei Hitlers ›Mein Kampf‹ – die Rechte an dem Film erworben, um ihn für alle Zeiten im Giftschrank verschwinden zu lassen. Denn der Streifen zeigte auch, wie der sozialdemokratische Bürgermeister von Hattenbach die Verheimlichung der US-Nuklearstrategie und deren Dokumentation begründete. Er wählte hierfür die Metaphorik eines metzgernden Bauern: »Wenn ich ein Schwein schlachten will, dann geh ich ja auch nicht schon vorher hin und erzähl ihm das.«[52] Es kam also darauf an, das »Schwein deutsche Öffentlichkeit« ahnungslos zur nuklearen Schlachtbank zu führen. Daß der Film dennoch in Westdeutschland gezeigt werden konnte, ist ausschließlich dem Umstand zu verdanken, daß das österreichische Fernsehen freundlicherweise Kopien zur Verfügung stellte.

Aber nicht deswegen sei diese Episode hier erzählt; man konnte schon damals genau wissen – wenn man nur wollte –, wie diese Burschen gestrickt waren. Im Zuge der Arbeiten zu diesem Buch, also gut dreißig Jahre später, erzählte ich einer sehr guten Freundin von diesem Film. Sie hielt inne und sagte, sie sei zu jenem Zeitpunkt etwa zehn Jahre alt gewesen und habe von ihren Eltern ein Kinderbuch geschenkt bekommen, in dem geschildert wird, wie zwei Kinder, ein Mädchen und dessen jüngerer Bruder, das Inferno einer Atomexplosion überlebt hatten und durch die verwüstete Landschaft irrten. Diese Geschichte sei ihr sehr nachgegangen, zumal sie einen jüngeren Bruder habe und sie sich damals mit einiger Beklemmung vorzustellen versuchte, wie das wohl sein mochte, wenn man zu zweit in einer menschenleeren, verstrahlten Ödnis zurechtzukommen versuchte. Der Schauplatz dieses alles andere als unrealistischen Kinderbuch-Dramas war Deutschland; die Stadt, in der die beiden Kinder aufgewachsen waren, hieß – nicht Hof, nicht Osnabrück und auch nicht Castrop-Rauxel. Es war schlicht und ergreifend Fulda.

Man sollte mit Totalitarismus-Zuweisungen behutsam umgehen. Aber ein *Fulda Gap* im Kinderzimmer, wo doch der grüne Hinz und der rosa Kunz gegen Kriegsspielzeug wettern (wer hat nicht gern damit gespielt?), kriegspropagandistische Vorbereitung der Kleinen auf den Atombombentod, damit sie wissen, was ihnen blüht, ohne daß man ihnen mitteilt, wem sie ein solches Schicksal zu verdanken haben, das eineinhalb Generationen zuvor auch japanische Kinder ereilt hatte (sie könnten ja »dumme Fragen« stellen) – wenn das kein Totalitarismus ist, dann bitte ich dringend um Aufklärung, was darunter zu verstehen sei.

Der Titel des 1983 veröffentlichten Kinderbuches lautet ›Die letzten Kinder von Schewenborn, oder: Sieht so unsere Zukunft aus?‹, und seine Autorin Gudrun Pausewang, mutmaßlich eine Grünen-Aktivistin, ist in der Nähe von Fulda aufgewachsen, so daß ihr die NATO-Planungen bezüglich des *Fulda Gap* mit Sicherheit bekannt gewesen und nahegegangen sein dürften. »Grünen«-spezifisch war aber schon damals der Rekurs auf das »allgemein Menschliche«, das »Leiden der Unschuldigsten« bei gleichzeitiger Unterschlagung der Täterbenennung, also das verlogen Pazifistische, das wenige Jahre später bruchlos in die begeisterte Teilnahme als Regierungspartei an den NATO-Angriffskriegen überging. So bestätigte meine Gewährszeugin auf Nachfrage, daß sie als Kind zwar Panikanfälle und schlaflose Nächte durchgestanden habe, sich aber nicht an die Erwähnung von Hiroshima und Nagasaki oder gar an die seinerzeit aktuellen US-amerikanischen Kriegsplanungen erinnern könne. Immerhin geht aus dem Buch hervor, daß das nukleare Inferno für Europa unmittelbar bevorstand – eine philosophierende Flachpfeife erfand hierfür jüngst den Begriff der »nuklearen Risikogesellschaft« –, daß also der absichtlich herbeigeführte Atombomben-Tod und nicht ein nuklearer Unfall die mit Händen zu greifende Gefahr für alle Deutschen, alle Europäer bis mindestens zu den Pyrenäen darstellte. Trotz aller ängstlichen Verursacher-Leugnung erregt die in dem Buch immerhin enthaltene Anschaulichkeit Ärgernis bis zum heutigen Tag. So wird bei »Wikipedia« der »blutrünstige« und schockierende, aber nicht aufklärerische Charakter des Buches benörgelt; wobei unter »aufklärerisch« nicht die Benennung der (potentiellen) Täter, sondern, unausgesprochen, die Notwendigkeit des Atomkriegs trotz seiner Schrecken gemeint sein dürfte. Auch wurden sogenannte »zweifelhafte« Anspielungen auf den »Holocaust« (was ein nukleares Massaker zweifellos ist) und, man höre und staune, auf die »Sterbehilfe« bemängelt, weil in der Geschichte ein Vater sein wegen der radioaktiven Strahlung verkrüppelt zur Welt gekommenes Kind tötet. Also ist immer noch zuviel Vernunft im Spiel – ein weiteres Indiz, daß in den verflossenen dreißig Jahren die Massenverdummung rasant zugenommen hat. Und ein Kritikaster namens Jörg Sundermeier befindet: »Letztlich verhindert auch die Perspektive des 13jährigen Jungen einen objektiven Blick auf die Umstände des Nuklearkrieges.«[53] Sorry, Mister: Wie sieht der »objektive Blick« bei einem vom Nuklearmassaker betroffenen Subjekt aus? Etwa wie in der Genesis – »und er sah, daß es gut war«? – Knechte …

Exkurs: Die Rolle von Sozialdemokratie und Kirche in der portugiesischen Konterrevolution

(von *Fritz Erik Hoevels*)

Vorbemerkung

Es gab auch Ruhepausen bei der Bundeswehr: Sie nannten sich »Staatsbürgerkunde« und waren bestens dazu angetan, ein Nickerchen zu halten, was zu unserem Leidwesen allerdings strikt untersagt war. An eine solche Stunde kann ich mich noch erinnern: Ein Stabsunteroffizier – nicht der Hellste unter Seinesgleichen – erklärte da mit dem hochroten Kopf eines Alkoholikers und unter debilem Dauergrinsen, Portugal und Griechenland – die Völker beider Länder litten zu jenem Zeitpunkt unter faschistischen Diktaturen – seien »unsere schwarzen Schafe in der NATO«. Haha!

In Griechenland herrschte eine Folterjunta, zuerst unter der Führung des Obersten Papadopoulos, dann unter General Demetrios Joannides. Mit welcher Bestialität diese NATO-kompatible Junta gegen Angehörige der politischen Opposition vorging, erhellt aus dem erschütternden Bericht eines der Folteropfer, des bürgerlich-liberalen Theaterschaffenden Periklis Korovessis, der längst der Vergessenheit anheimgefallen ist.[54] Korovessis' Bericht oder besser Folterprotokoll hätte die Popularität des Filmes »Z« von Costa Gavras verdient, aber dieser Film erfuhr öffentliche Förderung, weil er eine gehörige Portion Folklore enthielt – die Musik stammte von Mikis Theodorakis, und erst mit Sirtaki macht der Kampf gegen den Faschismus Spaß – und überdies die Illusion beförderte, ein einziger Journalist (ausgerechnet!) könnte den Stein ins Rollen bringen, der schließlich die Junta-Herrschaft zum Einsturz bringt. Wir Schüler waren seinerzeit von diesem Film begeistert, er war »Kult«, was nur belegt, daß wir keinerlei zutreffende Vorstellung darüber besaßen, was Faschismus bedeutet. Nachdenklicher stimmte mich hingegen, daß Günter Wallraff, der sich aus Protest gegen die Junta auf einem belebten Platz in Athen angekettet hatte, zuvor schmerzlindernde Mittel eingenommen hatte, um die ihn sehr wahrscheinlich erwartende Folter besser überstehen zu können. Im Unterschied zu Korovessis und Tausenden weiterer Griechen blieb sie ihm glücklicherweise erspart.

Portugal unter dem Diktator Antonio Salazar war ein »klassisch« faschistisches Land. Wie zu seinen besten Kolonialzeiten und wie im benachbarten Spanien unter dem Schlächtergeneral Francisco Franco stellte die Kirche die wichtigste Stütze des Regimes dar. Das jahrhundertealte Kolonialerbe sollte jedoch zur Todesursache für den portugiesischen Faschismus werden, genauer gesagt: die gegen die fremdländischen Besatzer siegreich kämpfenden Befreiungsbewegungen vor allem in Angola und Moçambique wirkten als Zünder für die »Nelkenrevolution« in Portugal (so genannt, weil die Demonstranten rote Nelken in die Gewehrläufe der Soldaten steckten, deren Loyalität zum Regime so drastisch geschwunden war, daß sie keinen Gebrauch von ihren Waffen machten und entsprechende Befehle verweigerten – so beginnt jede echte Revolution). Die Vorgänge in Portugal verdienen diese Bezeichnung allerdings nicht, wie allein schon aus dem sonderbaren Terminus hervorgeht, dessen erster Bestandteil (»Nelken«) die Negation des zweiten darstellt. Die portugiesische Pseudo-Revolution führte nämlich das faschistische schwarze Schaf nicht zur Schlachtbank, wo es hingehörte, sondern faßte es mit Samthandschuhen an, was verheerende Folgen zeitigte. Damals verfolgte ich die Vorgänge in den portugiesischen Kolonien und im Kernland selbst mit Sympathie, aber ohne jedes tiefere Verständnis und dürfte damit repräsentativ für einen beträchtlichen Teil meiner Zeit-

genossen gewesen sein. In den durchaus kraftvollen Massendemonstrationen und den spontanen Landnahmen verarmter Bauern und Pächter vermeinte ich den Sieg der Revolution anstatt nur deren wichtigste Voraussetzung zu sehen. Der unermüdliche Wallraff traf als fake-Rechtsradikaler einen portugiesischen Gottesmann, der Erzbischof und Erzfaschist in Personalunion war – zwei und doch einer. Das war alles ganz nett, aber was Portugal wirklich gebraucht hätte, wäre ein zweiter Lenin gewesen, dessen wichtigste Botschaft bei seiner Ankunft in Petersburg nach der Februarrevolution 1917 lautete: »Nichts ist erreicht!« (so die Zusammenfassung der immer wieder lesenswerten »Aprilthesen«; Khomeini, gewiß der finstere Antipode des russischen Revolutionsführers, verkündete genau dieselbe Botschaft, als er nach dem Sturz des Schahs in Teheran landete – an Entschlossenheit, und nur darin, waren sie sich gleich!). Für kurze Zeit waren die portugiesischen Klerikalfaschisten und selbst die CIA handlungsunfähig, und in dieses Vakuum hätten die von einer revolutionären Partei angeleiteten und koordinierten bewaffneten Massenaktionen vorstoßen müssen. Die Bedeutung der Vorgänge in Portugal besteht darin, daß es die einzige vorrevolutionäre Situation in einem westeuropäischen NATO-Land (mit Ausnahme Griechenlands unmittelbar nach dem 2. Weltkrieg) war; ähnliche Folgen für Spanien im Falle des Erfolges und im Sinne einer Kettenreaktion wären nicht auszuschließen gewesen, und auf jeden Fall hätte eine siegreiche portugiesische Revolution eine Ermutigung und Stärkung für alle fortschrittlichen Kräfte in den europäischen NATO-Ländern und ein wesentliches Hemmnis für die Kriegspläne der US-Regierungen gegen die Sowjetunion bedeutet. – Frisch aus der Bundeswehr entlassen, entsprechend betäubt und geschädigt, setzte ich meine Hoffnung damals auf den Kommandeur einer Panzerbrigade namens Carvalho (wenn ich mich nicht täusche), dem die Medien mit hysterischen Obertönen nachsagten, der militärische Arm der Revolution zu sein. Er wurde abgeschlagen, bevor er zum Einsatz kam; jener Brigadegeneral hatte wohl auch nie im Sinn gehabt, die ihm zur Verfügung stehenden Gewaltmittel für das Gelingen der Revolution einzusetzen, und dies war auch nicht Bestandteil meiner politischen Perspektive, da ich Trotzkis ›Geschichte der russischen Revolution‹ noch nicht gelesen hatte. Dieser Offizier ließ sich traurigerweise bei späteren folkloristischen Feierlichkeiten als eine Art Tanzbär mißbrauchen.

Heute sind die Erinnerungen an diese Vorgänge, erst recht an die Gründe, die für das Scheitern der portugiesischen Revolution verantwortlich waren, so verblichen wie die murales jener Zeit an den Häuserwänden von Lissabon – Grund genug, die Analyse von Fritz Erik Hoevels vom Herbst 1975 hier wiederzugeben. [55]

Die gegenwärtige Entwicklung in Portugal straft eine unausgesprochen oft vorhandene Vorstellung Lügen: daß das Volk unter Unterdrückung und Ausbeutung nicht nur leidet, sondern auch seine Unterdrücker haßt und sofort und wirkungsvoll versucht, sie zu bekämpfen, sowie die unmittelbare physische Bedrohung nachläßt, wie es nach dem 25. April ja der Fall war. Was sehen wir statt dessen? Einer verhältnismäßig schwachen Basisbewegung, die sich vorwiegend aus Stadt- und Landbevölkerung rekrutiert und die an ihrer Selbstorganisation und -bewaffnung arbeitet, stehen die meist unpolitischen kleinbürgerlichen und kleinbäuerlichen Massen gegenüber. Diese orientieren sich entweder an der offen rechten Politik der Kirche, wählen Rechtsparteien und sehen ihren Feind im Kommunismus, oder sie haben ein unklares antifaschistisches Bewußtsein, welches sie in der Sozialdemokratie ihren wahren Vertreter sehen läßt und sie nicht daran hindert, ihren Hauptfeind ebenfalls im Kommunismus zu erblicken. In diesem kombinierten Einfluß von Religion (offene faschistische Propaganda) und Sozialdemokratie (pseudolinke Propaganda, um keimendes politisches Bewußtsein zu kanalisieren) sehen wir die hauptsächliche Gefahr, die der portugiesischen Revolution von innen her droht.

Dabei erscheint uns die Sozialdemokratie als der gefährlichere Teil, denn nur ihr ist es in revolutionären oder vorrevolutionären Situationen möglich, eine Linksbewegung der Massen zu kanalisieren und damit zu neutralisieren oder auf die Mühlen rechter Politik zu lenken. Diese Rolle hat die Sozialdemokratie schon wiederholt international erfolgreich gespielt – von der Novemberrevolution bis heute, wo es ihr dank Arbeiter-Massenbasis viel leichter fällt als einer CDU, Notstandsgesetze, Berufsverbote etc. ohne größere Empörung besagter Massen durchzusetzen.

Uns als Marxisten-Reichisten stellt sich anhand dieser ungebrochenen Tradition die Frage, wie es möglich ist, daß die Sozialdemokratie in ihrer Funktion so wenig durchschaut wird, daß sie immer wieder und unverändert ihren dreckigen und meist auch noch schlecht belohnten Job als Steigbügelhalter des Faschismus ausüben kann. Was geht in einem einfachen SPD- oder PSP-Wähler oder -Mitglied vor? Aus welchen Quellen speist sich der ungeheuerliche Vertrauenskredit, den ein Brandt, ein Soares genießen? Warum lassen sich die Massen so leicht belügen und unterstützen ihre Interessenzertreter, anstatt ihre Interessen selbst zu vertreten?

In unserer Analyse knüpfen wir an die Untersuchungen an, die Wilhelm Reich vor 1934 geleistet hat. Er stellte die Frage, wie es möglich ist, daß das durch das kapitalistische System verelendete und proletarisierte Kleinbürgertum sowie die Arbeiter selbst für die Erhaltung eben dieses Systems mobilisierbar sind. Er erklärt dies durch die Auswirkungen der Familie, die unter den Bedingungen des bäuerlichen Parzellenbesitzes und der kleinbürgerlichen Werkstatt gleichzeitig Produktions- und Konsumeinheit bildete, deren Auswirkungen aber heute tendenziell in Widerspruch zu der kollektiven fremdbestimmten Arbeit im kapitalistischen Produktionsprozeß getreten sind. Als Ideologiefabrik, ihre Kernfunktion, bleibt sie jedoch weiterhin bestehen und funktioniert als solche natürlich um so erbarmungsloser, je weniger Fluchtmöglichkeiten aus ihr den Individuen offenstehen, wie das auf dem Land im Gegensatz zur Industriemetropole der Fall ist. Deshalb hatten alle Reaktionäre von Hitler bis Adenauer ein ideologisches Interesse an der Konservierung des »gesunden« Kleinbauerntums. Halten wir fest: die verinnerlichte Familienideologie, die sexualfeindliches, individualistisches Konkurrenzverhalten erzeugt, wirkt in verschiedenster Weise der Erkenntnis der eigenen objektiven Situation im Produktionsprozeß entgegen.

Nun ist Portugal ein Land, das geradezu nach der ›Massenpsychologie des Faschismus‹ konstruiert zu sein scheint. Im Norden ist das bäuerliche, auf die Familieneinheit bezogene Kleineigentum stark vertreten, entsprechend stark ist der Einfluß von Kirche und Faschismus. Im Süden überwiegt das Landproletariat, bei dem die kollektive Arbeitsweise unter fremder Regie zur patriarchalischen Familie schon in Widerspruch getreten ist. In einigen Industriezentren ist das moderne Proletariat vertreten, ansonsten ist das städtische Kleinbürgertum sehr stark. Dementsprechend ist im Süden und beim Proletariat der Großbetriebe die »Basisbewegung« am stärksten; das städtische Kleinbürgertum nimmt eine schwankende Mittelstellung ein, wählt also mehrheitlich PS; der Norden ist die stärkste Bastion der Reaktion. »Klar«, wird der Vulgärmarxist sagen, »Kleinbürger und Kleinbauern haben schon immer versucht, das Rad der Geschichte zurückzudrehen, um ihrer auf dem absterbenden Ast sitzenden Produktionsweise wieder zum alten Glanz zu verhelfen. Das rein ökonomische Interesse reicht aus, um das politische Verhalten der Massen zu erklären.«

Die Marxisten-Reichisten sind nicht der Ansicht, daß dieses Erklärungsmodell ausreicht. Es erklärt nämlich nicht, warum Massen **gegen** ihre Interessen **mobilisierbar** sind. Zum Beispiel: es gibt auch Arbeiter, die sozialdemokratisch oder offen rechts wählen. Das Sein im Betrieb bestimmt also nicht unmittelbar das politische Bewußtsein. Vielmehr sind die Arbeiter der gesamten ideologischen Atmosphäre der bürgerlichen Gesellschaft und ihren Institutionen Familie, Kirche, Schule ausgeliefert. 95 % der Bevölkerung sind immerhin katholisch. Dem Kleinbürger geht es in der Regel sehr übel.

Er rackert sich ab, um seine Schulden zu bezahlen, wird in tiefster Unwissenheit gehalten (ca. 60 % Analphabeten in den nördlichen Randprovinzen), ermangelt medizinischer Versorgung und ist jeder Willkür ausgeliefert. Er bildet sich nur ein, durch die Revolution etwas zu verlieren zu haben. Für die Frauen, und zwar fast sämtlicher Klassen, ist die ökonomische Abhängigkeit und schärfste Sexualunterdrückung an der Tagesordnung. Dennoch wird in die Kirche gehuscht, zu eben den Pfaffen, die Auflehnung und Abtreibung verbieten.

Damit ist gesagt, was bei der ökonomistischen Erklärung wegfällt: daß die herrschenden ökonomischen Verhältnisse und die herrschende Ideologie den wahren Interessen der überwiegenden Mehrzahl der Bevölkerung widersprechen und **dennoch**, und zwar aggressiv, verteidigt werden; daß eine sozialistische Revolution im Interesse nicht nur des Proletariats, sondern auch der Kleineigentümer und der kleinen Angestellten in Stadt und Land sowie fast aller Frauen wäre, diese aber **dennoch** die beste Basis der Konterrevolution abgeben. Sie profitieren **nicht** von der Konterrevolution, wie faschistische Kleinbürger in Deutschland und Chile hätten feststellen können und müssen. Einzig die Kapitalisten und ihre wirklich gut dotierten Kopflanger haben ein objektives Interesse an der Verhinderung der Revolution, weil nur sie wirklich etwas zu verlieren haben; diese Verhinderung gelingt ihnen immer wieder, weil sie ein mächtiges Mittel haben, um die Massen von Kind auf an der Erkenntnis und Vertretung ihrer Interessen zu hindern: die Sexualunterdrückung; sie verfügen auch über eine äußerst wirkungsvolle Agentur, diese Sexualunterdrückung durchzusetzen: die Familie, und über mächtige Institutionen, die Sexualunterdrückung zu verstärken und für spezielle Zwecke nutzbar zu machen: Kirche und bürgerliche Parteien.

Unsere These ist, daß sich die Kapitalherrschaft ohne die Sexualunterdrückung und ihre Folgen auf das Bewußtsein der ihr Unterworfenen nicht so lange hätte am Leben erhalten können und daß eine revolutionäre Linke, die diese tiefverwurzelten Folgen nicht theoretisch faßt und sie im praktischen Kampf nicht berücksichtigt, kaum Erfolg haben dürfte, sondern selber Opfer dieser Folgen wird.

Im folgenden wollen wir kurz die wichtigsten Etappen der PSP-Politik darstellen, um aufzuzeigen, warum wir die PSP nicht einfach für leider nicht links genug halten, sondern für eine klar reaktionäre Partei, die nur mit besonders raffinierten Methoden arbeitet. (Dabei haben wir einiges aus der Broschüre des ›Arbeiterkampf‹ entnommen.) Dann werden wir auf die massenpsychologischen Grundlagen eingehen, die eine solche Politik braucht und vorfindet.

Die PSP wurde im April 1973 als Exilpartei in Bad Godesberg gegründet. Im Gegensatz zur Kommunistischen Partei, die trotz härtester Bedingungen unter dem Salazar-Regime über eine relativ breite Massenbasis und eine funktionierende Organisationsstruktur verfügte, besaß sie weder Apparat noch Verankerung im Volk. Nach dem 25. April gelang es ihr jedoch recht schnell, sich als Alternative zur PCP aufzubauen, indem sie »freiheitlichen Sozialismus« und »Demokratie« predigte. Nach dem gescheiterten September-Putsch Spinolas, dessen Mißlingen ein Zeichen für das Erstarken der Linken war, wurde ihr verstärkte Nachhilfe von seiten der westeuropäischen Sozialdemokratien erteilt: schon im Juli war Mitterrand auf PSP-Veranstaltungen aufgetreten und hatte dort mit seinen Erfahrungen geprahlt, wie man den Einfluß der Sozialdemokraten zu Lasten der KP stärken könnte. Im Oktober nun besuchte Willy Brandt auf Einladung der PSP Portugal und legte dort sehr massiv den weiteren Kurs der PSP fest. Zentrale Punkte gemeinsamer Erklärungen zwischen SPD und PSP waren:

1). Energische Abgrenzung zur PCP und Einleitung einer massiven antikommunistischen Massenkampagne;
2). Treue zur Nato;
3). Ausbau der Beziehungen zur subimperialistischen EG.

Dieser Kurs wurde innerhalb der Partei mit putschartigen Methoden von Soares durchgepeitscht, was zur Abspaltung des linken Flügels führte, der heute – impotent – als FSP in der FUR mitarbeitet. Genau aus diesen drei Punkten besteht heute das Kernprogramm der Regierung Azevedo. Im Januar begann die großangelegte antikommunistische Kampagne der PS mit dem Kampf gegen die von linker Seite geplante Einheitsgewerkschaft. Unter der Phrase »Gewerkschaftsfreiheit« propagierte sie politische Richtungsgewerkschaften, eingedenk der Tatsache, daß sie wegen mangelnder Verankerung in der Arbeiterschaft in einer Einheitsgewerkschaft wenig zu melden hätte. Dies mißlang jedoch. Ihre zahlenmäßige Schwäche versucht nun die PSP durch eine unglaublich demagogische Propaganda und Selbstdarstellung wettzumachen. Ihre Spezialität ist »Kritik von links«, wobei sie auf tatsächliche Differenzen zwischen PCP-Vorstellungen und den viel weitergehenden Kampfzielen der Arbeiterklasse spekuliert, um eine noch viel rechtere Politik durchzusetzen. Erst als es darum ging, den reaktionären Märzputsch politisch-ideologisch vorzubereiten, hat die PSP auch ihre Heuchelei gegenüber den Arbeiterkämpfen fallengelassen und durch offen antikommunistische Hetze ersetzt. Die

Propagandalinie der PSP läuft darauf hinaus, sich in Abgrenzung zur revisionistischen und revolutionären Linken als die wirklich »konsequenten Demokraten« darzustellen, die jede Unterdrückung (besonders die der Kapitalisten und Faschisten) ablehnen. Die PSP versucht, die Linke gleichsam von rechts und von »links« zu attackieren. Das war auch die einzige Chance, die sie angesichts der allgemeinen Linksentwicklung vor den Wahlen, die ihr den Boden für ihre Politik zu entziehen drohte, besaß (sieht man einmal von den höchst wahrscheinlichen Gesprächen Spinolas mit Soares unmittelbar vor dem Märzputsch ab). Man malt das »Schreckgespenst« der Diktatur des Proletariats an die Wand, um die Arbeiterklasse zu spalten, die KP zu schwächen und den Klassenkampf allmählich in die Bahnen des bürgerlichen Parlamentarismus zu lenken und damit ins Goldhamsterrädchen zu sperren.

Der Wahlerfolg der PSP im April (38 % der Stimmen) geht weitgehend auf das Konto dieser fortwährenden Ausnutzung des verbreiteten antikommunistischen Ressentiments und keineswegs dummer und pingeliger taktischer Manöver (so behauptet Soares, die programmatischen Vorstellungen der Sozialisten seien vollauf identisch mit dem Programm der »Streitkräftebewegung«). Wie die Kirche hetzt Soares gegen links, von den Rechten schweigt er wie sie; nur hat er dabei mehr Schnellerfolg als die Kirche, weil es ihm auch noch möglich ist, mit linken Sprüchen die Stimmen nach links tendierender Wähler einzufangen, um sie später als »Bestätigung« für die rechtsgerichtete Politik der PS-Führung zu nutzen und in die Waagschale zu werfen. Umso besser kann er dann mit der von den Bischöfen empfohlenen PPD zusammen darangehen, der PCP, dem einzigen Schutzschild der revolutionären Bewegung in der Regierung, den Garaus zu machen. Den Wahlerfolg in der Tasche, die EG-Kreditversprechungen als Rückenstärkung und die Parole: »Wir wollen keinen Sozialismus des Elends und des Mangels« auf den Lippen, hetzt die PSP immer offener gegen die Rätebewegung, die seit dem gescheiterten Märzputsch weitere Erfolge aufzuweisen hatte.

Das bestbekannte Beispiel der antikommunistischen Hetzkampagne der PSP ist wohl die ›Republica‹-Affäre. Dabei mobilisierte die PS-Führung die westeuropäische Sozialdemokratie und bediente sich der bürgerlichen Weltpresse, um sich so vom Ausland für die innere Auseinandersetzung Rückendeckung zu verschaffen. Der Fall ›Republica‹ wurde als von der PCP gesteuerte Gleichschaltung von Organen der Massenmedien dargestellt. In Wirklichkeit ging der Besetzung des Zeitungsgebäudes durch die Belegschaft der Versuch der PS voraus, die ›Republica‹ schrittweise zu einer eigenen Parteizeitung zu machen. Die Aktionen der Beschäftigten wurden dagegen ohne die geringste

Unterstützung seitens der PCP unternommen. Ähnliches war der Fall bei der Besetzung des Radiosenders ›Renascença‹ durch die dort Beschäftigten, wonach die PSP in höchsten Tönen dessen Rückgabe an die Kirche (!) forderte, alles im Namen der Freiheit, versteht sich. Nicht nur stellt sich Soares auf die Seite der Kirche, auch die Kirche redet in PS-Zungen: das »Hirtenwort der katholischen Bischöfe zur politischen Lage in Portugal« vom Juni äußert die Sorge, Portugal könne unter »totalitäre Herrschaft« fallen (eine Sorge, die die Hochwürdigkeiten unter Salazar nie gekannt haben).

Nachdem im Juli die MFA-Vollversammlung Aufbau und Unterstützung von Basiskommissionen beschlossen hat, löst Soares durch Zurückziehen der PSP-Minister eine Regierungskrise aus und ruft zur Mobilisierung seiner Anhänger auf. Er hat schon vorher damit gedroht, das ganze Land lahmzulegen und notfalls bis zum Bürgerkrieg zu gehen, wenn Volk und MFA * sich seinen Vorstellungen von »Informationsfreiheit« und »Pluralismus« nicht beugen wollen. Die PS-Mobilisierung verhilft der gesamten Rechten zum Durchbruch. Im Norden beginnen die antikommunistischen Pogrome, denen Büros der PCP, der linken Sammlungsbewegung MDP und der FSP zum Opfer fallen. Inzwischen treffen sich in Frankreich Vertreter von PSP und PPD mit Spinola, und demonstrieren PSP und PPD gemeinsam gegen die Gonçalves-Regierung. Die Ablösung der halblinken Regierung Gonçalves, unter der die Rätebewegung sich einigermaßen entfalten konnte, durch die eindeutig rechte von Azevedo markiert den Erfolg dieser geschlossenen Offensive der Konterrevolution. Soares kann es sich immer mehr leisten, die linke Maske fallenzulassen; Anfang September erklärt er, daß seiner Meinung nach Spinola ruhig die Macht in Portugal übernehmen könne, »wenn er das Spiel der Demokratie mitmacht«. Seine Forderung nach Entwaffnung des Volkes, im Sommer noch erfolglos gestellt, ist in die Tat umgesetzt worden. Die Linke schickt sich an, wieder in den Untergrund zu gehen. Was der Rechten allein nicht möglich gewesen wäre, ist der PS gelungen:

Die Revolution ist nachhaltig in die Defensive gedrängt worden; ihre völlige Liquidation ist zu befürchten.

Aus diesen jüngsten portugiesischen Erfahrungen und einigen Jahrzehnten deutscher Geschichte leiten wir einige Thesen zur Funktion und Vorgehensweise der Sozialdemokratie im allgemeinen ab.

---

* MFA = »Streitkräftebewegung« – die institutionalisierte antifaschistische Opposition des Militärs, welche den Sturz des Faschismus allein herbeigeführt hatte. (Zusatz 1997)

1.) Die objektive Funktion der SP besteht darin, die Arbeiterklasse und ihre möglichen Verbündeten vom Kampf für den Sozialismus abzuhalten und sie in das kapitalistische System zu integrieren.

2.) Dies ist dadurch möglich, daß sie sich einen linken Anstrich verleiht, Reform- und Sozialstaatsillusionen sät, den friedlichen Übergang zum Sozialismus propagiert und damit den aufgrund der Klugheit und des bösen Willens der Herrschenden unvermeidlichen Kampf für den Sozialismus verhindert.

3.) Ihre Massenbasis findet die SP vor allem in den Schichten des »fortschrittlichen«, nicht faschistischen Kleinbürgertums, der Arbeiteraristokratie und -bürokratie und der großen Masse der unentschlossenen, politisch passiven Arbeiter.

4.) Schon ihrer Struktur nach ist die SP eine bürgerliche Partei:
   • Festlegung der Parteistruktur und der Aktivitäten auf die von der Gegenseite diktierte Legalität (außerdem keine Kaderpartei, d.h. gleiche Rechte für passive wie für opferbereit kämpfende Mitglieder);
   • Verhindern von Basisaktivitäten und Rätebewegung (von den Mitgliedern wird keine Aktivität erwartet; die Beziehung Partei – Anhänger ist hierarchisch autoritär, damit die Funktionäre bei ihren Verhandlungen mit der angeblichen Gegenseite nicht von den einfachen Mitgliedern gestört werden können).

5.) Die SP an der Macht hat sich immer als Steigbügelhalter der Reaktion betätigt: In revolutionären Situationen wird sie von der Bourgeoisie unterstützt, um der Bewegung die Spitze zu brechen und die Revolution zu verhindern. Hat die Rechte sich reorganisiert, wird die SP wieder von der Regierung verdrängt.

6.) Um die Herrschaft des Kapitals aufrechterhalten zu können, setzt die SP alle bewährten ehrlosen Mittel und Wege ein (meist in Zusammenarbeit mit der vereinten Rechten):
   • Kommunistenhetze;
   • Einsatz des gesamten Staatsapparates (Geheimpolizei, bei uns also der sogenannte Verfassungsschutz; daneben auch reguläre Polizei);
   • bewaffnetes Vorgehen und blutiger weißer Terror gegen klassenbewußte Arbeiter.

7.) Während man bei der SP-Führung annehmen muß, daß sie über ihre reaktionäre Rolle genau im Bilde ist, macht sich die Anhängerschaft erhebliche Illusionen über ihre objektive Funktion; sie »glaubt« der Demagogie der Führung.

8.) Die Propaganda der SP wird vor allem von Werten »an sich« getragen, d.h. von Begriffen, die aus ihrem historischen Zusammenhang herausgelöst und damit moralisch werden (Demokratie, Freiheit, Pluralismus, wahrer Sozialismus, »machbare«, d.h. konfliktlose [und daher unmögliche oder aber wertlose] Reformen), oder von Verdrehungen des tatsächlichen Sachverhaltes (Sozialstaat, »wir sitzen alle in einem Boot«). Klopft man diese Begriffe auf ihren Inhalt ab, so erweisen sie sich als hohle Demagogie. Emotionale Reizworte wie »Sozialismus« in revolutionären, »Sozialstaat« u.ä. in stagnierenden historischen Situationen ersetzen Analyse und Einsicht; damit wird Politik zur Glaubensfrage.

Mit der Frage: »Wie läßt sich eine solche Politik derart massenwirksam durchsetzen?« sind wir bei der Frage nach der Psychostruktur ihrer Anhänger angekommen.

Die sozialdemokratische Politik setzt wie die faschistische bei ihren Mitgliedern und Sympathisanten eine autoritäre Psychostruktur voraus, wie sie in der Familie und anschließend der Gesellschaft durch Sexualunterdrückung geprägt wird. Wie letztere im einzelnen entsteht, können wir hier in Kürze nicht darlegen; wir verweisen auf Reichs ›Massenpsychologie‹, unseren Text zum Ödipuskomplex und unsere demnächst beginnende Veranstaltung zu Sexualität, Familie und Klassenbewußtsein. Wir stellen jetzt nur einige Punkte zur Diskussion, die unsere Thesen erhärten.

Sozialdemokraten stehen zu ihrer Partei in einem verblüffenden Treueverhältnis. Trotz vielfachen Verrats genoß und genießt die SP unverändert erhebliches Ansehen als Arbeiter- und Fortschrittspartei; sie wird von vielen als politische Heimat, als große politische Familie betrachtet. Dem kommt die SP durch den Aufbau von scheinbaren Saubermännern wie Kerenski, Brandt, Soares und Ebert zu Vaterfiguren weitgehend entgegen.

Sozialdemokratische Politik und Propaganda setzt vor allem an den autoritären Charakterstrukturen ihrer Anhänger an: Denken und Handeln erlaubt und fördert sie nur in einem vorbestimmten Rahmen, so wie die Eltern den Kindern die Bedingungen diktierten. Undurchsichtige, unveränderliche und vor allem fremdbestimmte Werte und Normen ersetzen Analyse und Einsicht und werden als moralische Appelle unter die Leute gebracht. Legalität wird als politisches Über-Ich-Gebot vertreten, Verstöße dagegen entsprechend angstbesetzt. Wer gegen Ruhe und Ordnung verstößt, muß bestraft werden, damit das eigene Über-Ich ruhig bleibt. SP-Mitglieder werden in ihrer eigenen passiven, autoritätshörigen Einstellung dadurch bestärkt, daß die SP versucht, alle Volksbewegungen zur Selbstverwaltung (besonders natürlich von Medien und Betrieben, aber auch kommunaler Aufgaben u. ä. als Schule der Macht, die die Machtlosen nicht aufsuchen dürfen) zu unterbinden. Veränderungen sollen nicht erkämpft, sondern von oben (d. h. unbewußt vom Vater) geschenkt werden. Unmittelbares Eintreten der Betroffenen für ihre Interessen wird von der SP scharf verurteilt und bekämpft.

Forderungen werden nicht konsequent vertreten, ihre Grenzen sind die dem Kapital immanenten Bedingungen; auf keinen Fall dürfen sie gegen diese Bedingungen durchgesetzt werden. (Letzteres wird dann als »gewaltsame Durchsetzung« ideologisiert und verbellt.) Wenn es die Führung aus »vernünftigen« Gründen von ihr verlangt, ist die Masse der SP-Anhänger zu allen Verzichten bereit – aber nur zugunsten ihrer Herren! Die in der Familie erlernte Neigung zu einseitigem »Kompromiß« und erst recht einseitigem Verzicht findet hier ihren Ausdruck.

Aggressionen werden, vor allem in Krisenzeiten, nicht gegen die Bourgeoisie, sondern gegen die Kommunisten gewendet, ansonsten auf ein Kleinstes gelenkt (z. B. wird viel Energie auf die Mitbestimmungsfrage verwandt, die gerade nicht einmal ein wirksames Mitspracherecht der Betroffenen sichert) – aber in Wirklichkeit sollte es doch um **Selbst**bestimmung statt leicht eingeschränkter Fremdbestimmung gehen!

Dazu paßt, daß die SP in keiner Weise gegen Religion, irrationale Sexualmoral, Ehe und Familie vorgeht, sondern diese noch durch Bücklinge vor der Kirche und durch Verhinderung einer Auseinandersetzung mit den reaktionären Ideologien an Schule, Uni usw. festigt.

Ein weiterer sehr wichtiger Mechanismus, der in politischen Vorgängen eine entscheidende Rolle spielt, ist die von der Psychoanalyse entdeckte **Projektion**. Sie besteht darin, daß man eigene Wünsche, die durch Verdrängung unbewußt geworden sind, in anderen entdeckt und deshalb zur Beschwichtigung des eigenen unbewußten Schuldgefühls diese bei anderen verfolgt. Da die eigenen Wünsche fortbestehen, kann die Verfolgung nie aufhören; daraus erklärt sich die ungebrochene Wut und Irrationalität der Projektionsträger. Besonders für Sozialdemokraten und Faschisten ist die Projektion typisch. Sie entdecken ihre verdrängten und verurteilten Wünsche in den Kommunisten wieder, die tatsächlich oder wenigstens als Imago die verbotene Freiheit und die Selbstbestimmung über die Lebensgrundlage (die Produktionsmittel) anstreben, was unbewußt aus dem Ödipuskomplex heraus mit dem Streben nach der dem Kind verbotenen sexuellen Selbstbestimmung identifiziert wird.

Trotz der auffallenden Ähnlichkeit der sozialdemokratischen mit der faschistischen Massenpsychologie besteht zwischen beiden ein wesentlicher Unterschied:

Die Sozialdemokraten sind feige und unselbständig aufgrund ihrer inneren Zwiespälte und Schuldgefühle. Die Faschisten sind herrisch, selbstbewußt und bestialisch aggressiv. Dieser Unterschied erklärt sich daraus, daß beim Sozialdemokraten ein Impuls bestanden hat, fortschrittlich im Sinne von Freiheit und Gerechtigkeit zu sein; dieser Ich-Impuls ist auf den Einspruch des Über-Ichs gestoßen, hat also ein unbewußtes Schuldgefühl hervorgerufen. Der Faschist hat dagegen sein Ich bruchlos dem Über-Ich abgetreten, kann daher offen irrational und gewalttätig vorgehen, ohne jedes Schuldgefühl. – Es war immer nur die Linke, die sich die Gewaltfrage als moralisches Problem gestellt hat. (*Cf.* den treffenden Satz aus Antonionis Film »Zabriskie Point« aus einer sog. linken Studentendiskussion: »Die ganze Zeit quatscht ihr über die Gewalt, und die Bullen wenden sie an.«)

Das Problem, das die Sozialdemokraten innerlich lösen müssen, besteht also darin, links zu sein, ohne links zu sein, sich »links« zu fühlen, ohne links zu handeln. Nur so können sie ihren Ich-Impuls (eine Vernunftleistung) mit ihrem Über-Ich (dem unbewußten Schuldgefühl) ausbalancieren. Deshalb ist ihr Lieblingsargument, alles müsse gaaanz langsam gehen. Sie sagen: Fortschritt ja, aber ohne Programm; Kampf ja, aber nur gegen links. Würden sie gegen die Kapitalisten kämpfen, käme ihnen sofort ihr Schuldgefühl in die Quere, gegen die »Normen« oder »Spielregeln« zu verstoßen. Daher sind die Sozialdemokraten stets Lakaienseelen, die die Macht niemals lange einnehmen wollen, **außer wenn sie dadurch die Machtübernahme der Linken verhindern können**; ist diese Pflicht erfüllt, so warten sie nervös darauf, sie mit PPD und CDS bzw. deren jeweiligen Analoga zu teilen und schließlich erleichtert an diese abzugeben. Die rechten Parteien ihrerseits haben keine Skrupel, die SP, nachdem sie ihre Aufgabe erfüllt hat, abzuservieren.

Es sind nun aufgrund ihrer verblüffend weiten Verbreitung noch zwei Positionen gegenüber der portugiesischen Revolution zu besprechen, die der Ultralinken und die der Linksopportunisten. Beide Positionen sind zwar völlig identisch, treten aber in sehr unterschiedlichen Kostümen auf, die eine im strengen Mao-Anzug, die andere im bunten Flattergewand des Spontis. Die Maoisten (KBW, KPD usw.) sagen, zwischen der PCP und der PSP bestehe im Grunde gar kein Unterschied (wenn sie nicht, wie die deutsche »KPD« *, sogar

---

* *Maoistische, bekennend stalinistische »K-Gruppe«, ursprüngliche »KPD/AO«; hat nichts mit der historischen KPD zu tun (im Gegensatz zur KPD/ML und der DKP beispielsweise); heute schon lange und konfliktlos in den »Grünen« aufgegangen. (Zusatz 1997)*

lauthals vor dem »Sozialimperialismus« warnen und ihn bayernkuriermäßig als nationale Gefahr an die Wand malen); sie leugnen folgerichtig die Unterschiede zwischen den Regierungen Gonçalves und Azevedo, weil sie in diesem Fall anerkennen müßten, daß die PCP eine im Vergleich zur PSP fortschrittliche Funktion hatte – was übrigens die Herren Leber, Brandt, Holtzbrinck usw. auf ihre Art sehr sensibel registriert haben. Da nun aber auch die Maoisten zumindest die Illusion einer Perspektive aufzeigen müssen, andererseits aber sehr gut wissen, daß die jämmerlich wenigen und äußerst verfeindeten Maoisten (UDP, MRPP, PCP/ML, PUP usw.) zur Machtübernahme vorderhand nicht imstande sind, verweisen sie großspurig auf »das Volk« (wer immer das sein mag), »die Arbeiterklasse«, »die sich ihre eigenen Organe schaffen muß«, und wie derlei Sprüche noch lauten mögen. Wovon die Portugiesen, deren Land extrem importabhängig ist, während der Zeit der gleichzeitigen Feindschaft gegen Ost- und Westblock aber leben sollen, ist diesen Leuten ebenso gleichgültig wie das leider nicht in der Art der Anarchisten zu lösende Problem der Staatsmacht. Denn Räte können nur entweder die Staatsmacht paralysieren wie im anarchistischen Spanien oder aber übernehmen wie im roten Rußland. Ein drittes gibt es nicht, und mindestens zum zweiten sind die Räte in Portugal allein nicht imstande. Also muß der autoritäre Maoist aufgrund der Schwäche seiner Organisation plus seiner antisowjetischen Realitätsblindheit beim ihm angeblich so unsympathischen Anarchismus landen.

Das gleiche Ziel aber haben die (nicht nur aus Spontis bestehenden) Linksopportunisten schon auf kürzerem Wege erreicht. Das Problem der Parteien und der Staatsmacht ignorieren sie einfach und schreien statt dessen: »Basisorganisation, Basisorganisation!« Dabei wollen sie nicht sehen, daß diesen parteilosen Basisorganisationen aber ohne Eroberung oder wenigstens Lähmung des Staatsapparates – letzteres setzt aber, wie unter Gonçalves, wenigstens eine Teileroberung desselben durch Linkskräfte voraus – sehr schnell das Wasser abgegraben oder vielmehr, wie dem Sender ›Renascença‹, der Strom abgestellt wird. Gegenüber der Sozialdemokratie vertreten diese Leute dementsprechend den Grundsatz, man müsse sozialdemokratische Arbeiter **zu Aktionen mobilisieren**, statt sie **aus der Partei** herauszubrechen. Die Quittung für diese blödsinnigen Ideen erhalten in Form der kapitalistischen Restauration leider nicht nur Ultralinke und Linksopportunisten, sondern das gesamte portugiesische Volk. Unseren deutschen Maoisten und Basisanbetern kann das allerdings egal sein.

In Wirklichkeit besteht die einzige Politik, die die antikapitalistisch-revolutionäre Perspektive offenhalten kann (oder konnte?), im Burgfrieden der Linken mit den Moskau-Kommunisten, solange die Linke zu schwach ist, selbst die Macht zu übernehmen, wobei zugleich die Sozialdemokratie, von der die restaurative Hauptgefahr ausgeht, da der Weg zur Restauration in Portugal nicht minder als in Deutschland die sozialdemokratische Zwischenstation braucht, massiv und gezielt anzugreifen ist. Historisches Vorbild dieses Pakts ist das Bündnis der Bolschewiki mit den Kerenski-Menschewiken gegen Kornilow, obwohl Lenin und Trotzki, beide von der Kerenski-Polizei zum gleichen Zeitpunkt gesucht bzw. eingekerkert, genau wußten, daß Kerenski betrügen wollte[56], nicht anders, als wir alle dies von Cunhal wissen. Trotzdem ist klar, daß die Moskau-Kommunisten in Portugal die Funktion der Menschewiki haben, deren Machtteilhabe man gegen die sozialdemokratische Restauration unterstützen muß, solange man die Macht nicht selber erobern kann.

Der wahre Grund für die merkwürdige Blindheit der Ultralinken wie der Linksopportunisten, die sie faktisch zum Bündnispartner der Rechtsopportunisten (z. B. Jusos) macht, liegt darin, daß sie bei einer Analyse der tatsächlichen Machtverhältnisse bzw. der tatsächlichen Unterschiede zwischen der 5. und der 6. Regierung des nach-faschistischen Portugal die positive Rolle der Moskau-Kommunisten würdigen müßten. Wie die PSP unerläßliche Zwischenstufe für die Restauration (falls die Kräfteverhältnisse keinen Putsch zulassen), so ist die PCP unerläßliche Zwischenstufe für die Revolution, solange die Linke schwach ist. Wir brauchen ihr deswegen ja nicht übertrieben dankbar zu sein – schließlich brachten die Bürgerlichen ihren treuesten Rettern, den Sozialdemokraten, auch keine unangemessene Dankbarkeit entgegen. Die FUR-Parteien haben diesen Tatbestand auch begriffen, wenngleich leider viel zu spät und in unterschiedlichem Ausmaß.

Doch die Wahrnehmung einer positiven Bedeutung der Moskau-Kommunisten ist Rechts- und Linksopportunisten wie Ultralinken gleichermaßen verboten. Das Über-Ich dieser Leute, die heute meist 20–30 Jahre alt sind, entstand in der Zeit des Kalten Krieges, unter Adenauer und Salazar, als die Verknüpfung Kommunismus = Moskau noch äußerst eng war. Zugleich knüpfte sich diese Verbindung an alles, was verboten war, unter schwerer Strafandrohung stand und mit massiven Schuldgefühlen belastet war. Wenn diese Leute, nach langem subjektivem Leiden endlich »links« geworden, sich zum an sich verbotenen Sozialismus bekannten, so standen sie aufgrund der fortexistierenden unbewußten Überzeugung, daß Kommunismus eben doch gleich Moskau sei, unter dem hartnäckigen Zwang, sich eben von Moskau zu distanzieren und eventuelle Vorzüge von Moskau-Parteien nicht wahrzunehmen. Das Gegenstück bilden die jungen DKP-Intellektuellen, die masochistisch jede Sauerei der DDR rechtfertigen, weil sie sie unbewußt als verdiente und gerechte Strafe für ihr Linkssein empfinden. *

Man hört geradezu manchen »KPD«-Mann, nicht selten auch KBWler, der unversehens mit lauter Klischees aus der antikommunistischen Mottenkiste des Kalten Krieges um sich wirft, sich vor seinem Vater rechtfertigen: »Aber sieh doch, Papi, ich bin gar keiner wie die aus Moskau!« Ohne diese unbewußten Zwänge wäre die seltsame Blindheit so vieler »Linker« gegenüber dem Problem der Staatsmacht nicht nur in Portugal sowie der Unterschiede zwischen Azevedo und Gonçalves unerklärlich. Inzwischen ist die Funktion der PSP als **Katalysator der Konterrevolution** immer deutlicher geworden. Die systematische Zerstörung aller revolutionären Errungenschaften des portugiesischen Volkes (insbesondere Informationsmedien, Landbesetzungen und kommunale Verwaltung) durch die Regierung Azevedo stieß unter den mit der Durchführung betrauten Soldaten auf derartigen Widerstand, daß viele Projekte der Regierung erst im zweiten Anlauf gelangen, während eine Spaltung der Armee nicht mehr auszuschließen war. In dieser brenzligen Situation springt die PSP in die Bresche. Unter der irreführenden Überschrift »Verletzte bei Zwangsräumung« meldete z. B. die ›Frankfurter Rundschau‹ vom 28.10.1975, daß PSP-Mitglieder, aufgehetzt durch ihre örtliche Führung, gemeinsam mit rasch herzueilenden PPDlern FUR-Mitglieder, die ein kommunales Gebäude in Faro aus Protest gegen die Absetzung des prokommunistischen Bürgermeisters von Faro besetzt hatten, aus diesem Gebäude herausprügelten, um dem Kommandanten der Stadt den Einsatz der »unzuverlässigen« Armee zu ersparen. Wieder zeigt sich die richtige Politik der FUR: die machtscheue PCP zur Macht zwingen, damit die Linke in ihrem Windschatten wachsen kann, wo PS und Reaktion sie nicht ausrotten können. (Bezeichnenderweise verteidigte die menschewistische PCP den Bürgermeister von Faro **nicht**.) Aber die FUR, deren Parteien nur ca. 6 % der Stimmen auf sich vereinigen konnten, ist momentan zu schwach, um ihre Politik durchzusetzen. Noch dazu ist sie sehr uneinheitlich: nur drei der in ihr organisierten Parteien, PRP (BR), LCI und vielleicht noch MES, können wirklich als revolutionär gelten; diese Parteien bilden jedoch sogar innerhalb der FUR eine Minderheit. Ihre Funktion läßt sich etwa mit der des von der

---

* Für die Rechtsopportunisten wie die Jusos gilt der Zusatz, daß viele von ihnen noch ein weiteres Motiv haben – die Erhaltung oder Gewinnung von Posten unter der Bourgeoisieherrschaft. Dies gilt wohl auch für die nicht allzu ausgeflippten Spontis, die oft genug bei allem wilden Anarchopathos oder Adorno-Besserwisserei ein bescheidenes SPD-Kreuzlein an den Stimmzettel machen und auf ihrem weiteren Lebensweg erstaunlich glatt in den Arsch der Machthaber rutschen.

deutschen SPD-Reaktion bekämpften Spartakusbundes 1919–1920 vergleichen. Wenn diese Parteien, insbesondere die PRP, nicht massiv an Boden gewinnen (z. B. durch eine erfolgreiche spanische Revolution), ist das Schicksal der portugiesischen Revolution besiegelt. Portugal wird dann den Weg Deutschlands gehen, dessen sozialistische Revolution von der SPD verhindert wurde.

Die Zeit arbeitet gegen die Revolution. Nur die PRP hat das klar erkannt und zugleich die richtigen taktischen Schlüsse gezogen, nämlich unbedingt von der Defensive zur Offensive zu kommen: »Die 6. Regierung gibt dem Imperialismus die Gelegenheit, in Ruhe die Unterdrückung der revolutionären Kräfte und der wachsenden Volksmacht vorzubereiten. Wenn diese Analyse stimmt, muß es die Taktik der Revolutionäre und Arbeiter sein, in die Konfrontation zu gehen, so daß die Konfrontation zugunsten der Arbeiter und der revolutionären Kräfte ausgeht.«[57] Wie beknackt muß die maoistische UDP eigentlich sein, um in dieser Situation, wo die Hauptgefahr von der PS ausgeht, den »Hauptfeind« im geschwächten, nur dank Soares überhaupt wieder Atem schöpfenden Faschismus zu sehen? Oder ist sie nicht beknackt, sondern bezahlt? Oder bloß neurotisch? –

Die einzig richtige Taktik der portugiesischen Linken hätte darin bestanden, sofort nach dem Sturz Caetanos Religion und Sozialdemokratie in die Zange zu nehmen. Die »Dynamisierungskampagne« unter den Bauern hätte die Religion nicht aussparen dürfen, sondern frontal angreifen müssen. (Dabei wären den portugiesischen Linken die von Reich in der ›Massenpsychologie‹ für den antireligiösen Kampf niedergelegten Richtlinien sehr nützlich gewesen.) Natürlich wäre dadurch die Diskussion noch erhitzter verlaufen, aber: der emotionale Kernpunkt wäre benannt gewesen, statt in aller Ruhe schwären zu können. Weil sich keiner traute, die religiöse Bombe zu entschärfen, konnte sie nicht nur in Braga explodieren. Das Ergebnis war viel verheerender, als es nach jeder noch so heftigen antireligiösen Konfrontation hätte ausfallen können; denn da niemand die Religion ausdrücklich angegriffen hatte, hatte sie sich ungebrochen auswirken können.

Ähnliches gilt für die Sozialdemokratie. Es wäre nötig gewesen, die PSP sofort frontal anzugreifen, ihren Funktionären, die von »demokratischen Rechten« schwadronierten, die westdeutschen Berufsverbote unter die Nase zu reiben (die in Portugal kaum einer kennt!) usw., mit der PCP dagegen Burgfrieden zu halten. Statt dessen griffen die meisten linken Parteien PS und PC **gleichzeitig** an und versuchten superschlau, sie durch einseitige »Basisarbeit« zu unterminieren. Aber damit haben sie sich entweder übernommen oder auf eine bloße Spielerei beschränkt. Das traurige Ergebnis ist dasselbe, die revolutionäre Chance ist so gut wie verpatzt.

Nun können wir von hier aus in Portugal wenig ausrichten. Aber es kommt darauf an, daß wir aus der portugiesischen Erfahrung lernen. Die entscheidende Lehre kann nur sein: mit Religion und Sozialdemokratie darf es keine Kompromisse geben! Bei den nächsten Wahlen haben wir die erste bescheidene Gelegenheit, die erste mühelose Konsequenz aus dieser Erkenntnis zu ziehen. Und das nächste Rathaus oder Einwohnermeldeamt, wo sich der Kirchenaustritt vollziehen läßt, ist nicht weit. Wer freilich über diese individuellen Schritte hinauskommen will, die nur am **Anfang** jeder ernsthaften Linkswendung stehen, muß sich am Aufbau der marxistisch-reichistischen Organisation beteiligen, die nicht nur in Portugal so dringend fehlte.

Nachtrag

Nach Abfassung dieses Textes wurde unsere Analyse durch mehrere Ereignisse unangenehm bestätigt. Die konterrevolutionäre AMI-Truppe, die die Regierung Azevedo gegen das »unzuverlässige« COPCON geschaffen hat, gelangte mit der Sprengung des linken Senders ›Renascença‹ zum ersten Einsatz. Diese Sprengung beweist zwar einerseits die Schwäche der Regierung, die momentan den Sender noch nicht an die Kirche zurückgeben kann, andererseits verloren die revolutionären Kräfte damit ihr wichtigstes Organ, das sie unter Gonçalves erobern und nutzen konnten.

Zweitens erfüllten PSP und PPD am 11.11.1975 ihre Funktion wieder in bewährter Weise, indem sie durch Drohung mit dem Auszug aus der Regierung die Anerkennung der MPLA-Regierung Angolas verhinderten, die durch den Staatspräsidenten Costa Gomes sowie die fortschrittliche Minderheit von Regierung und Revolutionsrat angestrebt wurde. Tendenz und Taktik sind identisch mit der ›Republica‹-Affäre; neu ist nur das offene Bündnis der PSP mit der ungeschminkt rechten PPD, das seinerzeit aus Gründen der Demagogie noch nicht möglich war. Der Auszug der PSP-dominierten »Verfassungsgebenden Versammlung« ins rechte Porto unterstreicht diese Tendenz.

Inzwischen ist der letzte Akt der portugiesischen Konterrevolution beendet (25.11.1975). Mit dem aussichtslosen Versuch der Fallschirmjäger, auf die Provokation der »streikenden« Regierung und die Entmachtung der letzten fortschrittlichen Kommandeure zu reagieren, war der 6. Regierung der nötige Vorwand geliefert, die Armee von den letzten Linkskräften zu säubern. Wenn es der Arbeiterklasse nicht in letzter Minute gelingt, sich unter der Führung einer leninistischen Partei zu sammeln, die in der Lage ist, eine illusionslose

Analyse zu erstellen, die fortgeschrittensten Teile der Arbeiterklasse und der Intelligenz zu einigen sowie vor allem Stützpunkte in der Armee zu errichten – dann wird Portugal mit Sicherheit den Weg Deutschlands von 1919 gehen, dessen Revolution ebenfalls von der Sozialdemokratie zerschlagen wurde.

Was gewissen organisationsfeindlichen Pseudolinken hierzulande an der portugiesischen Revolution so gut gefallen hat, nämlich daß sie nicht von einer leninistischen Partei gelenkt, sondern so schön spontan war, erwies sich genauso wie im Falle Spaniens als sichere Garantie ihres Untergangs. * Aber die Anbeter der unorganisierten Basisaktivität werden daraus sicherlich wieder nichts lernen. Dabei hätte eine Chance, diesen Untergang zu verhindern, durchaus bestanden, wenn die organisierte Linke alle ihre Kräfte aktuell auf den Kampf gegen Sozialdemokratie und Kirche konzentriert hätte, so daß im Windschatten der PCP eine leninistische Partei hätte heranwachsen können. Eine solche Partei hätte stets um so größere Siegeschancen, je besser es ihr gelänge, die Prozesse in den Massen wirklich zu begreifen, was ohne Hilfe der Psychoanalyse nicht möglich ist, wie wir es im Mittelteil dieser Schrift vorgeführt haben.

DER FASCHISMUS KOMMT IMMER NUR IN DEN SATTEL,
WENN DIE PS DEN STEIGBÜGEL HÄLT!

DER WEG DER REVOLUTION FÜHRT NUR ÜBER
DIE LEICHE DER SOZIALDEMOKRATIE!

Und wieder: Wer hat uns verraten? Sozialdemokraten!

Am 28. Oktober 1977 hielt Bundeskanzler Helmut Schmidt vor dem ›International Institute for Strategic Studies‹ in London eine folgenschwere Rede über »SALT, MBFR**, Neutronenwaffe: Strategische und politische Notwendigkeiten« – auf Englisch, denn das konnte er, der ehemalige Oberleutnant der Wehrmacht, der an der Belagerung Leningrads teilgenommen hatte. Sein Amts-

---

* Man lese unbedingt einmal Orwells höchst aufschlußreichen, ebenso naiven wie ehrlich-treffenden Bericht ›Mein Katalonien‹! Es gibt für jeden, der zugunsten des Sieges der Freiheit aus der Geschichte lernen will, nicht viele ähnlich wertvolle Bücher. (Zusatz 1997)

** Mutual Balanced Forces Reduction Talks, Verhandlungen über beiderseitige Truppenreduzierungen in Europa. Verhandlungsort war Wien.

vorgänger Brandt hatte auf Weisung Kennedys die Entspannungspolitik nach Europa gebracht, um den »Ostblock«, der mit militärischen Mitteln nicht oder nur unter hohem Risiko für den Westen zu besiegen war, aufzuweichen, von innen her propagandistisch zu zersetzen. Um diesen Vorgang durch äußeren Druck zu forcieren, wurde der BRD die schärfste Hochrüstung seit Ende des 2. Weltkriegs diktiert; als Brandt aus bereits erwähnten massenpsychologischen Gründen aus dem Verkehr gezogen werden mußte, war die BRD nach den USA der militärisch stärkste Staat der NATO, ihr verläßlicher »Kettenhund« in Europa. Während der Amtszeit Schmidts waren auf der internationalen Bühne schwerwiegende Veränderungen eingetreten, die den Hintergrund zu dieser verhängnisvollen Rede bildeten und sich wie folgt zusammenfassen lassen:

1. Durch waffentechnologische Neuerungen, insbesondere auf dem Gebiet der Mikro-Elektronik, waren die USA nun in der Lage, präzise atomare Erstschlagswaffen zu bauen, denen die Sowjetunion nichts auch nur annähernd Gleichwertiges entgegenzusetzen hatte.
2. Die neue NATO-Strategie der *Flexible Response* ist Ausdruck dieser Überlegenheit. Sie setzt auf einen begrenzten, in der Eskalationsstufe nach oben hin offenen atomaren Erstschlag gegen die Sowjetunion und ihre Verbündeten.
3. Die Vereinigten Staaten koppeln sich vom Kriegsschauplatz, dem europäischen *Theatre*, ab und minimieren damit ihr Risiko, von einem sowjetischen Gegenschlag getroffen zu werden.

Es blieb nur ein Problem: Europa mußte dazu gebracht werden, atomaren Selbstmord zu begehen. Für diese delikate Aufgabe hatte sich Carter die deutsche Sozialdemokratie auserkoren, die in der Durchführung der ihr aufgetragenen »Entspannungs«politik bereits ihr Gesellenstück abgegeben hatte. Der atomare Suizid auf US-Befehl sollte ihr Meisterstück werden; keine andere politische Organisation war hierfür so geeignet wie die in Dingen des Verrats, der Heuchelei, des hündischen Gehorsams seit Jahrzehnten geübte SPD. Bevor wir die Schmierenposse von Herrn Carter und seinem Knecht Helmut Schmidt näher beleuchten, seien die gefährlichen Verlagerungen im nunmehrigen »Ungleichgewicht des Schreckens« etwas eingehender beschrieben.

Kriege – es wurde bereits gesagt – werden geführt, wenn ein Staat gleich welcher Beschaffenheit Anhaltspunkte besitzt oder zu besitzen glaubt, daß er ihn aller Wahrscheinlichkeit nach gewinnen wird. (Wir erleben es seit dem Untergang der Sowjetunion Jahr für Jahr, vor allem seit die dritte sozialdemokratische Regierung unter Gerhard Schröder mit dem Bruch des Verfassungsartikels 26 die Schleusen für alle weiteren Angriffskriege unter dem Diktat der USA geöffnet hat.) Natürlich sind dabei Irrtümer möglich, doch die USA hielten sich seit Ende der 70er Jahre dazu in der Lage, obgleich die Sowjetunion ein vergleichsweise großer Brocken war, an dem sich schon so mancher Aggressor verschluckt hatte. Die Indizien, die für einen erfolgreichen atomaren Angriffskrieg gegen die Sowjetunion sprachen, waren handfest und empirisch überprüfbar: der uneinholbare Vorsprung in den Bereichen der Computertechnologie und der Mikro-Elektronik, der die Herstellung qualitativ neuer, hochpräziser Raketen erlaubte; komplexe Ortungs- und Navigationsvorrichtungen konnten in so geringer Größe hergestellt werden, daß sie in einen Raketenkopf paßten. Während die amerikanischen Ingenieure diese Steuerungsgeräte in der Größe eines Schuhkartons – *mutatis mutandis* – herstellen konnten, benötigten die Sowjets für eine Apparatur vergleichbarer Leistungsstärke die Größe eines Wandschranks. Der aber paßt in keine Rakete.

Hohe politische und militärische Funktionsträger der USA äußerten sich ganz offen über die Ursachen, die es ihnen ermöglichten, mit Aussicht auf Erfolg einen atomaren Erstschlag gegen die Sowjetunion zu führen. So gab Admiral Stansfield Turner, der Direktor der CIA, im Jahr 1977 – es ist das Jahr der globalstrategischen Wende zugunsten der USA – unumwunden zu, daß

> die sowjetische Waffentechnologie ganz allgemein hinter derjenigen der Vereinigten Staaten zurücksteht. Bei der Einführung bestimmter elektronischer Techniken liegen die Sowjets um drei bis vierzehn Jahre hinter den USA zurück […] Technologie und Fertigungstechniken sowjetischer Computer und elektronischer Anlagen sind nicht besser als die der USA vor fünf Jahren […] Die Sowjets mögen es in der Konstruktion von Lasergeräten mit den USA aufnehmen können, wahrscheinlich können sie diese aber nicht im gleichen Umfang in die militärische Praxis umsetzen […] Konstruktion und Fertigungstechnologie der sowjetischen Flugzeug- und Raketensysteme sind gleichfalls unterlegen.

Der rüstungstechnische Vorsprung der USA dürfte in diesen Ausführungen noch maßvoll geschönt worden sein; mit Sicherheit betrug die Distanz in der entscheidenden Computertechnologie zwischen fünfzehn und zwanzig Jahren. Der Leiter des Pentagon-Geheimdienstes, General Eugene Tighe, äußerte sich zum selben Thema zwei Jahre später, 1979, im Jahr des NATO-Doppelbeschlusses:

Der entscheidende Rückstand der Sowjetunion liegt nach meinem Urteil auf dem Gebiet der Computer-Verkleinerung, der Fähigkeit also, eine große Menge komplizierter Kommando- und Steuerungseinrichtungen in das Gerät hineinzupacken. Sie verbrauchen ihre Schubkraft noch in beträchtlichem Maße für ihre ziemlich robuste Technologie der sechziger Jahre.

Genau darin bestand das Dilemma der Sowjetunion: Zwar waren ihre Interkontinentalraketen echte »Hämmer« mit großer Detonationsstärke, die verheerende Zerstörungen in der Fläche anrichten konnten, aber sie waren schwerfällig und ungenau (»robust«). Die neue amerikanische Raketengeneration hingegen war kleiner, dafür auf den Punkt treffgenau. Daher genügte es, sie mit einer wesentlich geringeren nuklearen Transportlast auszustatten. Mit diesem Waffentypus konnte man die sowjetischen Interkontinentalraketen in ihren Silos zerstören, die meisten jedenfalls. Die schwieriger zu ortenden atomaren Kurz- und Mittelstreckenraketen des Warschauer Paktes würden über Europa niedergehen und es zerstören, während die USA einen verhältnismäßig leichten, jedenfalls verkraftbaren Schaden erleiden würden, der ihre Kriegsfähigkeit nicht maßgeblich beeinträchtigte. Der Sowjetunion war bei ihren Aufholversuchen die Luft ausgegangen, wie auch der amerikanische Kongreßabgeordnete Les Aspin bestätigte: »Unsere Raketenverbesserungen waren mehr als sechsmal so kosteneffektiv wie die der Sowjetunion.«[58] So also sah das Szenario eines führ- und gewinnbaren Atomkrieges gegen die Sowjetunion aus. Das atomare Schwert war geschärft, es mußte nur noch gegen einen tödlich erschöpften Gegner geführt werden.

Die Neutronenbombe, über die Kanzler Schmidt in London ebenfalls referierte, war unter der Präsidentschaft Carters bis zur Einsatzfähigkeit entwickelt worden. Es handelte sich hierbei um einen Kernverschmelzungs-Sprengkörper, der eine zehnfach höhere Strahlung freisetzte als die herkömmlichen Atombomben, der aber eine vergleichsweise geringe mechanische Zerstörung und radioaktive Verseuchung hinterließ. Sie war primär für den Einsatz gegen »weiche Ziele«, also Menschen konzipiert; aufgrund der hohen Strahlung platzten die Zellen, so daß die Betroffenen buchstäblich innerlich »versafteten«, in etwas weiterer Entfernung vom Detonationszentrum jämmerlich langsam krepierten, während die Sachwerte erhalten blieben. Es war die ideale Waffe, um in ein besiegtes Land einzumarschieren und es zu besetzen, denn es war von tatsächlichen und potentiellen Feinden »gereinigt«, nur punktuell verstrahlt und dadurch nutzbar. Zwar ging das Gerücht um, die Neutronenbombe hinterlasse überhaupt keine radioaktive Strahlung und sei insofern für den

Einsatz gegen Panzer und in Städten »ideal«, doch trifft dies nicht zu; so wie die Kettenreaktion bei einer Kernspaltung durch Neutronenaktivität in Gang gesetzt wird, bewirkte die intensive Neutronenemission bei der Detonation einer Neutronenbombe ihrerseits radioaktive Strahlung im Boden, die in Abhängigkeit von dessen chemischer Zusammensetzung variierte. »Im Fall der Neutronenbombe [...] wird der die Erde erreichende massive Neutronenschauer Radioaktivität im Boden und im Material der Umgebung erzeugen, und die Strahlungswerte aus dieser Quelle werden hoch genug liegen, um militärische Operationen empfindlich zu stören. Die exakten Strahlungswerte in einem beliebigen Kampfgebiet lassen sich nicht genau vorhersagen, da sie von den Chemikalien im Boden und im Material der Umgebung abhängen; Natrium und Mangan sind dabei besonders problematisch. Die Armee gibt jedoch zu, daß in einer für europäische Bedingungen typischen Situation sogar ein Soldat hinter dem Schutzschirm eines Panzers 1–2 rad [*radiation absorbed dose*] (die obere Grenze zulässiger Bestrahlung) bereits dann aufnehmen würde, wenn er das Gebiet nach der Explosion einer Neutronenbombe nur passiert. Ein Infanterist würde die zehn- bis zwanzigfache Menge erhalten und könnte für die Dauer von zwei oder mehr Tagen in dem betreffenden Gebiet nicht sicher operieren. Das Argument, die Neutronenbombe würde die Probleme einer Verseuchung des Kampfgebiets vermeiden, ist also zumindest äußerst irreführend.«[59] Diese Darlegungen eines ehemaligen stellvertretenden Direktors der CIA sind von großem Belang, um ein wenige Jahre zurückliegendes Ereignis, von dem gleich die Rede sein wird, besser verstehen zu lernen.

Als Einsatzgebiet für die Neutronenbombe war ausschließlich Europa vorgesehen; dort sollte sie auf Kurzstreckenraketen montiert oder mit Haubitzen verschossen werden. Carter hatte mit Schmidt die »Neutronisierung« der Bundesrepublik vereinbart, und der Kanzler setzte alles daran, diesen Beschluß in seinem Kabinett durchzupeitschen, in dem sich die eine oder andere murrende Stimme erhob – aber nur, weil es einen Aufschrei in der Öffentlichkeit gegeben hatte: Diese Waffe, die »nur« Menschen tötete, war als »Perversion des Denkens« angeprangert worden (diese Worte prägte Egon Bahr, dessen Partei schließlich die »Neutronisierung« der BRD in die Tat umsetzen sollte: das war die wahre »Perversion des Denkens«). Da die Neutronenbombe jedoch nichts Entscheidendes zur Erstschlagskapazität der Vereinigten Staaten beitrug, verhängte Carter 1978 einen Produktionsstop gegen diese Waffe, die so großes Aufsehen erregt hatte, zum unmäßigen Ärger von Schmidt, daß seiner »Bitte« um Stationierung dieser Bombe nicht entsprochen wurde. »Ein zweites Mal wird man solche Witzchen mit mir nicht machen«, soll er gegrantelt haben.⁶⁰ Der Grund für seine Verstimmung lag auf der Hand: Der Herr hatte in die Hände geklatscht, der Knecht war galoppiert, und dann hieß es plötzlich »Brrr!« – Ende der Vorstellung. Natürlich war Schmidt vorgeführt worden, aber seinem Herrn erschien es eben opportun, zuerst die wichtigeren atomaren Erstschlagswaffen in Europa zu stationieren und dann weiterzusehen. Und so geschah es dann ja auch: Im Jahr 1981 unterzeichnete Reagan die Weisung, die Produktion der Neutronenbombe wieder aufzunehmen. Übrigens am Jahrestag des Atombombenabwurfs auf Hiroshima. Sage niemand, dieser Mensch habe keinen Sinn für Humor besessen – den Humor eines Massenmörders. Und Kanzler Schmidt hatte wieder sein »Witzchen«: Nach »Hü!« und »Brrr!« hieß es nun abermals »Hü!«.

Der nordamerikanische Autor Jeff Archer legte übrigens in seinem so vorzüglichen wie schockierenden Buch über die militärischen Aggressionen der USA gegen den Irak überzeugend dar, daß schwerwiegende Indizien für den US-amerikanischen Einsatz einer Neutronenbombe bei den Kämpfen um den Bagdader Flughafen Anfang April 2003 sprechen. Dort waren die US-Einheiten auf unerwartet starken Widerstand gestoßen und überdies in eine Falle geraten, die zwischen 300 und 500 amerikanischen Soldaten das Leben kostete. Nachdem die Medien zu Beginn noch heftige Gefechte am Flughafen gemeldet hatten, verstummten sie diesbezüglich bis zum inszenierten Sturz der Statue von Saddam Hussein, nachdem ein US-Kommandeur unter Tränen versichert hatte, mit seiner Einheit sei alles in Ordnung. Recherchen eines amerikanischen Militärspezialisten und einer US-Journalistin, die deswegen Morddrohungen erhielt, hatten indessen ergeben, daß mindestens 300 GIs gefallen sein mußten und die US-Befehlshaber vor Ort offenbar keine Möglichkeit sahen, die Verteidiger des Flughafens mit konventionellen Mitteln zu besiegen. Nach einer ungewöhnlich starken Detonation brachen die Kampfhandlungen plötzlich schlagartig ab. Die irakischen Soldaten – es handelte sich um Angehörige von Eliteeinheiten der Republikanischen Garde – waren förmlich eingeschmolzen bzw. skelettiert oder zu einem Haufen Asche verbrannt, während die Flughafengebäude trotz der schweren Explosion weitgehend unbeschädigt geblieben waren. Theoretisch hätte eine solche Wirkung auch mit dem – nach internationalem Kriegsrecht freilich verbotenen – Einsatz einer Aerosolbombe erzielt werden können, jedoch ergaben Messungen in der unmittelbaren Umgebung des Flughafens erhöhte Strahlenwerte. Außerdem hatten die US-Truppen unmittelbar nach der »Eroberung« des Flughafens Tausende von Tonnen Bodenoberfläche abgetragen und wegtransportiert; der Flughafen selbst blieb ohne Angabe weiterer Gründe für die nächsten neun

Monate geschlossen. Sollte sich dies bestätigen – es wurden keine Fotos von der Detonation und den getöteten irakischen Soldaten freigegeben –, dann hätten die Vereinigten Staaten nach Hiroshima und Nagasaki eine neue Dimension des Kriegsverbrechens in ihrer an Kriegsverbrechen gewiß nicht armen jüngeren Geschichte eröffnet.[61]

Europa oder vielmehr in erster Linie die Bundesrepublik wurde Ende der 70er, Anfang der 80er Jahre als Startrampe für die atomaren Erstschlagswaffen und als atomares Schlachtfeld ausersehen, weil hier die Front zu den Warschauer-Pakt-Staaten verlief und von hier aus die räumliche Distanz zum Herzen der Sowjetunion, ihrem europäischen Teil westlich des Urals, am geringsten war, damit auch die Flugzeit der Raketen und die Vorwarnzeit für die Sowjetunion. Westeuropa war, in den Worten von Carters Sicherheitsberater Brzeziński, »Amerikas unverzichtbarer geopolitischer Brückenkopf auf dem europäischen Kontinent« – wie bei den deutschen Faschisten richtet auch der neue Weltherr den Blick nach Osten. Denn dort, so derselbe Stratege, soll »der Kampf um globale Vorherrschaft auch in der Zukunft ausgetragen« werden.[62] In der Zukunft: das ist beispielsweise 30 Jahre später, heute, unsere Gegenwart, in der die NATO, nach der quasi vertragsbrüchigen Aufnahme der osteuropäischen Länder, deren militärische Neutralität freilich nur mündlich zugesichert worden war, bis an die Grenze des vielfach amputierten Restrußlands herangerückt ist. Es war eine weite Wegstrecke, die keineswegs abgeschlossen ist und deren Anfängen wir uns nun wieder zuwenden wollen.

Schmidts Rede in London[63] wirkt heute schwer verständlich und war schon seinerzeit dazu angetan, Verwirrung zu stiften. Sie enthält einerseits pastorale Töne und pazifistisches Allerlei, andererseits staatsmännisches Gehabe und Vernünftelei: Niemand wolle den Krieg, gewiß, und nur das Gleichgewicht garantiere Sicherheit und Frieden, sichersicher, und zwischen Friedenshoffnung und Kriegsgefahr sei nur ein schmaler Grat. So weit, so orakelhaft. Schmidt nimmt im wesentlichen vor dem Hintergrund der amerikanisch-sowjetischen Verhandlungen über die Begrenzung der Interkontinentalraketen (SALT) eine Positionsbestimmung Europas vor. Grob gesagt und dafür verständlich, nicht staatsmännisch, führte er aus: Ihr Großen seid euch über eure weitreichenden Vernichtungswaffen einig, aber wie ist es um Europa bestellt? Der Schlüsselsatz in diesem Zusammenhang lautet: »SALT schreibt das nuklearstrategische Gleichgewicht zwischen der Sowjetunion und den USA vertraglich fest. Man kann es auch anders ausdrücken: Durch SALT neutralisieren sich die strategischen Nuklearpotentiale der USA und der Sowjetunion. Damit wächst in Europa die Bedeutung der Disparitäten auf nukleartaktischem und konventionellem Gebiet zwischen Ost und West.« Man sieht diesen Sätzen auf den ersten Blick nicht an, welchen atomaren Sprengsatz im Wortsinne sie in sich bergen. Schmidt konstatiert eine Parität auf internationaler Ebene, deutet aber eine Disparität in Europa an – eine unklare Sprache ist der untrüglichste Indikator für ein geplantes Verbrechen. »Gerade wir Europäer«, so Schmidt weiter, müßten »ein besonderes Interesse daran haben, daß auf diesem Gebiet [SALT] nicht isoliert von den Faktoren verhandelt wird, die die Abschreckungsstrategie der NATO zur Kriegsverhinderung ausmachen.« Um dieses verquaste Zeug abermals in Klartext zu übersetzen: Schmidt wendet sich an die USA, es sei ja schön, wenn sie international durch eine Politik der Stärke vom Krieg abschreckten, aber dann sollen sie bitte schön nicht die Augen vor dem Ungleichgewicht in Europa verschließen und endlich handeln. Schmidt gibt also vor, eine »Lücke« entdeckt zu haben, eine Raketen-Lücke zugunsten der Sowjetunion, die zwar nicht im strategischen, aber im Mittelstreckenbereich soeben eine routinemäßige Erneuerung vorgenommen und ihre alten SS-4- und SS-5-Raketen durch modernisierte SS-20 ersetzt hatte. Als staatsmännischer Staatsmann erfülle er, Schmidt, nur seine Pflicht, wenn er auf diesen Notstand, dieses Ungleichgewicht, diese »Lücke« hinweise und die USA zur Wachsamkeit und zu »Gegenmaßnahmen« aufrufe. Diese sollten in der Stationierung neuer amerikanischer Raketengenerationen in der BRD bestehen. Darauf sollte es hinauslaufen; hier lag der Hase im verquasten Pfeffer.

Es war Teil der Inszenierung, Teil der zuvor mit Sicherheit abgestimmten Choreographie, daß die US-Regierung zunächst Gleichgültigkeit vortäuschte und so tat, als ob das alles sie nicht sonderlich interessiere. US-Verteidigungsminister Brown hielt in seinem Jahresbericht 1978 fest, daß für Europa keine neue Bedrohungssituation entstanden war: »Die Sowjets haben seit mindestens 20 Jahren eine große nukleare Bedrohung gegenüber Westeuropa aufrechterhalten mit ihren SS-4 und SS-5 ballistischen Raketen und Badger-Mittelstreckenbombern. Die Stationierung der SS-20 und des Backfire-Bombers ist nicht die Ursache für diese Bedrohung, obwohl sie sie modernisiert und erweitert.« Sein Amtskollege, US-Außenminister Cyrus Vance, bestätigte diese Sicht der Dinge: »Vance sagte eine Woche nach Schmidts Londoner Rede vor dem Kongreß, zusätzlich zu den Europa zugeordneten U-Booten und den Forward-Based Systems seien keine weiteren weitreichenden boden- oder seegestützten Systeme notwendig.«[64] Auch die amerikanische Zeitschrift ›Defense Monitor‹, in Rüstungsangelegenheiten als Autorität betrachtet, wiegelte ab, indem sie feststellte: »Die Sowjetunion bedroht Westeuropa schon seit einigen Jahrzehnten. Die SS-20-Rakete bedeutet keine Steigerung dieser Bedrohung und erfordert keine hastigen oder gefährlichen Gegenmaßnahmen der NATO. Die NATO hat enorme nukleare Kapazitäten in Europa konzentriert, um die Sowjets vor militärischen Aktionen abzuschrecken.«[65] Dann aber wandte sich das Blatt. Wie nach einer Phase der Besinnung gab man nun vor, jetzt erst Schmidts Londoner »Alarmruf« (der dafür ziemlich verquast war) richtig verstanden und die ungeheuerliche sowjetische Bedrohung in ihrem ganzen Ausmaß erfaßt zu haben. Die einzige Konsequenz daraus konnte nur lauten: Pershing II und Cruise-Missiles in die BRD! Als sich herumsprach, was für Waffen die USA in Westdeutschland zu stationieren beabsichtigten, war es an Schmidt, das psychologische Verwirrspiel weiterzutreiben, indem er beteuerte, die Amerikaner hätten ihn »primitiv« verstanden[66]; er habe damit nichts zu tun,

denn es sei von Anfang an eine Idee der Amerikaner gewesen.[67] Doch die Amerikaner waren in der bequemen Position, es ihm mit Molière zurückzugeben: Tu l'as voulu! Du hast es so gewollt, Helmut Schmidt! Je klarer der Erstschlagscharakter dieser Waffen und die Entschlossenheit der US-Regierung, sie in dieser Eigenschaft auch einzusetzen, zutage traten, desto mehr propagandistische Nebelkerzen wurden gezündet. Egon Bahr ließ beispielsweise verlauten: »Ich glaube, daß dies ein Punkt gewesen ist, den der Bundeskanzler damals in London nicht so gesehen hat.«[68] Alles nur ein Mißverständnis?

1983, im Stationierungsjahr der US-Erstschlagswaffen, wollte sich Schmidt nicht mehr daran erinnern, was er wenige Jahre zuvor verbrochen hatte (Spiegel 46/1983)

Die Saat der Verwirrung ging auf, sie schoß zum Teil regelrecht ins Kraut. Man bemühte die Küchenpsychologie, was Schmidt wohl gemeint und nicht gemeint, was er gesagt und nicht gesagt habe und wo die Amerikaner ihn richtig, wo falsch verstanden hatten (das waren die sogenannten »Feinheiten«). Hanebüchenster Unsinn wurde verzapft, so zum Beispiel die

☞ **Legende:** »Dem anhaltenden Druck der Europäer konnte sich die Regierung Carter nicht auf Dauer widersetzen«[69] (ergänze: »... so daß sie widerwillig ihre Raketen in Europa stationieren mußte«).

Wann hat man es seit dem amerikanischen Unabhängigkeitskrieg gegen Großbritannien Ende des 18. Jahrhunderts denn jemals erlebt, daß sich die Vereinigten Staaten einem »Druck von außen« beugen mußten? Wie heißt dieser Supermann? Helmut Schmidt etwa? Die meisten US-Amerikaner kamen ums Leben, als sie sich gegenseitig die Köpfe einschlugen, aber auch das ist schon 150 Jahre her. Man ist im nachhinein immer noch etwas fassungslos: der bundesrepublikanische Imperialismus, der die schwachen USA in die Knie zwingt – ein Klischee, das bis heute unter manchen Pseudo-Linken bemüht wird. Es ist geradezu schmerzlich, zu sehen, wie auch die Autoren nützlicher und verdienstvoller Bücher Schmidt als »Opfer dieses Prozesses« (nämlich der medialen Aufbauschung der »sowjetischen Gefahr«) bezeichnen oder diffuse »politische Ängste« dafür namhaft machen, daß Schmidt mit seiner fatalen Londoner Rede den Stein ins Rollen gebracht und damit den atomaren Erstschlag gegen die Sowjetunion ermöglicht hatte.[70] Nein – psychologische Spekulationen über irgendwelche Befindlichkeiten sind hier völlig fehl am Platze; sie verdecken nur den eisernen einfachen Tatbestand, daß das Verhältnis zwischen den USA und der BRD bestimmt ist von Befehl und Gehorsam zwischen Herr und Knecht. Die unprosaische Wahrheit lautet, daß Schmidt vor seiner Londoner Rede wie einst sein Amtsvorgänger Brandt nach Washington zur Befehlsausgabe zitiert wurde. Ausführungen, die dies belegen, wie die nachfolgend zitierten, sind heute gar nicht mehr so einfach aufzuspüren:

> Kurz bevor Schmidt seine Londoner Rede hielt, wurde er von amerikanischen Nuklear-Waffenexperten und Mitgliedern des im März 1976 neu gegründeten ultra-konservativen und militant antikommunistischen »Committee on the Present Danger« und des ebenfalls 1976 gegründeten »Institute for Contemporary Studies« dem intensivsten Druck ausgesetzt, den man sich vorstellen kann. Einer der einflußreichen Herren von der Washingtoner »Defense Community«, Mitglied des »Institute for Contemporary Studies« (»Think Tank« der neokonservativen Republikaner) und ebenfalls verbunden mit dem »Gegenwärtigen Gefahren-Komitee«, der Schmidt zu seiner Londoner Rede drängte, war der Nuklear-Waffenexperte, Lobbyist

und heutige [1983] US-Staatssekretär im Verteidigungsministerium, Fred Iklé.[71]

So einfach ist das also. Vor kurzem hieß es in einer »kritischen« Würdigung des *Elder Statesman* Helmut Schmidt, seine Raketenpolitik Ende der 70er, Anfang der 80er Jahre habe »versagt«. Wieso denn? Er hatte einen Befehl erhalten, und er hatte ihn ausgeführt, mochte dabei auch das von ihm zum Schein (»i. A.«) regierte Land zugrunde gehen. Widersprach er sich nicht selbst, da er 1961 in seinem Buch ›Verteidigung oder Vergeltung‹ als »Verteidigungsexperte« der SPD noch tönte:

> Landgestützte Raketen gehören nach Alaska, Labrador, Grönland oder in die Wüsten Libyens oder Vorderasiens, keineswegs aber in dichtbesiedelte Gebiete; sie sind Anziehungspunkte für die nuklearen Raketen des Gegners. Alles, was Feuer auf sich zieht, ist für Staaten mit hoher Bevölkerungsdichte oder kleiner Fläche unerwünscht.[72]

Aber sicher widersprach er sich, mit vollem Vorsatz. Auch Brandt versprach, »mehr Demokratie wagen« zu wollen – und brach als erster deutscher Regierungschef die Verfassung. Heuchelei ist die einzige Substanz und Funktion der Sozialdemokratie; das ist ihr einziger Gebrauchswert für die herrschende Klasse. Von Ebert bis Schröder mögen ihre Gesichter wechseln – ihre Aufgabe ist die gleiche geblieben.

Der NATO-Doppelbeschluß: Vor- oder »Nachrüstung«?

Zwei Jahre lang wurde die europäische Öffentlichkeit im unklaren gelassen, wie es mit der Stationierung amerikanischer Raketen weitergehen würde. Die meisten hatten es wahrscheinlich schon wieder vergessen – was ja auch der Zweck des Hinhaltens war –, während andere der Ansicht zuneigen mochten, Schmidt habe eine einmalige Fensterrede gehalten. Washington gab sich, vor allem in Gestalt des Pentagon-Chefs Harold Brown, in aller Zweideutigkeit bedeckt und verteilte fleißig Beruhigungs-Placebos:

> Von 1977 bis Ende 1978 argumentierte Verteidigungsminister Harold Brown eindringlich, daß das amerikanische Angriffspotential bei weitem ausreiche,

um alle über große Entfernungen hinweg erfaßbaren Ziele in der Sowjetunion anzugreifen, also auch das gesamte sowjetische Mittelstreckenpotential im Zahlenvergleich abzudecken. Hohe Beamte im Stab des Nationalen Sicherheitsrats (NSC) versicherten, daß eine amerikanische Mittelstreckenrüstung aus strategischen Gründen nicht notwendig sei; doch wenn die europäischen Verbündeten aus psychologischen Gründen [!] um der politischen Solidarität willen [!!] einen zusätzlichen Beweis in Form zusätzlicher Waffen für Europa wollten, würden die Vereinigten Staaten ein solches Begehren ernsthaft und wohlwollend prüfen.[73]

Tu l'as voulu! – In Wirklichkeit waren hinter den Kulissen die Würfel längst gefallen, und nach etwas mehr als zwei Jahren, am 12. Dezember 1979, trug die Saat, die Schmidt mit seiner Londoner Rede ausgestreut hatte, giftige Frucht: Die Außen- und Verteidigungsminister der NATO-Staaten gaben ihre Entscheidung bekannt, die amerikanischen Raketen nach Europa zu holen. Das war der sogenannte »NATO-Doppelbeschluß«. Man mache die Probe und frage einen damaligen Zeitzeugen, worin die beiden Komponenten dieses folgenschweren, Europa mit verheerenden Konsequenzen bedrohenden Beschlusses bestanden – die wenigsten werden Auskunft geben können. Nun, es war die Entscheidung, erstens diese Angriffswaffen zu stationieren und zweitens darüber zu quatschen, wobei man insinuierte, die in Aussicht gestellten »Verhandlungen« seien gleichrangig mit der vollendeten Tatsache der Raketenstationierung. Der Ton des Kommuniqués war nun spürbar umgeschlagen, nachdem die Psychopharmaka geschluckt waren und ihre Wirkung getan hatten. Als hätte US-Minister Brown nicht zwei Jahre lang beharrlich das Gegenteil behauptet, hielten die NATO-Minister in Punkt 3 ihrer Verlautbarung nun fest:

> Im Laufe der Jahre hat der Warschauer Pakt ein großes und ständig weiterwachsendes Potential von Nuklearsystemen entwickelt, das Westeuropa unmittelbar bedroht und eine strategische Bedeutung für das Bündnis in Europa hat. Diese Lage hat sich innerhalb der letzten Jahre in besonderem Maße durch die sowjetischen Entscheidungen verschärft, Programme zur substantiellen Modernisierung und Verstärkung ihrer weitreichenden Nuklearsysteme durchzuführen. Insbesondere hat die Sowjetunion die SS-20-Rakete disloziert, die durch größere Treffgenauigkeit, Beweglichkeit und Reichweite sowie durch die Ausrüstung mit Mehrfachsprengköpfen eine bedeutende Verbesserung gegenüber früheren Systemen darstellt, und sie hat den Backfire-Bomber eingeführt, der wesentlich leistungsfähiger ist als

andere sowjetische Flugzeuge, die bisher für kontinentalstrategische Aufgaben vorgesehen waren. Während die Sowjetunion in diesem Zeitraum ihre Überlegenheit bei den nuklearen Mittelstreckensystemen (LRTNF *) sowohl qualitativ als auch quantitativ ausgebaut hat, ist das entsprechende Potential des Westens auf demselben Stand geblieben. Darüber hinaus veralten diese westlichen Systeme, werden zunehmend verwundbar und umfassen zudem keine landgestützten LRTNF-Raketensysteme.

Wollte man diese langwierigen Ausführungen in einem einzigen Satz zusammenfassen, dann ergäbe sich die

☞ **Legende:** Die Sowjetunion hat mit der Stationierung der SS-20-Raketen gegenüber der NATO vorgerüstet.

Die ministeriellen Auslassungen wurden deshalb in aller Ausführlichkeit zitiert, weil sie in den folgenden vier Jahren bis zur Stationierung der Pershing II und der Cruise-Missiles unermüdlich wiederholt und regelrecht eingetrichtert wurden, bis sie den Charakter von Glaubens-Mantras annahmen. Bevor wir dieses Lügengespinst in seine einzelnen Bestandteile auseinanderpfriemeln – wozu ein wenig Geduld erforderlich sein wird –, sei der Beschluß in seinen wichtigsten Details vorgeführt.[74] Ob dieser »Entwicklungen« tun die Minister ihre »ernste Besorgnis« kund und äußern die Befürchtung, »daß – falls sie fortdauern sollten – die sowjetische Überlegenheit bei den Mittelstreckenwaffen die bei den interkontinentalen strategischen Systemen erzielte Stabilität aushöhlen könnte.« (Punkt 5) Damit wird Schmidts verquaste Rede auf den Punkt gebracht. Der 7. Abschnitt enthält den Kern des Beschlusses und sei deshalb ebenfalls ausführlicher vorgestellt:

Die Minister haben daher beschlossen, das LRTNF-Potential der NATO durch die Dislozierung von amerikanischen bodengestützten Systemen in Europa zu modernisieren. Diese Systeme umfassen 108 Abschußvorrichtungen für Pershing II, welche die derzeitigen amerikanischen »Pershing Ia« ersetzen werden, und 464 bodengestützte Marschflugkörper (GLCM **). Sämtliche Systeme sind jeweils nur mit einem Gefechtskopf ausgestattet. Alle Staaten, die zur Zeit an der integrierten Verteidigungsstruktur beteiligt sind, wer-

---

* *Long-range Theatre Nuclear Forces*: Mittelstreckenbomber, schwere Jagdbomber, Mittelstreckenraketen und Marschflugkörper mit Reichweiten über 1000 km.
** *Ground-launched Cruise-Missile*, landgestützter Marschflugkörper.

den an diesem Programm teilnehmen. Die Raketen werden in ausgewählten Ländern stationiert, und bestimmte Nebenkosten werden im Rahmen von bestehenden Finanzierungsvereinbarungen der NATO gemeinsam getragen werden. Das Programm wird die Bedeutung nuklearer Waffen für die NATO nicht erhöhen.

Ach ja, Punkt 9 nicht zu vergessen: »Die Minister unterstützen voll die als Ergebnis von Beratungen im Bündnis getroffene Entscheidung der Vereinigten Staaten, über Begrenzungen der LRTNF zu verhandeln ...« Auch diesem Satz sieht man nicht an, was hinter ihm steckt. Belgien und die Niederlande, in denen ein Teil der Marschflugkörper stationiert werden sollte, hatten angesichts dieses massiven Erstschlagpotentials berechtigte Bedenken bekommen und, angesichts der sich abzeichnenden Massenproteste, ihre Einwände artikuliert. Daraufhin hatten die US-Diplomaten das »Verhandlungsangebot« in den Beschluß mit aufgenommen und ihn als einen »doppelten« deklariert. Psychopharmakon gefällig? Hat's geschmeckt?

Vor der Zergliederung des Lügengespinstes und der Widerlegung der einzelnen suggestiven Falschbehauptungen sei das Allerwichtigste vorweg gesagt: Der Auftrag zur Herstellung und die Produktion von Pershing II und Marschflugkörpern hatte längst begonnen, *bevor* irgend jemand irgend etwas von der Existenz der sowjetischen SS-20 wußte!

> Die Entwicklung der Pershing II geht bis in das Jahr 1969 zurück. Damals erhielt die Firma Martin Marietta in Orlando einen Auftrag zu Forschungs- und Projektierungsarbeiten zur Entwicklung dieser neuen Rakete. Später – im Mai 1971 und im Januar 1972 – schloß das Pentagon mit der Firma Martin Marietta Verträge zur Entwicklung und Herstellung neuer Zielsysteme und anderer Bestandteile dieser neuen Mittelstreckenrakete ab. Im US-Militärhaushalt für 1975 wurde der Entwicklung der Pershing II ein eigenständiges Programm zugewiesen.
>
> Der amerikanische Wissenschaftler Paine bestätigt: »Die Pershing II sind keine Antwort auf die SS-20, da die Entwicklung eines modernen Raketensystems, das die bestehenden Raketen mit einer Reichweite von 400 Seemeilen [720 km, Pershing Ia] ersetzen soll, lange vor der Zeit aufgenommen wurde, ehe das Pentagon von der SS-20 hörte.«[75]

Auch die Marschflugkörper vom Typ »Tomahawk« waren bereits 1972 fertiggestellt worden, zwei Jahre bevor die Sowjetunion überhaupt erst mit der Produktion der SS-20 begann und fünf Jahre vor ihrer Stationierung in Osteuropa. Der »NATO-Doppelbeschluß« reiht sich damit nahtlos in die bislang vorgestellten Lücken-Lügen der Westpropaganda ein. Nachweislich im Abstand mehrerer Jahre hatten die USA mit einer qualitativ neuen Raketengeneration vorgerüstet, bevor die Sowjetunion eine Erneuerung ihrer landgestützten Raketen vornahm. Wieder zeichnet sich dasselbe Muster der Lüge ab: Die NATO-Staaten werfen den Warschauer-Pakt-Staaten eine »Bedrohung« vor, die sie selbst schon längst realisiert hatten. Diese faktische Vorrüstung des Westens ging als »Nachrüstung« in die Geschichte ein, übrigens eine Worterfindung des damaligen westdeutschen Außenministers Hans-Dietrich Genscher. Bis zum heutigen Tag haben sich die Massenmedien eisern an diese Sprachregelung, diese zum Topos geronnene Lüge gehalten.

Damit würde es sich im Grunde erübrigen, ausführlicher auf die untergeordneten Restlügen einzugehen. Aber dies soll hier geleistet werden, ohne sich in rüstungsspezifischen Details zu verlieren, denn geplant war ja ein Mega-Verbrechen, gegen das sich Hiroshima und Nagasaki wie nahezu bedeutungslose Präludien ausnehmen würden: die atomare Vernichtung Europas, der aus amerikanischer Sicht »Alten Welt«, als Bauernopfer bei der Mattsetzung des gegnerischen Königs, womit das lange Spiel aus und gewonnen sein sollte. Die Bewerkstelligung eines »Euroshima«, wie seinerzeit ein gängiges und nur allzu treffendes Schlagwort lautete, konnte aber nur mittels Lüge geschehen, mit Lüge und nichts als Lüge.

Es stimmt also nicht, daß, wie von den NATO-Ministern behauptet, sich die Lage »innerhalb der letzten Jahre in besonderem Maße durch die sowjetischen Entscheidungen verschärft« habe; vielmehr ist, wie dargelegt, das Gegenteil richtig: Es waren einmal mehr die USA, die einseitig vorgerüstet hatten. In diesem Zusammenhang ist eine terminologische Verunklarung von Interesse, denn Lüge kommt nie ohne sprachliche Unreinheit aus: Sowohl der SS-20 als auch den sowjetischen Backfire-Bombern wird wahrheitswidrig eine »strategische« Bedeutung unterstellt, einmal mit der Einschränkung »strategische Bedeutung für das Bündnis in Europa«, zum zweiten Mal in der Wendung »kontinentalstrategische Aufgaben« (der Backfire-Bomber). Wenn bis dahin von »strategischen Waffen« die Rede war, so galt dies strikt und ausschließlich für weitreichende Systeme wie Interkontinentalraketen und Langstreckenbomber, mit denen sich die Vereinigten Staaten und die Sowjetunion, letztere unter permanentem Nachhinken, gegenseitig in Schach hielten. In diesem Sinne kommt weder der SS-20 noch dem Backfire strategische Bedeutung zu, da sie die USA nicht bedrohen. Sehr wohl trifft aber auch hier das Gegenteil zu: In Westeuropa dislozierte Mittelstreckenwaffen sind aus sowjetischer Sicht »strategisch«, da sie den europäischen Teil der Sowjetunion bedrohen; es läuft für einen Moskauer, Leningrader oder Kiewer letztlich auf dasselbe hinaus, wenn er sein Leben durch die Detonation einer aus den USA abgefeuerten Interkontinental- oder in Westeuropa gestarteten Mittelstreckenrakete verliert. Daher war ja auch das Geschrei um die auf Kuba stationierten sowjetischen Mittelstreckenraketen so groß, weil sie für die USA »strategische« Bedeutung besaßen. Besonders die Pershing II stellen eine ungleich größere »strategische« Gefährdung für die Sowjetunion dar, da im Unterschied zu den Interkontinentalraketen nun die Vorwarn- und damit Reaktionszeit dramatisch schrumpft: von rund einer halben Stunde auf fünf bis sechs Minuten. Und das ist nicht mehr leistbar. Mit der Aufweichung des Begriffes »Strategie« wird suggestiv eine Vorstellung von der Bedrohung Westeuropas evoziert, die in Wirklichkeit nur für die Sowjetunion und die osteuropäischen Länder virulent ist. Zweitens aber sollte sie von der Tatsache ablenken, daß mit der Stationierung von Pershing II und Cruise-Missiles sich die USA vom atomaren Schlachtfeld abkoppelten und die Europäer die ganze Risikolast trugen. Sie war beträchtlich – es war ihre eigene Vernichtung.

Aber weiter. Die SS-20 soll eine »Verbesserung gegenüber früheren Systemen« sein, und zwar hinsichtlich »Treffgenauigkeit, Beweglichkeit und Reichweite«. Schauen wir uns die Rakete anhand dieser Eigenschaften etwas näher an. Es ist ja eine Binsenweisheit, daß neue Waffensysteme Vorzüge gegenüber älteren besitzen; die entscheidende Frage muß vielmehr lauten, welchen Schaden sie dem Feind zufügen können. Zuerst die technischen Daten[76]: Die SS-20 ist eine Variante der um eine Brennstufe verkürzten Interkontinentalrakete SS-16 (da in den SALT II-Verhandlungen die Zahl der strategischen Raketen auf 2250 je Seite festgelegt wurde, bauten die Sowjets die überschüssigen Raketen der Einfachheit halber um und verschrotteten statt dessen die in der Tat veralteten SS-4 und SS-5). Eine SS-20 besitzt drei einzeln lenkbare Sprengköpfe à 50 Kilotonnen Sprengkraft, mit einem Treffradius von 200 Metern, und hat eine Reichweite zwischen 2700 und 4500 Kilometern – je nach Gewicht des Sprengkopfes. Die SS-20 ist mobil, d.h. sie wird auf einem Sattelschlepper transportiert und ist deshalb schwieriger zu orten und zu vernichten. Soweit die US-Erkenntnisse. Aber: »Dank ihrer Aufklärungssatelliten sind die Amerikaner als einzige im Bündnis im Besitz spezieller Erkenntnisse. Und keiner der NATO-Partner kann nachprüfen, ob die von den Amerikanern weitergegebenen Daten zutreffen. Sogar im Kreis der Verteidigungsminister ließen die Amerikaner Fotos der SS-20 nur einmal kurz kursieren, anschließend wurden die Aufnahmen wieder eingesammelt.«[77] Außerdem verhielt es sich mutmaßlich so, daß die SS-20 an fünf bis sechs Stellen konzentriert wurden, von denen aus sie im Ernstfall übers Land geschickt werden konnten. In der BRD hingegen gab es über 90 von insgesamt rund 150 Stellen in Westeuropa, an denen Atomwaffen stationiert waren.

Was die Bedrohung durch die SS-20 anbelangt, so hatten wir bereits vernommen, daß das amerikanische Fachmagazin ›Defense Monitor‹ keine gesteigerte Qualität erkennen konnte; schon ein Zehntel der veralteten SS-4 und SS-5 hätte ausgereicht, um Westdeutschland auszulöschen. So stellte der französische NATO-Admiral a. D. Antoine Sanguinetti fest:

> Tatsächlich haben die sowjetischen SS-20 […] keine neue Situation geschaffen. Seit 1959 haben die Russen nach und nach 800 Raketen mittlerer Reichweite vom Typ SS-4 und SS-5 installiert, deren Sprengkraft im Megatonnenbereich liegt und mit denen sie praktisch ganz Europa erreichen konnten. Die Einführung der SS-20 […] leitete lediglich die Ablösung dieser veralteten Systeme ein. Offensichtlich sind sie vervollkommnet worden; Reichweite und Zielgenauigkeit wurden verbessert, aber selbst mit drei Sprengköpfen statt einem entspricht jede Rakete (des Typs SS-20) einer um die Hälfte verringerten Explosivkraft (der alten Raketen).[78]

Sein italienischer Kollege General a. D. Nino Pasti pflichtet ihm bei: »Die SS-20 vermindert die Bedrohung Europas und erhöht sie nicht, denn ihre Gefechtsköpfe haben nur ein Siebtel der atomaren Sprengkraft der alten Gefechtsköpfe.«[79] Man sieht an der Gegenüberstellung der beiden Zitate, wie wenig man tatsächlich über die SS-20 wußte, wenn zwei hochrangige Militärs sich über deren Sprengkraft so unterschiedlich äußern (es sei denn, Sanguinetti sprach von der SS-20, Pasti von einem einzelnen ihrer drei Sprengköpfe, aber das ist wirklich irrelevant). Davon bleibt die Substanz ihrer Aussagen jedoch unberührt, da die Sprengkraft der SS-20 signifikant unter derjenigen ihrer Vorgängerraketen gelegen haben muß. Leonid Breschnew hatte also gegen alle westlichen Lügengestalten recht, wenn er am 6. Oktober 1979 bei einem Besuch in Westberlin versicherte:

> Als Vorsitzender des Verteidigungsrates der UdSSR erkläre ich mit aller Bestimmtheit: In den letzten zehn Jahren ist auf dem Gebiet des europäischen Teils der Sowjetunion die Anzahl der Träger von Kernwaffen mittlerer Reichweite um keine einzige Rakete, um kein Flugzeug vergrößert worden. Im Gegenteil – die Zahl der Abschußrampen für Mittelstrecken-Raketen sowie

die Stärke der Kernladungen dieser Raketen sind sogar etwas zurückgegangen. Reduziert wurde auch die Anzahl von Mittelstrecken-Bombern … [80]

So zieht Bernt Engelmann das Resümee:

> Die SS-20 haben also das atomare Gleichgewicht in Europa keineswegs verändert. Die Bedrohung Westeuropas, besonders der Bundesrepublik, ist durch die SS-20 nicht größer geworden. Die Gefährdung der am höchsten industrialisierten und am dichtesten besiedelten Gebiete Westeuropas hat sich genaugenommen sogar vermindert, weil die Sprengkraft der neuen sowjetischen Waffen etwa um die Hälfte geringer geworden ist. Und noch eins ist festzuhalten:
>
> Die Stationierung sowjetischer Mittelstreckenraketen, die auf Westeuropa zielen, war die Antwort Moskaus auf die sogenannten »Forward-Based Systems«, d. h. die vorgeschobenen, nach Europa verlagerten Waffensysteme der USA, mit denen Amerika den Schauplatz des möglichen Atomkriegs zu verlagern begonnen hatte – weg von der »eigenen Haustür«, nach Mitteleuropa. [81]

Damit sprach Engelmann aus, was die westlichen Regierungen überhaupt nicht gerne hörten. Denn es verhielt sich keineswegs so, wie die NATO-Minister fast schon zum Erbarmen klagten, daß die arme, schwache, ganz verzagte NATO mit einem veralteten Streichholz gegen den sowjetischen Drachen kämpfen mußte. Diese aus Sicht der USA vorgelagerten Waffensysteme waren hart am Feind lokalisiert, wie einst die sowjetischen Raketen auf Kuba, die zu dulden die Vereinigten Staaten um keinen Preis bereit waren. Und die »Forward-Based Systems« hatten es in sich, wie das Londoner Institut, vor dem Schmidt gesprochen hatte – also eine NATO-freundliche Quelle – in seiner Studie zum militärischen Gleichgewicht der Jahre 1980/81 festhielt:

> *Die Landstreitkräfte* verfügen über 108 Persing-1A-Raketen mit je einem Sprengkopf und einer Reichweite von 720 km.
>
> *Die Luftwaffe* verfügt über 156 Jagdbomber vom Typ F-111, die je zwei nukleare Sprengköpfe über 1900 km ins Ziel zu bringen vermögen. Des weiteren befinden sich 324 F-4-Jagdbomber im Bestand der europäischen US-Air Force, die je einen Sprengkopf über 750 km ins Ziel bringen können.
>
> *Die Marine* hat auf Flugzeugträgern 20 Maschinen des Typs A-6 und 40 Maschinen vom Typ A-7 im Bestand, die je 2 nukleare Sprengköpfe über 1000 bzw. 900 km in das Zielgebiet transportieren können. Auf U-Booten der vor Europa kreuzenden US-Navy sind 40 Poseidon-Raketen stationiert, die je 10 Sprengköpfe über eine Entfernung von 4500 km zu starten vermögen. [82]

Das ist eine ganze Menge Holz, möchte man meinen, und keineswegs alles, denn die NATO hatte ja zudem noch zwei westeuropäische Atommächte, deren Kapazitäten zu den vorgelagerten Systemen der USA hinzugerechnet werden müssen:

> Da sind zunächst einmal die fünf Atom-U-Boote Frankreichs mit insgesamt 80 Raketen des Typs M-20, bestückt mit Sprengköpfen von einer Megatonne Zerstörungsgewalt. Vier Atom-U-Boote der Briten transportieren insgesamt 64 Polaris-Raketen, die London auf Grund eines vor 19 Jahren getroffenen Abkommens zwischen Harold MacMillan und Kennedy zum Selbstkostenpreis von den Amerikanern erworben hat (plus fünf Prozent als Forschungs- und Entwicklungsbeitrag). Die darauf zu montierenden Atomsprengköpfe von 200 Kilotonnen sind eine eigene Fabrikation der Engländer.
> Landgestützte Mittelstreckenraketen des Westens werden derzeit nur von Frankreich gestellt: 18 Geschosse des Typs S-3 mit einer Reichweite von 3500 Kilometer. Sie haben einen Sprengkopf von einer Megatonne.[83]

Hinzu kommen schließlich 32 atomar bestückte französische Kurzstreckenraketen vom Typ Pluton sowie an Mittelstreckenflugzeugen 45 britische Vulcan-Bomber und 30 französische Mirage IV. – Wenn die Mobilität der SS-20 einen Vorzug bildete, dann gilt dies für die im Mittelmeer kreuzenden U-Boote und Flugzeugträger der NATO erst recht. Aber dieses gesamte gigantische Nuklearpotential der NATO in Europa wurde von westlicher Seite beim sogenannten »Doppelbeschluß« schlichtweg als nicht existent betrachtet und von vornherein aus den angekündigten Pseudo-Verhandlungen herausgehalten. »In keinem der Rüstungsvergleiche, auch nicht in der Gegenüberstellung des Bundesverteidigungsministeriums, tauchen die vorgeschobenen amerikanischen Waffensysteme als Gegengewicht zur SS-20 auf.«[84] Zählt man die Atombomben aus den »Forward-Based Systems« sowie den englischen und französischen Beständen zusammen, so kommt man – unterstellt, daß die französischen und englischen Mittelstreckenbomber mit nur einer Nuklearbombe bestückt waren – auf die Zahl 1515, die vom Land und von der See her gegen die Staaten des Warschauer Pakts eingesetzt werden konnten. Der aus Kurzstreckenraketen bestehende Nike-Gürtel in der BRD sowie die 300 dort gelagerten Atomminen flossen in diese Aufstellung ebenfalls nicht mit ein. Um diese Bedrohung zu egalisieren, stationierte die Sowjetunion zwischen 175 und 440 – die Angaben schwanken auch hier, und zwar bei ein und derselben Zeitung (›Die Welt‹ vom 13.5. und 28.9.1981) – gegen Westeuropa gerichtete Raketen des Typs SS-20. Akzeptiert man die höchste Zahl und multipliziert sie mit drei (Gefechtsköpfen), kommt man auf 1320 nukleare Sprengköpfe. Das Verhältnis von 1515: 1320 im atomaren Vernichtungspotential zwischen NATO und Warschauer Pakt in Europa wird man als leidlich ausgewogen, mit leichten Vorteilen für das westliche Militärbündnis, bezeichnen können. Bis Helmut Schmidt mit seiner Londoner Rede kam. Für alle seriösen Autoren stand indessen zweifelsfrei fest: »Die Stationierung von sowjetischen Mittelstreckenraketen vor 22 Jahren [der SS-4 und SS-5 im Jahre 1959] war eine Antwort auf die Forward-Based Systems. Wenn Helmut Schmidt ein westliches Äquivalent zur SS-20 sucht – die Forward-Based Systems sind dieses Äquivalent, wie sie es bereits für die SS-4 und SS-5 waren.«[85] Dies zu tun, weigerte sich Schmidt aber beharrlich, er betätigte sich im Gegenteil vielmehr als Einpeitscher des amerikanischen Raketenkurses gegenüber den anderen europäischen Regierungen, sofern sie Bedenken anmeldeten. Am Beispiel der SS-20 und ihrer westlichen Äquivalente – die der Westen nicht zu kennen vorgab – erweist sich einmal mehr die Nützlichkeit, ja Unerläßlichkeit der so verpönten »Raketenzählerei«. Es liegt auf der Hand: Falls die Marschflugkörper und die Pershing II-Raketen stationiert wurden, wie es der »NATO-Doppelbeschluß« vorsah, dann kippte dieses Gleichgewicht definitiv. Diese Waffen sollten nicht nach Europa kommen, um die nukleare Abschreckung zu garantieren – denn die existierte ja bereits zur Genüge –, sondern um in einem atomaren Erstschlag die Sowjetunion zu enthaupten. Darin bestand ihr einziger Zweck, wie die nähere Betrachtung erweist.

Allein schon die Namensgebung weist auf diesen Verwendungszweck hin: »Black Jack« Pershing war, wie bereits erwähnt, jener US-General gewesen, der zu Beginn des 20. Jahrhunderts den mexikanischen Aufstand blutig erstickte, wobei er die mexikanischen Patrioten reihenweise aufknüpfen ließ, und dessen Truppen wenig später im 1. Weltkrieg den Ausschlag für den Sieg der Alliierten über die Achsenmächte gaben. Pershing, das besagte in US-amerikanischen Ohren »Sieg der US-Truppen in Europa« – diesmal gegen die Sowjetunion. Diese nach dem US-General benannte Waffe bot alle Voraussetzungen dafür. Eine Pershing der zweiten Generation hatte mit der ersten nur mehr den Namen gemeinsam. Eine Pershing II war rund 10 m lang, wog etwas über sieben Tonnen, konnte wie die SS-20 von einem Sattelzug aus abgefeuert werden und flog über eine Distanz von 1800 km. Doch all dies war weniger entscheidend. Ausschlaggebend waren ihre ungeheure Schnelligkeit und Präzision. Nach dem Zünden der zweiten Brennstufe erreichte sie zwölffache Schallgeschwindigkeit (Mach 12) und visierte, eine elliptische Flugbahn in bis zu 300 km Höhe beschreibend, ihr Ziel beim Wiedereintritt in die Erdatmosphäre mit Mach 8 an. Von der Pfalz, wo sie unter anderem stationiert werden sollte, bis nach Moskau benötigte sie gerade einmal sechs Minuten. Bedenkt man die Weite der Distanz und die Kürze des Flugs, so wirkt ihre Treffgenauigkeit geradezu unheimlich:

> Die Pershing II hat ein neues radargesteuertes Endanflug-System, das ihr eine bislang bei derart weitreichenden Raketen nie gekannte Ziel-Präzision beschert. Wenn der Raketenkopf der Pershing II nach einem Flug von 1800 Kilometern aus 300 Kilometer Höhe mit achtfacher Schallgeschwindigkeit auf sein Ziel herabstürzt, schaltet sich ein Allwetter-Radar ein, das das Anfluggebiet abtastet und das empfangene Bild mit einer im Elektronenhirn des Raketenkopfes gespeicherten Karte des Zielgeländes vergleicht. Etwaige Abweichungen werden in Sekundenbruchteilen errechnet und durch kleine Flügelklappen korrigiert. Die Treffsicherheit konnte bei Tests so auf zwölf Meter verbessert werden.[86]

Der ›Spiegel‹ vom 9. Februar 1981 liefert auch sogleich ein Anschauungsbeispiel: »Wenn man ihr ein Computer-Luftbild des Kreml einspeist, dann findet sie den Kreml mit ihrem Radar-Scanner im Moskauer Häusermeer und schlägt präzise in jedem gewünschten Punkt des sowjetischen Herrschaftszentrums ein …«[87] Für den unwahrscheinlichen Fall, daß es die sowjetische Führung bis in ihre Schutzbunker schaffte – hierfür hätten die alten Herren einen gehörigen Sprint hinlegen müssen –, war der Sprengkopf der Pershing II mit Titan gehärtet, so daß er 15 m tief ins Erdreich eindringen konnte (*Earth Penetrator*), bevor er detonierte. Damit ließen sich nicht nur die Führungskräfte in ihren Schutzräumen, sondern auch die Interkontinentalraketen in ihren tief gelegenen Silos vernichten. Mit dieser Waffe konnte man die Sowjetunion in Minutenschnelle enthaupten und ihr das atomare Schwert aus der Hand schlagen. Colin S. Gray, von dem in Kürze weiteres Unrühmliche zu vernehmen sein wird und der den US-Regierungen unter Carter und Reagan als Berater diente, geriet geradezu ins Schwärmen: Damit, so frohlockte er, »würden wir jedes Mitglied des Politbüros erwischen, jedes Mitglied des Zentralkomitees, und wir würden alle wichtigen Bürokraten töten, wir würden also dem sowjetischen Huhn den Kopf abhacken.«[88] Solche Töne prägten das Jahrzehnt zwischen dem »NATO-Doppelbeschluß« und der Kapitulation der Sowjetunion – »frei« wie immer, »demokratisch« sowieso und in Einklang mit den »Menschenrechten«, nicht wahr?

Führen wir uns nochmals vor Augen, was die Vereinigten Staaten seit Anfang der 80er Jahre befähigte, ihre Drohungen in die Tat umzusetzen: ihr haushoher Vorsprung in Computertechnologie und Mikro-Elektronik. Das digitale Zeitalter, die Kodierung von Informationen mittels zweier Zeichen, einem senkrechten Strich und einem Kreis, sowie deren Speicherung und Abrufbarkeit in einem Computer, begann in den 30er Jahren in den Vereinigten Staaten, während in der Sowjetunion Stalin mit Schauprozessen und Massenexekutionen wütete. »Der 1930 in die USA eingewanderte ungarische Mathematiker Johann (John) von Neumann erfand das Konzept der Speicherprogrammierung, um die Menge von konventionellem Sprengstoff zu ermitteln, die benötigt wurde, um einen Nuklearsprengsatz zur kritischen Masse zusammenzupressen und damit zur Detonation zu bringen.«[89] Von ihrem ersten Anbeginn an stand die Computertechnik also im Dienste des Militärs, das mit Milliardeninvestitionen die Neuerungen auf diesem Gebiet in Riesensprüngen vorantrieb. Computer wurden eingesetzt für die Entwicklung der Atom- und Wasserstoffbombe, für Leitsysteme von Raketen, für die Luftraumüberwachung und für Modellrechnungen über die Folgen eines Atomkrieges. 1946 – in der völlig zerstörten Sowjetunion waren gerade die Millionen von Toten begraben – wurde mit Computern das erste Programm für die Herstellung von Interkontinentalraketen gestartet. Der von Neumann entwickelte MANIAC (*Mathematical Analyzer Numerical Integrator And Computer*) verkürzte Berechnungen für die H-Bombe, die ansonsten mehrere Monate in Anspruch genommen hätten, auf gerade einmal zehn Stunden. Mit dem Koreakrieg setzte in den USA die Massenfertigung von Computern für Frühwarnsysteme, Atombombenprogramme, Navigationssysteme der Kampfflugzeuge und Bomber, für die Koordination der Waffengattungen und großen Truppeneinheiten usw. ein; ab 1958 wurde die schwerfällige Röhren- oder Transistortechnik durch die Anwendung von Chips abgelöst. Rückblickend ließe sich sagen, daß der Niedergang der Sowjetunion bereits von diesem frühen Zeitpunkt an einsetzte. Führen wir uns anhand eines längeren Zitats[90] vor Augen, wie es um die Computertechnologie dort bestellt war:

> Die Computerentwicklung in der UdSSR, das heißt vor allem die Entwicklung der sogenannten automatisierten Kommando- und Kontrollsysteme (ASUW), war zu diesem Zeitpunkt [50er Jahre] bereits weit im Hintertreffen. Einige Röhrencomputer waren in der Sowjetunion zwar ab 1950 im Einsatz. Der in diesem Jahr unter der Leitung von Sergej Lebedew im Institut für Elektrotechnik in Kiew konstruierte Universalrechner MESM war mit seinen 6000 Röhren allerdings nur in der Lage, etwa 3000 Operationen pro Sekunde zu verarbeiten. Das ab 1953 verfügbare Computersystem STRELA schaffte sogar

nur 2000. Amerikanische Rechner kamen zu diesem Zeitpunkt bereits auf
15 000 Operationen. Seit 1955 waren Computer auch im Ostblock in Serien-
produktion gegangen, und Ende der fünfziger Jahre besaß die UdSSR rund
120 Computer, die ausschließlich für militärisch-wissenschaftliche Aufgaben
eingesetzt wurden. Die USA hatten zum selben Zeitpunkt bereits über 5000
Rechner in Betrieb. Die noch immer auf Röhrentechnik basierende sowjetische URAL-Serie der sechziger Jahre war technisch dann bereits zwanzig
Jahre im Hintertreffen.

So sollte es im wesentlichen auch bleiben, selbst wenn die Sowjetunion hier
und da den Abstand gelegentlich etwas verkürzen konnte; er blieb immer so
groß, daß im Westen bezeichnenderweise niemand auf die Idee kam, von einer »Computer-Lücke« zugunsten der Sowjetunion zu sprechen. In den 70er
Jahren schlugen sich die technischen Innovationen in einer neuen Qualität
schneller und präziser Angriffswaffen sowie in einer dieser Situation angepaßten Militärdoktrin Carters nieder, von der gleich die Rede sein wird.
Die US-Techniker befaßten sich nun mit den in ihren Augen letzten Unwäg-
barkeiten des Atomkriegs wie dem »Elektromagnetischen Impuls«, einem
bei Atomdetonationen eintretenden elektrischen »Gewitter«, das nicht nur
für die Träger von Herzschrittmachern fatale Folgen hatte, sondern ebenso für die militärische Kommunikation. Die Regierung Reagan investierte
Milliardensummen in die Sicherung dieser Kommunikationssysteme unter
Atomkriegsbedingungen. Nach dem Kollaps der Sowjetunion wurden diese
Kommunikationsnetze für den zivilen Gebrauch freigegeben und kommer-
zialisiert; wir bezeichnen sie heute als »Internet«. Wie ängstlich der Westen
sein mikrotechnologisches Monopol hütete, erhellt allein daraus, daß in der
Ära Reagan Schachcomputer als rüstungsrelevante Güter nicht in die Sowjetunion und die mit ihr verbündeten Staaten ausgeführt werden durften. (Der
russische Regierungschef Wladimir Putin erhielt vor kurzem ein GPS-Gerät
aus russischer Produktion als Geschenk, um es am Halsband seines offenkundig unternehmungslustigen Hundes zu befestigen. Um die Ortungsge-
nauigkeit dieses Gerätes scheint es nicht zum besten bestellt zu sein, denn
dem Köter gelingt es immer noch, auszubüxen. Was dies über die Qualität der
russischen Raketen aussagt, kann man sich an fünf Fingern abzählen.)
Die von 1979/80 an zur Verfügung stehenden Erstschlagswaffen der USA
wiesen bislang nicht dagewesene Fähigkeiten auf, die die Zeitschrift ›Wehrtechnik‹ (2/1983) so abgeklärt wiedergibt, als handle es sich um Erläuterungen
über die Funktionsweise eines Toasters:

Das in der Schlußphase der Flugbahn aktivierte Radar kann mit seiner Antenne das Zielgebiet aus einer Höhe von ca. 4600 m auf einer Fläche von etwa 22,4 km² absuchen. Die Radarsignale werden mit vorgespeicherten digitalen »Mosaiken« auf 35 mm-Film, die aus Landkarten oder Satelliten-Aufklärungsbildern entnommen sind, verglichen. Die Verwendung digitalisierter Zieldaten erlaubt es, die Rakete von einem Ziel auf ein anderes umzuprogrammieren. Das Radar spricht bekanntlich besser auf natürliche und künstliche Punkte im Gelände an, wie z. B. Brücken, Gebäude, Straßen oder Höhenrücken und Seen.[91]

Die Worte »Angriffskrieg«, »Erstschlag« und »atomare Enthauptung« sucht man in dieser Abhandlung natürlich vergeblich. An diesem Punkt – der Speicherung einer Vielzahl von Daten auf engstem Raum – konnte die Sowjetunion nicht mehr mithalten; sie mußte passen. Alle Pershing II-Raketen sollten in Westdeutschland stationiert werden (was auch geschah), wobei es einen aufschlußreichen Hinweis zu beachten gilt: »Der Stationierungsbeschluß der NATO besagte 108 ›Abschußgeräte‹ – nicht Raketen. Während die Bundesregierung immer nur von 108 Raketen sprach, sah das amerikanische Beschaffungsprogramm insgesamt 385 Raketen vor.«[92] – Der für die Stationierung vorgesehene zweite Raketentyp, der Marschflugkörper »Tomahawk«, wies teils andere, jedoch für einen Angriffskrieg nicht minder nützliche Eigenschaften auf.

Diese nahezu totale Zielgenauigkeit haben auch die Marschflugkörper »Cruise-Missile«. Dank eines elektronischen Systems, in das die geographischen Daten des Anfluggebietes – wie auf einer Landkarte – einprogrammiert werden, können diese Geschosse mit einer dicht an der Schallgrenze liegenden Geschwindigkeit in Baumwipfelhöhe zu ihrem Bestimmungsort fliegen. Berge überhüpfen oder umkurven sie. Schützende Täler können sie ausnutzen. Gegnerisches Radar kann sie auf dieser niedrigen Flugbahn nicht orten. Abwehrraketen können sie deshalb kaum verfolgen. Und ein Triebwerk mit nur geringer Wärmeausstrahlung verhindert auch, daß die Sowjets infrarotsuchende Flugabwehrraketen einsetzen könnten.[93]

Die US-Techniker hatten nur noch einige kleinere Schwierigkeiten auf dem Weg zum atomaren Erstschlag zu berücksichtigen. Falls der Angriff gegen die Sowjetunion in die Winterzeit fiel, mußte die Schneedecke bedacht und eingespeichert werden, die das Profil des elektronisch abgetasteten Bodens veränderte. Nein, man wollte nichts dem Zufall überlassen. Diese Waffengattung besaß überdies den Vorteil, daß sie – mit Stückkosten von rund einer Million

Dollar – billig war und in Massenanfertigung hergestellt werden konnte. Im Unterschied zur Pershing II, die möglichst nah an die Sowjetunion herangebracht werden sollte, sah die NATO eine Streuung der zur Stationierung vorgesehenen 464 Cruise-Missiles vor. Eine erste Planung nahm folgende Aufteilung vor: Großbritannien (160), Niederlande (48), Belgien (48), Bundesrepublik Deutschland (96), Italien (112). Der generelle Angriffsplan sah vor, auf den ersten blitzartigen Enthauptungsschlag mit Pershing II (von einem solchen »Blitzkrieg« hätte Hitler nur träumen können!) mehrere Wellen der vergleichsweise langsamen und ebenso zielgenauen Marschflugkörper folgen zu lassen. Die tödlich verwundete Sowjetunion könnte dann zwar noch das ihr verbliebene Potential an atomaren Mittel- und Kurzstreckenwaffen für einen Zweitschlag einsetzen, aber das würde dann ein Problem der Europäer sein. Verblieben der Sowjetunion wirklich keine anderen Optionen? Je nun, »unter Breschnew wurde eine Doppelstrategie zur offiziellen Formel, die bis in die ersten Jahre der Regierung Gorbatschow gültig blieb: Obwohl der Nuklearkrieg von der Sowjetunion nicht geführt werden solle, könne man niemals sicher sein, daß er nicht vom Westen aufgezwungen werde. Wenn er notwendig sei, müsse er geführt werden – dann möglicherweise auch als Präventivkrieg.«[94] Die Asymmetrie zur amerikanischen Strategie ist mit Händen zu greifen; diese defensive Ausrichtung führte direkt in die Kapitulation. Die letzte Möglichkeit für einen sowjetischen atomar geführten Präventivschlag hätte in den Jahren 1979–1983 bestanden; die Sowjetführung ließ aber zu keinem Zeitpunkt erkennen, daß sie auch nur im Traum daran dachte. Ein westlicher Geheimdienstler versetzte sich recht »einfühlsam« in die Lage der Sowjetführung:

»Der einzige wesentliche Unterschied zwischen einer interkontinentalen Minuteman-3-Rakete in den USA und einer Pershing II in Westdeutschland ist, daß letztere schneller, präziser und zielgenauer ist und ihre Ziele in nur 4 bis 6 Minuten anstatt 25 Minuten erreicht«, schreibt Cox. An anderer Stelle sagt der ehemalige CIA-Mann: »Die Pershing II ist die zielgenaueste und verheerendste Waffe, die je gebaut worden ist. Wenn sie aufgestellt wird, kann sie in 4 bis 6 Minuten das ganze sowjetische Kommando- und Kontrollsystem diesseits des Urals vernichten. Das muß man wissen, um zu verstehen, weshalb dieses Ding bei den Russen so einen Schrecken hervorruft.«

Mister Cox glaubt aber auch, daß sich Europa mit der Stationierung der Pershing II in eine ungeheure Gefahr hineinbegibt: »Wir zwingen die Sowjets, schon bei Alarm gleich loszuschlagen (*launch on warning*). Wir nehmen dabei ein unglaubliches, verrücktes Risiko auf uns. Es sind Erstschlagswaffen.

Mit ihnen können wir in einem Zug ihr ganzes System eliminieren, mit dem sie ihre Waffen kontrollieren. In einer solchen Situation bleibt der sowjetischen Führung nichts anderes übrig, als zu einem Zustand überzugehen, in dem sie bei jedwedem Alarm gewissermaßen den Finger am Abzug hat (*hairtrigger-alarm*).«[95]

Der deutsche Biologe Kaplan, in seiner politischen Ausrichtung ein bürgerlicher Demokrat, hatte eine noch bessere Idee, die er bei einem Vortrag auf Einladung der Bunten Liste Freiburg vorstellte: An Stelle der Sowjetunion würde er, so Kaplan, alle Abschußvorrichtungen für sowjetische Interkontinentalraketen durch einen akustischen oder elektronischen Kreis miteinander verbinden. Sobald dieser Kreis an einer Stelle unterbrochen wird – und bei aller Präzision schlagen nicht alle Pershing II in derselben Sekunde ein –, werden alle anderen Raketen automatisch gezündet. Freilich können auch dabei Fehler, Pannen oder Unfälle passieren, aber dann hätten eben die USA Pech gehabt – sie hätten ja nicht damit anfangen müssen. Doch von der Sowjetunion hörte man nie dergleichen – die Idee war einfach zu gut. So zeichnete sich in den letzten Regierungsjahren von Carter nicht nur das Ende der »Entspannungspolitik«, sondern das Ende der Sowjetunion ab – Zeit und Gelegenheit, um auf das Porträt des Knechts ein ebensolches seines Herrn folgen zu lassen.

Es wurde zuvor bemerkt, daß James (»Jimmy«) Carter zu den am meisten unterschätzten US-Präsidenten nach dem 2. Weltkrieg zählt, und diesen Beweis gilt es nun anzutreten. In Wirklichkeit war Carter alles andere als ein *wimp*. Wir hatten ihn bereits, als er noch Gouverneur war, als engagierten Unterstützer des Massenmörders Leutnant Calley kennengelernt; und so wie Hitler sämtliche militärtechnologischen Neuerungen zur Chefsache erklärt hatte, kümmerte sich Carter als Präsident von Anfang an persönlich um den Ausbau der atomaren Erstschlagskapazitäten und die Erstellung einer entsprechenden Militärdoktrin.

Kaum im Amt, ordnete Carter – er war im Krieg Mitglied einer U-Boot-Besatzung gewesen – die komplette Überprüfung des Verfahrens an, durch das der Präsident den Start von Atomwaffen in Gang setzt. Besonders überrascht war Carter, als er herausfand, daß der Vizepräsident, der ihm als Befehlshaber folgen würde, noch nie, auch in keiner vorangehenden Regierung, an einer der streng geheimen Einsatzbesprechungen über SIOP * teilgenommen hatte. Umgehend ordnete Carter eine Reihe geheimer Instruktionssitzungen

---

* *Single Integrated Operational Plan.*

für sich, seinen Vizepräsidenten Walter Mondale und seinen Verteidigungs-minister Harold Brown an. Durch Carters ständige Beschäftigung mit SIOP machte die Überprüfung der gesamten Verfahren für die atomare Reaktion innerhalb eines Jahres rapide Fortschritte.[96]

Beim Amtsantritt Carters kabelte der sowjetische Botschafter in den Vereinig-ten Staaten nach Moskau, vom neuen US-Präsidenten seien Rückfälle in den Kalten Krieg zu erwarten (als ob der je zu Ende gegangen wäre; aber so sehr klammerte sich die Sowjetunion an den illusionären Strohhalm »Entspan-nung«). Jedenfalls war von der ersten Amtshandlung Carters an ein verschärfter antisowjetischer Kurs wahrzunehmen. Während die US-Regierungen zuvor bei den der »Entspannung« dienenden Verhandlungen der »Konferenz über Sicher-heit und Zusammenarbeit in Europa« (KSZE) spöttisch abseits standen – nie sei so viel Aufwand für eine so nutzlose Sache betrieben worden –, nutzte Carter sie als Tribüne für propagandistische Offensiven in Sachen »Menschenrechte« und »Demokratie«: Meinungsfreiheit für sowjetische Dissidenten, Freizügig-keit, Glaubensfreiheit usw. Mit Carter begann die Ära des »Menschenrechts«-Imperialismus, der heute seine tollsten Blüten treibt, indem er Länder überrollt, mißliebige Regierungen hinwegfegt und Präsidenten, die auf dem Recht der na-tionalen Souveränität bestehen, ermorden läßt. Ganz im Gegensatz zum Image des Zauderers, das ihm anhängt, leitete er energische Schritte zur Isolierung der Sowjetunion in die Wege. Westeuropa wurde als militärischer Brückenkopf der USA aufgewertet und ausgebaut, während Carter zur gleichen Zeit – am 3. Juli 1979 – eine Direktive zur heimlichen Finanzierung und Bewaffnung der Taliban gegen die sowjetischen Besatzungstruppen in Afghanistan unterzeich-nete. Das militärische Kommando des CENTO-Pakts, der gegen die südlichen, von Moslems bewohnten Republiken der Sowjetunion zielte, wurde zügig aus-gebaut; die Pazifikinsel Diego Garcia, die die USA von Großbritannien 1968 auf fünfzig Jahre gepachtet hatten, wurde zu einem unsinkbaren Flugzeugträger aufgerüstet. Während der entscheidende tödliche atomare Schlag von Westeu-ropa aus erfolgen sollte, war geplant, die Sowjetunion anschließend von Süden her aufzurollen (so geschah es dann auch, wenngleich ohne Atomschlag; nach der Kapitulation der Sowjetunion wurden ihre Südrepubliken mit Millionen von Koranexemplaren aus Saudi-Arabien und Zigtausenden westlicher »Bera-ter« überschwemmt). »Mit diesem zentralen Kommando am weichen eurasisch-islamischen Bauch der Sowjetunion wurden die geostrategischen Ziele der USA für alle Welt sichtbar. Die kontinentale und ›expansive Weltmacht‹ diesseits und jenseits des Urals hatte den Kampf um die Weltherrschaft verloren.«[97]

Carters entscheidender Beitrag zum Sieg über die Sowjetunion im Kalten Krieg bestand indessen in einer forcierten atomaren Hochrüstung – die nur noch von seinem Nachfolger Ronald Reagan übertroffen werden sollte – und im Konzept einer nuklearen Erstschlagsstrategie (die Reagan nur noch zu übernehmen brauchte). Carters Plänen zum Ausbau des strategischen Atomwaffenarsenals haften geradezu megalomanische Züge an:

> Um ihre Interkontinentalwaffen gegen einen möglichen Erstschlag der Sowjets besser zu schützen, wollte Carter in den Wüsten von Utah und Nevada insgesamt 4600 Raketensilos einbetonieren. Diese Bunker-Plantage würde eine Gesamtfläche von der halben Größe der Bundesrepublik bedecken. Die erforderlichen Erdbewegungen reichten für den Bau von zwei Panama-Kanälen. Je 23 dieser »Bunker« bilden eine durch eine 22 Kilometer lange Ringstraße verbundene Einheit. In jeder dieser Einheiten sollen 15achsige Spezialschlepper von 61 Meter Länge ständig hin- und herfahren. Mal rollt das 720 Tonnen schwere Monstrum mit, mal ohne Rakete von Bunker zu Bunker.
>
> Sowjetische Aufklärungssatelliten können jedenfalls die tatsächliche Situation nie ausmachen, denn dem Startrohr auf dem Sattelschlepper ist nicht anzusehen, ob es eine Rakete enthält oder nicht. Während der Leerfahrten sollen elektronische Einrichtungen Geräusche und Strahlungseffekte einer echten Rakete simulieren und »Masse-Simulatoren« die 90 Tonnen Eigengewicht der Rakete vortäuschen.
>
> Insgesamt 200 Atomraketen sollten auf diese Weise in einer Art »Bäumchen-wechsle-dich-Spiel« zwischen den 4600 Betonbunkern hin- und herkutschiert werden.[98]

Man ermesse angesichts dieses Szenarios nochmals die Absurdität der Aussage, Carter habe dem »Druck« eines Helmut Schmidt »nachgeben« müssen! Umgekehrt wird ein Schuh draus. 1977 – dem Jahr, in dem Schmidt für seine Rede in die Londoner Bütt geschickt wurde – ordnete Carter laut seinem Verteidigungsminister Brown eine Revision der atomaren Globalstrategie an. »Im Sommer 1977 gab Präsident Carter die Anweisung, eine grundlegende Überprüfung unserer Zielzuweisungspolitik vorzunehmen. In den folgenden 18 Monaten wurde diese Studie von militärischen und zivilen Experten unter Berücksichtigung unserer Streitkräfte, Pläne, Probleme und Einsatzmöglichkeiten wie auch sowjetischer Perspektiven, Stärken und Verwundbarkeiten durchgeführt.«[99] Die Ergebnisse dieser Recherchen flossen in Carters Präsidenten-Direktive 59 ein (PD 59), die den atomaren Erstschlag an die Spitze der Dringlichkeitsagenda setzte:

> Am 25. Juli 1980 unterschrieb Präsident Carter mit der Präsidenten-Direktive (PD) 59 einen deutlichen Richtungswechsel in der US-Strategie. Die New

York Times berichtete am 6. August 1980 über die neue Nuklearstrategie, die den Angriffen auf militärische Ziele Priorität geben würde. Die PD 59 war die erste Anordnung der Exekutive, in der von den Streitkräften der Vereinigten Staaten verlangt wurde, daß sie zur Führung eines längeren Atomkrieges in der Lage sein müßten. Laut Carter brauchte die Nation ein Führungssystem [...], das so einen Krieg »überstehen« konnte ... [100]

Die PD 59 verfolgte laut Pentagon-Chef Harold Brown folgende Absichten:

Wir müssen über Streitkräfte, Eventualfall-Pläne und Führungsfähigkeiten verfügen, die die sowjetische Führung davon überzeugen, daß kein Krieg und kein von ihr eingeschlagener Weg der Aggression, der zum Einsatz nuklearer Waffen führt – gleichgültig mit welcher Stärke der Angriff geführt wird und auf welcher Ebene der Konflikt ausgetragen wird –, zu einem Sieg führen kann, wie auch immer sie den Begriff »Sieg« definieren mag. [...]

Es ist unsere Politik – und wir verfügen in immer stärkerem Maße sowohl über Mittel als auch über detaillierte Pläne zur Durchführung dieser Politik –, sicherzustellen, daß die sowjetische Führung weiß, daß wir, falls sie eine mittlere Dimension der Aggression wählt, ihr mittels selektiv geführter großer (aber immer noch nicht maximaler) nuklearer Angriffe einen unannehmbar hohen Preis an den von ihr am höchsten eingeschätzten Werten auferlegen können: Zentren der politischen und militärischen Machtausübung, nukleare und konventionelle militärische Kräfte und die zu längerem Durchstehen eines Krieges erforderliche Industriekapazität. [101]

Damit war der atomare Erstschlag bei einem »Fehlverhalten« der Sowjetunion – was eine große Bandbreite von Interpretationen zuläßt – auf die Tagesordnung gesetzt. – Rückblickend ergibt sich demnach der folgende Ablauf: Carter ordnet 1977 eine Revision der US-Militärstrategie an und schickt Kanzler Schmidt als Scharfmacher und Stichwortgeber vor. Ebenfalls 1977 bildet sich eine Nukleare Planungsgruppe (*High-Level-Group*) der NATO, die 1978 beschließt, neue Nuklearraketen mit einer Reichweite bis in die Sowjetunion in Westeuropa zu stationieren (dieser Entscheid wurde vor der Öffentlichkeit geheimgehalten). Wiederum ein Jahr später – 1979 – werden die Regierungen der europäischen NATO-Staaten in die Spur geschickt, um den Plan der NATO-Militärführung nachträglich abzunicken (»NATO-Doppelbeschluß«). 1980 schließlich verkündet Carter sein Konzept der atomaren Erstschlagsstrategie (PD 59). Damit waren die Weichen für einen atomaren Angriffskrieg gegen die Sowjetunion gestellt, und die Truppen standen Gewehr bei Fuß. Wie weit die Vorbereitungen hierfür bereits gediehen waren, geht aus einem

Brief des scheidenden NATO-Oberbefehlshabers General Haig an den Generalsekretär der NATO Luns vom 26. Juni 1979 hervor. Es ist ein Dokument der Ungeheuerlichkeit. In dem Schreiben an den »lieben Joseph« heißt es unter anderem:

> Wie Sie wissen, ist eine unserer Annahmen in der Nuklearplanung die, daß wir unter bestimmten Umständen, die sich wahrscheinlich in Europa entwickeln, gezwungen sein werden, Atomwaffen erstmals einzusetzen. [... Es ist] lebenswichtig, laufende Projekte für den begrenzten Einsatz von US-Atomwaffen in Europa und für andere militärische Maßnahmen, die uns zur Verfügung stehen, für einen möglichen Notfall zu beschleunigen und abzuschließen. [...]
>
> Wir werden unsere gemeinsamen Pläne niemals verwirklichen können in diesem lebenswichtigen Bereich, wenn nicht ganz außergewöhnliche Bemühungen unternommen werden, um europäische Tendenzen zu Neutralismus, Pazifismus und einseitiger Abkoppelung (*Unilateralism*) in Schach zu halten. Um dies zu erreichen, ist es notwendig, als Thema hervorzuheben, daß das nukleare Waffen-Gleichgewicht, insbesondere auf dem europäischen Schauplatz [*Theatre*], sich scharf zugunsten des Ostens verändert hat. Wir sollten ständig an die Notwendigkeit denken, unablässig die Aufmerksamkeit auf die sowjetische militärische Bedrohung zu lenken, und an die weitere Aktivierung unserer Zusammenarbeit mit den Massenmedien.
>
> Sollten Argumentation, Überredung und Bearbeitung (*impacting*) bei den Medien versagen, dann haben wir keine andere Alternative, als die Kleinmütigen in Europa wachzurütteln, durch die Schaffung von Situationen, Land für Land, so wie es notwendig erscheint, um sie davon zu überzeugen, wo ihre Interessen liegen... [102]

Hier sagt es ein Mann, der es wissen muß: Die »sowjetische Überlegenheit« ist eine Propagandaphrase für willige Deppen. Doch wie sehr sich Haig auch in den Schlichen der medialen Kriegführung auskennt! Im übrigen war die Befürchtung des Vier Sterne-Generals bezüglich der Zuverlässigkeit der Presse unbegründet: Sie stand in Westdeutschland »in Treue fest bis in den Tod«. Aber ist es nicht apart, wie der General andernfalls Möglichkeiten andeutet, die eine Variationsbreite von Putsch über Mord bis militärischer Intervention zulassen, damit die »kleinmütigen« Europäer ihre Interessen kennenlernen, so wie man unreine Haustiere mit der Schnauze in ihren eigenen Kot drückt? Alexander Haig, der vom Ein-Sterne-General an zahlreichen Offizierskollegen vorbei gleich in den höchsten Rang katapultiert wurde – eine politische Entscheidung also, deren Gründe man in Haigs strammer Kriegstreiberei sehen muß –, wurde unter Reagan Außenminister. In dieser Eigenschaft befand er, es gebe wichtigere Dinge als den Frieden. Als Haig im gesegneten Alter von 85 Jahren im Februar 2010 von hinnen schied, würdigte ihn Obama der Gute in einem Nachruf als »großartigen Amerikaner«, der sein Leben in den Dienst der Öffentlichkeit gestellt habe. Es kommt eben immer darauf an, welche Kriterien man anlegt.

Es wurde brandgefährlich ab Ende der 70er Jahre, wenn man in Europa lebte. Die amerikanischen Atomverbrecher hatten den Finger am Abzug.

Exkurs: »Das Undenkbare denken«. Erinnerungen an das Jahr 1977

Der 1970 gedrehte, durchaus sehenswerte Film »Zabriskie Point« des Regisseurs Michelangelo Antonioni beginnt mit einer erregten Debatte unter amerikanischen Studenten, in deren Verlauf ein schwarzer Student dazwischenruft: »Ihr redet nur über die Gewalt, während die Gegenseite sie ausübt!« Mit diesem berechtigten Einwand war sie ausgesprochen, die mit Denkverbot belegte »Gewaltfrage«. Eine ähnliche Wirkung übten die Aktivitäten der RAF zu Anfang der 70er Jahre auf uns Schüler aus – nicht, daß sich irgend jemand von uns ernsthaft überlegt hätte, im selben Sinne tätig zu werden, denn dafür war die Zielsetzung dieser Gruppe viel zu unklar, ihre Mitteilungen mehrteils wirr und unverständlich, und das groteske Kräfteungleichgewicht zeigte an, wie hoffnungslos und meschugge diese Unternehmungen waren. Auch setzten wir die vorangegangenen Verfassungsbrüche nicht in Relation zu den spektakulären Überfällen und Attentaten auf der einen, den nicht minder spektakulären und beängstigenden Rechtsbrüchen, Kontroll- und Gewaltexzessen der anderen, also staatlichen Seite – eine Meditation darüber hätte sich gelohnt. Wir kannten zwar die Fotos von Demonstranten, die sich ihre Münder mit Pflastern verklebt hatten und Schilder mit der Aufschrift trugen: »Schon bist Du ein Verfassungsfeind«. Aber in keiner einzigen Stunde des elend langweiligen »Gemeinschaftskundeunterrichts« (eines der Worte deutscher Sprache, bei denen Mark Twain Panikanfälle bekommen hätte) wurde uns erklärt, was eine Verfassung ist und worin sie sich von einem Gesetz unterscheidet. Unser Denkhorizont war also vorbürgerlich, schon zu jener Zeit, und heute ist er bei der erdrückenden Masse der Heranwachsenden (neo)byzantinisch: »Grundgesetz war gestern!« Eine Erd-

kundelehrerin, die als Referendarin an die Schule gekommen war und durch zaghafte Andeutungen auffiel, daß gesellschaftliche und soziale Fragen von Interesse sein könnten, stand im Ruch der DKP-Mitgliedschaft und wurde nicht in den Schuldienst übernommen. Einer von zehntausend dokumentierten Fällen! Das war gespenstisch, aber darüber sprachen wir Schüler weniger als über die sensationellen Schießereien zwischen den »Terroristen« und dem – diesen Vorwand willig aufgreifenden – hochgerüsteten Polizei- und Unrechtsstaat (den wir nicht als solchen hätten bezeichnen können, weil wir nicht wußten, daß die Verfassung die verbindliche Anweisung (Art. 1 GG) dafür ist, wie die Gesetze beschaffen sein müssen *(also ein Lehrer oder Lokführer mit DKP-Mitgliedschaft, die ihre Berufe beanstandungslos ausüben, gemäß den Verfassungsartikeln 3,3 und 33,2 nicht aus politischen Gründen entlassen werden dürfen, so wenig wie zwei einstürzende Bürotürme im Gelobten Land jenseits des Atlantiks ein Grund für die Außerkraftsetzung des Art. 26 der Verfassung sein können: Nie hat Afghanistan Deutschland angegriffen!). Statt darüber Klarheit zu erlangen, redeten wir uns die Köpfe heiß über Fragen wie die folgenden (nicht unnütz, gewiß, aber dennoch dem größeren Sensationswert eines Attentats gegenüber einem Verfassungsbruch Tribut zollend): Ist das staatliche Gewaltmonopol gerechtfertigt? Wem nützt es; wann und wie wird es eingesetzt? Was hat es mit der vielbeschworenen »Verhältnismäßigkeit der Mittel« auf sich; kann hiervon überhaupt noch die Rede sein? Wir redeten wie in »Zabriskie Point«, und doch erlebten wir als Zeitzeugen zugleich Geschehnisse und Vorgänge, welche Antworten auf unsere Fragen enthielten.*

Im folgenden seien einige dieser Beobachtungen und Erlebnisse aus subjektiver Sicht wiedergegeben[103]*, denn auch sie waren Bestandteil der Lebensrealität im westlichen Teilstaat während des Kalten Krieges. Die jüngeren Leser seien aufgefordert, diese Mitteilungen mit den Erzählungen ihrer Eltern zu vergleichen, so sie denn erzählen. Vergleiche sind stets erkenntnisfördernd.*

∗

Ein Spaziergang im Schwarzwald, im Sommer 1977. Ich war Anfang zwanzig und studierte nach Ableistung des Militärdienstes im vierten Semester die Fächer Germanistik, Geschichte und Politik, Ziel: Lehramt. Die Fächerwahl war aus Neigung und Blauäugigkeit erfolgt; ich hatte mir davon versprochen, die Befähigung zum Schriftsteller erwerben zu können – die Leitsterne am literarischen Himmel waren Arno Schmidt und Peter Weiss –, und darüber hinaus hatte ich in einem sehr naiven faustischen Anflug erhofft, zu erfahren, »was die Welt / im Innersten zusammenhält«. – Daß ich überhaupt studieren konnte, war zeitbedingtes Glück, denn die sozialliberale Koalition hatte, um Soziales und Liberales vorzugaukeln, während sie die Verfassung brach (aber das wurde mir erst später klar), die Parole »Arbeiterkinder an die Uni« ausgegeben, und dies wiederum kreuzte sich mit den trotz proletarischer Herkunft kleinbürgerlichen Aufstiegsambitionen meiner Eltern, aus dem Sohn solle »was Rechtes« werden – und weiter als bis zum Lehrer reichte dieser kleingestrickte Horizont nicht. Immerhin: Studium statt Lehre mit fünfzehn, das war schon etwas. Allerdings begann mir nach den ersten Semestern zu dämmern, daß vieles nicht stimmte, nicht stimmen konnte. Statt dem erhofften Reich der Freiheit war die Uni eher ein Ort der Vereinzelung und Vereinsamung. Schriftsteller konnte man hier nicht werden, allenfalls Journalist; Übersicht wurde nicht geboten, dafür jede Menge zusammenhangsloser und letztlich irrelevanter Detailkram. Gerade in meinen Fächern war die Frage nach den Ursachen gesellschaftlicher Zu- und Mißstände, jeder Legende zum Trotz, verpönt, sie wurde zwar von politisch aktiven Studenten der organisierten Linken – noch gab es sie – gestellt, wurden aber von angeblich progressiven Dozenten mit einem wahrhaftigen Differenzierungsfuror zugequasselt. Ich begann, vermittelt durch Flugblätter der radikalen Linken – noch gab es sie – zu ahnen, daß dies weder Ungeschick noch Unfähigkeit einzelner, sondern Absicht und System war; ein Ausdruck, der mir in diesem Zusammenhang am meisten zu denken gab, lautete »Kopflanger der Herrschenden«: Das und nichts anderes sollte unsere Aufgabe als spätere Lehrer sein – die ideologisch-propagandistische Ausrichtung, Normierung, Stanzung der uns Ausgelieferten und Untergebenen, und um Schülerhirne versauen zu können, sollten wir unsere Hirne versauen lassen. Brecht hatte über die Lehrer der Nazizeit das ausgezeichnete Wort vom »Machtverehrer, Hirnverheerer« geprägt; offensichtlich hatte sich daran nichts geändert, außer dem Wortlaut der Formeln zur Untertanenerzeugung. Die Uni war keine Stätte des Wissenserwerbs, gar der Bildung, sondern primär eine Kaderschmiede der Ideologievermittlung, *vulgo* Indoktrination. Aber sie bot geistiges Rüstzeug in Form von Büchern; selbst zeitgeistkonforme oder, wie man es damals ausdrückte, »affirmative« Literatur konnte man gegen den ideologischen Strich lesen und die zugrundeliegende Absicht verstehen. Man konnte geistige Waffen schmieden und kann es auch heute noch, in dieser trüben, an Anregungen, Ermutigungen und Anleitungen – sie sind bitter nötig! – so viel ärmeren Zeit.

– Das Schwarzwalddorf war so adrett wie ein Schwarzwalddorf nur sein kann: schmucke Häuser mit Geranien in den Blumentöpfen, gebügelte Vorhänge, nichts als Sauberkeit und Bollenhut, der ideale Urlaubsort »für die ganze Familie«. Aber eines störte die Idylle: Wie in allen Städten Westdeutschlands, ob groß oder klein, an Rathäusern, vor Amtsstuben, an Posteingängen, in Bankfilialen, hingen auch in diesem abgelegenen Kaff Fahndungsplakate. Sie waren, wenn ich mich recht entsinne, weiß mit rotem Rand, darauf die zur Fahndung Ausgeschriebenen in Schwarz/weiß-Photographien: »Achtung Terroristen!« Mehrere dieser Gesichter waren durchgestrichen, mit rotem Filzstift und sehr akkurat; man hatte offensichtlich nicht versäumt, ein Lineal bei dieser verantwortungsvollen Aufgabe zu benutzen.

Eines dieser Gesichter gehörte Ulrike Meinhof. Sie war im Jahr zuvor erhängt in ihrer Zelle aufgefunden worden, die bestbewachte Gefangene der »Republik«, vollständiger Isolation und Kontaktsperre unterworfen; ihre Zelle hatte einen Separateingang für Beamte, Ärzte und – wer weiß? Beunruhigende Gerüchte wollten nicht verstummen: War sie bereits tot, als man sie ans Fenstergitter hängte? Jedenfalls deutete dies eine unabhängige Untersuchungskommission an, die sich mit den Todesumständen Ulrike Meinhofs befaßt hatte. Hatte man in ihrer Unterhose tatsächlich Sperma gefunden? Man erfuhr nichts Genaues. Es konnte, so die offizielle Version, eine absichtliche Verleumdung eines »Rechtsstaats mit Mängeln«, gewiß, »mit Mängeln«, sein, aber so etwas?! Andererseits … Es blieb etwas Vages in der Luft hängen, die Andeutung von Scheußlichem, Furchtbarem, Finsterem. Hatte man nicht versucht, sie einer Gehirnoperation zu unterziehen? Der Fachterminus lautete »Stereotaxie«, ich hatte als Schüler erstmals davon gehört, eine der jüngsten und entsetzlichsten Waffen aus dem Arsenal einer enthumanisierten Psychiatrie, zu der sich im Vergleich Kaltwasserduschen und Elektroschocks als geradezu harmlos erwiesen. Die Grundannahme lautete, daß »abnormales«, im weitesten Sinne »asoziales« Verhalten wie Trunksucht, Aufsässigkeit oder kriminelle Neigungen in bestimmten Hirnfeldern verortet sein sollen, die mittels einer eingeführten Sonde oder Elektrode ausgelöscht, wegradiert, ausgebrannt werden sollten. Zu diesem Zeitpunkt steckte die Hirnforschung noch in ihren bescheidenen Anfängen; das meiste wußte man von Unfällen und Kriegsverletzungen. (Ein Wirt in meinem Geburtsort hatte einen Schuß ins Schlafzentrum erhalten und überlebt; er fristete sein Dasein als Morphinist.) Als Schüler hatte ich einen Dokumentarfilm im Fernsehen gesehen; es war der Fall eines Alkoholikers im Land der unbegrenzten Möglichkeiten, den USA, der eben dieser »Behandlungsmethode« unterzogen wurde. Nach dem operativen Eingriff hatte er 50 Kilo zugenommen und sein Sprachvermögen verloren, ein bedauernswerter, debiler Krüppel. War der Erfinder dieses Verfahrens nicht von einem Patienten erschossen worden, den er auf diese Weise verstümmelt hatte? Es stellte sich die Frage: Ist militante Resistenz – und dafür stand Ulrike Meinhof ja – pathologisch? Rechtfertigt sie die Auslöschung einer Identität, die aus Staatsräson verworfen, verurteilt wird? Wäre die Todesstrafe nicht humaner? Und, noch schwerwiegender: Worin besteht der Unterschied zu den abscheulichen Menschenversuchen in den Konzentrationslagern der Nazis, den Kälteexpositionen bis zum Erfrierungstod, den Phenolinjektionen ins Herz, dem Ausfüllen der Uteri mit Zement? Das haben sich wohl auch einige Zeitgenossen gefragt und gegen die geplante Hirnverstümmelung und Identitätsauslöschung protestiert. Die deutschen Behörden haben dann darauf verzichtet, beileibe nicht aus Einsicht in das Verbrecherische ihres Vorhabens, Ulrike Meinhof mit diesem »Verfahren« zu »behandeln«.

Wenn ich mich frage, wie ich als Schüler, dann als Student diese Frau wahrgenommen habe, die jetzt Gegenstand absurder Legendenbildungen und bösartiger Verdrehungen ist, dann muß ich feststellen: jedenfalls weniger als Straftäter oder gar als »Verbrecher«, sondern eher als eine moralische Größe mit einer gewissen Tragik. Ich höre das Geschrei aller Rechtgläubigen und Rechtgesinnten und erkläre meine Sicht. Straftaten im Sinne des bürgerlichen Gesetzbuches hat Ulrike Meinhof zweifelsohne begangen, aber nicht aus verbrecherischen Motiven. Ein Verbrecher begeht seine Taten – Raub oder Mord oder beides –, weil er sich einen persönlichen Vorteil davon verspricht, meist in materieller, aber auch in anderer Hinsicht (man denke etwa an die ekelhaften »Ehrenmorde« islamischer Fanatiker, die – Hand aufs Herz! – auf einmal gar nicht so schlimm sein sollen, weil sie religiös motiviert sind; eine solche »Überzeugungstäterschaft« hatte man den RAF-Aktivisten nie zugute gehalten oder als mildernden Umstand angerechnet!). Juristisch betrachtet, muß eine Tat auch nach ihrem Motiv und ihrem Ziel betrachtet werden, wenigstens in einem Rechtsstaat. Das Motiv bestand in diesem Fall nicht in der Erlangung eines persönlichen Nutzens, ganz im Gegenteil, es wurden gravierende Nachteile in Kauf genommen, bis hin zu Verhaftung und gewaltsamem Tod. Das Motiv war vielmehr uneigennütziger, überpersönlicher Natur: Ein großes Übel – das gesellschaftliche System der Ungleichheit, der Ausbeutung und der imperialistischen Kriege – sollte mit den Mitteln beseitigt werden, mit denen es seine Existenz sichert: mit Gewalt (die immer dann eingesetzt wird, wenn die organisierte Lüge nicht mehr verfängt; der blutrünstige, teure und riskante Faschismus wurde nur deswegen installiert, weil sich die Arbeiter der Weimarer Republik von der Sozialdemokratie ab- und der KPD zugewandt hatten). Allerdings handelte es sich bei der RAF um eine Sonderform der Gewalt: den individuellen Terror gegen Repräsentanten des Systems, die allerdings organisch nachwuchsen. Und hier nun, bei der politischen Analyse (statt der juristischen Be- oder Verurteilung) dieses Konzepts, gilt es nüchtern festzuhalten: Es taugt nicht zur Erreichung des vorgegebenen Ziels, es ist ineffizient und wegen seiner Ineffizienz schädlich. Das hätte man spätestens seit Vera Figner und seit Lenin wissen müssen. Der Terrorist ist Moralist statt Realist, er handelt aus Verzweiflung statt aus Überlegung, und eben darin liegt das Schädliche (und Selbstschädigende) seiner Handlung. Die moralische Statur und Achtbarkeit einer Vera Figner – wohl am ehesten das historische Vorbild für Ulrike Meinhof – ist unbestreitbar, und man mag es ihr und ihren Mitkämpfern, den frühen Anarchisten, nachsehen, wenn sie die Ansicht vertraten oder hofften, mit dem Zaren werde der Zarismus verschwinden. Die Ereignisse haben diesen fatalen Irrtum blutig korrigiert, und Lenin, dessen Bruder nach einem gelungenen Attentat auf Alexander II. hingerichtet wurde, hat daraus den einzig richtigen Schluß gezogen. Er lautet, in zwei Worten, seinen eigenen, zusammengefaßt: »geduldig aufklären«. Die Masse – und das gilt keineswegs nur für den russischen Leibeigenen des 19. Jahrhunderts – verharrt in Unwissenheit und Illusionen, sie ist nicht von Natur aus dumm, wurde aber dumm gemacht, und diese systematisch betriebene Zerstörungsarbeit durch Pfaffen und weltliche Gedankenpolizei gilt es rückgängig bzw. unschädlich zu machen, bevor es um die Frage des Handelns geht. Und Handeln, richtiges Handeln zumal, will gelernt sein; Grundsätzliches dazu findet man in dem wichtigsten politischen Buch, das je geschrieben wurde: Lenins »Was tun?«, und die praktische Umsetzung dieser Erkenntnisse in der Russischen Revolution, die von Leo Trotzki vorzüglich beschrieben worden ist. Wenn ich weiter oben von einer »gewissen Tragik« sprach, dann aus diesem einen Grund: Man muß einen Fehler nicht zweimal begehen.

Natürlich hätte ich es als Schüler oder auch als junger Student nie so benennen können, aber die Empfindung war eben jene und spiegelte diesen Sachverhalt zwar unklar, aber in groben Zügen zutreffend wider. Seinerzeit hätte ich vielleicht gesagt, Ulrike Meinhof sei eine Art »heilige Johanna der Schlachthöfe«. Ich hatte das Brechtsche Stück im Alter von 16 Jahren in einer Nürnberger Inszenierung gesehen und seine Botschaft, wie ich glaube, im wesentlichen verstanden: Man kann den Ozean des Elends und Unrechts nicht mit dem Löffelchen der karitativen Nächstenliebe ausschöpfen. Als am eindrucksvollsten ist mir die Schlußszene in Erinnerung, in der Pierpont Mauler, der Chicagoer Fleischmagnat und Menschenschinder (Vorbild war der erste Dollarmilliardär John Pierpont Morgan), mit der sterbenden hl. Johanna einen obszönen Foxtrott hinlegte. Es war eine Groteske, ein makabrer Totentanz und wirkte wie eine Vergewaltigung, zugleich aber wurde deutlich, daß diese hl. Johanna ein Instrument in den Händen des scharfsichtigen Zynikers war, der genau wußte, was er an ihr hatte: Der Karitative ist der nützliche Idiot des Ausbeuters. In einer anderen, wohl verworfenen (oder verbotenen?) Bühnenversion läßt Brecht die sterbende Johanna zu der Einsicht gelangen, daß – sinngemäß – jedem, der friedlichen Wandel durch Nächstenliebe predige, der Schädel am Rinnstein zerschlagen werden möge. Zu spät! Vor allem aber: Was folgt aus diesem unfrommen Schluß, der, wiederum juristisch betrachtet, nichts anderes als die Aufforderung zur Begehung einer Straftat ist (schwere Körperverletzung mit eventueller Todesfolge)? Bei Brecht stellen sich die interessantesten Fragen immer dann, wenn der Vorhang gefallen ist …

Von Ulrike Meinhof wußte ich, daß sie, aus bürgerlichen Verhältnissen stammend (jeder wird irgendwo geboren, stellt August Bebel treffend in seinen Lebenserinnerungen fest), ein Drehbuch für einen Film über »schwierige Jugendliche« im proletarischen Milieu geschrieben hatte (das mich nie interessierte) – daher der Eindruck einer Sozialarbeiterin oder hl. Johanna, die aus Verzweiflung ob der steinernen Verhältnisse zur Waffe greift. Wie aber stellte man es richtig an? Das vermochte ich zu jenem Zeitpunkt nicht zu sagen.

Das zweite durchgestrichene Gesicht, das ich während dieses Sommerspaziergangs sah, gehörte Siegfried Hausner. Er hatte mit einem Kommando die deutsche Botschaft in Stockholm gestürmt. Genau eingeprägt hat sich mir das Photo, wie der schwerverletzte Hausner auf einer Bahre aus der Botschaft getragen wurde; angeblich hatte er sich die Verwundungen bei der unsachgemäßen Behandlung eines Sprengsatzes zugezogen. Die mehrfache Schädelfraktur stammte allerdings von Schlägen auf den Kopf. Obwohl schwedische Ärzte ihn für transportunfähig erklärt hatten, wurde er in ein deutsches Gefängnis gebracht. Wenige Tage später war er tot. – Das dritte Gesicht mit gekreuzten roten Balken war, meine ich, jenes von Holger Meins. Er hatte an einem Hungerstreik teilgenommen und wog zum Zeitpunkt seines Todes, bei einer Körpergröße von über 1,80 m, gerade noch 39 Kilo – damit verknüpft ist das Bild eines ausgemergelten, eingefallenen Gesichts mit einem struppigen Bart über einem fast skelettierten Leib. Anläßlich seines Todes ließ der deutsche Justizminister (Vogel, SPD) verlauten, das verfassungsrechtlich garantierte Recht auf Leben gelte »nicht absolut«. Also relativ. Wer bestimmt über Leben und Tod?

Ein jeder Jugendlicher und Erwachsener hat solche oder ähnliche Beobachtungen gemacht – sofern er nicht blind war –, hat sich solche oder ähnliche Fragen gestellt und ist in seinen Überlegungen – sofern man ihn keiner stereotaktischen Operation unterzogen hatte – unterschiedlich weit gekommen. Doch was ist daraus geworden? Wenn man heute Augenzeugen dieser Ereignisse nach ihren Beobachtungen, Empfindungen und Gedanken fragt, dann erhält man ähnliche Antworten wie wir, wenn wir unseren Eltern über die Zeit des Faschismus, über Kommunistenverfolgung und Judenvernichtung, auf den Zahn fühlten. Wenn es hoch kommt, werden ein paar zusammenhangslose Anekdoten zum besten gegeben, untermengt mit unverdauten Propagandaphrasen, einem Schwall von Beschwichtigungen und einem abschließenden Achselzucken. Ich kann jeden Jugendlichen nur dazu auffordern, dieses Experiment zu unternehmen – er wird dann feststellen können, *wie sehr* die Gewalt dumm macht und daß die Weisheit keineswegs mit dem Alter zunimmt. Der gewaltinduzierte Verlust der Erinnerungsfähigkeit macht aus einem Menschen einen lenkbaren Zombie. Es war seinerzeit schick, vor allem in Akademikerkreisen, sich einem gefahrlosen Nervenkitzel auszusetzen und in Debatten sich damit zu brüsten, man würde einer flüchtenden Ulrike Meinhof – einem Andreas Baader schon weniger – für eine Nacht Unterschlupf gewähren. Dies zeigt zwar an, daß die Dämonisierung der RAF noch nicht so weit fortgeschritten war – die Propagandamultiplikatoren liefen jedoch auf Hochtouren und leisteten bald ganze Arbeit –, aber mir erschien dieses risikolose Bekenntnis immer etwas kokett und eher peinlich: »Huch, bin ich heute mal wieder radikal!« In Wirklichkeit hatten diese Personen keine Schwierigkeiten damit, die Täterpartei SPD zu wählen – trotz (oder wegen) Willy Brandts Berufsverboten. Wem damit ernst gewesen wäre, der hätte dieses Vorhaben aus guten Gründen nicht in der Öffentlichkeit herumposaunt. Man hört bereits am Ton, ob jemand bei seinem Bericht an der Wahrheit interessiert ist oder es vorzieht, sich in verlogenen Sentimentalitäten zu ergehen.

Ich habe den Bericht über diesen Sommerspaziergang aus einem zweiten, für mich nicht allzu rühmlichen Grund an den Anfang gesetzt, denn ich hatte ihn nicht allein unternommen. Mein Begleiter, nennen wir ihn K., war politischer Aktivist und organisiert (in der »Marxistisch-Reichistischen Initiative« MRI, heute »Bund gegen Anpassung«), dabei, wie ich fand, ein untypischer Linker: Er war belesen, schätzte klassische Musik und gutes Essen, war weder Eiferer noch Dogmatiker, sondern schien eher bedächtig und abwägend, setzte seine Argumente aber so, daß sie eingepflanzte und tief verwurzelte Vorurteile ohne weiteres aushebeln konnten. Ich kannte ihn vom Büchertisch in der Mensa – ja, das gab es noch, man konnte sich dort hervorragend mit den »Klassikern« der Psychoanalyse und des Marxismus eindecken, bevor sie Anfang der 90er Jahre verboten wurden, natürlich nur aus »feuerschutzpolizeilichen Erwägungen«, versteht sich – und vom Flugblattverteilen vor der Mensa her – auch das gab es noch, bevor es untersagt wurde, selbstverständlich nur »unserer Umwelt zuliebe«, wegen ein paar weggeworfener Flugblätter einiger Ignoranten. Tatsächlich wurden jeden Tag irgendwelche Flugblätter verteilt oder Broschüren verkauft, und wenn man über ausreichend Zeit und Muße verfügte, konnte man ohne weiteres zwei bis drei Stunden mit ihrer Lektüre verbringen. K. gegenüber machte ich nun die etwas ironische Bemerkung, wie deplaziert ich diese Fahndungsplakate in diesem Dorf fände – »als ob die RAFler hier Urlaub machen wollten«. Er sah mich von der Seite an und sagte: »Darum geht es nicht. Hier soll eine ganze Nation propagandistisch aufgerüstet werden. Jeder Deutsche ein Denunziant, das ist es, was sie wollen.« Ich Narr – natürlich hatte er recht. Wie sehr, das sollte ich bald genug erfahren. Ich wohnte in jener Zeit mit einem Mathematikstudenten in einer Zweier-Wohngemeinschaft, einen Stock über dem Vermieter (man kann von solchen Wohn-, besser Abhängigkeits- und Erpressungsverhältnissen nur abraten, aber was sollte man machen mit 500 Mark im Monat?), einem pensionierten Schneider samt Ehefrau, der Meisterbrief mit dem Hakenkreuz als stolze Zierde in der guten Stube. Eines Tages, auf dem Weg zu irgendeiner Vorlesung, traf ich den alten Herrn (er tat ansonsten wie die Freundlichkeit in Person) auf dem Hausflur dabei an, wie er meine Mülltonne durchwühlte und dabei ein besonderes Interesse für Papierabfälle, neben der Tonne aussortiert, an den Tag legte. Ich stellte ihn zur Rede und fragte ihn, was das sollte, worauf er ohne jede Scham und ohne jedes Peinlichkeitsgefühl, als Schnüffler auf frischer Tat ertappt worden zu sein, antwortete: »Es ist wegen der vielen Autos mit fremden Kennzeichen, von den Leuten, von denen Sie Besuch erhalten.« Aha. Ich hatte verstanden. Ich war ins Visier der »Rasterfahndung« geraten, und meine Bekannten gleich mit; wer weiß, wo ihre Autonummern und sonstigen Daten jetzt gespeichert waren. Ich gab dem alten Sack zwar zu verstehen, er möge seine Nase gefälligst in seine eigenen Angelegenheiten stecken, und machte ihn mit Hoffmann von Fallersleben bekannt (»Das größte Schwein im ganzen Land / ist und bleibt der Denunziant!«), aber so langsam kamen mir ernsthafte Bedenken. Ich rekapitulierte.

»Rasterfahndung«: das war die Herzensangelegenheit von Horst Herold, dem Präsidenten des Bundeskriminalamts, einem Torquemada von modernem Zuschnitt. »Rasterfahndung« – das besagte, daß des Terrorismus verdächtige Personen gewisse Verhaltensmuster aufwiesen, die in der Gesamtschau ein bestimmtes »Raster« ergaben. Was konnte gegen mich vorliegen, daß ich in ein solches »Raster« fiel? Einen Punkt hatte der Vermieter bereits genannt: Ich erhielt Besuch von Personen, die Autos mit verschiedenen Ortskennzeichen fuhren. Das stimmte. Im Verlauf jener vier oder fünf Semester hatte sich mein Bekanntenkreis ausgeweitet, und natürlich stammten diese Leute, wie in Universitätsstädten üblich, aus den verschiedensten Gegenden der BRD. Aber es war ein auffälliges Merkmal, das, wie es hieß, für »Terroristen« typisch war. Verdächtig war im Grunde jeder, dessen Freundes- und Bekanntenkreis die durchschnittliche Zahl von Familienmitgliedern, drei bis sechs Personen, signifikant überschritt. Was noch? Ich war ein unauffälliger, ruhiger, sogar hilfsbereiter Mieter – ich hatte den alten Leuten gegen ein geringes Entgelt die Hecken gestutzt und die Obstbäume im Garten abgeerntet – und bezahlte den Mietzins pünktlich. Aber das war es ja gerade! Denn »Terroristen«, so hieß es, zeichneten sich dadurch aus, daß sie umgängliche, freundliche, dabei durchaus distanzierte Mieter waren; unter der Mimikry des Anstands, so sagte man ihnen nach, betrieben sie ihr verbrecherisches Werk, was sie gerade so gefährlich machte. Das Normale war das Verdächtige … aber weiter! Ich wohnte, der Zufall wollte es so, in der Nähe einer Autobahn, fünf Fahrminuten entfernt – auf wie viele Deutsche in Großstädten das wohl zutraf? Macht nichts, verdächtig, Kriterium Nummer drei. Und ich ging des Abends oder des Nachts aus dem Haus, ohne die Treppenbeleuchtung anzuschalten, eine alte Angewohnheit aus Schülerzeiten, um das Ausgehen bzw. das späte Nachhausekommen etwas unauffälliger zu gestalten. Sehr verdächtig! Kriterium Nummer vier schließlich, nicht zu vergessen, obwohl dem bieder schnüffelgeilen Schneider gewiß unbekannt: Ich ging auf die studentischen Vollversammlungen, wo ich mittlerweile für die Anträge der radikalen Linken stimmte (KBW, KPD, ML, MRI …) – denn noch gab es sie –, und ich besuchte deren politische Veranstaltungen. Äußerst verdächtig! Dies reichte ohnehin schon aus, um ein Berufsverbot zu erhalten, denn solche Veranstaltungen zogen auch den Abschaum der Menschheit an, die Spitzel der Geheimpolizei, die nach Hitlers Niederlage, unter US-Vormundschaft geraten, den Orwellschen Namen »Verfassungsschutz« verpaßt bekommen hatte. Und las ich nicht auch viele verschiedene Zeitungen? Hatte ich nicht die »Marxistischen Blätter« abonniert, so kreuzbrav, bieder und akademisch sie auch sein mochten? Kurzum, mein »Raster« zeugte gegen mich. Der aktive Kern der RAF mochte zu jener Zeit zwischen achtzig und hundert Personen betragen haben; ins Visier der »Rasterfahndung«, die die staatliche Schnüffelpraxis der Berufsverbote fortführte und technisch perfektionierte, unter Bruch aller essentiellen Verfassungsbestimmungen, gerieten dagegen Millionen.

»Angst essen Seele auf«, heißt der Titel eines beeindruckenden Films von Rainer Werner Faßbinder. So und nicht anders kamen die weißen Flecken der Zeitgenossen zustande. In diesem Haus, wo es allmählich ungemütlich zu werden begann, lebte auch ein Medizinstudent, oben in einer Dachmansarde. Ich kannte ihn nur oberflächlich – Schnurrbartträger, Pfeifenraucher, emsiger Büffler –, so stellte ich mir einen zukünftigen Landarzt vor, der gut zu Leuten und Vieh war. Eines Abends, an einem Sonntag, begegneten wir uns zufällig auf dem Treppenflur; er schien etwas aufgeregter als sonst zu sein. Er hatte übers Wochenende seine Eltern besucht und war gerade eben mit dem Auto zurückgekehrt. »Ich hatte auf der Autobahn einen Pkw überholt«, erzählte er. »Und als ich zufällig rüberschaute, habe ich unter den Insassen zwei Terroristen erkannt.« – »Und?« fragte ich. Er sah mich erstaunt an. »Ich bin natürlich zur Polizei gegangen«, sagte er mit der größten Selbstverständlichkeit. Also auch er. Es wurde **wirklich** ungemütlich. Ionescos »Nashörner« ließen grüßen. Was aus der Sache weiter geworden ist, weiß ich nicht – einer der zahllosen »Hinweise«, die »aus der Bevölkerung eingegangen waren«, wie es im offiziellen Polizeisprech hieß, und die man natürlich »weiterverfolgen« würde. Dieser Mensch, in dem ich einen harmlosen künftigen Landarzt zu erkennen vermeinte, hätte seinen Dienst ein paar Jahre vorher ebenso gründlich an der Rampe eines Konzentrationslagers versehen: »arbeitstauglich … Gaskammer … arbeitstauglich … Gaskammer …« Dies sind Erinnerungsfragmente eines einzelnen, und sie gewinnen ihre eigentliche Bedeutung erst, wenn man sie in gesellschaftlichem Maßstab betrachtet, als Teil einer kollektiven Erfahrung, denn ähnliches könnte ein jeder damaliger Augenzeuge berichten, wenn er nur dazu in der Lage wäre oder es wollte. In der Schule hatte man das Ideologem von (West)Deutschland als »dem freiesten Staat, der je« – je! – »auf deutschem Boden existierte«, eingetrichtert bekommen. Es sollte damit die Weimarer Republik ausgeblendet werden, die allein einen berechtigten Anspruch auf eine solche Ehrenbezeichnung erheben konnte, denn sie kannte keine Fünfprozentklausel, dafür eine starke Arbeiterbewegung. Zweitens sollte dieses Ideologem die unvoreingenommene Wahrnehmung der gesellschaftlichen Wirklichkeit zupappen, d. h. die Tatsache verkleistern, daß in diesem »freiesten Staat« seit Willy Brandt systematisch die Verfassung gebrochen und damit die Kontinuität zwischen Drittem und Viertem Reich sichtbar wurde: was Willy Brandt mit Adolf Hitler gemeinsam hatte, war der Haßschwerpunkt gegen links; was den Führer der deutschen Faschisten allerdings vorteilhaft von der sozialdemokratischen Staatsikone der Nachkriegszeit abhob, war das geringere Maß an Heuchelei:

Hitler hatte nie versprochen, »mehr Demokratie wagen« zu wollen, sondern im Falle seiner Wahl unmißverständlich angekündigt, die KPD zu vernichten und Krieg gegen die Sowjetunion zu führen. Allein dafür wurde er installiert, und um als deutscher Kanzler das »Ermächtigungsgesetz« durchpeitschen zu können, mußten **zuerst** und **vorher** – mit Billigung der Sozialdemokraten – die kommunistischen Reichstagsabgeordneten verhaftet werden; sonst wäre der Staatsstreich nicht so reibungslos über die Bühne gegangen. Um diese immer deutlicher werdende Kontinuität vor allem gegenüber dem europäischen Ausland zu verschleiern, dem der Neid auf die US-Verhätschelung des neuen Frontstaats scharfe Augen auf den Nachbarn beschert hatte, dessen Armee die eigene überrollt hatte und erst in Rußland an ihre Grenze gestoßen war, instruierten mediale Verstärker wie der STERN die Deutschen, was sie im Urlaub auf entsprechende Nachfragen bezüglich der Berufsverbote zu antworten hätten. Mit Brandt hatte der Marsch in den Totalitarismus begonnen, den deutschen und bald globalen Unrechtsstaat moderner Prägung, und die Ereignisse um die Verfolgung und schließliche Zerschlagung der RAF setzten diese Tendenz nur fort; wenn sie überhaupt im Gedächtnis geblieben sind – im Unterschied zu den Verfassungsbrüchen des Staatsheiligen Brandt, von denen niemand redet und die niemand verfilmt hat –, dann deshalb, weil diese Repressionsmaßnahmen spektakulärer und gegen Ende blutig waren. Die Maßeinheit für Unrecht sind aber nicht Hektoliter vergossenen Blutes, sondern die Verletzung der für die Repräsentanten des Staates zwingend verbindlichen, in der Verfassung niedergelegten Vereinbarungen (ihre Außerkraftsetzung war der einzige Inhalt des kalten Staatsstreichs Willy Brandts; die einzige rechtsstaatliche Möglichkeit, Verfassungsbestimmungen zu verändern, ist ein Parlamentsbeschluß mit Zweidrittelmehrheit). Wie sehr Willkür, Unrecht und Verfassungsbruch nun an der Tagesordnung waren, erhellt aus einer scheinheiligen Meldung des SPIEGEL vom 24. Oktober 1977: »Eine kleine Gruppe hoher Beamter hatte tatsächlich alle nur denkbaren Möglichkeiten erörtert, ohne Rücksicht auf außenpolitische Komplikationen, ohne Rücksicht selbst auf das Grundgesetz…« Es herrschte also ein Ausnahmezustand, der in seinen Erscheinungsformen an die ersten Tage nach der Machtergreifung einer südamerikanischen Militärjunta erinnerte. Ich führe zum Beleg drei Erlebnisse an, deren genaue zeitliche Stellung ich nicht mehr bestimmen kann. – Anläßlich eines Fußball-Länderspieles im Stuttgarter Neckarstadion (das dürfte eine genaue Datierung erleichtern) erfolgte die Verlautbarung, ein RAF-Kommando plane einen Raketenanschlag auf das vollbesetzte Stadion. Es war ein als solcher leicht erkennbarer Propaganda-Fake, denn der gezielte Terror gegen die Zivilbevölkerung in der Art heutiger islamischer Fanatiker oder US-amerikanischer Regierungen zählte nie zum Repertoire der RAF; kein Zivilist, sofern er nicht Leibwächter oder ähnliches war, mußte je befürchten, Opfer eines Anschlags zu werden. Nichtsdestoweniger wurden alle Zufahrtsstraßen zu der in einem Talkessel liegenden baden-württembergischen Landeshauptstadt von starken Polizeikräften blockiert, kilometerlange Staus entstanden, Autoinsassen wurden penibel kontrolliert, und ich hörte so manchen Idioten auf »die Terroristen« schimpfen. Das Fußballspiel ging ohne den geringsten Zwischenfall über die Bühne, in freilich großer allgemeiner Anspannung, und danach, tja, war alles vergessen … »Zutrauen hätte man's denen ja können«, mochte noch durch das eine oder andere unterbelichtete Hirn zucken. – Gelegentlich des Besuchs einer Bekannten in Frankfurt am Main kam ich mit dem Zug am dortigen Hauptbahnhof an. Es ist ein Kopfbahnhof, was bedeutet, daß man die rund zwanzig Bahnsteige nur in einer Richtung verlassen kann, um in die Stadt zu gelangen. Das war an diesem Nachmittag, zur Hauptverkehrszeit, allerdings nicht möglich: Ein dichter Cordon von rund 300 mit Maschinenpistolen bewaffneter Polizeibeamter versperrte Tausenden von Reisenden den Weg ins Freie. Jeder Passagier mußte an einen der Beamten herantreten, die Reisetasche auf den Boden stellen, öffnen und ihren Inhalt ausbreiten, wobei langsame Bewegungen tunlichst angeraten waren. (Wie las ich neulich auf einem australischen Flughafen? »Security matters are a serious problem. If you make ridiculous remarks about a bomb, this will be punished by law.«) Gefühl der tiefen Erniedrigung, damals wie heute. – Überhaupt diese Kontrollen, das Aufzwingen der Erniedrigung, ein potentieller Krimineller zu sein. Bei den zahlreichen nächtlichen Kontrollen von Autofahrern galt das Interesse der Beamten nie dem Alkoholpegel des Fahrers; die Wahrscheinlichkeit, mit drei Bieren intus sich ans Steuer zu setzen und ungeschoren nach Hause zu kommen, war ungleich größer als heute. Von Interesse waren vielmehr die Identität der Autoinsassen, das Woher, das Wohin und das Warum. Eiserne Regeln: Nenne nie mehr Daten, als in Deinem Personalausweis stehen; dazu bist Du nicht verpflichtet. Kündige jede Deiner Handlungen an. Wenn Du zum Handschuhfach greifen willst, um die erforderlichen Dokumente herauszuholen, so sage dies und bewege Dich langsam; es könnte mißverstanden werden. Dasselbe gilt für den Griff in die Innentasche der Jacke. – Man kann dem Begriff »Lebensgefühl« eine gewisse Unschärfe nicht absprechen, aber das war das Lebensgefühl »im freiesten Staat, der je auf deutschem Boden existierte«.

Vor kurzem hatte ich einen politischen Essay zur Hand, in dem u. a. der Versuch unternommen wurde, den Begriff der Würde zu definieren, deren Unantastbarkeit im ersten Artikel der deutschen Verfassung festgeschrieben ist. Ich habe gleichzeitig ein Inserat vor Augen, in dem der Wortlaut dieses ersten Grundgesetzartikels mit einem kräftigen »Haha!« versehen ist. Keine Frage: Die menschliche Würde ist zur Lachnummer verkommen, nicht erst seit Guantánamo und Abu Ghraib, aber seitdem endgültig und weltweit. In dieser Hinsicht war Hitler Pionier der US-amerikanischen Cäsaren, unter deren Militärstiefel mit der Menschenwürde alle grundlegenden Errungenschaften der Französischen Revolution zertreten werden – Grund genug, sich mit ihnen zu befassen. Das Credo des Essayisten lautete wie folgt: »Mein Vorschlag lautet, Würde als eine abhängige Variable nicht der Tugend, der Kultur, der Religion oder anderer gasförmiger Idealzustände zu bestimmen, sondern schlicht als eine Größe, die geeicht werden muß am Stand der Produktivkräfte und den von diesen je ermöglichten liberalsten erreichbaren Verkehrsverhältnissen.«[104] Natürlich ist dem Verfasser beizupflichten, daß die Würde kein bloß hehres Wortgebilde, kein luftiges Ideal fernab jeder gesellschaftlichen Wirklichkeit sein kann; seine ironische Anspielung auf Ernst Haeckels »gasförmiges Wirbeltier«, mit dem der deutsche Biologe die christliche, jüdische, islamische und philosophische Gottesvorstellung treffend auf den Nenner brachte, ist in diesem Zusammenhang so weit, so nett. Aber seiner Begriffsbestimmung haftet bei aller Wortradikalität etwas Hölzernes an (was sollen um Himmels willen »liberalste Verkehrsverhältnisse« sein?), ein Erbübel der an staatlicher Verfolgung und realitätsfernem Dogmatismus zugrunde gegangenen K-Gruppen (was heute als »Linke« offiziell firmiert, ist ein staatlicher Homunkulus und daher plumper Etikettenschwindel). Historisch ist die Würde als Losung mittelalterlicher Handwerker, den Trägern des frühen bürgerlichen Klassenkampfes, gegen die feudale Willkür entstanden, denn die feudalen Machtinhaber, Kirche und Adel, ahndeten ideologische Dissidenz (»Ketzerei«) und Abgabenverweigerung mit Folter und Hinrichtung, und folgerichtig ist die körperliche Unversehrtheit (*Habeas Corpus*) der Kernbestand der Menschenwürde, aber eben nur deren Kernbestand. In Anlehnung an deren historischen Entstehungsbedingungen bevorzuge ich in einem ersten Schritt eine wesentlich bescheidenere Definition (denn definieren, begrifflich eingrenzen [lat. *finis*], können wir alles, nur dürfen die Worte nicht ihre Bedeutung verändern), die indessen den Vorteil besitzt, alles auszuschließen, was der Würde abträglich ist: Die Würde ist das Recht des Menschen, frei von Lüge und Gewalt zu leben. Nicht nur Mißhandlung oder der Zwang, eine ökonomische Paria-Existenz zu fristen, stellen eine gravierende Verletzung der Menschenwürde dar, sondern auch die Tatsache, täglich angelogen zu werden. Die Lüge, die vorsätzliche Verletzung von Logik und Vernunft, insbesondere wenn sie in ein System gebracht, standardisiert ist (Ideologie), stellt eine nicht minder schwerwiegende Beschmutzung und Bespeiung der Würde dar (was bereits jedes Kind empfindet, wenn es von Erwachsenen angelogen wird). Zumal die Lüge stets dazu dient, ein Unrecht vorzubereiten bzw. zu rechtfertigen. Ins Positive gewendet, verstehe ich die Würde als mein unveräußerliches Recht, alle meine geistigen und körperlichen Bedürfnisse zu befriedigen, ohne beeinträchtigt zu werden, mit der Pflicht, auch keine anderen in der Wahrnehmung dieses Rechtes zu beeinträchtigen. Das Maß, in welchem mir dies möglich ist – ob ich z.B. in einer Miets- oder Eigentumswohnung lebe, ob ich sie im Winter heizen und ob ich ausgedehnte Fernreisen unternehmen kann –, wird natürlich durch den Stand der Produktivkräfte und die Eigentumsverhältnisse bestimmt – hier sind sie an ihrem Platz – und selbstverständlich durch den elend zermürbenden sozialen Druck (*neighbour-watching community*).

Dieser kleine Exkurs hat mehr mit unserem Thema zu tun, als es auf den ersten Blick scheinen mag. Denn bevor der erste Schuß fiel – gleichgültig von welcher Seite – und die staatlichen Gewaltexzesse schließlich die Denktätigkeit lähmten, hatte ein anderer Kampf eingesetzt, der kriegsentscheidend war: der Kampf um die Worte, der Kampf um die Definitionshoheit. Von staatlicher Seite aus wurde diese Auseinandersetzung von der ersten Minute an professionell, konsequent und unerbittlich geführt; nicht ohne Grund war der Polizeipsychologe Salewski regelmäßiger Teilnehmer in der »Kleinen Lage«, dem Krisenstab aus politischer und polizeilicher Führung: Wer die Worte bestimmt, beherrscht das Denken, und wer das Denken beherrscht, beherrscht die Menschen. Mit anderen Worten: Es gab eine rigide Sprachregelung, einen fixen Kanon von Worten und Begriffen, den gedankenlos zu gebrauchen fatal, den zu mißachten gefährlich war. So war in den offiziellen Verlautbarungen zum Beispiel stets von der »Baader-Meinhof-**Bande**« die Rede; die Wortwahl folgte dem durchsichtigen Kalkül, der RAF jede politische Motivation ihres Handelns abzusprechen und ihre Mitglieder als gewöhnliche Verbrecher abzustempeln; zum pejorativen Gehalt des Wortes (»Räuberbande«) kam die Vorverurteilung ohne Prozeß: eine Bande jagt man, eine Bande zerschlägt man, eine Bande liquidiert man. Es dürfte Angehörigen der jüngeren Generationen schwerfallen, sich vorzustellen, wieviel Mut dazu gehörte, öffentlich von der Baader-Meinhof-Gruppe zu sprechen; zwar konnte man einfach auch nur »RAF« sagen, aber die Wortwahl hatte in vorsichtiger Sondierung zu erfolgen, weil bereits hier die Gewalt im Spiel war und man sich genötigt sah, ihr auszuweichen. Die Gewalt traf die Vorgabe; wer sich an sie hielt, billigte sie, wer sie umging, hatte den Nachteil, erst einmal sehr viele Gedanken darauf verwenden zu müssen, wie dies am besten möglich sei. (Ich verachte all jene zutiefst, die gedankenlos das Wortmonstrum »Reichspogromnacht« nachplappern, denn sie beteiligen sich an einer Geschichtslüge: Diese Wortneuschöpfung impliziert, daß das sogenannte Pogrom – das in Wirklichkeit ein staatlich gelenkter, reichsweit orchestrierter Überfall von SA-Schlägerbanden war – ein Spezifikum des Faschismus – und damit längst vorbei, gottlob und helau! – sei; Kirche und fdGO sind damit fein aus dem Schneider. Außerdem nennt die NSDAP ihre Aktionen nicht selber »Pogrom«, soll es aber eine nachträgliche Bezeichnung sein, wozu das »Reich-«? Auch gibt es [pseudo]linke Zeitungen, die es tatsächlich fertigbringen, den »Verfassungsschutz« nicht einmal in Anführungszeichen zu setzen. Gleiches gilt für Saddam Hussein, den letzten legitimen Präsidenten des Irak, der, wie die Journaille es vorturnt, nicht anders denn als »Diktator« bezeichnet werden darf.)

Ein zweites Beispiel für die rigide Sprachregelung war die medial hochgekochte »Mescalero-Affäre«, so genannt nach der pseudonymen Unterzeichnung eines Artikels in einem Sponti-Blättchen, in dem der Verfasser seine »klammheimliche Freude« über ein gelungenes Attentat zum Ausdruck gebracht hatte. Der von Presse und Fernsehen inszenierte Aufruhr war immens, obwohl das kleine, halb provokatorische Pamphlet eher unbedarft war; Strafanzeigen wurden gestellt, Rücknahmen und Entschuldigungen gefordert oder erpreßt. Natürlich ging es dabei nicht um dieses Artikelchen, das diese Publizität nie erlangt hätte, wenn es nicht wochenlang ausgeschrieen worden wäre; vielmehr steckte ein massenpsychologisches Kalkül dahinter. Bis in die siebziger Jahre wurde die BRD von christlich oder sozialdemokratisch lakkierten Altnazis regiert; der US-amerikanische Kriegsgewinner brauchte sie aufgrund ihrer Erfahrungen bei der Verfolgung und Vernichtung von Kommunisten in seinem neuen, an den »Ostblock« angrenzenden Frontstaat. Entweder hatten die US-Besatzer hochrangige Nazis direkt in ihre Dienste übernommen, wie etwa den Einsatzleiter »Fremde Heere Ost«, Generalleutnant Reinhard Gehlen, der anschließend mit der Leitung der westdeutschen Auslandsspionage (BND) belohnt wurde, oder man hievte sie in die politischen, wirtschaftlichen und militärischen Schlüsselpositionen des westdeutschen US-Protektorats. Ein Globke, dessen Kommentare zu den Judengesetzen sogar Hitler zu weit gingen, wurde die rechte Hand Adenauers, der KZ-Baumeister Lübke wurde Bundespräsident, der in Jugoslawien zu 15 Jahren Zwangsarbeit verurteilte Kriegsverbrecher Hermann Josef Abs durfte wie unter Hitler die Deutsche Bank leiten usw. usf. – Hanns Martin Schleyer, ein Nazi der ersten Stunde, der die Grundlage zu seinem Vermögen mit dem »arisierten« Eigentum tschechoslowakischer Juden gelegt hatte und Führer der westdeutschen Industrie wurde, verkörperte wie Hunderte, Tausende andere diese von den US-Besatzern erzwungene personelle Kontinuität zwischen dem Dritten Reich und jenem unansehnlichen klerikalverseuchten Gebilde BRD, das sich offiziell als dessen Rechtsnachfolger betrachtete. Wenn nun das mit Schmissen verunstaltete Gesicht dieses Industriekapitäns als »Gefangener der RAF« auf den Titelseiten prangte und über die Glotze flimmerte, dann – drücken wir es einmal so aus – wurden jene, die die Vergangenheit dieses Herrn kannten, nicht gerade von einer Welle des Mitleids überrollt, unabhängig davon, ob sie nun Strategie und Ziele der RAF billigten oder nicht. Und es waren ihrer nicht wenige, die genau dies empfanden: später Ausgleich für ungesühnte Naziverbrechen. Die Ohrfeige, die Beate Klarsfeld dem »Herrn Bundeskanzler« Kurt Georg Kiesinger öffentlich verabreichte, verfehlte ihren Eindruck, als ich die Hintergründe erfahren hatte, bei mir als Elfjährigem nicht; Ohrfeigen sind bei Kindern ja immer eine recht einseitige Angelegenheit, und jetzt wußte »auch so einer«, wie man sich dabei fühlt. Hätte es die »Mescalero-Affäre« nicht gegeben, man hätte sie von staatlicher Seite geradezu erfinden müssen, denn damit wurde der ganze so sorgfältig unter den Teppich gekehrte Nazidreck an einem prominenten Verursacher stellvertretend geahndet, und die durchaus häufige persönliche (»klammheimliche«) Genugtuung darüber sollte unter einer Lawine des eigenen Verbrecher- und Schuldgefühls begraben werden. Analog zur »Rasterfahndung« sollte, ja mußte ein jeder, wie ein Katholik vor der Beichte, in sich gehen, sich auf Herz und Nieren prüfen, wieviel Dreck er selber am Stecken hat, und sich dann – *pater peccavi*! – in reuiger Zerknirschung Asche aufs sündige Haupt streuen. Das Adjektiv »klammheimlich« wurde zum Synonym für »verbotener, böser Gedanke«, der nur durch ausgiebige Exerzitien der Selbstgeißelung gesühnt werden konnte. Das Phantom des »mündigen Bürgers« wurde nicht länger bemüht; jetzt war der Staatsknecht gefragt, der Ergebenheitsadressen absonderte wie ein Gläubiger sein Tedeum.

So waren die engen Gleise gelegt, auf denen jede Denktätigkeit sich zu bewegen hatte, als es zum blutigen Showdown kam: die Gefangennahme Schleyers durch ein RAF-Kommando, die Entführung der »Landshut«, um die Stammheimer Gefangenen freizupressen, und die Stammheimer Nacht. Da diese Vorgänge mittlerweile gut recherchiert sind, kann ich auf eine detaillierte Wiedergabe hier verzichten und mich mit der Feststellung begnügen, daß ein tabuisierter Gedanke und ein tabuisiertes Wort jede Gedankentätigkeit lähmen sollten. Der verbotene Gedanke lautete, daß die Stammheiminsassen auf staatliche Anordnung und in staatlicher Regie ermordet worden waren, und das verbotene Wort lautete »Mord«. Während im europäischen Ausland Demonstrationen stattfanden, Autos mit deutschen Kennzeichen in Brand

gesetzt wurden und eine italienische Zeitung eine treffende Karikatur zum »Wunder von Stammheim« veröffentlichte – sie zeigt Andreas Baader in seiner Zelle, er streckt seinen Arm durch das vergitterte Zellenfenster, führt diesen wieder zurück, um eine Pistole an seinem Hinterkopf anzusetzen (treffender hätte die offizielle Version des Selbstmord-Wunders nicht entlarvt werden können, denn Baader hätte hierfür einen Arm von mindestens drei Meter Länge besitzen müssen) –, während der norwegische Maler Odd Nerdrum ein großes

Gemälde schuf, das »Die Ermordung von Andreas Baader« durch Schergen der Geheimpolizei in Rembrandtscher Manier zeigte – der Künstler führte erkennbar die Ikonographie der religiösen Märtyrerbilder aus der europäischen Neuzeit fort, und dieses Gemälde war jahrelang an der Universität von Göteborg ausgestellt –, senkte sich in Westdeutschland etwas Bleiernes in die Köpfe. In Frankfurt hatten sich, als sich die Nachricht vom Tod der Gefangenen wie ein Lauffeuer verbreitete, mehrere hundert Studierende spontan im Audimax eingefunden, und ein gewisser Cohn-Bendit brüllte aufgeregt ins Mikrophon, niemand dürfe jetzt von »Mord« reden – nun, für diese und ähnliche Dienste durften er und sein Spezi Joschka Fischer später Jugoslawien bombardieren. Eine Broschüre des »Kommunistischen Bundes« (KB), einer K-Gruppe mit großer Sponti-Affinität, enthielt sachlich fundierte Aussagen zu den Stammheimer Ereignissen, trug allerdings den gequälten Titel »Wir glauben nicht an Selbstmord!« – trotz des Ausrufezeichens ein verschämtes Zugeständnis an die offizielle Sprachregelung.

Mord oder Selbstmord: um in dieser brisanten (und gefährlichen) Frage mehr Klarheit zu gewinnen, hätte es fürs erste schon ausgereicht, sich an die vorangegangenen Verlautbarungen der staatlichen Repräsentanten zu halten.

Wir hatten im Zusammenhang mit Holger Meins bereits vernommen, daß das »Recht auf Leben« für die Häftlinge der RAF nur ein »relatives Gut« war, und in dem Maße, in dem sich die Ereignisse um Schleyer und die »Landshut« zuspitzten, verdichtete sich täglich der Hagel von Drohungen gegen die Häftlinge, die längst keine Rechtssubjekte mehr, sondern Geiseln waren, Faustpfänder in den Händen einer außer Rand und Band geratenden Staatsmacht. Kanzler Helmut Schmidt, der in dem Moment, in dem diese Zeilen aufs Papier gebracht werden, in einer panegyrischen SPIEGEL-Ausgabe als »Ikone« der Deutschen gefeiert wird – o betet an! o betet an! –, hatte seinerzeit die »Kleine Lage« einberufen mit der expliziten Weisung, »das Undenkbare zu denken« – ohne Rücksicht auf Gesetz, Verfassung oder Praktikabilität der Vorschläge. Diese Formel stammte wie die gesamte Politik Schmidts nicht von ihm selbst, sondern von seinem direkten Vorgesetzten, dem US-Präsidenten James »Jimmy« Carter, der mit diesen Worten die Folgen eines in Europa beginnenden Atomkriegs gegen die Sowjetunion durchspielen ließ (die dafür erforderlichen Erstschlagswaffen Pershing II und Cruise-Missile ließ Carter durch seinen Knecht Schmidt installieren). Schmidt wollte »exotische Vorschläge« hören. Und so geschah es. Schmidt, der Oberleutnant in Hitlers Armee gewesen war und an der Belagerung Leningrads teilgenommen hatte – sie kostete 800 000 russischen Zivilisten das Leben –, stand im Ruf eines »Machers«; er selbst bezeichnete sich in der Art des seligen alten Fritz als »ersten Angestellten« der Bundesrepublik Deutschland. Das klang bieder und harmlos; es sollte suggerieren, daß nach der »Ära der Visionen« des Heuchlers Brandt nun die Zeit des nüchternen Pragmatismus angebrochen sei, oder anders ausgedrückt: Der Verfassungsbruch mußte Routine werden. Das klang schon weniger bieder und harmlos. Und nun trat offen zutage, daß im Anzug des »ersten Angestellten« auch der »Exot« steckte, der im Zweifelsfall genau wußte, wie ein Totschläger zu handhaben war, und der zwei Jahre nach dem »Wunder von Stammheim« den erleichterten Stoßseufzer von sich gab: »Ich kann nur nachträglich den deutschen Juristen danken, daß sie das alles nicht verfassungsrechtlich untersucht haben.« Aber was war es denn, dieses »das alles«? Nun – es war die gegen die Inhaftierten verhängte vollständige Kontaktsperre ohne gesetzliche Grundlage: keine Kontakte zur Außenwelt und untereinander, keine Verteidigerbesuche, keine Briefe und Zeitungen. Es waren die Erwägungen von staatlicher Seite, Taten zu begehen, von denen man dachte, daß sie mit dem Faschismus der Vergangenheit angehörten: Sippenhaft (Repression gegen absolut unschuldige nahe Angehörige der Inhaftierten), Internierungslager für »Sympathisanten«, Abschaffung des verfassungsmäßigen Verbots der Todesstrafe (Art. 102 GG). Besonders in dieses Horn wurde immer lauter gestoßen. Ein FDP-Minister erregte sich darüber, daß die Häftlinge sich nicht selbst umbringen durften; Golo Mann glänzte mit dem rechtsstaatlichen Einfall, man müsse die Inhaftierten für »vogelfrei« erklären; der Exot Franz Josef Strauß forderte: »alle Stunde einen erschießen«; der deutsche Innenminister Franke (SPD) sinnierte: »Die sind dann weg«; es war unentwegt die Rede vom »kurzen Prozeß«, den man jetzt machen müsse, was der verhetzte Volksmund auf den Nenner brachte: »Rübe ab«. Das Regime entlarvte sich bis zur Kenntlichkeit.

Ein paar Tage oder Wochen nach dem »Wunder von Stammheim«, ich weiß es nicht mehr genau, nahm ich an einer abendlichen Zusammenkunft teil, die mein Mitbewohner organisiert hatte. Es war eines jener unregelmäßig stattfindenden Treffen seiner Freunde und Bekannten, darunter ein Verbindungsstudent, eine kostümierte Jura-Absolventin, ein verheirateter Germanist, eine Studentin der Theologie, also alles andere als ein konspirativer Zirkel. Man sprach über dies und jenes, trank und lachte viel, und schließlich kam die Rede auf die Stammheimer Ereignisse. Der Verbindungsstudent machte einen schlechten Witz, während sich die anderen in der Kunst der Beschwichtigung übten: Na ja, es wäre nicht alles »in Ordnung« gewesen, Notstand eben, es sei eine extreme Situation gewesen, aber man müsse sich vor extremen Schlußfolgerungen hüten und desgleichen mehr. Ich schaltete mich in die Debatte ein und führte Argumente an, die im Widerspruch zur offiziellen Version standen: die ausgerechnet in jener Nacht ausgefallene Videoanlage, die unterlassene Untersuchung von Baaders Hand auf Schmauchspuren; ich forderte die Anwesenden zu der gymnastischen Übung auf, diese Form der Selbsttötung experimentell nachzugestalten. Und nun geschah das Erstaunliche: Das quecksilbrige Geplapper verstummte, sie saßen im Kreis mit gesenkten Köpfen und starrten auf den Boden. Es fiel kein Wort mehr, kein Wort der Zustimmung, kein Wort des Widerspruchs. Ich hatte sie kalt erwischt, ihnen zweifellos den schönen, unbeschwerten Abend verdorben und sah mich in meiner Auffassung bestätigt – freilich auf eine gespenstische Weise. Aber ich hatte diesen denkwürdigen Vorgang nicht in seiner ganzen Tiefe verstanden, da ich zu jenem Zeitpunkt Festingers Theorie der »kognitiven Dissonanzreduktion« (KDR) nicht kannte, die im ersten Band von Fritz Erik Hoevels' Buch über Marx und die Ökoanalyse ausführlich erläutert wird.[105] Doch ich hatte ansatzweise verstanden, was diese Theorie so plausibel erklärt: Ich hatte die Runde daran gehindert, sich erfolgreich etwas einzureden; ich hatte den Prozeß der KDR in jenem Moment unterbrochen, als er gerade am Wirken

war. Und nun stand diese Dissonanz zweier sich widersprechender Wahrnehmungen, die es zu beseitigen, zu »reduzieren« galt, schroff im Raum: Drohung
auf der einen, Erkenntnis auf der anderen Seite, und den Teilnehmern der Ge-
sprächsrunde ging es wie Buridans Esel, der sich zwischen zwei Strohsäcken
nicht entscheiden kann. In dem Gleichnis verhungert das Tier wegen seiner
Unentschlossenheit; in der Realität starrten die Betreffenden auf den Boden.
Die Wahrnehmung dieser Dissonanz muß ihnen **unerträglich** erschienen
sein, und diese kleine Momentaufnahme eines mißlungenen Versuchs der
Selbstdeformation – nichts anderes ist die vollzogene, abgeschlossene KDR –
sagt alles über den Prozeß der Ideologievermittlung als solchen aus. Dieser
Schlachtbericht aus dem »Krieg um die Köpfe« verdeutlicht, daß Erkenntnis
ohne KDR-Resistenz nicht zu erlangen ist, oder andersherum: daß die Selbstdeformation zum Untertanen ein zwar alltägliches Phänomen, zugleich aber
ein äußerst mühsamer, schmerzhafter und häßlicher Vorgang ist.

Und darum ging es letzten Endes, geht es letzten Endes. Zum Ausgang der
siebziger Jahre war der Gedanke an die organisierte Gegenwehr gegen Unrecht noch nicht vollständig in den Köpfen ausgemerzt; ihn galt es als erstes
zu ersticken, damit sich, nach einer kurzen Phase der Lethargie und Resignation, auch des Unterschlüpfens bei außenseiterischen religiösen Heilsver-
sprechern, die, wie Bhagwan, persönliches Glück ohne Kampf versprachen,
die von den Herrschenden beabsichtigte Pogrombereitschaft einstellte. Das
war in den achtziger Jahren der Fall, als US-Präsident Reagan die militärische Endlösung der Sowjetunion in Szene setzte; dieser welthistorische Vorgang äußerte sich in verschärften innenpolitischen Repressionen, im Zerfall
der organisierten Linken und in der staatlich geförderten Entstehung einer
pogrombereiten Pseudolinken, den Spontis und dem »schwarzen Block« der
»Antifa«. Doch dieser Zustand mußte zuerst einmal herbeigeführt werden –
mit welchen Mitteln dies geschah, davon sollten diese bruchstückhaften Erinnerungen wenigstens den Hauch einer Ahnung vermitteln.

Wir hatten in der Schule nicht nur Brecht, sondern auch Kafka gelesen, und
jener »Prager Jude« brachte wie kein zweiter Autor jenes Lebensgefühl zum
Ausdruck, das mich in meiner Abhängigkeit als Schüler und in der famili-
ären Enge beherrschte: das Gefühl persönlicher Ohnmacht gegenüber einem
anonymen, allmächtig scheinenden Apparat. Von Gegenwehr war bei ihm
keine Rede, nur von tragischem Scheitern. Aber das gesellschaftliche Umfeld
jener Besseren Zeit zwischen 1965 und 1975 lieferte die Anregungen, um diese
Geschichten voll vergeblicher Anstrengungen, um diese in Angststarre ver-
harrenden Protagonisten zu hinterfragen: war dieser Machtapparat, an dem

die K.s litten und untergingen, tatsächlich so allmächtig und anonym? Gab es wirklich nur zweit- und drittrangige Machtträger, an denen bereits alle Bemühungen zerschellten? Oder erhielten sie Weisungen und Befehle? Von wem und in welcher Absicht? Was wäre geschehen, wenn der Türhüter vor dem Gesetz nicht befragt, sondern beseitigt worden wäre? Im »Prozeß« stirbt K. »wie ein Hund«, und »es war, als sollte die Scham ihn überleben« – eine phantastische und doch gespenstisch realistische Vorwegnahme der wenig später folgenden Judenausrottung. Aber weshalb die Scham? Was, wenn K. die zwei Schergen ermordet hätte statt sie ihn? War dies dann ein Verbrechen, oder war es nicht vielmehr vernünftig? Jedenfalls besser, als sich wehr- und willenlos aussaugen und abschlachten zu lassen? Solche Fragen, die mich in literarischem Gewand beschäftigten, trieben viele um, und viele ließen sie sich auch wieder austreiben. Doch dazu waren beträchtliche Anstrengungen nötig.

Nach dem »Wunder von Stammheim« hatte ich einen Traum; er war lange Zeit mein »Klassiker« des Alptraums. Ich unterdrücke seine Mitteilung, obwohl man für seine Träume nichts kann, aber Reminiszenzen an Orwells »1984« lassen mich davon Abstand nehmen. Dort ist es die staatlich »getürkte« Opposition, die als Leimrute für alle Oppositionellen ausgelegt wird; deren Träume, vertraulich mitgeteilt, dienen dann als Anregung zu spezifischen Foltertechniken – eine grauenhafte Vorstellung, grauenhaft in ihrer Wirklichkeitsnähe. Doch Träume lassen sich auch analysieren und verstehen. In diesem Falle galt: Gewalt ist zu fürchten, aber man darf sie nicht respektieren. Auch hier sollten die Beherrschten ihre Beherrscher beim Wort nehmen: »Das Undenkbare denken.« Alles Weitere wird man dann sehen.

»Sieg ist möglich«

Im Sommer 1980 erschien in der – wie man so sagt – »renommierten« US-Zeitschrift ›Foreign Policy‹ (Heft 39) ein Artikel von Colin S. Gray und Keith Payne mit der Überschrift *Victory is possible*.[106] Die Verfasser greifen Carters neue Militärdoktrin des atomaren Erstschlags auf und bemängeln an ihr, daß sie noch nicht weit genug gehe und nicht ausreichend durchdacht sei. Damit bildet dieser Artikel ein Bindeglied zwischen dem verschärften Kriegskurs gegen Ende von Carters Amtszeit und der noch aggressiveren sowjetfeindlichen Politik in der Ära Reagan. Weit entfernt davon, lediglich die Meinung zweier

Einzelpersonen wiederzugeben, enthält dieser Beitrag die Richtlinien für die zukünftige US-Politik, sei sie nun »demokratisch« oder »republikanisch« geprägt (Carter war »Demokrat«, Reagan »Republikaner«). Kaffeesatzleser und Auguren der Amerikanistik werden sich bemüßigt fühlen, uns aufzuklären, daß die »Demokraten« als Interessenvertreter der Gewerkschaften, der Frauen, Intellektuellen, Schwarzen, Lesben und Schwulen, schließlich der Broccoli essenden Rotweintrinker an der Ostküste das »kleinere Übel« gegenüber den »Republikanern« seien, die Bier trinken, Steaks essen und auf den Tisch hauen. Solche Kindereien seien denen überlassen, die dafür bezahlt werden. Der Artikel soll hier in Paraphrase und Auszügen gemäß seinem Gedankenaufbau wiedergegeben werden, weil er anschaulich die in den 80er Jahren herrschende Atmosphäre wiedergibt, in welcher der Kalte Krieg jederzeit in einen heißen Konflikt umschlagen konnte. Auch weist dieser Beitrag die irritierende Besonderheit so vieler öffentlicher Verlautbarungen von US-Politikern auf, daß die oft verschlungenen Satzkonstruktionen in auffallendem Kontrast zur Primitivität ihres Inhalts stehen (»Wir arbeiten unermüdlich daran, die Sowjets wissen zu lassen, daß wir, vorausgesetzt, sie begehen einen Akt der Aggression, alle unsere Mittel, über die wir zweifelsfrei verfügen, mit der größten Entschlossenheit …« anstatt des einfacheren »Wir schlagen euch alle tot«). Derlei lernt man wohl auf den Kaderschulen, die auch Gray und Payne besucht haben dürften.

Die Autoren eröffnen ihre Ausführungen mit der Feststellung: »Ein Atomkrieg ist möglich. Aber im Gegensatz zu ›Armageddon‹, dem apokalyptischen Krieg, der der Prophetie zufolge das Ende der Geschichte heraufführen wird, kann ein Atomkrieg auf viele verschiedene Arten enden.« Darin besteht das wesentliche Anliegen der Verfasser: aufzuzeigen, daß ein Atomkrieg keineswegs zwangsläufig in die Katastrophe münden muß – da die Bevölkerung in ihren Gedankengängen ohnehin eine ephemere Rolle spielt, nämlich als strategische Ressource für Wiederaufzucht, können sie das so sagen; sie verlassen nie die Führer-Perspektive –, sondern gewonnen werden kann. Allerdings nur unter einer Voraussetzung: man müsse »die potentiell lähmende Selbst-Abschreckung« überwinden oder, positiv gewendet, den Atomkrieg auch gewinnen *wollen*. Diese Entschlossenheit vermissen sie bei den bisherigen US-Regierungen; man könne, so beanstanden sie, nicht mit einem Atomkrieg drohen, ohne sich zu überlegen, wie man ihn siegreich zu Ende führen kann. Ein großes Ärgernis ist ihnen dabei die »Drohung, Selbstmord zu begehen«. In diese Formel packen sie die bisher geltende Voraussetzung, ein Atomkrieg könne nicht gewonnen werden, weil aufgrund des *overkill*-Potentials der angegriffenen Seite immer genügend Mittel zur Verfügung stünden, um mit tödlicher Wirkung zurückzuschlagen (wer zuerst schießt, stirbt als zweiter). Dieses Szenario aus vergangenen Zeiten – das Gleichgewicht des Schreckens – habe ausgedient; nun müsse sich vielmehr die US-Regierung in die Lage versetzen, »rational Atomkrieg zu führen«. Der durchschnittliche Leser zuckt bei dieser Formulierung zusammen, zumal wenn er sich Bilder oder Berichte aus Hiroshima und Nagasaki ins Gedächtnis ruft, doch es ist abermals die konsequent eingehaltene Führer-Perspektive, welche die Autoren zu dieser Bemerkung veranlaßt. Unter »rational« verstehen sie im Wortsinne eine »Berechnung« (*ratio*), nämlich die sorgfältige Abwägung der Zweck-Mittel-Relation: wieviel kostet uns die Weltherrschaft, und ist sie uns diese Kosten wert? Dieses kaltblütige Kalkül macht sie ja gerade so gefährlich, weitaus gefährlicher als jeden islamischen »Haßprediger« unserer Tage. Leiden, Schmerz, Elend, Tod, zumal von Japanern, Europäern oder Russen, spielen in ihren Überlegungen keine Rolle, weil sie in strategischer Hinsicht ohne Belang sind. Sie machen sich lediglich, und das auch nur flüchtig, über amerikanische Opfer Gedanken, wobei sie sich allerdings in interessanten Größenordnungen bewegen, wie wir noch sehen werden.

All den Zauderern, Kleingeistigen und Kleinmütigen stellen sie ein leuchtendes Vorbild vor Augen, an dem sie sich emporranken und orientieren sollen:

> Es ist der Mühe [...] wert, sich die sechs Richtlinien für die Anwendung von Gewalt in Erinnerung zu rufen, die die katholische Kirche in ihrer Doktrin vom »gerechten Krieg« bereitgestellt hat: Gewaltanwendung ist erlaubt, wenn es sich um eine gerechte Sache handelt; wenn eine gerechte Absicht zugrunde liegt; wenn eine reelle Erfolgschance besteht; wenn im Erfolgsfalle eine bessere Zukunft zu erwarten ist, als ohne Gewaltanwendung der Fall gewesen wäre; wenn das Ausmaß der Gewalt zu den erstrebten Zielen oder dem bekämpften Mißstand in einem angemessenen Verhältnis steht; und wenn mit der Entschlossenheit gekämpft wird, Zivilisten zu schonen, sofern eine vernünftige Chance dazu besteht.

Tja, und wer legt fest, was »gerecht« ist? Nur der Papst oder der US-Wahlkaiser, nie aber derjenige, der fragt. Da die derzeitige US-Strategie drei dieser sechs Kriterien nicht erfülle – es fehlten die Definition des Erfolgs, das Versprechen einer besseren Zukunft und Angaben zur Verhältnismäßigkeit der Mittel –, sei, wie die Autoren befinden, die Atomstrategie der USA »unmoralisch«. Abermals mag den Leser Irritation beschleichen: »unmoralisch« ist demnach nicht, Millionen Menschen auf dem Altar des Imperialismus zu

opfern, sondern nicht zu sagen, daß einem diese Hekatomben die Unternehmung wert sind. Allerdings hat die Kategorie der Moral in der Politik nichts
zu suchen; wird sie ohne Definition dessen, was man darunter versteht, eingebracht, dann handelt es sich um kopflose Schwärmer, Heuchler oder, wie
im vorliegenden Fall, um vorsätzlich handelnde Verbrecher. Der aufgeklärte
Mensch spricht statt von Moral von Interessen, und er wird wie die beiden
Autoren darüber reflektieren, mit welchen Mitteln das angestrebte Ziel zu erreichen ist, das im besten Falle das größte Glück des größten Prozentsatzes,
also ein Menschheitsinteresse statt ein Räuberinteresse, beinhaltet. Freilich
bedarf es dazu derselben Entschlossenheit, wie sie die Feinde dieses Mensch-
heitsinteresses an den Tag legen. Genau dies ist der Inhalt von Trotzkis so
wertvoller und klarer Abhandlung über ›Ihre Moral und unsere‹: es ist der alte
jesuitische Grundsatz »Der Zweck heiligt die Mittel«.

Für ein Land, das sich nach Ansicht der Verfasser »am Anfang einer Periode strategischer Unterlegenheit befindet«, haben die Verfasser viel vor, wenn
sie ihm die Führung eines atomaren Angriffskrieges nahelegen, um »eine zu-
friedenstellende Nachkriegs-Weltordnung« sicherzustellen. Aber mit der Logik gehen Gray und Payne so unbekümmert um wie mit den Mega-Toten, die
sie kühl bis ans Herz hinan für ihre Unternehmung einkalkulieren. In dem
Abschnitt »Kriegsziele« kommen sie schließlich zur Sache:

> Eine solche Theorie hätte das Ende des Sowjetstaates ins Auge zu fassen. Die
> Vereinigten Staaten sollten planen, die Sowjetunion zu besiegen, und dies zu
> einem Preis, der eine Erholung der USA erlauben würde. Washington sollte
> Kriegsziele festlegen, die letztendlich die Zerstörung der politischen Macht
> der Sowjets und das Entstehen einer Nachkriegs-Weltordnung, die den west-
> lichen Wertvorstellungen entspricht, in Betracht ziehen.
>
> Die furchterregendste Bedrohung für die Sowjetunion wäre die Zerstörung
> oder eine schwerwiegende Beeinträchtigung ihres politischen Systems. Da-
> her sollten die Vereinigten Staaten in der Lage sein, die Schlüsselfiguren der
> Führung, ihre Kommunikationsmittel und -wege und einige ihrer innenpo-
> litischen Kontrollinstrumente zu zerstören. Die UdSSR mit ihrer mächtigen
> Überzentralisierung der Macht, zusammengefaßt in der riesigen Bürokratie
> in Moskau, dürfte höchst verwundbar einem solchen Angriff gegenüber sein.
> [...] Wenn es gelänge, die Moskauer Bürokratie zu eliminieren, zu beschädi-
> gen oder zu isolieren, dann könnte die UdSSR sich in eine Anarchie auflösen.

Dieses Szenario liest sich wie eine Neuauflage der Angriffspläne aus den 50er
Jahren, mit dem einen entscheidenden Unterschied, daß die USA nun in der
Lage waren, ihr Vorhaben in die Tat umzusetzen. Nachfolgende Generationen

werden sich mit Recht fragen, warum es in Europa angesichts solcher Ausführungen keinen Aufschrei der Empörung und des Entsetzens gegeben hat. Nun – eben dies zu vermeiden, fällt in den Zuständigkeitsbereich der Medien, um die sich General Haig so sehr gesorgt hatte. Zum einen hängte man diesen Artikel nicht an die große Glocke; wenn er überhaupt erwähnt wurde, dann nur andeutungsweise und nicht in ausführlichen Zitaten wie hier. Die ›Internationalen Blätter‹, die ihn ungekürzt veröffentlichten, waren nur einem Bruchteil der Bevölkerung bekannt (und man kann es ihr nicht einmal richtig verdenken, denn oft waren die darin enthaltenen Artikel so mausgrau wie der Umschlag der Zeitschrift). Und doch wußte jeder, was die Vereinigten Staaten planten und was Europa bevorstand, sofern nicht schwere Demenz, Alzheimer oder sonst ein chronischer Hirnschaden vorlag. Eben das war das Gespenstische: Man redete sich entgegen allem Augenschein ein, daß es doch nicht so sei, und dies zu bewerkstelligen, war die explizite Aufgabe der Medien, die unermüdlich die ganze Klaviatur der Verharmlosung, Beschwichtigung, Verdrehung, Suggestion und unterschwelligen Drohung betätigten. Gegen die Wahrnehmung: »Die Amerikaner schaffen atomare Angriffswaffen ins Land, die sie auch einsetzen werden« setzten sie die Behauptung: »Die Sowjetunion bedroht die freie Welt« (aktuelle Analoga wären: »Saddam besitzt Massenvernichtungswaffen«, »Iran baut die Atombombe«), wobei man den begleitenden Kreischton stets mitimaginieren muß; es gab also zwei Wahrnehmungen (Kognitionen), die einander widersprachen (dissonierten), und diese als quälend empfundene »kognitive Dissonanz« mußte jeder »reduzieren«. In einem Land, in dem amerikanische Truppen stehen, sich ihre Atombomben stapeln und die USA über die Quislingsregierung alle Machtmittel in Händen haben, ist es gefährlich, sie als Aggressoren zu bezeichnen, die einen atomaren Angriffskrieg planen und dabei die Zerstörung Europas in Kauf nehmen. Das macht Angst. Die amerikanischen Truppen und ihre Raketen des Landes zu verweisen, ist schwierig und gefährlich, leicht ist es hingegen, das »Böse« hinter dem »Eisernen Vorhang« zu orten. Also wird die Wahrnehmung »Amerika ist der Aggressor« beseitigt (»reduziert«), und die Bahnung dieser kognitiven Dissonanzreduktion wird von den Medien geleistet. Was nun in den Köpfen rumort, sind Sätze, die mit den Worten beginnen: »Das ist weil…« Die Amerikaner schaffen atomare Angriffsraketen ins Land? »Das ist weil die Russen uns bedrohen, mit der SS-15 oder 20 oder so, mit jedenfalls was gaaanz Schlimmem.« Es wird berichtet, daß während des 2. Weltkriegs in Polen einem jüdischen Häftling die Flucht aus einem Konzentrationslager gelungen war und er es schaffte, seine noch in Freiheit befindlichen Mitjuden zu warnen: Alle Deportierten würden in den KZs vergast. Und doch beschwichtigten jene sich, die Deportationen seien in Wirklichkeit Umsiedlungen und die Gaskammern Dusch- oder Desinfektionsräume. Natürlich überlebten sie diese Illusion, die ebenfalls auf dem Wege der kognitiven Dissonanzreduktion (KDR) zustande gekommen war, nicht. Wer die KDR hingegen verstanden hat und an der eigenen Person überprüft, ist gegen die Presselügen resistent. Die Medien hätten dann also versagt, so daß den Herrschenden in diesem Fall nur noch die Gewaltanwendung bleibt, die General Haig in seinem Brief an den NATO-Generalsekretär Luns so dezent andeutete. Wer die KDR in literarischer Form kennenlernen möchte, dem sei Max Frischs Parabel ›Biedermann und die Brandstifter‹ empfohlen. Die 80er Jahre in Westdeutschland waren übervoll von solchen Biedermännern und -frauen.

Damit zurück zu den beiden Strategen des nuklearen Angriffs. Im Abschnitt mit der Überschrift »Die äußerste Strafe« stellen sie fest, daß die US-Regierung in den 60er Jahren das für die Sowjetunion festgelegte Höchstmaß auf »eine Tötung von 20–25 % der Bevölkerung und eine Zerstörung von 50–75 % der Industriekapazität angesetzt« habe. Nun, angesichts der Fähigkeit zu »chirurgischen« Atomschlägen, stelle sich die Situation anders dar:

> Schläge gegen die UdSSR sollten gezielt gegen die Evakuierungsbunker der höchsten politischen und administrativen Führung, einschließlich des KGB *, geführt werden; gegen unentbehrliche Kommunikationszentren der Kommunistischen Partei, des Militärs und der Regierung; und gegen viele wirtschaftliche, politische und militärische Dokumentationszentren. Schon eine nur begrenzte Zerstörung einiger dieser Ziele und eine weitreichende Isolierung eines Großteils der Schlüsselkader, die überleben, könnte für das Land revolutionäre Folgen haben.

Die Sowjetmacht sollte also vom Erdboden getilgt werden, ohne daß sie irgendwelche Spuren hinterließ; die Erwähnung der ebenfalls zu vernichtenden Dokumentationszentren ist in diesem Zusammenhang besonders aufschlußreich (wir erinnern uns: Lenin, *man of the century – alas!*). Da die punktuell durchgeführten Atomschläge die ökonomischen Ressourcen der Sowjetunion weitgehend unangetastet lassen, könnte das enthauptete Land sofort besetzt, übernommen und ausgeplündert werden.

Damit stellt sich die Frage nach den amerikanischen Verlusten, jenem »Restrisiko«, das durch die Gegenschläge einer tödlich verletzten Sowjetunion ent-

---

* *Komitet Gossudarstwennoi Besopasnosti* (Komitee für Staatssicherheit), sowjetische Geheimpolizei.

steht. Die beiden Verfasser sind eifrige Befürworter des Zivil- und »Heimat-schutzes«, wie sie es nennen; sie plädieren für eine Erhöhung der vertraglich festgelegten Obergrenze von Abwehrraketen und bereiten damit den Weg für Reagans milliardenschweres »Star War«-Programm, das im Weltraum statio-nierte Laserkanonen zur Abwehr der sowjetischen Interkontinentalraketen vorsah. Bei einer solchen Minimierung des eigenen Risikos gehen die Ver-fasser davon aus, »daß eine intelligente amerikanische Offensivstrategie, in Verbindung mit Heimatverteidigung, die US-Verluste auf etwa 20 Millionen Menschen reduzieren würde.« Dieses Risiko erscheint ihnen tragbar, wäh-rend sie Hochrechnungen für die sowjetischen und europäischen Verluste an Menschenleben nicht für erforderlich halten. Auch über die Höchstgrenze des amerikanischen Blutzolls machen sie sich so ihre Gedanken: »ein ameri-kanischer Präsident kann einfach nicht mit einem Atomschlag drohen und ihn auch auslösen, wenn dabei ein Verlust von 100 Millionen Amerikanern und mehr zu befürchten wäre.« Sollten ihre Vorschläge jedoch berücksich-tigt werden, so glauben die Verfasser zuversichtlich an die »reelle Möglich-keit«, »daß 200 Millionen Amerikaner einen Atomkrieg überleben könnten.« In den Vereinigten Staaten lebten seinerzeit rund 250 Millionen Menschen. Auch die US-Bürger hätten also allen Grund gehabt, Maßnahmen gegen ihre Regierung zu ergreifen.

Werfen wir abschließend einen Blick auf die Sowjetunion. Am 40. Jahres-tag des faschistischen Überfalls, also im Jahre 1981, veröffentlichte der Oberste Sowjet der UdSSR einen Appell »An die Parlamente und Völker der Welt« (warum eigentlich an die Parlamente? den Bolschewiki hatten die Völker ge-nügt!), in dem es hieß:

In unserem Atomzeitalter sind Dialog und Verhandlungen auf gleichberech-tigter Grundlage für alle ebenso notwendig wie Frieden, Sicherheit und Ver-trauen in die Zukunft. Heute gibt es für die Lösung von Streitfragen, wie zu-gespitzt und kompliziert sie auch sein mögen, keinen anderen vernünftigen Weg als Verhandlungen. Keine einzige Gelegenheit darf ausgelassen werden. Die Zeit drängt! Mit jedem Tag, an dem nicht verhandelt wird, wächst das Risiko eines Kernwaffenkonflikts, wird die Lösung brennender Probleme, die vor jedem Volk und vor allen Völkern stehen, aufgeschoben. Die Zeit drängt! Alle jene, die in unseren Tagen das Wettrüsten und die Anhäufung von Mas-senvernichtungsmitteln vorantreiben, die für die Anwendung von Gewalt zur Lösung von Streitfragen zwischen den Völkern eintreten oder die einfach die Augen verschließen vor den Gefahren für die Welt, stoßen die Menschheit faktisch in den Abgrund.[107]

Die Diskrepanz dieser »vernünftelnden« Erklärung zum Kriegsgebelle der Yankees hat etwas geradezu Erschütterndes an sich. Die Asymmetrie in Ton und Haltung ist das sicherste Prognostikum für den wenige Jahre später erfolgenden Untergang, und es dürfte nun nachvollziehbar geworden sein, warum das Wort »Untergang« hier stets mit dem Adjektiv »würdelos« oder »winselnd« (Caspar Weinberger) versehen wird: Die US-Regierung verlangte und die Sowjetführung vollzog eine hündische Unterwerfungsgeste. Sagt der eine: »Ich bringe dich um!« Antwortet der andere: »Da müssen wir dringend drüber reden! Die Zeit drängt!« Dieser Appell liest sich wie der panische Hilferuf eines zum Tode Verurteilten, dem die Garotte schon halb die Luft abgedreht hat.

Anmerkungen:

1 Zit. in: ROTH 1974, S. 149 f.

2 Beide Zitate in: BEN (SIEPMANN et al. 1993), S. 484.

3 Zit. in: ALTHAUS/SUTCLIFFE 2012, S. 132

4 Zit. in: BEN (SIEPMANN et al. 1993), S. 481 f.

5 Zit. in: STÖVER 2011, S. 388.

6 Zit. in: BEN (SIEPMANN et al. 1993), S. 485.

7 Beide Zitate in: ROTH 1974, S. 153, 157.

8 Siehe dazu HISTOR 1990.

9 Zit. in: ROTH 1974, S. 149.

10 Zit. in: ebd., S. 151.

11 Ebd., S. 144.

12 Beide Zitate ebd., S. 143.

13 Zit. in: HOFSCHEN/OTT/RUPP 1975, S. 133.

14 Zit. in: ROTH 1974, S. 163.

15 STÖVER 2011, S. 389.

16 Zit. in: ROTH 1974, S. 162.

17 Zit. in: STÖVER 2011, S. 390.

18 Zit. in: ebd., S. 299 f.

19 Zit. in: ROTH 1974, S. 162.

20 Siehe dazu ›Ketzerbriefe‹ 10 und 11 (April und August 1988).

21 ROTH 1974, S. 164.

22 EFFENBERGER 2011, S. 83.

23 Dazu grundlegend HOEVELS 2009a, Kap. 13.

24 ENGELMANN 1982, S. 82.

25 KADE 1981, S. 21.

26 Die letzten Zitate in: ENGELMANN 1982, S. 83–85.

27 Zit. in: KADE 1981, S. 35.

28 NEHRING (2010), S. 104.

29 Siehe BARBEN 2009 und dazu REISSNER 2010.

30 BRUHN 1983, S. 140.

31 KOCH 1982, S. 71.

32 Ebd., S. 91.

33 KADE 1981, S. 21.

34 KOCH 1982, S. 92.

35 BRUHN 1983, S. 166.

36 In dem über 500 Seiten starken Buch von STÖVER (2011) ist er nicht einmal erwähnt.

37 Zit. in: EFFENBERGER 2011, S. 119.

38 Vgl. KOCH 1982, S. 79 f.

39 Ebd., S. 84 f.

40 Zit. in: EFFENBERGER 2011, S. 94.

41 Ebd., S. 92. Soweit nicht anders angegeben, stützen sich die nachfolgenden Ausführungen auf die Angaben von EFFENBERGER (S. 84–100).

42 Ebd., S. 85.

43 KOCH 1982, S. 37.

44 Zit. in: EFFENBERGER 2011, S. 86.

45 Zit. in: KOCH 1982, S. 38.

46 Zit. in: EFFENBERGER 2011, S. 98.

47 Zit. in: KADE 1981, S. 85.

48 EFFENBERGER 2011, S. 226 Anm. 53.

49 Die Zitate in: ebd., S. 100.

50 Ebd., S. 98.

51 Zit. in: KOCH 1982, S. 31 f.

52 Zit. in: ›Arbeiterkampf‹ 219 vom 22.3.1982, S. 48.

53 www.fluter.de/de/energie2/buecher/1599/

54 KOROVESSIS 1981.

55 Wiederabgedruckt in: HOEVELS 1998, S. 103–112.

56 Näheres zum Verhältnis Bolschewiki – Menschewiki unter
Kerenski, das gerade für Portugal
sehr lehrreich ist, siehe bei L.
Trotzki, Geschichte der Russischen Revolution, Bd. 2 (Fischer
TB 6630/6631).

57 Carlos Antunes (PRP-BR) in
›Portugal-Nachrichten‹, Nr. 7, p. 9.

58 Die letzten Zitate in: Koch 1982,
S. 80–83.

59 Scoville 1979, S. 160.

60 Effenberger 2011, S. 104.

61 Siehe dazu Archer 2008, S. 200–
215.

62 Beide Zitate in: Effenberger 2011,
S. 105.

63 Auszugsweise abgedruckt in:
Mechtersheimer/Barth 1983,
Bd. 2, S. 23 f.

64 Beide Zitate in: ebd., S. 30 f.

65 Zit. in: Koch 1982, S. 88.

66 Effenberger 2011, S. 104.

67 Mechtersheimer/Barth 1983,
Bd. 2, S. 34.

68 Zit. in: Koch 1982, S. 74.

69 Krell/Schmidt (1982), in: Mech-
tersheimer/Barth 1983, S. 32.

70 So Kade 1981, S. 42, und Koch 1982,
S. 71.

71 Bruhn 1983, S. 146.

72 Zit. in: Koch 1982, S. 75.

73 Rühe (1980), in: Mechtersheimer/
Barth 1983, S. 34.

74 Das ganze Dokument vollständig
in: Mechtersheimer/Barth
(1983) Bd. 2, S. 25–29.

75 Kade 1981, S. 52.

76 Siehe Koch 1982, S. 34 f.

77 Ebd.

78 Zit. in: Engelmann 1982, S. 99 f.

79 Zit. in: Kade 1981, S. 147 Anm. 44.

80 Zit. in: ebd., S. 42.

81 Engelmann 1982, S. 100.

82 Zit. in: Kade 1981, S. 48.

83 Koch 1982, S. 32 f.

84 Ebd., S. 87.

85 Kade 1981, S. 48.

86 Koch 1982, S. 89.

87 Zit. in: Engelmann 1982, S. 104.

88 Zit. in: Effenberger 2011, S. 108.

89 Stöver 2011, S. 178 f. – Zu den weiteren Ausführungen siehe ebd.,
S. 179–183.

90 Ebd., S. 181.

91 Zit. in: Mechtersheimer/Barth
1983, Bd. 2, S. 41.

92 Effenberger 2011, S. 107.

93 Koch 1982, S. 89.

94 Stöver 2011, S. 161 f.

95 Bruhn 1983, S. 160.

96 Effenberger 2011, S. 103.

97 Ebd., S. 106.

98 Koch 1982, S. 25 f.

99 Zit. in: Mechtersheimer/Barth
1983, Bd. 2, S. 55.

100 Effenberger 2011, S. 106.

101 Zit. in: Mechtersheimer/Barth
1983, Bd. 2, S. 57.

102 Zit. in: ebd., S. 46 f.

103 Erstabdruck in: ›Ketzerbriefe‹ 176
(2012).

104 Dietmar Dath, Maschinen-
winter. Wissen, Technik, Sozialismus. Eine Streitschrift,
Frankfurt/M. 2008, S. 38.

105 Ders., Wie unrecht hatte Marx
wirklich?, Freiburg 2009, cap. 9.

106 In Übersetzung erstmals abgedruckt in: Blätter für deutsche
und internationale Politik 12/1980,
S. 1502–1509.

107 Zit. in: Kade 1981, S. 68.

Die Endlösung der Sowjetfrage
in der Ära Reagan

Es gibt kein größeres Verbrechen in der Politik, als
auf die Dummheit eines starken Feindes zu hoffen.

Leo Trotzki

DIE FEIERLICHKEITEN ZUM AMTSANTRITT von Ronald Reagan am 20. Januar 1981 als 40. Präsident der Vereinigten Staaten hatten nicht mehr das geringste mit den Gepflogenheiten eines demokratischen Staatswesens gemein, sondern glichen in ihrem Pomp, in ihrer Prunkentfaltung einem höfischen Krönungszeremoniell. Allein die Garderobe der Präsidentengattin Nancy, einer vertrockneten Mumie mit Dauergrinsreflex, kostete 25 000 Dollar (ein Lehrer, man hat darauf verwiesen, verdiente seinerzeit 16 000 Dollar im Jahr¹); bei der zweiten Amtseinführung im Jahre 1985 behängte sie sich mit Stoff im Wert von 46 000 Dollar, sonnte sich im Glanz ihrer Brillanten und bevorzugte ansonsten bis zum Boden reichende Nerze als Alltagskostüm. Der Hausrat des Präsidentenpaars bestand aus Chinoiserien, erlesenem französischen Mobiliar, Porzellan und Juwelen. Wenn diese Dinge hier Erwähnung finden, so nicht, um den Neid von Habenichtsen auf jene zu schüren, die sich ein Leben im Wohlstand leisten können, sondern um aufzuzeigen, daß diese vermeintlichen Äußerlichkeiten einen grundlegenden Wandel in den ökonomischen Besitzverhältnissen wiedergeben, die sich auch in einer drastischen Veränderung der globalen Kräfteverhältnisse niederschlugen. Natürlich erkennt man in dem geborgten Glanz eines Sonnenkönigs, im Eklektizismus eines sauteuren und sauschlechten Geschmacks den Emporkömmling. Reagan, der ehemalige Sportreporter, drittklassige Schauspieler und Denunziant zu McCarthy-Zeiten, war ein *homo novus* in der politischen Kaste der USA und als solcher eitel und geltungssüchtig wie der verkrachte Kartenmaler aus dem österreichischen Braunau. Wichtiger als diese zur Macht gehievten Bruchexistenzen sind indessen ihre Finanziers und Auftraggeber, als deren Mundstücke und Handlanger sie agieren. Hitler war der politische Vollstrecker des deutschen Großkapitals, der sich gegenüber seinen Förderern und Gönnern aufgrund von deren Notlage – die Stichworte starke Arbeiterbewegung, relativ starke KPD und imperialistische Konkurrenz mögen hier genügen – einige Eigenmächtigkeiten herausnehmen konnte (die NSDAP war teuer, anspruchsvoll und mit ihrem vom Christentum übernommenen Judenhaß irrational blutrünstig). Reagan hingegen war reiner Darsteller, Darsteller eines zum Monopolismus transformierten Kapitalismus. Die an den Versailler Königshof erinnernden Allüren sind der sichtbare Ausdruck dieses Wandels. Das zu Monopolen mutierte Großkapital, bestehend aus wenigen Eignern von Produktionsmitteln (ihre Zahl dürfte sich im mittleren vierstelligen Bereich bewegen), sah sich Ende der 70er, Anfang der 80er Jahre in die Lage versetzt, im eigenen Machtbereich die Massenverelendung durch forcierte Ausbeutung durchzupeitschen und zu perpetuieren sowie sich ihres globalen Todfeindes, der Sowjetunion, zu entledigen, sei es durch Erpressung mittels Totrüsten oder durch die brachiale Nukleargewalt. Und eben dies machte den Darsteller Reagan so gefährlich wie den österreichischen Anstreicher, nachdem man diesen hatte Reichskanzler werden lassen.

Die offizielle Bezeichnung für den Wandel zum Monopolismus lautete seinerzeit »Reaganomics«, und man tut gut daran, sich ihn in Grundzügen vor Augen zu führen. Alle Präsidenten vor Reagan agierten zwar ebenfalls als Vollstrecker der Kapitalinteressen, aber neu war nun, wie demonstrativ – man könnte auch sagen: schamlos – dies geschah. Zum Gouverneur des Bundesstaates Kalifornien wurde Reagan in seiner Eigenschaft als Konzernsprecher von General Electrics erhoben, und es waren die Monopolisten in der Öl-, Auto-, Immobilien- und Nahrungsmittelbranche dieses Sonnenstaates, die ihm zum höchsten Regierungsamt der Vereinigten Staaten verhalfen. Zu diesem Zweck hatten sie sich eigens zu einer Stiftung, der »Heritage Foundation«, zusammengeschlossen: »Heute« – man schreibt das Jahr 1985, zu Beginn von

Reagans zweiter Amtszeit – »spendiert etwa ein Fünftel der 500 größten Kon-zerne des Landes für die Heritage Foundation. Dazu gehören Coca-Cola, IBM, Ford, Firestone, Readers' Digest und General Motors.«[2] Vierzig Mitglieder dieser Stiftung bekleideten Regierungsposten unter Reagan, und sie hatten ihrem nur in formaler Hinsicht so zu bezeichnenden »Chef« einen 564 Seiten starken Forderungskatalog mit auf den Weg gegeben, der den Kernbestand der »Reaganomics« enthielt. An Lenins Diktum »Heute Bankier, morgen Mi-nister; heute Minister, morgen Bankier« hatte sich also nichts geändert; neu war jedoch, aufgrund der seitdem eingetretenen Kräfteverschiebung zugun-sten des Großkapitals bzw. Monopolismus, dessen ungezügelte Aggressivität, die auf keinen nennenswerten Widerstand einer organisierten Arbeiterklasse mehr stieß. In den USA war er ohnehin nie bedeutend gewesen; global war er, aufgrund des blutigen stalinistischen Terrors und der Totrüstung seiner zunehmend kraftloseren Nachfolger, im Niedergang begriffen.

Aus der Sicht der Betroffenen gestalteten sich die »Reaganomics« wie folgt: »Ausgabensenkungen in 83 Sozialprogrammen, Kürzung der Zahlungsdauer von Arbeitslosengeld, Entlassungen im öffentlichen Dienst (ca. 300 000 Be-schäftigte), Senkung der Anspruchsgrenze bei Lebensmittelkarten (von 14 000 auf 11 000 Dollar Jahreseinkommen; damit fallen 400 000 Familien aus der Unterstützung heraus), 600 000 Studentenstipendien werden gestrichen, die Schulspeisung um 1,6 Mrd. Dollar weniger subventioniert, 45 Erziehungspro-gramme (vor allem für Sozialbehinderte, Analphabeten, Behinderte) werden zurückgenommen.«[3] Ist dieser Reagan von 1981 nicht brandaktuell? Lesen sich seine Maßnahmen nicht wie Anweisungen zur Massenverelendung in Europa, die dazu geführt hat, daß sich zwei Jahrzehnte nach dem Zerfall der Sowjet-union der Lebensstandard in Deutschland mehr als halbiert hat? Liegt hier nicht die Modellregie für den Massenraub an den abhängig Beschäftigten und Besitzlosen vor, die man heute vornehm als »Austeritätspolitik« bezeichnet? Werden nach diesem Vorbild gegenwärtig nicht ganze Staatsökonomien in Europa zerschlagen, die man zum Hohn als PIGS bezeichnet (Portugal, Ir-land/Italien, Griechenland, Spanien)?

Unter Reagan nahm der Raubzug der Monopole konkrete Gestalt an; er beinhaltete »u. a. die Abschaffung des Mindestlohns für Jugendliche (er sei an der hohen Arbeitslosigkeit schuld), den Übergang von der staatlichen zur privaten Rentenversicherung, noch mehr Kürzungen im Wohnungsbaupro-gramm, weitere Streichungen in Sozialprogrammen und Arbeitspflicht für Sozialhilfeempfänger in Regierungsprojekten.«[4] Wirklich brandaktuell ist er, dieser Reagan …

Unter seiner Ägide wurde in den USA der »patriotische Penner« zum Massenphänomen, und Westeuropa hatte sich an den zuvor unbekannten Anblick von Obdachlosen zu gewöhnen. Seit nunmehr drei Jahrzehnten kennt die sogenannte »freie Welt« das Crescendo der Massenverelendung; zunächst sprachen die Medien noch in vorsichtigem Soziologendeutsch von »struktureller Arbeitslosigkeit« und der »Ein-Drittel-/Zwei-Drittel-Gesellschaft« (ein Drittel Arbeitslose, zwei Drittel Arbeitsplatz»besitzer«, die darauf stolz sein sollen, sich für immer weniger Geld zu Tode schuften zu dürfen), während mittlerweile die Verelendungs-Propagandisten und Wortdesigner mit zynischen Begriffskreationen die Gewöhnung an das Elend forcieren: Worte wie »Mülltaucher« oder »containern«, die sogar für eine »Kapitalismus-kritische« Daseinsform stehen sollen, hätten vor drei Jahrzehnten noch für Unmutsbekundungen gesorgt, und der eine oder andere Zeitgenosse wäre vielleicht auf die Idee gekommen, diese findigen Wortakrobaten ihren eigenen Müll fressen zu lassen.

Hinter der glänzenden Fassade der pompösen Selbstinszenierung des West-Kaisers spielten sich Szenen ab, die so mancher zuerst fassungslos, dann resigniert zur Kenntnis genommen und mittlerweile längst vergessen haben dürfte (denn es gilt ja, den Jugendlichen von heute Scheiße zu erzählen): In den USA wurden massenhaft Psychiatrien aufgelassen, und Tausende debiler, gestörter, psychisch kranker Menschen verschwanden, eine Plastiktüte in der Hand, in Abbruchhäusern und in der Kanalisation der Großstädte. In New York gab es ganze Stadtviertel, die von Elektrizität und Wasserversorgung abgehängt waren und an denen keine U-Bahn mehr hielt, denn hier war der menschliche Auswurf angeschwemmt worden, Schwerkriminelle, Landstreicher, Süchtige und Kranke ohne Aussicht auf Behandlung und Heilung, die man im eigenen Saft schmoren und verrecken ließ. Wie immer reflektierte die US-Filmindustrie die neu eingetretenen Zustände und verarbeitete sie in regierungskompatibler und herrschaftsstützender Weise; es kursierten US-Schinken in den Kinos, in denen Gangster in abgeriegelten Stadtvierteln das Faustrecht des Stärkeren praktizierten, bis ein einsamer Polizeiheld als Oberschläger und -killer endlich für Ordnung sorgte. »Rocky« war der soziale Underdog, der sich aus dem Elend an die Weltspitze zu Ruhm, Geld und Frauen boxte, und »Iron Mike« Tyson lieferte in der wirklichen Welt die Entsprechung zum Filmidol, nur daß er halt im Unterschied zum Schauspieler Silvester Stallone ein Schwarzer war und tatsächlich Slum und Knast kennengelernt hatte. (Mittlerweile hat das Pentagon einen Oberst abgestellt, der ausschließlich für Hollywood zuständig ist. Das Militär stellt die Gerätschaften – Jeeps, Panzer,

Hubschrauber und selbst Schlachtschiffe – bereit und bestimmt dafür den Inhalt des Streifens. So kommen die Propagandamachwerke zustande, in denen
edle US-boys die Menschheit vor dem Bösen erretten, sei es nun in Gestalt
von Irakern oder Aliens.)

Mit Reagan erbrach die sogenannte »Postmoderne« ihren Mittelalterdreck:
Fernsehprediger wie Jerry Falwell forderten ein totales Abtreibungsverbot
und die Einführung des morgendlichen Schulgebets; Senatoren beantrag-
ten Gesetze zum »Schutz der Familie« und zur »Förderung der Keuschheit
von Teenagern« (*It's great to wait*). Als Aufguß der verschärften US-amerikanischen Sexualrepression verkündete der deutsche Kanzler Helmut Kohl
eine »geistig-moralische Erneuerung«, die sich vor allem dadurch bemerkbar
machte, daß die berüchtigte Bonner »Bundesprüfstelle für jugendgefährdende Medien« wie die Axt im Literaturwald wütete: Allein in den ersten fünf
Jahren seit 1981 wurden 415 Buchtitel auf den Index gesetzt, darunter »Klassiker« wie ›Die Geschichte der O‹ – von uns zu Schülerzeiten »Geschichte der
Null« genannt – und die schon 1907 geschriebene und von kaiserlichen Zen-
soren verbotene ›Josefine Mutzenbacher‹.[5] Im niedersächsischen Burgdorf eröffnete der Stadtdirektor die Jagd auf »Schweinkram«, ließ rund 50 angeblich
anstößige Bücher aus der Stadtbibliothek entfernen und den verantwortlichen
Bibliothekar Hans-Peter Mieslinger feuern. Unter den indizierten Büchern
befand sich ein Werk mit dem Titel ›Bikini‹, das allerdings nicht von knak-
kigen Mädels in knappen Badetextilien handelte (nebenbei: was wäre schon
auch dabeigewesen?!), sondern von den Wasserstoffbombentests der Amis
im Pazifik. Die Polizei behielt weitere Bücher ein, da sie so eminent staats-
und jugendgefährdende Titel trugen wie ›Die Scham ist vorbei‹, ›Die Liebe ist
ein Fest‹, ›Die wirklichen 7 Minuten‹, ›Der Verliebte‹, ›Perlen der Lust‹ oder
›Nackt kam die Fremde‹ (wohlgemerkt: eine Indizierung durch die heute unvermindert umtriebig zensurwütige »Bundesprüfstelle« gilt für 25 Jahre und
wird danach erneut überprüft). – Peter Will, ein Mitarbeiter des Kölner Pla-
kat- und Literaturvertriebs »Discordia«, wurde 1984 wegen »Verunglimpfung
der BRD« angeklagt, weil diese Firma Postkarten mit einem Motiv vertrieb,
das auf einer Aachener Hauswand als Graffito angebracht und fotografiert
worden war. Es zeigte die Deutschlandfahne mit der aufgesprühten Zeile »Der
Tod ist ein Meister aus Deutschland«. Daß diese Worte dem ergreifenden
Poem ›Die Todesfuge‹ entnommen waren, in dem der Lyriker Paul Celan in
Form eines Klagelieds der Hekatomben ermordeter Juden in Hitler-Deutschland gedachte – es zählt meines Erachtens zu den beeindruckendsten Versen,
die zu diesem Thema in deutscher Sprache je geschrieben wurden –, focht

Richter und Staatsanwälte nicht weiter an. Als ›Bunte Liste Freiburg‹ hatten wir die beiden von der Existenzvernichtung bedrohten Personen zu einer trotz Presseboykott gutbesuchten abendlichen Veranstaltung eingeladen, auf der sie ausführlich über die näheren Umstände ihrer justitiellen Verfolgung berichten konnten. Der Abend verlief störungsfrei – was beileibe keine Selbstverständlichkeit mehr war –, die Diskussion war lebhaft, eine Resolution zugunsten der Verfolgten wurde von nahezu allen Anwesenden unterzeichnet, und doch machte sich Bedrückung breit: Der auf die Tagesordnung gesetzte Atomtod – man schrieb das Jahr 1984, Orwells Jahr, und die ersten atomaren Erstschlagsraketen waren soeben in der BRD installiert worden – setzte die Verdummung und Einschüchterung der Bevölkerung voraus, und an diesem Abend war mit Händen zu greifen, daß die amerikanischen Kriegstreiber und ihre neokolonialen westdeutschen Ableger auf diesem Gebiet bereits ganze Arbeit geleistet hatten.

Apropos »neokolonial«: Einer der wichtigsten Neologismen der Reagan-Ära sei hier etwas ausführlicher erläutert, da er bis heute in fleißigem Gebrauch steht, was freilich seitens des Benutzers – sofern er nicht als medialer Multiplikator Verdummungsdienste leistet – Leichtgläubigkeit, mangelnden Willen zur Reflexion und einen Hang zum Nachplappern voraussetzt. Das Kompositum lautet »neoliberal«, bedeutet etwa so viel wie »neu-freiheitlich« oder »neu-freizügig« und ist suggestiv hochaufgeladen. Es muß von klugen »Spin-Doktoren« ersonnen worden sein und erfreut sich vor allem in pseudolinken Kreisen, die ebenso fahrlässig vom »Verfassungsschutz« quasseln, großer Beliebtheit. Der Terminus arbeitet mit der Suggestion, daß erstens wie zu Frühzeiten des Kapitalismus »der Markt« »sich selbst überlassen« bleibt, also Besitzer von Produktionsmitteln (erst Handwerker, dann Fabrikeigner) die von ihnen hergestellten Güter in wechselseitiger Konkurrenz feilbieten, sie als Waren auf dem Markt verkaufen, um ihren Mehrwert realisieren zu können, und daß es zweitens hierbei zu »Auswüchsen« kommt, weil verschärfte Konkurrenz unter den Kapitalisten verschärfte Ausbeutung ihrer Lohnsklaven bedeutet und der Staat, der böse, sich weigert, »regulierend« einzugreifen, indem er etwa Tarifstreitigkeiten schlichtet, Sozialprogramme aufstellt und Investitionen zum allgemeinen Wohl tätigt. Doppelte Narretei! Denn zu jenem Zeitpunkt, als clevere Psychologen diesen Begriff kreierten, war ein entscheidender Wandel eingetreten, der im ersten Wortbestandteil »neo« anklingt: der »Markt« hatte sukzessive aufgehört zu existieren, und mit ihm die Konkurrenz der Waren produzierenden Produktionsmittelbesitzer, an deren Stelle nun das Diktat der Monopolisten trat. Der »Manchester«-Kapitalismus mit seinen periodisch eintretenden Überproduktionskrisen und Massenentlassungen war im Lauf seiner rund 150jährigen Geschichte – es ist die Geschichte stetig zunehmender Besitzkonzentration in immer weniger Händen – schließlich in eine neue (»neo«) Qualität umgeschlagen: den Monopolismus, der keine Konkurrenz, sondern nur das Diktat, keinen Markt, sondern nur ein Zuteilungs- oder Rationierungssystem in Form einer »Gefängniswirtschaft« (Fritz Erik Hoevels) kennt (wesentliches Symptom hierfür ist das *plastic money*). Hier nun an den Staat zu appellieren, heißt auf die ausgelegte Leimrute der Psycho-Docs zu treten, denn man schreibt dem Staat damit eine Eigenschaft zu, die er nie besessen hat: eine soziale Ader, ein Herz für Notleidende oder ähnlichen Mumpitz. Jede, aber ausnahmslos jede Verbesserung der Lebensqualität von Nichtbesitzenden und Nichterben (von Produktionsmitteln) war Kampfresultat, Folge einer Serie erfolgreicher Streiks, von Demonstrationen bis hin zu bewaffneten Aufständen, die man im Falle des Gelingens »Revolutionen« nennt. Die abhängig Arbeitenden eignen sich damit einen Teil des Mehrprodukts (im Falle der Revolution das ganze) an, der ihnen ansonsten vorenthalten geblieben wäre, und um dies zu erreichen, müssen sie organisiert sein, koordiniert vorgehen und bereit sein, Opfer zu bringen; für den »Sozialstaat«, den heute nur noch ältere Generationen kennen, haben deren Großväter bis Ur-Urgroßväter ihr Leben und ihre Gesundheit in die Schanze geworfen (mein Großvater mußte beispielsweise wegen Streikbeteiligung zu Inflationszeiten von meiner Großmutter mit einem Wäschekorb voll »Notgeld« aus dem Gefängnis freigekauft werden; als KPD-Mitglied starb er »rechtzeitig« in jungen Jahren eines natürlichen Todes, kurz bevor Hitler an die Macht kam). Anfang der achtziger Jahre des vergangenen Jahrhunderts setzte mit der Monopolisierung jedoch zeitgleich der weltweite Niedergang der Arbeiterbewegung ein, der am Ende der Dekade in deren vollständige und endgültige Niederlage mündete. Wer hier von »Neoliberalismus« faselt, ist nicht »kritisch«, sondern ein Hofnarr, denn er hat den substantiell wichtigen »Kampf um die Deutungshoheit«, den »Kampf um die Besetzung der Begriffe« verloren bzw. erst gar nicht aufgenommen.

Die »Reaganomics« sind also nicht »neoliberal«. Die einzige Gemeinsamkeit zwischen dem Frühkapitalismus und seinem monopolistischen Endzustand besteht darin, daß sich die »Lage der arbeitenden Klasse« nun wieder jenem miserablen Ausgangspunkt annähert, den Friedrich Engels in seinem gleichnamigen Frühwerk für England so treffend geschildert und vorzüglich analysiert hat (mit dem einzigen Unterschied, daß sich diese Entwicklung nun weltweit, »global« eben, vollzieht). Bei alledem sollte in Betracht gezogen werden, daß die verschärfte Ausbeutung und die forcierte Massenverelendung nicht allein dazu dienten, ein paar wenige Reiche noch reicher zu machen. Denn noch existierte die Sowjetunion, und dieselbe Monopolkaste, die einen Reagan ins Oval Office befördert hatte, hatte nun so gigantische Machtmittel in ihren Händen angehäuft – Ressourcen, Hochtechnologie, darauf basierende neue Waffengenerationen und fremde Länder, die man als Stützpunkte und Bauernopfer einsetzen konnte –, daß die Vernichtung der Sowjetunion, ihre Auslöschung von der Weltkarte (im Falle des viel kleineren Israels gilt dies ja als inkommensurables Verbrechen) in greifbare Nähe gerückt war. Hierin bestand Reagans Hauptaufgabe, und er erfüllte sie zur Zufriedenheit seiner Auftraggeber. Allein dieser Aspekt soll im folgenden im Vordergrund stehen.

Sprüche…

Reagan präsentierte sich in der Öffentlichkeit gern als *great communicator*, als geselliger, jovialer Typ, der plauderte und Witze machte, die allerdings oft daneben oder unter der Gürtellinie lagen. Als die Könige noch zu Pferde reisten, verkündeten Herolde unter Trommelwirbeln ihre Botschaften und Anordnungen. Heute erfüllen diese Aufgabe Fernsehen und Printmedien. Am 19. November 1981 fungierte die ›Frankfurter Rundschau‹ als Hofblatt des US-Kaisers, indem es ganzseitig eine Rede abdruckte, die, dem Vernehmen nach, ein Abrüstungsangebot an die Sowjetunion enthielt. Das mußte sein, denn in der Abschußrampe BRD kam Unruhe auf, und das nur allzu berechtigte Menetekel »Euroshima« machte die Runde. Also spannte man die Presse ein, deren herausragende Bedeutung in der Phase der Kriegsvorbereitung General Haig so scharf erkannt und benannt hatte. Betrachten wir diese Rede als ein Stück typisch Reaganscher Rhetorik nun etwas näher.

Einleitend nimmt Reagan Bezug auf ein mißlungenes Revolverattentat auf ihn, dem offenkundig keine politischen Motive zugrunde gelegen hatten und das er verletzt überlebte: »Als ich im vergangenen April im Krankenhaus lag, hatte ich, wie Sie wohl gut verstehen können, viel Zeit, um nachzudenken.« Ist er nicht ein Mensch wie du und ich, der Präsident? Und er denkt sogar nach! Doch was macht man, wenn man so im Bett liegt, nachdenkt und dabei die Zeit lang wird? Richtig: Man schreibt einen Brief an den sowjetischen Ministerpräsidenten Leonid Breschnew, in dem Reagan »ihn daran erinnerte, daß wir uns vor etwa zehn Jahren in San Clemente in Kalifornien kennengelernt hatten. Das war damals, als er und Präsident Nixon eine Reihe von Besprechungen beendeten, die Hoffnungen in der Welt erweckt hatten. Niemals schienen Frieden und guter Wille näher zu sein.« Ist das nicht ergreifend? Nixon macht den Friedensengel, und Reagan durfte dabei sein. Aber es kommt noch doller, denn nun zitiert Reagan aus seinem Brief, der ihm auf dem Siechenlager aus der Feder floß: »Herr Präsident: Als wir uns damals trafen, habe ich Sie gefragt, ob Ihnen bewußt sei, daß die Hoffnungen und das Streben von Millionen Menschen in der ganzen Welt von den Entscheidungen abhängig seien, die in Ihren Gesprächen erreicht werden würden. Sie ergriffen mit Ihren beiden Händen meine Hand und versicherten mir, daß Ihnen dieses wohl bewußt sei und daß Sie von ganzem Herzen danach strebten, diese Hoffnungen und Träume zu erfüllen.« – Ist das nicht geradezu herzergreifend? In drei Atemzügen fällt dreimal das Wort Hoffnung, und dann kommen sogar noch die unverzichtbaren Träume hinzu! Ein solcher Mensch kann unmöglich einen atomaren Erstschlag planen, muß sich Klein Max da in bebender Ergriffenheit denken. Im Krankenbett! nachgedacht! und dann noch der rührende Händedruck!

So geht der Sermon noch eine Zeitlang weiter. Die Rede ist von Krieg, Opfer und Leid; Reagan belehrt seinen Ansprechpartner, daß Regierungen für die Völker da seien und nicht umgekehrt – zu welch tiefen Einsichten man bei längerem Nachdenken doch gelangen kann! Es folgen neue Generationen, kritische junge Leute, die vieles hinterfragen und Antworten erhalten von Politikern, die sich durch »Urteilsfähigkeit«, »Vernunft« und »Erfahrung« auszeichnen, wie unser Reagan eben, ein Mann, auf den man bauen kann, ein Kerl zum Pferdestehlen mit einer Frau zum Unterhose scheuern. Doch plötzlich folgen zwei rhetorische Fragen an den sowjetischen Präsidenten, aus denen einen unvermutet der Kalte Krieg anspringt: »Ginge es der durchschnittlichen sowjetischen Familie besser, oder weiß sie überhaupt, daß die Sowjetunion dem Volke Afghanistans eine Regierung ihrer Wahl aufgezwungen hat? Ist das Leben des kubanischen Volkes besser geworden, weil das kubanische Militär diktiert, wer das Volk Angolas regieren soll?« Das sind Sätze voller Gift in wohlerwogener Dosierung; der Redenschreiber war jedenfalls ein Profi und hat sich seine Sache sehr genau überlegt. Es wird darauf verwiesen, daß der Lebensstandard der sowjetischen Bevölkerung im Vergleich zu den fortgeschrittensten kapitalistischen Ländern geringer ist (Kommunismus = Mangelwirtschaft) – aber nicht, weil durch die unermüdlich forcierte Hochrüstung der USA die Sowjetunion zu immer größeren Verteidigungsausgaben gezwungen ist, die den Haushalt der UdSSR ungefähr doppelt so schwer belasten wie den amerikanischen (»Totrüsten«), sondern – weil die Sowjetunion das benachbarte Afghanistan überfallen und besetzt hat. Unterschlagen wird dabei erstens, daß die afghanische Revolution unter Nur Mohammed Taraki eigenständig und im wesentlichen ohne sowjetische Hilfe durchgeführt wurde[6] und daß eine Intervention erst dann erforderlich wurde, als die mit Dollarmillionen gemästeten und mit modernsten amerikanischen Waffen ausgestatteten islamischen Fanatiker der Taliban immer mehr erstarkten und die »weiche Südflanke« der mehrheitlich von Moslems bewohnten Sowjetrepubliken zu destabilisieren drohten. Diese Taliban wurden von den Westmedien als »Freiheitskämpfer« gehätschelt und als »Koranstudenten« vorgestellt, die leider von der aggressiven Sowjetunion daran gehindert wurden, bartlose Männer auszupeitschen, Homosexuelle umzubringen, Ehebrecherinnen zu steinigen, dergleichen weibliche Vergewaltigungsopfer, ja, sie durften nicht einmal den kleinen Mädchen die Klitoris herausreißen! Sind das nicht untragbare Zustände unter diesem Sowjetterror? – Das gleiche bei Kuba: Ja, es ging den Kubanern vielleicht etwas schlechter als den Einwohnern in den fortgeschrittensten Industrieländern (aber zigmal besser als den gepeinigten Völkern unter den US-gestützten Gorilladiktaturen!), doch nicht wegen ihres militärischen Engagements in Angola, sondern wegen der seit dem Schweinebucht-Debakel der US-Söldner bis heute eisern aufrechterhaltenen völkerrechtswidrigen Handelsblockade durch die USA. Und auch bei Angola wird unterschlagen, daß die militärische Hilfe für die rechtmäßige, mit der UdSSR freundschaftliche Beziehungen unterhaltende Regierung erst erforderlich wurde, als die von den USA (und leider auch China) finanzierten und ausgerüsteten Mordbanden des Faschisten Sawimbi gemeinsam mit den Truppen des südafrikanischen Apartheidregimes über Angola hergefallen waren. Man sieht, es sind viele Worte nötig, um diese mit Bedacht fabrizierten Verdrehungen richtigzustellen. Wie viele US-Bürger und Europäer waren seinerzeit willens und in der Lage, dies zu leisten? Nur ein geringer Prozentsatz (die K-Grüppler perverserweise am wenigsten). Es ist indessen nicht allein das fehlende Wissen, sondern auch die der Rede innewohnende gewaltgestützte Suggestivkraft, die aus den teils verängstigten, mehrteils illusionswilligen Europäern lenkbare Schafe bis hin zum atomaren Opfertod machte. Reagan, der als solcher bekannte Kommunistenfresser, tritt hier nicht als solcher auf, sondern er gibt sich väterlich besorgt, sentimental, pathetisch, kurz: wie ein Staatsmann – und als ehemaliger Schauspieler weiß er, wie das geht. Aber er bringt die antikommunistische Saite geschickt zum Tönen, wenn er einen

Gegensatz zwischen der (bösen) kommunistischen Regierung und dem (potentiell guten) russischen bzw. kubanischen Volk konstruiert. Er kann sich sicher sein, daß der Resonanzboden für diese Botschaft existiert, denn die Westeuropäer bekamen von Kindesbeinen an nicht nur Schutzstoffe gegen Polio, sondern genauso wirksame Dosen Antikommunismus eingeimpft. Gerade die Deutschen hatten seit 1933 eine Überdosis davon abbekommen, und das wußte der geschickte Demagoge von Redenschreiber ganz genau, vielleicht sogar auch der Präsidenten-Darsteller.

Es folgt eine weitere Beteuerung der prinzipiellen und immerwährenden Friedfertigkeit der USA: »Am Ende des Zweiten Weltkrieges waren die Vereinigten Staaten die einzige Industriemacht der Welt, die keinen Schaden erlitten hatte. Unsere militärische Macht hatte ihren Höhepunkt erreicht – und wir allein hatten die gefährlichste aller Waffen, die Atomwaffe, und die durch niemanden in Frage gestellte Fähigkeit, sie überall in der Welt anzuwenden. Wenn wir damals die Weltherrschaft gesucht hätten, wer hätte sich uns entgegenstellen können?« Auch dieser Verweis war nicht ungeschickt; der Leser dieses Buches erkennt indessen den demagogischen und lügenhaften Charakter dieser Aussage: Die ausgeblutete Sowjetunion hätte einem konzertierten Angriff der imperialistischen Mächte in der Tat nicht lange standhalten können, aber dafür hätten diese willige, einsatzbereite Soldaten gebraucht, und gerade die gab es nicht. Die US-Soldaten sahen in den Rotarmisten Waffenbrüder, nicht Feinde, und den Europäern in ihren kriegszerstörten Ländern war nach allem anderen als nach einem neuerlichen antikommunistischen Kreuzzug der Marke Hitler zumute. Einige Wochen vor Kriegsende hatte der britische Premier Churchill einen Plan mit dem Codenamen *Unthinkable* – das Undenkbare – ausarbeiten lassen, demzufolge 113 amerikanische und britische Divisionen, verstärkt um 100 000 deutsche Wehrmachtsangehörige, nach der Niederlage Hitler-Deutschlands über die Sowjetunion herfallen sollten. Der ehemalige US-Außenminister Joseph Grew hatte seinerzeit – am 19. Mai 1945 – ein Memorandum an den frischgebackenen Präsidenten Roosevelt geschrieben, in dem es hieß: »Wenn es in der Welt etwas Unabwendbares gibt, so ist das ein Krieg zwischen den USA und der Sowjetunion.«[7] Der Wille war also da, nur »das Fleisch war schwach«. Was hätten wohl die britischen »Tommies« gedacht, wenn sie Seite an Seite mit den »Krauts«, vor wenigen Tagen noch ihre Todfeinde, in die Sowjetunion hätten einmarschieren müssen? Auch die rund 20–30 Atombomben, über welche die USA in den ersten Jahren nach 1945 verfügten, hätten nicht ausgereicht, um die Sowjetunion in die Knie zu zwingen. G'wollt hätten's schon, nur gekonnt haben's nicht. Erst vor diesem Hintergrund ist die Dreistigkeit der Worte zu ermessen, mit denen Reagan seinen Brief an Breschnew beschließt: »Ich muß sagen, es gibt nicht den geringsten Beweis für die Beschuldigungen, daß die Vereinigten Staaten imperialistisch seien oder versuchten, anderen Ländern ihren Willen mit Gewalt aufzuzwingen.« Die Nonchalance, mit der Reagan über die rund sechs Millionen Kriegstoten allein in Korea und Vietnam hinweggeht – war dies nicht das »inkommensurable« Maß der faschistischen Völkermordverbrechen? –, ist schon stupend, aber die Deutschen sollten diese Botschaft fressen, auf Seite 4 der ›Rundschau‹, an einem winterlich kalten Donnerstag des Jahres 1981. Wenn schon ihre Väter und Großväter so billig davongekommen waren und nicht ein zweites Mal gegen Rußland in Marsch gesetzt wurden, so konnten sie doch jetzt den atomaren Opfertod in ihrer Raketenrampe sterben, und zwar willig und ohne Murren. Es gab da noch etwas gutzumachen …

Nachdem diese Mischung aus Drohung und Suggestion ihre Wirkung entfaltet hatte, beschränkt sich Reagan auf die Wiederholung der gängigsten Propagandalügen. Sie seien hier mit den bereits vertrauten Legenden-Signets ☞ ohne weitere Erläuterungen wiedergegeben, da sie auf den vorangegangenen Seiten in ihrer Lügenhaftigkeit bereits ausführlich widerlegt worden sind:

☞ »Die Friedenspolitik der NATO beruht auf Zurückhaltung und Gleichgewicht.«

☞ »… das Tempo der fortschreitenden sowjetischen militärischen Aufrüstung bedroht das Gleichgewicht …«

☞ »Die Vereinigten Staaten haben ihre Streitkräfte vermindert und die Militärausgaben zurückgeschraubt.«

☞ »… wachsende Bedrohung Westeuropas durch die andauernde Stationierung gewisser sowjetischer Nuklearraketen mittlerer Reichweite […] Gegenwärtig […] gibt es keine gleichwertige Antwort auf diese sowjetischen Raketen.«

So weit, so dreist und lügenhaft. Reagan unterschlägt wie sein Amtsvorgänger einfach das massive Nuklearpotential der »Forward-Based Systems«, das er so wenig wie sein Mundstück Helmut Schmidt zu kennen scheint, und unterbreitet auf dieser Grundlage sein grandioses Friedensangebot: »Die Vereinigten Staaten sind bereit, auf ihre Dislozierung der Pershing II und der landgestützten Marschflugkörper zu verzichten, wenn die Sowjets ihre SS-20-, SS-4- und SS-5-Raketen abbauen.« Wie jeder Propagandakniff braucht auch dieser eine griffige Formulierung, und so kreierte man die »Null-Lösung«. Toll – die NATO ist für null Atomraketen bei den Sowjets, während sie ihre vorgelagerten nuklearen Waffensysteme beibehält. »Dies wäre«, schließt Reagan mit dem obligatorischen schwülstigen Pathos, »genau wie der erste Schritt auf dem Mond, ein gewaltiger Schritt für die Menschheit.« Etwas tiefer gehängt: Dies wäre die atomare Entwaffnung der Sowjetunion im Mittelstreckenbereich, da »Forward-Based Systems« > null. »… dann wird sicherlich das Zeitalter anbrechen, in dem die Starken gerecht sind und die Schwachen sicher und der Friede gewahrt ist.« Vorhang und Applaus – der Schauspieler hatte seinen Auftritt gehabt. Die Kriegsvorbereitungen der NATO gingen unterdessen unvermindert weiter.

Reagan war ein schwungvoller Redner – solange er hinter der Kamera, in die er sprach, das Spruchband mit dem Text seiner Rede ablesen konnte. Diese Neuerung, »Teleprompter« genannt, war so unverzichtbar für ihn, daß er sie auch bei seiner Rede vor dem Deutschen Bundestag, als er die Abgeordneten auf seinen Kriegskurs einschwor, nicht entbehren konnte. Fiel dieses Hilfsmittel hingegen durch eine Ungunst des Schicksals weg, dann wurde es grausam, etwa bei einer US-amerikanischen Pressekonferenz am 10. November 1981:

Frage: Könnte es denn einen nuklearen Warnschuß geben? Und ich nehme an, daß Sie Ihre Worte im Zusammenhang dessen bestätigen, was Sie gesagt haben.

Reagan: Ich bestätige nur, daß ich gesagt habe, dies sei als eine Möglichkeit angeboten worden, und ich meine, man muß immer noch sagen, daß diese Möglichkeit eintreten könnte. Man kann hierzu eine pessimistische oder eine optimistische Einschätzung haben. Ich neige immer dazu, optimistisch zu sein. Und Ihre andere Frage …

Frage: Der Warnschuß?

Reagan: Ach so – es scheint einige Verwirrung darüber zu geben, ob es noch ein Teil der NATO-Strategie ist oder nicht, und bisher habe ich darauf keine Antwort erhalten.

Auch wenige Wochen zuvor war Reagan komplett von der Rolle gewesen, als er von amerikanischen Pressevertretern auf das atomare Schlachtfeld Europa angesprochen wurde:

Frage: Herr Präsident, […] ich glaube, manche der Leute in Europa, die gegen einige Aspekte unserer Politik opponieren, haben Angst, daß sie am Ende eine Art Stellvertreter-Opfer in einem Krieg zwischen uns und der Sowjetunion werden könnten – eine Befürchtung, die möglicherweise ein bißchen plausibler erscheinen mag, weil so viel über integrierte Schlachtfelder und begrenzten Einsatz von Atomwaffen gesprochen wird. Und ich frage mich – wir müssen uns Gedanken darüber machen – glauben Sie, daß es einen begrenzten Schlagabtausch mit Atomwaffen zwischen uns und der Sowjetunion geben könnte oder daß er einfach unausweichlich eskalieren würde?

Der Präsident: Ich weiß es ehrlich nicht, ich denke, wiederum, bis irgendwo – überall auf der Welt wird darüber geforscht, man versucht die Defensivwaffe zu finden. Es hat noch nie eine Waffe gegeben, gegen die nicht irgend jemand eine Abwehrmöglichkeit aufgebracht hat. Aber es könnte – und die einzige Verteidigung ist, nun, ihr schießt eure ab und wir schießen unsere ab. Und wenn man dann immer noch diese Art Patt-Situation hätte, könnte ich mir vorstellen, daß es zu einem Schlagabtausch mit taktischen [Atom-]Waffen gegen Truppen auf dem Gefechtsfeld kommen könnte, ohne daß eine der beiden Führungsmächte auf den Knopf drücken würde.[8]

Man hat sich über die Lübke-Qualität solcher Aussagen des senilen Präsidenten-Darstellers lustig gemacht, aber ob sich hier der Alzheimer bereits bemerkbar machte oder nicht: zum Lachen war es ganz gewiß nicht, denn Reagan sprach so, wie er es verstand, wie er es von seinen intelligenteren Mitarbeitern und Auftraggebern aufgeschnappt hatte. Wenn sich sein bescheidener Denkhorizont auf minimalistischem Niveau bewegte und seine Artikulationsfähigkeit ohne Teleprompter soliden Debilitätsstandard aufwies – Bummbumm, Europa kaputt, Russe tot –, so sprach dies für eine eminent gesteigerte Kriegsgefahr in Europa, und wer sich in diesem Zusammenhang über die Form lustig machte, der tat dies aus dem Zwergenstatus eigener Ohnmacht heraus, von dem es in eitel-impotenter Weise abzulenken galt. Eine Karikatur aus jener Zeit zeigte Reagan bei einem Interview im Oval Office, und die an ihn gestellte Frage lautete: »Können Bücher die Welt verändern, Herr Präsident?« Die markige Antwort war »Yes, Sir!«, und das dazugehörige Bild zeigte Reagan, der mit einem Buch auf den roten Knopf schlägt, während im Hintergrund die erste Atomrakete aus dem Silo startet. Es war treffend, aber nicht unbedingt lustig, besonders wenn man in Europa lebte, denn die schlechtesten Witze macht immer noch die Realität.

Natürlich gab es auch in Europa Stimmen, die in der angemessenen Eindringlichkeit vor der atomaren Endlösung der Sowjetfrage auf Kosten Europas warnten. Der italienische General Nino Pasti, vor seiner Pensionierung stellvertretender Oberkommandierender der NATO-Streitkräfte in Europa, stellte nüchtern fest:

> Es gibt da einen interessanten amerikanischen Ausdruck, der Europa als »Wegwerfartikel« (*expendable item*) bezeichnet, d. h. ein Artikel, der für einen bestimmten Zweck verbraucht wird, wie z. B. die Munition für ein Gewehr; das Gewehr – in unserem Fall also die Vereinigten Staaten – bleibt unversehrt, während die Munition – das europäische Kanonenfutter – im Falle eines Krieges zerstört wird. Die amerikanischen Interessen laufen darauf hinaus, daß Europa nicht unter sowjetische Kontrolle gerät, solange seine gesamte Produktionskapazität noch intakt ist. Im Konfliktfall ist die Vernichtung Europas für die Vereinigten Staaten weitaus vorteilhafter, insbesondere wenn diese Vernichtung dazu führt, daß die Vereinigten Staaten solche wichtigen Ziele erreichen, wie die Vernichtung der Sowjetunion.

Sein US-amerikanischer Offizierskollege Admiral Gene La Roque, ehemals Kommandeur einer Flotte von Raketenkreuzern, meinte in typisch militärischer Lakonik: » Die Amerikaner gehen davon aus, daß der dritte Weltkrieg ebenso wie der erste und zweite in Europa ausgefochten wird.«[9] So lautete übereinstimmend die Ansicht zweier militärischer Experten, die nach ihrer Verrentung ins Friedensfach wechselten oder nach dorthin abkommandiert worden waren. Und es gab noch weitere Fachleute. Einer von ihnen war Samuel Cohen, der Erfinder der Neutronenbombe, erster Forschungs- und Rüstungsberater von Reagan, der in dieser Eigenschaft eine »Verteidigungs-Richtlinie« über einen führ- und gewinnbaren Atomkrieg von sechs Monaten Dauer (*a six months protracted war*[10]) vorgelegt hatte. Er machte in einem Interview aus seinen Absichten keinen Hehl:

> *Frage:* […] das Merkwürdige ist, daß Sie immer über Europa reden. Über einen Krieg in Europa. Und ich wohne in Europa. Also Ihre Geschichte hört sich für mich nicht so gut an.
>
> *S. C.:* Das ist logisch. Darauf kann ich nur sagen, daß Sie Nachbarn des Sowjetblocks sind. Sie werden bedroht. Wir sind durch den Ozean von Ihnen getrennt. […]
>
> *Frage*: Denken Sie, daß es Krieg gibt?
>
> *S. C.:* Ja, ich denke schon. Ich denke, daß es einfach in der Art des Menschen liegt. Kämpfen. Es hat immer Kriege gegeben, vor allem in Europa. Das ist

immer ein sehr kriegssüchtiger Weltteil gewesen. In jedem Krieg haben eine oder beide Parteien immer alle Waffen eingesetzt, die zu ihrer Verfügung standen. Ich befürchte also, daß es wieder Krieg gibt, auch wenn niemand sagen kann, wann, und daß in diesem Krieg auch Kernwaffen eingesetzt werden. Im Moment arbeite ich an einem Verteidigungsplan, in dem Kernwaffen – also auch Neutronenbomben – gebraucht werden, um sehr große Armeen abzuwehren, wenn sie Länder besetzen wollen, die defensiv eingestellt sind. Dieser Plan umfaßt auch eine Kernwaffenbarriere. Die soll ich der Einfachheit halber eben als eine nationale Verteidigungslinie entlang der Grenzen beschreiben. Dabei wird von der einen oder anderen Form der Kernenergie Gebrauch gemacht, um dafür zu sorgen, daß der Feind nicht einfällt.

Frage: Diese Linie befindet sich in Europa?

S. C.: Ich denke hauptsächlich an Europa. Ein derartiges System soll naturgemäß sehr gut für die Grenze zwischen Ost- und Westdeutschland geeignet sein. Der Eiserne Vorhang. Aber die Deutschen wehren sich sehr heftig gegen derartige Dinge.

Frage: Betrachten Sie sich selbst als einen Wissenschaftler?

S. C.: Nicht mehr. Nicht ganz. […][11]

Cohen gab vor, von seinem Unbewußten eine Botschaft erhalten zu haben, derzufolge er »Humanist« sei. Das fand er selbst ziemlich merkwürdig. Aber genau so salopp und selbstverständlich sollte Deutschland, sollte Europa »der Einfachheit halber« oder »naturgemäß« in eine strahlenverseuchte Ruinenlandschaft verwandelt werden. Samuel Cohen starb im übrigen im Dezember 2010 im gesegneten Alter von 89 Jahren. Bis zuletzt hatte er die Auffassung vertreten, die Neutronenbombe sei die »vernünftigste und moralischste Waffe, die je erfunden wurde« (›junge Welt‹ 3.12.2010). – Wenn dieser Abschnitt die Überschrift »Sprüche« trägt, so dürfte deutlich geworden sein, daß damit nicht etwas beliebig Dahergesagtes, Hingeworfenes, Bedeutungsloses gemeint ist, sondern eine neue Art von Zynismus, von sprichwörtlich entwaffnender Offenheit, die mit einem breiten Grinsen einherkommt: »Aber natürlich wollen wir Euch umbringen! Was habt Ihr denn gedacht? Noch irgendwelche Fragen?«

Vorbildstiftend für diese Haltung war der amerikanische Physiker Herman Kahn, wie sein Kollege Samuel Cohen ein echter Nuklear-Zombie. Beide standen für die Person des Dr. Strangelove in Stanley Kubricks Film ›Dr. Seltsam‹ Pate; Kahn kannte den Regisseur persönlich und lieferte für dessen Film die Idee zur *Doomsday*-Maschine. Im Film wirkt dieser Dr. Seltsam bizarr und irgendwie irreal, aber die Realität toppte diesen Streifen. Kahn ist der Prototyp des angepaßten Wissenschaftlers, des intelligenten, leidenschaftslosen Massenmörders; man könnte ihn auch als verhinderten amerikanischen Eichmann bezeichnen. Als Wissenschaftler wirkte er unter der Leitung von Edward Teller an der Entwicklung der Wasserstoffbombe mit, doch seinen eigentlichen Ruf erwarb er als Vordenker des Atomkriegs, als Verfasser entsprechender Bücher, als Mitarbeiter und Begründer verschiedener Institute, sogenannter militärstrategischer *Think tanks*. Als Berater des Kriegsministers McNamara trat er zwischen 1966 und 1968 für eine Ausweitung des Bombenterrors – er nannte es freilich nicht so – in Vietnam ein und stieß damit auf Gehör. Es sollte nicht bei diesem einen Mal bleiben. In seinem bereits 1959 veröffentlichten Buch ›On Thermonuclear War‹ vertrat er die Ansicht, es sei nicht nur unverantwortlich, sondern geradezu unsittlich, einen Atomkrieg *per se* abzulehnen. Hier gibt sich Kahn ganz als Rationalist und Pragmatiker: Da es Atom- und Wasserstoffbomben gebe, sei es nicht nur legitim, sondern dringend geboten, über ihre Verwendung nachzudenken. Seine Reflexionen führten ihn zu dem Schluß, daß ein Atomkrieg führbar, zweckmäßig und gewinnbar sei, und mit dieser Ansicht war er bei allen US-Präsidenten gern gesehen. Im persönlichen Umgang soll Kahn ein freundlicher und zurückhaltender Mensch gewesen sein, aber nichts brachte ihn mehr in Rage und provozierte seinen ätzenden Sarkasmus, als wenn man den Atomkrieg als eine Katastrophe für die Menschheit bezeichnete. Auch wenn Dutzende von Großstädten ausradiert und Hunderte von Millionen Menschen umgekommen wären – Kahn war davon überzeugt, daß dies ein lohnenswerter Preis und das Leben danach besser und schöner sei. Man hörte auf ihn. 23 Millionen tote Amerikaner und 100 Millionen tote Europäer rechneten die Militärstrategen bei einem atomaren Erstschlag gegen die Sowjetunion ein, und es schien ihnen eine *quantité négligeable* zu sein: 123 Mega-Tote. Eugene Rostow, ehemaliger Jura-Professor und Abrüstungs-Darsteller im Kabinett Reagan, gab sich bei einer Anhörung durch den US-Senat geradezu euphorisch über die Folgen eines Atomkriegs: Erlebte Japan nach Hiroshima und Nagasaki nicht eine neue Blüte? Und was die Menschenopfer anbelangt, äußerte er: »Die menschliche Rasse ist sehr elastisch, Senator Fell.«[12] Das war echte Kahnsche Schule. Dem »Abrüstungsexperten« Rostow, der als enger Berater von Reagan den Friedens- und Abrüstungskasper gab, werden wir hier und da noch begegnen.

Man hörte auch auf Kahn, als er den Ausbau der nuklearen Zweitschlagskapazität forderte: Nach einem atomaren Angriff der Sowjetunion – diese Prämisse ist unverzichtbarer Bestandteil eines jeden US-Strategen, zählt gewissermaßen zum guten Ton – müßten die Vereinigten Staaten in der Lage sein, den Aggressor zu vernichten; Kahn nannte dieses Szenario *mutual assured destruction*, dessen Akronym MAD ihn sicher belustigt haben dürfte. Damit ist Kahn weniger zum Theoretiker des »Gleichgewichts des Schreckens« geworden, sondern vielmehr zum Propheten und Einpeitscher einer steten US-amerikanischen Überlegenheit im Bereich der strategischen Nuklearwaffen (zu denen auch die in Europa stationierten Pershing II und Cruise-Missiles zählen). Man hörte ebenfalls auf Kahn, als er die Verbesserung des Zivilschutzes forderte; schließlich galt es die eigenen Verluste zu minimieren. Aber der radioaktive Fallout und seine Nachwirkungen? Nicht verzagen – Kahn befragen! Genetische Schädigungen würden nicht alle Menschen betreffen, folglich sei das zukünftige Gedeihen der Art Homo sapiens gesichert (in Kubricks Film plädiert Dr. Seltsam für ein Verhältnis der weiblichen zu den männlichen Bunkerinsassen von 20:1, was für einen beträchtlichen Geilheitsschub unter den anwesenden Generälen sorgte). Verseuchte Nahrungsmittel sollte man alten Menschen geben, die stürben sowieso, bevor der Krebs an ihnen zu nagen beginne. Das war Kahn, wie er leibte und lebte; hinter der Maske des Pragmatikers verbarg sich der Zynismus des Massenmörders, der, darauf angesprochen, die Fäuste in die Hüften stemmt und in empörter Unschuld ruft: »Man wird es doch wohl noch sagen dürfen!« In diesem Sinne ist der Titel seines 1962 veröffentlichten Buches, ›Thinking About the Unthinkable‹, zu verstehen. Es ist bezeichnend, daß Bundeskanzler Helmut Schmidt die Angehörigen des »Kleinen Krisenstabes« vor der Stammheimer Nacht aufforderte, »das Undenkbare zu denken«. Auch das war echter Kahn. Lakaientum und Originalität schließen einander nun einmal definitiv aus.

Selbstverständlich befürwortete Kahn ohne Einschränkungen die Aggressionspolitik Reagans, was wiederum selbstverständlich ein Euroshima zur Folge gehabt hätte. In einem ›Spiegel‹-Interview des Jahres 1965 (!) schrieb er den Deutschen bereits ins Stammbuch: »Das Argument muß also sein, daß wir mehr wollen, als die Russen töten, z. B. das Leben von Amerikanern retten. Das Kriterium unserer offiziellen Politik ist nicht mehr, Russen umzubringen, sondern Schaden zu begrenzen […] Wir sollten […] weniger Wunschträume in Hinsicht auf Rüstungskontrolle haben. Und mehr Bereitschaft, Kosten und auch menschliche Verluste zu ertragen.« Mit Blick auf die eingekreiste Sowjetunion überläßt Kahn die Europäer ihrem Schicksal, rechnet sich für die Vereinigten Staaten jedoch reelle Chancen aus: »Wenn man sich aber keine Überlebenschance ausrechnen kann, wird man wahrscheinlich nicht auf den Knopf drücken, selbst als Angegriffener.«[13] Auch hier hörte man auf Kahn.

Die Präsidenten Carter und Reagan übernahmen diese Option 1:1, und beider Berater Zbigniew Brzeziński bekundete in einem ›Zeit‹-Interview im Jahre 1977 seine Bereitschaft, ohne Skrupel den Präsidenten zum Betätigen des roten Knopfes aufzufordern, da es »nur« 10 % der Weltbevölkerung kosten würde. Das waren seinerzeit ungefähr 400 Millionen einkalkulierte Atomtote, ein Klacks also.

Damit sind wir von den Kopflangern eines atomaren Angriffskriegs gegen die Sowjetunion – den Wissenschaftlern und »Futurologen«, Analytikern und strategischen Sandkastenspielern – wieder bei den Durchführenden angelangt, der politischen Kaste. Im folgenden soll eine lose Auswahl ihrer Aussagen vorgestellt werden, ohne Rücksicht auf die chronologische Abfolge und ohne thematische Gewichtungen im Detail, eine Blütenlese von Zitaten, ein nukleares *florilegium* der US-Politik zu Anfang der 80er Jahre. Man wird sehen: Wie Hitler machen sie aus ihren Absichten keinen Hehl. Und man kann sich unschwer ausmalen, was dies für das Lebensgefühl in Europa bedeutete.[14]

George Bush, Vize-Präsident unter Reagan, anschließend der Mörder an einer Viertelmillion Iraker in der »Operation Wüstensturm«, äußerte sich in einem Interview mit der ›Los Angeles Times‹ am 24. Januar 1980 über die US-Politik im angebrochenen Jahrzehnt:

Frage: Erreicht man mit diesen strategischen Atomwaffen nicht einen Punkt, wo wir uns gegenseitig so oft vernichten können […], daß es wirklich keine Rolle mehr spielt, ob man zehn Prozent oder zwei Prozent drunter liegt oder drüber?

Bush: Ja, wenn Sie glauben, daß es in einem nuklearen Schlagabtausch nicht so etwas wie einen Sieger gibt, dann macht das Argument etwas Sinn. Ich glaube das nicht.

Frage: Wie gewinnt man in einem nuklearen Schlagabtausch?

Bush: Man hat eine Überlebensfähigkeit der Kommando- und Kontrollstrukturen, Überlebensfähigkeit von Industriepotential, Schutz eines Prozentsatzes der Bürger, und man ist in der Lage, dem Gegner mehr Schaden zuzufügen, als der einem selbst zufügen kann. Auf diese Weise kann es einen Sieger geben …

Das »Gleichgewicht des Schreckens« hat demnach aufgehört zu existieren, und Bush I. beschreibt in knappen Worten, wie nach seiner Meinung ein atomarer Überfall auf die Sowjetunion in den nächsten Jahren verlaufen wird. In einer

Ansprache an der Notre-Dame-Universität am 17. Mai 1981 läßt sein Chef Reagan keinen Zweifel daran bestehen, wer in dem bevorstehenden Krieg der Sieger und wer der Verlierer sein wird:

> Die Zivilisation wird sich des Kommunismus entledigen als eines traurigen, bizarren Kapitels der Menschheitsgeschichte, dessen letzte Seiten just in diesem Augenblick geschrieben werden. Die westliche Welt wird den Kommunismus nicht eindämmen, sie wird ihn überwinden. Wir werden uns nicht damit abgeben, ihn anzuprangern, wir werden uns seiner entledigen.

Deutlicher konnte auch ein Hitler mit seinen Angriffsabsichten gegen die Sowjetunion nicht sein. Also Krieg, der diesmal nicht mit einer formellen Erklärung, sondern mit dem großen Knall eines atomaren Erstschlags eingeleitet werden würde. Die Uhr tickte. Bis zum Beginn der Stationierung der Erstschlagswaffen in Westdeutschland verblieben noch zwei Jahre. Derselbe Reagan erklärte den Kommunismus als eine »Abweichung von der normalen Lebensweise menschlicher Wesen«, die nicht anders als mit der atomaren Zuchtrute kuriert werden könnte; dem militärischen Feind wurde abermals die Qualität des Menschseins abgesprochen, aber nicht wie ein paar Jahrzehnte zuvor, als man die Slawen als russische »Untermenschen« etikettierte. Zwar bestand die US-Führungsriege auch jetzt mehrteils aus Rassisten, aber dieses Etikett war verbraucht und daher kontraproduktiv. Die Sowjets hätten sich vielmehr dadurch aus der menschlichen Zivilisation verabschiedet, daß sie sich, so wiederum Reagan, »das Recht herausnehmen, jedes Verbrechen zu begehen, zu lügen, zu betrügen, um ihr Ziel zu erreichen.« Folglich war die Sowjetunion das »Reich des Bösen«, das es mit allen Mitteln zu bekämpfen und zu vernichten galt. Diese Dämonisierung mag in der Rückschau plump und primitiv erscheinen, und das war sie ja auch, aber sie war äußerst wirksam, denn sie kochte den seit Hitler und Churchill virulenten Antikommunismus hoch auf den Siedepunkt. Und funktioniert diese Dämonisierung heute nicht ebenfalls bestens bei einem Saddam Hussein, Milošević, Ghaddafi, Assad und wer sich sonst noch in der »Achse des Bösen« befindet? Diese tobsüchtige Rhetorik war seinerzeit in dieser Intensität ungewöhnlich, und sie kündigte ungewöhnliche Maßnahmen an: einen atomaren Erstschlag in Europa, heute hingegen die Zerstörung ganzer Länder und die Ermordung ihrer rechtmäßigen politischen Führung. Jeder verstand und versteht diese Botschaft. Seinerzeit packte ein Sowjetbürger einen amerikanischen Journalisten auf dem Roten Platz in Moskau am Kragen, schüttelte ihn und rief: »Habt ihr denn nichts aus der Geschichte gelernt? Wollt ihr uns schon wieder überfallen? Wißt ihr nicht, was wir mit Hitler gemacht haben?« Dieser Wutausbruch ehrte den Sowjetbürger, denn er war besser, mutiger als seine Regierung, die ihm vorenthielt, daß das Land entscheidend ins militärtechnologische Hintertreffen geraten war und der Imperialismus deshalb aufs Ganze ging. Dieser Sowjetbürger wäre wie Millionen seinesgleichen damit einverstanden gewesen, aus einem Wettlauf auszusteigen, den man nicht mehr gewinnen konnte, und statt dessen bei der geringsten Feindseligkeit das gesamte nukleare Vernichtungspotential einzusetzen und den Aggressor mit in den Abgrund zu reißen. Aber weil der Sowjetbürger und seinesgleichen besser waren als ihre Regierung, mußten beide untergehen. Offenkundig traut man heute den iranischen Mullahs zu, was die Sowjets nie wagten (obwohl die iranische Führung von deren Vernichtungspotential nur träumen kann), und so schäumt die Kriegshysterie schon seit Jahren. Unter dem Vorwand, einen »Holocaust« an den Juden zu verhindern, bereitet man einen solchen gegen die iranischen Arier vor. Aber was für eine mickrige »Bedrohung« stellt der Iran im Vergleich zur Sowjetunion dar! Wie grotesk haben sich die Kräfteverhältnisse bei gleichbleibendem Gekreisch verändert! Und doch funktioniert es, den Medien und ihrer gewaltgestützten Suggestion sei Dank.

Während sich in den bedrohten Ostblockstaaten, mit Ausnahme des katholischen Polen, bei den aufmerksamen Teilen der Bevölkerung eine Mischung aus Sorge und ohnmächtiger Wut breitmachte, grassierte in Westeuropa die Angststarre. Caspar Weinberger, der Pentagon-Chef und kalte Technokrat der Massenvernichtung, bekräftigte den Kriegskurs, als er in einem Fernsehinterview am 27. Oktober 1981 äußerte: »Es ist einfach eine Tatsache, daß – wie unglücklich und schrecklich das auch für die Welt sein würde – möglicherweise einige Kernwaffen zum Einsatz kommen könnten im Zusammenhang mit einem Krieg, der bis zu jenem Zeitpunkt ausschließlich auf dem europäischen Schauplatz geführt worden wäre.« Und die Uhr tickte. Noch eineinhalb Jahre bis zur Stationierung…

Man mag es kaum für möglich halten, aber die belfernde Kriegshetze eines Reagan oder Weinberger war noch einer Steigerung fähig. Diese Rolle fiel dem bereits erwähnten Rostow zu, dem Jura-Professor und von Reagan nominierten Abrüstungsfreak. Das lange Interview, das er dem ›Spiegel‹ gegeben hat (30/1981), ist auch heute noch von stupender Aktualität:

[…]

Spiegel: Stabilität ganz allgemein oder Stabilität, eine Zweitschlagfähigkeit für jede kritische Gegend der Welt?

Rostow: In jeder Region, wo unsere Interessen berührt sind. Das heißt in Europa, das heißt in Japan, das heißt auch am Persischen Golf, das heißt bei der Verteidigung unserer Verbündeten und unserer Interessen, wo immer das sein mag. Die Erfahrung der letzten zwei Jahre war in dieser Hinsicht sehr eindrucksvoll, denn wer hätte gedacht, daß der Jemen wichtig ist oder das Horn von Afrika oder Afghanistan? Im Zusammenhang mit dem sowjetischen Streben nach Macht stellten sich aber diese Gegenden als außerordentlich wichtig heraus. […]

Spiegel: Unabhängig von dem, was Sie sagen, stellt die Reagan-Regierung die Sowjetunion als eine Macht im Niedergang dar. Sehen Sie nicht die Gefahr, daß eine solche zerfallende Macht sehr wohl irrational handeln könnte?

Rostow: Das ist richtig. Das steht außer Frage. Ich glaube, beides ist richtig. Die Sowjet-Union ist außer im militärischen Bereich in jeder Hinsicht gescheitert. Sie hat auf sozialem Gebiet versagt. Sie kennen doch den sowjetischen Witz, daß die bolschewistische Revolution von 1917 das Ereignis war, durch das der Sozialismus in jedem Land der Welt möglich wurde – außer in Rußland. Die Sowjet-Union ist ein enorm starker militärischer Staat, der unverändert gewaltig aufrüstet – und dennoch fühlt sie sich bedroht. Die Sowjets wissen besser als wir, daß das russische Volk die Bolschewiken haßt, und die anderen Völker hassen beide, die Russen und die Bolschewiken.

Spiegel: Aber wie lange kann solch ein Land die Bürde derart hoher militärischer Ausgaben tragen?

Rostow: Wie lange überdauern Tyranneien?

Spiegel: Die sowjetische nun immerhin schon mehr als 60 Jahre.

Rostow: Richtig. Aber wie viele tyrannische Regime sind denn überhaupt zusammengebrochen – wenn nicht durch Niederlagen im Krieg? […]

Dieses Muster an Zynismus, Verdrehungen und Drohungen bedarf keiner weiteren Erläuterung. Derselbe Rostow kommentierte bei einem Vortrag vor der ›Deutschen Gesellschaft für auswärtige Politik‹ am 6. Oktober 1981 eine Rede Reagans wie folgt: »Ihnen wird auffallen, daß der Präsident von der ›Schaffung‹ des Weltfriedens – nicht von dessen ›Erhaltung‹ oder ›Sicherung‹ – sprach. Wir können nicht erwarten, daß in einem solchen Umfeld Rüstungskontrollabkommen besonders erfolgreich sind. Solche Abkommen können den Frieden, wenn er erst geschaffen ist, stärken und schützen.« Die Reagan-Regierung strebte demnach einen »Siegfrieden« an, wie er auch Hitler vorgeschwebt hatte: »Heute gehört uns Rußland, morgen die ganze Welt!«

Richard Pipes, Harvard-Professor und Mitglied des Nationalen Sicherheits-
rates, in dem er als Fachreferent für sowjetische Außen- und Militärpolitik
wirkte, war ebenfalls nicht von Pappe, als er in der ›Newsweek‹ vom 30. März
1981 die Sowjetunion mit folgender Alternative konfrontierte: »Die sowjetischen Führer müssen wählen zwischen der friedlichen Umwandlung des
kommunistischen Systems in Richtung auf das westliche Modell oder in den
Krieg ziehen.« Bekanntlich wählte die feige Kapitulantenclique im Kreml um
Gorbatschow die erste Option, aber das war 1981 noch nicht absehbar. Richard
Allen, einer der Sicherheitsberater Reagans, verfaßte im Jahre 1966 eine Dissertation, die zwar kein Plagiat war wie bei anderen Militärexperten von Adel,
dafür aber Sätze wie die folgenden enthielt: »Ob immer genug Platz auf der
Welt sein wird für die beiden Systeme von Kapitalismus und Kommunismus,
kann nur die Geschichte selbst entscheiden. Ernste Friedensangebote müssen ständig geprüft werden; aber ›Frieden‹ auf der Basis des kommunistischen
Wortverständnisses ist eine Unmöglichkeit.« Die Dissertation wurde (aus mir
unbekannten, aber nicht schwer zu erratenden Gründen) abgelehnt, und so
mußte ein tief enttäuschter Allen ohne den akademischen Titel »Dr. rer. pol.«
gegen die Sowjetunion zum Krieg hetzen.

Ja, »die ganze Welt ist in der Tat Sache der NATO«, wie der ehemalige General, nunmehrige Außenminister Alexander Haig gegenüber dem ›Spiegel‹
befand (6/1981), und sein Kollege Weinberger, vielleicht der Intelligenteste in
der ganzen Kriegstreiberbande, spezifizierte diesen Anspruch der Vereinigten
Staaten auf uneingeschränkte Weltherrschaft am 2. März 1981 vor dem Streit-
kräfte-Ausschuß des Senats. Die nachfolgenden Zeilen könnten aktueller nicht
sein; man muß nur das Adjektiv »sowjetisch« gegen »iranisch« austauschen:

> Die Nabelschnur der industrialisierten freien Welt verläuft durch die Straße
> von Hormuz zum Arabischen Golf und den umliegenden Staaten. Diese Regi-
> on, Südwestasien und der Golf, ist der Dreh- und Angelpunkt der Auseinan-
> dersetzung und wird es für die absehbare Zukunft bleiben. […] Wir können
> […] nicht aus einer Entfernung von 7000 Meilen abschrecken. Wir müssen
> dort sein. Und wir müssen auf glaubwürdige Weise präsent sein. […] Es geht
> dort um unsere Lebensinteressen wie natürlich auch die unserer Verbündeten
> und der unabhängigen Staaten jener Region [wie Saudi-Arabien?; P. P.], und
> wir werden jeder sowjetischen oder sowjetisch inspirierten Bedrohung dieser
> kombinierten Interessen wenn nötig mit militärischer Gewalt begegnen.

Bei derselben Gelegenheit äußerte er etwas knapper: »Wir müssen bereit sein,
wenn nötig heute in den Krieg zu ziehen, und wir müssen uns gleichzeitig

darauf vorbereiten, die Schlachten von morgen gegen den Gegner von morgen zu schlagen.« Ja, Weinberger war ein Pragmatiker, der über den Erfordernissen der Alltagspolitik nie den Endzweck und den Endsieg aus den Augen verlor, so etwa bei seinem Referat vor dem US-Ausschuß für Auswärtige Beziehungen am 18. Juni 1981:

> […] leicht irritiert haben mich akademische Debatten wie die, ob wir uns auf eineinhalb Kriege vorbereiten sollten oder auf zweieinviertel Kriege. Solch künstliche Annahmen vernachlässigen sowohl die Risiken als auch die Gelegenheiten, denen wir uns gegenübersehen könnten. Wir müssen bereit sein, uns mit der militärischen Macht der Sowjetunion auseinanderzusetzen, wie immer sie eingesetzt werden sollte. Und wenn die Abschreckung versagt, müssen wir fähig sein zu gewinnen, um zu überleben.

Ja, die Zeit war reif, »die Ära der Skrupel ist vorbei«, wie Reagan vor Absolventen der Militärakademie West Point in Richtung Sowjetunion drohte, und auch kein Griff in die abgenutzte Pathoskiste war zu peinlich. Die Amerikaner seien ein zu großes Volk, um sich auf kleine Träume zu beschränken, wie der Präsident bei seiner Antrittsrede verkündete; nun sei die Zeit für heroische Träume gekommen, mit Bomben und Raketen, enger geschnalltem Gürtel und fehlendem Zahnersatz.

Reagan (r.) bei seiner zweitliebsten Beschäftigung (nach dem Töten von Kommunisten): dem Beten, hier zusammen mit den Führern der amerikanischen Gesellschaft für Bibelverkündigung

Am amerikanischen Wesen sollte die Welt genesen, nicht allein wegen dieser großen Nation und diesem großen Volk, nein, Gott wollte es so, Er selbst, höchstpersönlich: »In unsere Hände hat Gott das Schicksal einer bedrängten Menschheit gelegt«, wußte Reagan schon 1978, und im Land der Puritaner und Calvinisten, in dem die Prädestination kein Fremdwort ist und ohne die göttliche Vorsehung gar nichts läuft, kann es auch gar nicht anders sein: »Ich glaube seit langem, daß es einen göttlichen Plan gibt, der dieses Land einem Volk von besonderer Bestimmung überschrieben hat«, bekannte Reagan 1976 als kalifornischer Gouverneur. Selbst vergleichsweise randständige und eher nüchterne Figuren wie der NATO-Botschafter Tapley Bennet ließen sich von dieser Endsieg-Euphorie anstecken; Bennet sah bei aller Düsternis des kommenden Krieges doch bereits die rosigen Zeiten der Nachkriegsordnung heraufdämmern:

> Der Marxismus-Leninismus hat sich als ein grundlegender historischer Irrtum erwiesen. Aus den Fenstern des Kreml blickend, muß die Aussicht in alle Richtungen heute so düster sein wie schon lange nicht mehr [...]. Wenn wir schon in einer Zeit der Gefahr leben, leben wir doch auch in einer Zeit großer Chancen und Möglichkeiten. Die Zukunft ist voll großer Verheißungen. Wir brauchen nur in Einigkeit, Stärke und Zuversicht auf unserem Weg voranzuschreiten.

So gesprochen vor der Deutschen Atlantischen Gesellschaft in München am 4. März 1981. Während sich die Kriegswolken zusammenballten und Euroshima auf die Tagesordnung gesetzt wurde, während der US-Imperialismus die Zähne bleckte und aus seinen Völkermord- und Weltmachtgelüsten keinen Hehl mehr machte, wanden und krampften sich die verängstigten europäischen Hirne in Verhandlungsillusionen. Dabei hatte der »Abrüstungsexperte« Rostow den Deutschen in dem bereits zitierten, bundesweit kursierenden Interview längst reinen Wein eingeschenkt (der freilich ziemlich sauer aufstieß):

> *Spiegel:* [...] Ist die Stationierung der Pershing 2 in der Bundesrepublik sowie der Cruise-Missiles in der Bundesrepublik und in anderen westeuropäischen Ländern überhaupt verhandelbar?
>
> *Rostow:* Nein. Dies ist eine Verpflichtung, eine Entscheidung, die von der NATO getroffen wurde. Es wäre das Ende von allem, wenn die NATO Entscheidungen fällt und dann entdeckt, daß die Sowjet-Union ein Veto dagegen besitzt.

Haig, der freimütig einige »Entgleisungen« in den öffentlichen Verlautbarungen der US-Repräsentanten einräumte, stellte in einem Interview mit dem ›Stern‹ am 13. August 1981 unmißverständlich klar, daß Neutronenbombe, Pershing II und Marschflugkörper die Europäer gar nichts angingen: »Dies ist eine einseitig amerikanische Entscheidung, die Verteidigungsstärke zu verbessern. Die Europäer haben damit nichts zu tun.« – Nur sterben sollten sie, und zwar ohne Murren. Verhandlungen, Doppelbeschluß – das war in seinen Augen etwas für willige Deppen, für die der Ex-General ein wunderschönes

Placebo parat hatte: »… ich habe immer gesagt, daß die Europäer im tiefsten Innern abends ins Bett gehen und Gott danken, daß Amerika wieder bereit und willens ist, die Führung zu übernehmen und jene Art von Schutz zu gewähren, den sie in über 35 Jahren der Verbindung von uns zu erwarten gewohnt waren« (Interview mit dem Fernsehsender ABC am 14. August 1981). Darauf ließe sich mit einer leicht veränderten Version eines schaurigen Schlafliedes für Kinder antworten: »Morgen früh, wenn Haig will, wirst Du wieder erweckt.«

So trommelte das Kriegsstakkato auf die Hirne – man könnte mit solchen Belegen ganze Bände füllen –, aber neben Placebos und verlogenen Beschwichtigungen hatten auch propagandistische Ablenkungsmanöver Hochkonjunktur, z.B. die

☞ **Legende:**   Die größte Gefahr für den Weltfrieden geht von einem Atomkrieg aus Versehen aus.

Falsch. Die Vereinigten Staaten von Amerika stellten die größte Gefahr für den Weltfrieden dar, weil sie ihre feste Entschlossenheit bekundeten und energisch alle Vorbereitungen trafen, um von Westdeutschland aus einen atomaren Enthauptungsschlag gegen die Sowjetunion zu führen. Von den Atommassakern in Hiroshima und Nagasaki bis zum Amtsantritt Ronald Reagans standen die USA sechsmal unmittelbar davor, Atomwaffen einzusetzen: erstmals während des Koreakriegs 1950; nicht nur die Intervention des britischen Premiers Clement Attlee verhinderte das nukleare Massenmorden, sondern ebenso der Hinweis hoher US-Offiziere, daß ungünstige Winde den radioaktiven Niederschlag nach Japan tragen würden, und hierfür war der zeitliche Abstand zu Hiroshima und Nagasaki denn doch zu knapp! Zweitens zur Befreiung der eingekesselten französischen Kolonialtruppen in Dien Bien Phu im Jahre 1954 (siehe S. 497 ff.); drittens im Jahre 1958, als US-Präsident Dwight D. Eisenhower seinen Generalstab anwies, Pläne für einen Atomangriff auf die Volksrepublik China vorzulegen, um es an der Eroberung der vor dem chinesischen Festland liegenden Inseln Quemoy und Matsu zu hindern (beide Inseln gehören noch heute zu Taiwan)[15]; viertens im Jahre 1961 gegen Laos, um den Nachschub für die Armee des Vietkong zu unterbinden; fünftens während des Vietnamkrieges, um die in Khe San festsitzenden US-Truppen zu befreien (der Oberkommandierende in Vietnam General William Westmoreland notierte in seinen Memoiren: »Schon damals und erst recht heute sehe ich es als Fehler an, daß man diese Möglichkeit nicht ernsthaft genutzt hat«[16]); sechstens schließlich ein Atombombenabwurf auf Hanoi für den Fall, daß die Verhandlungen über einen Waffenstillstand scheiterten. Während der Berlin- und Kuba-Krise 1961 und 1962 dachten Kennedy, seine Minister und Generäle zwar ebenfalls laut über einen Atomwaffeneinsatz nach, nahmen dann aber letztlich in einer relativ frühen Phase davon Abstand. Zweimal hätte es sich also um einen Befreiungsschlag für umzingelte Truppen gehandelt, einmal um eine Art Strafaktion gegen die nordvietnamesische Hauptstadt, während für die anderen drei Male mutmaßlich ein flächendeckendes Bombardement mit Atomwaffen vorgesehen war. In allen diesen Fällen gab indessen die unvorhersehbare Reaktion der Sowjetunion – also das ungefähre Gleichgewicht des Schreckens – den Ausschlag, daß die amerikanischen Atomwaffen in ihren Silos und Bombenschächten blieben. Nun aber, da dieses Gleichgewicht nicht mehr existierte, sah sich die Sowjetunion, die ärgerliche 35 Jahre lang das Haupthindernis für die uneingeschränkte Weltherrschaft der USA darstellte, wie ein Delinquent einer atomaren Hinrichtung mit schnellen Präzisionsraketen gegenüber. Die Verlautbarungen der führenden US-Politiker ließen keinen Raum für irgendwelche Zweifel, und das Schlimmste war, daß sie bald – ab Ende 1983 – über die erforderlichen Mittel verfügen würden. Eugene Rostow, der »Abrüstungs«-Falke, stimmte die Deutschen via ›Stern‹ vom 27. Mai 1982 nochmals vorsorglich darauf ein, daß sie »nicht etwa in einer Nachkriegszeit, sondern in einer Vorkriegsperiode« lebten. [17] Im kühlen Kalkül, in der finsteren Entschlossenheit der US-Führer, diesen tödlichen Schlag gegen die Sowjetunion zu führen, lag die Hauptgefahr für den Weltfrieden. Europa taumelte auf einen Abgrund zu oder wurde vielmehr dorthin gestoßen, und seine Lebensfrist bemaß sich nur mehr nach Monaten.

Sicher – auch die ausgeklügeltsten und raffiniertesten Frühwarnsysteme waren anfällig für Pannen, und es hatte spektakuläre, ja geradezu haarsträubende Unfälle mit Atomwaffen gegeben.[18] Das 35 Milliarden Dollar teure Nordamerikanische Luftverteidigungskommando NORAD, das tief im Innern des Cheyenne Mountain bei Colorado Springs untergebracht war, repräsentierte seinerzeit mit Sicherheit den Spitzenstandard der Technologie. Es bestand in seinem Kern aus 35 Großrechnern, die alle eintreffenden Informationen speicherten und an die wichtigsten Kommandozentren weiterleiteten. Es mutet mitunter geradezu unglaublich an, welcher Aufwand für die Früherkennung feindlicher Raketen und Flugzeuge betrieben wurde. Jedes amerikanische Atom-U-Boot verfügte über eine 500 m lange Spezialantenne, die an einer Boje an die Oberfläche gelassen werden konnte oder als »Schleppe« hinterhergezogen wurde. Über dem Pazifik und dem Atlantik kreiste Tag und Nacht ein Herkules-Transportflugzeug mit einer 10 km langen Antenne in möglichst engen Spiralen, damit der Draht senkrecht nach unten hing. Durch den Bundesstaat Michigan wurde Anfang der 80er Jahre eine 200 km lange Sende-Antenne vergraben.[19] Ein Ring von Nachrichtensatelliten, die ihre Signale an die Zentrale sendeten, vollendete das weltumspannende Überwachungssystem. Und doch: Bereits ein größerer Schwarm von Graugänsen konnte einen Atomalarm auslösen, da er irrtümlich als sowjetischer Bomberverband interpretiert wurde.

Am 3. Juni 1980 meldeten um 2.26 Uhr in der Frühe die Bildschirme von NORAD einen sowjetischen Großangriff mit atomar bestückten Interkontinental- und U-Boot-Raketen. Sie lösten einen Mechanismus der Alarmkette aus, der, da jahrelang geübt und durchgespielt, mit der raschen und lautlosen Präzision eines Uhrwerks ablief:

> Phase eins des Weltuntergangs nimmt nach Vorschrift ihren Lauf: 120 achtstrahlige Boeing B-52 mit Wasserstoffbomben an Bord rollen an die Pisten, über den 1054 Minuteman- und Titan-Raketen öffnen sich die schweren Verschlußdeckel; per Funkruf werden zwei Dutzend Atom-U-Boote in Alarmzustand versetzt; auf einem Militärflughafen auf Hawaii startet ein fliegender Befehlsstand des Strategischen Bomberkommandos, der die Einsatzleitung übernehmen soll, falls der Keller in Omaha durch Bomben zerstört wird; auf Andrews Air Base in Washington werden die Triebwerke des fliegenden Befehlsstandes des amerikanischen Präsidenten, eines umgebauten Jumbo-Jets, angelassen; alle zivilen Flugzeuge im Luftraum über Kanada und den USA werden angewiesen, auf dem nächsterreichbaren Flugplatz zu landen.[20]

Einbezogen in die Alarmkette sind ferner die Bomberflotten, die rund um die Uhr grenznah an der Sowjetunion patrouillieren. Im Falle eines Alarms begeben sie sich an eine vorher festgelegte »Fail safe«-Linie, die sie, sobald per Funk der »Go«-Befehl ergeht, überschreiten und ihre tödliche Atomfracht in die Sowjetunion tragen. – Nach drei Minuten und zwölf Sekunden war der Spuk vorbei, nach weiteren zwanzig Minuten waren die Deckel über den Raketen geschlossen, und die Fernbomber standen wieder in ihren Hangars. In diesen zwanzig Minuten hatte sich die Welt am Rande eines Atomkriegs befunden, ohne daß sie die geringste Ahnung davon hatte. Der Grund: ein Chip in einem Computer hatte verrücktgespielt und den Horrortrip eines halluzinierten Großangriffs ausgelöst. Drei Tage später wiederholte sich der Spaß, als ein fehlerhafter Chip die Null durch eine Zwei ersetzte und den Anflug 22 feindlicher Atomraketen meldete. In die Jahre 1979/80 fielen 147 weitere

Fehlalarme, die zumeist durch Raketen bei sowjetischen Manövern ausgelöst worden waren. Ein weiteres Problem stellte das ungeheure Tempo der amerikanischen Hochrüstung dar, die datentechnisch kaum mehr erfaßt werden konnte und doch mußte, wollte man alle Waffen- und Truppengattungen bei einem *big bang* koordinieren und effektiv einsetzen.

Eine ganze Serie von Unfällen mit Atomwaffen schien geradewegs dem Drehbuch eines Hollywood-Regisseurs entsprungen zu sein, fand aber nichtsdestoweniger in der Realität statt; bei 33000 überwiegend in der Nähe von Großstädten gelagerten Atomsprengköpfen konnte es schon aus rein statistischen Gründen gar nicht anders sein. Laut einer offiziellen Dokumentation hatte es in den dreißig Jahren zwischen 1950 und 1980 32 solcher Vorfälle gegeben; das Stockholmer SIPRI-Institut verzeichnet für denselben Zeitraum eine dreifach höhere Zahl an schweren Unfällen mit amerikanischen Atomwaffen. Aus der Sowjetunion waren 22 Havarien mit Atomwaffen bekannt; England und Frankreich meldeten acht bzw. vier Unfälle, von denen einige der spektakulärsten nun vorgestellt werden sollen.

> Am 24. Januar 1961 brach ein B-52-Atombomber bei einem Alarmübungsflug auseinander. Seine zwei H-Bomben fielen in ein Sumpfgelände bei Goldsboro im amerikanischen Bundesstaat North Carolina. Eine der Bomben kam am Fallschirm nahezu unversehrt herunter. Bei der anderen öffnete sich der Fallschirm nicht, und sie zerbrach beim Aufschlag. Glücklicherweise kam es in beiden Fällen zu keiner Explosion. Als aber die intakte Bombe untersucht wurde, stellte sich heraus, daß fünf ihrer sechs Sicherheitsriegel bereits gelöst waren. […] (Beide Bomben hatten zusammen die Explosivkraft von 3700 Hiroshima-Bomben.)[21]

Die zerbrochene Bombe wurde im übrigen nicht mehr gefunden, obwohl man das Gelände bis zu einer Tiefe von 12 Metern abgetragen hatte. Immer wieder gerieten Triebwerke in den Raketensilos in Brand und lieferten einen Vorgeschmack auf das Desaster einer atomaren Detonation. Bei einem solchen Unfall am 7. Juni 1960 auf einem Luftwaffenstützpunkt in New Jersey fiel der Atomsprengkopf in die glühende Masse der Raketenreste, und Radioaktivität wurde freigesetzt. »Nach einem Bericht von Professor Joel Larus von der Universität New York […] förderte die Untersuchung dieses Unfalls eine merkwürdige Erklärung zutage: Die Funksignale eines in der Nähe vorbeifahrenden Polizeiwagens sollen sich mit der Musik, die ein Discjockey im Lokalsender gerade aufgelegt hatte, zufällig zu jenem Signal verbunden haben, das dem Elektronenhirn der Rakete den »Feuer«-Befehl gab.«[22]

Als besonders heikel und unfallträchtig erwies sich das Betanken der Fern-bomber in der Luft. Bei einem solchen Manöver verschwand am 10. März 1956 eine B-47 über dem Mittelmeer in einer Wolkendecke; weder von dem Flug-zeug noch von der Besatzung oder den Atomwaffen fand sich je eine Spur. Knapp zehn Jahre später sollte es noch schlimmer kommen:

> Am 17. Januar 1966 stießen ein B-52-Bomber und ein Tankflugzeug über Palo-mares in Spanien zusammen. Vier Wasserstoffbomben mit 20-Megatonnen-Sprengköpfen fielen aus der abstürzenden Maschine. Eine Bombe wurde un-versehrt in einem ausgetrockneten Flußbett gefunden. Auf die Suche nach einer anderen Bombe, die ins Meer gefallen war, machten sich 33 US-Schiffe mit 3000 Navy-Soldaten, darunter Sonar-Experten, Taucher und Tiefsee-Fo-tografen. Nach zwei Wochen schließlich fand das U-Boot Alvin die Bombe in 840 Meter Tiefe auf dem Grund des Mittelmeeres. [...] Zwei Bomben aber verstreuten beim Aufschlag Plutonium über die Felder von Palomares. Die Amerikaner trugen 1750 Tonnen verseuchten Erdreichs ab und transportier-ten es über den Atlantik auf eine Nuklearabfall-Halde in Aiken in South-Carolina.[23]

So sehr Berichte dieser Art das Sensationsbedürfnis befriedigen und einen schaurig-wohlen Nervenkitzel evozieren (»ist ja gottlob nichts passiert«), bleibt ihre Häufung zu Beginn der 80er Jahre doch erklärungsbedürftig. Nun schön, es ist nicht spaßig, wenn ein Mechaniker einen Schraubenschlüssel in einem Raketensilo fallen läßt, die dünne Außenhaut der Rakete aufgeschlitzt wird, Treibstoffdämpfe austreten und bei der anschließenden Explosion der 750 Ton-nen schwere Betondeckel weggesprengt und der Atomsprengkopf 200 Meter weit weggeschleudert wird (so geschehen am 19. September 1980 im Bundes-staat Arkansas). Solche Unfälle ereignen sich aufgrund von Pannen, Materi-alermüdungen oder dem berühmten »menschlichen Versagen«, sind also Zu-fälle, gewiß hochgefährlich, aber mehrteils kaum imstande, einen atomaren Schlagabtausch zwischen der Sowjetunion und den USA auszulösen (Havarien dieser Kategorie heißen im militärischen Fachjargon *broken arrow*, »zerbro-chener Pfeil«). Wenn diese Unfälle jedoch just in dem Moment in den Vor-dergrund gerückt werden, in dem die US-Regierung den Atomkrieg auf die Tagesordnung setzt, dann ist das dahinterstehende Kalkül leicht zu erkennen: es soll mal wieder die Technik sein, die böse, oder der unwägbare Mensch »an sich«, nie aber eine Clique von Kriegstreibern, die Namen tragen, Absichten bekunden, Vorbereitungen treffen. Der »Kommissar Zufall« soll so an die Stel-le des kriminellen Vorsatzes von Massenmördern im Wartestand treten.

Colin S. Gray, den wir bereits als Propagandisten des führ- und gewinnbaren Atomkriegs kennengelernt haben, war mittlerweile zum engsten Berater der Reagan-Administration avanciert. In dieser Eigenschaft sprach er weiterhin Klartext, diesmal im ›Air Force Magazine‹ (März 1982): »Der NATO-Plan, 108 Pershing II und 464 landgestützte Cruise-Missiles zu stationieren, beabsichtigt nicht, ein Gegengewicht gegen die SS-20 zu schaffen. Die NATO braucht eine gute Anzahl dieser 572 Startrampen, ob nun die Sowjetunion ihre SS-20 bis auf Null abbaut oder nicht.« – Wofür wohl? Der amerikanische Rüstungsexpreß, der bereits auf Hochtouren lief, legte nochmal einen erheblichen Zahn zu, um die Vorstellungen von Herrn Gray & Co in die Tat umzusetzen. Davon wird nun die Rede sein.

… und Taten

Reagan ließ keinen Zweifel daran bestehen, daß die finalen Rüstungsanstrengungen zur Vernichtung der Sowjetunion nicht nur durch erhöhte Tribute der sogenannten »Verbündeten« finanziert werden sollten, sondern auch auf Kosten der amerikanischen Werktätigen durchgeführt würden. Das war der Kern der »Reaganomics«. In seiner Fernsehansprache vom 24. September 1981 führte er hierzu aus:

> Niemand wird ausgenommen, wenn der Gürtel enger geschnallt werden muß. Für die nächsten drei Jahre wird die ursprünglich im Verteidigungshaushalt vorgesehene Erhöhung um 13 Milliarden Dollar gekürzt. Ich gebe zu, daß ich dabei etwas zögerte, weil wir einen so langen Weg zu gehen haben, bis das gefährliche Fenster der Verwundbarkeit, das wir haben, einigermaßen geschlossen sein wird. Aber der Verteidigungsminister versicherte mir, daß wir trotz dieser Kürzung die dringenden Erfordernisse erfüllen können. […]

> … wir schlagen die Auflösung von zwei Ministerien vor – Energie und Erziehung. Beide Minister sind damit voll einverstanden.[…]

> … ich habe die Absicht, dem Kongreß in diesem Herbst ein neues Paket von Maßnahmen zur Reform der Versorgungsansprüche und Wohlfahrt – außer der Sozialversicherung – vorzulegen, um während der nächsten drei Jahre fast 27 Milliarden Dollar einzusparen. In den letzten 20 Jahren haben wir Hunderte von neuen Programmen geschaffen, um persönliche Hilfe zu leisten.

Viele dieser Programme sind aus gutem Herzen entstanden, aber nicht alle kamen vom kühlen Verstand. [...][24]

Caspar Weinberger mit seinem Lieblingsspielzeug

Eine Kürzung im Militärbereich? Was mochte wohl in Reagan gefahren sein? In Wirklichkeit lag hier ein billiger Taschenspielertrick vor, der sich hinter der wolkigen Formulierung »Kürzung der Erhöhung« verbirgt. Pentagon-Chef Weinberger hatte dem Kongreß Anfang 1981 einen Fünfjahresplan zur Hochrüstung mit einem Volumen von sage und schreibe 1,5 Billionen Dollar vorgelegt, und die von Reagan angekündigte Kürzung an diesem gigantischen Militärhaushalt – dem bisher größten der Weltgeschichte – machte gerade einmal etwas mehr als 0,1 Prozent aus. So etwas geht durch, wenn das Volk nicht rechnen will oder kann.

Jedenfalls konnte die Sowjetunion dieses Tempo nicht mehr mithalten. Es gab drei untrügliche Indizien, daß ihr allmählich die Luft ausging: erstens die drastische Kürzung bis Einstellung der materiellen Unterstützung für die nationalen Befreiungsbewegungen in der Dritten Welt; zweitens die Auflösungserscheinungen im eigenen Herrschaftsbereich, dem Warschauer Pakt (Sezessionsbestrebungen des katholischen Polen); drittens der einsetzende Loyalitätsschwund der sowjetischen Bevölkerung. Dies war natürlich der amerikanischen Führung bekannt, und so konnte Ex-General Haig in einem ›Spiegel‹-Interview (24/1981) die Symptome dieses einsetzenden Zerfalls mit genüßlicher Häme aufzählen:

> [...] die Sowjetunion zeigt eindeutig Indizien eines historischen Niedergangs. Die Beobachter der internationalen Szene haben sich viel zu lange auf die Schwierigkeiten des Westens konzentriert.
> Man sehe die Dinge nur einmal aus Moskauer Sicht: Die Sowjets haben in ihrem Verhältnis zu China keine Fortschritte erzielt. Sie sind gezwungen, an der chinesischen Grenze weiterhin über 50 Divisionen zu stationieren. Die Eroberung Afghanistans hat sich weder als leicht noch als billig erwiesen. Die

Russen pumpen täglich 200 Millionen Dollar an Hilfsgütern nach Hanoi, um die Vietnamesen zu stützen, die sich ihrerseits in Kambodscha festgefahren haben.

In Polen stehen die Sowjets vor einem unmöglichen Dilemma. Ihre Ideologie hat versagt. Überdies wissen sie, daß das polnische Volk sich einer direkten oder indirekten Unterdrückung durchaus widersetzen könnte.

Die Kosten der sowjetischen Außenpolitik nehmen eindeutig zu, und einfache Lösungen gibt es nicht. Das kann sogar auf die innenpolitische Lage der Sowjet-Union Einfluß haben. Verbraucher, die sich mit ihren Ersparnissen nichts kaufen können, werden leicht unruhig. Die sowjetische Führung begreift allmählich, meine ich, daß das System selbst in Schwierigkeiten kommt.[25]

Mit seinem Kollegen Weinberger ist sich Haig indessen einig, daß gerade diese offenkundige Schwäche die Sowjetunion um so gefährlicher und aggressiver mache. »Nüscht zu fressen, aber (deshalb) eine Gefahr für den Weltfrieden« – wir kennen diese logische Absurdität heute als gegen Nordkorea in Anschlag gebrachtes Propaganda-Mantra.

Ein Sprichwort sagt: »Was fällt, muß man stoßen«, und nach genau dieser Maxime verfuhren die Vereinigten Staaten gegenüber der Sowjetunion. Ein Drittel der amerikanischen Kampfverbände war in Stützpunkten rings um die Warschauer-Pakt-Staaten stationiert, saßen gewissermaßen in den Startlöchern. Parallel zur Dislozierung der atomaren Erstschlagswaffen Pershing II und Cruise-Missiles in Westdeutschland bzw. Westeuropa erneuerten die USA ihr gesamtes strategisches Potential durch eine neue, wesentlich verbesserte und effizientere Generation von Interkontinentalraketen. Diese Waffengattung bildete einen wesentlichen Bestandteil des sogenannten »Letzten Szenarios« und sollte spätestens 1986/87 zur Verfügung stehen.

> Die landgestützte MX-Interkontinentalrakete mit einer Reichweite von bis zu 11 000 km und bestückt mit 10 unabhängig voneinander »gemirvten« *, ihr Computer-gespeichertes Ziel präzise anfliegenden Sprengköpfen soll militärische und politische Führungszentren und Industriezentren, die für das sowjetische Militär unentbehrlich sind, auch *hinter dem Ural*, ausschalten. Dabei sprengt die MX-Rakete kurz vor dem Ziel ihre »Haube« ab. Zehn mannshohe Sprengköpfe – sie können nach Bedarf mit einem »Earth Penetrator« ausgerüstet werden – klinken aus und steuern jeder für sich selbst nach einem Flug von 11 000 km ihr Endziel »todsicher« an. Selbst unterirdische Betonbauten mit meterdicken Mauern »verdampfen«, ihre Insassen werden »pulverisiert«. […]

---

* MIRV – Multiple Independently Targetable Reentry Vehicle.

Die seegestützte Trident II mit einer Reichweite von bis zu 11 000 km, versehen mit einem computergesteuerten, präzisen Endanflugsystem und mit 10 unabhängig voneinander ihr Computer-gespeichertes Ziel findenden Sprengköpfen (»independently targetable warheads«), kann jedes Ziel in der Sowjetunion – entweder vom Atlantik oder vom Pazifik her – erreichen. […] Die Trident II soll bei ihrer großen Reichweite und enormen Geschwindigkeit eine erstaunliche Zielgenauigkeit – eine Abweichung von nur 40–50 Metern – haben. Sie wird damit die erste seegestützte Rakete sein, die an die Zielgenauigkeit der landgestützten Pershing II heranreicht. […]

Die MX dient, wie die Trident II, zur totalen Enthauptung der Sowjetunion, weil nun auch das gesamte asiatische Gebiet eingeschlossen wird. Präsident Reagan aber nennt die MX-Rakete seinen »Peacekeeper« (»Friedenserhalter«). Beide neuen Waffensysteme sind jedoch Präzisionswaffen. Deshalb sieht das Washingtoner »Center for Defense Information« in ihrer Aufstellung einen erneuten gefährlichen Schritt zum atomaren Angriffskrieg.

Bei einem Überraschungsangriff, so bemerkte im Mai 1982 der Stabschef der US-Luftwaffe, General Lewis Allen, würden die MX- und die Trident II-Raketen »die Masse der sowjetischen Landraketen, wo immer sie stationiert sind, alle ihre U-Boote in den Häfen, alle verbunkerten Befehlszentren und den Großteil ihrer strategischen Bomberflotte zerstören.« Den Russen blieben nur noch ungefähr drei bis fünf Prozent ihres gesamten Atom-Arsenals – die U-Boote auf See.[26]

Selbst für diese winzige Restkapazität an Vergeltung traf man jedoch seine Vorbereitungen, wie wir gleich sehen werden. Der atomare Erstschlag gegen die Sowjetunion rückte jedenfalls unaufhaltsam näher; aufgrund der drückenden Überlegenheit der USA – die auch Caspar Weinberger am 29. April 1982 vor dem Senatsausschuß für auswärtige Angelegenheiten freimütig einräumte – war die nukleare Enthauptungsstrategie eine gar zu verlockende Option. – So langsam sickerten auch die Stationierungsorte für die 108 Pershing II in Westdeutschland durch: ausgerechnet Schwaben, das »Ländle der Schaffer und Sparer«, sollte die gefährdetste und gefährlichste Region der Welt werden! 36 Abschußvorrichtungen gingen nach Schwäbisch Gmünd (Bismarck- und Hardt-Kaserne), ebenfalls 36 nach Neu-Ulm (Wiley Barracks und Nelson Barracks), 27 nach Neckarsulm (Artillerie-Kaserne) und 9 nach Heilbronn (Badnerhof-Kaserne). Wie man sieht, können Sprichwörter auch danebenliegen: Der Schwabe wird nicht »mit 40 gscheit«! Selbstverständlich hatten die Europäer, die Deutschen zumal, keinerlei Mitsprache- oder Einspruchsrechte, was den Einsatz dieser Waffen anbelangte. So meldete die ›Welt‹ am 4. Mai 1981: »Spezialeinheiten der amerikanischen Armee werden die Bewachung der US-Raketenstellungen in der Bundesrepublik übernehmen«; dies geschehe »besonders wegen der sich zuspitzenden innenpolitischen Auseinandersetzungen« in Westdeutschland (gemeint waren die Massendemonstrationen, von denen im folgenden Abschnitt die Rede sein wird). Die verschärften Sicherheitsbedingungen des US-Wachpersonals sahen u. a. vor, daß ohne vorherigen Anruf geschossen werden konnte – Bundes- oder Bananenrepublik? Am 24. Juni 1981 meldete dasselbe Blatt: »Die USA haben nach zuverlässigen Informationen Spezialtruppen nach Europa gebracht, um ihre Atomdepots noch besser zu schützen als bisher.« Es wurde also brenzlig, und die Zahl derer, die Westdeutschland für immer den Rücken kehrten, nahm zu, bis zu 50 000 Auswanderer pro Jahr. Bevorzugtes Ziel war, wie bereits erwähnt, bis zur Verhängung der Einwanderungssperre für Europäer Neuseeland, das »weit ab vom Schuß« lag. Aber nicht jeder wollte sein Leben als Schafzüchter fristen.

In der US-Führung war es kurzfristig zu Unstimmigkeiten gekommen, wieviel man den Europäern aufs Mal zumuten konnte. Während Haig für ein abgestuftes Vorgehen plädierte, das auf europäische »Befindlichkeiten« Rücksicht nahm, vertrat Weinberger die Ansicht, »daß sich die Vereinigten Staaten es nicht leisten könnten, Beschlüsse über die Ausrüstung ihrer eigenen Streitkräfte auf die Dauer von politischen Rücksichten auf die Europäer abhängig zu machen. Präsident Reagan nahm die Partei Weinbergers. Der Präsident betonte, daß die Europäer kein Vetorecht über amerikanische Waffenentscheidungen haben dürften.«[27] Damit war der Punkt erreicht, an dem Charles de Gaulle seinerzeit den Austritt Frankreichs aus den militärischen Strukturen der NATO verkündet hatte mit der zutreffenden Begründung, die alleinige US-amerikanische Verfügungsgewalt über in Westeuropa stationierte Atomwaffen sei mit der Souveränität dieser Länder nicht in Einklang zu bringen. Doch Frankreich galt als eine der Siegernationen des 2. Weltkriegs und besaß seine »Force de Frappe«; die BRD hingegen, Rechtsnachfolger Hitler-Deutschlands und Kriegsverlierer, hatte und hat bis heute in dieser Hinsicht gar nichts zu bestimmen. Den wenigsten Westdeutschen dürfte bekannt gewesen sein, daß das Land, in dem sie lebten, von Anbeginn den Status der Voll-Vasallität von den »Siegermächten« aufoktroyiert bekommen hatte. Für Westdeutschland, den Frontstaat der NATO, waren von vornherein keinerlei Souveränitätsrechte vorgesehen. Die Bestimmungen über diesen Lakaienstatus waren im »Vertrag über die Beziehungen zwischen der Bundesrepublik Deutschland und den Drei Mächten« vom 26. Mai 1952 festgelegt, insbesondere in Artikel 2, die »Alliierten Vorbehaltsrechte« betreffend, und in Artikel 5, der vom Notstand handelt. Man las diese Regelungen, die man in scharfer Diktion als »Trense im Maul des Bundeskanzlers« bezeichnen könnte, nicht in der Zeitung, man hörte von ihnen nicht in der Schule, aber sie sind interessant:

> Danach hätte Bonn bei einer »schweren Störung der öffentlichen Sicherheit und Ordnung« zunächst die Polizeikräfte des Bundes und der Länder einzusetzen. Wenn die Bundesregierung damit der Lage nicht Herr würde und zudem »nach Auffassung der Drei Mächte« die Streitkräfte der Westalliierten gefährdet wären, könnten die Militärbefehlshaber Großbritanniens, Frankreichs und der USA in der Bundesrepublik »die angemessenen Schutzmaßnahmen (einschließlich des Gebrauchs von Waffengewalt) unmittelbar ergreifen, die erforderlich sind, um die Gefahr zu beseitigen.« Auch der »ernstlich drohende Eintritt einer umstürzlerischen Störung der freiheitlich demokratischen Grundordnung« [fdGO] genügt für die Erklärung des Notstands. [28]

Ein US-amerikanischer Autor brachte den westdeutschen Vasallenstatus unlängst ohne viel um den heißen Brei herumzureden auf den folgenden Nenner: »wenn der deutsche Machtzuwachs für zwei Weltkriege verantwortlich war und wenn nun Westdeutschland erneut zu einer europäischen Macht aufstieg – wer sollte dann garantieren, daß es nicht zu einem dritten Weltkrieg kam? Daher mußte Westdeutschland in die NATO eingebunden werden, das heißt, die Bundeswehr mußte effektiv unter amerikanischen Oberbefehl gestellt werden.« [29] Noch Fragen? –

Aus diesem Grund eignete sich die BRD neben ihrer Frontlage am besten dafür, sich um den Preis der eigenen Vernichtung den USA *nolens volens* als Abschußrampe zur Verfügung zu stellen. Ein Voll-Vasall muß der essentiellen Souveränitätsrechte entbehren, zu denen das Gewaltmonopol des Staates und das Recht seiner Bürger, auch eine der NATO nicht genehme Regierung zu wählen, gehören. Nicht zuletzt zur Wahrung dieses Vasallenstatus waren in der BRD zu Anfang der 80er Jahre 300 000 britische und amerikanische sowie 65 000 französische Soldaten stationiert. Sie hätten Hoheitsrechte für den Fall wahrgenommen, wenn die sogenannte Friedensbewegung die amerikanischen Kriegsvorbereitungen ernsthaft behindert hätte und somit das System der sorgsam ausgewählten, US-hörigen Kartellparteien versagt hätte. Aus diesem Grund stehen noch heute, lange nach dem Niedergang der Sowjetunion, amerikanische Truppen in Deutschland, dient die BRD heute noch als Drehscheibe für die amerikanischen Angriffskriege in aller Welt. Es hätte aber genausogut sein können, daß der Preis der Vasallität in der vollständigen Vernichtung bestanden hätte. Ein Vasall bestimmt nicht über sich selbst, so wenig wie der Hund in Churchills Zwinger-Gleichnis. – Damit zurück in jene entscheidenden Jahre, in denen die Weichen für den Untergang der Sowjetunion gestellt wurden.

Im September 1980 nahmen die USA wieder die Produktion eines völkerrechtlich geächteten Massenvernichtungsmittels auf: der chemischen Kampfstoffe.

Der US-Kongreß stimmte ohne Debatte und ohne Gegenstimme einem Etat-Titel von 3,15 Millionen Dollar zu, gedacht als erste Rate für den Bau einer Fabrik für chemische Munition in Pine Bluff in Arkansas. Wenige Wochen darauf folgte der Kongreß einer Anforderung des neuen Präsidenten Reagan und gab weitere 20 Millionen Dollar frei, um die Munitionsfabrik angemessen ausrüsten zu können. Spätestens ab 1983 sollen die ersten 155-Millimeter-Artillerie-Granaten, gefüllt mit Nervengas, die Fließbänder verlassen. 20 000 Granaten pro Monat sind das erste Produktionsziel in einem Vier-Phasen-Plan, der innerhalb von sieben Jahren verwirklicht werden soll.[30]

Das erste Giftgas wurde vom deutschen Chemiker Fritz Haber hergestellt – er hatte 1919 für die Entwicklung eines Verfahrens zur Fertigung von Kunstdünger den Nobelpreis erhalten – und kam erstmals am 22. April 1915 beim belgischen Ypern gegen französische Truppen zum Einsatz. Ungefähr 5000 Soldaten kamen ums Leben, Zigtausende litten an schweren Verätzungen der Atemwege und der Lungen, die das Chlorgas ihnen zugefügt hatte. Dann prägte der Gaseinsatz buchstäblich das Gesicht des 1. Weltkriegs; Fotos mit langen Reihen von Hunderten erblindeter Soldaten kursierten, und George Grosz wurde wegen seines Bildes »Christus mit Gasmaske« aufgrund des Gotteslästerungsparagraphen 166 Strafgesetzbuch (heute noch gültig!) in einem dreijährigen Verfahren 1928–1931 verurteilt. Landgerichtsdirektor Tölke hatte zwar den Vorwurf der Gotteslästerung fallengelassen und ermittelte nun wegen »Angriff auf eine Einrichtung der christlichen Kirchen, nämlich der Christusverehrung durch die Zeichnung Nr. 10«, aber er ging über das beantragte Strafmaß des Staatsanwalts (1000 Mark) hinaus und verurteilte den Künstler zur Zahlung von 2000 Mark, Beschlagnahmung der Zeichnung und Zerstörung der Druckplatte. Das drei Jahre später gefällte Revisionsurteil verzichtete zwar auf die Geldstrafe, hielt aber an der Beschlagnahmung und Vernichtung aller erreichbaren Zeichnungen, Drucke, Bücher und Platten fest. »Noch nie zuvor waren in einer Diskussion um ein Kunstwerk so viele Sachverständige anderer Gebiete (Juristen, Theologen, Politiker, Journalisten) berufen bzw. fühlten sich dazu berufen zu interpretieren, zu kommentieren und allgemeine Statements über das Wesen der Kunst abzugeben. [...] Keine Graphik hatte bis dato eine so große Öffentlichkeit erfahren und so widersprüchliche Emotionen in der Bevölkerung ausgelöst.«[31] Freilich standen im selben Zeitraum auch Kurt Tucholsky, Kurt Weill und zahlreiche andere Künstler wegen »Gotteslästerung« vor Gericht.–

Ein Bekannter meines Großvaters war Augenzeuge, als an der Ostfront – wenn mich mein Gedächtnis nicht trügt, bei der estnischen Hauptstadt Reval – Giftgas gegen die russischen Truppen zur Anwendung kam. »Es war eine gelbe Wolke, und Tausende von Russen lagen in ihren Gräben, als ob sie schliefen.« An diesen Satz mußte ich wieder denken, als wir Bundeswehr-Soldaten Mitte der 70er Jahre mindestens einmal in der Woche Abwehrmaßnahmen gegen Giftgas im offenen Gelände übten.

Aufgrund der verheerenden Auswirkungen dieser Waffe, die von allen kriegführenden Staaten während des ersten großen Völkergemetzels eingesetzt wurde, erfolgte 1925 deren Ächtung durch das Genfer Protokoll. Nichtsdestoweniger hatte ein weiterer deutscher Chemiker, Gerhard Schrader, die Waffe insofern »verfeinert«, als sie nun die Nervenimpulse affizierte: das Nervengas war erfunden. Anders als das aus Schwefelverbindungen bestehende »Senfgas«, das Haut und Lungen schädigte, lähmten die Nervengase Tabun und Sarin alle körperlichen Funktionen; die Symptome bei einer Kontamination waren Schwindel, Speichelfluß, Krämpfe, Erbrechen, unkontrolliertes Urinieren und Defäzieren, Verwirrungsanfälle und qualvoller Erstickungstod. Die italienischen Faschisten setzten diese Gase gegen die so heldenhaft wie aussichtslos kämpfenden Abessinier ein, die japanischen Truppen des Tenno gegen die Chinesen, die portugiesischen Faschisten noch in den 60er Jahren des 20. Jahrhunderts gegen die aufständischen Angolaner. Um unseren Eifer bei den »ABC-Übungen« der Bundeswehr zu beflügeln, zeigte man uns Wehrpflichtigen Dia-Aufnahmen von Menschen mit gräßlichen Verletzungen, die von diesen Giftgasen stammten. Körperteile mit erhöhter Schweißproduktion schienen besonders gefährdet zu sein; wir sahen ein Skrotum von der Größe eines Fußballs und mit Flüssigkeit gefüllte luftballongroße Blasen, die von den Achseln herabhingen. Wie man munkelte, handelte es sich bei den Betroffenen um zum Tode verurteilte amerikanische Schwerkriminelle, denen man die Verschonung von Giftspritze oder elektrischem Stuhl versprochen hatte, falls sie diese Prozedur überlebten. Und natürlich erzählte man uns, »der Iwan« hätte diese Sächelchen massenweise parat.

Vietnam diente den US-Truppen als riesiges Experimentierfeld für die chemische Kriegführung, doch 1968 verhängte Präsident Nixon ein Test- und

Entwicklungsverbot, nachdem bei einem Unfall mit chemischen Kampfstoffen 6000 Schafe in den USA verendet waren. Die NATO-Truppen verfügten zu diesem Zeitpunkt über 40 000 Tonnen dieses Teufelszeugs, das in Containern aufbewahrt und in Depots gelagert war. Die größte Lagerstätte mit 6000 Tonnen Giftstoffen befand sich – mal wieder – in Westdeutschland, beim hessischen Hanau.

Den heißen Kriegern um Reagan schien dies nicht ausreichend zu sein, und so bemühten sie eine »Chemiewaffenlücke«, die genauso dämlich war wie alle vorausgegangenen Lücken-Lügen, um einen Vorwand für die eigene Hochrüstung auf diesem Sektor zu besitzen. Man strebte eine Produktion von 70 000 Giftgranaten pro Monat an, darunter Geschosse mit dem Gewicht von einer Vierteltonne. Weitere Bemühungen galten der Neuentwicklung von hochgiftigen Substanzen sowie von Trägersystemen wie Raketen mit Mehrfachsprengköpfen. Um die Lagerung risikoloser zu gestalten, entwickelten die Ingenieure ein sogenanntes »binäres System«: Zwei weitgehend harmlose Substanzen waren in einem Geschoß durch eine Trennwand voneinander geschieden und vermischten sich erst beim Aufprall, wodurch das todbringende Sarin freigesetzt wurde. Das Resümee des Verfassers Koch über Reagans chemische Hochrüstung liest sich bereits wie ein Kriegsbericht: »Die Bundesrepublik ist wieder, wie schon im Fall der Mittelstreckenraketen, dazu ausersehen, den größten Teil des neuen Waffensystems aufzunehmen. In Erwartung neuer Schwierigkeiten mit den Westdeutschen dringt das Pentagon auf die Entwicklung eines Mittelstreckenraketen-Systems speziell für chemische Waffen, um so von England aus die Geschosse abfeuern zu können.«[32] Und wohin? Natürlich auf das mitteleuropäische *theatre* mit den beiden Deutschlands im Zentrum.

Aus europäischer Sicht geriet eine Truppengattung etwas aus dem Blickfeld, der die US-Führung gleichwohl eine ebenso kriegsentscheidende Bedeutung beimaß wie den allerneuesten Mittelstrecken- und Interkontinentalraketen: die Marine. Sie war in einem das Schutzschild und das Schwert der Vereinigten Staaten und ist es bis heute geblieben, in einer Ära, die US-Strategen das »pazifische Jahrhundert« nennen (denn schließlich soll es ja China an den Kragen gehen). Auch auf diesem Gebiet machte die Reagan-Administration eine »Lücke« zugunsten der Sowjetunion aus, und dies konnte nur angehen, wenn man jeden Fischerkahn auf der Wolga und dem Don in die Rechnung mit einbezog. Das tatsächliche Kräfteverhältnis konnte indessen keinem Zweifel Raum lassen, daß die USA die unangefochtene Seemacht Nr. 1 auf dem Globus war (und bis heute geblieben ist):

Die USA verfügen über 75 atomgetriebene Jagd-U-Boote, die Sowjetunion aber nur über 50. Und außerdem stehen den 870 sowjetischen Marineflugzeugen 1820 Maschinen der USA gegenüber, von denen 1100 auf Flugzeugträgern stationiert sind und damit einen weit größeren Radius haben als die sowjetischen.

Noch weiter zugunsten des Westens verschiebt sich das Bild, stellt man bei den größeren Überwasser-Schiffen die Flotten des Warschauer Paktes und die der NATO-Staaten gegenüber. Unter NATO-Flaggen fahren 473 Schiffe, der Warschauer Pakt hat 209. Den fünfzehn Flugzeugträgern der NATO stehen nur zwei kleinere Träger der Sowjets gegenüber. Und die haben Probleme, bei rauher See zu operieren.[33]

All dessen ungeachtet kündigte Reagan an, daß bis Ende 1982 insgesamt 33 neue Schlachtschiffe vom Stapel laufen sollten und daß die US-Kriegsflotte von derzeit 469 auf 600 Einheiten aufgestockt werde. Diese im Unterschied zu den Bodenstreitkräften erdrückende Überlegenheit der Vereinigten Staaten zur See hatte zur Folge, daß mit Reagans Amtsantritt die gefährlichsten Provokationen von der US-Marine ausgingen. Von nun an wurden Manöver so nah am Feind und selbst in dessen Territorialgewässern abgehalten, daß es für die Sowjetunion nicht mehr ersichtlich war, ob es sich noch um Übungen oder schon um erste kriegerische Akte handelte. Die Marine profitierte am meisten von Reagans Hochrüstung, und ihre Strategie war offensiv, trug unverhohlen aggressiven Charakter:

Die neue Marinestrategie der Vereinigten Staaten sieht ein Drei-Phasen-Modell nicht-atomarer »horizontaler Eskalation« zu Kriegszeiten vor:

1. Aggressive Vorwärtsbewegung von U-Boot-Zerstörern, U-Booten und Marineflugzeugen, die die Sowjets zwingen, sich in Defensivpositionen zurückzuziehen, um ihre mit Atomraketen bewaffneten U-Boote zu beschützen;

2. teilweise Zerstörung der sowjetischen Seestreitkräfte, Verlagerung des Kampfgeschehens in die sowjetischen Territorialgewässer; und

3. vollständige Zerstörung der sowjetischen Seestreitkräfte durch US-Flugzeugträger mit Luftschlägen gegen das sowjetische Binnenland und die nördlichen und/oder zentralen Frontabschnitte zwischen NATO und Warschauer Pakt.[34]

Das waren keine Planspiele mehr, sondern praktische Tests auf den Verteidigungswillen und die Verteidigungsfähigkeit der Sowjetunion, die jederzeit in einen heißen militärischen Konflikt umschlagen konnten. Die US-Strategen fokussierten sich auf die beiden Zugänge der Sowjetunion zum Atlantik: erstens den langen und daher gefährlichen Weg durch den Bosporus, das Mittelmeer, das ein »mare NATO« war und ist, und schließlich durch die Meerenge von Gibraltar; zweitens durch die »sogenannte GIUK-Lücke, also die Meeresstraßen zwischen Grönland (G), Island (I) und den britischen Inseln (UK).«[35] Hier wurde ein Netz von Hydrophonen installiert, mit deren Hilfe eine lückenlose Überwachung sämtlicher Bewegungen der Sowjetmarine möglich war, sobald diese ihre Territorialgewässer verlassen sollte. Die US-Strategen beließen es indessen nicht bei diesen Defensivmaßnahmen, sondern führten seit Beginn der 80er Jahre offensive Operationen durch:

> Daneben wurde eine Politik ständiger militärischer Provokationen entlang der sowjetischen Grenze betrieben. Im Rahmen streng geheimer Operationen drangen US-Streitkräfte immer wieder tief in sowjetische Territorialgewässer und in den sowjetischen Luftraum ein. Das geschah vor allem im schwach verteidigten sowjetischen Norden. Hier erfolgten ständig Vorstöße amerikanischer Bomber, die oft viele Kilometer in den sowjetischen Luftraum eindrangen, bevor sie abdrehten. Mit diesen Vorstößen sollten nicht nur die Fähigkeiten der sowjetischen Radar- und Luftabwehrsysteme getestet, sondern mit Hilfe der Satellitenaufklärung auch die Kommando- und Kommunikationszentren der strategischen Luftverteidigung der Sowjetunion aufgespürt werden – für die Vorbereitung eines Angriffskrieges von entscheidender Bedeutung. Mit all diesen Maßnahmen gedachte die Reagan-Administration die umfassende Fähigkeit der USA in einem Atomkrieg unter Beweis zu stellen.

Daß bei diesen frechen Provokationen nicht der sprichwörtliche »Schuß vor den Bug« erfolgte, daß kein einziges Flugzeug vom Himmel geholt, kein einziges Kriegsschiff der Eindringlinge auf den Meeresgrund geschickt wurde, zeigte in aller Deutlichkeit an, daß die Sowjetunion reif für die Schlachtbank war. Schon 1981 tauchten unvermutet US-Kriegsschiffe vor dem eisfreien Hafen Murmansk in gefährlicher Nähe zu den sowjetischen Atom-U-Booten auf. Vielleicht waren sie mit einer neuen Technologie ausgestattet, die eine Radarerfassung erschwerte bis unmöglich machte wie bei den heutigen futuristisch anmutenden Stealth-Bombern (von denen doch mindestens einer bei der NATO-Bombardierung Jugoslawiens abgeschossen wurde: das war das Beste!); jedenfalls wurden sie erst auf Sichtweite entdeckt und dann ungeschoren wieder abziehen gelassen. Im übrigen erfuhr die europäische Öffentlichkeit nichts von diesen Provokationen; man lachte vielmehr, mit einer gehörigen Portion Häme, über den Teenager Mathias Rust, den »Kreml-Flieger«, dem es gelungen war, unbemerkt vom sowjetischen Radar und selbst den

Abwehrkräften um das sicher überdurchschnittlich gut bewachte Moskau mit seiner Cessna auf dem Roten Platz zu landen. Was für eine Gaudi! Doch man stelle sich dasselbe Szenario für einen kurzen Moment vor dem Weißen Haus vor: Rust und seine Cessna wären nur in ihren Einzelteilen auf dem Boden angekommen. Und *das* wußte jeder, nur sagte es niemand. Die Sowjets hatten sich nicht nur bis auf die Knochen blamiert, sie hatten vor allem das fatale Signal ausgesendet, daß man sich vor ihnen nicht zu fürchten brauchte. Das machte Reagan und seiner Clique Appetit auf mehr – horrido!

Wir hatten zuvor das US-Ideologem vernommen, die augenfällige Schwäche und der offenkundige Niedergang der Sowjetunion machten sie um so gefährlicher und unberechenbarer. Natürlich kollidierte diese Aussage mit der Logik – Krieg führt, wer Krieg führen *kann* – und daher auch mit der Realität, denn die Sowjetunion kuschte. Es gibt aber auch das Negativ zu diesem Propaganda-Versatzstück, und zwar ist es die

☞ **Legende:**   Je stärker die Vereinigten Staaten in militärischer Hinsicht sind, desto sicherer sind sie dem Untergang geweiht.

Diese Leier tönte schon vor über 30 Jahren, als die Vereinigten Staaten zum entscheidenden Schlag gegen die Sowjetunion ausholten, und sie tönt heute, da sie den gesamten Globus in ihrem atomaren Würgegriff halten, unvermindert weiter. Was wurden damals nicht Statistiken hoch- und runtergerechnet, Bruttosozialprodukte verglichen, Handelsbilanzen zitiert, Währungsreserven bemüht, Wachstumsraten herangezogen, um zu belegen, daß in Wirklichkeit alles ganz anders war, als man sehen und mit Händen greifen konnte! So konstatierte man mit dem erschlagenden Gewicht von hunderttausend wirtschaftlichen Fakten – der Marrrcksismuß, nicht wahr?– »eine beträchtliche wirtschaftliche Machtverschiebung zugunsten Europas und zum Nachteil der USA«[36] – und vergaß darüber die Atomraketen. So wurde aus dem militärischen Vasallenzwerg Europa ein Wirtschaftsriese, aus den Vereinigten Staaten ein zwar waffenstrotzender Gigant, aber auf tönernen Füßen, der fallen wird wie alle, die da waren und sind, vom sündhaften Babylon bis zum frevelhaften Tausendjährigen Reich. Fast naseweis triumphierend wurde mit dem dazugehörenden Zahlensalat darauf verwiesen, daß die USA in allen Sparten der industriellen Produktion, ausgenommen die Mikroelektronik und die Computertechnologie, hinter Europa herhinkten – darüber vergessend, daß eben dieser Vorsprung die Vereinigten Staaten zum Bau von Waffen befähigte, mit denen sie sich alle die anderen begehrten Güter holen konnten, sei es durch planen Raub oder über Tributerpressung. Bei einem zweifachen Reiseaufenthalt in Indonesien 1980 und Anfang der 90er Jahre hatte natürlich auch ich bemerkt, daß die alten benzinfressenden amerikanischen Chevrolets in diesem Zeitraum durch schnittige, sparsame Toyotas und Mitsubishis ersetzt worden waren. Hatte damit Japan die Vereinigten Staaten an die Wand gedrückt? Das genaue Gegenteil war der Fall, denn zu jener Zeit konnte ein Auto-Manager aus Detroit seinen japanischen Kollegen zurufen: »Öffnet die Märkte, denn wir sind die Herren der Welt!« Denn es gilt in der Ära des Monopols das Diktat und nicht die Konkurrenz. (Dieser Satz ist tatsächlich wörtlich so gefallen, und ich habe ihn mir über die Jahre gemerkt, weil dieser Chef-Manager, der später auch kurz als Präsidentschaftskandidat gehandelt wurde, einen anderen Manager in untergeordneter Führungsposition gefeuert hatte, weil jener enge Hosen trug und daher »schwul« sein mußte, obwohl er nachweislich ein biederer Familienvater mit zwei Kindern war. Paßt das nicht zusammen wie Dreck auf die Schaufel oder Scheiße ins Klo?)

Der ›Vorwärts‹, die Pressefanfare der SPD, eben jener SPD, die die atomaren Erstschlagsraketen der USA nach Westdeutschland holte, flötete in verlogener Weise am 13. November 1980: »Es ist ein mächtiges Reich, das Reagan anstrebt, und es ist gleichzeitig der alte Wunschtraum, den jede Großmacht am Ende ihrer Tage hegt, wenn sie sich im Niedergang noch einmal aufbäumt.«[37] Ist das nicht widerlich oder, schlimmer noch, typisch sozialdemokratisch? Mit der einen Hand drückt die fleischgewordene Heuchelei dem Mörder die Waffe in die Hand, mit der anderen streichelt sie dem Opfer über den Kopf und sagt: »Es wird alles gut!« Hans Magnus Enzensberger, der, bevor er sich den USA beim ersten Überfall auf den Irak als Lautsprecher andiente, in seinen sehr jungen Jahren ein paar gute Tage als Dichter gehabt haben mußte, schrieb in seinem Gedicht ›Verteidigung der Wölfe gegen die Lämmer‹ eine Zeile, die auf die Stirn eines jeden Brandt, Schmidt oder Schröder tätowiert gehört: »ihr / einladend zur Vergewaltigung, / werft euch aufs faule bett / des gehorsams. Winselnd noch / lügt ihr.« Das hat er wirklich sehr gut gesagt, wenn auch nicht an die Adresse der SPD, sondern in einer Art Publikumsbeschimpfung an die von der SPD Genasführten und Betrogenen. Er war eben schon immer ein wenig Volksverächter und Schnösel, der Enzensberger.

Als wären 30 oder 40 Jahre kein Tag, bemüht der aufgrund falscher Beschuldigungen inhaftierte »Black Panther«-Aktivist Mumia Abu-Jamal dasselbe Ideologem. In seiner wöchentlichen Kolumne für die Zeitung ›junge Welt‹

schilderte er am 31. Dezember 2010 die wundersame Wandlung eines gewissen Chalmers Ashby Johnson (den Namen muß man sich gewiß nicht merken) »vom CIA-Berater zum Kritiker der US-Außenpolitik«. Wo so viel Wandlung ist, fast wie beim Abendmahl, ist Skepsis angebracht. Jener Johnson war 30 Jahre lang Professor für Politik, Marineoffizier und CIA-Zuträger, bevor er sich auf seine alten Tage, wie Abu-Jamal es ausdrückt, »zum Gegner der Politik des US-Imperialismus entwickelt hatte.« Wirklich wundersam, so wundersam wie die Transsubstantiation. Abu-Jamal stützt seine Analyse auf Johnsons im Jahr 2000 erschienenes Buch ›The Costs and Consequences of the American Empire‹ (deutscher Titel: ›Ein Imperium verfällt. Der Selbstmord der amerikanischen Demokratie‹), aus dem er die »Warnung« Johnsons zitiert: »Wie die Reiche der Chinesen, Osmanen, Habsburger, Nazi-Deutschlands, Japans, Englands, Frankreichs, der Niederlande, Portugals und der Sowjetunion steuern auch wir auf den Scheitelpunkt eines großen Wasserfalls zu und stehen kurz davor, hinabzustürzen.« Wie 1980 also – nur schade, daß man nichts davon bemerkt! Es ist kein Zufall, daß Johnson im Falle der USA eine vage und nichtssagende Metapher heranzieht, als ob Obama sich die Niagarafälle herunterstürzen oder der Kapitalist/Monopolist sich an seiner Bilanz aufhängen würde. Schade auch, daß Abu-Jamal in seinem Gefängnis diese plumpe Bauernfängerei nicht durchschaut. Wenn ein gewiefter Mem-Multiplikator und Geheimdienstler sich »wandelt«, während er weiterhin seine Bezüge einheimst, und wenn der Sozialdemokrat sülzt und einseift, dann muß etwas faul sein. Des Rätsels Lösung lautet: Wenn etwas im Niedergang begriffen ist wie angeblich die USA, dann erübrigt sich jede Kritik und vor allem jede Aktivität, denn »die Sache erledigt sich von selbst«. Der Mythos »schwache USA« enthält implizit die Aufforderung, passiv zu bleiben und alles zu dulden, als ob es kein Unrecht gäbe, oder, psychologisch ausgedrückt: Es ist das frei Haus gelieferte (nach einem Ausdruck von Fritz Erik Hoevels »gebahnte«) Ideologem bzw. Scheinargument – der psychoanalytische Fachausdruck hierfür lautet »Rationalisierung« – für die eigene Feigheit und Trägheit. Seit 30 Jahren oder mehr schwächelt also angeblich die USA und schwächelte sich so zur uneingeschränkten Weltherrschaft, wo sie weiter vor sich hin schwächelt, indem sie ein Land nach dem anderen überfällt. Bedenkt man, daß das originale Mittelalter 1000 finstere Jahre dauerte und das chinesische Kaiserreich 2000 Jahre Bestand hatte, dann könnte einem das Warten auf den »Verfall« des US-Imperiums oder den »Selbstmord der amerikanischen Demokratie«, wie der deutsche Buchtitel etwas schreierisch suggeriert, schon verdammt lang werden. – Damit zurück zu den *res gestae* des Imperators Reagan, der so rein gar nicht daran dachte, zu schwächeln.

Reagans Programm vom »Krieg der Sterne« – die offizielle Bezeichnung lautete *Strategic Defense Initiative* (SDI) – hat man ihm als eine Art megalomanische Anwandlung wie bei einem ob seiner Machtfülle durchgeknallten spätrömischen Kaiser ausgelegt. Es war alles andere als das. Es stellte vielmehr den – zugegebenermaßen teuren – Versuch dar, die Schäden des geplanten Atomkrieges für die Vereinigten Staaten zu minimieren. Natürlich ging dies, wie bei jedem sich in Vorbereitung befindenden Mega-Verbrechen, nicht ohne Mega-Pathos ab. In seiner Fernsehansprache vom 23. März 1983 entwarf Reagan seine Vision einer »freien Welt«, die sich in Sicherheit vor den bösen Atomraketen aus dem »Reich des Bösen« wähnen konnte: »Wie wäre es, wenn freie Menschen sicher leben könnten in dem Wissen, daß ihre Sicherheit nicht auf der amerikanischen Drohung sofortiger Vergeltung beruht, um einen sowjetischen Angriff abzuschrecken, sondern daß wir strategische Raketen abfangen und vernichten können, ehe sie unseren Boden oder den unserer Verbündeten erreichen?«[38] Die Sache klang verlockend, nur hatte sie mehrere Haken, insbesondere aus europäischer Sicht. Die sowjetischen Interkontinentalraketen zielten ausschließlich auf Nordamerika, folglich diente die vorgesehene, im All zu stationierende Raketenabwehr ausschließlich dem Schutz der Vereinigten Staaten und vielleicht noch ihres kanadischen Nachbarn. Der Plural »Verbündete« war also gezielt irreführend, denn dieser Schirm war nicht für die Europäer gedacht; ihr Kontinent sollte ja in einem nuklearen Hagel aus amerikanischen atomaren Kurzstreckenraketen und Atomminen sowie aus sowjetischen Kurz- und Mittelstreckenraketen verdampfen und verglühen. Prächtige Vision! Reagan hatte sich vom Nuklearphysiker Edward Teller inspirieren lassen, der eine satellitengestützte Raketenabwehr aus Teilchenstrahlen- und Laserwaffen konzipiert hatte, welche die sowjetischen Raketen im Anflug auf die USA zerstören sollten. Dieser vermeintliche Schild war vielmehr ein scharfes Schwert, das einen atomaren Erstschlag gegen die Sowjetunion mit minimalen Schäden für die USA führbar machen sollte, während man die Europäer ihrem Schicksal überließ. Überdies setzte dieses Vorhaben internationale Vereinbarungen außer Kraft, nach denen die Abwehrsysteme gegen Interkontinentalraketen auf ein Mindestmaß für beide Seiten beschränkt werden sollten. Die Sowjetunion hatte einen Abwehrgürtel um ihre Hauptstadt Moskau installiert, während die Vereinigten Staaten die gleiche Zahl von Abwehrraketen für den Schutz ihres gesamten Territoriums vorgesehen hatten. Natürlich war dies bis dahin schlecht möglich, und daher sollte das »Schlachtfeld Europa« den größten Schaden für die USA abwenden. Aber internationale Verträge juckten Reagan und seine Mannschaft längst

Die Angst vor Euroshima schlägt sich in
Titelseiten nieder

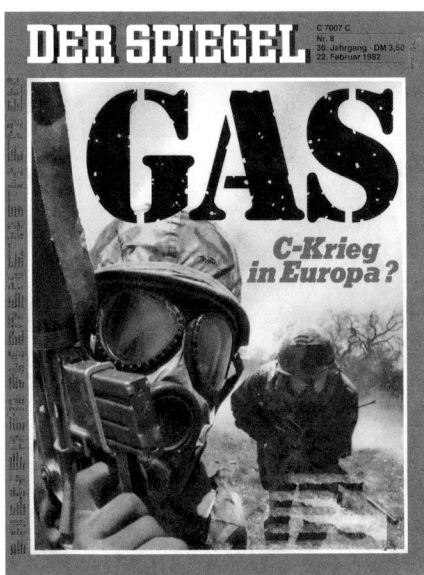

nicht mehr. Er ging nun aufs Ganze.
Rom und Venedig, Paris und London
konnte man in einer Art Disneyland
nachbauen. Bloß keine Sentimentalitäten! Und die europäischen Kunst-
schätze in den amerikanischen Mu-
seen reichten schließlich aus.

Überflüssig zu erwähnen, daß
die Sowjetunion ebenso wie Europa
bei diesem gigantischen Projekt nur
noch zuschauen konnte. Mit 60 Milliarden Dollar stellte die SDI alle Re-
korde vorheriger Rüstungsanstrengungen, einschließlich des Wettlaufs
um die Atombombe, in den Schatten.
Leonid Breschnew, dessen schlechter
Gesundheitszustand fatal an die Lage
seines Landes erinnerte, hatte einen
einseitigen Stop der Atomwaffentests
verkündet und die Versicherung ab-

gegeben, daß die Sowjetunion nicht als erste Atomwaffen einsetzen würde. Aber was nützte ihr das schon? Die US-Regierung befand halb gönnerisch, halb feixend, das sei ja schon mal ein erster Schritt (ergänze: auf dem Weg zur Kapitulation). Juri Andropow, ehemaliger Chef des Geheimdienstes KGB und als neuer Kreml-Greis Nachfolger Breschnews, konstatierte geradezu fassungslos: »Eine ungeheure militärische Psychose hat die Vereinigten Staaten erfaßt. Die Reagan-Regierung geht in ihren imperialen Ambitionen so weit, daß man anfängt, daran zu zweifeln, ob Washington überhaupt irgendwelche Bremsen besitzt, die es davon abhalten, den Punkt zu überschreiten, an dem jede vernünftige Person Halt machen würde.«[39] In welcher wolkenkuckucksheimer Welt lebte die Sowjetführung eigentlich? Seit wann waltet Vernunft im Imperialismus statt Gier nach Ländern, Rohstoffen und Profiten? Wann hat je ein imperialistischer Staat über eine eingebaute, selbsttätige »Bremse« verfügt? Wenn ihn je etwas von seinen Eroberungsgelüsten abgehalten hat, dann war dies entweder die relative Stärke der unterdrückten Klasse im eigenen Land, oder die militärische Stärke des potentiellen Opfers, oder eine Kombination aus beiden Faktoren. Auch lag den amerikanischen Erstschlagsplänen keine geistige Verwirrung im Sinne einer psychotischen Realitätsverkennung zugrunde, sondern es war viel schlimmer: Die US-Führung schätzte das Kräfteverhältnis realistisch ein; sie erkannte die mittlerweile aussichtslose Unterlegenheit der Sowjetunion, die umzingelt und niedergerüstet worden war, und bereitete nun den atomaren Gnadenstoß vor. Um wie vieles wirklichkeitsnäher schätzte der pensionierte französische Admiral Antoine Sanguinetti die Situation ein, als er ausführte: »Reagan ist für die Weltraumrüstung, weil er weiß, daß die USA praktisch [??, P. P.] die einzige Macht der Welt sind, die sich so etwas leisten kann. Das gehört zu seinem Traum von der amerikanischen Hegemonie in der Welt. Das eigentliche Ziel der Weltraumrüstung ist im Grunde, einen Krieg führbar zu machen.«[40]

Dem aufmerksamen Zeitungsleser heutiger Tage wird vielleicht aufgefallen sein, daß Reagans SDI-Szenario gegenwärtig in verkleinertem Maßstab durchgeführt wird. Der US-amerikanische Raketenabwehr-Schild in Europa, von Bush dem Bösen initiiert und von Obama dem Guten in die Tat umgesetzt, richtet sich angeblich gegen (nichtexistente) iranische Nuklearraketen im Mittelstreckenbereich, tatsächlich aber gegen das sehr wohl existierende Raketenpotential Rußlands. Damit ist Reagans Plan nach 30 Jahren Realität geworden, und zwar diesmal mit ungleich geringfügigeren Mitteln, da Restrußland ungleich schwächer als die Sowjetunion ist. Daß der sogenannte Raketenschild einzig der präventiven Entwaffnung Rußlands gilt, zeigt die nervöse bis gereizte Reaktion von dessen militärischer Führung, die mit einem präventiven Raketenschlag gegen die Kommandozentrale dieses Raketensystems droht. Diese befindet sich im deutschen Ramstein. Deutschland rückt damit zum ersten Mal seit dem Kalten Krieg wieder in das Visier russischer Atomraketen – einmal US-Rampe, immer US-Rampe.

Gegen Ende des Jahres 1983 begann die Stationierung der amerikanischen atomaren Erstschlagsraketen, und damit stieg schlagartig die Gefahr eines auf Europa begrenzten Atomkrieges. »Im Kreml lagen nach den gescheiterten Verhandlungen und der Aufstellung der Pershing II-Raketen sowie der Marschflugkörper die Nerven blank. Dieser Zustand steigerte sich noch mit Reagans Ankündigung eines weltraumbasierten Raketenschilds, der die USA gegen sowjetische Atomraketen unverwundbar machen sollte.«[41] Selbst den dumpfesten Geistern in Deutschland mochte dunkel schwanen, daß sich etwas Ungeheuerliches vorbereitete. Tatsächlich befand sich der europäische Teil der Welt im November 1983 so dicht vor einem Atomkrieg wie nie zuvor, weder während der Berlin- noch der Kuba-Krise. Als Gipfel ihrer militärischen Provokationen gegenüber der Sowjetunion führte die NATO in diesem Monat das Manöver »Able Archer« (»Fähiger Bogenschütze«) durch, das einen ganz Westeuropa umfassenden nuklearen Erstschlag gegen die Sowjetunion simulierte. Erst wenige Wochen zuvor, am 26. September 1983, war eine Panik in den sowjetischen Befehlsständen ausgebrochen, als ihr Frühwarnsystem den Anflug von fünf amerikanischen Atomraketen meldete. Wie sich später herausstellte, hatte die Infrarot-Technologie der sowjetischen Weltraum-Satelliten Sonnenstrahlen zwischen den Wolken irrtümlich als Strahlen von Raketentriebwerken interpretiert. Den sowjetischen Verantwortlichen blieb weniger als eine halbe Stunde, um über Leben oder Tod Hunderter von Millionen Menschen zu entscheiden. Oberstleutnant Stanislav Petrow, dem die letzte Entscheidung oblag, entschloß sich intuitiv, den Alarm abzublasen, vermutlich in der Erwägung, daß die USA keinen Angriffskrieg mit lediglich fünf Raketen beginnen würden. Aber es hätte ja auch einer der vielen Tests sein können, wie die Sowjetunion in einem solchen Fall reagierte, ob sie es nach fünf Atomdetonationen auf ihrem Territorium wagen würde, zurückzuschlagen, oder gleich kapitulierte. Hätte sich Oberstleutnant Petrow geirrt, dann wäre es nicht nur zu seinem Schaden gewesen. Er wurde seinerzeit – völlig zu Recht – wegen Befehlsverweigerung angeklagt, denn die Entscheidung über Krieg und Frieden gehörte in der Sowjetunion wie in den Vereinigten Staaten in die alleinige Kompetenz der politischen Führung, also des Politbüros bzw. des amerikanischen Präsidenten und seines engsten Stabes.

Dafür erhielt Stanislav Petrow fast dreißig Jahre später, am 24. Februar 2012, den Deutschen Medienpreis. Diese Auszeichnung ist Personen vorbehalten, die, so die Stifter aus den Kreisen der Monopolpresse, »keine Schlagzeilen in den Medien gemacht haben, deren Taten aber herausragende Symbole der Menschlichkeit sind«. – Na Quatsch mit Soße. Die Welt war, ohne es zu wissen, wegen der Eigenmächtigkeit eines sowjetischen Offiziers äußerst knapp an einem Atomkrieg vorbeigeschrappt. Aufgrund des offenen Kriegskurses der Vereinigten Staaten und der immer gefährlicheren Provokationen ihrer Streitkräfte war Euroshima schließlich mit Händen zu greifen. Sogar der ›Spiegel‹ orakelte etwas von »Rettung durch Ungehorsam« (Rudolf Augstein bereits am 27. Juli 1981), und andere Blätter munkelten düster davon, daß die Europäer im Ernstfall so wenig Chancen hätten wie die Bewohner Hiroshimas und Nagasakis. Daß die US-Regierung in beiden Fällen als Massenmörder und Kriegstreiber die Verantwortung trug, davon war freilich kein Wort zu lesen, und wenn, dann unter bedächtiger Abwiegelei. Der Knecht freute sich, daß sein mickriges bißchen Leben noch einmal von einem »Atomkrieg aus Versehen« bewahrt worden war, und blickte ansonsten mit sorgenvoll gefurchter Stirn weiterhin nach Osten.

Wenige Wochen später, im November 1983, konnten sich die gehorsamen Westdeutschen nicht mehr sicher sein, ob sie abermals so billig und ungeschoren davonkämen. Denn weder sie noch die Sowjetführung wußten, wo das Manöverspiel aufhörte und der Kriegsernst begann: »Mit einem hohen Realitätsgrad sollte vor allem die koordinierte Freigabe von Atomwaffen durch- und die Kommando- und Kommunikationsebene (C3I) der europäischen NATO-Staaten während eines Atomkriegs eingespielt werden. Neben dieser Routine flossen neue, für den Kreml alarmierende Elemente in die Übung. Erstmalig wurde ein neues Kodierungsformat für die Nachrichtenübermittlung eingesetzt und nukleare Mittelstreckenraketen ins Feld geführt. Zudem waren ebenfalls erstmalig die Staats- und Regierungschefs der NATO-Mitgliedsländer in die Übung eingebunden, woraus man in Moskau auf deren ungewöhnlich hohe politische Bedeutung schloß.«[42] Die Sowjetführung mußte davon ausgehen, daß ein Angriffskrieg gegen sie aus der Standardsituation und unter der Mimikry einer militärischen Übung erfolgen würde; vorbei waren die romantischen Zeiten, in denen man sich den Fehdehandschuh ins Gesicht schlug oder einander in aller Form den Krieg erklärte. Überraschende harte Schläge, *shock and awe*, durch eine erdrückend überlegene Militärmacht – so sieht der Krieg des Atomzeitalters und des heute herrschenden Mono-Imperialismus aus.

Die Sowjetunion berappelte sich ein letztes Mal. Sie hatte schon zuvor ihre »Kundschafter« im Westen angewiesen, alle Indizien für einen Angriffskrieg unverzüglich weiterzuleiten; darunter befanden sich fast rührende Anordnungen wie jene, man solle darauf achten, ob ungewöhnlich viele Autos vor den entscheidenden Ministerien parkten, wie lange dort die Lichter brannten usw. usf. Man mußte keinen James-Bond-Film gesehen haben, um zu wissen, daß sich die USA so nicht stoppen oder gar aushebeln ließen. Auch der fähigste Spion des Warschauer Pakts, der westdeutsche Rainer Rupp, der im Brüsseler NATO-Hauptquartier arbeitete und von dort wertvolle Informationen übermittelte, konnte nur NATO-Pläne, nicht aber amerikanische Alleingänge weiterleiten. Rupp, der unter dem Decknamen »Topas« tätig war, flog erst nach dem Untergang der Sowjetunion auf, als die Archive der östlichen Geheimdienste in westliche Hände gelangten. 1994 wurde er, der den Ehrentitel »Kundschafter des Friedens« durchaus zu Recht trägt, zu zwölf Jahren Gefängnis verurteilt. Nach seiner etwas vorzeitigen Entlassung erhielt er eine kurzfristige Anstellung im Mitarbeiterstab der PDS/»Die Linke« im Bundestag. Dann machte die »demokratische Mehrheit« mobil und eröffnete ein Kesseltreiben gegen ihn, bis die PDS ihn schmählich fallenließ. Heute schreibt er Artikel für die ›junge Welt‹, die zu den besseren dieses Opportunistenblattes zählen.

Das Manöver »Able Archer« hatte zur Folge, daß der Warschauer Pakt ein letztes Mal mobilmachte. Die konventionellen Streitkräfte wurden in Alarmbereitschaft und die sowjetischen Interkontinentalraketen in Gefechtsbereitschaft versetzt. Zugleich wurden Bomber mit Atomwaffen in der DDR und in Polen stationiert. Mit dem Abbruch von »Able Archer« am 11. November 1983 fand der Spuk ein abruptes Ende. Das US-Militär tat anschließend so, als hätte es nicht gewußt, wie provokant diese Übung wirken mußte und wie nah sich Europa an der Schwelle eines atomaren Konflikts befunden hatte. Mit hundertprozentiger Sicherheit hatte sie registriert, daß der Warschauer Pakt noch einmal sein Militär in Stellung brachte; noch war es also zu früh für einen heißen Krieg, zumal erst ein Bruchteil der atomaren Erstschlagswaffen in Deutschland stationiert war. Man mußte also abwarten oder, besser gesagt, den verschärften Kriegskurs weiterfahren. Denn den westlichen Militärs war ebensowenig entgangen, daß es sich hier nicht um eine Demonstration der Stärke seitens der Sowjetunion handelte, sondern daß die Sowjetführung in Panik agierte und schon vor ihrer atomaren Enthauptung kopflos reagierte. Es muß im Kreml während dieses Manövers zu tumultartigen Szenen gekommen sein. Einer meiner Bekannten hatte in diesen Tagen einen kleinen Artikel über seinem Schreibtisch an der Wand angebracht, der die Überschrift trug: »Panik im Kreml«. Der Brite Brook-Shepherd schrieb rückblickend über diese bis dahin heißeste Phase des Kalten Krieges: »Der Westen war sich zu diesem Zeitpunkt völlig im unklaren darüber, wie weit er sich schon tatsächlich in eine Zone der Kriegsgefahr verwandelt hatte […]. Was hier vorlag, war keine Woge sowjetischer Aggression, sondern die Zuckungen sowjetischer Panik.« Ein weiterer Buchautor konstatierte desgleichen: »Die Sowjets befürchteten offenkundig, daß der Westen im Begriff war, einen Atomschlag gegen sie durchzuführen. Das war die dramatischste und überzeugendste Bestätigung der Tatsache, daß die Sowjets eine Beruhigung dringend nötig hatten.«[43] Eben diese Atempause ließen die amerikanischen Kriegstreiber der bedrängten und wankenden Sowjetunion nicht. Die Hochrüstung und die militärischen Provokationen der Jahre 1981–1983 hatten die zunehmende Verteidigungsunfähigkeit der Sowjetunion erwiesen; sie war wie ein angeschlagener Boxer im Ring stehend k. o. und nur noch zu mechanischen Abwehrreflexen in der Lage. Noch ein paar harte und gezielte Schläge, und sie würde wehrlos am Boden liegen. Dies war das Programm der zweiten Amtszeit Reagans, und der französische Ex-Admiral Sanguinetti benannte in dem bereits erwähnten ›konkret‹-Interview Anfang des Jahres 1985, als rund die Hälfte der amerikanischen Erstschlagsraketen in der BRD stationiert war, in klaren Worten die Größe der Gefahr und die Größe der Herausforderung für die sogenannte Friedensbewegung, die vorgab, diesen Krieg verhindern zu wollen:

Europa muß die Vereinigten Staaten hinauswerfen. […] Man kann in Europa keinen Atomkrieg führen, ohne alle Europäer zu töten. […] Die Europäer müssen sich dazu entschließen, auf das Bündnis mit den USA zu verzichten. Sie müssen sich dem Reaganschen Kreuzzug gegen die UdSSR verweigern. Wenn sie dazu nicht in der Lage sind, werden sie die ersten Opfer dieses Kreuzzugs sein. […] Das neue Handbuch der amerikanischen Armee heißt bekanntlich »Air Land Battle 86«. Das bedeutet, daß man sich jetzt beeilen muß. [Auf die Frage, ob er einen Krieg in Europa »für fast unvermeidlich« halte:] Wenn wir uns nicht aus der Allianz mit den Amerikanern lösen, fürchte ich: ja. Man darf nicht länger die Augen davor verschließen. […]

Die Westdeutschen müssen die amerikanischen Truppen auffordern, ihr Territorium zu verlassen. Wenn sie die US-Truppen nicht zum Abzug bringen, gibt es keine Möglichkeit, zu verhindern, daß sie tun, was sie wollen. […] Dann werden wir sterben. Man kann die Leute nicht daran hindern, Selbstmord zu begehen. […] Es ist an der Zeit, die europäischen Angelegenheiten zu regeln, ohne daß man sich dabei auf die Meinung der USA stützt. Denn die Amerikaner regeln internationale Fragen ausschließlich unter dem Blickwinkel ihrer Innenpolitik und nach ihren ökonomischen Interessen. Der Rest ist ihnen egal. [...] [44]

Klare Worte zu einem klaren Tatbestand. Und was unternahmen die Deutschen, diese Biedermänner und -frauen, in deren Haus sich der atomare Sprengstoff stapelte und die Lunte bereits gelegt war?

Friedenstäuberiche, Pogromisten und der »Geist von Genf«

Ich halte eine kleine Broschüre aus der DDR in Händen, die den Titel »Gipfeltreffen in Genf 1985« trägt. Das Heftchen mag aus einer jener Hunderten von Bibliotheken der DDR stammen, die zur Schließung und deren Bestand zur Vernichtung vorgesehen war, oder es wurde aus einem jener Tausenden von Müllcontainern gerettet, die randvoll mit Büchern gestopft waren, bei welchen man meist die ersten 10–20 Seiten herausgerissen hatte, um sie als »Makulaturware« unbrauchbar zu machen. Man hat die Maya-Kultur zutreffend als »geköpfte Kultur« bezeichnet, weil nur ganze drei Codices, und das mit einer gehörigen Portion Glück, die spanischen Autodafés überstanden haben. Dann muß man aber auch die flächendeckende Vernichtungsaktion, welcher nahezu der gesamte Bücherbestand der DDR zum Opfer fiel, als eine solche kulturelle Köpfung bezeichnen. Timur Lenk hatte die weltberühmte Bagdader Bibliothek vernichtet und deren Bücher zum Dammbau verwendet; Hitler ließ am 10. Mai 1933 an 22 deutschen Universitätsstädten Scheiterhaufen zur öffentlichen Verbrennung von Büchern errichten. Beide Herrscher stehen deshalb – und nicht nur als Strategen der Massenvernichtung – in einem berechtigt schlechten Ruf. Allein in Berlin säumten seinerzeit 70 000 Gaffer die Straßen, als man auf Karren, begleitet von schmissiger Marschmusik, 25 000 Bücher zur Verbrennung brachte. »Mitgeführt wurde der auf eine Stange gespießte Kopf einer zerschlagenen Büste des Sexualforschers Magnus Hirschfeld.« [45] Deutschland ging herrlichen Zeiten entgegen!

Angesichts des faschistischen Vandalismus hängt man gern die Tatsache etwas tiefer, daß die organisierte Büchervernichtung während der Annexion der DDR in den Jahren 1990/91 viel gründlicher war als die Bücherverbrennung der Nazis und daß beide Male häufig dieselben Bücher in diesen Flächenbränden vernichtet wurden. Ja, man tut so, als habe es »so etwas« gar nie gegeben, als habe sich das kulturelle Erbe der DDR so mir nichts, dir nichts in Luft aufgelöst. Das ›Börsenblatt‹ des deutschen Buchhandels brachte verschämt ein paar Fotos, die riesige Bücherberge auf Müllhalden zeigen. Sie sind schon längst dem Vergessen anheimgefallen, wurden aber zum Ärger der Brandstifter hier und da konserviert.[46] Die Müllverbrennungs-Deponie Kömmlitz bei Borna nahe Leipzig bot beispielsweise ein solches Bild der Verwüstung:

> Die Menge der hier im Jahre 1991 vernichteten Bücher beträgt 10 000 Paletten oder 5000 Tonnen, annähernd das Zehnfache wie beim oben aufgeführten Berliner Beispiel. Es handelt sich ausschließlich um Bücher aus den Beständen Leipziger Buchhandlungen, Bibliotheken und Lagerräumen, und die auf den Bildern gezeigten Halden machen 10 % des vernichteten Leipziger Bestands aus. Weitere 1000 Tonnen gingen an Axel Springer, 500 Tonnen an eine Göttinger Rohstoffrückgewinnungs-Anlage, 500 Tonnen an ein Papp- und Kartonagewerk, 50 Tonnen ins westdeutsche Hof, abermals 50 Tonnen in eine ungarische Papiermühle. Und man ließ sich diese »Makulierungsaktion«, wie es im schönsten Neusprech heißt, etwas kosten: rund eine Million Mark.[47]

Auch dies gehört zum Kalten Krieg: die lückenlose Gleichschaltung der ehemals »realsozialistischen« Staaten durch den militärischen Sieger bzw. dessen Vasallen. Die NATO bewegte sich auf den Gleisen, die die Nazis gebaut hatten.

Dabei stellt diese vor der Vernichtung bewahrte kleine Broschüre kein Ruhmesblatt für die untergegangene DDR und ihren sowjetischen Mentor dar, denn sie ist ein Dokument der Schwäche, der Illusionswilligkeit und der diplomatischen Spiegelfechtereien.

Das schöne Genf in der seinerzeit neutralen Schweiz war der Ort, wo man miteinander sprach, solange der Kalte Krieg währte. Zwar wurde über Waffensysteme und deren Reduzierung gesprochen, aber die Genfer Treffen dienten weniger einem praktischen als einem massenpsychologischen Zweck: der Förderung der Illusion, daß diese Gespräche einen spezifischen »Geist« erzeugten, nämlich den Geist des friedlichen Miteinanders, der sich seltsamerweise immer nur dann bemerkbar machte, wenn es der Sowjetunion mühevoll gelungen war, einen amerikanischen Rüstungsvorsprung aufzuholen. Reagans Chefunterhändler in Genf, Paul Nitze, hatte übrigens in den Jahren 1944–1946 eine Kommission geleitet, die die Effizienz der amerikanischen Flächenbombardierungen in Europa während des 2. Weltkriegs untersuchte. Er war also gewissermaßen »vom Fach«.

Am 21. November 1985 ging in Genf ein Treffen des sowjetischen und amerikanischen Regierungschefs zu Ende, um das sich ein gewaltiges Gedöns in der Presse erhob: das war der berühmte »Geist von Genf«, der über der Welt schwebte wie in der Genesis der Geist Gottes über den Wassern. Die Broschüre vereint die Ansprachen Reagans und des neuen sowjetischen Ministerpräsidenten Michail Gorbatschow – der greise Andropow hatte, kaum im Amt, zügig das Zeitliche gesegnet, und ein anderer Greis war ihm nach kurzer Zeit gefolgt –, sodann die gemeinsame sowjetisch-amerikanische Erklärung, ein Interview mit Gorbatschow und dessen elend lange Rede vor dem Obersten Sowjet über das Genfer Gipfeltreffen. Man verhandelte dort nicht einmal, man plauschte nur miteinander, der eine mit dem Messer an der Kehle, der andere mit demselben Messer in der Hand. Reagan, der deutlich Ältere, führte sein Gegenüber vor, verspottete ihn als Jungspund und ließ ihn vor laufenden Kameras demonstrativ warten. Der so Gedemütigte und Abgewatschte eröffnete seine Ansprache, in welcher er das Treffen resümierte, mit den Worten: »Der Präsident und ich haben eine große Arbeit geleistet. Gründlich, tiefschürfend, mit aller Offenheit und Geradlinigkeit haben wir eine Reihe großer Probleme, die Beziehungen zwischen unseren Ländern und die gegenwärtige Lage in der Welt erörtert – Probleme, deren Lösung die Interessen unserer Völker und auch der Völker vieler anderer Länder auf das engste berühren.« Reagan hingegen wählte, wie es manchmal beim Schach geschieht, eine verblüffende Eröffnung: »Ich darf in meinem und Nancys Namen dem Schweizer Volk von Herzen für diesen herzlichen Empfang und für die Bedingungen dieser Begegnung danken.« Das war typisch: Zuerst kam er, dann seine holde Angetraute, die sich so gut aufs Unterhosenschrubben verstand, und die Völker der Welt konnten warten.

Aber die Warterei lohnte sich nicht. Die gemeinsame Erklärung beider Staatschefs enthielt nur unverbindliche Absichtserklärungen, die zu nichts verpflichteten, eitles Selbstlob der Beteiligten und hohltönende Phrasen. Die wenigen Seiten dieser Verlautbarung waren das Papier nicht wert, auf dem sie stand; dafür wurde gestaatsmännert, daß sich die Balken bogen. Der Berg kreißte, und er gebar nicht einmal eine Maus, sondern nur dieses erbärmliche Stück beschriebenes Papier. Man habe Grundfragen »allseitig erörtert«, die Gespräche seien »offen und nützlich« gewesen, obwohl »weiterhin ernsthafte Meinungsunterschiede« bestünden (wie die wohl aussahen? Etwa so: *Reagan:* »Ich fordere dich zum letzten Mal auf: kapituliere, oder ich schlag' dir den Schädel ein!« *Gorbatschow:* »Friede auf Erden und allen Menschen ein Wohlgefallen!«). In Punkt 1 der Abschlußerklärung betonte man die besondere Verantwortung für den Frieden; keine Seite dürfe einen Kernwaffenkrieg eröffnen, in dem es keine Sieger geben könne (auf diese Wortblase hatte Gorbatschow besonderen Wert gelegt). Man wolle Verhandlungen beschleunigen, ein Wettrüsten im Weltraum verhindern und auf der Erde beenden, das Nuklearpotential um die Hälfte reduzieren, Interimsvereinbarungen über Mittelstreckenraketen treffen, den heißen Draht zwischen Moskau und Washington modernisieren, »im Geiste guten Willens« miteinander reden, dabei für das »vollständige Verbot der chemischen Waffen und die Vernichtung der bestehenden Vorräte« eintreten und und und … Im Vergleich hierzu ist der Wunschzettel an das Christkind geradezu eine Lappalie. In Punkt 2 der Erklärung dachte man sogar an die Umwelt und vereinbarte einen bilateralen Austausch »auf den Gebieten Kultur, Bildung sowie Wissenschaft und Technik.« Wunderbar! Darüber hinaus einigte man sich auf Maßnahmen, »um die Sicherheit der Luftwege über dem Nordpazifik zu erhöhen« – diese rätselhafte Willensbekundung wird bald verständlicher werden –, und man beschloß die zukünftige »Wiederaufnahme des Luftverkehrs«, der infolgedessen unterbrochen worden sein mußte aus Gründen, die heute kaum ein erwachsener Zeitzeuge benennen kann. Auch dazu in Kürze mehr.

Auf der anschließenden Pressekonferenz ließ Gorbatschow in einer vorab veröffentlichten Erklärung verlautbaren: »Die Gespräche wurden in politischer Sprache geführt, offen, direkt. Und ich denke, das hatte nicht nur eine große, sondern eine entscheidende Bedeutung.« Mit diesen beiden Sätzen endet die Dummheit und beginnt das Verbrechen des Opportunisten Gorbatschow. Denn Reagan hatte sich in der Sache keinen Millimeter bewegt, weder bei der Stationierung der atomaren Erstschlagswaffen in der BRD noch bei seinem SDI-Projekt. Während er so die Kriegsvorbereitungen energisch vorantrieb, unterstellte ihm sein Gegenüber Friedensabsichten und fiel damit nicht nur der internationalen Protestbewegung gegen den immer näher rückenden Krieg in den Rücken, sondern er verriet vor allem die sowjetische und osteuropäische Bevölkerung, deren beste Teile sehr wohl die Parallelen zwischen der US-amerikanischen Kriegsplanung und dem Nazi-Überfall von 1941 erkannten. Und nun kam dieser an die Oberfläche gespülte Spätstalinist, im Kern seines Wesens ein Sozialdemokrat trübsten Wassers, faselte etwas von Friede, Freude, Eierkuchen und vollzog den Kniefall vor dem Aggressor. Das kam selbst den westlichen Medienleuten sonderbar vor. Ein Vertreter der amerikanischen Fernsehgesellschaft NBC stellte die berechtigte Frage:

Nach diesem Treffen gibt es genau so viele Waffen wie vorher. Kann man sagen, daß der Frieden nach Genf sicherer geworden ist? Und wenn es so ist, weshalb?

Gorbatschow: Ich nehme mir die Kühnheit, zu behaupten, daß der Frieden sicherer geworden ist, obwohl es genau so viele Waffen gibt wie vor dem Treffen.

Begründung: keine, außer dem flüchtigen »Geist von Genf«. Also hakte die Nachrichtenagentur »Associated Press« (ap) nach:

Sie haben von dem persönlichen Festhalten des Präsidenten am Programm des »Sternenkrieges« gesprochen und auch darüber, daß Sie SDI gründlich erörtert haben. Wie hat er sich zu Ihren Argumenten verhalten? Wie hat er auf diese reagiert? Sehen Sie eine Möglichkeit, diese Frage vom toten Punkt wegzubringen?

Gorbatschow: Mir scheint, daß die amerikanische Seite Veranlassung hat, alles zu überdenken, was wir gesagt haben. Wir hoffen auf Verständnis für unserer Argumente. […]

War dieser Bursche tatsächlich so dumm und windelweich oder tat er nur so? Nun wollte es auch die britische BBC wissen:

Wenn es nicht gelingen sollte, sich über die Einstellung des Wettrüstens im Kosmos zu verständigen, wird dann die Sowjetunion mit der amerikanischen Technologie auf diesem Gebiet konkurrieren können, oder wird sie hinter den USA zurückbleiben?

Gorbatschow: Sie haben da eine sehr interessante Frage angeschnitten. […] In den USA ist man offenbar der Meinung, daß die Amerikaner zur Zeit einen gewissen Vorsprung uns gegenüber bei einigen Technologien haben – in der Rechentechnik und in der Funkelektronik. Wiederum entsteht der Wunsch, sich an diesen »Vorteil« klammernd, militärische Überlegenheit zu erlangen. Erneut ist der bekannte Ausspruch von Präsident Johnson im Umlauf, der da gesagt hat, daß die Nation, die im Weltraum herrschen wird, auch auf der Erde herrscht. Offenbar juckt es einigen in den Fingern. Sie möchten gern die Weltherrschaft erlangen und von oben auf die Welt schauen. Das sind die alten Ambitionen vergangener Jahre. Die Welt hat sich in vielerlei Hinsicht verändert. Und wenn man schon von dieser sogenannten technologischen Überlegenheit spricht, die mit SDI realisiert werden soll, um die Sowjetunion in eine schwierige Lage zu bringen, dann möchte ich sagen, daß das ein weiterer Irrtum ist. Eine Antwort wird gefunden werden.

Was man diesem umständlichen, betulichen und schönfärberischen Geschwätz als harten Kern entnehmen konnte, war die entscheidende Botschaft, daß die Sowjetunion bislang keine Antwort auf den technologischen Vorsprung der USA besaß, dies also einen realen Vorteil für die amerikanischen Kriegstreiber darstellte und keinen »sogenannten« oder in Anführungszeichen zu setzenden (auffallend im übrigen, daß während des Interviews von keiner Seite die Pershing II und Marschflugkörper angesprochen wurden). Dann aber folgte ein verräterischer Nachsatz Gorbatschows, nachdem er vollmundig irgendeine Antwort der Sowjetunion auf den amerikanischen Rüstungsvorsprung angekündigt hatte: »Ich habe das dem Präsidenten auch gesagt: ›Beachten Sie, daß Sie keine Einfaltspinsel vor sich haben.‹« Darüber dürfte Reagan gelacht haben, bis ihn der Alzheimer ereilte.

Vor dem Obersten Sowjet hielt Gorbatschow eine Rede, die die bedeutungsschwangere Überschrift trug: »Das Leben erfordert keinen Rüstungswettlauf, sondern gemeinsames Handeln für den Frieden«. Mit derselben Berechtigung hätte man auch sagen können: »Das Leben haßt Idioten wie Gorbatschow«. Dieses wolkige Ungefähr ist typisch für Opportunisten vom Schlage des letzten sowjetischen Ministerpräsidenten, denn »das Leben« will nichts, fordert nichts, haßt nichts und bestraft auch nicht die Zuspätkommer, weil es ein bewußtloser Prozeß auf Stoffwechselbasis ist. An der Einkleidung politischer Vorgänge in körperliche Metaphorik – man denke etwa an den faschistischen »Volkskörper« – erkennt man seit römischen Frühzeiten, als Patrizier und Plebejer sich stritten, den politischen Reaktionär (Näheres bei Livius, Ab urbe condita, II, 32). Gorbatschows Rede ist durch verschiedene Zwischenüberschriften untergliedert, die hier in loser Reihenfolge aneinandergereiht werden. Es ist eine Liturgie des Opportunismus, zu singen im Falsett eines Kastraten: »Angespannte Arbeit trägt bereits Früchte« – »Jede Chance nutzen, um den Gang der Ereignisse zum Besseren zu wenden« – »Weg nach Genf war lang und schwierig« – »Wir schlagen nichts vor, was die Sicherheit der USA mindert« – »Wie gewaltig die Unterschiede auch sind, wir müssen miteinander leben« – »Anachronistisches Denken in ›Einflußsphären‹« – »Der Dialog ist in komplizierter Zeit an sich schon ein Faktor der Stabilität« – »Erklärung von Genf jetzt in praktische Politik umsetzen« – »Mit dem Erreichten behutsam umgehen« – »Wir hoffen, daß das nicht das letzte Wort zur SDI-Frage war« – »Von einer positiven Entwicklung Europas würde die ganze Welt profitieren« – »Ein Berg von Fragen, die nur gemeinsam und im Frieden zu lösen sind« – »Die Möglichkeiten zur friedlichen Zusammenarbeit im Weltraum sind unerschöpflich« – »Gewißheit, den richtigen Weg gewählt zu haben«.

Fünf Jahre nach diesem Schwanengesang gab es die Sowjetunion nicht mehr. Sie war mit einem Winseln zugrundegegangen.

Gorbatschow legte sich ins Zeug in Sachen Frieden und Vernunft, als lebte man in der besten aller Welten, in der es keinen Imperialismus gibt, ja toller noch, in der die Imperialisten Argumenten ihrer Opfer zugänglich sind, ganz wie in der biblischen Vision, in der die Wölfe und die Lämmer einträchtig und in Frieden zusammenleben. Gorbatschow unterbreitete einen Plan, der die Abschaffung aller atomaren und chemischen Waffen innerhalb von 15 Jahren in drei Etappen vorsah:

- In einer ersten Etappe von fünf bis acht Jahren sollen alle atomaren Waffen der Sowjetunion und der USA, die das Territorium des anderen erreichen können, um die Hälfte, und die von ihnen getragenen Sprengkörper auf maximal 6000 verringert werden (entspricht in etwa auch der Hälfte der jetzt [April 1986] auf jeder Seite vorhandenen strategischen Sprengköpfe). Innerhalb dieser Verringerung soll »die vollständige Beseitigung der Mittelstreckenraketen der UdSSR und der USA in der europäischen Zone […] erreicht und realisiert werden. Die Atommächte Großbritannien und Frankreich dürfen dabei zur Einhaltung des Ost-West-Kräfteverhältnisses ihre entsprechenden Kernwaffen nicht aufstocken«. Von Anfang an sollen USA und UdSSR auf jegliche weitere Atomtests verzichten, wie auch auf die »Schaffung, Tests und Stationierung von Weltraumangriffswaffen«.
- In der zweiten Etappe von fünf bis sieben Jahren (ab 1990) soll die atomare Abrüstung auf die übrigen Atomwaffenstaaten ausgedehnt werden. […] Gleichzeitig soll die Produktion von »nichtnuklearen, sich auf neue physikalische Prinzipien stützenden Waffen, die ihrer Schlagfähigkeit nach den nuklearen und anderen Massenvernichtungsmitteln gleichen«, weltweit verboten werden.
- In der dritten Etappe schließlich (ab 1995) sollen bis zum Ende dieses Jahrtausends alle noch verbliebenen Atomwaffen abgeschafft und »eine universelle Vereinbarung darüber erarbeitet [werden], daß diese Waffen nie mehr auferstehen«.[48]

Ein schöner Plan. Reagans Antwort lautete kurz und bündig:

- Das SDI-Projekt steht nicht zur Disposition.
- Die USA werden die Atomwaffentests nicht einstellen.

- Die Stationierung von Pershing II und Marschflugkörpern ist nicht verhandelbar.
- Ab 1987 soll die Stationierung der binären chemischen Waffen »schlachtfeldnah«, also in der BRD, erfolgen.

Damit hatte sich der »Geist von Genf« schneller verflüchtigt als ein Flatus bei steifer Brise.

Zu Beginn der 80er Jahre war noch nicht absehbar, daß die Sowjetunion aufgrund des gravierenden militärtechnologischen Rückstands, der tödlichen Bedrohung durch die neuen Erstschlagswaffen und durch die immer kriegsnäher gestalteten Provokationen an ihren Grenzen implodieren, Zug um Zug kapitulieren und noch vor Ablauf des Jahrzehnts nicht mehr existieren würde. Vielmehr standen die Zeichen auf Krieg; die Äußerungen der US-Führer und ihre vorbereitenden Maßnahmen konnten keinen Zweifel daran bestehen lassen. Unter den Westeuropäern, auch den Deutschen, die allesamt als Bauernopfer im amerikanischen Atomschach ausersehen waren, verbreitete sich Unruhe und formierte sich, wenn auch zunächst in zaghaften Anfängen, Widerstand. Diese »Friedensbewegung«, wie sie bald genannt wurde, hatte es mit einem Gegner zu tun, der zu allem entschlossen war, über alle Machtmittel verfügte und aufs Ganze ging. Eine oppositionelle Bewegung, die sich zu dem Zweck formierte, diesem Kriegskurs Einhalt zu gebieten, mußte über mehrere Eigenschaften verfügen, um erfolgreich zu sein: Sie mußte es an Entschlossenheit mit ihrem Gegner aufnehmen, und sie mußte, da sie weder Steuermilliarden besaß noch die Kommandogewalt über die Medien oder gar die bewaffneten Formationen innehatte, bar jeglicher Illusionen in den entscheidenden Fragen sein: Wer war der Kriegstreiber, wer seine wichtigsten Helfershelfer? Kein Loyalitätsrest durfte die klare Sicht trüben und der Entschlossenheit Eintrag tun, denn so würde sie nie die verschüchterten, unsicheren, schwankenden Massen überzeugen und gewinnen können. Ihr höchstes Ziel mußte also **die Erosion der Massenloyalität** gegenüber dem System der Lüge und Gewalt sein, das sich anschickte, die Herrschaft über den ganzen Globus mit blutigen Krallen an sich zu reißen. Wie Ende der 20er, Anfang der 30er Jahre des letzten Jahrhunderts, als es darum ging, die Machtübernahme der Faschisten zu verhindern, stellte die Massenloyalität zur Sozialdemokratie das größte Hindernis dar. Seinerzeit leistete sie Hitler die nützlichsten Dienste als Steigbügelhalter, indem die Ebert, Noske, Scheidemann die Novemberrevolution in ihrem Blut erstickten, die Arbeiterführer Liebknecht und Luxemburg ermorden ließen und fortan die KPD bekämpften, als Regierungspartei wie in den Betrieben, und dabei vorgaben, ihren eigenen »Weg zum Sozialismus« zu beschreiten. Es war der direkte Weg zum Nationalsozialismus. Dreißig Jahre später hatten sich Brandt und Bahr als »Entspannungspolitiker« und kalte Krieger von den USA einschirren lassen; 50 Jahre später hatte die sozialdemokratische Regierungs- und Raketenpartei die Erstschlagswaffen ins Land geholt, die es dem US-Imperialismus ermöglichten, den entscheidenden Schlag gegen die Sowjetunion zu führen. Und bei alledem bezeichnete sich die SPD kackfrech als die stärkste Kraft innerhalb dieser Friedensbewegung. Lenin und Trotzki hatten bei dem Putsch des Generals Kornilow, eines russischen Vorläufers von Hitler, vorgeführt, wie dieser Kampf zu führen ist. Kaum aus dem Gefängnis entlassen, in das ihn die russischen Sozialdemokraten (Menschewiki) geworfen hatten, unterbreitete Trotzki derselben Sozialdemokratie ein Bündnisangebot zum gemeinsamen Kampf gegen die Truppen Kornilows, die auf Petrograd vorrückten. Die sozialdemokratischen Arbeiter, die keine Militärdiktatur anstelle des gerade gestürzten Zaren wollten, schlossen sich diesem Aufruf an, während Alexander Kerenski, der russische Willy Brandt, das Bündnis mit allen Mitteln zu hintertreiben versuchte. Auf diese Weise erfuhren die Massen konkret und sinnlich, d. h. nicht in Form theoretischer Abhandlungen, die Funktion der Sozialdemokratie als Agent der Herrschenden in den Reihen der Arbeiterbewegung, und auf diese Weise wurde lähmende Illusion in revolutionäre Kampfbereitschaft verwandelt, und sie wandten sich von den Menschewiki ab. Den General Kornilow kennt heute kaum ein Mensch mehr, im Gegensatz zum verkrachten Kartenmaler aus Österreich.

Aus der Weimarer Republik ist mir nur ein einziges vergleichbares Beispiel bekannt, das leider Ausnahme und vereinzelte Episode blieb. Dieses Ereignis trug sich zwei Jahre vor Hitlers Machtergreifung in Berlin zu, in einer Zeit der Polarisierung – die KPD hatte bei den Reichstagswahlen über vier Millionen Stimmen erhalten, während die NSDAP von 800000 auf über sechs Millionen Stimmen schnellte – und unter einer preußischen SPD-Regierung. Stalin hatte der von ihm abhängigen KPD die Weisung erteilt, die SPD pauschal als »Sozialfaschisten« zu bekämpfen. Diese Losung war extrem schädlich, denn sie traf zwar »objektiv« auf die SPD-Führung und die Funktion der Sozialdemokratie zu, mußte aber das durchschnittliche SPD-Mitglied, das sich subjektiv aufrichtig als Antifaschist empfinden mochte, vor den Kopf stoßen und ihn in eine Verteidigungshaltung für »seine« Partei drängen, bevor es die Wahrheit dieser Diagnose erkennen konnte. (In einer Serie von Aufsätzen hat Trotzki entlang des Kornilow-Beispiels dargelegt, wie eine erfolgreiche antifaschistische Politik der KPD hätte beschaffen sein müssen; sie sind in dem äußerst instruktiven Band ›Wie wird der Nationalsozialismus geschlagen?‹ versammelt). Da dieses Ereignis eine lehrreiche Ausnahme von Stalins Generallinie darstellte, mag dies Rechtfertigung genug für das folgende längere Zitat sein; der Bericht stammt von Margarete Buber-Neumann, der Ehefrau von Heinz Neumann, eines führenden KPD-Politikers und Mitglied des Politbüros, der wenige Jahre später den stalinistischen Massenhinrichtungen in der Sowjetunion zum Opfer fiel. (Frau Buber-Neumann wurde von Stalins Behörden an die Nazis ausgeliefert, die sie umgehend in ein Konzentrationslager steckten. Sie überlebte und ließ sich später von der Adenauer-Regierung leider zum Kronzeugen gegen die KPD bis zu deren Verbot mißbrauchen. Nichtsdestoweniger kam auf diesen verschlungenen und abenteuerlichen Wegen der nachfolgende Bericht auf uns):

> Wie verderblich die Haltung der Komintern der SPD gegenüber war, zeigt sich an einigen Begebenheiten, über die ich kurz berichten will. Diese Ereignisse beweisen deutlich, daß es damals bei einer anderen Politik der KPD durchaus möglich gewesen wäre, zwischen den Anhängern der beiden Arbeiterparteien eine Aktionseinheit im Kampf gegen die Nazis herzustellen. Im Jahre 1931 bemühte sich die KPD, eine solche Aktionseinheit zustande zu bringen, und machte sogar lahme Versuche, ihre Überspitzungen im Kampf gegen die Sozialdemokraten, die sie 1930 noch »aus allen Betrieben, Arbeitsnachweisen und Berufsschulen verjagen« wollte, abzuschwächen. Die Generallinie in diesem Kampf änderte sich allerdings nicht, man verlegte sich nur auf eine andere Taktik. Mit Sozialfaschisten bezeichnete man jetzt die führenden Politiker und Funktionäre der SPD, denen man weiterhin einen unerbittlichen Kampf ansagte, während man um die einfachen Mitglieder auf reichlich plumpe Weise zu werben begann. Man glaubte, die SPD einfach unterwandern, sie zersetzen zu können. Hier zeigt sich übrigens eine der typischen Fehlwertungen der KPD. Sie hielt ihren Einfluß für ausreichend und ihre Methoden für wirksam genug, um die unteren Schichten einer seit drei Jahrzehnten fest organisierten Partei von ihrer Führerschaft trennen zu können. Das sollte der KPD nur in äußerst schwachem Ausmaß gelingen. Wie heftig allerdings der Wunsch unter der Arbeiterschaft Berlins nach Aktionseinheit im Kampf gegen die Nazis gewesen ist, wurde mir durch zwei Massenkundgebungen klar. Zur ersten rief nur die KPD auf. Sie fand im größten Versammlungssaal von Kliems Festsälen statt. Das Referat trug, wenn ich mich recht erinnere, den Titel »Durch rote Einheit zur Macht«, und der Redner der Veranstaltung war Heinz Neumann. Der Andrang übertraf alle Erwartungen, und obwohl man sogleich den Nebensaal öffnete und ihn provisorisch mit einer Lautsprecheranlage versah, kamen weitere Hunderte von Menschen nicht herein, sondern scharten sich auf der Straße um den dort angebrachten Lautsprecher. Aber

aus technischen Gründen funktionierte die Übertragung der Rede nicht. Aus dem Trichter drang nur heiseres Gebell, kein Wort war zu verstehen. Trotzdem saß im Nebensaal die Menge unbeweglich, und auf der Straße lauschten Hunderte, um den Sinn des unverständlichen Geräusches zu enträtseln.

Welche taktischen Erwägungen der nächsten Veranstaltung vorausgingen, weiß ich nicht. Vielleicht hatte die KP-Führung zu diesem Zeitpunkt einen lichten Moment, der sie das Verhängnisvolle ihrer selbstmörderischen Politik begreifen ließ. Es geschah nämlich das Erstaunliche: die KPD wandte sich an die Führung der Berliner SPD-Organisation, um gemeinsam zu einer Kundgebung im größten Saal der Stadt, im Sportpalast, aufzurufen. Es sollten Franz Künstler, der Vorsitzende der Berliner Organisation der SPD, und Heinz Neumann sprechen. Schon in den frühen Nachmittagsstunden war die Potsdamer Straße, an der der Sportpalast liegt, schwarz von Menschen. Stunden vor Beginn der Versammlung sperrte die Polizei die ganze Umgebung ab. Der riesige Saal konnte nur einen Bruchteil der wartenden Menge aufnehmen. Ich stand über drei Stunden in der Schlange, umgeben von SPD-Arbeitern, deren Erregung über das provokatorische Verhalten der Polizei mit jeder halben Stunde längeren Wartens wuchs. Als dann auch noch die sozialdemokratische Schufo, eine militante Formation des Reichsbanners *, mit der Polizei gemeinsam für die Ruhe auf der Straße zu sorgen begann, spielten sich wilde Szenen ab, in denen SPD-Leute ihre Parteibücher in Fetzen rissen und die sozialdemokratischen Staatsmänner Preußens in Bausch und Bogen verdammten.

So hätte die Politik der KPD von Anfang an beschaffen sein müssen, und das Ergebnis hätte gelautet: kein Hitler, kein Überfall auf die Sowjetunion, kein Hiroshima, und Stalin hätte sich vielleicht nicht mehr halten, jedenfalls nicht die Anhänger Lenins in Scharen umbringen können. Freilich hätte es auch dann einen »Kalten Krieg« mit den Vereinigten Staaten gegeben, aber unter wesentlich günstigeren Kräftekonstellationen. Es wäre spannend geworden. So aber trat bedauernswerterweise ein, was Buber-Neumann wenige Seiten zuvor konstatierte: »Der Kampf auf Leben und Tod, der in der deutschen Arena entbrannt war, hätte echte politische Strategie verlangt. Die KPD, das Instrument Moskaus, war dazu nicht fähig und bekam deshalb eine furchtbare Rechnung vorgelegt.«[49]

Auch in der BRD ging es Anfang der 80er Jahre um Leben und Tod. Die Verhinderung eines atomaren Erstschlags gegen die Sowjetunion konnte nur

---

*   Das »Reichsbanner Schwarz-Rot-Gold«, ursprünglich »Bund der republikanischen Kriegsteilnehmer«, bestand aus der sog. Weimarer Koalition von SPD, DDP und Zentrum. Es wurde 1924 vom Sozialdemokraten Otto Hörsing »zur Verteidigung der Republik« gegründet; 1933 aufgelöst. – Schufo = Schutzformationen (paramilitärische Verbände).

über die Schwächung – wenn man so will: die politische Leiche – der Sozialdemokratie als eines Krebsübels an jedem Fortschritt erfolgen. Es sei vorweggenommen: Genau an diesem Punkt versagte die »Friedensbewegung« kläglich. Bevor die Sowjetunion mit einem Winseln unterging, verendete die »Friedensbewegung« winselnd.

Am 15./16. November 1980 hatten sich ungefähr tausend Besucher zu einer Veranstaltung in Krefeld eingefunden, deren Motto lautete: »Der Atomtod bedroht uns alle – Keine Atomraketen in Europa!« Ein primär »humanitäres« Anliegen also, zweideutig und nach allen Seiten hin offen, denn selbstverständlich waren unter den »Atomraketen« die sowjetischen SS-20 mitgemeint, ohne es freilich laut auszusprechen. Entsprechend halbgar war das Podium. Dort saßen der pensionierte Panzergeneral Gert Bastian und seine Lebensgefährtin, die hysterische Petra Kelly, beide Gründungsmitglieder der sich zu diesem Zeitpunkt noch wild pazifistisch gebärdenden Grünen (beide gehörten später dem Bundestag an; Bastian erschoß Kelly, aus welchen Gründen auch immer, und beging anschließend Selbstmord; als ihr politisches Vermächtnis hatte die Feministin Kelly die Initiative »Free Tibet« zurückgelassen – neben der Hetze gegen Nordkorea das letzte Betätigungsfeld für militante Antikommunisten heutiger Tage), ferner der Theologe Martin Niemöller, der hier schon mehrfach zitierte Prof. Gerhard Kade, ein Gesamtbetriebsratsvorsitzender, ein weiteres MdB und zwei verrentete Offiziere. Nichts Aufregendes also, Leute des Systems, die sich selbst als »liberale Demokraten« bezeichnen und sich über »Auswüchse« eines ansonsten grundguten Gesellschaftssystems ereifern mochten, fern aller Verfassungsbrüche und Parteienverbote. Dieser Kreis verabschiedete gemeinsam mit den Besuchern eine Erklärung, den »Krefelder Appell«, in dem der »NATO-Doppelbeschluß« vom 12. Dezember 1979 als »verhängnisvolle Fehlentscheidung« gerügt und vor einem »selbstmörderischen Rüstungswettlauf« gewarnt wurde. Auch das war mehr als durchwachsen: Der Entschluß zur Raketenstationierung erfolgte ja nicht, wie insinuiert, aus einer Fehleinschätzung heraus, sondern mit dem kriminellen Vorsatz, die Sowjetunion durch einen atomaren Überraschungsschlag zu zerstören (und Europa ärgerlicherweise, doch für einen »guten Zweck«, gleich mit). Aus Sicht der NATO-Strategen – und das mußten wenigstens die anwesenden Offiziere wissen – war dieser Beschluß konsequent und keineswegs fehlgeleitet; aus dem Wort »Fehlentscheidung« hört man allzu deutlich das fatale »Ich habe mich geirrt« des alten Heuchlers Willy Brandt heraus. Auch das Wort »Rüstungswettlauf« war so eine verlogene Sache: Rannte nicht eine Seite immer voraus, die andere hinterher, mit stets größer werdendem Abstand?

Jedenfalls, und das war das Konstruktive an dieser Versammlung, forderten die Beteiligten die Bundesregierung auf,

- die Zustimmung zur Stationierung von Pershing II-Raketen und Marschflugkörpern zurückzuziehen;
- im Bündnis künftig eine Haltung einzunehmen, die unser Land nicht länger dem Verdacht aussetzt, Wegbereiter eines neuen, vor allem die Europäer gefährdenden nuklearen Wettrüstens sein zu wollen.[50]

Das allerdings war viel verlangt: Der Vasall sollte ein souveräner Staat »sein wollen« und sich entsprechend verhalten! Aber auch das hätten Schmidt und Konsorten ohne mit der Wimper zu zucken weggesteckt, wenn nicht etwas Unvorhergesehenes eingetreten wäre: Dieser Appell wurde binnen kürzester Frist von vier Millionen Menschen unterzeichnet. Und es kam zu Massendemonstrationen, die diesen Namen verdienten, beispielsweise am 10. Oktober 1981, als 350 000 Menschen in Bonn gegen die geplante Stationierung der US-Erstschlagsraketen protestierten – Zahlen, wie sie heute nur noch bei internationalen Fußballturnieren zu sogenannten *public viewings* erreicht werden; *panem et circenses* nannten es die Römer. Im selben Monat desselben Jahres fanden sich eine Viertelmillion Menschen zu Protestkundgebungen im Londoner Hyde Park ein, 500 000 in Rom, 200 000 in Brüssel und 350 000 in Amsterdam, jenen Ländern also, die für die Stationierung der Marschflugkörper vorgesehen waren. Im Dezember 1981 war auf der Titelseite der Zeitung des Kommunistischen Bundes ›Arbeiterkampf‹ zu lesen:

Wieder Hunderttausende für ein atomwaffenfreies Europa

+++ Barcelona 200 000 +++ Athen 40 000 +++ Saloniki 7000 +++ Eleusis 15 000 +++
Kopenhagen 22 000 +++ Bern 24 000 +++ Hamburg 25 000 +++ Bukarest 300 000 +++

Titelseite der Zeitung ›Arbeiterkampf‹ des Kommunistischen Bundes vom 7. Dezember 1981

Aber nicht nur die Blätter der Aktivisten meldeten diese Zahlen, die in heutigen Ohren geradezu sensationell klingen, sondern sie schlugen sich auch in Geschichtsbüchern nieder, die ansonsten mit Protestkundgebungen so ihre

Schwierigkeiten haben, um es höflich zu formulieren. Ein willkürlich herausgegriffenes Beispiel möge dies illustrieren: »Die Angst vor dem in diesen Waffen verborgenen Vernichtungspotential trieb Anfang der 80er Jahre Millionen von Menschen in praktisch allen Staaten Westeuropas auf die Straßen, von Oslo bis Athen, von London bis Brüssel, von Amsterdam bis Bonn.« Nun, es war weniger die Angst vor einem abstrakten Vernichtungspotential, sondern – und das geht den NATO-loyalen Schreibern schwer bis überhaupt nicht von der Feder – die Angst vor den sehr konkreten Kriegsplanungen und -vorbereitungen der USA. Es half auch nicht, diese nur allzu berechtigte Furcht in die irrationale Ecke zu stellen und sie als eine nationale Absonderlichkeit abzutun, wie dies mit dem blödsinnigen Begriff der »German Angst« bewerkstelligt werden sollte. Aber weiter: »Die Mitgliederzahl der britischen Kampagne für nukleare Abrüstung (CND) stieg im Nu von 3500 (1980) auf über 100 000 (1985) an. In der Bundesrepublik unterschrieben 1980 vier Millionen Menschen den Krefelder Appell, der vor allem die Vereinigten Staaten zur Abrüstung aufrief und für die Schaffung einer atomwaffenfreien Zone in Mitteleuropa plädierte.« Nun folgt jedoch eine Geschichtslüge, die Kanzler Schmidt persönlich in Umlauf gebracht hatte: »Die Unterzeichner ließen sich nicht einmal davon abschrecken, daß kommunistische Gruppen die Aktion initiiert hatten – das wäre in den 50er und in den 60er Jahren noch ein großes Hindernis für die Mobilisierung gewesen.«[51] Mit anderen Worten: Der antikommunistische Joker stach nicht mehr. Natürlich mochte auch die moskauabhängige DKP in Aachen anwesend gewesen sein, selbstverständlich hatten auch »Kommunisten« den Appell unterzeichnet, aber darum ging es nicht. Die Furcht der Herrschenden, die Massenloyalität könnte schwinden, war mit Händen zu greifen: Was, wenn die Friedensbewegung dazu aufriefe, keine Kriegsparteien zu wählen? Das hätte das gesamte westdeutsche Parteienkartell betroffen, und die Gefahr war groß, daß die undemokratische 5 %-Klausel in diesem Fall kein zuverlässiges Bollwerk gegen unerwünschte Parteien mehr darstellen würde. Das hätte bedeutet: eine echte Opposition im Parlament, und mit der schönen Ruhe der Befehlsempfänger aus Übersee wäre es vorbeigewesen. Was erst, wenn sich der Protest radikalisierte, ausweitete und vertiefte und den politischen Generalstreik auf die Tagesordnung setzte? Man hatte ihn zwar vorsorglich verboten, aber der Zar hatte revolutionäre »Umtriebe« auch verboten.

Am meisten machte man sich im Bundeskanzleramt und in den anderen europäischen Filialen der NATO Sorgen, daß man in Washington hellhörig wurde. Caspar Weinberger, der Mann, mit dem nicht zu spaßen war, antwortete auf die Frage des ZDF, ob er sich nicht vorstellen könne, daß viele Menschen »einfach Angst vor einem Krieg haben«, ohne deshalb – *horribile dictu!* – »antiamerikanisch« sein zu müssen:

> Ich bin mir dessen durchaus bewußt, und ich glaube auch nicht, daß das Gefühl, das bei Demonstrationen einiger Leute in Deutschland zum Ausdruck gebracht wurde, ein ausgesprochen antiamerikanisches Gefühl war. Ich halte mich lieber an Meinungsumfragen im ganzen Land, die eine starke Freundschaft für die Vereinigten Staaten und ein Festhalten an den Prinzipien der NATO erkennen lassen.
>
> Ich meine, diese Demonstrationen sind verhältnismäßig kleine Gruppen – 100 000 oder 200 000 Leute. Es sind zu viele, als daß man sie außer acht lassen könnte, und wir lassen sie nicht außer acht. Wir beziehen sie in unsere Überlegungen ein, und wir wissen, daß zwar einige der Motivationen fragwürdig sein mögen, daß aber die Motivation der großen Mehrheit der Beteiligten ohne Frage aufrichtig ist, ein aufrichtiger Abscheu vor dem Krieg oder dem Gedanken, an einem solchen teilnehmen zu müssen – ein Gefühl, das übrigens jeder hier in unserem Lande teilt, vor allem unsere Administration und ich selbst. Ich glaube, daß jeder, der an einem Krieg teilgenommen hat, immer mit Schrecken an den Gedanken eines neuen Krieges denken muß. Das alles steht also außer Frage.

Dann kommt jedoch das große Aber: Unter der Carter-Administration seien die amerikanischen Streitkräfte vernachlässigt und die USA schwach geworden, außerdem hätten sich die USA »als ein sehr unzuverlässiger Verbündeter« erwiesen, als

> ein Land, das beispielsweise Bundeskanzler Schmidt zu überzeugen vermochte, daß die Neutronenwaffe ein wirksames und notwendiges System sei, und dann, als der Kanzler unter beträchtlichen politischen Risiken diesen Standpunkt einnahm, ihm, wie man in Ihrem Lande sagt, den Teppich unter den Füßen weggezogen hat, weil die Carter-Administration über Nacht und ohne Konsultation plötzlich entschied, daß sie mit dieser Waffe nicht weitermachen wolle. Das sind die Dinge, die Amerika geschwächt haben. Und das sind genau die Dinge, die wir nicht tun wollen.[52]

Ein bißchen Honig um den Bart, ein bißchen Herabspielen (»kleine Gruppen«), ein bißchen Drohung (»wir behalten euch im Blick«) und die abschließende Ankündigung, den Kriegskurs unbeirrt fortzusetzen (an dem »teilzunehmen« die Zivilbevölkerung Angst hat, was man ja versteht) – diese Mischung aus unbeugsamer Härte und Zynismus ist typisch für die Reagan-Ära. In der

Pariser Zeitung ›Le Figaro‹ wird Weinberger dann etwas deutlicher, als er am 30. November 1981 ausführte: »Die neutralistische Bewegung wird dann zur Sorge werden, wenn sie bis zu einem Punkt anwächst, an dem sie Regierungen zu einseitigen Abrüstungsschritten zwingt. Das könnte die Sowjetunion ermutigen, Aggressionen zu begehen.«

Eine solche Stärke durfte die Friedensbewegung also unter keinen Umständen erlangen. Aber wozu hat man denn die Sozialdemokratie? Diese Raketenpartei war wie keine andere des Kartells dazu geeignet, um einerseits dem US-Imperialismus mit der Stationierung der atomaren Erstschlagswaffen knierutschend zu Willen zu sein und sich andererseits gleichzeitig als »Friedenskraft« zu präsentieren (einer CDU mit ihren noch zahlreicher als in der SPD vertretenen Altnazis hätte man das nie abgenommen). Also schickte man wie zu Zeiten der Remilitarisierung die SPD in die Spur, die diesmal das Kunststück fertigzubringen hatte, als Regierungspartei die US-Weisungen auszuführen und als Friedenspartei gegen sich selbst zu protestieren. Es klappte – für trainierte Heuchler ist das kein Problem. Der »Entspannungs-Architekt« Egon Bahr gab die Linie vor: »Wichtigstes Ziel ist es, daß die Friedensbewegung in der SPD bleibt« (von der sie nie ausgegangen war), und Peter Glotz, ein anderer Führungskader der SPD, erhob dreist den Anspruch, »die eigentliche politische Friedensbewegung in unserem Lande zu sein«[53], getreu dem Gleichnis aus dem Neuen Testament, die Rechte nicht wissen zu lassen, was die Linke tut, die ganz gegensätzlich und doch dasselbe waren – wer es fassen kann, der fasse es! Zum »rechten Flügel« zählten die »Entspannungspolitiker« Willy Brandt und Egon Bahr, sodann der »Verteidigungs«minister Hans Apel (der in der Hamburger Jacobikirche eine Predigt hielt zum Thema »Widerspiel zwischen militärischer Vorsorge und dem absoluten Geltungsanspruch des Friedensgebotes der Bergpredigt«; sie ging allerdings in einem Pfeifkonzert unter) und einige weitere Figuren (Peter Glotz, Horst Ehmke und *tutti quanti*). Zum »linken Flügel« gehörten neben den beiden MdBs Manfred Coppik und Karl-Heinz Hansen (die man bald darauf aus der SPD ausschloß, um die »Ernsthaftigkeit« der »Meinungsverschiedenheiten« in dieser Raketen- und Friedenspartei vorzutäuschen) schon damals ein gewisser Oskar Lafontaine und ein mittlerweile in der Vergessenheit versunkener Erhard Eppler, ein pietistischer Pfaffe mit Kastenbart und sorgenvoll vergrämter Miene, wie ihn nur das Schwabenland hervorbringen kann – und Ex-NSDAP-Mitglied.

Die Diagnose war klar: Die Friedensbewegung war ein Zusammenschluß heterogener Gruppen, die durch das Ziel geeint waren (oder dies zumindest vorgaben), die Stationierung der atomaren Erstschlagswaffen zu verhindern und die SPD zu verkennen. In der Diktion der SPD-Führung, nachzulesen im ›Parlamentarisch-Politischen Pressedienst‹ (ppd) jener Tage, handelte es sich um eine Art »Volksfront in der Frage der Stationierung von nuklearen Mittelstreckenraketen«, um ein »unentwirrbares Knäuel von Überzeugungen, die außerhalb des politischen Themenbereichs weit auseinanderlaufen würden«. Damit war die Aufgabe der SPD vorgegeben: Die heterogene Zusammensetzung der Bewegung eröffnete die Möglichkeit zu deren Spaltung, indem man die verschiedenen Gruppen gegeneinander ausspielte, sektiererische Tendenzen förderte und somit das Prinzip des Bündnisses von innen her aushöhlte. Freilich sprach die SPD-Führung nicht von »Spaltung«, sondern von einem »längst überfälligen Ausdifferenzierungsprozeß«, der die »vorübergehende Solidarisierung von sich widerstreitenden Politikansätzen« aufheben, beseitigen sollte. Abermals im Klartext: Es kam alles darauf an, die linken Gruppierungen innerhalb der Friedensbewegung als deren »gefährlichsten« Teil zu isolieren, da nur von ihnen, freilich in bescheidenstem Ausmaß, ein Erkennen der SPD-Funktion drohte, während die SPD ein »Bündnis« mit den christlichen Friedensgruppen in der Bewegung einging, d. h. dieses herausposaunen ließ. Und diese gab es überreichlich: Arbeitsgemeinschaften und Vereine für Friedenspädagogik, Christen für den Sozialismus, Katholischer Arbeitskreis Entwicklung und Frieden, Aktion Sühnezeichen, Christen für die Abrüstung, Evangelische Studiengemeinschaften, Frieden schaffen ohne Waffen, Katholische Christen gegen die Atomrüstung, Pax Christi, Internationale katholische Friedensbewegung, Terre des Hommes, Versöhnungsbund und und und … (diese Organisationen sind dem Anhang von Mechtersheimers Dokumentensammlung entnommen, »Anschriften für die friedenspolitische Arbeit«, Bd. 1, S. 272 ff.; linke oder gar kommunistische Gruppierungen sind nicht aufgeführt, dafür aber sehr wohl CDUCSUSPDFDP). Entlang dieser Linie galt es, die Spalteraxt anzusetzen. Erhard Eppler (Ex-NSDAP) war der ideelle Gesamtpfaffe, der die verirrten Schafe der Bewegung in den sozialdemokratischen Pferch zurückgeleiten sollte.

Und so hub das elende Spiel von Ping und Pong von neuem an. Die Partei»rechte« der SPD zog vom Leder und war von Kopf bis Fuß auf NATO eingestellt (in der ein SPDler sogar die stärkste Friedensbewegung der Welt erkennen wollte): »Unser Land kann seine Sicherheitspolitik nur auf der Basis des Doppelbeschlusses entwickeln« (Bahr). – »Friedensbewegungen, die keine in Wahlen erworbene Legitimation haben, können Anstöße geben: Die Verantwortung müssen andere übernehmen« (Brandt). Aufgrund der Tatsache, daß Gruppierungen, die in enger Verbindung zum militärischen Todfeind der

NATO standen (DKP, SDAJ), für die Unterzeichnung des »Krefelder Appells«
warben, erließ die SPD-Führung folgende interne Weisung: »Unter Ausnutzung der weitverbreiteten Angst vor einem Weiterdrehen der Rüstungsspirale
ist es den oben genannten Organisationen gelungen, zu diesem Thema eine
ziemlich breite Unterstützung zu finden. […] Unter den Unterzeichnern befinden sich auch einige aktive Sozialdemokraten. Wir müssen *dagegen* klar
machen, daß jeder, der wirkungsvoll gegen eine weitere Rüstungseskalation
kämpfen will, dies in den Reihen der SPD kann. […] Ich bitte Euch, die Partei über die Hintergründe des Krefelder Appells zu informieren, damit nicht
– vielleicht mit bester Absicht – politischer Schaden entsteht.« (in: ›Die Neue‹
vom 10. April 1981). Anstatt daß die Friedensbewegung auf Kosten der SPD
wuchs, sollte sie gespalten und von eben dieser SPD vereinnahmt werden, auf
daß sie in dieser Umarmung ersticke.

Während sich ein Großteil der Friedensbewegung in ihrer Kritik auf die
bekennenden Kalten Krieger der SPD fokussierte, stellte sie sich blind für die
weitaus größere Gefahr, die von der sogenannten »SPD-Linken« (heute einfach: »Die Linke« mit demselben Lafontaine) ausging. Im Gegenteil, sie ho-
fierte sie. Eppler (Ex-NSDAP), seines Zeichens Kirchentagspräsident und Prä-
sidiumsmitglied der SPD, wurde bei der erwähnten Bonner Demonstration
mit ihren 350 000 Teilnehmern als Hauptredner eingeladen, und diese Gelegenheit ließ er sich natürlich nicht entgehen. In unverkennbarem Prediger-
stil charakterisierte er die Friedensbewegung als eine Mischung aus »Zweifel«
und »Verzweiflung«, aus ernsthafter Besorgnis und fröhlicher Aufmüpfigkeit.
Damit war ihr der politische Zahn gezogen, sie selbst zu einer amorphen Bewegung für ein neues Lebensgefühl verunklart. Sodann folgte als Aufguß ein
dicker Schwaps Ausgewogenheitssoße: »Es kann doch kein Naturgesetz sein,
daß Ost und West« – immer in dieser Reihenfolge! – »in gleicher Weise [!] die
eigene Rüstung immer [!] als unvermeidliche Nachrüstung deklarieren, während die Rüstung des andern der größenwahnsinnige Versuch sein soll, ein
ohnehin gewaltiges Übergewicht noch weiter auszubauen. Wir wollen diese
Kette zerschlagen …« Insbesondere: »Eine sowjetische Intervention in Polen
träfe uns alle.« Damit war das tödliche Gift in die Friedensbewegung geträu-
felt. Sie hatte in Westdeutschland als Protest gegen die Stationierung der US-
amerikanischen atomaren Erstschlagsraketen begonnen und wurde nun, von
hinten durch die Brust ins Auge, in die antisowjetische Pflicht genommen.
So hatte es auch der alte Kommunistenfresser Brandt hingebogen, als er dem
›Tagesspiegel‹ im Oktober 1981 erklärte: »Die erdrückende Mehrheit der jungen Menschen, die am 10. Oktober demonstrieren wollen, ist nicht gegen die

Bundesregierung oder gegen US-Raketen mehr als gegen sowjetische Atomraketen.« Der Slogan »Abrüstung in Ost und West«, faktenverdrehend und tückisch, wurde fortan in den Rang eines Glaubens-Mantras erhoben. Wie ein Virus hatte sich die SPD in die Friedensbewegung eingenistet und sie mit ihrem Programm infiziert.

Aber das war noch keineswegs alles. Den zweifellosen Höhepunkt von Epplers Rede stellte seine Ausführung dar: »Ich respektiere den Friedenswillen derer, auch in meiner eigenen, der Sozialdemokratischen Partei, die auf dem Weg über den Brüsseler Doppelbeschluß zu Verhandlungen kommen wollen.« Und das ging durch!! Kein Pfeifkonzert, keine Buhrufe unterbrachen den Redner wegen seiner plumpen Parteiwerbung, seiner planen Kriegspropaganda auf der größten Protestkundgebung der westdeutschen Nachkriegsgeschichte, die sich zu einer immer heißeren Vorkriegszeit gewandelt hatte. Damit waren alle Schleusen für die Verseuchung der Gehirne mit NATO-Kriegspropaganda geöffnet. In einer mit Anaphern gespickten Schlußkadenz – ein bißchen Rhetorik muß jeder Pfaffe, zumal ein so prominenter, beherrschen – zählte Eppler (Ex-NSDAP) auf, wovor »wir« (als Friedensbewegte) uns nicht zu fürchten bräuchten: »Wir haben keine Angst davor, der Sowjetunion zu sagen, daß sie bei der SS-20 in Zahl und Tempo der Stationierung überzogen hat« – überzogen! – »und daß sie dies korrigieren muß.« Das war bereits reinster Reagan. Und der Pfaffe ließ wirklich nichts aus: »Wir haben keine Angst vor dem Verfassungsschutz. [Freilich nicht, denn seine Partei setzt die klüglich umbenannte Gestapo ja ein.] Dessen Vertreter ich herzlich unter uns begrüße.« Auch das ging durch. Der Schluß war Pfäfferei trübsten Wassers; von der sprichwörtlichen anderen Backe bis zur seichten Euphorie der Kirchentage wurden alle Register gezogen: »Wer Frieden will, muß dies in einem täglichen Handeln sichtbar machen. Er darf z. B. Beschimpfungen – und jedem von uns geschieht das täglich – nicht mit Beschimpfungen vergelten. […] Daher muß dies eine Bewegung sein der Mutigen, nicht der Ängstlichen, der Diskutierenden, nicht der Schreienden, der Selbstkritischen, nicht der Arroganten, der einfallsreich Agierenden, nicht der stumpf Parierenden, der Friedlichen, nicht der Gewalttätigen, der Fröhlichen, nicht der Fanatischen, der Liebenden, nicht der Hassenden.«[54] Damit hatte die Stunde der Friedenswinselei geschlagen; die atomaren Erstschlagsraketen der NATO waren vom Tisch, und an die Stelle der klaren politischen Ausrichtung sollte ein qualliges Lebensgefühl treten. Die sozialdemokratische Einvernahme der Friedensbewegung hatte ihr unter der Hand eine antisowjetische Stoßrichtung verliehen.

Diese Tendenz – sentimentaler Pazifismus und Antisowjetismus – trat mit besonderer Deutlichkeit bei einem neuen Ableger des Parteienkartells zutage, der mit massiver Medienunterstützung bald das vermeintliche Erscheinungsbild der »Friedensbewegung« prägen sollte: den Grünen. Diese Partei war keineswegs, wie es die offizielle Geschichtsklitterung will, aus einer gesellschaftlichen Bewegung zum Schutz der Umwelt hervorgegangen – sonst hätte sie sich sofort das Programm der Geburtenkontrolle auf ihre Fahnen schreiben müssen, noch lebte ja Grzimek und sympathisierte, irregeführt, sogar mit ihnen –, sondern sie wurde von einem Dissidenten der CDU gegründet (»Gruhls Grüne«), nachdem die vom Kommunistischen Bund ins Leben gerufene Bunte Liste den Einzug in das Kommunalparlament eines Hamburger Stadtteils geschafft hatte (und ohne gröbste KB-Eigentore auch in das Parlament des Stadtstaats geschafft hätte) und bald überall Nachahmer fand, in Freiburg z. B. die von der Marxistisch-Reichistischen Initiative gegründete Bunte Liste, die bald auch mit einem Sitz im Stadtparlament vertreten war. Es hatte gegolten, das Entstehen einer echten, autochthonen Opposition durch eine synthetische, gefälschte Opposition zu verhindern bzw. rückgängig zu machen, und eben dies war die einzige – freilich nicht offen ausgesprochene – Aufgabe der Grünen. In Freiburg waren sie etliche Wochen nach der Bunten Liste gegründet worden, hatten von der ersten Stunde an die Unterstützung der lokalen ›Badischen Zeitung‹ erhalten, noch bevor sie mehr als drei Mitglieder zählten, und alle Gesprächsangebote seitens der Bunten Liste zu einem organisatorischen Zusammengehen – denn warum sollte es an einem Ort zwei Parteien um die »Achse« Demokratie und Umweltschutz geben? – mit der »Begründung« zurückgewiesen, in der Freiburger BL würden »Kommunisten« mitarbeiten (tatsächlich waren es ganze vier K-Grüppler unter den mehr als hundert Mitarbeitern). In Wirklichkeit hatten die Grünen mit dem Umweltschutz, ihrer angeblich ureigensten Domäne, nie etwas am Hut gehabt, denn die wichtigste diesbezügliche Forderung, Geburtenkontrolle und Bevölkerungsreduktion, suchte und sucht man bis heute bei ihnen vergeblich; statt dessen propagieren sie Verzicht und Senkung des Lebensstandards auf Drittwelt-Niveau; Hauptsache Verzichten und Gebären, auf daß es keine Streikerfolge mehr geben kann, weil die Besitzlosen um die »Arbeitsplätze«, d.h. abhängige Stellungen, konkurrieren. Um ihre »Friedensarbeit« als Pazifisten war es nicht besser bestellt als um ihren angeblichen Einsatz für die Umwelt.

Die erste Generation der Grünen bot einen chaotischen Anblick, da sie, um eine »kritische Masse« von Mitgliedern zu erhalten, jeden Anwärter aufnahmen und daher der Neurotiker-Anteil bei ihnen überdurchschnittlich hoch war, während die Drahtzieher wußten, was sie wollten. Das Bild prägten öffentlich stillende Jungmütter und strickende Vollbärte, Latzhosenträger und Müsliesser neben einem Nazi-Ökobauern namens Baldur Springmann und anderen »Umwelt-Aktivisten«, die Raucher anraunzten oder Autofahrer beschimpften, die bei Rot an der Ampel nicht den Motor abschalteten (alles mit eigenen Augen gesehen!). Ihre einzige Aufgabe bestand indessen darin – wie sie in Freiburg auch offen einräumten –, Mitglieder von den Bunten Listen abzuwerben. Nachdem diese Abgeordneten, die zum Teil Rhetorikkurse belegten, da sie inhaltlich nichts zu sagen hatten, nach der ersten Legislaturperiode »basisdemokratisch« wegrotiert waren, übernahmen Leute vom Schlage eines Joschka Fischer das Ruder, der zuvor durch seine freche Klappe und verbale Pöbeleien im Parlament aufgefallen war und sich binnen weniger Jahre vom Steine- zum Bombenwerfer mauserte. *Diese* Grünen, die echten Grünen, stellten innerhalb des Parteienkartells bald die SA-Fraktion dar, führend in der Sekten- wie der Serbenhetze und Stichwortgeber für Pogrome, von allen Verfassungs- wie Gesetzesverächtern die organischsten (wie weiland die Nazis auch). Aber lange bevor es so weit war, vom allerersten Moment ihrer politischen Existenz an, setzten die Grünen antisowjetische Akzente, indem sie bundesweit Veranstaltungen mit Dissidenten des Ostblocks durchführten. Während ihre Parolen ansonsten dümmlich und nichtssagend waren, etwa das berühmte »Stell Dir vor, es ist Krieg, und niemand geht hin« – das war diesmal nicht das Problem, denn die Raketen würden ganz ohne Begleiter zu den Menschen kommen! –, oder ein Plakat, das einen Dinosaurier zeigte mit dem begleitenden Text »Ausgestorben – zu viel Panzer, zu wenig Gehirn« (als ob der bevorstehende Krieg mit Panzern entschieden würde), legten sie in ihrer antisowjetischen Propaganda erheblich an Schwung und Energie zu. Die grüne Hauspostille, die ›taz‹, hatte sich nach turbulenten Anfangszeiten etwas »Seriosität« zugelegt; als einzige Zeitung Westdeutschlands wird sie bis heute mit Steuergeldern unterstützt. Sie mußte den Herrschenden also etwas wert sein, und in der Tat diente die ›taz‹ den Sponti-Schreibern der ersten Stunde als Sprungbrett für eine spätere Karriere bei ›Stern‹ oder ›Spiegel‹. Worin der Wert der Grünen und ihres Blattes für die Herrschenden bestand, erhellt etwa aus der ›taz‹-Ausgabe vom 24. November 1981, in der die Frage gestellt wurde: »Ist die Friedensbewegung die 5. Kolonne Moskaus?« Ein sowjetischer Dissident namens Voslensky beantwortete sie wie folgt: »Ja, natürlich. Die sowjetische Außenpolitik will das Kräfteverhältnis in Europa verschieben. Europa gilt ihr als reich, aber politisch ahnungslos, harmlos und schwach. Durch Abtrennung Amerikas von Europa und Ankratzen der Nato sucht sie das Kräfteverhältnis zu ändern.« Wenige Tage vor diesem Interview hatte der sowjetische Ministerpräsident Breschnew Westdeutschland besucht, und es hatte zwei Demonstrationen gegen den Staatsgast gegeben: eine vom rechten Rand des Kartells, also CDU und Vertriebenenverbände, die erwartungsgemäß unspektakulär und so altbacken antikommunistisch war, wie man es von diesen Kreisen erwarten konnte. Die zweite Protestkundgebung von einigen tausend Leuten wies eine bizarre Zusammensetzung auf: Das Gros der Demonstranten stellten die »maoistischen«, also stalinistischen K-Gruppen, die gegen den »Sowjetimperialismus« auftraten und damit endgültig ihre Überflüssigkeit bewiesen, bevor sie kläglich und verdientermaßen eingingen (denn diese politische Nische war schon längst von der politischen Reaktion besetzt), der kleinere Rest dagegen bestand aus – grünen Pazifisten, die eben diesen Dissidenten Voslensky als ihren Hauptredner auftreten ließen. In einem Aufruf der Grünen zu dieser Anti-Breschnew-Demonstration hieß es: »Sowjetische Mittelstreckenraketen sind heute auch auf diejenigen westeuropäischen Länder gerichtet, in denen bisher keine Atomraketen stationiert sind, die die UdSSR erreichen. Dadurch wird es der Nato erleichtert, die Psychologie des Wettrüstens in der Bevölkerung aufrechtzuerhalten.« Diese beiden Sätze bestehen ausschließlich aus Lügen und Verdrehungen: Erstens wird der bösen Sowjetunion NATO-kompatibel unterstellt, sie bedrohe durch ihre atomare »Vorrüstung« auch harm- und wehrlose westeuropäische Staaten; zweitens erscheint die NATO als Defensivbündnis, das ohne die aggressive Sowjetunion gar nicht wüßte, wie sie ihre Rüstungsanstrengungen rechtfertigen könnte. Was für ein verlogenes und phrasenhaftes Gefasel ist doch diese »Psychologie des Wettrüstens« am Vorabend der Stationierung von Pershing II und Cruise-Missiles!

Im Stationierungsjahr 1983 tingelten die Grünen mit dem DDR-Dissidenten Roland Jahn aus Jena durch die Lande. Jahn, wegen Kriegsdienstverweigerung mit Gefängnis bestraft und schließlich aus der DDR ausgewiesen, sprach auch in Freiburg vor einem gefüllten Saal mit 700–800 Besuchern. Er drückte mächtig auf die Tränendrüse, erzählte dem Publikum, das von wohlig-gruseligen Schauern durchbebt wurde, wie militarisiert das Leben in der DDR sei, in der schon die Kinder mit Kriegsspielzeug hantierten; daß er gerne wieder dorthin zurückwolle, wenn nur der unterdrückerische Staat sich endlich zum Besseren wandeln würde usw. usf. Von den aktuellen Kriegsplanungen der USA, von der Stationierung der Erstschlagswaffen in der BRD kein Wort. Als ein Vertreter der Bunten Liste darauf hinwies, daß auch in der BRD Tausende von Existenzen durch die politisch motivierten Berufsverbote Willy Brandts vernichtet worden seien, reagierte das Publikum mit Hohngelächter. Als er darauf hinwies, daß die aktuelle Kriegsgefahr von den amerikanischen Raketen und nicht vom Kinderspielzeug der DDR ausging, erntete er wütende Zwischenrufe. Als er schließlich bemerkte, es sei beschämend, daß zwei Parolen gegen die Ostblock-Länder an den Wänden befestigt seien – »Solidarität mit Solidarność«, »Solidarität mit der Friedensbewegung der DDR« –, der Westen als Hauptkriegstreiber dagegen ungeschoren davonkomme und die CIA samt allen westlichen Regierungen sich mit der katholischen Gewerkschaft in Polen schon längst solidarisiert hätten, da gingen seine Ausführungen im kollektiven Wutgeheul unter. Dissident Jahn saß auf dem Podium, äußerte sich mit keinem Wort und grinste wie ein Buddha kurz vor dem Eintritt ins Nirwana. Doch der Friedensabend, der eine reine Propagandaveranstaltung gegen die Sowjetunion hätte werden sollen, war verdorben. Die ›Badische Zeitung‹, die einen generellen Nachrichtenboykott gegen die Bunte Liste verhängt hatte, titelte am nächsten Tag auf der prominenten Seite 3 des politischen Teils: »Beschämende Szenen in Freiburg«. Ruchlose Angehörige der Bunten Liste hätten versucht, den armen und liebenswerten Dissidenten »mit allen Mitteln der demagogischen Kunst systematisch fertigzumachen«, wie man das eben von Kommunisten so kennt. Damit lagen die Quintessenz der grünen Friedensheuchelei und ihr Wert für die staatliche Propaganda offen zutage. Ihre Botschaft lautete: »Wenn Ihr den Warschauer Pakt auflöst, dann singen wir im Westen das Lied ›Ein bißchen Frieden‹. So hat jeder etwas für den Frieden auf der Welt getan – ist doch toll, oder nicht?« Das war die Losung und Substanz aller Friedenswinsler.

Wenige Tage nach dieser Veranstaltung ereignete sich ein dramatischer Vorfall, der die Friedensbewegung endgültig auf die antisowjetische Position festnageln sollte. War es ein Versehen, ein Unfall, eine Provokation oder ein sorgfältig eingefädeltes Geheimdienstmanöver? Jedenfalls hatte ein sowjetischer MiG-Jäger ein koreanisches Zivilflugzeug mit 240 Passagieren und einer 29 Personen umfassenden Besatzung an Bord in den Abendstunden des 1. September abgeschossen, nachdem es den sowjetischen Luftraum sehr grob verletzt und sicherheitsrelevante Militärsperrbezirke über den fernöstlichen Halbinseln Kamtschatka und Sachalin überflogen hatte. Die Maschine stürzte ins Meer, keiner der Insassen überlebte. Ein Aufschrei ging um die Welt: War dies nicht der unwiderlegbare Beweis dafür, daß eine bis an die Zähne bewaffnete Sowjetunion über die Leichen von Zivilisten ging, nur um ihren vermeintlichen Sicherheitsinteressen zu frönen? US-Außenminister George Shultz, der Ex-General Haig im Amt gefolgt war, kündigte in scharfen Worten

an, man verfüge über Abhörproto-
kolle des sowjetischen Funkverkehrs,
mit deren Hilfe man die Hintergründe dieses beispiellosen Verbrechens
aufhellen wollte. Präsident Reagan,
der eigens seinen Urlaub abgebrochen
hatte, sprach von »Massaker« und
»Verbrechen gegen die Menschheit«.
Die ›Frankfurter Allgemeine Zeitung‹
titelte aufgeregt »Washington: Barbarei der sowjetischen Regierung –
Bonn: Ein Akt nicht überbietbarer
Brutalität«. Eine sichtlich bedröp-
pelte Sowjetführung stritt zuerst tö-
richterweise den Abschuß ab und gab
dann scheibchenweise Details preis.
Im Absturzgebiet des südkoreanischen Jumbos mit der Flugnummer
KAL 007, in internationalen Gewässern nahe der sowjetischen Insel Sa-

Ist doch klar: Der Jumbo zerschellte am
Sowjetstern. Noch Fragen?

chalin, kamen sich russische und amerikanische Rettungs- und Militärschiffe
in die Quere und standen mehrmals am Rand einer bewaffneten Konfrontation. Eine erregte, geradezu hysterisch aufgeputschte Welt dachte gar nicht
daran, nach den Hintergründen und Rahmenbedingungen dieser Tragödie
zu fragen. Dies war erst – wie immer in solchen Fällen – viel später der Fall,
als die nachgelieferten Einzelheiten keinen Aufklärungswert mehr besaßen,
weil die massenpsychologische Wirkung im Sinne einer weltumspannenden
antisowjetischen Hetze längst ihren Dienst getan hatte: »Russki bummbumm,
viel Tourist kaputt«, wie es im Satiremagazin ›Titanic‹ hieß.

An jenem 1. September waren es noch wenige Wochen bis zum Beginn der
Stationierung von Pershing II und Cruise-Missiles. Die steigende Nervosität in der Bevölkerung war trotz aller medialen Beruhigungs-Placebos mit
Händen zu greifen. Grüne Parteiprominenz hatte sich mit Akademikern und
Theologen zu einer Sitzblockade bei Mutlangen eingefunden, wo die Erstschlagsraketen unter anderem aufgestellt werden sollten. Dies war eine symbolische Aktion für Presse und Fernsehen, die kaum Aufwand erforderte und
kein Risiko darstellte, denn die Herrschaften wurden selbstverständlich mit
Samthandschuhen angefaßt. Aber für Oktober waren Aktionswochen und

eine Großkundgebung in Bonn angekündigt. An der Menschenkette zwischen Neu-Ulm und Stuttgart waren Hunderttausende beteiligt, und in den Tagen und Wochen vor diesem 22. Oktober war noch nicht in aller Klarheit abzusehen, daß diese mit Windlichtern durchgeführte Aktion lediglich dem Beweis für die Harmlosigkeit und Nettigkeit der Friedensbewegung diente; es war eine Art »Schunkeln für den Frieden«, an dem sich auch die anwesenden Polizeikräfte gerne beteiligten. Den wenigsten mochte klar gewesen sein, daß der Abschuß der koreanischen Boeing maßgeblichen Anteil daran hatte, daß aus dieser Großkundgebung nicht mehr wurde als ein niedlicher Ringelpietz mit Anfassen. Aber in den Zeitungen waren zahlreiche Inserate geschaltet, in denen Kanzler Helmut Kohl aufgefordert wurde, die Stationierung atomarer Erstschlagswaffen in der BRD gleichsam in letzter Minute abzusagen. Wissenschaftler, Ärzte und Psychologen veröffentlichten Aufrufe, welche die Forderung nach Volksabstimmung in dieser Frage um Leben und Tod enthielten; dreiviertel der westdeutschen Bevölkerung hatte sich in Befragungen gegen die Stationierung ausgesprochen – aber seit wann vertrat das Parteienkartell die Interessen der Bevölkerung, wo es doch die starke Hand der USA im Genick spürte? Seit Wochen schon waren in beiden deutschen Teilstaaten Unterschriftenaktionen durchgeführt worden, mit denen die Parteien im Bundestag aufgefordert wurden, mit »Nein« gegen die Stationierung zu stimmen. Und ausgerechnet zu diesem Zeitpunkt stürzte der koreanische Jumbo ins Meer.

Auch auf sowjetischer Seite herrschte in jenen Tagen und Wochen beträchtliche Nervosität, besonders in den Einheiten, die mit der Grenzsicherung und der Überwachung des Luftraums beauftragt waren. Fünf Jahre vor dem fatalen Zwischenfall, im Jahr 1978, war bereits ein von Paris kommender koreanischer Jumbo nach einem Zwischenstop in Anchorage/Alaska von der Flugroute abgekommen und in sowjetisches Hoheitsgebiet eingedrungen. Erst sehr spät hatten sowjetische Abfangjäger den Eindringling abgefangen und zu einer Notlandung gezwungen; an den offenkundigen Schwächen der sowjetischen Luftverteidigung konnten jedenfalls keine Zweifel bestehen. Sie schienen eher noch zugenommen zu haben, denn bei der US-Flottenübung »FleetEx '83« im Pazifik zeigte sich die sowjetische Luftabwehr außerstande, militärische Provokationen als solche zu erkennen und angemessen darauf zu reagieren. Dies hatte zur Entlassung bzw. Strafversetzung zahlreicher verantwortlicher Offiziere geführt.

Einen Tag bevor das koreanische Passagierflugzeug KAL 007 zu seinem verhängnisvollen letzten Flug startete, am 31. August 1983, hatte die Sowjetunion einen Test ihrer neuen Interkontinentalrakete SS-X-25 auf Kamtschatka angesetzt, und die Flugroute der Zivilluftfahrt von und nach Südkorea führte gerade einmal in 28 km Entfernung an dieser Halbinsel vorbei. Schon zu normalen Zeiten patrouillierte ein amerikanisches Spionageflugzeug vom Typ RC-135 entlang der sowjetischen Grenze, um mittels kalkulierter Provokationen Schnelligkeit und Abfolge der russischen Radarabwehr zu überprüfen. Nun, am Tag der Erprobung dieser neuen Interkontinentalwaffe, hielten sich sieben dieser Spezialflugzeuge im Luftraum nahe Kamtschatka auf, um alle Funksignale aufzufangen und an die verschiedenen militärischen Kontrollbehörden in den Vereinigten Staaten in Echtzeit zur Auswertung weiterzuleiten.

Um ein Uhr mittags am 1. September hob die KAL 007 nach einem Tankzwischenstop von Anchorage mit 40 Minuten Verspätung ab. Bereits nach kurzer Zeit wich das Flugzeug, angeblich aufgrund eines Fehlers im Autopiloten, in nördlicher Richtung vom vorgesehenen Kurs ab, ohne daß dies die Crew angeblich bemerkte. Nach 50 Minuten Flugzeit befand sich die Maschine bereits 20 km nördlich des ersten Kontrollpunktes, während das Cockpit die normale Flugroute weitergab. Nach etwa drei Stunden näherte sich KAL 007 der für die Zivilluftfahrt gesperrten US-amerikanischen Luftverteidigungszone, in der die sieben RC-135 kreisten. Von keinem der militärischen Flugzeuge erging eine Warnung an den zivilen echten oder angeblichen Irrgänger. Noch 130 km von der Halbinsel Kamtschatka entfernt, alarmierte die sowjetische Luftabwehr vier MiG-Abfangjäger. Um neun Minuten vor vier Uhr nachmittags hatte der koreanische Jumbo Kamtschatka erreicht, zehn Minuten lang auf Sichtweite von einer RC-135-Maschine begleitet, so daß die sowjetische Abwehr ob dieser zwei Objekte in Verwirrung geriet. Zudem hatten die vier sowjetischen Abfangjäger Kommunikationsprobleme, so daß sie wegen Benzinmangels umkehren mußten, ohne die Eindringlinge stellen zu können. Nun befand sich die KAL 007 direkt über der Halbinsel und überflog die sowjetische Marinebasis Petropawlowsk, »in der ca. 50 % des sowjetischen seegestützten nuklearen Abschreckungspotentials stationiert war.«[55] Wieder über dem offenen Meer, nahm die Maschine eine Kursänderung vor, allerdings nicht in Richtung der normalen Flugroute, sondern mit Kurs auf eine sowjetische Militäreinrichtung auf der Insel Sachalin und auf den ganzjährig eisfreien Militärhafen Wladiwostok. Seit 18 Uhr begleiteten zwei sowjetische Abfangjäger vom Typ SU-15 die als feindliches Ziel eingestufte KAL 007 auf Sichtweite und machten sich mit Lichtsignalen und Warnschüssen mit Leuchtspurmunition bemerkbar, was der Crew abermals entgangen sein soll. Eine weitere Viertelstunde später nahm der koreanische Flugkapitän Verbindung mit dem Flugkontrollzentrum Tokio auf und bat um Erlaubnis, die Flughöhe um 600 m zu steigern. Die sowjetischen Abfangjäger interpretierten dies als Ausweichmanöver. Mittlerweile näherte sich die KAL 007 nach der Überquerung von Sachalin wieder internationalen Gewässern; ihre Kursabweichung betrug nun satte 500 km. Nach weiteren elf Minuten, um 18.26 Uhr, feuerte Major Gennadi Nikolajewitsch Ossipowitsch zwei Raketen ab, die das Steuersystem der KAL 007 beschädigten und einen Druckabfall bewirkten. In 5000 m Höhe konnte die Maschine nochmals aufgefangen werden, bevor sie in eine Abwärtsspirale überging und schließlich vom Radarschirm verschwand. An Bord hatte sich auch der demokratische Kongreßabgeordnete Larry McDonald befunden, ein großer Kommunistenhasser vor dem Herrn. Und es bedurfte großen Gottvertrauens, wollte man die offizielle Version glauben, denn sie setzte allzu viele Unwahrscheinlichkeiten voraus:

- Die Crew müßte das begleitende Spionageflugzeug RC-135 nicht bemerkt haben.
- Sie müßte zweimal nicht bemerkt haben, daß Land überflogen wurde, wo nur Meer hätte sein dürfen.
- Sie hätte schließlich die sowjetischen Abfangjäger übersehen müssen, die dem Eindringling fast eine halbe Stunde lang hart auf die Pelle gerückt waren.
- Sie hätte auch nicht bemerkt, daß im Funkverkehr mit dem Schwesternflug KAL 015, der im Abstand von einer Viertelstunde auf der korrekten Route folgte, von völlig unterschiedlichen Windverhältnissen die Rede war.
- Die sieben amerikanischen Spionageflugzeuge hatten die Zivilmaschine nicht auf ihren gefährlichen Irrflug hingewiesen.
- Der nördliche Teil der Flugroute wurde von US-amerikanischen, der südliche von japanischen zivilen Behörden kontrolliert. Keine der Kontrollinstanzen hatte jedoch die Besatzung darauf hingewiesen, daß das Flugzeug sich gravierend von den sieben Kontrollpunkten auf dieser Flugstrecke entfernt hatte.

Das sind der Irrtümer und Versehen zu viele, um noch als plausibel durchgehen zu können. Wie nützlich ist in solchen Fällen das Prinzip des *audiatur et altera pars*, das mit dem Untergang der Sowjetunion zunehmend außer Gebrauch ist! Spät genug, nämlich fünf Tage nach dem Abschuß des koreanischen Jumbos, am 7. September 1983, veröffentlichte die Regierung der UdSSR eine Stellungnahme zu diesem Vorfall, in dem es u. a. hieß:

> In der Nähe der Insel Sachalin wurde der Eindringling erneut von Jagdflugzeugen der Luftverteidigung abgefangen. Auch hier wurde versucht, mit ihm Kontakt aufzunehmen, darunter auch mit Hilfe des bekannten Signals der allgemeinen Aufforderung auf der internationalen Havariefrequenz 121,5 Megahertz. Entgegen den verlogenen Behauptungen des USA-Präsidenten sind die sowjetischen Jagdflugzeuge der Luftverteidigung mit Nachrichtenmitteln ausgerüstet, auf denen diese Frequenz fixiert ist. Eigentlich hätten diese Signale von dem in den sowjetischen Luftraum eingedrungenen Flugzeug aufgenommen werden müssen, doch es antwortete nicht. Wie bereits früher festgestellt, antwortete es auch nicht auf andere Signale und Handlungen der sowjetischen Jagdflugzeuge.
>
> Die sowjetischen Funkkontrolldienste fingen periodisch abgegebene kurze, kodierte Funksignale auf, wie sie gewöhnlich bei der Übermittlung von Spionageinformationen verwendet werden.
>
> Das Kommando der Luftverteidigung der Region analysierte sorgfältig die Handlungen des Luftraumverletzers, seinen Kurs, der auch im Gebiet Sachalin über Militärstützpunkte führte, und kam endgültig zu dem Schluß, daß sich im Luftraum der UdSSR ein Spionageflugzeug aufhält, das spezielle Aufgaben erfüllt. Zu diesem Schluß läßt uns auch die Tatsache gelangen, daß das Flugzeug seinen Kurs über strategisch wichtige Gebiete der Sowjetunion nahm. Von einem Jagdflugzeug wurden mit Leuchtgeschossen Warnschüsse in Flugrichtung des Luftraumverletzers abgegeben. Auch solch eine Maßnahme ist in den internationalen Regeln vorgesehen.
>
> Da auch danach der Luftraumverletzer nicht der Forderung nachkam, zu einem sowjetischen Flugplatz zu folgen, und zu entkommen versuchte, führte der Abfangjäger der Luftverteidigung den Befehl der Kommandostelle zur Unterbindung des Fluges aus. Solche Handlungen stehen in vollem Einklang mit dem Gesetz über die Staatsgrenze der UdSSR, das veröffentlicht wurde.
>
> Die sowjetischen Flieger, die die Handlungen des Luftraumverletzers unterbanden, konnten nicht wissen, daß es sich um ein ziviles Flugzeug handelte. Es flog ohne Positionslichter, in tiefer Nacht, unter den Bedingungen schlechter Sicht und reagierte nicht auf die abgegebenen Signale. Die Behauptungen des USA-Präsidenten, es sei den sowjetischen Piloten bekannt gewesen, daß es sich um ein ziviles Flugzeug handelte, entsprechen absolut nicht der Wahrheit.

Und nun die Preisfrage an den geneigten Leser: Welche westliche Zeitung hat wohl diese sowjetische Verlautbarung abgedruckt, knalle-»investigativ«, wie man sich so gerne gebärdet? Dieses Zitat entstammt einer in der DDR veröffentlichten Broschüre mit dem Titel ›USA-Provokation über Sachalin‹, deren Informationswert jeden Wikipedia-Ramsch um Zehnerpotenzen übertrifft. Daß sie den Weg in dieses Buch gefunden hat, verdankt sich mehreren unwahrscheinlichen Zufällen: Die Person, in deren Besitz sie sich befindet, arbeitete zur Zeit der DDR-Annexion dort und hat, zweitens, das Bändchen vor der flächendeckenden Büchervernichtung gerettet. Drittens schließlich hat diese Person dieses Kapitel in Manuskriptfassung gelesen und mir die Broschüre freundlicherweise ausgeliehen. Man sieht demnach, wie dünn und brüchig der Faden der Überlieferung mittlerweile geworden ist, zumal in einer Zeit, in der die Kommunikationsverbindungen asymmetrisch unterlegener Staaten, die in das Visier des US-Imperialismus geraten sind, vollständig vom Rest der Welt abgeschottet werden können. Kurz vor der Bombardierung seines Landes hatte Saddam Hussein dem amerikanischen Präsidenten eine bestimmte Redezeit im irakischen Fernsehen angeboten, unter der Bedingung, daß er dieselbe Zeitspanne in amerikanischen Kanälen für eine Ansprache an die US-Bevölkerung zur Verfügung gestellt bekomme. Bush I., der genau diesen Austausch zuvor mit der sterbenden Sowjetunion Gorbatschows durchgeführt hatte – ein abgekartetes Spiel zwischen Eroberer und Landesverräter – der sonst so großmäulige Bush also, lehnte ab. Mit der Bombardierung und Zerschlagung Jugoslawiens, Libyens, der Destabilisierung Syriens und Irans ist das so entscheidend erkenntnisfördernde Prinzip des *audiatur et altera pars* vollends abhanden gekommen, mit der zwangsläufigen Konsequenz galoppierender Massenverdummung. Im Falle der KAL 007 lag also eine absichtliche Provokation seitens der Vereinigten Staaten vor, von deren nördlichstem Bundesstaat aus die Maschine gestartet war. Ob dies nun ohne Wissen des Flugkapitäns mittels manipuliertem Autopiloten geschehen war oder ob er in die Provokation eingeweiht war und auf den mangelnden Verteidigungswillen der Sowjets vertraute, den sie ja schon des öfteren unter Beweis gestellt hatten, mußte zunächst in den Bereich der Spekulation fallen. Aber noch bevor die Sowjetregierung mit ihrer Erklärung an die Öffentlichkeit trat, hatte sich im Westen eine interessante Stimme, die Stimme eines Experten, zum Abschuß der koreanischen Passagiermaschine geäußert. Rudolf Braunberg, der ehemalige Chefpilot der Lufthansa, hatte im ›Deutschen Allgemeinen Sonntagsblatt‹ unter der Überschrift »Die Toten und die Vermarktung der Trauer« einen höchst instruktiven Artikel veröffentlicht. Seine Ausführungen wurden nie Allgemeingut, denn dieses Blatt wurde selten gelesen; immerhin konnte der Westen dem Vorwurf der Zensur mit dem Verweis auf diesen Artikel begegnen, und dann war man eben selbst schuld, wenn man in der pluralsten aller pluralistischen Presselandschaften nicht auch noch dieses ›Sonntagsblatt‹ gelesen hatte. In dieser Hinsicht überläßt der Westen wirklich nichts dem Zufall. Braunbergs Artikel erschien am 15. September 1983 ungekürzt in der auflagenstarken DDR-Tageszeitung ›Neues Deutschland‹ und wurde von dort in die soeben erwähnte Broschüre übernommen (S. 67–72).

Aufgrund seiner jahrzehntelangen Flugpraxis stellt Braunberg die offizielle Version des Westens über den »Irrflug« der KAL 007 grundsätzlich in Frage: Jedes zivile Passagierflugzeug verfüge über boden- und wetterunabhängige Navigationssysteme in dreifacher Ausfertigung, deren Angaben vom Copiloten ständig überprüft werden müßten. Zudem gebe es »robustere« Methoden der Standortbestimmung wie das Wetterradar, auf dem die Unterschiede von Land und Wasser deutlich werden, oder die Radiokompaß-»Funkfeuer«, die gerade auf Kamtschatka in großer Anzahl installiert worden seien. Kurzum: Eine aus »Versehen« erfolgte Flugabweichung von 500 Kilometern hält Braunberg für ein Ding der Unmöglichkeit, zumal sie auch von den US-amerikanischen und japanischen Bodenkontrollstationen hätte registriert werden müssen.

Für noch befremdlicher erachtet er das Verhalten der Piloten während der Konfrontation mit den sowjetischen Abfangjägern: »Jeder Pilot weiß, daß ein Nichtbefolgen über verbotenem Luftraum das Risiko des Abschusses in sich birgt. Nichtbeachtung, ›Zurückmogeln‹ auf den alten Kurs wird von jedem verantwortungsbewußten Piloten als Selbstmordversuch betrachtet und von den Fluggesellschaften untersagt.« Und Braunberg weiß noch weiteres Aufschlußreiches zu berichten, das für jeden Fernreisenden – aber nicht nur für diesen – von Interesse sein dürfte:

> Auffallend viele Kapitäne fernöstlicher Fluggesellschaften sind Militärpiloten. Eine Anzahl von Airlines werden von den Fliegern intern als »CIA-Airlines« bezeichnet. Es ist ein offenes, leicht überprüfbares Geheimnis, daß auf den Strecken zwischen den USA und fernöstlichen Staaten ein reger Agenten- und Diplomatenverkehr stattfindet, mit dem entsprechenden Geheimdokumentar-Material, das die allen dortigen Piloten bekannten Herren im Köfferchen unter dem immer gleichen, für sie reservierten Sitz verstauen. […]
>
> Wer sich mehr als zwei Jahrzehnte auf den Luftstraßen der großen weiten Welt getummelt hat, ist immer wieder beeindruckt von der Präsenz amerikanischer Militärmaschinen, die sich auf den zivilen Luftstraßen wie Verkehrsflugzeuge verhalten. […] Verwechslungen zwischen Zivil- und Militärflugzeugen werden manchmal von den Militärs geradezu provoziert.

Auch die Identität der beiden südkoreanischen Piloten konnte eruiert werden. Der sowjetische Marschall der Luftwaffe Kirsanow gab der Öffentlichkeit bekannt, »daß der Pilot des Flugzeuges einer der erfahrensten Piloten, der Oberst der Reserve der Luftstreitkräfte Koreas Chang Byong In war, der nicht nur als der beste Flugzeugführer der südkoreanischen Fluggesellschaft, sondern auch für seine Verbindungen mit dem amerikanischen Geheimdienst bekannt war. Auch die Zusammenarbeit des Kopiloten des Luftraumverletzers, des Oberstleutnants der Reserve der Luftstreitkräfte Südkoreas, Song Dong Vin, mit Geheimdiensten der USA wird nicht bestritten.«[56] Schließlich konnte auch das Geheimnis der 40minütigen Verspätung des Linienfluges gelüftet werden: Sie war erforderlich, um den Flug der KAL 007 mit dem US-Spionagesatelliten »Faret-D« abzustimmen, der die Erde in 96 Minuten umkreiste und sich zeitgleich mit dem Flugzeug über den brisanten *hot spots* Kamtschatka und Sachalin befand. Zum Spionageauftrag des südkoreanischen Jumbos paßt schließlich, daß das Bordpersonal aus 29 statt wie gewöhnlich aus 18 Personen bestand, daß der Luftraum neben den US-Spionageflugzeugen zusätzlich von einer Maschine des Typs AWACS überwacht wurde und die amerikanischen Bodenbeobachtungsstationen auf den Aleuten, auf Hawaii, in Japan und Südkorea in die Aktion eingebunden waren. Diese komplexe Spionagearchitektonik, die sich in Feinsynchronisation vom Boden bis in den Weltraum erstreckte, ermöglichte eine genaue Durchleuchtung der sowjetischen Abfangkapazitäten, der Reaktionszeiten und Befehlswege bis hin zum Verteidigungswillen. Dies herauszufinden, war den Planern allemal 269 Menschenleben wert. Die Sowjetregierung hatte also recht, als sie in ihrer offiziellen Verlautbarung von der »Durchführung einer großangelegten Spionageoperation« sprach, »unter Benutzung eines Zivilflugzeugs, wobei seine Passagiere bewußt einer tödlichen Gefahr ausgesetzt wurden.« Und man muß auch ihrem abschließenden Resümee beipflichten, mit dem sie sich auf den US-Präsidenten bezog, der sich als Moralapostel in die Brust warf und im Namen von Freiheit und Menschenwürde die Sowjetunion an den Pranger stellte: »Von welch einer Moral und von welcher Menschlichkeit können Staatsmänner eines Landes reden, das auf grausame Weise Millionen Menschen in Indochina umgebracht hat, das gemeinsam mit den israelischen Aggressoren Libanesen und Palästinenser mordet und das Zehntausende chilenische und salvadorianische Patrioten auf dem Gewissen hat? Die Liste der Verbrechen des amerikanischen Imperialismus ist lang, und sie ließe sich noch fortsetzen.«[57] In der Tat.

Die in die Defensive gedrängte Sowjetunion konnte dieses Spiel nur verlieren: Indem ihr durch diese Provokation Abwehrmaßnahmen aufgenötigt wurden, mußte sie hochsensible militärische Geheimnisse preisgeben, und wenn sie so reagieren würde, wie die Vereinigten Staaten – und jeder andere souveräne Staat auch – *stets* reagierten, dann konnte man sie als Buhmann, Menschenverächter und Schlächter unschuldiger Zivilisten an den Pranger stellen.

Es zählte zu den geringfügigen Konsequenzen dieses Vorfalls, daß Präsident Reagan zwei Wochen später der sowjetischen Fluggesellschaft Aeroflot die Fluggenehmigung von und nach den Vereinigten Staaten entzog. Wie wir gesehen haben, wurde diese Maßnahme bei den grandiosen Genfer Gesprächen drei Jahre später wieder rückgängig gemacht und Vereinbarungen zur Normalisierung des zivilen Luftverkehrs über dem Nordwest-Pazifik getroffen. Das waren *peanuts*. Entscheidend war vielmehr, daß die Sowjetunion am Vorabend der Raketenstationierung als »Reich des Bösen« präsentiert werden konnte, und dieser ungeheure propagandistische Vorteil war allemal 269 Menschenleben wert – rechnete man doch bei der atomaren Enthauptung der Sowjetunion mit 100 Millionen Toten allein in Europa. Jeder Stationierungsgegner im Westen sollte von nun an »moralisch verpflichtet« sein, seine Kritik mit der Ablehnung der »sowjetischen Greuel« zu verknüpfen und seine Distanzierung von der Sowjetunion in Form eines Credos vorzutragen. Nicht anders sah es der wirklich achtenswerte Pilot a. D. Rudolf Braunberg: »Nicht die Politiker, die Piloten stehen betroffen vor den Opfern der grausigen Katastrophe. Wer das demonstrativ betonen muß, macht sich verdächtig. Wer das so hysterisch überzogen betont wie deutsche Regierungskreise, muß sich den Vorwurf gefallen lassen, hier werde Trauer vermarktet, um die Friedensdemonstrationen des sogenannten heißen Herbstes zu unterminieren. Mangels handfester Möglichkeiten.«[58] Seitdem dieser Jumbo ins Wasser gefallen war, hatte sich die »Friedensbewegung« unter dem Druck der Massenmedien in eine antisowjetische, religiös-grün-sozialdemokratisch dominierte Mehrheit und in eine US-kritische Minderheit scheinbar unbelehrbarer Betonköpfe aufgespalten.

Ein Nachtrag sei hierzu gestattet: Als am 3. Juli 1988 der US-Kreuzer Vincennes eine iranische Zivilmaschine mit Mekka-Pilgern an Bord über dem Persischen Golf abschoß, weil er sich von der A 300 der Iran Air bedroht fühlte und deshalb 290 Menschen dem Tod überantwortete, da gab es kein solches Geschrei wie bei dem koreanischen Jumbo. Der Kapitän des Kreuzers erhielt eine Auszeichnung für Tapferkeit vor dem Feind; damit war »der Fisch geputzt«, die Angelegenheit erledigt.

Es hätte indessen nicht des Abschusses eines Zivilflugzeugs bedurft, um die Grünen auf diesen Kurs zu trimmen; wie wir bereits gesehen und mit Zitaten aus der grünen Hauspostille ›taz‹ belegt haben, zählte der Antikommunismus respektive Antisowjetismus zur genetischen Grundausstattung der Grünen. Diesem Aspekt, der noch nicht in seiner ganzen Bandbreite erschöpft ist, soll fortan wieder unser Augenmerk gelten.

Eine Person namens Castoriadis, Autor des Buches ›Im Angesicht des Krieges‹, lamentierte in der ›taz‹-Ausgabe vom 24. November 1981, »daß die ganze Linke, und nicht nur die Linke, dauernd den Umfang des russischen Militärpotentials und sein ständiges Ansteigen unterschätzt hat.« »Die Russen«, so der Verfasser weiter, »haben eine Überlegenheit der Landstreitkräfte im Verhältnis vier zu eins. Eine annähernd gleiche Überlegenheit existiert auch im Bereich der atomaren Bewaffnung.« Diesem erstaunlichen Befund folgt das nicht minder erstaunliche Fazit: »Die amerikanische Rüstungspolitik ist in Trümmern.« Von der Faktenlage her liegt hier eine geradezu pathologische Verkennung der Wirklichkeit vor, die nur deshalb nicht als pathologisch empfunden wurde, weil sie sich im Einklang mit der offiziellen Propaganda befand. Es ist immer gut, solche plumpen Abwegigkeiten mit erstklassigen amerikanischen Quellen zu konterkarieren, beispielsweise mit einer Äußerung des Erfinders des NATO-Doppelbeschlusses, Präsident Carter, der sich anscheinend überhaupt nicht bedroht fühlte, als er 1979 ausführte: »Nur eines unserer relativ unverwundbaren Poseidon-U-Boote – das sind weniger als 2 % unserer Nuklearstreitmacht an U-Booten, Flugzeugen oder Langstreckenraketen – verfügt über genügend Sprengköpfe, um jede große und mittelgroße Stadt in der Sowjetunion zu zerstören. Unsere Abschreckung ist überwältigend.«[59] Aber nicht um längst Bekanntes zu wiederholen, sei dieser Streit hier nochmals aufgegriffen, sondern um einen anderen Aspekt zu illustrieren. Derselbe Castoriadis, der der Sowjetunion maßlose einseitige Aufrüstung unterstellte, wird richtig unwirsch, wenn er mit Argumenten konfrontiert wird: »... der ganze Gleichgewichtsscheiß war, wenn wir das Jahr 1980 nehmen, ein ganz großes Ungleichgewicht« – zum Nachteil des Westens nämlich.

Der Ton hatte sich geändert. Er war aggressiver geworden, frecher, unbekümmert um Vernunft und Logik, die mit einem Feixen abgetan wurden. Die Sprache der Gewalt, die nun plötzlich zum guten schlechten Ton gehörte, läßt sich auf das Jahr genau datieren: es ist 1981, das Jahr, in dem Reagan sein Amt antrat und in Wort und Tat neue Maßstäbe bei der weltweiten Liquidierung des Kommunismus bzw. Sowjetismus spätstalinistischer Entartung prägte. Diese Sprache der Gewalt reflektierte die Zunahme gesellschaftlicher Gewalt, die nicht auf das amerikanische Kernland beschränkt blieb, sondern schnell in dessen Vasallenstaaten, vorab dem deutschen, Fuß faßte. Es wurde bereits darauf hingewiesen, daß »ein wahrer Verbotsfuror« die berüchtigte Bonner »Bundesprüfstelle für jugendgefährdende Medien« seit 1981 erfaßt hatte (siehe S. 853 f.); diese Jahreszahl ist also gewiß kein Zufall. Aber auch Schülerzeitungen fielen von diesem Jahr an häufig Zensurmaßnahmen zum Opfer, nicht nur wegen mißliebiger politischer Inhalte, sondern weil Schülerinnen und Schüler – hier ist die Nennung beider Geschlechter sinnvoll – beispielsweise offen über ihre Erfahrungen bei der Masturbation berichtet hatten. Im selben Jahr hatte der Rektor der Freiburger Universität, der Moraltheologe Bernhard Stoeckle, ein generelles Raumverbot gegen alle Veranstaltungen der Marxistisch-Reichistischen Initiative verhängt, mit der falschen und heuchlerischen Behauptung »fehlender Hochschulbezogenheit« der geplanten und aller zukünftigen Veranstaltungen (Prophet war er also auch). Die ersten Veranstaltungen, die als »Begründung« für dieses generelle Verbot herhalten mußten, waren kirchen- und religionskritische Vorträge herausragender und als solcher anerkannter Fachleute: eine »Papstrevue des 20. Jahrhunderts« des bundesweit renommierten Kirchenkritikers Karlheinz Deschner und ein Vortrag zum Thema »Massenneurose Religion« des promovierten Altphilologen und Psychoanalytikers Fritz Erik Hoevels. Ins Visier der Uni-Zensoren gerieten ferner ein Vortrag mit dem Titel »Die neuesten Angriffe gegen Charles Darwin«, gefolgt von gleichlautenden Vorträgen über Galileo Galilei und Sigmund Freud. »Mangelnde Hochschulbezogenheit«! (und das, wo heute jeder Himpelpimpel des Parteienkartells zu jedem x-beliebigen Thema in diesen steuerfinanzierten Räumen sprechen kann …) Die Betroffenen wehrten sich mit einer öffentlichen Kampagne und einer Protesterklärung, die von Tausenden von Bürgern unterschrieben wurde, darunter prominente Kunstschaffende, denn noch gab es sie, die *opinion leaders* vom Format eines Jean-Paul Sartre oder Peter Weiss. Aber auch diese Protestaktion fiel einer nahezu lückenlosen bundesweiten Pressezensur zum Opfer, mit einer rühmlichen Ausnahme, der Zeitung ›Die Neue‹ vom 23. Oktober 1981. Da dieses wertvolle Dokument heute völlig unbekannt ist, sei es hier als Faksimile wiedergegeben:

Inland

Gegen kritische Gruppen und heikle Themen

Freiburger Rektor wirft mit Raumverboten um sich

FREIBURG (NEUE). — Im Verlauf des Sommersemesters hat der Rektor der Universität Freiburg, Moraltheologe Stoeckle, der MRI die Benutzung aller Universitätsräume für ihre Veranstaltungen verboten. Die MRI (Marxistisch-Reichistische Initiative) versteht sich als „einzige fundamentaloppositionelle Organisation am Ort", die in Veranstaltungen zu Psychoanalyse, Ideologie, Dialektik und Faschismus eine zur offiziellen Uni-Position konträte Theorie vertritt und über die Universität in die Schulen hineinwirkt. Unter anderem auf Bitten der örtlichen Schuldirektoren hin verhängte Stoeckle ein vorbeugendes Raumverbot gegen die MRI mit der Begründung, die MRI vertrete „eine Grundeinstellung, die Recht und Gesetz zuwiderläuft".

Gegen die Raumverbote für die MRI begannen die meisten im Studentenrat vertretenen Organisation, der U-AStA und die Bunte Liste eine Unterschriftensammlung, die von über 2 600 Freiburger Bürgern, den Mitarbeitern der städtischen Bühnen und Freiburger Stadträten unterstützt wurde.

Während der Semesterferien hat sich der Protest gegen die Raumverbote verbreitert. Auf ein Rundschreiben der Bunten Liste hin haben zahlreiche Prominente aus dem Bundesgebiet eine Protest-Erklärung unterzeichnet „keine weiteren Raumvebote auszusprechen und die bestehenden zurückzunehmen". Dazu gehören etwa Hans H. Atrott (Deutsche Gesellschaft für Humanes Sterben), Joseph Beuys (Bildhauer), Peter O. Chotjewitz (Schriftsteller), Prof. Dr. H.H. Deppe (Soziologe), Prof. Dr. Ingeborg Drewitz (Schriftstellerin), Erich Fried (Schriftsteller), Jo Leinen (Vorstand des BBU), Gerhard Zwerenz(Schriftsteller).

Die Prognose, daß das Raumverbot gegen die MRI jede oppositionelle Hochschulgruppe bedroht, hat sich noch im Sommersemester bestätigt. Als nächstes Opfer hat die mit der MRI befreundete Claude-Helvetius-Gesellschaft die Räume gesperrt bekommen; sie hatten den Kirchenhistoriker Deschner und den Psychologen Hoevels zu religionskritischen Veranstaltungen eingeladen. Kurz darauf wurde vom Rektor ein Vortrag der Bunten Liste-Hochschulgruppe über die toxikologischen Eigenschaften des CS-Gases verhindert.

Der mehrheitlich sozialdemokratische U-Asta, der bei diesem Präzedenzfall von Unterdrückung der Meinungsfreiheit an einer Stätte, die wie keine zweite für offene Diskussion und wissenschaftlichen Diskurs prädisponiert ist, ein wenig Rouge auflegen mußte, wechselte übrigens schnell die Fronten und reihte sich fortan in die Phalanx der Verfassungsbrecher ein. Denn auch unter den Studenten hatte sich die Atmosphäre zum schlechten hin verändert. War es bislang Konsens gewesen, bei studentischen Vollversammlungen »den Genossen/die Genossin« einer anderen Organisation trotz aller Meinungsverschiedenheiten aussprechen zu lassen, so waren nun Zwischenrufe, Hohngelächter und Gepöbel an der Tagesordnung, die bald, etwa von 1982 an, in

Mikrofonentzug, Rempeleien und tätliche Übergriffe übergingen. Auch diese Gewalt hat einen Namen und ein Gesicht: Es waren die sogenannten »Spontis«, die Ende der 70er Jahre erstmals in Erscheinung traten, sich selbst als »undogmatische Linke« bezeichneten und sich an der Oberfläche als eine Art Spaßfraktion gebärdeten (»Russen raus aus Afghanistan – Hände weg von unserem Shit«). Doch es war schnell Schluß mit lustig, wenn ernsthafte Themen zur Diskussion standen. Dann wanden sich diese Spontis in spastischen Krämpfen, brüllten »Kronstadt!« – das angebliche Urverbrechen der bolschewistischen Regierung unter Lenin und Trotzki, die den vom imperialistischen Ausland unterstützten konterrevolutionären Aufstand der Kronstädter Matrosen mit der Losung »Sowjets ohne Bolschewiki« mit Waffengewalt zerschlugen – und drehten den Strom ab. Wie aus ihrem Namen hervorgeht, huldigten sie der »Spontaneität«, d. h. sie räumten dem Gefühl, dem »Bauch«, der Irrationalität zumindest öffentlich den Vorrang vor der Vernunft ein. Einer ihrer Vordenker, wenn man ihn so nennen kann, Klaus Theweleit, dessen Dissertation ›Männerphantasien‹ zwar jeglichen wissenschaftlichen Gehalt vermissen ließ, vom ›Spiegel‹ in den höchsten Tönen gepriesen und der bald darauf mit einem Lehrstuhl belohnt wurde, suhlt sich dort in unangenehm geschwätziger Weise in allen möglichen Körperflüssigkeiten und -ausscheidungen und betonte vor allem die Notwendigkeit, »die Endmoränen der Aufklärung abzutragen« (nämlich die Unterscheidung richtiger von falschen Aussagen), so wörtlich. Damit befand er sich in schönstem Einklang mit den präfaschistischen Dichtern und Denkern Ludwig Klages, Stefan George und Ernst Jünger bis hin zu Joseph Goebbels, der ja ebenfalls ein promovierter Germanist war und sich als Katholik wie als Faschist der Gegenaufklärung verpflichtet fühlte. (Vor allem eint alle diese genannten Größen eine Art Mösenkult zu Ungunsten der Vernunft – »Der Geist als Widersacher der Seele« [Klages' Hauptwerk]). Neben dem Kult des Irrationalen einte diesen Personenkreis ferner, doch vorhersehbar der militante Antikommunismus, der Haßschwerpunkt gegen links, und dieses »Lebensgefühl« beschrieben die Spontis selbst als »Gefühl und Härte«, Irrationalität und Gewalt – gegen links. Mit den Spontis, die, wenn sie nicht kleinbürgerlichem Mief entstammten, als Söhne und Töchter oft erstaunlich wohlhabender Eltern meist einem stattlichen Erbe entgegensahen, erstand eine neue Rechte, die Faschisten ohne Hakenkreuz und mit pseudolinker Phraseologie (wie die originalen National*sozialisten*), aus denen schließlich, um asoziale Elemente »bereichert«, die Schlägerbanden des »Schwarzen Blocks« und der »Antifa« hervorgingen.[60] Ob in Freiburg, Mainz, Frankfurt, Göttingen, Hamburg oder Berlin – in Leder gepackte Angehörige der neuen »Fa« rissen Plakate ab, überfielen Flugblattverteiler, zettelten Schlägereien an und verhinderten Veranstaltungen mit Gewalt, die Justiz und Presse hatten sie ja nicht weniger zuverlässig auf ihrer Seite als die alte SA. Bei Denunziationen von Personen, die von ihnen als »Faschisten« etikettiert werden (aber unter Hitler ins KZ gesteckt worden wären) und als Provokateure bei Demonstrationen sind sie von der Geheimpolizei (»Verfassungsschutz«) nicht zu unterscheiden und häufig mit ihr personenidentisch. Eine ausführliche Darstellung der Verleumdungshetze, Denunziationen und Gewalttaten dieser neuen Faschisten würde ein umfangreiches Buch füllen, daher seien hier nur einige Schlaglichter auf das Spannungsverhältnis zwischen der Friedensbewegung und der »Antifa« Anfang der 80er Jahre geworfen. So viel kann vorweggenommen werden: Die »Antifa« stellt die militante Ergänzung zum »Antikommunismus soft« des grünen Pazifismus dar (und ist auch mit diesem häufig personenidentisch: man denke an Figuren wie Joschka Fischer).

Nichts könnte eine bessere Vorstellung über die Substanz dieser »Sponti-Fa« vermitteln als ihre eigenen Verlautbarungen. In der Frankfurter Sponti-Zeitung ›Pflasterstrand‹ Nr. 118 vom 7. November 1982 befaßte sich der Herausgeber, der heutige grüne Europaabgeordnete und Fischer-Spezi Daniel Cohn-Bendit, mit der Frage »Wir, die 5. Kolonne Breschnews?« und beantwortete sie wie folgt: »Wir«, schreibt er nicht im *pluralis maiestatis*, sondern stellvertretend für die gesamte Friedensbewegung, »haben es schwer, einen autonomen Standpunkt gegenüber dem Sowjet-Imperialismus einzunehmen. Objektiv nützen wir den russischen Interessen, daran gibt es nichts zu zweifeln. Diese Tatsache könnte als Argument gegen die Bewegung mißbraucht werden, wenn es uns nicht gelingt, einen über jeden Zweifel erhabenen Standpunkt zu entwickeln.« Er ist folgendermaßen beschaffen: Erstens müsse die »Abkehr vom Nachrüstungsbeschluß« – das klingt sehr vage – begleitet sein vom wesentlich konkreteren »Abmontieren und Verschrotten der sowjetischen SS-20-Raketen. Sozusagen eine ersatzlose Streichung beider Mittelstrecken-Raketen-Programme« (die *Forward-Based Systems* der NATO sind Cohn-Bendit so Hekuba wie dem Kanzler Schmidt oder Präsident Reagan). Zweitens müsse die Sowjetunion »sofort« den Rückzug aus Afghanistan einleiten (zur Bundeswehr und deren Spezis im heutigen Afghanistan sagt der gleiche, nach wie vor lebendige Bursche freilich nichts), drittens müsse eine sowjetische »Intervention« in Polen verhindert werden, ohne zu sagen, wie – die NATO würde es dann wohl schon richten. Diesen Kalte-Krieger-Standpunkt, den man in dieser Kombination sonst nur von der Washingtoner oder Bonner Regierung zu hören bekam, fand Springers ›Welt‹ jedenfalls so

sympathisch, daß sie begeistert titelte: »Cohn-Bendit rechnet mit Moskau ab«
(19. November 1981). Die Nummer des ›Pflasterstrand‹ schloß mit der Ankündigung, sich in der nächsten Ausgabe ausführlich mit der Sowjetunion aus-
einanderzusetzen.

Diese Nr. 119 des ›Pflasterstrand‹ hatte es in sich. Einleitend beschwor der
von der ›taz‹ her bereits bekannte Castoriadis ein Schreckensszenario, als ob er
der amerikanische Kriegsminister persönlich wäre: »… so verstärkt die Sowjetunion langsam ihren Einfluß, sammelt Stützpunkte, vermehrt ihre Präsenz auf
allen potentiellen Konfliktschauplätzen. In der Logik der Realpolitik bedeutet
das, daß irgendwann die Amerikaner einmal sagen können: Jetzt müssen wir
endlich reagieren …« Und dann, an die Adresse der Friedensbewegung gerichtet: »Verdammt nochmal – habt Ihr denn Sand in den Augen? Warum können
diese lieben Leute von der Friedensbewegung, warum könnt auch Ihr nicht
einmal Fakten zur Kenntnis nehmen? Niemand kann wegdiskutieren, daß
es eine ungeheuer starke, offensive russische Aufrüstung gibt. Und bei allen
Dummheiten, die die Amerikaner machen – nicht *sie* sind in einer offensiven
Position! Ich fordere keine Aufrüstung des Westens! Das ist nicht mein Job,
verdammt nochmal!« Es war derselbe Ton, wenn früher am Familientisch die
Faust als Ersatz für das Argument herhalten mußte. Doch der echte Sponti
kann keine Gewalt befürworten, ohne zugleich Zyniker zu sein. Auf die »vorgelagerten Waffensysteme« der NATO angesprochen, konterte er so süffisant
wie inhaltsleer: »Hahaha! Lächerlich. Das sind Spielzeuge.« – Spielzeuge, mit
denen sämtliche Großstädte der Sowjetunion vernichtet werden konnten.

Ein zweiter Verfasser namens Bukowski – es ist nicht der amerikanische
Penner- und Porno-Literat, sondern wahrscheinlich der sowjetische Ur-Dis-
sident Wladimir Bukowski – bläst ins selbe Horn: »Es ist kaum mehr ein Geheimnis, daß die gesamte Kampagne von Moskau aus organisiert, geleitet und
finanziert wurde.« (Schade – an uns muß der Rubel vorbeigerollt sein!) Seine
Charakterisierung der Friedensbewegung weist geradezu paranoide Züge auf:
»Millionen von Kommunisten« – in der BRD, wo die DKP bei den Bundes-
tagswahlen immer zuverlässig um die 1 %-Marke dümpelte! – »Sympathisanten, wirrköpfigen Intellektuellen, Schwindlern, die berühmt werden wollten,
Profi-Sozialisten, Dummköpfen, einer Jugend, die bereit war, gegen alles zu
rebellieren, solange dabei ein Kampf mit der Polizei rauskommt, Sowjetagen-
ten.« Hier sprach der blanke Haß. Blinde Vernichtungswut und grobe Verzer-
rung weisen auf die Projektion als Quelle dieser Hetztirade. Man meint, einen
Nazi alter Schule über die »jüdisch-bolschewistische Weltverschwörung« her-
ziehen zu hören.

In der Nr. 120 des ›Pflasterstrand‹ von Anfang Dezember 1981 erhält derselbe Autor eine weitere Gelegenheit, seinen Antikommunismus auszutoben, und er nützt sie weidlich. Die Friedensbewegung besteht ihm zufolge nun »aus einer eigenartigen Mischung von Kommunisten, Mitläufern, intellektuellen Wirrköpfen, Schwindlern, die berühmt werden wollen, verängstigten Bürgern und Jugendlichen, die eifrig rebellieren, um sich gegenseitig zu beweisen, daß sie ›anders‹ sind […] Aber ohne Zweifel wird diese bunte Mischung beherrscht von einer Handvoll Schurken, die ihre Anweisungen direkt aus Moskau beziehen.« Es wäre interessant, eine Ausgabe der von der NPD herausgegebenen ›Deutschen Nationalzeitung‹ aus jenen Tagen zum Vergleich heranzuziehen. Bezüglich des Antisowjetismus wäre sie sich mit dem Schreiber des ›Pflasterstrand‹ wohl einig, aber sie würde sich vermutlich etwas mehr im Ton mäßigen. Jedenfalls ist dem Hetzer vom ›Pflasterstrand‹ aufgefallen, daß die Aktivisten der Friedensbewegung »durch keine Logik zu beeindrucken sind. Sie behaupten furchtlos, es gäbe keine militärische Überlegenheit der Sowjets (sie sagen, das sei alles CIA-Propaganda, die einzig vertrauenswürdige Informationsquelle ist für sie der KGB) […] Es ist sinnlos, all diese ›Argumente‹ zu wiederholen. Mit den ›Friedensfreunden‹ zu diskutieren ist so sinnlos, wie ein Gespräch mit einer alten hysterischen Frau oder mit der sowjetischen Propaganda selbst …« Wenn die Diskussion aber a priori als »sinnlos« erachtet wird, gar nicht gewünscht wird, was bleibt dann als praktische Konsequenz anderes als diese »Friedensfreunde« niederzubrüllen – oder niederzuschlagen? Darauf lief es in der Tat hinaus.

In einer redaktionellen Einleitung zu diesem Elaborat stimmt der Herausgeber die Leser auf die nachfolgenden Verbalschläge unter die Gürtellinie ein und erinnert sie an ein Prinzip, das es unbedingt zu beachten gelte – die Ignorierung der angeblich ohnehin nicht erkennbaren Realität und aller daraus abgeleiteten Argumente: »Sind wir nicht übereingekommen, daß wir niemals herausfinden werden, ob die Russen dem Westen 10:1 (Bayernkurier), 4:1 (Zeit), 2:1 (Rundschau), 1:1 (Friedensbewegung) überlegen sind? Oder im Verhältnis 1:1,5 gar UNTERLEGEN? Auf dieses Zahlenspiel wollten wir uns nicht einlassen.« In jedem Empiriokritizisten, in jedem Verächter von Logik und Vernunft steckt ein Schläger und Faschist. Erst die Kombination aus Irrationalismus und Gewalt macht den ganzen Faschisten aus. Hierzu paßt der von Antikommunismus durchtränkte Hohn, der in dieser Einleitung über die Friedensbewegung ausgegossen wird: »Stillschweigend ging sie von der Aggressivität der NATO aus, vom armen, umzingelten Russen, der ja immerhin schon eine Revolution versucht hat. Wir haben das im ›Pflasterstrand‹ das ›Sowjetunion-Syndrom‹ genannt.« Ja, genau darum ging es: Es sollten die letzten, noch so unansehnlichen Reste der Oktoberrevolution und damit die Erinnerung an diese ausgelöscht werden. Hierin herrscht ungeteilte Einigkeit zwischen Hitler, den US-Präsidenten und den Faschisten vom ›Pflasterstrand‹. Auf dieser Linie liegen auch die Parolen, die das Blatt für die Protestdemonstration gegen den Besuch des sowjetischen Ministerpräsidenten ausgibt: »Wer's ABC kyrillisch schreibt, es auch nur wie die NATO treibt«, und: »Mit den Panzern liegt ihr vorn, und vom Ami kauft ihr Korn.« Wirklich umwerfend komisch, ein echter Faschistenwitz. Ernster hingegen ist die ›Pflasterstrand‹-Vision, daß die osteuropäischen Länder in Wirklichkeit einer Befreiung mittels Atombomben geradezu entgegenfiebern: »Da gibt es nicht wenige, die sich nach Pershing und Cruise-Missile geradezu sehnen, weil sie darin eine Freiheitsgarantie vermuten, die den Kreml zum vorsichtigeren Umgang mit Einmärschen zwingt. Es ist schwer, sich dieser Argumentation ganz zu verschließen.«

Heute schreiben diese Herren weniger und lassen lieber Bomben werfen – auf den Irak, Jugoslawien, Afghanistan, Libyen und weitere Länder im Wartestand. Ihre Nachfolge als Schreibtischtäter oder »Bellizisten« haben andere angetreten, im Umfeld von Gremlizas ›konkret‹, der Berliner Spontizeitung ›Jungle World‹, den »Antideutschen« oder der Initiative »Stop the Bomb« (damit sind nicht die amerikanischen Atombomben gemeint). Aber so hat es angefangen: **Mit der Ära Reagan wurde das »Prinzip Pogrom« gesellschaftsfähig.** Warum sollte man auch mit der politischen Opposition in den Vasallenstaaten der USA nachsichtiger verfahren, als es die US-Regierung im Umgang mit der Sowjetunion vorexerzierte? Während die US-Führung sich anschickte, das Vermächtnis Hitlers mit der Liquidierung der Sowjetunion zu vollstrecken, vernichteten die schlägernden Erfüllungsgehilfen in den Kolonien mit staatlicher Rückendeckung dasselbe schmutzige Geschäft auf niedrigerem Niveau. Der Sponti und Grüne Joschka Fischer ist der Prototyp des praktizierenden Pogromisten, als Aushilfstaxifahrer wie als Außenminister. Im Verein mit den staatlichen Unterdrückungsmaßnahmen bedeutet diese auf hohem Niveau gehaltene Pogrombereitschaft das Ende jeden gesellschaftlichen Diskurses, das Ende der Meinungsfreiheit als zentrale Errungenschaft der Aufklärung schlechthin. Sie gilt es also als erstes wiederherzustellen. Ein letztes Beispiel aus unserem Themenkreis möge diese düstere Entwicklung illustrieren.

Auch dieses Plakat zog eine Anzeige der Freiburger CDU nach sich

Am 13. Februar 1982 fand in Osnabrück ein Vorbereitungstreffen für den »Bundeskongreß autonomer Friedensinitiativen« (BAF) – autonom im Sinne von »nicht parteigebunden« – statt, auf dem letzte Entscheidungen für den fünf Wochen später geplanten Kongreß in dieser Stadt getroffen werden sollten. Die Resonanz war äußerst dürftig; ganze sechs Gruppen hatten sich eingefunden: aus Osnabrück selbst (Friedensinitiative), Aachen (dito), Braunschweig (Arbeitsgemeinschaft Friedenstage), Göttingen (Arbeitskreis gegen Atomenergie), Berlin (Friedenskoordination) und Freiburg (Bunte Liste, darunter der Verfasser dieser Zeilen). Über die Hälfte der rund 50 Anwesenden stammte jedoch aus dem »Schwarzen Block« vornehmlich norddeutscher Städte, die als »Antifa«, »Antiimps« oder »Anti-NATO-Gruppen« aktiv waren. Ein schon älterer Typ von heruntergekommenem Äußeren dirigierte die Truppe, eine Plastikflasche in der Hand, die halb mit Kaba, halb mit Rum gefüllt war. Die ganze Inszenierung lief auf Provokation und Einschüchterung hinaus. Die Truppe war angereist, um in den Kongreß das Attentat auf den amerikanischen General Frederick J. Kroesen und verschiedene Sprengstoffanschläge gegen militärische Einrichtungen als Teil der »Friedensarbeit« und die RAF als Teil der Friedensbewegung einzubringen. Natürlich war dies in einem Staat, in dem die Stammheimer Nacht gerade einmal fünf Jahre zurücklag, heller Wahnsinn, und die provokative Aufreizung zu Straftaten statt der Leninschen Linie der Massenaufklärung ließ eindeutig den Spitzel bzw. dessen nützliche Idioten erkennen. Aufgrund des kräftemäßigen Patts war bei diesem Treffen kein Entschluß möglich, eine geordnete Diskussion ebensowenig, da die Frauen dieser Truppe, die auffallend aggressiver waren als ihre männlichen Kombattanten, immer wieder störten und nur mit lautstarken Zurechtweisungen intermittierend im Zaum gehalten werden konnten. Zur beklemmenden und angespannten Atmosphäre kam hinzu, daß einige Mitglieder einer obskuren Gruppierung namens »Fight Back«, angeblich stalinistisch ausgerichtete Kriegsgegner in der US-Armee, zwischen den beiden Lagern hin und her pendelten. Kaum zu glauben! Die US-Streitkräfte waren eine Freiwilligen-Armee, und welcher Stalinist, sofern es in den Vereinigten Staaten überhaupt einen gab, würde sich a) freiwillig zu einer imperialistischen Armee melden, in der er b) auch noch geduldet würde! Das Ganze dünstete so aufdringlich das Klischee vom »kommunistischen Unterwanderer« aus, daß es schon fast grotesk wirkte. Diese Jungs trugen Football-T-Shirts, waren auffallend kräftig gebaut und interessierten sich ausschließlich für Namen, Telefonnummern und Adressen. Die Nachricht oder das Gerücht, daß Leute von »Fight Back« – die auch eine Zeitung herausgaben (erstaunlich, was in der US-Armee so alles geht!) – in Frankfurt ein Mitglied der »Trotzkistischen Liga Deutschlands« (TLD) erstochen hatten (für »Stalinisten« gehört sich das offensichtlich so), trug nicht eben zur Beruhigung der Lage bei.

Aber die Anwesenheit von Spitzeln und Provokateuren stellte nur die eine Seite des Problems dar, die andere war der sich abzeichnende Offenbarungseid der »Friedensbewegung«, der sich in der schwachen Beteiligung niederschlug und anzeigte, daß die »Friedensbewegung«, wenigstens ihr organisierter Teil, noch vor der Stationierung der Erstschlagswaffen im pazifistischen Opportunismus und Antisowjetismus der Grünen aufgegangen und in der tödlichen Umarmung sozialdemokratischer Vereinnahmung verendet war. Mochten die umtriebige Kelly und Vater Leisetritt Eppler (Ex-NSDAP) die Chose mit dem NATO-Doppelbeschluß regeln! Wie bei der Remilitarisierung der BRD und ihrer Aufrüstung mit Atomwaffen war die Bevölkerung von Repräsentanten derselben Sozialdemokratie, derselben Kirchen sowie ihren Zuträgern im Stich gelassen und verraten worden. So war es nur folgerichtig, daß der geplante Bundeskongreß in ein lasches »Arbeitstreffen« umbenannt worden war, das keinen Hund hinter dem Ofen hervorlockte (denn wer arbeitet schon gern, zumal in einer so verfahrenen, aussichtslosen Angelegenheit?). Die Pershing II und Cruise-Missiles konnten kommen …

Am Tag, an dem das Osnabrücker Treffen zu Ende ging, verschickten wir eine Erklärung an die Friedensinitiativen in der BRD, in der wir unsere Einschätzung des Kongresses wie der internationalen Lage sowie die zukünftigen Aufgaben darlegten, denen die Friedensbewegung sich stellen mußte, wollte sie Erfolg haben. Das Dokument sei hier wiedergegeben, um an einem Beispiel unter vielen einen Eindruck von unseren Aktivitäten zu vermitteln, aber auch zum Beleg der Tatsache, daß sich an unserer antiimperialistischen Haltung und Aktivität trotz der tiefgreifenden Veränderungen, die seitdem eingetreten sind, also während der letzten 30 Jahre, nichts geändert hat. Wir sahen keinen Anlaß dazu, denn der US-Imperialismus hat sich nicht gebessert, seit er ohne ernsthafte militärische Konkurrenz fast ungehemmt agieren kann. Ganz im Gegenteil.

Friedenstreffen –
Illusionsbörse oder Kampfveranstaltung?

Wenn heute das Osnabrücker Friedenstreffen zu Ende gegangen sein wird, ist es höchst unwahrscheinlich, daß die Kriegsvorbereitungen Reagans in Zusammenarbeit mit der Bundesregierung auch nur in nächster Zeit um einen Deut behindert werden.

Während der Countdown zur Eroberung der amerikanischen Weltherrschaft zügig läuft, schafft es die Friedensbewegung nicht einmal, einen Kongreß für eine ebenso zügige Strategie auf ihrer Seite auch nur inhaltlich vorzubereiten. Während die Vertreter verschiedener Gruppen mit dem Ziel angereist waren, einen machtvollen und erfolgreichen Friedenskongreß aller parteiunabhängigen Organisationen durchzuführen, der sich nicht in Deklamationen erschöpft, sondern die US-Kriegsvorbereitungen effektiv behindern soll, soll jetzt ein Windei von »Anti-Nato-Gipfel« in die Welt gesetzt werden, dessen Bedeutungslosigkeit für die europäische Geschichte jetzt schon feststeht. Bei dem Wort »europäische Geschichte« werden nicht wenige Leser dieses Flugblatts innerlich zusammenzucken. Was, wir Winzlinge sollen in so ernsthafte Vorgänge wie die Geschichte eingreifen?! Nun, wenn wir das nicht vorhaben, müssen wir von so ernsten Dingen wie Krieg und Frieden die Finger lassen.

Die Voraussetzung für jede sinnvolle Arbeit ist aber, daß man ihre Ziele und Implikationen ernst nimmt und sich ihrer Tragweite und Bedeutung bewußt ist. Offensichtlich litt die ganze Veranstaltung an vielen Punkten unter einem erheblichen Realitätsverlust. Auf der einen Seite traut man sich nicht zu, das selbstgewählte Ziel nüchtern ins Auge zu fassen (was in dieser historischen Situation und diesem Lande nur heißen kann: Verhinderung des Nato-Doppelbeschlusses), andererseits meint man zu jeder kleineren kriegerischen Auseinandersetzung auf der ganzen Welt Stellung nehmen zu müssen. Die Parole »Alles oder Nichts!« kennzeichnet selten den Realisten, aber immer den Träumer. Dem aufmerksamen Zuhörer dürfte dies an vielen Punkten aufgefallen sein. Symptomatisch dafür ist beispielsweise ein Schwanken zwischen grundsätzlicher Organisationsfeindschaft und dem Stricken so feiner Organisationsmuster und Planspiele, wie sie auch eine sehr straffe Organisation mit hauptamtlichen Angestellten kaum realisieren könnte. Aber auch im praktischen Planungsbereich zeigt sich diese Linie. So wurde zum Beispiel lange und mit Begeisterung das Projekt »Comiso« verquasselt *, auf das wir

---

* Das sizilianische Städtchen Comiso nahe Ragusa war als Stationierungsort für die amerikanischen Marschflugkörper vorgesehen. Italienische Friedensaktivisten »besetzten« darauf-

überhaupt keinen Einfluß nehmen können, und dies mit der Begründung, daß von besagtem Comiso aus die Amerikaner einen **Vorwand** zur Kriegsführung haben könnten, während die Verhinderung ihrer **realen Möglichkeit** zur Kriegsführung, nämlich die Stationierung ihrer Mittelstreckenwaffen, hierzulande immer entweder sorgfältig umschlichen oder mit unrealisierbaren Phantasieprojekten verknüpft wurde (z. B. »Fasten für den Frieden«, ein in Indien und Mittelasien schon lange und chronisch realisierter Vorschlag, oder ein Steuerboykott oder ein Kongreß ohne Öffentlichkeit). Die einzig sinnvolle Perspektive jedoch, die Zerstörung der Massenloyalität zur Regierung, die von jeder Wahl und Umfrage bewiesen wird, wird grundsätzlich umgangen. Dafür ist symptomatisch, daß jeder gezielte Angriff auf die Regierung auf äußerste Laschheit stieß, die Bedeutung einer SPD-Austrittskampagne, wie sie sich zum Münchner Parteitag einer Friedensbewegung geradezu aufdrängt, absolut nicht gesehen wird, und daß ferner zumindest für uns der Eindruck entstanden ist, daß weiten Teilen der Friedensbewegung überhaupt nicht klar ist, wodurch sich die gegenwärtige Situation von den vergangenen 30 Jahren prinzipiell unterscheidet.

[…] Am schlimmsten aber ist die offensichtliche Verkennung der Blocklogik durch weiteste Teile der Friedensbewegung. Der in der Kindheit anerzogene Antisowjetismus verhindert zwangsläufig jeden Blick auf die Realität. Der wahre Grund für die akute Kriegsgefahr besteht ganz einfach darin, daß sich das Gleichgewicht des Schreckens, das in den letzten 30 Jahren teuer, aber verläßlich den Frieden gesichert hat, sich zugunsten der USA und zuungunsten der UdSSR verschoben hat. Wie das verbreitete Jammern darüber, daß die afghanischen Frauen dank sowjetischer Besatzung ab jetzt ihre Klitoris behalten müssen und sogar gegen erklärten Willen der Eltern und Mullahs schon im zarten Alter zum Lesenlernen gezwungen werden (was ihnen sonst bis zum Tod erspart bliebe), beweist, hat die Friedensbewegung immer noch antisowjetische Tomaten vor den Augen und ein schlechtes Gewissen dafür, daß sie nicht so will wie ihre Regierung. Wir behaupten ja keineswegs, daß die Sowjetunion aufgrund ihrer fabelhaften Gesellschaftsordnung im innersten Kern friedlich sei, wie das die DKP ausstreut, aber wir übersehen eben nicht die Tatsache, daß sie aufgrund ihrer wirtschaftlichen Schwäche und der schwankenden Loyalität ihrer Bevölkerung zwangsweise friedlich ist und im Gegensatz zu den Amerikanern einen begrenzten Atomkrieg weder führen noch gewinnen kann. Es ist ja keineswegs eine Pentagonphantasie, daß die USA in der Lage wären, eine tote Sowjetunion beschädigt zu überleben und damit die Weltherrschaft zu erringen. Deswegen ist die Versuchung für die USA, diesen Krieg auch zu führen, in den letzten drei Jahren beständig gewachsen, und auf dem Hintergrund dieser Situation wirkt jeder Kolonialkrieg

---

hin unter Leitung von Massimo Valentini den Ort.

wie z. B. in El Salvador wie ein unbedeutendes Grenzscharmützel. Denn es ist doch klar, daß wir nur dann Interesse am Sieg irgendeiner Befreiungsbewegung haben können, wenn **nicht** in den nächsten zehn Jahren die amerikanische Weltherrschaft errichtet wird. Wird sie es nämlich, dann sind wir nicht nur bei dieser Gelegenheit versaftet worden, sondern wir könnten auch vom Himmel aus beobachten, wie die Probleme aller kleinen unruhigen Völker mit ein paar Neutronenstrahlen rasch und schmerzhaft gelöst werden. Daß dies gegenwärtig noch nicht funktioniert, verdankt die Welt ausschließlich der Existenz einer Sowjetunion, ob es ihr paßt oder nicht! Damit aber die USA ihre Weltherrschaft erobern können, brauchen sie als entscheidende strategische Basis Mitteleuropa, das heißt **unser** Territorium. Über dieses verfügt jedoch nach wie vor die Bundesregierung, das heißt vorwiegend die SPD. In dieser Tatsache liegt sowohl die historische Bedeutung wie auch die Pflicht der westdeutschen Friedensbewegung.

Wir halten die Vorbereitung eines Kongresses in diesem Sinne nach wie vor für sinnvoll und unsere Vorschläge aufrecht.

Insbesondere halten wir eine bundesweite SPD-Austrittskampagne für sehr dringend nützlich und praktikabel. Wer unsere Ansicht teilt oder näher kennenlernen will, wende sich an [es folgt die Büro-Anschrift der Bunten Liste Freiburg].

Die Erosion der Massenloyalität zur Regierungs- und Raketenpartei SPD war (und ist) in der Tat der Dreh- und Angelpunkt, der Lackmus-Test auf die Ernsthaftigkeit jeder oppositionellen Bewegung, denn an dieser Frage erweist sich, ob man weiterhin an Illusionen und Kindereien festhalten oder den Gegner ernsthaft schwächen will. Zu diesem Zeitpunkt – Anfang 1982 – hätte durchaus noch eine realistische Chance bestanden, aus einer amorphen und divergierenden Masse – »Getret'ner Quark wird breit, nicht stark«, wußte schon Goethe – eine Kampfbewegung mit dem festen Willen zum Erfolg zu gestalten. Daß dem so war, belegt ein unscheinbares Dokument, das wie so vieles aus jener Zeit längst dem kollektiven Vergessen anheimgefallen ist. Die Freiburger »Anti-NATO-Gruppe«, die bald zum harten Kern der Pogromisten zählen sollte, veröffentlichte am 3. Juni 1982 eine Broschüre mit dem vollmundigen Titel: »Nur die Revolution verhindert den Krieg«. Natürlich erfuhr man darin nicht, wo, wie und mit wem diese sagenhafte Revolution, für die es nicht die geringsten Anzeichen gab, stattfinden sollte. Aber die Broschüre enthielt aufschlußreiche Sätze wie den folgenden: »In nicht geringem Maße gibt es in der Friedensbewegung die Auffassung, daß das Verhältnis zwischen der USA und z. B. dem NATO-Mitgliedsland BRD ein Verhältnis zwischen

Herr und Hund sei. Zum Ausdruck kommt dies zum Beispiel durch die Parole: ›Wenn Reagan pfeift, dann kuscht der Schmidt, und seine SPD'ler mit‹.« In der Tat: Diese Parole hatten wir auf Flugblättern und Plakaten verbreitet, zusammen mit einer Fotomontage, die zeigt, wie Helmut Schmidt auf Knien rutschend dem amerikanischen Präsidenten Reagan die BRD auf dem Tablett präsentiert.

Die Botschaft dieser Collage war eingängig und auf den ersten Blick verständlich – wie bei jedem guten Plakat oder Titelbild einer Zeitschrift –, und auf Demonstrationen machten wir die Erfahrung, daß die gerufene Parole bereitwillig aufgenommen und weiterverbreitet wurde. Genau dies schien die wildgewordenen Pseudo-Revolutionäre mächtig zu wurmen, denn sie fuhren in ihrer Broschüre fort: »Muß man aber nicht bei Betrachtung der Tatsachen die Frage aufwerfen, ob das Herr-Hund-Verhältnis nicht nur ein wenig, sondern sogar arg daneben liegt?« Die sogenannte inhaltliche Kritik der Parole, die dann folgt, ist nicht der Rede wert; es war der abgegriffene Mythos von den schwachen USA und der expansiven, aggressiven, »imperialistischen« BRD, die den amerikanischen Zauderer zwingt, seine Raketen hier zu stationieren, damit die Hegemonialmacht BRD wohl endlich atomaren Selbstmord begehen kann; Käse also. Aber die Struktur ist interessant: Vorgebliche Revoluzzer, deren Horizont nicht weiter als bis zum nächsten Freibier oder Pflasterstein reicht, unternehmen eine Ehrenrettung der SPD, indem sie deren Substanz verleugnen – es ist der spulwurmmäßige Verrat, das rückgratlose Anwanzen an die Machtträger – und ihre Kritik an der SPD scheinbar radikalisieren, indem sie puren Unsinn quatschen. Der atomare Brandstifter waren die USA, daran konnte für jeden Augen- und Hirnbesitzer keinerlei Zweifel bestehen, während die SPD ihm auf Gedeih und Verderb zu Willen war *und* gleichzeitig der Feuerwehr die Reifen durchstach, indem sie die Friedensbewegung zu vereinnahmen und zu einer antisowjetischen Bewegung umzupolen versuchte. Diesen Sachverhalt bringt die Collage kurz und bündig zum Ausdruck, und diese Einsicht begann sich tatsächlich zu verbreiten, so daß sich die »Anti«Fa ins Zeug legen mußte, als wollte sie sich den Willy-Brandt-Orden am Band verdienen.

Wenn weder ein Nachfolgekongreß zu Osnabrück zustande kam noch diese Parole sich weiterverbreitete, dann lag dies daran, daß im Herbst des Jahres 1982, anläßlich des Freiburger Oberbürgermeister-Wahlkampfs, die Pogrome gegen die Bunte Liste in aller Heftigkeit losbrachen. Hunderte abgerissener, beschädigter und zerstörter Plakate, Überfälle auf Informationsstände, Morddrohungen und tätliche Angriffe gegen Mitglieder bewirkten, daß immer mehr Zeit, Energie und Geld für die Selbstverteidigung aufgebracht werden mußten. Es war das sowjetische Dilemma im Mikromaßstab, nur daß wir deren Illusionen nicht teilten. Und wer damals seine Feigheit hinter einem bauernschlauen »Abwarten, wie's ausgeht« verbarg, der bekam die Quittung schnell serviert: das »Prinzip Pogrom« wurde auf Dauer installiert, und die atomaren Erstschlagswaffen kamen ab Ende 1983 ins Land.

Exkurs: Vom Sinn und Unsinn »atomwaffenfreier Zonen«

Ist es nicht unsinnig, eine Stadt wie beispielsweise Freiburg zur atomwaffenfreien Zone zu erklären, während in wenigen Kilometern Entfernung, in Mutlangen und Schwäbisch Gmünd, die gefährlichsten Atomwaffen der Welt aufgebaut werden? Natürlich lag für uns als Initiatoren einer solchen Erklärung auf der Hand, daß die zu allem entschlossene US-Führung sich durch diese Maßnahme nicht von ihren Erstschlagsplänen abbringen lassen würde. Ein entsprechender Beschluß des Gemeinderats hätte bedeutet, daß jede Lagerung und jeder Transport von Atomwaffen oder Teilen davon auf dem Territorium der Stadt verboten ist und daß dieses Verbot auf Schildern am Ortseingang verbindlich mitgeteilt werden sollte. Von einer solchen Deklaration sollte also – wohlgemerkt *vor* der Stationierung der Erstschlagsraketen – eine Signalwirkung ausgehen; sie war zwar lediglich ein symbolischer Akt, allerdings von massenpsychologischer Bedeutung und daher von nicht zu unterschätzendem praktischen Nutzen: Gelänge es nämlich, durch eine solche Aktion in einem Schneeballeffekt ein Netz atomwaffenfreier Kommunen zu schaffen, so könnte, etwa über die Einrichtung des Städtetages, bundesweit ein Gegengewicht gegen die Kriegspolitik der Regierung aufgebaut werden; die Bevölkerung wäre von Anfang an in diese Initiative eingebunden, würde mit einer Stimme sprechen und durch praktische Anschauung erfahren, was es mit dem vorgeblichen Friedenswillen einer SPD-Regierung auf sich hat. Wie man sieht, geht es abermals um die Erosion der Massenloyalität und nicht um das Wohlgefühl, in einer atomwaffenfreien Untertasse zu sitzen.

London hatte sich Anfang 1982 zur atomwaffenfreien Zone erklärt, und das Vorbild der britischen Kapitale aufgreifend, startete die Bunte Liste Freiburg die in Kontinentaleuropa erste Initiative in diese Richtung. Am 20. April 1982 stellte der Stadtrat der Bunten Liste Gottfried Niemietz im Freiburger Gemeinderat drei Anträge: die Stadt möge sich zur atomwaffenfreien Zone erklären; sie möge Mittel zur Finanzierung eines Hiroshima-Denkmals bewilligen und drittens partnerschaftliche Beziehungen zu Hiroshima oder Nagasaki aufnehmen. In der Begründung hieß es unter anderem:

> Seriöse westliche Friedensinstitute wie das SIPRI in Stockholm verweisen
> darauf, daß die neuen nuklearen Waffengattungen der NATO den östlichen

Waffensystemen qualitativ überlegen sind und ausschließlich als Erstschlagswaffen taugen. In dieser bedrohlichen Situation auf die Friedensliebe oder das besonnene Vorgehen Washingtons zu vertrauen kann nur der, der die Geschichte der letzten drei Jahrzehnte nicht kennt und wie der amerikanische Präsident Reagan das Lesen von Zeitungen und Büchern für zu anstrengend hält. […]

[Der Atomkrieg] kann verhindert werden, wenn eine aufgeklärte Öffentlichkeit gegen diese Pläne protestiert. Und gerade hierzu kann der Freiburger Gemeinderat einen nützlichen Beitrag leisten. […] Gleichzeitig soll die Stadt Freiburg Kontakt mit anderen bundesdeutschen Städten aufnehmen mit dem Ziel, die Bundesregierung von der Durchführung ihrer Aufrüstungspläne abzuhalten. Institutionen wie der Städtetag bieten sich dafür an.

Durch die Bereitstellung finanzieller Mittel für ein Mahnmal für die Opfer von Hiroshima und Nagasaki – 50 000 DM erscheinen mir dafür angemessen – soll die Stadt ihren Willen bekunden, daß ein solches Atommassaker nie wieder, auf keinem Land der Erde, geschehen darf. […]

Wie alle Anträge der Bunten Liste Freiburg folgte auch dieser demselben Prinzip: **Die Wahlversprechen der SPD werden als Anträge zur Abstimmung im Stadtparlament eingebracht.** Dann wird man ja sehen. Denn auch die Freiburger SPD-Fraktion, insbesondere ein gewisser Thomas Landsberg (†), gebärdete sich furchtbar fortschrittlich, so fortschrittlich, daß sie noch vor den Wahlen zum Gemeinderat das Programm der Bunten Liste in seinen wesentlichen Teilen übernahm, sich nicht einmal die Mühe machte, es sprachlich leicht zu überarbeiten, und es von der lokalen ›Badischen Zeitung‹ als das ihre verbreiten ließ. Die spannende Frage lautete also: Wie würde die SPD über ihre »eigenen« Versprechungen abstimmen? Nehmen wir es vorweg: Mit der allergrößten Regelmäßigkeit und Zuverlässigkeit war der rote Lack in Nullkommanichts ab, und der braune Mickerling kam zum Vorschein. Dies waren nicht mehr Worte, sondern konkretes, wahrnehmbares Verhalten, und auf diese Weise kann die Öffentlichkeit die substantielle Verlogenheit der vorgeblichen Reformpartei *sinnlich* nachvollziehen. *Das* bedeutet es, »Fuchs im parlamentarischen Hühnerstall« zu sein, aber dazu bedarf es wenigstens eines Zipfelchens von Macht in Form von Abgeordneten (der Vertreter der Bunten Liste war einer von 48, und die Aufregung sowie die administrativen Strafmaßnahmen bis zu seinem zeitweisen Ausschluß aus dem Gemeinderat wären gar nicht verständlich ohne den schonungslosen Enthüllungscharakter seiner Anträge, die man rein numerisch mit 47:1 ja bequem niederstimmen konnte). Wie verächtlich also eine ultraradikale Pseudo-Linke, die eine parlamentarische Präsenz (freilich keine grüne!) nicht nur ablehnt, sondern in Grund und Boden verdammt, weil es »Illusionen in den bürgerlichen Staat« schüre! Wie verächtlich aber auch jene parlamentarische Pseudo-»Linke«, die aus Rückgratlosigkeit und Feigheit diese Enthüllungsarbeit unterläßt, der SPD gerade nicht ihre Berufsverbote (Antrag: Entschädigung und Rehabilitierung *aller* Berufsverbote-Opfer) und Angriffskriege (Antrag: Sofortiger Abzug aller Truppen der Bundeswehr aus dem Kosovo, Afghanistan etc.) um die Ohren haut, sondern statt dessen mit ihr kopuliert oder koaliert oder wie immer sie es nennt (das Klon-Schaf Dolly sorgte ganz ungerechtigt für eine ungeheure öffentliche Empörung, das Klon-Schaf »Die Linke« dagegen nicht [für Thomas Mann-Kenner: »Aber Ihr habt doch schon 'ne SPD!« »Na, dann woll'n wer halt noch eene!«]).

Kaum war der Antrag im Gemeinderat gestellt, erfolgte eine Kettenreaktion bei den Kartellparteien wie bei einem Super-GAU in einem ukrainischen oder japanischen Atommeiler. Das sei reine »Profilierungssucht«, nörgelten die Grünen, denen die pazifistischen Eierschalen noch an den Ohren hingen, und auch der tomatenrote Landsberg machte eine »Profilneurose« bei der Bunten Liste aus, eine »Effekthascherei, so billig wie die Politik der BL in den letzten Jahren«. So stand es im lokalen Monopolblatt ›Badische Zeitung‹ zu lesen, aber auch, freilich mit den entsprechenden Hintergrundberichten und Analysen, im ›Stadtinfo‹ der Bunten Liste, das seinerzeit in einer Auflage von bis zu 60 000 Exemplaren im Stadtgebiet verteilt wurde und damit eben dieses Monopol unter großen Opfern durchbrach, ja zu beträchtlichen Teilen aufhob (diese hohe Auflage des Stadtinfos ergab sich als bittere und teure Notwendigkeit aus dem vollständigen Nachrichtenboykott der BZ, der nur zu Hetzzwecken aufgehoben wurde). Der stellvertretende lokale Redaktionschef Ulrich Homann verhöhnte diesen Antrag als »Witz«. Homann, der nach fünf Jahren Hetze gegen die Bunte Liste mit der Leitung des Regionalsenders SWR 4 belohnt wurde, hatte eine psychologische Grundausbildung an der Polizeischule in Göppingen absolviert; zur Vervollständigung seines persönlichen Psycho-Stenogramms sei hinzugefügt, daß er in der Glitzer- und Spielerstadt Las Vegas heiratete, eine persönliche Sache, gewiß, aber sie wurde mit Pomp und Gloria verkündet. So sind diese Burschen eben gestrickt …

Kurzum: Der Freiburger Gemeinderat lehnte diesen Antrag ab und verschanzte sich hinter dem medialen Begleitfeuer der BZ. Diese Schmierenposse wiederholte sich weitere Male, so 18. Mai 1982, am 6. August 1982, am 16. Februar 1983 und am 12. Mai 1983, als der Vertreter der Bunten Liste die atomwaffenfreie Zone jeweils zur Abstimmung stellte. Dieser hartnäckige und zähe – heute würde man sagen: »nachhaltige« – Widerstand des Parteienkartells ist der schlagendste Beleg, daß diese Forderung »sinnvoll« hinsichtlich seiner Konstruktivität und Effizienz und keineswegs nur eine lokale Spielerei war. Als wir den Antrag stellten, hätten wir uns irren können, aber die politische Reaktion irrt sich nicht oder äußerst selten, sie hat das sprichwörtliche »Näschen«, den »richtigen Riecher«, den »siebten Sinn«, da sie über eine längere Geschichte und infolgedessen über eine sorgfältige Selektion ihrer Kader verfügt. Ein skrupulöser Idealist wird nie US-Präsident, ein gläubiger Depp nie Papst (die Ausnahme Cölestins V. sei eingeräumt, doch dieser starb sehr schnell in einer Hungerzelle der Engelsburg, in die er bald nach Amtsantritt verschleppt wurde). Und diese Selektion setzt bereits beim Ortskassierer einer Partei oder beim Dorfpfarrer an.

In den eineinhalb Jahren, in denen die Freiburger Gemeinderatsmehrheit den Antrag unisono – »monolithisch« – blockierte, hatte sich dennoch einiges getan. Zum einen hatte der Funke insofern gezündet, als sich in der BRD mittlerweile über dreißig Städte zur atomwaffenfreien Zone erklärt hatten, unter anderem Bremen, Oberhausen, Duisburg, Kassel, Darmstadt, Erlangen, Nürnberg, München und Lindau am Bodensee. Pikanterweise geschah dies mit den Stimmen derselben Parteien, die in Freiburg den Antrag der BL konstant abwiesen; in Erlangen und Nürnberg stimmte sogar jeweils die Hälfte der CSU-Fraktion diesem Antrag zu. Dies hing sicherlich damit zusammen, daß in diesen Städten keine ernsthafte Opposition initiativ tätig und deshalb die »Gefahr« psychologischer Nutzung der an sich bedeutungslosen Sache gering war, die Beschlüsse also lediglich als eine Art »Lippenbekenntnis« betrachtet wurden und Alibicharakter hatten. Aber es brachte das Freiburger Parteienkartell doch in Rechtfertigungsnöte, und so verfiel man auf kuriose Ideen. In einem gutsituierten Freiburger Stadtteil, so richtig maßgeschneidert für grüne Oberstudienräte, verfiel man auf die kolossale Idee, eine einzelne Straße zur »atomwaffenfreien Zone« zu erklären (für Interessierte der Ortsgeschichte: es war die Runzstraße, von da an auch Brunzstraße genannt). Das war Panne und einfach nur peinlich. Aber es gab auch ernstzunehmende, schon vielfach bewährte und zu verschiedenen Anlässen immer wieder in Anschlag gebrachte Gegenstrategien. Gemeint ist die Gründung einer falschen Konkurrenz, einer »Spalterliste«, die vorgibt, dasselbe Ziel zu verfolgen, deren einzige Funktion aber in der Schwächung der originalen Initiative durch Verwirrung der Öffentlichkeit besteht (im großen Maßstab nachvollziehbar beispielsweise bei der Verleihung des Friedenspreises des deutschen Buchhandels an Annemarie Schimmel, die Khomeinis Mordaufruf gegen Salman Rushdie rechtfertigte und gegen die der Ahriman-Verlag Freiburg die Initiative »In unserem Namen nicht« in die Wege leitete; da sie überaus erfolgreich war, gründeten staatliche Funktionsträger um einen ehemaligen Bildungsminister eine *fake*-Initiative zur Spaltung; Näheres siehe in ›Ketzerbriefe‹ 61 [November 1995]). In Freiburg war dies die »Freiburger Friedenswoche e. V.«, die von Parteimitgliedern der SPD und der Grünen durchsetzt war und sich infolgedessen der Unterstützung durch die ›Badische Zeitung‹ erfreuen konnte. Dieser falsche Fünfziger von »Friedenswoche« befand nun, die Initiative der Bunten Liste sei »zu früh« gekommen – es war nur noch ein halbes Jahr bis zur Stationierung der Erstschlagsraketen! –; außerdem sei die ganze Aktion »abgehoben« (von der berühmten anonymen »Basis« nämlich, welche wohl durch eben diese »Friedenswoche« repräsentiert werden sollte). Die Aktivität der Bunten Liste im Gemeinderat wurde als »Vorpreschen« verurteilt und der Start einer neuen Initiative, die diesmal »basisnäher« sein sollte, angekündigt. Die Situation hatte sich zusätzlich insofern verschärft, als die Regierung des Bundeslandes Baden-Württemberg, dem sämtliche Pershing II-Raketen aufgehalst werden sollten, per Erlaß verboten hatte, daß das Thema »atomwaffenfreie Zone« in den Gemeinderäten diskutiert und ein entsprechender Beschluß gefällt wurde. Zwar stand dieser Erlaß – ein »Ukas«, eines Zaren würdig – auf schwankendem juristischen Grund, da das Oberverwaltungsgericht Lüneburg im Mai 1983 die Führung einer solchen Debatte letztinstanzlich als rechtmäßig erklärt hatte – Zustände sind das im »freiesten Staat, der je« usw.! –, aber er lieferte unwilligen Rathauschefs wie dem damaligen Freiburger SPD-Oberbürgermeister Rolf Böhme einen hervorragenden Vorwand, zwar »im Prinzip« für den Antrag zu sein, leider aber die Vorgabe des Regierungspräsidiums respektieren zu müssen, das wiederum an die Landesregierung weisungsgebunden sei. Welch gewaltigen bürokratischen Eiertanz hatte ein einzelner Antrag eines einzigen Stadtrats einer kleinen und bedrängten lokalen Oppositionsgruppe mittlerweile verursacht!

Es wäre nie so viel Staub aufgewirbelt worden, man hätte nie Regierungspräsidenten und Spalter in die Spur schicken müssen, man hätte den Antrag einfach abblocken und in der Versenkung verschwinden lassen können, wenn, ja wenn die Bunte Liste nicht eine Waffe eingesetzt hätte, die Gift für jede Mauschelei, für jede bürokratische Irreführung der Bevölkerung und auch für jedes Pogromistentum ist: die Öffentlichkeit. Denn der Vorwurf der »Freiburger Friedenswoche«, die Bunte Liste würde »basisfern« in einem parlamentarischen Gremium »Avantgarde ohne Volk« spielen, hätte verlogener nicht sein können. Da zu erwarten war, daß der SPD-Oberbürgermeister der

Aufforderung, Klage gegen den diktatorischen Landeserlaß zu erheben, zu Lebzeiten keine Folge leisten würde, und um dem unabsehbar langen bürokratischen Scheißspiel der Herren Ping und Pong ein Ende zu setzen, beschloß die Bunte Liste Freiburg, Unterschriften für die Einberufung einer Bürgerversammlung zum Thema »atomwaffenfreie Zone« zu sammeln. Das Quorum betrug 6000 Stimmen, gültig waren lediglich Unterschriften von Bürgern mit erstem Wohnsitz in Freiburg, und nach Erreichen der erforderlichen Zahl hatte der Gemeinderat über das Zustandekommen der Bürgerversammlung zu befinden. Viele Hürden also für einen demokratischen Akt in einem angeblich demokratischen Staat. Die Unterschriften wurden überwiegend an Wochenenden vor den großen Einkaufszentren zusammengetragen, denn dort war es aufgrund des hohen Publikumsverkehrs weniger wahrscheinlich, von Pogromisten überfallen und zusammengeschlagen zu werden. Ende August 1983 waren 12 692 Unterschriften beisammen, aber das Amt für öffentliche Ordnung, das extrem strenge Maßstäbe anlegte, anerkannte lediglich 5528 Unterschriften als gültig. Binnen weniger Tage wurden nochmals 1516 Unterschriften gesammelt, von denen das Amt 1084 als gültig anzuerkennen sich bequemte. Damit war das erforderliche Quorum mit amtlichem Gütesiegel erreicht: von 14 208 Unterschriften – alles ganz »basisfern«, nicht wahr? – waren 6612 als gültig akzeptiert worden.

Aber damit war noch lange kein Ende in Sicht. Als der Stadtrat der Bunten Liste dem Oberbürgermeister unter Anwesenheit der Presse den Packen überreichen wollte, verweigerte jener die Annahme mit der süffisanten Bemerkung, man könne ihm ja das Ganze per Post zuschicken. Das hätte natürlich Umstände, Kosten und mit größter Wahrscheinlichkeit eine mysteriöse Unterschlagung »auf dem Postwege« bedeutet. Bei der nächsten Gemeinderatssitzung klappte dann die Übergabe in einem zweiten Anlauf, denn nun war Publikum auf der Empore anwesend, und mit Sicherheit eintretende »häßliche Szenen« bei einer erneuten Verweigerung der Annahme wollten sich die Vollblutdemokraten offensichtlich ersparen. Der Vize der Lokalredaktion Ulrich Homann ließ es sich aber nicht nehmen, dazwischenzugrölen: »Wo habt ihr die denn geklaut?« In einem Schmähartikel der ›Badischen Zeitung‹ machte er sich in einem freiheitlich-demokratischen Herrenwitz über die »Nachrüstung« der Bunten Liste lustig. Ein denkwürdiger Zufall hat es ermöglicht, die Hintergründe aufzuhellen, unter denen dieser Artikel zustande kam. Nach der fraglichen Gemeinderatssitzung bummelten einige Mitglieder der Bunten Liste noch durch die Freiburger Innenstadt und entdeckten in einer Gaststätte den BZ-Redakteur Homann in einem trauten Tête-à-tête mit dem

SPD-Fraktionsvorsitzenden Landsberg. Bei dieser Gelegenheit – es war die Zeit, in der es noch keine Handy-Kameras gab – entstand das folgende Bild:

SPD-Stadtrat Thomas Landsberg (rechts) mit Lokal-
redakteur Ulrich Homann

Wenige Tage später befand sich dieses Foto mit einem ausführlichen Bericht über die Gemeinderatssitzung in den Briefkästen von 60 000 Freiburger Haushalten – ganz »basisfern«.

Nun hatten der SPD-Oberbürgermeister und der Gemeinderat erneut über die extrem schwierige Frage zu befinden, ob sie eine Bürgerversammlung zu folgenden beiden Themen einberufen sollten:

- »Freiburg erklärt sich zur atomwaffenfreien Zone.«
- »Was kann die Stadt Freiburg zur Verhinderung eines Atomkrieges beitragen?«

Die denkwürdige Sitzung fand am 20. September 1983, wenige Wochen vor Beginn der Stationierung, unter großer öffentlicher Anteilnahme statt. Der Oberbürgermeister verlegte sich auf die Position, der Transport und die Lagerung von Atomwaffen würden die Belange der Bevölkerung nicht betreffen; eine öffentliche Diskussion darüber würde außerdem »den örtlichen Wirkungskreis einer Gemeinde überschreiten«. Damit lag ein eindeutiger Rechtsbruch vor, denn die Gemeindeordnung bestimmte in § 20 Abs. 2 eindeutig, daß der Gemeinderat – auch für den Fall, daß er nicht wollte – verpflichtet ist, »eine Bürgerversammlung anzuberaumen, wenn dies von der Bürgerschaft beantragt wird«. Auch das erwähnte letztinstanzliche Urteil des Lüneburger Gerichts stellte eindeutig fest, daß das Thema »atomwaffenfreie Zone« in den »Wirkungskreis« einer Stadt und damit in ihre »Entscheidungskompetenz« falle – wie viele Selbstverständlichkeiten bedürfen der juristischen Klärung! –, denn in der Urteilsbegründung heißt es bei aller Verquastheit doch unmißverständlich: »Durch die Ausführung militärischer Projekte werden stets auch kommunale Interessen berührt, so daß die Befugnis zur Beschäftigung mit Fragen dieses kommunalen Betroffenseins von verteidigungspolitischen Entscheidungen und Planungen einer davon möglicherweise betroffenen Gemeinde nicht abgesprochen werden kann.« Sollte sich aber eine Amtsperson, die der Partei des tausendfachen Verfassungsbruches angehört, sich von einem Gesetz und einem Gerichtsurteil davon abhalten lassen, den erklärten Willen der Bevölkerung mit Füßen zu treten?

Es kam während der Debatte, die durchgehend von der Empore aus gefilmt wurde (der Film kann heute noch gegen einen Unkostenbeitrag vom Ahriman-Verlag Freiburg bezogen werden), zu tumultuarischen Szenen. Von den 14 SPD-Abgeordneten hatten vier den Weg ins Rathaus nicht gefunden, doch ihre Zahl reichte aus, um gemeinsam mit den Stimmen der CDU den Antrag auf Abhaltung einer Bürgerversammlung rechtswidrig abzulehnen. »Gemeinsamkeit der Demokraten«! Oberbürgermeister Böhme setzte der zynischen Rechtsverachtung die Krone auf, als er erklärte, falls seine Partei, die SPD, einen Antrag auf Erklärung der atomwaffenfreien Zone stelle, würde dies *nicht* den »kommunalen Wirkungskreis« überschreiten, und der wilde Landsberg kündigte für diesen Fall Klageerhebung an, falls die Landesregierung bei ihrem Verbot einer solchen Erklärung bleibe. Nach der Abstimmung verließ Stadtrat Niemietz aus Protest das kommunale Schmierentheater und begab sich zu den Zuschauern auf die Empore. Dies aber hatte ein Nachspiel: Deswegen und weil er in seiner Rede, mit Blick auf das Parteienkartell, von »sogenannten Volksvertretern« gesprochen hatte, sollte er auf Antrag des Oberbürgermeisters von den nächsten Sitzungen des Gemeinderats wegen »ungebührlichen Verhaltens« ausgeschlossen werden. Da dieser freiheitlichdemokratische Schiß auf Recht, Gesetz und Wählerwillen aber auf Zelluloid gebannt war, der Film in zahlreichen Freiburger Gaststätten sowie in anderen Städten gezeigt wurde und etliche Protestschreiben gegen diesen despotischen Akt bereits eingetroffen waren, wurde das Teilnahmeverbot für den Abgeordneten der Bunten Liste auf der nächsten Gemeinderatssitzung zurückgenommen. Dafür wurde eine drastische Verschärfung der Geschäftsordnung des Gemeinderats durchgepeitscht: Von nun an war es verboten, die Sitzungen des Gemeinderats zu filmen. Man hatte diese Verordnung offenkundig von den Nazis abgeschaut, die Ton- und Bildmitschnitte von Gerichtsverhandlungen untersagt hatten, nachdem ihnen Georgi Dimitroff beim Reichstagsbrandprozeß eine blamable Niederlage beigebracht hatte, die weltweit übertragen wurde; deshalb kennen wir bis heute den sonderbaren Beruf des Gerichtszeichners. Darüber hinaus wurde zum erstenmal seit 1945 eine Beschränkung der Redezeit im Freiburger Gemeinderat auf 15 Minuten verfügt. Schließlich waren Beifalls- und Mißfallenskundgebungen seitens des Publikums untersagt. Was die Abgeordneten der Kartellparteien als ihr gutes Recht betrach-

Der unausgesprochene Gehalt dieses Titelbildes: Ihr habt keine Chance – ergebt Euch!

teten, nämlich den Vertreter der Bunten Liste im Minutentakt durch Zwischenrufe zu unterbrechen, um ihn aus dem Konzept zu bringen, hatte bei den Besuchern gravierende Folgen. Sollte sich beispielsweise jemand erdreisten, Beifall zu klatschen, so wurde von nun an dem Oberbürgermeister das Recht eingeräumt, den »Täter« ohne Vorwarnung von der Polizei aus dem Ratssaal entfernen zu lassen. Tatsächlich kam es in der Folge zu einem massiven Polizeieinsatz, bei dem die gesamte Empore geräumt wurde und die Zuschauer mit Fußtritten und Faustschlägen ins Parterre und dann ins Freie getrieben wurden. Das war nach eineinhalb Jahren der Schlußpunkt unter den einfachen Antrag eines Abgeordneten, Freiburg zur atomwaffenfreien Zone zu erklären.

Die Zeit verging. Die Erstschlagswaffen wurden aufgestellt, was eine gewisse Zeit in Anspruch nahm – bis spätestens 1988 wollten die USA über die uneingeschränkte Erstschlagskapazität verfügen –; die Bunte Liste scheiterte pogrombedingt am Wiedereinzug in das Stadtparlament; in der Sowjetunion machten sich die ersten Anzeichen des Zerfalls und der Auflösung bemerkbar, und eines schönen Tages prangten auf den Freiburger Ortsschildern die beiden Worte: Atomwaffenfreie Zone. Die Verarschung war perfekt – lokal, langwierig und exemplarisch. Wer das Kleine nicht versteht, kann auch das Große nicht begreifen; wer mit Pfennigen nicht rechnen kann, scheitert auch an Millionen.

Von Grenada nach Libyen

Am 25. Oktober 1983 überfielen die Vereinigten Staaten, die stärkste Militärmacht der Welt mit einer Viertelmilliarde Einwohner, die im äußersten Südosten der Karibik gelegene winzige Insel Grenada, deren 110000 Bewohner, überwiegend Schwarze, ihr Dasein neben den Einnahmen aus dem florierenden Tourismus mit dem Anbau von Kakao, Gewürzen und Bananen fristeten. Dieser Winzstaat, den zu erobern die Freiwillige Feuerwehr einer Großstadt ausgereicht hätte, wie ein Leserbriefschreiber seinerzeit treffend meinte, soll doch tatsächlich die Vereinigten Staaten, mithin die gesamte »freie Welt« bedroht und ein »Terroristenzentrum« beherbergt haben, schon damals.* Zuerst hieß es, die Staatschefs von Barbados und der Dominikanischen Republik hätten die USA um eine militärische Intervention ersucht, jedoch stellte sich sehr schnell heraus, daß die Vereinigten Staaten diese beiden Länder aufgefordert hatten, ein entsprechendes Ersuchen zu stellen, »und wir werden antworten«. Es wurde darüber hinaus völlig zu Recht darauf verwiesen, daß es nicht angehen könne – vom Völkerrecht einmal ganz zu schweigen –, »daß der Staat A den Staat B bittet, im Staat C zu intervenieren, obwohl keine Aggression des Staates C gegen den Staat A vorliegt.«[61] Aber solche Skrupel waren einem Reagan fremd: »Einhundert Nationen in der UN haben uns nicht zugestimmt in nahezu allem, was ihnen vorgelegt wurde und wo wir einbezogen sind – und es hat mich überhaupt nicht beim Frühstück gestört.«[62] Der Überfall auf Grenada enthielt insofern eine äußerst pikante Note, als die Insel zum Commonwealth gehörte und die USA damit ihrem britischen »Verbündeten« in aller Deutlichkeit zeigten, wo der Hammer hängt (als die britische Premierministerin Margaret Thatcher sich telefonisch bei Reagan beschwerte, soll dieser brüsk geantwortet haben: »Talking is over, action is on«). Den Gipfel der Demütigung Großbritanniens stellte der Umstand dar, daß die USA den britischen Generalgouverneur von Grenada präsentierten, einen gewissen Paul Scoon, den zuvor kein Mensch gekannt hatte und der angeblich einen dringenden Appell an die Vereinigten Staaten zwecks militärischem Eingreifen gerichtet haben soll. Völlig zutreffend heißt es dazu in dem soeben erwähnten Flugblatt: »**entweder**

---

* Das von der Bunten Liste verteilte Flugblatt »Grenada: Nach den Soldaten kommen die Seelenmasseure« enthält eine kritische Würdigung der Propagandatechnik (in: Hoevels 1998, S. 360–364).

ist Grenada ein souveräner Staat, dann hat ein Commonwealth-Repräsentant darin so wenig außenpolitische oder staatsrechtliche Befugnisse wie z. B. ein EG-Kommissar, auch wenn er aus historischen Gründen den Titel »Gouverneur« führt; so wenig etwa Ralf Dahrendorf die Bundeswehr nach London rufen darf, wenn ihm zum Beispiel das englische Wahlergebnis nicht paßt, so wenig hat irgendein Paul Scoon das Recht, fremde Truppen nach Grenada zu holen. [...] **Oder** Grenada ist kein souveräner Staat, sondern eine englische Kolonie: dann freilich gibt es keinen anderen Grund zur Aufregung als den, daß es überhaupt Kolonien gibt.« In Wirklichkeit war eine Invasion »das letzte«, was dieser Scoon wollte, wie er reichlich verdattert der BBC wenige Tage später gestand. Die US-Truppen hatten ihn einfach am Schlafittchen gepackt und auf ihr Kriegsschiff »USS Guam« verschleppt, wo er eine entsprechende Erklärung unterschreiben mußte. Englische Konservative (*sic*) diskutierten daraufhin die Frage, ob auf amerikanische Militärangehörige in Großbritannien das Feuer eröffnet werden sollte, falls die USA ohne Absprache mit den anderen NATO-Ländern einen atomaren Angriffskrieg gegen die Sowjetunion beginnen sollten. Diese Sorge war mehr als berechtigt, denn die US-Führung besaß, wie erwähnt, die alleinige Verfügungsgewalt über die neuen Erstschlagsraketen, deren Stationierung unmittelbar bevorstand. Ex-General Haig hatte gegenüber der ›Time‹ am 16. März 1981 klipp und klar verlautbart, man werde sowjetische Aggressionen – oder was man dafür hielt – »nur noch so tolerieren, daß der Weltfrieden in höchste Gefahr gerät«.[63]

Ein solcher Fall war bei Grenada angeblich eingetreten, denn die US-Propaganda verortete die Karibikinsel im Gespinst der sowjetischen Bedrohungslüge und des von Kuba angeblich ausgehenden, »terroristische Methoden« in Anschlag bringenden Hegemonialstrebens im karibischen Raum. Bis März 1979 hatte eine US-Marionette die Insel regiert, der notorische Massenvergewaltiger und Folterdespot Eric Gairy. Er wurde vom »New Jewel Movement« unter der Führung von Maurice Bishop abgesetzt, eines fortschrittlichen Juristen, der in London studiert hatte. Was der Westen als »Putsch« bezeichnete, war tatsächlich weitgehend unblutig verlaufen; der Despot konnte sogar ungehindert das Land verlassen, ohne daß ihm ein Haar gekrümmt worden wäre. Das war der erste schwerwiegende Fehler. Dann aber geschah etwas ganz Schreckliches auf dieser verelendeten Insel: Arbeitsplätze wurden geschaffen, neue Schulen gebaut, zusätzliche Lehrer eingestellt, die Alphabetisierung vorangetrieben, Sozialdienste eingerichtet, Wasserreinigungsanlagen installiert, und als Gipfel der Provokation erhielten Kinder umsonst Milch wie im Chile Allendes, und im Gegensatz zu den USA war die medizinische Versorgung kostenlos. Um den Tourismus anzukurbeln, plante man den Bau eines Flughafens. Die Weltbank unterstützte das Projekt, die EU stellte Gelder zur Verfügung, eine Firma aus Florida führte die Erdarbeiten aus, und Kuba besaß die Dreistigkeit – man stelle sich das einmal vor! – Arbeiter und Maschinen zur Verfügung zu stellen. Das war eine genauso verheerende und katastrophale Bedrohung des Weltfriedens wie heute, wenn der Iran einen Isotopenreaktor zur Krebsbehandlung bauen will. Es mußte also etwas geschehen.

Für Reagan war der Fall klar: »Grenada war eine sowjetisch-kubanische Kolonie, bereitgestellt als große Militärbastion, um Terror zu verbreiten und die Demokratie zu unterminieren, aber wir sind gerade noch rechtzeitig zuvorgekommen.«[64] Um dahin zu gelangen, mußte jedoch viel erfunden und gelogen werden, im Stil der phantasierten »Massenvernichtungswaffen« Saddam Husseins. Noch bevor der Präsidentendarsteller mit der Keule zuschlug, hatte die Carter-Administration Maurice Bishop wissen lassen, man werde »jegliche Neigung seitens Grenada, die auf eine Entwicklung von engeren Verbindungen mit Kuba abzielt, mit Mißfallen betrachten.«[65] Eine Vorgehensweise, die deutlich die Handschrift der CIA trägt, ist dabei besonders bemerkenswert: die konzertierte, aufeinander abgestimmte Aktivität der Propaganda-Apparate. Bereits 1979 hatte die deutsche Wochenzeitung ›Bunte Illustrierte‹, die sich im Besitz des Burda-Konzerns befindet, mit der Hauptzentrale in der badischen Kleinstadt Offenburg, den Bau großer Militär- und Raketenbasen auf Grenada gemeldet. Diese Lüge wurde sofort von den US-Medien aufgegriffen und ausgebaut; es dürfte alles andere als ein Zufall gewesen sein, daß sich Reagan 1982 bei seinem Staatsbesuch in der BRD in die badische Provinz bemühte, um mit dem Großverleger Burda zu plauschen. Selbstverständlich hatte der geplante Flughafen nun ein militärisches Objekt zu sein und die kubanischen Arbeiter hochmotivierte Killer in Uniform. Die wirkliche Wirklichkeit sah indessen anders aus: Von den 784 Kubanern auf der Insel – ein bißchen wenig, um die Macht zu ergreifen oder die USA zu überfallen – waren 636 Bauarbeiter »– die meisten befanden sich in den Vierzigern und Fünfzigern (eine Beobachtung, die von verschiedenen amerikanischen und britischen Journalisten gemacht wurde) –, die übrigen, darunter 44 Frauen, waren Ärzte, Zahnärzte, öffentliche Gesundheitsarbeiter, Lehrer und andere, außerdem 42 Personen, die zum Militärpersonal gezählt werden konnten.«[66] Doch nun, da mit dem Kuba-Joker das antikommunistische Motiv angestimmt war, brachen alle Lügendämme. Ein Waffenlagerfund jagte den nächsten, als wären es iranische Atommeiler, und man wußte sogar, daß sich in Grenada Munition und Fernsprechausrüstung befanden, im Gegensatz zu jedem anderen Staat, mutmaßlich. Dann kamen die Raketenlager, dann eine sowjetische U-Boot-Basis an einem seichten Traumstrand, schließlich sowjetische Angriffshelikopter, Torpedoboote und MiG-Überschall-Kampfjets. Kurzum, es konnte nur noch eine Frage der Zeit sein, bis Grenada die Vereinigten Staaten schluckte, obwohl es keine Luftwaffe besaß (doch genau das machte die Gefahr besonders unberechenbar).

Schließlich nutzte man innergrenadische Wirren aus, um das Karibik-Inselchen nach sorgfältiger propagandistischer und militärischer Vorbereitung zu überfallen. Nach innerparteilichen Fehden war Maurice Bishop am 12. Oktober 1983 aus dem »Movement« ausgeschlossen und eine Woche später ermordet worden. Er war so gemäßigt gewesen, daß er wie die nicaraguanischen Sandinisten den Privatbesitz von Produktionsmitteln unangetastet gelassen hatte – das war sein zweiter Fehler gewesen. Unter dem Vorwand, amerikanische Studenten – denen es gar nicht eingefallen war, sich »bedroht« zu fühlen – retten zu müssen, fielen 2000 amerikanische Marines auf der Insel ein, während weitere 7000 Soldaten auf den Kriegsschiffen bereitgehalten wurden. Sowjetische Kriegsschiffe waren keine in Sicht, und damit hatte der Kreml, im Gegensatz zur sogenannten Kuba-Krise, wieder das fatale Signal gegeben, daß er seine wenigen Interessen- und Einflußgebiete nicht mehr zu schützen trachtete, daß er potentielle und tatsächliche Verbündete wie heiße Kartoffeln fallen ließ, wenn die US-Kriegsmaschinerie anrollte, kurzum: daß der Verteidigungswillen erlahmt und die sowjetische Bastion sturmreif war.

Die amerikanische Luftwaffe zerstörte die gesamte Infrastruktur der Insel. Ein GI brachte seine Mission in der Diktion eines Vietnamesen-Schlächters zum Ausdruck: »Ich will den Kommunismus aus dieser kleinen Insel hinausficken, und ihn genau nach Moskau zurückficken.«[67] Genau so hätte es auch sein höchster Vorgesetzter sagen können. Aber obwohl die US-Truppen gefangene Kubaner als Geisel nahmen und sie als lebendige Schilde vor sich her führten, war der Widerstand, wenngleich aussichtslos, doch heftig gewesen: Nach einer Woche waren 135 Amerikaner getötet oder verwundet worden, ferner waren 84 Kubaner und rund 400 Inselbewohner im Kampf gefallen. Schlimmer noch war, daß im Gefolge der Invasoren Despoten vom Schlage des abgehalfterten Eric Gairy wieder Einzug in Grenada halten konnten. Dort herrschten mittlerweile wieder die alten idyllischen Zustände, wie die englische Zeitung ›The Guardian‹ am 5. März 1984 meldete:

> Die Insel ist weithin sichtbar unter amerikanischer Besetzung. Jeeps patrouillieren ständig. Helikopter fliegen über die Strände. Bewaffnete Militärpolizei beobachtet die Dorfbewohner und besucht ständig die Cafés. CIA-Männer

überwachen die Sicherheit und das Gerichtsgebäude. Die einzige Zeitung der Stadt schüttet wöchentlich beißenden Spott über die Jahre der revolutionären Regierung aus, »dieser grausigen Periode in unserer Geschichte«. Der Druck ist schwer in einer kleinen Gemeinde.[68]

Weitgehend unbeachtet von der Weltöffentlichkeit, hatte sich im Zusammenhang mit Grenada eine weitere, diesmal persönliche Tragödie ereignet. Der CIA-Dissident Philip Agee, der in mehreren Büchern ausführlich über seine Beobachtungen und Erlebnisse in dieser weltweit mächtigsten Geheimpolizei berichtet hatte und daher seines Lebens nicht mehr sicher war, hatte zu Regierungszeiten von Maurice Bishop die Staatsbürgerschaft Grenadas erhalten. Mit dem US-Überfall auf Grenada und der Installierung eines konterrevolutionären Regimes war er wieder zum Staatenlosen geworden. Knapp ein Jahr zuvor, am 25. Mai 1982, hatte er auf Einladung der Bunten Liste in Freiburg während der »Amerika-Woche« über seine Erfahrungen gesprochen. Allein die Umstände seiner klandestinen Einreise über die Schweiz zeigten an, daß er auch als grenadinischer Staatsangehöriger seines Lebens nicht sicher sein konnte, desgleichen seine abenteuerliche, unter strikter Geheimhaltung erfolgende Weiter- und Ausreise, die sich kaum von einem Spionagethriller unterschied. Es war ganz offenkundig lebensgefährlich, die Wahrheit über die USA zu verbreiten.

Am schlimmsten aber war zweifelsohne, daß die Sowjetunion außer einem schlappen Indianer-Vergleich bezüglich Grenada nichts zuwege brachte und ihre Kapitulationsbereitschaft bei sich unablässig steigernder amerikanischer Aggressivität erkennen ließ. Langsam lüftete sich der Vorhang zum letzten Akt des Dramas, das wiederum mit Bomben eröffnet wurde.

»Ein Krebs, der herausgeschnitten werden muß« – mit diesen Worten charakterisierte der amerikanische Außenminister Alexander Haig den libyschen Staatschef Muammar Ghaddafi.[69] Dreißig Jahre gingen ins Land, bis dieses imperialistische Banditenstück in Szene gesetzt und der Nordafrikaner »endlich« ermordet werden konnte, wobei die Vereinigten Staaten so taktvoll und zartfühlend waren, den alten Kolonialmächten Frankreich und England den Vortritt zu lassen, selbst im Hintergrund zu bleiben, aber massiv mit technischem Know-how und kurzfristig aus dem besetzten Irak abgezogenen Drohnen, Flugzeugen und Kriegsschiffen auszuhelfen. Zu einem Zeitpunkt, als die NATO-Söldner – von der Presse »Rebellen«, »Aufständische« oder in aller Bescheidenheit »Freiheitskämpfer« genannt – noch die Messer wetzten, mit denen sie Ghaddafi wenig später abschlachteten, berichtete ein Besucher auf einer Veranstaltung des »Bundes gegen Anpassung« in Dresden höchst Aufschlußreiches: Er habe ein halbes Jahr vor Beginn des NATO-Luftangriffs auf Libyen, der mit der perversen Formel des »Flugverbots« für libysche Militärjets und Armeehubschrauber beschönigt wurde, als Ingenieur ein Angebot erhalten, für drei Monate in Israel an der Erprobung und Ausrüstung eines unbemannten Flugkörpers mitzuarbeiten, der mit einer hochtoxischen Chemikalie ausgerüstet werden sollte. Im Anschluß an diese »Probezeit« wäre ein Einsatz dieses Technikers »im Mittelmeerraum« vorgesehen gewesen. Der moralisch integre und höchst achtbare Mann kündigte seine Arbeit und fand anderwärts eine neue Anstellung, derweil die Einrichtung der »Flugverbotszone« über Libyen 50 000 Zivilisten und ihren Staatschef das Leben kostete. Alles war also von langer Hand geplant, nicht erst ein halbes Jahr vor Eröffnung des NATO-Luftkrieges, sondern seit über drei Jahrzehnten. Auf derselben Veranstaltung teilte im übrigen ein anderer Besucher mit, daß Soldaten der Bundeswehr mittlerweile Persisch lernten – Nachrichten, die man vergeblich in der Zeitung sucht und die anzeigen, wohin der Marsch in nächster Zukunft geht.

Was aber sprach gegen Libyen, was gegen seinen Staatschef, der so unverhohlen mit Morddrohungen aus der »freien Welt« eingedeckt wurde? Nun, es waren in etwa dieselben »Argumente«, die gegen Grenada unter Maurice Bishop oder, noch treffender, gegen den Irak und seinen Präsidenten Saddam Hussein sprachen. Libyen besaß die neunthöchsten Reserven der Welt an höchst qualitätsvollem Erdöl und wollte es nicht »freiwillig« an die USA und deren Vasallen herausrücken. Ghaddafi hatte die Unverschämtheit besessen, als junger Oberst gemeinsam mit anderen Offizieren im Jahre 1969 die Monarchie zu stürzen. Die ersten Jahre ließ man ihn gewähren, weil man auf seinen fest verwurzelten Antikommunismus baute. Es war aber schnell Schluß mit lustig, als er die Reichtümer des Landes, die doch niemand anderem zustanden als den USA und den kolonialen Räubern der Vergangenheit, in nationales Eigentum überführte. Denn vor allem dies war es, was gegen Libyen sprach und was ein westlicher Botschafter gegenüber der ›Newsweek‹ vom 20. Juli 1981 so zum Ausdruck brachte: »Sie sehen hier weder Armut noch Hunger. Grundbedürfnissen wird in einem höheren Maße begegnet als in irgendeinem anderen arabischen Land.«[70] Und war es nicht ein ausreichender Mordgrund, daß Ghaddafi die Dreistigkeit besaß, zur Absicherung seines Kurses Rückhalt beim Todfeind der Vereinigten Staaten, der Sowjetunion, zu suchen, mit der er einen Verteidigungspakt zu schließen versuchte? Was glaubte dieser dahergelaufene Beduine eigentlich, wer er war? Ebensogut hätte er gleich sein Todesurteil unterzeichnen können. So avancierte er, in der schäumenden Diktion Reagans, zum »tollwütigen Hund des Mittleren Ostens«[71], wobei er es mit der Geographie nicht so genau nahm. Ob das Öl nun in Nordafrika oder Südwestasien steckte, war gleichgültig, denn es gehörte ohnehin den USA. Auch Dan Quayle, der Vize von Reagans Nachfolger Bush sen., ein Milliardär, der zur Abwechslung auf Politik machte, vertrat die Ansicht, Lateinamerika heiße so, weil man dort Latein spreche. Na also. Doch tollwütige Hunde muß man totschlagen, ob in Afrika oder Asien, darin war man sich einig.

Diese Ausführungen sind jedoch noch viel zu sachlich gehalten. In der westlichen Propaganda figurierte Ghaddafi als Modell eines Terrorpaten, als »Designer-Ungeheuer«, wie trefflich gesagt wurde, dem jede Schandtat zugetraut und jede Schandtat nachgesagt wurde. Die Verbrechen, zu denen er angestiftet haben soll, sind mysteriös, kommen stets ohne Beweise aus und tragen eindeutig den Charakter geheimdienstlicher *counterinsurgency*-Aktivitäten. Kurz bevor Reagan gegen Libyen am 14. April 1986 losschlug, explodierte in der Berliner Diskothek »La Belle«, in der viele GIs verkehrten, wie bestellt eine Bombe, die zwei schwarze US-Soldaten und einen Zivilisten tötete. Man munkelte etwas von einem kodierten Funkverkehr zwischen der libyschen Botschaft in Ostberlin und der Regierung in Tripolis, ohne je stichhaltige Beweise vorzulegen. Aber ein gemeinsames Komplott von einem ruchlosen arabischen Terroristen und einem ruchlosen kommunistischen Staat – das war doch was! Selbst Mitarbeiter des Weißen Hauses räumten ein, daß Anschläge auf Schwarze oder andere Minderheiten eher »untypisch« für »die Libyer« seien, und in der Tat war Ghaddafi im Gegensatz zu seinen jetzt regierenden Mördern weder ein Rassist noch ein religiöser Fanatiker; subsaharische Schwarze lebten jedenfalls gleichberechtigt in Ghaddafis Staat, sie hatten nichts zu fürchten und hatten als erklärte Anhänger des Staatschefs besonders unter den Pogromen der NATO-Söldner zu leiden. Auch der durch eine Bombenexplosion verursachte Absturz des Pan Am-Fluges 103 über dem schottischen Lockerbie am 21. Dezember 1988, bei dem 270 Menschen, die Hälfte davon US-Bürger, starben, fällt in diese Kategorie. Zuerst machte man ein Generalkommando der »Volksfront für die Befreiung Palästinas« verantwortlich und wollte dahinter die bösen Buben Syrien und Iran als Drahtzieher entdecken, aber dann war es wiederum Ghaddafi als Gesamtterrorist; dieses Bonbon, das man ihm ans Revers geklebt hatte, wurde er bis zu seiner Ermordung nicht mehr los. Ob nun ein Anschlag auf den Papst verübt wurde oder die westdeutsche Geheimpolizei ein krummes Ding drehte, um es der nicht mehr existenten RAF in die Schuhe zu schieben – stets war Ghaddafi mit im Spiel. Es nutzte ihm nichts, als er 2003 die »Verantwortung« für Lockerbie übernahm (ohne ein Schuldeingeständnis abzulegen), damit die USA endlich ihre gegen Libyen verhängten Sanktionen aufhöben; und es nutzte ihm auch nichts, als er mit gleichsam erhobenen Händen den USA eine atomare Anlage zum Abtransport aushändigte – sein gewaltsamer Tod war seit langem beschlossene Sache. Freilich lieferte er seinen Todfeinden auch Vorwände, gab er dem Affen Zucker, etwa durch sein bizarres, großspuriges Auftreten, seine Exzentrizitäten, seine islamischen Spinnertheiten und seine verbalen Ausfälle –, aber all das ist kein Mordgrund, weder an ihm noch an seinen 50 000 libyschen Landsleuten. Auch dies ist ein Grundzug der West-Propaganda: Wer den Engelchen-Nachweis nicht erbringen kann, soll sein Leben verwirkt haben. Dies gilt freilich nur in eine Richtung: weder ein Truman noch ein Nixon oder ein Bush mußten sich je für Massen- oder Völkermord verantworten.[72]

Reagan war kaum im Amt, als die militärischen Provokationen gegen Libyen begannen. Am 19. August 1981 überflogen amerikanische Kampfjets die von Ghaddafi proklamierte »Todeslinie«, die 120-Meilen-Grenze in der Großen Syrte, und schossen zwei Militärflugzeuge der Libyer ab. »US – Libya 2:0«, war auf vielen Anzeigetafeln an Tankstellen in den Vereinigten Staaten zu lesen; man war eben schon immer eine Nation der Sportskanonen. Ein Szenario zum Sturz Ghaddafis, das die ›Newsweek‹ im August 1981 veröffentlichte, liest sich wie eine Regieanweisung für den NATO-Überfall auf Libyen, dessen Zwangszeugen wir unlängst alle wurden:

> Ein großangelegtes, mehrphasiges und kostenintensives Projekt, das darauf abzielte, das libysche Regime zu stürzen und zu erreichen, was die CIA Ghaddafis »ultimative« Entfernung aus der Macht nannte. Der Plan nahm Bezug auf ein »Desinformations«-Programm, das entworfen war, um Ghaddafi und seine Regierung in Verlegenheit zu bringen. Eine Gegen-Regierung wurde ins Leben gerufen, um seinen Anspruch auf nationale Führerschaft herauszufordern. Außerdem ist eine eskalierende paramilitärische Kampagne von Guerilla-Operationen in kleinem Maßstab initiiert worden.[73]

Oder haben wir aus Versehen im Regiebuch für die Destabilisierung von Syrien geblättert? oder von Iran? oder …?

Wie nachträglich bekannt wurde, hatte die französische Regierung bereits 1981 geplant, Ghaddafi zu ermorden. Dieses Komplott scheiterte offensichtlich an der unerwarteten Wahlniederlage des Präsidenten Valéry Giscard d'Estaing, so daß diese noble Aufgabe wesentlich später dem Taschen-Napoleon Nicolas

Sarkozy zugeschustert wurde. Bereits am 27. Juni 1980 war bei einem mysteriösen Vorfall ein italienisches Passagierflugzeug von einer NATO-Sidewinder-Rakete getroffen worden und bei Sizilien ins Mittelmeer gestürzt. 81 Menschen bezahlten diesen Anschlag mit dem Leben, der aller Wahrscheinlichkeit nach Ghaddafi gegolten hatte, von dem man annahm, er sei zur selben Zeit im selben Gebiet in einem Flugzeug unterwegs. Das italienische Militär vernichtete alle Unterlagen, die Aufschlüsse über diese Tragödie hätten geben können, die beteiligten NATO-Piloten kamen allesamt bei mysteriösen Unfällen ums Leben, so z. B. durch den Zusammenstoß ihrer Jets bei einer Flugschau im deutschen Bremgarten, und man beschloß letztlich, die Sache zu »vergessen«. Mit Reagan machte die US-Regierung aus ihren Mordabsichten keinerlei Hehl mehr. Nach der dubiosen »La Belle«-Affäre hoben am 14. April 1986 US-amerikanische Kampfbomber von ihren Flugzeugträgern ab und entluden ihre tödliche Fracht über Tripolis, dort vor allem über dem Regierungsviertel. Bis zu hundert Menschen kamen ums Leben, darunter Ghaddafis fünfjährige Stieftochter und eine Jugendliche aus London. Die französische Botschaft wurde bei dieser Gelegenheit in Schutt und Asche gelegt – eine dezente Retourkutsche dafür, daß Frankreich unmittelbar zuvor die Überflugrechte für das amerikanische Bombergeschwader verweigert hatte, so daß dieses einen längeren Umweg durch die Meerenge von Gibraltar nehmen und in der Luft betankt werden mußte. (Welche Meister der zarten Andeutung die Amerikaner doch sind! Beim NATO-Bombardement von Belgrad 1999 wurde ausgerechnet die Botschaft der Volksrepublik China zerstört.) Ein sichtlich schockierter Ghaddafi hatte überlebt, während die Angehörigen seiner umfangreichen Familie in ein Krankenhaus eingeliefert werden mußten. Ein Vierteljahrhundert später hat man einige seiner Söhne doch noch erwischt, unter dem Krakeel mordgeiler Medien. Ein Nachrichtenoffizier der US-Luftwaffe kommentierte damals diese mafiawürdige Aktion mit den Worten: »Es besteht kein Zweifel, daß sie nach Ghaddafi suchten. Es war in dieser Weise instruiert. Die würden ihn töten.« Die ›Voice of America‹ schrieb den Libyern ins Stammbuch: »Oberst Ghaddafi ist eure tragische Bürde«; solange sie seinen Befehlen gehorchten, müßten sie Konsequenzen wie diese »akzeptieren«.[74] Anzeigen zweier Kinder Ghaddafis auf der Grundlage eines amerikanischen Gesetzes, das die Ermordung ausländischer Staatschefs untersagt, wurden abschlägig beschieden. Statt dessen wurden 158 Orden verteilt. Wohl für »Tapferkeit vor dem Feind«.

Das Wichtigste fand sich kaum in den Zeitungen – und wenn, dann an entlegenster Stelle – und von daher erst recht nicht in den Köpfen: Als sich der amerikanische Militärschlag von 1986 abzeichnete, stellte Ghaddafi den Antrag auf Aufnahme Libyens in den Warschauer Pakt. Ein Angriff auf das Land hätte demnach den »Bündnisfall« bedeutet, d. h. die Pakt-Staaten wären zur militärischen Unterstützung des Angegriffenen verpflichtet gewesen. Stinkend vor Angstschweiß und Feigheit lehnte die Sowjetunion ab und besiegelte damit ihren eigenen Untergang. Denn dieses fatale Signal wirkte natürlich auch auf die osteuropäischen Länder: Wozu sollten sie in einem Verteidigungsbündnis bleiben, das ihnen diese Verteidigung nicht garantiert, dafür einen immer näher rückenden, unausweichlich scheinenden Atomtod? Von diesem Moment an setzten die zentrifugalen Auflösungstendenzen im Ostblock ein, zunächst noch kaum wahrnehmbar, dann immer deutlicher.

In einem Flugblatt der »Marxistisch-Reichistischen Initiative« vom 15. April 1986 – das Datum ist wichtig – lauten die ersten Sätze unter der Überschrift »Von Grenada nach Libyen: demnächst kommt die Sowjetunion an die Reihe!«:

> Die Feigheit der Sowjetunion, die tiefe Loyalität der deswegen ekelhaften sogenannten »Friedensbewegung« zum Westen tragen ihre Früchte: der amerikanischen Militäraggression steht nichts mehr im Wege. Keine zweite Weltmacht, keine ernsthafte innere Opposition. Grenada war der Test, Libyen die unvermeidliche Konsequenz. Über ein wahrscheinlich ebenso zähes wie unspektakuläres nicaraguanisches Zwischenspiel wird die Sowjetunion, dieser kränkelnde Riese, der um Frieden winselt und dadurch den Appetit seines aggressiven Gegners nur steigert, in ca. 3 bis 5 Jahren das nächste Opfer sein.
> **Merke**: wir hatten uns noch nie geirrt! […][75]

Dies war die erste präzise Vorhersage eines Ereignisses, das bis dahin als schiere Unmöglichkeit gegolten hatte: des Untergangs der Sowjetunion. Aber *wie erstaunt* tat *die ganze Welt*, jedenfalls außerhalb interner US-Regierungs- und Militärkreise, als diese unsere einsame Prophezeiung, für die keine übernatürlichen Informationsquellen nötig gewesen waren, dann präzise eintraf!

Das Ende

ist rasch erzählt. Mit der konkurrenzlosen atomaren Erstschlagsfähigkeit der Vereinigten Staaten steigerte sich deren Aggressivität in der Weltarena, und unter diesem stetig wachsenden, ungeheuren Druck implodierte die Sowjet-

An diesen »Sprengstoff« galt es Lunte zu legen …

… denn seit Carters Erstschlagswaffen bröckelte die Sowjetmacht

union, löste sie sich wie der gesamte Ostblock in ihre Einzelteile auf. Mitte der 8oer Jahre stellte Reagan in seiner »Rede zur Lage der Nation« fest, daß auf jedem Kontinent »antikommunistische Revolutionen« stattfanden, und er bekräftigte die Entschlossenheit der USA, diese Konterrevolutionen – und das waren sie und sind sie bis heute, auch wenn sie nach einer Südfrucht oder einer wohlduftenden Blüte benannt werden – tatkräftig zu unterstützen: »Wir dürfen nicht die Treue brechen mit denen, die ihr Leben riskieren […], um der von der Sowjetunion unterstützten Aggression Trotz zu bieten.« Allein im Jahr 1985 unterstützten die USA die afghanischen Taliban mit einer halben Milliarde Dollar (die Welt leidet diesbezüglich an einer Art Gedächtnisschwund), und dies war nur eine, wenngleich die größte der rund 50 verdeckten CIA-Operationen, die in die erste Amtszeit Reagans fielen (Carter brachte es auf ganze zehn solcher *covert operations*). Ein Sprecher des Pentagons unterstrich diese Politik der antisowjetischen weltweiten Offensive: »Wir sprechen jetzt davon, daß wir uns bei Aufständen [*insurgencies*] einschalten – anders als in den sechziger Jahren, als wir hauptsächlich *counterinsurgence*-Operationen durchführten. Der Sozialismus ist nicht irreversibel.«[76]

Führen wir uns nochmals die Faktoren vor Augen, die den Untergang der Sowjetunion bewirkten: Der nicht einholbare militärtechnologische Vorsprung der USA, die tödliche Bedrohung mit einer neuen Generation atomarer Erstschlagsraketen sowie die überproportionale Belastung der Ökonomie durch die aufgezwungenen Verteidigungsanstrengungen hatten die eingekreiste Sowjetunion ins Wanken gebracht; nun warf sie der globale Ansturm des US-Imperialismus zu Boden. Führen wir uns den dritten der soeben aufgeführten Faktoren, die »Totrüstung«, mittels zweier Zitate vom Anfang und Ende der 8oer Jahre vor Augen. Im Oktober 1981 hatte Reagan die amerikanischen Chefredakteure zu einer Unterredung oder besser Befehlsausgabe ins Weiße Haus geladen. Anschließend wurde ein Transkript dieser Gespräche veröffentlicht (u. a. in der ›Frankfurter Rundschau‹ vom 21. Oktober 1981); es erinnert in seiner Diktion deutlich an die äußerst lesenswerten, von Henry Picker aufgezeichneten Gespräche in Hitlers Führerhauptquartier in Berlin.[77] Mit Blick auf die Sowjetunion stellte Reagan fest: »Eines ist ganz sicher. Sie können ihre militärische Produktion nicht riesenhaft vergrößern, weil sie ihr Volk schon auf eine Hungerdiät aus Sägemehl gesetzt haben – was Verbrauchsgüter anbetrifft. Ihnen ist unsere mögliche Industriekapazität wohl bekannt, und sie können nicht mithalten. Da haben wir die besseren Karten.« Im Stile eines Triumphators resümierte der ehemalige US-Marineminister John Lehmann im April 1989 in London: »Die Sowjetunion ist mit einem Rüstungsaufwand von 40 Prozent des Bruttosozialprodukts am Ende ihrer Leistungsfähigkeit. Die USA geben erst 2 Prozent für die Verteidigung aus. Warum also entgegenkommen? Den Rüstungswettlauf können die Sowjets schließlich nicht gewinnen.«[78] Die Sowjetunion konnte einfach nicht mehr. Anstatt den Aggressor mit der Aussicht zu konfrontieren, ihn bei der ersten feindseligen, auch »konventionellen« Handlung mit in den atomaren Abgrund zu reißen, beschloß die Sowjetführung, zu kapitulieren. Nun ging es Schlag auf Schlag.

Am 22. November 1983 beschloß die Regierungskoalition aus CDU und FDP, was die SPD eingefädelt hatte: die Stationierung von Pershing II und Cruise-Missiles. Schon drei Tage später, am 25. November, trafen die ersten Raketenteile in Mutlangen und Schwäbisch Gmünd ein. Auf Drängen des Bundeskanzlers Helmut Kohl verschärfte die Nukleare Planungsgruppe der NATO ihre Strategie bezüglich des *first use*, des Ersteinsatzes dieser Atomraketen. Im Jahre 1986 legte man fest, »zur nuklearen Abschreckung nicht vorrangig solche Ziele auszuwählen, die im Vorfeld des Aggressors liegen, sondern solche auf dessen eigenem Territorium.«[79] Damit war die Endlösung der Sowjetfrage auf die Tagesordnung gesetzt.

Nach einem kurzen Zwischenspiel mit einem weiteren Greis, Konstantin Tschernenko, übernahm Michail Gorbatschow im März 1985 die Regierungsgeschäfte. Dieser windelweiche Kapitulant warf mit tönenden Phrasen um sich; er prägte jene Schlagworte, mit denen die Kapitulation umschrieben wurde und die – im Westen mit stets spöttischem Unterton – in der Folge geradezu Kultstatus erlangten: »Glasnost« (Offenheit, Transparenz; die Deutsche Bundesbahn wirbt für ihre Fahrpläne mit »Gleisnost«, was für die Jüngeren kaum mehr verständlich sein dürfte – nun ja, wer den Schaden hat, braucht für den Spott nicht zu sorgen) – und »Perestroika«. Dieser zweite Begriff, zugleich Titel eines 1987 veröffentlichten Buches von Gorbatschow, bedeutet soviel wie »Wandel«, »Umgestaltung« – also genau das, was Reagan & Co. von der Sowjetunion verlangten, falls sie nicht atomar enthauptet zu werden wünschte. (Stalin liebte dieses Wort übrigens auch – er bezeichnete seine »Säuberungen« öfters so.)

1986 kündigte Gorbatschow auf dem XXVII. Parteitag der KPdSU den Rückzug der Sowjetunion aus der Weltpolitik an. Die Länder der Dritten Welt müßten nun den Sozialismus »aus eigener Kraft« aufbauen, lautete der zynisch-verlogene Bescheid. Die Hilfe für Kuba sowie für die afrikanischen und südostasiatischen Staaten, darunter auch Vietnam, wurde stark reduziert oder ganz eingestellt. In mehreren Reden jenes Jahres betonte Gorbatschow überdies das Recht eines jeden sozialistischen Landes, seinen »eigenen Weg« zu gehen. »Im Rückblick galt vielen die Aufgabe der Breschnew-Doktrin [welche eine »beschränkte Souveränität« der »sozialistischen Länder« vorsah; P. P.] als der eigentliche Anfang vom Ende des Ostblocks.«[80] Und dies zu Recht – denn dieser Vorschlag Gorbatschows lief auf eine Auflösung des Warschauer Pakts hinaus, die wenige Jahre später ja dann auch erfolgte. Mit Gorbatschow offenbarte sich der faule sozialdemokratische Kern im Spätstalinisten. Das von ihm proklamierte »neue Denken«, das nichts anderes bedeutete als die Entwaffnung und Kapitulation der Sowjetunion, wurde vollmundig als »Weiterentwicklung des Sozialismus« ausgegeben – es war eine Weiterentwicklung zum Müllhaufen der Geschichte.

Derweil ging der US-Imperialismus wie immer mit Schneid zur Sache. Kissinger und Brzeziński erstellten ein Strategiepapier, demzufolge die Vereinigten Staaten bei Konflikten in Zentralamerika, Afrika, der Golfregion und Südostasien – also allen Weltregionen, aus denen sich die Sowjetunion soeben zurückgezogen hatte – mit militärischer Gewalt vorgehen sollten (wie wir es bis zum heutigen Tag beobachten können). Auch gelte es nun, so die beiden Chef-Strategen, die »potentielle Lossagung« der osteuropäischen Länder auszunutzen.[81] Denn seit Beginn der 80er Jahre waren Risse im Ostblock aufgetreten, die sich rasend schnell erweiterten, insbesondere in Polen, dem einzigen katholischen, traditionell russenfeindlichen Land im Moskauer Machtbereich, das im übrigen am tiefsten in der westlichen Schuldknechtschaft steckte und nur noch mit den Mitteln einer halbherzigen Militärherrschaft im Warschauer Pakt gehalten werden konnte. Die Vereinigten Staaten hatten im Verfolg ihrer finsteren Ziele einfach alles richtig gemacht und keine Chance ausgelassen; sie hatten ein feines Näschen bewiesen, als sie den polnischen Kardinal Karol Wojtyla, einen erklärten Feind des »gottlosen Kommunismus«, im Jahr 1979 zum Papst kürten. Der renommierte Kirchenkritiker Hubertus Mynarek schreibt hierzu:

> Insbesondere für die CIA und die US-amerikanische Sektion des ›Souveränen Malteser-Ritterordens‹, dem einflußreiche Politiker und Unternehmer angehören, verkörperte Karol Wojtyla die Hoffnung, der eiserne Ostblock lasse sich aufsprengen. Die US-amerikanischen Kardinäle als direkte Wähler des Papstes wurden entsprechend inspiriert und motiviert […] So war es kein Wunder, daß das meist sehr gut informierte US-amerikanische Nachrichtenmagazin TIME Karol Wojtyla vor dem Konklave als Papstkandidaten bezeichnete. […] Nach seiner Wahl zum Papst bezeigte Wojtyla den USA gegenüber denn auch permanent seine Dankbarkeit für die ihm erwiesene Unterstützung. Seine »Außenpolitik« stimmte er, nicht nur in bezug auf Lateinamerika, mit den USA ab, und überall förderte er deren Interessen, ob in Europa oder in Übersee. Als erster Papst überhaupt besuchte er gleich 1979 das Weiße Haus […]. Als 1982 die US-Bischöfe ein Dokument gegen die atomare Strategie und für den Verzicht von Erstschlagwaffen vorbereiteten, intervenierte der ehemalige CIA-Vizechef Vernon Walters, seines Zeichens zugleich ›Souveräner Malteser-Ritter‹, beim Papst, der sofort eine Abschwächung und Verwässerung des Dokuments durchsetzte.[82]

Es herrschte also eine fruchtbare Zusammenarbeit zwischen den amerikanischen Calvinisten und dem Heiligen Stuhl. Reagan nahm die diplomatischen Beziehungen zum Vatikan wieder auf, die seit den 60er Jahren des 19. Jahrhunderts unterbrochen gewesen waren. Mit dem Papst wußte er sich einig darin, daß Länder der Dritten Welt keine Entwicklungshilfe erhalten sollten, falls sie die Abtreibung legalisierten. Aber insbesondere beim Kreuzzug gegen den Kommunismus – oder was sie als solchen ausgaben – harmonierten die beiden. Das nach Westen driftende katholische Polen forcierte den Zerfallsprozeß des Ostblocks, für den Gorbatschow mit seiner dämlichen Parole vom »eigenen Weg zum Sozialismus« grünes Licht gegeben hatte. Condoleezza Rice, Präsidenten-Beraterin unter dem ersten und Außenministerin unter dem zweiten Bush, erinnert sich in einem Interview mit dem ›Spiegel‹ (39/2010): »Wir sind im Juli 1989 nach Polen und Ungarn gereist – und es war ziemlich klar, daß der Kommunismus vor dem Kollaps stand.« Aber Wojtyla machte es sich nachträglich etwas zu einfach, als er meinte, er habe das Bäumchen nur so lange schütteln müssen, bis der Kommunismus wie eine überreife Frucht herabfiel. Ohne Pershing II und Cruise-Missiles hätte er lange schütteln und auf die göttliche Allmacht warten müssen.

Ende 1986 forderte die NATO in ihrer Brüsseler Erklärung den Warschauer Pakt zu einseitiger Abrüstung im konventionellen Bereich auf. Ein Vierteljahr zuvor, im September 1986, waren Gorbatschow und Reagan in Island zusammengetroffen, wo sie eine Vereinbarung trafen, die Henry Kissinger als »Revolution von Reykjavik« bezeichnete. In der Tat mußte die Vereinbarung für uninformierte Zeitgenossen sensationell wirken: Beide Seiten einigten sich darauf, sämtliche Mittelstreckenraketen in Europa zu beseitigen und sämtliche strategischen Waffen um die Hälfte zu reduzieren. Damit war der Warschauer Pakt im Bereich der nuklearen Mittelstreckenraketen vollständig entwaffnet, während die NATO weiterhin über ihre »Vorgelagerten Waffensysteme«, die *Forward-Based Systems*, und damit über ein bei weitem ausreichendes atomares Vernichtungs- und Erpressungspotential verfügte. Noch unter Breschnew hatte die Sowjetunion diese als »Null-Lösung« ausgegebene Mogelpackung strikt abgelehnt, nun akzeptierte sie der Kapitulant Gorbatschow mit erhobenen Händen. Das russische Huhn zuckte nur noch im Würgegriff der amerikanischen Anakonda.

Im April 1987 ging Gorbatschow in seiner Prager Rede auf die westlichen Forderungen nach konventioneller Abrüstung ein und nahm »asymmetrische Reduzierungen« vor. Auf der UNO-Vollversammlung am 7. Dezember 1988 teilte Gorbatschow einer verblüfften Welt mit, daß die Sowjetunion in den nächsten zwei Jahren ihre Streitkräfte um 500 000 Mann reduzieren, desgleichen aus der DDR, der ČSSR und Ungarn 50 000 Soldaten, 10 000 Panzer, 8500 Artilleriestücke und 800 Kampfflugzeuge abziehen würde – ohne von der NATO eine Gegenleistung zu verlangen. Die ›Frankfurter Allgemeine Zeitung‹ bemerkte am 9. Dezember 1988 verwundert, daß dies »einer Reduzierung der besten und modernsten sowjetischen Streitkräfte in Osteuropa und in den westlichen Militärbezirken Rußlands um ein Drittel« gleichkäme.[83] Mit dieser faktischen Totalentwaffnung stand dem zügigen Zerfall des Warschauer Pakts und der Sowjetunion nichts mehr im Wege.

In dem soeben erwähnten ›Spiegel‹-Interview hielt es Condoleezza Rice für nötig, zu betonen, daß Gorbatschow kein käuflicher Mensch gewesen sei.

Wahrscheinlich stimmte das sogar; er kapitulierte einfach zum Nulltarif und war damit, wie es ein Nixon ausgedrückt hätte, gratis arschgefickt. Rice steuert in diesem Interview aber auch hochinteressante Hintergrund-Informationen zur sogenannten »deutschen Wiedervereinigung« bei, die ja nichts anderes war als eine Annexion der unterlegenen DDR. Diese – wie der Duden das Fremdwort übersetzt – »gewaltsame und widerrechtliche Aneignung fremden Gebiets«, dessen Bevölkerung nicht gefragt wurde (aber großteils käuflich war: ein läppisches »Begrüßungsgeld« von 100 Mark und eine einmalige Sonderzahlung reichten als Nasenring bei vielen aus), war Verhandlungsgegenstand beim Besuch Gorbatschows im Weißen Haus. Die amerikanische Position war wie immer klar, wie Rice ausführte: »Amerika hatte eine Bedingung: Das vereinte Deutschland mußte volles NATO-Mitglied werden.« Aber würde der russische Tanzbär auch darauf eingehen? Er würde. Hier ist die erstaunliche Anekdote:

> Beim Treffen im Weißen Haus sagte er [Gorbatschow] plötzlich, daß nach der Schlußakte von Helsinki sich jedes Land seine Verbündeten selbst aussuchen könne. Kaum hatte er es gesagt, schoben wir Berater eine Notiz zu Präsident Bush. Darauf stand: Lassen Sie es ihn noch einmal sagen. Also sagte Bush – und ich zitiere aus meiner Erinnerung: »Nur um sicherzugehen, daß wir uns richtig verstehen. Sie haben gerade gesagt, daß nach der Schlußakte von Helsinki Länder selbst über ihre Allianzen bestimmen können.« Und Gorbatschow sagte wieder ja. […] Für mich ist das immer noch ein Rätsel. […] Selbst seine Berater waren perplex. […] Präsident Bush sagte schließlich den Satz in der Pressekonferenz, und Gorbatschow stand einfach daneben. […] Die Sowjets waren so durcheinander, daß sie gar nicht mehr wußten, was ihre Interessen waren.

Die fassungslosen Amerikaner hatten vielleicht zum ersten Mal »live« erlebt, zu welchem Maß an Selbstverachtung ein Opportunist, ein waschechter Sozialdemokrat, imstande ist. So mußten die Amerikaner nur noch eine Sorge tragen, die Rice ganz unironisch so benannte: »die Russen mußten stark genug sein, um ihre Rechte abtreten zu können.«

Der Zerfall der Sowjetunion setzte mit unerbittlicher Konsequenz ein. Es begann mit Schießereien in Berg-Karabach, einer armenischen (christlich-monophysitischen) Enklave im (moslemischen) Aserbeidschan, gefolgt von Pogromen in Baku, wo Dutzende, wenn nicht Hunderte von Armeniern mit Messern abgestochen, mit Knüppeln und Gummischläuchen totgeschlagen wurden. Chauvinismus und religiöser Fanatismus feiern von diesem Zeitpunkt an fröhliche Auferstehung; man denke nur an den von außen geschürten jugoslawischen Bürgerkrieg mit der abschließenden Zerstückelung des von Tito gegründeten Staats.[84] Zu eben jener Zeit, als die anti-armenischen Pogrome in Aserbeidschan wüteten, begegnete ich in Leipzig einer russischen Reisegruppe in bester Feierlaune. Wer sich unter den osteuropäischen Staatschefs nicht willig unter das NATO-Joch fügte, wurde ermordet, wie der rumänische Staatspräsident Nicolae Ceaușescu und seine Frau in einer geheimdienstlichen Nacht-und-Nebel-Aktion. Dazu gehört die Erinnerung, daß Ostdeutsche, die in einem noblen Leipziger Hotel sich lautstark und großspurig über künftige Autokäufe unterhielten – BMW oder Mercedes? –, mit Rotwein anstießen und grölten: »Das ist das Blut von Ceaușescu!« Deutschland, einig NATO-Land. Mit solchen Leuten läßt sich die Verfassung brechen und in Kriege ziehen …

Amerikanische Zeitungen titelten triumphalistisch: *The Party is over*! Das konnte heißen: »Das Fest ist vorbei«, aber auch: »Die Partei ist am Ende«. Das stimmte. Die KPdSU hatte sich aufgelöst und wurde nachträglich verboten. Niemand konnte sich nun mit auch nur der geringsten Aussicht auf militärischen Erfolg den Vereinigten Staaten widersetzen. Das imperialistische Halali auf die letzten Reste staatlicher Souveränität konnte beginnen. Das erste Opfer war der Irak – doch diese Aggression der mono-imperialistischen USA fällt bereits aus dem zeitlichen Rahmen dieses Buches.

Anmerkungen:

1 Deschner 1995, S. 364.
2 Reents, in: ›konkret‹ 5/1985, S. 40.
3 Hickel 1981, S. 289.
4 Reents, in: ›konkret‹ 5/1985, S. 40.
5 Vgl. Fuld 2012, S. 297.
6 Es sei in diesem Zusammenhang nochmals auf Tevres 2007 (2013) verwiesen.
7 Vgl. Effenberger 2011, S. 6, 34.
8 Beide Zitate in: Neuberger 1982, S. 116, 106 f.
9 Beide Zitate in: Kade 1981, S. 90 f.
10 Siehe Bruhn 1983, S. 196.
11 Zit. in: Neuberger 1982, S. 104.
12 Zit. in: Deschner 1995, S. 361.
13 Beide Zitate in: Kade 1981, S. 87.
14 Die folgenden Zitate in: Neuberger 1982, *passim*; Bruhn 1983, S. 138 f.
15 Koch 1982, S. 126 f.
16 Ebd., S. 127.
17 Zit. in: Bruhn 1983, S. 182.
18 Dazu ausführlich Koch 1982, S. 106–162.
19 Siehe ebd., S. 120.
20 Ebd., S. 108.
21 Ebd., S. 131.
22 Ebd., S. 132.
23 Ebd., S. 133.
24 Zit. in: Neuberger 1982, S. 178 f.
25 Zit. in: ebd., S. 81.
26 Bruhn 1983, S. 198 f.
27 Kade 1981, S. 105.
28 Engelmann 1982, S. 125 f.
29 Friedmann 2009, S. 95.
30 Koch 1982, S. 239. Zu diesem Thema siehe ebd., S. 239–268.
31 Neugebauer, in: Schuster 1995, S. 172.
32 Koch 1982, S. 250 f.
33 Ebd., S. 83.
34 Zit. in: Effenberger 2011, S. 231 Anm. 143 (Übersetzung aus dem Amerikanischen).
35 Dieses und das folgende Zitat ebd., S. 112.
36 Exemplarisch für viele: Engelmann 1982, S. 114.
37 Zit. in: Kade 1981, S. 105.
38 Zit. in: Effenberger 2011, S. 114.
39 Zit. in: ebd.
40 In: ›konkret‹ 3/1985, S. 47.
41 Effenberger 2011, S. 117.
42 Ebd., S. 118.
43 Beide Zitate in: ebd., S. 233 Anm. 180.
44 In: ›konkret‹ 3/1985, S. 46 f.
45 Fuld 2012, S. 97.
46 Z. B. im Anhang zu Jahnke 1995.
47 Priskil, in: ebd., S. 132.
48 Reents, in: ›konkret‹ 4/1986, S. 30.
49 Beide Zitate Buber-Neumann 1958, S. 279 f., 212.
50 Der vollständige Text des Appells in: Mechtersheimer 1981, Bd. 1, S. 249 f.
51 Nehring, in: Der Kalte Krieg…, S. 102.
52 Zit. in: Neuberger 1982, S. 111.
53 Dieses und die folgenden Zitate, soweit nicht anders gekennzeichnet, aus: ›Arbeiterkampf‹ vom 26.10.1981, S. 34 f.
54 Vollständiger Text der Rede in:

›Frankfurter Rundschau‹ vom
12.10.1981.

55 EFFENBERGER 2011, S. 234
Anm. 204.

56 US-Provokation …, S. 85.

57 Die beiden letzten Zitate in: ebd.,
S. 24 f.

58 Zit. in: ebd., S. 72.

59 Zit. in: EFFENBERGER 2011, S. 127.

60 Dazu grundlegend HOEVELS 1983a
im letzten Kapitel (S. 269 ff.).

61 BLUM 2008, S. 450. Die folgenden
Ausführungen basieren auf ebd.,
S. 450–463.

62 Ebd., S. 461.

63 Zit. in: NEUBERGER 1982, S. 67.

64 Zit. in: BLUM 2008, S. 453.

65 Ebd., S. 457.

66 Ebd., S. 454.

67 Zit. in: ebd., S. 460.

68 Ebd.

69 Zit. in: ›konkret‹ 1/1986, S. 41.

70 Zit. in: BLUM 2008, S. 473.

71 Ebd., S. 469.

72 Eine kritische Würdigung Ghaddafis siehe bei HOEVELS 2011/12,
S. 22–32.

73 BLUM 2008, S. 473 f.

74 Beide Zitate in: ebd., S. 470.

75 Das ganze Flugblatt in: HOEVELS
1998, S. 442 f.

76 Die Zitate in: ›konkret‹ 1/1986, S. 39.

77 Siehe PICKER 1983.

78 Das von der indirekten in die direkte Rede umgewandelte Zitat in:
EFFENBERGER 2011, S. 134.

79 Zit. in: ebd., S. 129.

80 STÖVER 2011, S. 442.

81 EFFENBERGER 2011, S. 133.

82 MYNAREK 2005, S. 35.

83 Zit. in: EFFENBERGER 2011, S. 134.

84 Dazu grundlegend DORIN 2012b.

Ausblick

ALS DIE SOWJETUNION IN DEN JAHREN 1989–1991 in ihre einzelnen Bestandteile zerfiel, brachen vierzehn Unionsrepubliken mit insgesamt ungefähr 137 Millionen Menschen aus dem sowjetischen Staatsverband: Moldawien (von dem sich wiederum das bis heute international nicht anerkannte, weil pro-russische Transnistrien abspaltete), Ukraine*, Weißrußland, Georgien, Armenien, Aserbaidschan, Kasachstan, Turkmenistan, Usbekistan, Tadschikistan, Kirgistan sowie die baltischen Kleinstaaten Lettland, Estland und Litauen. Kurzfristig figurierten diese Trümmerteile als GUS – »Gemeinschaft Unabhängiger Staaten« –, der jedoch eine Halbwertszeit von ein paar Monaten beschieden war. Die ehemaligen Warschauer-Pakt-Staaten wurden wortbrüchigerweise in die NATO integriert, die damit direkt an die Grenzen Rumpfrußlands heranrückte. Eine Spottkarikatur in einer amerikanischen Wochenzeitschrift zeigte zu Anfang der 90er Jahre einen verzweifelten Kartenzeichner, der gerade im Begriff war, sich aufzuhängen, weil fast jeden Tag neue Zwergstaaten mit neuen Grenzen entstanden: das war die Zeit der Zerschlagung Jugoslawiens, der Sezessionskriege im Kaukasus, der Spannungen zwischen Armenien und Aserbaidschan, der unter Schießereien erfolgenden Mikro-Sezessionen in Georgien (Ossetien und Abchasien) usw. usf. Man hörte plötzlich Völker- und Ländernamen, von deren Existenz man zuvor nicht den blassesten Schimmer gehabt hatte. Unter dem militärischen Druck des US-Imperialismus atomisierte sich der ehemalige Gegner, dessen Leichenteile, entgegen so vieler Kriegsplanungen, nicht einmal verstrahlt waren.

---

* »In Rußland betrachtete man die Ereignisse in der Ukraine als Versuch der Vereinigten Staaten, Kiew in die NATO zu integrieren und damit die Zerschlagung Rußlands vorzubereiten. Diese Sichtweise war nicht ganz von der Hand zu weisen.« (FRIEDMAN 2009, S. 89) – Man beachte die Süffisanz, die in den beiden Worten »nicht ganz« steckt; allein daran erkennt man die geistige Verfaßtheit des Autors *in toto*.

Rumänien, unter Ceaușescu das einzige unverschuldete Land des Warschauer Pakts, beherbergt heute neben Folterzentren des amerikanischen Geheimdienstes vier riesige US-Militärbasen, die gegen Restrußland und den Mittleren Osten in Stellung gebracht wurden. Die »blühenden Landschaften« in der ehemaligen DDR lassen nach wie vor auf sich warten, dafür sind zwischen 20 und 40 Prozent der Jugendlichen arbeitslos. Die ČSSR spaltete sich in Tschechien und die Slowakei auf; Polen darf sich, als Frontstaat zu Weißrußland, etwas darauf einbilden, den USA als neue Raketenrampe zu dienen. In Ungarn geriert sich die Regierung völkisch und chauvinistisch; das dortige Mediengesetz, das die Presse unter Androhung hoher Strafen zur Regierungsloyalität verpflichtet, könnte als Modell für das restliche Europa dienen. Doch werden mit EU-Millionen einige Glanzpunkte gesetzt, die die Kapitulation erträglicher machen sollen: Riga etwa oder das rumänische Sibiu (Hermannstadt) oder das polnische Poznan (Posen) sind heute wesentlich schöner als das Gros der westdeutschen Städte, die unter gelben Müllsäcken verkommen und in deren Innenstädten sich bettelnde Obdachlose und, wie im Mittelalter, Gaukler und Musikanten tummeln. Aus Europa ist zwar nicht, wie es in den Achtzigern den Anschein hatte, Euroshima mit hundert Millionen Atombombentoten geworden. Aber Freude darüber mag sich dennoch nicht so richtig einstellen, denn unter der Militärwalze des US-Imperialismus wurde Gesamteuropa die **Nivellierung der Massenverelendung** aufoktroyiert. Die ehemals wohlhabenden Staaten Westeuropas werden durch Erpressungsmanöver wie den Bankenschwindel (durch aufgenötigte faule US-Hypotheken) oder den mittels US-gesteuerten Rating-Agenturen geführten Krieg gegen die Euro-Währung (mit dem europäischen Steuerzahler als Bürgen und Melkvieh) um gigantische Summen geplündert. Die letzten europäischen *global players*, Pharmakonzerne und Banken zum Beispiel, werden wegen Lappalien zu »Straf«zahlungen in dreistelliger Millionenhöhe genötigt. Zuletzt, d. h. vor Drucklegung dieses Buches, wurde mit der britischen Bank »Standard Chartered« das viertgrößte Geldinstitut der Welt durch *Uncle Sam* zur Brust genommen. Wegen angeblicher »Geldwäschegeschäfte« mit dem Iran hatte das »US Office of Foreign Assets Control« die britische Bank zur »Schurkenbank« deklariert und ihr eine »Buße« in Höhe von einer Milliarde Dollar angedroht. Es fruchtete nichts, daß ein führender Manager dieser Bank an seinen amerikanischen Kollegen erbost mailte: *Who the fuck do you Americans think you are?*; es nutzte auch nichts, daß die Vorsitzende der britischen Finanzaufsicht sich über die »cowboyhaften Allüren« der Erpresser aus Übersee beklagte. Der Chef der Britenbank, Peter Sands, wurde nach New York zitiert und mußte deshalb seinen Urlaub abbrechen. Er bot den Erpressern fünf Millionen Dollar an, was diese als schlechten Witz und Lachnummer abtaten. Schlußendlich mußte »Standard Chartered« 340 Millionen Dollar in die Vereinigten Staaten überweisen; das reichte für vielleicht eine Woche Besatzungskosten in Afghanistan. Die ›Süddeutsche Zeitung‹ titelte am 16. August 2012: »Der Sünder tut Buße«. So schreiben Knechte eben.

Denn eine solche Überschrift zielt auf Idioten, die sich darüber freuen, daß es eine Bank und damit ein paar »Großkopfete« und nicht sie selbst erwischt hat. Aber »Standard Chartered« ist nur *e pluribus unum*: Die systematischen Tributerpressungen und Raubzüge der US-Regierungen, die bei weitem noch nicht abgeschlossen sind, schlagen sich direkt in Massenverelendung in den geplünderten Ländern nieder: die Kürzungen der Sozialprogramme, der Renten, der Gesundheitsfürsorge, der Ausbildung, der Infrastruktur (achten Sie mal auf die steigende Anzahl der Schlaglöcher in den Straßen ihrer Stadt; Freiburg, als *green city* Vorreiter der Massenverelendung, hat bereits »Patenschaften« für einzelne Schlaglöcher ausgeschrieben, außerdem ist es die Stadt mit dem größten Bevölkerungswachstum und dem niedrigsten Einkommen in Baden-Württemberg). Man kann es auch anders ausdrücken: Je mehr Euros der gigantische Geldstaubsauger in die Vereinigten Staaten umleitet, desto mehr Zahnlücken gibt es in Europa; je mehr europäische Soldaten an den schmutzigen Kriegen der USA teilnehmen, desto mehr fällt die Lebenserwartung in deren Herkunftsländern. Sinnfälligster und zugleich widerwärtigster Ausdruck der europäischen Massenverelendung, insbesondere in den »befreiten« osteuropäischen Ländern, ist die sprunghafte Zunahme der Prostitution. Sie ist zum wichtigsten Exportartikel der besiegten und EU-annektierten Ostblockländer geworden, während der Westen sie, vom Feminismus inspiriert, zur steuerpflichtigen »Arbeit« adelt. Fügt sich hier nicht zusammen, was zusammengehört? Die entfesselte, ungehemmt agierende Gewalt, die nichts anderes heischt als Käuflichkeit und Erniedrigung? Aber es ist bitter, es ist bitter und schmerzt: Europa, einst als Ursprung der neuzeitlichen Demokratie und der originären Menschenrechte der Hoffnungsmagnet für die Menschheit, angereichert um das russische Experiment der proletarischen Selbstregierung in Räten, dem leider nur eine extrem kurze Dauer beschieden war, verkommt zu einem verelendenden Reservoir imperialistischer Mietlinge, zu einem diesmal von *white niggers* bewohnten Slum. Das ist der Lohn für die kurzsichtige und törichte, im Antikommunismus feste Nibelungentreue zur »westlichen Führungsmacht« USA und deren europäischen Quislingsregierungen. Hat sich das wirklich gelohnt?

Um diese Frage gar nicht erst zuzulassen, um die realitätsgerechte Wahrnehmung zu verbiegen und um die Neugier auf die Zeit vor dem Mono-Imperialismus, die Zeit der verfeindeten Blöcke mit relativ größerer Freiheit, zu ersticken (dies gilt vor allem für die Jugendlichen, die sich dafür angeblich nicht interessieren, in Wirklichkeit sich aber dafür nicht interessieren *sollen*; es könnten ja Kommunisten aus ihnen werden, igitt!), müssen abermals die Massenmedien, die routinierten Hirnverseucher, ihre für die Herrschaftsträger unersetzliche Arbeit verrichten. Ihre Hauptaufgabe besteht darin, das unumstößliche Faktum der uneingeschränkten, konkurrenzlosen US-Weltherrschaft zu leugnen. Sie ist ein Novum in der Weltgeschichte, denn neben dem gewiß riesigen und lange Zeit stabilen Imperium Romanum gab es die ebenbürtigen Parther und Sassaniden; Dschingis-Khans Reiterhorden scheiterten wiederholt an den ägyptischen Mameluken, und sein gigantisch zu nennendes Herrschaftsgebiet zerbröckelte, nicht zuletzt aufgrund der mangelhaften Infrastruktur, unter seinen Diadochen. Der Habsburger Karl V. regierte zwar ein Reich, »in dem die Sonne nicht unterging«, und doch biß er sich an den tapferen niederländischen Stadtbürgern die Zähne aus, und das aufstrebende England versenkte die Armada seines mißratenen Sohnes. England wiederum mochte im ausgehenden 19. Jahrhundert vier Fünftel der Welt sein eigen nennen, aber es mußte dem jüngeren, stärkeren Bruder aus Amerika den Platz abtreten, der mit Großbritannien die gesamte restliche imperialistische Konkurrenz und nach viereinhalb Jahrzehnten seinen ideologischen, politischen und militärischen Todfeind aus dem Feld schlug. Aufgrund der erdrückenden Waffenüberlegenheit, des hohen Stands der Produktivkräfte mit der damit einhergehenden Hochtechnologie, die eine Nachrichtenübermittlung »in Echtzeit« ermöglicht (von der Aufhebung des Bankgeheimnisses bis zur Erstellung sogenannter Bewegungsbilder), zeichnet sich die trübe Aussicht einer diesmal tatsächlich weltumspannenden (»globalen«) US-Herrschaft *in saecula saeculorum* ab. Ein militärischer Konkurrent, der den USA auf gleicher Augenhöhe entgegentreten könnte, ist nirgendwo in Sicht; zuletzt hat es ihn vor über 30 Jahren in Gestalt der Sowjetunion gegeben. An eine neue Völkerwanderung mit denselben Folgen wie vor 1500 Jahren mag man ebenfalls nicht glauben – es sei denn aus dem All (aber das überlassen wir lieber Hollywood). Wie man es auch dreht und wendet: Die uneingeschränkte US-Weltherrschaft wird auf unabsehbare Dauer installiert, und zwar in Form eines technisierten – daher effektiven, stabilen – Mittelalters (Diktatur der Monopole und Helotisierung der besitzlosen Massen). Nach der historischen und endgültigen Niederlage der Arbeiterbewegung gibt es kein »revolutionäres Subjekt« in

Gestalt einer aufsteigenden Klasse mehr; die Menschheit bzw. deren an Vernunft, Freiheit und Selbstbestimmung interessierter Teil ist daher gezwungen, ganz von vorne anzufangen: mit der Bildung von *nuclei*, die durch »geduldiges Aufklären« (Lenin) in die Umgebung ausstrahlen (horizontale Kommunikation), weltweite Netzwerke bilden, unter denen die nach christlichem Vorbild gegründete »Ortsgruppe Rom« – der *nucleus* in der Höhle des Löwen – die wichtigste sein wird, bis nach unzählig vielen Schritten, in einer Serie weltweit erfolgreicher Revolutionen, die Vereinigten Staaten von Amerika (oder wie sie sich dann auch immer nennen werden) isoliert und von innen sturmreif sind. Eine gigantische Aufgabe, gewiß, insbesondere durch die Notwendigkeit, die nach Milliarden zählenden Menschenmassen zu einheitlich strukturierter Kommunikation und koordiniertem Handeln zu erziehen. Scheitert dieses Vorhaben, sind andere, wirklich düstere Szenarien die zwangsläufige Alternative (das Stichwort »Osterinsel« möge hier genügen; der Leser sei aufgefordert, sein Vorstellungsvermögen entlang der Vektoren Überbevölkerung, Ressourcenknappheit und Ersetzung der Wissenschaft durch »trial & error« tätig werden zu lassen).

Genau an dieser Stelle, an der die verheerenden Konsequenzen der konkurrenzlosen Weltherrschaft mit Händen zu greifen sind und realistische Phantasien über das zukünftige Leben auf diesem Wimmelplaneten einsetzen könnten, platzen die Medien herein mit einem geschwätzigen und lärmigen Hurra-Optimismus sondergleichen. Dies sei an einem einzigen Beispiel illustriert (und der Leser sei zugleich aufgefordert, »seine« Tageszeitung auf diesen Aspekt hin kritisch zu durchmustern): einem Artikel aus der ›Badischen Zeitung‹ vom 28. April 2012 mit der Überschrift »Neues Spiel, neues Glück«. Vorauszuschicken ist, daß sich der Artikel nicht mit einem Pokerturnier, sondern mit der Weltpolitik befaßt. Die erste Assoziation, die sich einstellt, mag ungefähr lauten: »Nun, da die Sowjetunion verschwunden ist, werden die Karten neu gemischt, und jeder kann gewinnen.« Die kleinere, untergeordnete Überschrift präzisiert und »bahnt« diesen Einfall: »Weg vom Atlantik, hin zum Pazifik: Die Umwälzungen in der Weltpolitik stellen die Europäer vor gewaltige neue Herausforderungen«. Dieser Satz enthält einen wahren Sachverhalt und eine trügerische Hoffnung. Die erste Komponente besteht in der Wahrnehmung oder vielleicht nur vagen Empfindung, daß der alte, am Atlantik gelegene Kontinent seine Schuldigkeit im Kalten Krieg getan hat und nun einem marginalen Elendsdasein entgegensieht; er taugt nur noch als Lieferant von Geld und Soldaten sowie, um einen Ausdruck seines wahren Besitzers zu verwenden, als *military stronghold* beim großen Sprung nach Osten. Diese zutreffende Beobachtung wird durch die trügerische Hoffnung im zweiten Satzteil konterkariert: Wenn Europa sich beim *big game* im Mittleren und Fernen Osten richtig anstellt, kann es dabei gewinnen. Das sind die »gewaltigen Herausforderungen«, die, wenn bewältigt, ein »neues Glück« zur Folge haben sollen. Unausgesprochene Prämisse ist dabei jedoch die Leugnung des amerikanischen Mono-Imperialismus, der uneingeschränkten Weltherrschaft, die sich alles unter den Nagel reißt, und dies leistet der Artikel in seinen ersten beiden Abschnitten wie folgt:

> Eigentlich könnten sich die Europäer jetzt aufs weltpolitische Altenteil zurückziehen: Ihren Drang, sich gegenseitig zu massakrieren, haben sie gebändigt, und die Gefahr, daß Europa als Schlachtfeld für den Dritten Weltkrieg herhalten muß, ist ebenfalls abgewandt. Der Kontinent ist geeint, und die Europäer leben in Frieden, Freiheit und zumeist in relativem Wohlstand. Doch leider ist die Geschichte hier nicht zu Ende, denn die Welt muß neu geordnet werden.

Da sich die Interessen des amerikanischen Mono-Imperialismus im 21. Jahrhundert vom atlantischen zum pazifischen Raum verlagert haben – konkret geht es um die Einkreisung und Inbesitznahme Chinas –, stellt sich natürlich die Frage nach der Position Europas, das im Unterschied zum Kalten Krieg jetzt nicht mehr an vorderster Front, sondern in der hintersten Schlachtreihe steht. Nichts läge näher, als China in Ruhe zu lassen, denn es hat Europa in den letzten 2000 Jahren nichts getan (umgekehrt aber sehr wohl: die Stichworte »Opiumkriege« und »Boxeraufstand« mögen hier genügen). Auffallend ist nun, daß der naheliegende Gedanke der Neutralität und Nichteinmischung seitens Europa durch den Terminus »Altenteil« eine pejorative und leicht hämische Note erhält: Ein Greis geht in Rente – das paßt zum »Alten Kontinent« –, aber doch nicht in »Frieden, Freiheit und zumeist relativem Wohlstand« befindliche Länder! (*Nota bene*: »zumeist« und »relativ« sind Niederschlag der unleugbar eingetretenen Verelendung; sie besagen übersetzt: »nicht alle« leben »nicht ganz« im Wohlstand; Hartz-IV-Nachtigall, ick hör dir trapsen.) Kurzum: Es ist der verquast formulierte Vorwurf der Drückebergerei: Nun, wo es euch gut geht, wollt ihr euch raushalten, obwohl ihr euch doch jahrzehntelang die Schädel eingeschlagen habt! Der »Drang, sich gegenseitig zu massakrieren«, ist übrigens ebenfalls eine nachdenkenswerte Formulierung, die an den Zynismus des »Vaters der Neutronenbombe« Samuel Cohen erinnert (siehe S. 863 f.). Hier klingt dunkel und raunend etwas Biologistisches an, ein Aggressions- oder Destruktionstrieb, der im Tierreich ausschließlich im Zusammenhang mit der Territorialverteidigung, aber nie *per se*, als Konstante auftritt. Kann ein »Staatskörper«, ein künstliches Gebilde also, einen solchen »Drang« oder Trieb aufweisen? Natürlich nicht, und das weiß auch der Schreiber. Die wiederum herabsetzende Wortwahl, mit der die innerimperialistische Konkurrenz in Europa von der Mitte des 19. bis zur Mitte des 20. Jahrhunderts umschrieben wird, soll lediglich den Umstand madig machen, daß diese Kriege von *souveränen Nationalstaaten* geführt wurden, während der heutige »Friede« und das gegenwärtige Einvernehmen Europas – die im Falle Jugoslawiens auf einmal nichts mehr galten! – auf der Vasallität, der gemeinsamen Abhängigkeit aller von den Vereinigten Staaten beruhen: Vasallität hui, Souveränität pfui! Wie vage und euphemistisch ist schließlich die Andeutung gehalten, Europa müsse nicht mehr »als Schlachtfeld für den Dritten Weltkrieg herhalten«! Erkennt man in diesen schönfärberischen Worten – die ohne Nennung der USA auskommen – die entscheidenden 8oer Jahre wieder, wie sie auf den vorherigen Seiten beschrieben worden sind? Und wenn es da heißt: »die Welt muß neu geordnet werden« – wer sagt denn das? Die Welt, das Leben oder – die jeweilige US-Regierung? Insofern ist die Geschichte tatsächlich »leider nicht zu Ende« *, denn Europa ist für die zukünftigen Kriege der USA, diesmal im pazifischen Raum, gefordert.

---

* Sehr wahrscheinlich liegt hier eine Anspielung auf das immer noch populäre Buch – wenigstens nach den Ausleihquoten in den Bibliotheken zu urteilen – von FUKUYAMA (1992), ›Das Ende der Geschichte‹, vor, das seinerzeit einen veritablen »Historikerstreit« entfachte. Allein vom Titel her gesehen hat der Autor – er war stellvertretender Direktor des Planungsstabes im US-Außenministerium, mithin ein hoher Funktionsträger – ja recht: Mit dem Untergang der Sowjetunion ist die Geschichte insofern zu Ende, als es um keine »Systemfrage«, d.h. die Entscheidung zwischen zwei unterschiedlichen, auf Leben und Tod miteinander verfeindeten Gesellschaftsordnungen mehr geht (denn der Klassenkrieg ist weltweit zugunsten des Mono-Imperialismus entschieden worden), sondern – aus amerikanischer Sicht – »nur noch« um regionale Aufstandsbekämpfung, »Ordnungs-« oder »asymmetrische« Kriege in ihrem weltumspannenden Imperium, die freilich immer noch Millionen von Menschenleben kosten können. Fukuyama walzt diesen einfachen Gedanken allerdings endlos in die Länge und in die Breite aus, indem er die »liberale Demokratie« – Demokratie allein reicht wohl nicht – nach US-amerikanischem Strickmuster (also das genaue Gegenteil der Demokratie: der Monopolismus) zum »Endpunkt der ideologischen Evolution der Menschheit« erklärt (S. 11). Als Vordenker einer säkularen Teleologie befindet er sich freilich im philosophischen Nachtrab; denn so wie Hegel in der preußischen Militärmonarchie, die ihm einen Lehrstuhl verschaffte, den »Weltgeist« verwirklicht sah, erblickt der ebenfalls mit einem Lehrstuhl belohnte US-Beamte in »seinem« Staat das *non plus ultra* der staatlich-ideologischen »Evolution«. Nicht weniger abgedroschen, erkennt der Verfasser als treibende Kraft der Geschichte natürlich nicht die Klassenkämpfe, sondern – man höre – das »Streben nach Anerkennung«, das er auf griechisch, denn dann klingt es vornehmer, »Thymos« nennt. Die Stabilität der »liberalen Demokratie« beruhe nun darin, daß sie durch Verleihung unveräußerlicher Rechte

Die Leugnung der Gewalt, des Mono-Imperialismus, der konkurrenzlosen Weltherrschaft ist nur mittels Quasseln möglich, und so fährt der Autor des Artikels fort:

> Während des Kalten Krieges bestand eine bipolare Weltordnung, und nach dem Zusammenbruch der Sowjetunion genossen die USA als alleinige Supermacht einen unipolaren Moment. Aber dieser Moment ist auch schon wieder vorbei, und die zukünftige Polarität der Welt ist noch unklar. Manche sehen eine neue Bipolarität im Entstehen, diesmal mit den USA und China als Antagonisten. […] Andere glauben […], es entwickle sich eine Nicht-Polarität, […] ein Zustand der Unordnung […] Und wieder andere erkennen eine Rückkehr zu einer multipolaren Weltordnung. […] Aber es gibt auch eine optimistische Variante der Multi-Polarität: die Inter-Polarität. Hier sind die Abhängigkeiten (Interdependenzen) zwischen den Ländern so groß, daß diese gezwungen sind, zusammenzuarbeiten.

Tja, wie hätten'S die Welt denn gern: bi-, tri-, *multi-* oder *inter*polar? Die leicht erkennbare Absicht des Artikels besteht darin, eine Hirndressur dergestalt vorzunehmen, daß, wenn die Rede auf die US-Weltherrschaft kommt, reflexhaft dazwischengequäkt wird: »Sooo einfach ist das nicht, das muß man differenziiert sehen!« Halten wir der Einfachheit halber dieser Quasselflut eine originale US-Stimme aus dem Herrschaftsapparat entgegen. George Friedman, Leiter der US-amerikanischen Propagandaschmiede »Stratfor«, Verfasser zahlreicher Bücher zur sogenannten Sicherheits- und Geopolitik sowie als Berater und Kolumnenschreiber in den auflagenstärksten US-Blättern tätig, veröffentlichte unlängst ein Buch mit dem interessanten Titel ›Die nächsten hundert Jahre‹. Friedman stellt sich damit explizit in die Nachfolge des Atom-Zombies Herman Kahn, der 1976 ein Buch mit dem Titel ›The next

---

(als Gnadenakt?) die »Würde« der Bürger anerkenne. – Lieber Fukuyama, das war einmal. Wäre das von den USA der Welt übergestülpte System wirklich so unwiderstehlich attraktiv, müßte es nicht permanent Angriffskriege vom Zaun brechen. Fukuyama leugnet einfach »die Rolle der Gewalt in der Geschichte« (Friedrich Engels) und setzt an deren Stelle einen abgestandenen Idealismus, in dem sich Platon, Aristoteles, Tocqueville, Kant, Hegel *e tutti quanti* die Klinke in die Hand geben. Witzigerweise hat Fukuyamas 500 Seiten starkes Buch mit Hitlers ›Mein Kampf‹ gemeinsam, daß es Lenin nur einmal erwähnt, und dann auch noch fehlerhaft, denn er datiert dessen Analyse »Der Imperialismus als höchstes Stadium des Kapitalismus« um drei Jahre zu früh (auf 1914 statt, *recte*, 1917). Aber auf solche Kleinigkeiten kommt es offensichtlich nicht mehr an. Auch kann es den Kenner der Materie nur verwundern, daß Lenin weniger Revolutionär als vielmehr der »wahre Vater der Dependenztheorie« gewesen sein soll (S. 148). – Sachen gibt's!

200 years‹ publizierte. Friedmans Thema ist das 21. Jahrhundert; aufgrund des Niedergangs der Sowjetunion, den der Atomkriegsstratege Kahn nicht mehr als Zeitzeuge miterlebt hat, ergab sich die Notwendigkeit, die Zukunftsvisionen des Altmeisters einer Revision zu unterziehen. Folgende Sätze aus Friedmans Buch hätte Kahn sofort unterzeichnet: »Nachdem die Trümmer der europäischen Kolonialreiche und die Überreste der sowjetischen Supermacht beiseite geräumt wurden, ist nur eine dominierende Weltmacht übrig geblieben: die Vereinigten Staaten von Amerika. […] Wirtschaftlich, militärisch und politisch sind die Vereinigten Staaten die mächtigste Nation der Welt.« (S. 13) – »Wir leben heute im Amerikanischen Zeitalter. […] So wie die Franzosen und Briten zur Zeit ihrer Vorherrschaft die Welt mit ihrer Kultur definiert haben, wird nun die amerikanische Kultur, so jung und barbarisch sie ist, der Welt vorgeben, wie sie zu denken und zu leben hat. […] Die Ereignisse des 21. Jahrhunderts drehen sich um die Vereinigten Staaten. Das bedeutet nicht, daß diese notwendig gerecht und moralisch handeln werden. Und es bedeutet schon gar nicht, daß sie eine reife Zivilisation sind.« (S. 25) Wie man sieht, spricht Friedman mit dankenswerter Offenheit; wie sein Vorbild Kahn behandelt er nicht das Wünschenswerte, sondern das Gegebene mit einer saloppen Nonchalance, was seinen Ausführungen stets eine zynische Note verleiht. Friedman ist der Apologet des gewaltgeronnenen Status quo. Und so schreibt er seinen Lesern, vor allem den europäischen, aber auch afrikanischen und asiatischen, ins Stammbuch: »… wenn das 21. Jahrhundert im Jahr 2001 beginnt, dann haben sie [die Vereinigten Staaten] sich in diesem Jahrhundert ununterbrochen im Krieg befunden. Krieg ist eine zentrale amerikanische Erfahrung, und zwar in zunehmendem Maße. Er ist fester Bestandteil der amerikanischen Kultur und tief in der Geostrategie des Landes verwurzelt.« (S. 54)

Es verhält sich keineswegs so, daß Friedman lediglich Postulate vorträgt, sondern er ist – ungeachtet aller sonstigen Mängel seines Buches – dann am meisten ernst zu nehmen, wenn er seine Ausführungen mit Argumenten und Fakten untermauert. Was das ökonomische Fundament der US-Weltherrschaft anbelangt, führt Friedman aus (Stand 2008):

In den Vereinigten Staaten leben nur rund 4 Prozent der gesamten Weltbevölkerung, doch sie produzieren etwa 26 Prozent aller weltweiten Güter und Dienstleistungen: Im Jahr 2007 betrug ihr Bruttoinlandsprodukt rund 14 Billionen US-Dollar, verglichen mit dem Weltinlandsprodukt von 54 Billionen. Die zweitgrößte Volkswirtschaft der Welt ist Japan mit einem Bruttoinlandsprodukt von 4,4 Billionen US-Dollar. Die Volkswirtschaft der Vereinigten

Staaten ist größer als die nächsten vier Volkswirtschaften Japan, Deutschland, China und Großbritannien zusammengenommen. (S. 27)

Zu der ökonomischen Potenz, die – auch wenn sie leicht rückläufig sein mag – so gar nicht zu den Untergangsprophetien der letzten dreißig Jahre paßt, kommt der geostrategische Vorteil der kontinentalen Insellage. Friedman stellt ganz unprätentiös fest:

> Es gibt viele Gründe, warum die Wirtschaft der Vereinigten Staaten derart stark ist, doch der einfachste ist ihre militärische Macht. […] Die Marine der Vereinigten Staaten kontrolliert die Ozeane der gesamten Welt. Ob eine Dschunke im Südchinesischen Meer, ein Kreuzfahrtschiff in der Karibik, eine Dhau vor der afrikanischen Küste, ein Tanker im Persischen Golf – jedes Schiff wird von den Satelliten der Marine erfaßt, welche die Weiterfahrt zuläßt oder eben nicht. Die Seestreitkräfte der Vereinigten Staaten sind größer als die aller übrigen Nationen der Welt zusammengenommen. (S. 29)

Wir entsinnen uns der Analyse Trotzkis im ersten Kapitel dieses Buches, in der ein amerikanischer Staatsmann mit der drohenden Ankündigung an die Adresse der konkurrierenden imperialistischen Staaten zitiert wird, die USA würden Schlachtschiffe wie Semmeln produzieren. Neunzig Jahre später haben sich die maritimen Kapazitäten der USA um ein Vielfaches gesteigert, so daß kein Land der Welt mehr mithalten kann:

> Die Marine des Landes gibt mehr Geld für den Unterhalt eines einzigen Flugzeugträgers samt Begleitflotte im Persischen Golf aus als die meisten Länder für ihr gesamtes Verteidigungsbudget. Den Atlantik und den Pazifik kontrollieren zu wollen, ohne direkt an beide Ozeane zu grenzen, würde die wirtschaftlichen Möglichkeiten von jedem Land sprengen. (S. 41)

Dies also sind die materiellen Grundlagen der US-Weltherrschaft, die sich weder wegdiskutieren noch zerquasseln lassen; in dieser Auflistung sind allerdings noch nicht die militärische Präsenz im All, die erdrückende atomare Überlegenheit, die weltumspannenden Kommunikations- und Ausspähmöglichkeiten sowie neue Waffengenerationen wie die vollautomatisierte Drohnen-Armada enthalten. – Friedmans Prognosen werden um so hinterfragbarer, je weiter er sich in das 21. Jahrhundert vorwagt; ob die Türkei und Polen tatsächlich die regionalen Hegemonialmächte der Zukunft sein werden, wird sich erweisen (allerdings könnte es gut sein, daß sie aufgrund ihrer Frontlage zu Rumpfrußland als solche von den USA aufgebaut werden; für die Türkei ist dies seit ungefähr 15 Jahren zu beobachten und wird in ihrem 2011 einsetzenden Krieg gegen Syrien – auf US-Anregung natürlich – besonders deutlich). Friedmans Szenario für den 3. Weltkrieg gegen Ende des 21. Jahrhunderts mutet hingegen sonderbar an, um das mindeste zu sagen: Wieder ist der Aggressor Japan, wieder gibt Pearl Harbor das Vorbild ab, doch erfolgt diesmal die heimtückische Attacke mit Cyber-Waffen aus dem All, welche die USA zwar schwer beschädigt, doch abermals siegreich übersteht. Eine weitere Seltsamkeit stellt der Aufstieg Mexikos zur für die USA bedrohlichsten Macht am Ausgang des 21. Jahrhunderts dar. Die Prämisse lautet, daß aufgrund des demographischen Zuwachses die Südstaaten der USA mehrheitlich mexikanisch besiedelt sind und Sezessionsbestrebungen schließlich in einen Bürgerkrieg münden, in denen der südliche Nachbarstaat Partei für die abtrünnigen Südstaaten ergreift. Unverkennbar handelt es sich um eine Neuauflage des amerikanischen Bürgerkriegs von 1861–1865, ein amerikanischer Geschichtsmythos *reloaded*. Aber könnte es sein, daß für die beiden letzten Szenarien des Buches weniger analytische Abwägungen und wahrscheinlichkeitstheoretische Erörterungen, sondern vielmehr psychologische Motive den Ausschlag gaben? Mexiko und Japan sind jene beiden Länder, denen seitens der USA schwerwiegendes Unrecht widerfahren ist. In verschiedenen kriegerischen Auseinandersetzungen, insbesondere während der Jahre 1846–1848, mußte Mexiko rund 40 % seines Staatsgebiets an die USA abtreten. Zwei japanische Städte erlitten erstmals in der Geschichte das Martyrium eines Atommassakers, ein Verbrechen, das bis heute unredlicherweise hinter den »inkommensurablen« Völkermordverbrechen der Nazis kleingehalten und kleingeredet wird. Der Gedanke an Vergeltung für dieses Unrecht liegt nahe, und die verantwortlichen US-Politiker wissen ganz genau, wieviel Dreck sie bzw. ihre Vorgänger am Stecken haben. Könnte es nicht sein, daß Friedmans Phantasmagorie dem Nachweis dienen soll, daß Mexikaner und Japaner *tatsächlich* gefährliche Aggressoren sind, daß sie *wirklich* die Vereinigten Staaten bedrohen und diese in berechtigter Notwehr handeln – damals wie in Zukunft? Für die Mexikaner und Japaner hingegen gilt: einmal Opfer von Unrecht, immer Opfer von Unrecht (wie bei den Serben, im übrigen …).

Wie dem auch sei, Friedman ist sich sicher: »Es wird ein gefährliches Jahrhundert, vor allem für den Rest der Welt.« (S. 62) Das klingt häßlich und hat häßliche Konsequenzen für den besagten »Rest«, also rund 96 % der Weltbevölkerung. Es sollen hier keine großen strategischen Debatten angezettelt und endlosen Spekulationen Tür und Tor geöffnet werden, sondern lediglich einige aktuelle Entwicklungstendenzen aufgegriffen und weiterverfolgt werden.

Wenn eine deutsche Zeitung dieser Tage Rußland als ein »Riesenreich« bezeichnet, dann werden in suggestiver Weise falsche Vorstellungen evoziert, als wäre Rußland nach wie vor eine Bedrohung für die »freie Welt« oder ein ernstzunehmender Konkurrent für die Vereinigten Staaten, wenigstens insofern, als es diese von den schlimmsten Exzessen ihrer imperialen Politik abhalten könnte. Bevor man nun endlose Statistiken bemüht, sollte man die Logik walten lassen: Wie sollte Rußland das leisten können, woran die Sowjetunion und die mit ihr verbündeten Staaten gescheitert sind? Und wem dies nicht genügt: Spricht es nicht Bände, daß 10 % des US-amerikanischen Stromverbrauchs aus den verschrotteten sowjetischen Kernsprengköpfen stammen, die ihnen Rußland und die anderen ehemaligen Sowjetrepubliken gegen Rechnung geliefert haben? Auch Deutschland bezieht, wie 2012 kurz und fast verschämt gemeldet wurde, einen wesentlichen Teil seines Stroms aus über 100 Tonnen hochangereichertem Uran aus sowjetischen Militärbeständen. (Nebenbei: wie lächerlich gering muten im Vergleich hierzu die iranischen Bemühungen an!) Jegor Ligatschow, ein ehemaliger Sowjetbürokrat unter Gorbatschow, der die Perestroika mitverbrochen und über die Jahrzehnte seine Vorliebe für Zahlen und Statistiken bewahrt hat, führte in seinem 2011 erschienenen Buch aus, daß der Fleischkonsum im heutigen Rußland um 40 % unter dem Sowjetniveau liegt, die Lebenserwartung der Männer sich bei 55 Jahren einpendelt und die Erzeugung bestimmter landwirtschaftlicher Güter nicht einmal den Stand aus Zarenzeiten erreicht. Wer hat also, um die eingangs gestellte Frage nochmals aufzuwerfen, den Kalten Krieg gewonnen – die USA oder Rußland? Man muß wirklich Professor sein, um diese Frage schwiiierig zu finden und differenziiiert zu behandeln …

Auch China ist ein solcher Kandidat, dem die Westmedien die Qualität einer Supermacht zuschreiben. Sicher: Die amerikanische Handelsbilanz gegenüber China ist negativ, und China besitzt amerikanische Staatsanleihen im Wert von ungefähr 2 Billionen Dollar, ist also der größte Gläubiger der USA. Aber hier liegt mitnichten ein Fall von »Interpolarität« vor, wie es zuvor pseudogelahrt tönte. In Wirklichkeit befindet sich das vermeintlich »starke« China, das durch eine extreme Überbevölkerung schon genug gehandicapt ist, in einer Erpressungssituation gegenüber den USA, wie Fritz Erik Hoevels darlegt:

> Da der Löwenanteil ihres [sc. der Chinesen] Exports in die USA geht, sind
> sie von deren Gnade und Barmherzigkeit abhängig. Jederzeit können sie sie
> durch selektive Schutzzölle von ihrem Markt aussperren – die reibungslose

Fortexistenz Chinas, auf jeden Fall aber dessen so mühsam erreichter relativer Wohlstand hängt am seidenen Faden der »Meistbegünstigungsklausel« (lesen Sie einfach im Internet nach!), welche die Unterlassung solcher Zölle verspricht, und damit haben die USA einen ebenso wirksamen wie unauffälligen Erpressungshebel gegen China in der Hand. Es ist also klar, warum China kürzlich ohne jede Gegenleistung Libyen über die Klinge springen ließ, und es ist klar, warum China einen derart hohen Anteil der US-Staatsanleihen gekauft und dadurch die letzten US-Kriege erheblich mitfinanziert hat: es war die Bedingung für seine bisher so »schön« angefangene und weiterlaufende Kapitalbildung, für welche es von unserer Presse und anderen Propagandisten als so unheimlich »stark« mythisiert wird, auch wenn ein Teil dieses Kapitals, und nicht der kleinste, dafür die unsichere Form amerikanischer Staatsanleihen annehmen muß. [...]

Größter aller überlebenden Zwerge, ist China dennoch nach wie vor sehr schwach und gezwungen, jede Kröte zu schlucken, um seine Kapitalakkumulation, auf deren Basis alleine es seine Souveränität erhalten kann, nicht abreißen zu lassen.[1]

Damit ist der Grund benannt, warum Friedman das aufstrebende China als einen »Papiertiger« bezeichnen kann[2] – eine hämische Retourkutsche auf das Diktum Maos, wonach alle Reaktionäre Papiertiger seien. Startnachteile als teil- und zeitweise unter Kolonialherrschaft stehendes Entwicklungsland, Überbevölkerung und eine fatale ökonomische Abhängigkeit von den USA – es gibt schwerwiegende Faktoren, die für China negativ zu Buche schlagen und dafür sorgen, daß das Land nicht über den Status einer respektablen Regionalmacht hinausgelangen kann. Chinas relative Rückständigkeit schlägt sich natürlich auch in der Ausrüstung und Schlagkraft seiner Streitmacht nieder. Der Militärhaushalt Chinas beträgt in absoluten Zahlen ein Fünftel des US-amerikanischen (US-Politiker sagen: ein Viertel, was sie bereits als »sehr alarmierend« empfinden). Die US-amerikanischen Waffenexporte decken 30 % der weltweiten Nachfrage, die chinesischen gerade einmal 3 %. Die Waffengattungen der chinesischen Roten Armee sind mehrteils modernisierte Versionen aus den 50er Jahren, und aus der Tatsache, daß die Chinesen einen einzigen alten sowjetischen Flugzeugträger mit halbwegs zeitgemäßer Technik ausstatten – die Arbeitsdauer wird auf zehn bis fünfzehn Jahre veranschlagt –, leiten US-Politiker ab, daß China ihnen die Herrschaft über die Weltmeere streitig machen wolle.

Chinas Achillesferse besteht in seiner Blockadeanfälligkeit, da es auf den Import von Energieträgern und anderen Rohstoffen angewiesen ist. Bei unsicheren Landwegen würde eine Seeblockade für das überbevölkerte Land den sicheren Strangulierungstod bedeuten. Hält man sich vor Augen, mit welchen Riesenschritten die Einkesselung Chinas durch US-amerikanische Stützpunkte, Marinebasen und Seestreitkräfte voranschreitet, so muten die Verteidigungsbemühungen Chinas schon fast hilflos an; man kann sich des Eindrucks kaum erwehren, als wiederhole sich die Politik des *containment* und des *roll back* gegenüber der Sowjetunion in gespenstischem Gleichtakt. In Singapur unterhalten die USA einen Stützpunkt für vier Kampfschiffe, weitere Marinebasen sind auf den Philippinen vorgesehen. In Thailand wird auf dem Luftstützpunkt U-Tapao die längste Start- und Landebahn Asiens gebaut. In Australien sollen 2500 Marineinfanteristen stationiert und Perth zum Stützpunkt für Schlachtschiffe und U-Boote ausgebaut werden. Von den Militärflughäfen des Fünften Kontinents sollen künftig US-Kampfflugzeuge und Langstreckenspionagedrohnen starten. (In einer australischen Tageszeitung sah ich eine Karikatur, in der zwei Personen folgenden Dialog führten: Der eine, Zeitung lesend, sagt zum anderen: »The Americans tell us: ›Jump!‹« Darauf der andere: »How high?« – Auch Australien scheint also keine Wahl zu haben …) In Vietnam strecken die US-Militärs, wie wir gesehen haben, ihre Hände nach dem Tiefwasserhafen Cam Ranh aus, über den sie zu Zeiten des Vietnamkrieges ihren Nachschub abgewickelt hatten. Drei US-Kriegsschiffe waren bereits in den Hafen von Da Nang eingelaufen, wo die Vietnamesen mit 1400 US-Soldaten gemeinsame Übungen abhielten. Im Jahr 2011 wurde unmittelbar vor der chinesischen Küste eine Flugzeugträgergruppe um die »USS Carl Vinson« aufgestellt. Schon im Sommer des vorherigen Jahres hatte die US-Regierung die chinesische Forderung, keine Flottenmanöver im Gelben Meer abzuhalten, ignoriert und zusammen mit südkoreanischen Verbänden die seit Jahren größte kriegsnahe Übung vor der chinesischen Küste abgehalten. Die ›Washington Post‹ kündigte an, man würde »nicht davor zurückschrecken, Konfrontation mit Peking zu suchen, wenn es mit amerikanischen Interessen kollidiert.«[3] Zur atmosphärischen Abrundung nehme man die Destabilisierungsmaßnahmen in Tibet und die Unterstützung der gewaltbereiten uigurisch-moslemischen Separatistenbewegung im Nordwesten Chinas hinzu, ferner die demonstrative Unterstützung der mit einem Friedensnobelpreis geadelten burmesischen West-Kandidatin Aung San Suu Kyi. Der Kreis um China schließt sich eng und enger.

Der Ring aus Militärbasen sowie die Manöver im Süd-, Ostchinesischen und Gelben Meer lassen keinen anderen Schluß zu, als daß die Vereinigten Staaten nach dem Vorbild Ronald Reagans den Konflikt mit China anheizen, um es vor die Alternative zu stellen: Kapitulation oder Krieg. In dieselbe Richtung weisen die öffentlichen Verlautbarungen führender US-Politiker und -Militärs. In der November-Ausgabe 2011 der Zeitschrift ›Foreign Policy‹ äußert sich US-Außenministerin Hillary Clinton wie folgt: »Die Zukunft der Politik wird in Asien […] entschieden werden, und die Vereinigten Staaten werden direkt im Zentrum des Geschehens sein.« Laut derselben Politikerin ist mit der militärischen Präsenz der USA im asiatisch-pazifischen Raum »für die nächsten 60 Jahre« zu rechnen.[4] Der Kommandeur der amerikanischen Pazifikflotte Admiral Samuel Locklear hatte im Februar 2012 vor dem Senat erklärt: »Wir sind eine Großmacht in Asien. Die Chinesen und die anderen Länder der Region müssen begreifen, daß die USA bereit sind, dort ihre internationalen Interessen zu verteidigen.« Ein weiterer hochrangiger US-Offizier, dessen Flugzeugträger »George Washington« vor der chinesischen Küste kreuzt, blaffte kurz angebunden: »Diese Gewässer gehören niemandem« – außer den Vereinigten Staaten natürlich, deren Kriegsschiffe dort Präsenz zeigen. Bedarf es wirklich noch weiterer Belege, um die amerikanischen Angriffsabsichten und -vorbereitungen auf China nachzuweisen? Das müßte doch genügen. Aber wie lautet die Antwort Chinas, des »starken« Chinas, wie die Westmedien unermüdlich betonen, der vermeintlichen »Supermacht« im Wartestand? Generalmajor Jin Yinan, Direktor des Instituts für strategische Studien, erläutert in der ›Pekinger Rundschau‹ vom März 2012 die chinesische Militärdoktrin wie folgt:

> […] China hat nicht angekündigt, im Ausland Militärstützpunkte zu errichten. China braucht dies auch gar nicht, weil wir kein Interesse daran haben, ein Sprungbrett für die Interventionen in anderen Ländern zu schaffen. Es geht darum, in einer begrenzten Region die eigenen Interessen zu verwirklichen und zu schützen. Wir streben nicht nach globaler Herrschaft. Wir müssen die Abschreckungskraft unserer Armee verstärken. Denn Abschreckung heißt nicht, Krieg zu führen, sondern dem Gegner Einhalt zu gebieten, bevor er das Risiko des Kampfes auf sich nimmt. Durch so ein Gesamtkonzept wird Krieg vermieden.[5]

Wenn er doch nur recht hätte! Aber es hat den Anschein, als habe der chinesische General aus dem Untergang der Sowjetunion nichts gelernt. Betrachtet man die Asymmetrie in den Absichten, dem Ton der Verlautbarungen und den militärischen Mitteln der Akteure, dann kann man sich des Eindrucks nicht erwehren, daß China im Zeitraffer den Spuren der Sowjetunion folgt. Und die führen in den Abgrund.

Friedman hat wohl leider recht: Der »Rest« der Menschheit, d. h. deren überwiegende Mehrheit, kann sich auf einiges gefaßt machen. Die imperialistische »Neuordnung« der Landmasse zwischen östlicher Mittelmeerküste und westlicher chinesischer Grenze, deren zwangsläufige Zeugen wir gegenwärtig sind – das beständige Aufmischen dieser Region mit *low level*-Konflikten, dem Schüren »völkischer« und religiöser Spannungen, sezessionistischer Bestrebungen, gezielten Tötungen und Massenmorden aus der Luft – wird mit einer solchen Kaltschnäuzigkeit und unbekümmerten Direktheit vorgetragen, als ob es die größte Selbstverständlichkeit wäre. Dabei geht es ja weder um »Neuordnung« noch um *nation building*, wie das entsprechende amerikanische Propaganda-Versatzstück lautet, sondern um das genaue Gegenteil, das *nation destroying*, d. h. das gezielte Herbeiführen chaotischer Zustände, die die Herrschaft über diese Region nach dem Prinzip des *divide et impera* um so vieles einfacher gestaltet. Wenn also zu lesen oder zu hören ist, die USA hätten im Irak, in Afghanistan, in Libyen oder in Syrien und demnächst im Iran »versagt«, sie seien »gescheitert«, dann ist dieser grundlegende Gedanke nicht begriffen worden. Selbstverständlich geht es den Vereinigten Staaten nicht um »Demokratie-Export«, wie die Lautsprecher unablässig tönen – man würde ihnen damit gutgläubig etwas unterstellen, was sie nie im Sinn hatten –, sondern um die Effizienzsteigerung ihrer Herrschaft durch »kreatives Chaos« (Condoleezza Rice). Friedman bringt denselben Sachverhalt auf den folgenden Nenner: »… die Vereinigten Staaten verfolgen dieselbe Linie […] wie zuvor Woodrow Wilson in Versailles: Im Namen der Menschlichkeit dafür zu sorgen, daß das Chaos in Eurasien erhalten bleibt.«[6] Und das ist nicht »kritisch«, sondern zustimmend gemeint!

Man täusche sich nicht: Das bedeutet Millionen von Toten und unermeßliches Leid für die Überlebenden. Im Juni 2006 veröffentlichte der ehemalige US-Offizier Ralph Peters in der Zeitschrift ›Armed Forces Journal‹ einen Artikel mit dem sprechenden Titel: »Blutgrenzen – Wie ein besserer Mittlerer Osten aussehen würde.«[7] Blut wird fließen, wenn ein »Freies Belutschistan« von Pakistan abgespalten wird; Blut fließt bei der Destabilisierung Syriens; Blut wird fließen, wenn ein »Freies Kurdistan« aus Teilen Iraks, Irans, Syriens und vielleicht der Türkei zusammengestückelt wird; Blut fließt, wenn ein »Sunnitischer Irak« im Herzen des ehemaligen Zweistromlands geschaffen wird; Blut wird schließlich fließen, wenn auf der arabischen Halbinsel staatliche Homunculi aus der US-Retorte entstehen. Die zur Zerstückelung vorgesehenen Staaten werden als »unnatürlich« oder »künstlich« deklariert, ihre Spaltprodukte als »frei«. Wiederum gibt Friedman den Takt an, wenn er die Zerschlagung Jugoslawiens als Modell für die Umkrempelung des Nahen, Mittleren und Fernen Ostens vorführt: »Von allen Ländern im Einflußbereich der ehemaligen Sowjetunion war Jugoslawien das künstlichste Gebilde. Es handelte sich nicht um einen Nationalstaat, sondern um einen Zusammenschluß von einander feindlich gesinnten Völkern, Ethnien und Religionen. Jugoslawien war eine Erfindung der Sieger des Ersten Weltkriegs und ein Käfig, in dem die erbittertsten Feinde in ganz Europa zusammengesperrt worden waren. Theoretisch war die Idee ganz hübsch, doch Jugoslawien war ein Beinhaus versteinerter Nationen…«[8] Hier lügt der Propaganda-Zyniker: Das moderne Jugoslawien ging aus dem antifaschistischen Widerstandskampf unter Anleitung des Partisanenführers Tito hervor, nicht aus dem Gemauschel ergrauter Dickbäuche am runden Tisch (»indes die Diplomaten frech erscheinen / Kontrakte haltend in den fetten Heuchelhänden«; Arno Schmidt). Unbestreitbar herrschten Spannungen zwischen den »Ethnien«, d. h. zwischen katholischen Kroaten und orthodoxen Serben, aber da hätte wenigstens einmal das Stichwort »Jasenovac« fallen müssen.[9] Friedman lügt zweitens, wenn er unterschlägt, daß die Südslawen (»Jugoslawen«) sehr wohl ein halbes Jahrhundert lang einträchtig zusammenlebten, ungeachtet der verschiedenen »Ethnien« und religiösen Bekenntnisse; und er lügt drittens, wenn er den Zerfall als eine Art natürlichen Prozeß und nicht als das Resultat imperialistischer Aggression darstellt.[10] Lüge, Lüge und nochmals Lüge! Aber Jugoslawien ist zerschlagen, und die paar zehntausend Tote sind in den Augen der US-Führung nicht einmal *peanuts*, wenn selbst der erste US-Überfall auf den Irak mit einer Viertelmillion Toter zu den »kleineren Konflikten« gezählt wird[11] Da rechnet man bei der Aufmischung der eurasischen Landmasse mit ganz anderen Zehnerpotenzen und in ganz anderen Dimensionen! »Das eröffnet wieder einmal die Option, den Krieg, wo nötig, in die Zivilbevölkerung zu tragen. Die historischen Vorgänger Dresden, Tokio, Hiroshima und Nagasaki sind anwendbar auf die in Stufe III vorgesehene Zerstörung von Mekka und Medina.« Der hier den wohlfeilen Massenmord als ehrenwerte amerikanische Tradition und künftige Praxis preist, heißt Matthew Dooley, ist Oberstleutnant der US-Armee und tätigte diese Worte während eines von ihm geleiteten Seminars zum Thema »Perspektiven zum Islam und zum islamischen Radikalismus«. Dooley äußert sich über den Islam wie Reagan 30 Jahre zuvor über den Kommunismus: »es ist daher an der Zeit, daß die Vereinigten Staaten ihre wahren Absichten deutlich machen. Diese barbarische Ideologie darf nicht länger toleriert werden. Der Islam muß sich wandeln, oder wir werden seine Selbstzerstörung fördern«[12] – vielleicht mit Atombomben? Halten wir fest, daß der junge »US-Barbar« (Friedman) bis jetzt sich der islamischen »Barbaren« bediente, um säkulare, bürgerlich-demokratische arabische Republiken (Irak und Syrien), im Falle Afghanistans die sozialistische Volksrepublik des Präsidenten Taraki, vom Erdboden zu tilgen. Visierte Reagan ein Armageddon mit der Sowjetunion an, so der US-Offizier mit den islamischen Ländern. Wer hier von beiden aber der größere Barbar ist, der mittelalterliche religiöse Fanatiker oder der »postmoderne« puritanische Massenmörder, ist noch schwer die Frage. (Ohne die geringste Sympathie für den Islam zu hegen – zum Zeugnis möge meine Broschüre vor über 20 Jahren zur Verteidigung Salman Rushdies dienen; ich bin so sehr Anti-Islamist wie Anti-Christ –, neige ich dazu, den USA den Ehrentitel der Barbarei zuzueignen, denn der Mono-Imperialismus wird der Menschheit unabhängig von deren Konfessionszugehörigkeit länger und flächendeckender zusetzen [die Opfer der ersten Nuklearmassaker waren bekanntlich Buddhisten und Shintoisten].)

Das macht natürlich Angst, und das soll es auch. Angst macht zum einen die freimütig-kaltschnäuzige Bereitschaft zum Massenmord, andererseits aber auch die entsetzliche Diskrepanz der Mittel und Möglichkeiten von Tätern und (potentiellen) Opfern. Symptomatisch hierfür sind die sogenannten »extralegalen Hinrichtungen« mittels Drohnen, die der Weltherrscher *targeted killings* (»gezielte Tötungen«) nennt. Diese Form des Mordens erfolgt unpersönlich, anonym und unterhalb der Kriegsschwelle; sie trifft gegenwärtig in Pakistan oder Jemen Einzelpersonen wie Teilnehmer von Begräbniszügen, Hochzeitsfeiern oder Stammesversammlungen. Der US-Präsident unterschreibt die Todesliste, Angehörige der CIA oder einer Luftwaffeneinheit führen aus, und die »Aktion« wird weder bestätigt noch dementiert: sie erfolgt einfach. Auch diese Art der verdeckten, unerklärten, klandestinen Kriegführung hat ihr Akronym: TADS (*terrorist-attack-disruption strikes,* »Schläge zur Vereitelung terroristischer Angriffe«).[13] Juristische Experten sollen sich dem Vernehmen nach doch tatsächlich den Kopf zerbrechen und sich auf demselben graue Haare wachsen lassen ob der Frage, wie diese Mordaktionen mit dem Völkerrecht in Einklang gebracht werden können. Prototypen dieser neuen Waffengattung tragen so sprechende Namen wie *Predator* (Raubtier), *Avenger* (Rächer) oder *Reaper* (Sensenmann). Ihre Startbasen befinden sich u.a. in Äthiopien, auf den Seychellen und in Dschibuti. Die Flugkörper wiegen zwischen 250 Gramm – solche Mikrodrohnen werden von der deutschen Polizei zum Ausspähen von Demonstrationen und privaten Lebensgewohnheiten getestet – und 5 Tonnen, so der israelische *Heron* (Reiher), den die Bundeswehr für ihre Einsätze in Afghanistan geleast hat. Diese unbemannten

Maschinen sind relativ schnell, können in großer Höhe fliegen (15 km), führen bis zu 2 Tonnen Vernichtungsmaterial in Form von Bomben und Raketen mit sich, die sie punktgenau in ihre Ziele steuern, und sie haben ein fast unglaubliches Erkennungs- und Auflösungsvermögen: Wenn es stimmt – d. h. nicht ein zur Einschüchterung ausgestreutes Gerücht ist –, können die Sensoren des modernsten Prototyps das Nummernschild eines Autos aus 3,2 km Höhe entziffern. Dann hat das »Auge Gottes« ausgedient, denn das Auge des Herrschers der Welt ruht fortan auf Freund und Feind. »Lächeln Sie, wenn Sie in den Himmel gucken« – so lautet der Slogan des israelischen Herstellers, denn: »Irgendwer schaut immer zu.« (Eine ähnliche Drohung begegnete mir allerdings auch schon an der Zapfsäule einer Tankstelle: »Lächeln Sie, denn Sie werden gerade gefilmt.«) Der »liebe Gott«, dieser phantasierte Verfolger, kann wirklich abdanken, denn an seine Stelle ist ein *real persecutor* getreten. Orwell ist Wirklichkeit geworden, und zwar *nicht* im Ostblock.

Diese Drohnen sind die Waffen der Zukunft: billig, präzise und risikolos für den Aggressor. Und sie eignen sich sowohl für das *targeted* wie für das *crowd killing*, für den Einzel- wie für den Massenmord. Im Jahre 2002 investierte das US-Militär 550 Millionen Dollar in diesen Waffentypus, 2011 waren es bereits fünf Milliarden. Diesen Trend mit höher schlagendem Herzen aufgreifend, entwirft der Panegyriker des Mono-Imperialismus George Friedman folgendes Szenario für die Kriege der Zukunft:

> Gesteuert werden diese Flugzeuge über Satelliten, die sich über möglichen Zielen in einer geostationären Umlaufbahn befinden und die ich in der Folge »Kampfsterne« nenne. Zur Jahrhundertmitte kann eine Hyperschallrakete, die auf Hawaii abgefeuert wird, in einer halben Stunde ein Schiff vor der Küste Japans oder einen Panzer in der Mandschurei treffen. […] Die Kampfsterne nutzen hochauflösende Bilder von der Erdoberfläche und können ferngesteuerte Flugzeuge innerhalb weniger Minuten in jedes beliebige Ziel lenken. Sie sind genauso in der Lage, eine auslaufende Flotte unter Feuer zu nehmen, wie Soldaten, die Sprengsätze an einer Straße anbringen. Was sie sehen, das können sie auch beschießen. […] Die Kampfsterne können […] zwar nicht besetzen, sie können ihnen [*sc.* den feindlichen Ländern] jedoch effektiv die Luft abschnüren.[14]

Wie gesagt: keine schönen Aussichten. Der »Rest der Menschheit« kann sich warm anziehen.

Diese Mitteilungen sind deprimierend, keine Frage. Sie sind deprimierend aufgrund der schreiend asymmetrischen Kräfteverhältnisse und der faktischen Unmöglichkeit, dem Aggressor wirksam in die Hand zu fallen. Auch die tapfersten Vietkong hätten unter diesen Bedingungen keine Chance gehabt. Aber diese Mitteilungen wurden nicht getätigt, um Niedergeschlagenheit und Resignation zu verbreiten, sondern um zu verdeutlichen, daß Illusionen ein tödlicher Luxus sind, wenn man sich entschließt, den Kampf gegen diesen mono-imperialistischen Leviathan aufzunehmen. Doch klingt das nicht verrückt? *Geht das überhaupt?*

Eine Garantie gibt es natürlich nicht, hat es nie gegeben, auch nicht im Jahr 1917. Und es geht natürlich von vornherein nicht, wenn man die Maxime des von den Medien hochgejubelten Bestsellers von Jonas Jonasson, ›Der Hundertjährige, der aus dem Fenster stieg und verschwand‹, beherzigt, jenes bartwickelmaschinenalte Loblied auf die »normative Kraft des Faktischen«, nämlich der Satz: »*für alle Zeiten: Es ist, wie es ist, und es kommt, wie es kommt.*« Diese gott- und yankeegefällige Schicksalsergebenheit ist Untertanen»weisheit« pur, und sie wird ergänzt um die hohe Kunst des Kuschens, der Disziplin des Sphinktergleitens, der plattesten und plumpsten Autoritätshörigkeit, so daß es kaum mehr schwerfällt, die Begeisterung der Medien für dieses Zeitgeist-Elaborat zu verstehen: »*Richtig* war nicht unbedingt das, was richtig *war*, sondern das, was von der maßgeblichen Person *für richtig erklärt* wurde.«[15] Wer diese Ansicht teilt, wird diesen Kampf selbstverständlich nicht aufnehmen, sondern in untertanenweiser Vereinzelung in seinem Elend vor sich hinmuffeln und sein Mantra von der besten aller Welten herunterbeten. Dasselbe gilt für jene, die Angriffskriege[16] nicht als Unrecht erkennen. Solchen Leuten ist einfach nicht zu helfen. Sie zählen zum vielköpfigen Troß des Mono-Imperialismus, aber nur in den seltensten Fällen zu dessen Nutznießern.

Wer dieses Unrecht hingegen erkennt und dagegen angehen will, sieht sich schnell weiteren Schwierigkeiten gegenüber. Er sieht sich unvermittelt mit einer verhetzten und schreienden Mehrheit konfrontiert, die ihn der Kumpanei mit Tyrannen, Mördern, Despoten, Schlächtern, Massenvergewaltigern, Terroristen, Islamisten und was der Propagandasprech noch so alles an -isten und -ismen aufzubieten hat, bezichtigt. Man wird ihn johlend nötigen, nachzuweisen, daß die Angegriffenen der letzten zwei Jahrzehnte Engelchen sind, und wenn er dies nicht vermag, soll er Luftterror und Morde gutheißen. Hier tut sich tatsächlich ein Dilemma auf, denn die Angegriffenen sind nicht attraktiv in dem Sinne, daß sie ein Menschheitsinteresse, eine Menschheitshoffnung verkörpern, sondern allenfalls, mit mehr oder weniger Geschick, Intelligenz und Entschlossenheit, die Idee der nationalen Souveränität, die im Zeitalter des Mono-Imperialismus obsolet, »Feinderkennungsmerkmal« geworden ist (Saddam Hussein repräsentierte dieses Prinzip zweifelsohne am besten und eindrucksvollsten). Aber selbst wenn die Angegriffenen keine Engelchen sind – wer kann das im übrigen von sich behaupten, unter Nennung von Kriterien einschließlich der Gegenprobe an US-Präsidenten –; selbst wenn sie »nur« das Prinzip der nationalen Unabhängigkeit und Selbstbestimmung verkörpern (und das ist viel in einer Welt voller Vasallen) und ansonsten ihre Mängel haben, dann ist das noch lange kein Grund, diese Länder zu überfallen. Und selbst wenn es eine islamische Theokratie ist, so hat auch sie Anspruch auf das Völkerrecht. Die iranischen Angelegenheiten zu regeln, ist Sache der Iraner, nicht eines stärkeren Banditen. Und dieser stärkere Bandit wird gerade dann zwangsläufig zum Totschläger, wenn sein Gegenüber ein Menschheitsinteresse vertritt und artikuliert, selbst wenn es so verbogen, gefälscht, gequält defensiv und unüberzeugend ist wie im Falle der Sowjetunion. Es bedarf schlichtweg keiner Rechtfertigung, gegen das Unrecht zu kämpfen. Wohl aber hat sich derjenige zu rechtfertigen, der Unrecht begeht oder dazu aufruft.

Da der bewaffnete Widerstand gegen den Mono-Imperialismus glatter Selbstmord wäre (es sei denn, man lebt in dem angegriffenen Land; dann hat man keine andere Wahl), bleibt nur die Waffe der Aufklärung.* Auch dann ist es immer noch ein Kampf mit dem Streichholz gegen einen feuerspeienden Drachen. Wer es ernst meint, wird bald feststellen, daß es schwierig bis unmöglich ist, Räume dafür zu bekommen. Er wird feststellen, daß man ihm nicht gestattet, Plakate auf (wohlgemerkt: bezahlten!) Flächen im Stadtgebiet aufzuhängen, und daß die Zeitungen die Veranstaltungen entweder gar nicht oder mit falscher Orts- und Zeitangabe ankündigen. Wenn all diese Hürden überwunden sind, dann gilt es die Veranstaltung ruhig, aber bestimmt zu leiten und zu einem konstruktiven Ende zu bringen, gegen alle eventuell anwesenden Provokateure, Störer, Schreier und vielleicht auch Schläger, die, wenn sie die Veranstaltung schon nicht verhindern konnten (meist sind Denunziation und Verleumdung das Mittel der Wahl), sie in einem »kreativen Chaos« im Riceschen Sinne zerstören wollen.

Aber woher stammt diese tollwütige, zielsichere destruktive Energie, wenn die Kräfteverhältnisse so eindeutig und einseitig das Unrecht begünstigen? Dies liegt einerseits an einem strukturellen Mangel, der dem aktuellen Weltregiment anhaftet: Der amerikanische Weltherr schaltet und waltet mit Drohnen und vielleicht bald mit »Kampfsternen«, er führt regionale »Ordnungs-

---

* Als Modell solcher Aktivitäten seien die äußerst lehrreichen videoisierten Veranstaltungen zu Libyen und Syrien empfohlen: »Verdammter Frühling« mit Fulvio Grimaldi und »Was ist los in Syrien?« mit Serkan Koç. Beide Filme können als DVD vom Ahriman-Verlag Freiburg bezogen werden.

kriege« und erstickt lokale Aufstände. Er nimmt also die Funktion eines Weltpolizisten wahr. Militärische Besetzungen ganzer Länder bilden eher die Ausnahme, denn sie sind personal- und kostenintensiv und überdies selbst bei erdrückender Überlegenheit riskant und nicht ohne Verluste, wie die Beispiele Irak und Afghanistan zeigen. Eine Weltmacht wie die USA und ein in Vasallenabhängigkeit befindlicher Unrechtsstaat wie die BRD (das entscheidende Diagnostikum ist der Verfassungsbruch: Art. 3,3; 5; 26 ...) mögen zwar mächtig sein, aber allmächtig sind sie nicht. George Friedman, der zynische Apologet imperialer Gewalt, ist zugleich doch so intelligent, um die Schwäche eines jedweden Polizeiregimes zu erkennen und zu benennen:

> In vielerlei Hinsicht handelt es sich dabei [*sc.* der Beherrschung feindlichen Territoriums] allerdings eher um eine Polizeiaufgabe. Die Aufgabe eines Soldaten besteht in erster Linie darin, einen Feind zu töten, die Aufgabe eines Polizisten ist es jedoch, Gesetzesbrecher zu erkennen und zu verhaften. Ersteres erfordert Mut, Ausbildung und Waffen, letzteres darüber hinaus ein Verständnis der Kultur, das es überhaupt erst ermöglicht, Feinde von gesetzestreuen Bürgern zu unterscheiden. Diese Aufgabe wird nie einfacher werden und bleibt die Achillesferse jeder Großmacht.[17]

Auf genau diese Achillesferse gilt es zu zielen. Was für die Weltmacht USA in globalem Maßstab gilt, gilt *ceteris paribus* für jeden einzelnen Vasallenstaat, dessen Polizei zunehmend als Besatzungsmacht gegenüber der »eigenen« Bevölkerung auftritt. Diese Schwierigkeit, »Feinde von gesetzestreuen Bürgern«, d.h. Unangepaßte von Angepaßten zu unterscheiden, ist der entscheidende Schwachpunkt, den es geschickt auszunutzen gilt, und zwar in Gestalt der oben erwähnten *nucleus*-Bildung, die noch bestehende Rechte und jede Möglichkeit zur Artikulation, zum horizontalen Austausch nutzt. Das ist die *praktische* Seite. Sie erfordert Geschick, während die *inhaltliche* Seite anspruchsvoll ist. Denn die Herrschaft des Unrechts, das Polizeiregime, ist zweitens organisch auf die Lüge angewiesen, da es im Kern im Bruch von Vereinbarungen besteht und daher zwangsläufig auf die Verletzung von Logik und Vernunft bauen muß. *

---

* Allein im Jahr 2008 verfügte das Pentagon über ein Budget von 4,7 Milliarden Dollar und beschäftigte ein Heer von 27 000 Mitarbeitern, um die Berichterstattung der Medien manipulativ zu steuern und zu lenken. Tom Curley, Chef der Nachrichtenagentur AP (Associated Press), beklagte sich, daß der Druck der Streitkräfte auf die Berichterstattung »allmählich unerträglich« werde. »Hohe Generäle hatten gedroht, daß man ›die AP und ihn zerstören wird, wenn er und die Nachrichtenagentur weiterhin auf journalistischen Prinzipien bestehen‹.« (›junge Welt‹ vom 10.02.2009)

Die Aufklärungsarbeit besteht zum einen in der Entlarvung der Lüge, d.h. der Kritik von Ideologie, ihrer Entlarvung und damit der maximalen Verhinderung ihrer Verbreitung. Wenn der strukturelle Mangel der Gewalt also darin besteht, auf die Lüge angewiesen zu sein, dann kann die Partei der Gleichheit und Selbstbestimmung nur mit der Wahrheit gewinnen, nicht allein auf historischem und politischem Gebiet, wo, wie bei allem »Menschengemachten«, Interessenkonflikte im Vordergrund stehen, sondern in ihrer höchsten Steigerung: der Wissenschaft. Die disziplinierte Aneignung von Kenntnissen in den wichtigsten Wissensgebieten – Biologie, Physik, Astronomie, Ethologie, dann Geschichte, Ökonomie und Psychoanalyse – wird nicht nur die solideste Basis für die Aufklärungsarbeit der *nuclei*, sondern auch für den zu errichtenden Staat der Freien und Gleichen sein. Mag er auch in weiter Ferne liegen – als Antidot gegen Irrationalismus und gewaltgestützte Suggestion ist die Wissenschaft in jedem Fall unverzichtbar.

Das alte Mittelalter ist an ihr verreckt; das neue soll an ihr verrecken! Der Sieg ist alles andere als sicher, nicht einmal besonders wahrscheinlich; aber seine Unmöglichkeit ist noch lange nicht zweifelsfrei erwiesen, das menschliche Hirn ist immer noch chronisch ein potentieller Störfaktor des gewaltbasierten Unrechts. Sicher wird der Kampf schon wieder verdammt lange, aber sein Ende ist trotzdem noch offen. Hätte denn irgendein Kaiser oder Kalif des Mittelalters damit gerechnet, daß es eines Tages keine Kalifen und Kaiser mehr geben würde? Und doch sind sie im ersten Viertel des 20. Jahrhunderts endlich allesamt verschwunden. Lang gedauert hat es leider, aber ohne gezielten Kampf hielte es heute noch an.

Anmerkungen:

1. Hoevels 2011/2012, S. 20 f.
2. Friedman 2009, S. 110.
3. ›junge Welt‹ vom 5.8.2010 (Rainer Rupp).
4. Zit. in: ›junge Welt‹ vom 3.5.2012 (Jürgen Heiducoff).
5. Alle Zitate in: ebd.
6. Friedman 2009, S. 245.
7. ›junge Welt‹ vom 9.2.1012 (Knut Mellenthin).
8. Friedman, S. 46.
9. Siehe Dedijer 2011.
10. Siehe zu diesem Aspekt Flounders 1996.
11. Friedman 2009, S. 54.
12. Zit. in: ›junge Welt‹ vom 14.05.2012 (Knut Mellenthin).
13. Siehe dazu ›junge Welt‹ vom 12.06.2012 (Knut Mellenthin) und ›Der Spiegel‹ 42/2011 (Lorenz/Mittelstaedt/Schmitz).
14. Friedman 2009, S. 196 f.
15. Jonasson 2011, S. 40, 301.
16. Zur Definition siehe AVEnz, *s. v.*
17. Friedman 2009, S. 209.

Literatur

A. Geschichte

ACHCAR, Gilbert (2012): Die Araber und der Holocaust. Der arabisch-israelische Krieg der Geschichtsschreibungen, Hamburg.

ALLENDE, Andrés Pascal (2011): Die MIR, 35 Jahre, in: Bibliothek des Widerstands Bd. 11, MIR, Die revolutionäre Linke Chiles, Hamburg, S. 15–89.

ALTHAUS, Frank / SUTCLIFFE, Mark (2012): Drawing the Curtain. The Cold War in Cartoons, London.

ARCHER, Jeff (2008): The Mother of All Battles: The Endless US-Iraq War (Alternative Publishing, USA).

ATKINS, Peter W. (2000): Im Reich der Elemente. Ein Reiseführer zu den Bausteinen der Natur, Heidelberg/Berlin.

Autorenkollektiv (1987): Das internationale Geschehen 1945–1987, o. O. (DDR)

BAER, Willi / DELLWO, Karl-Heinz (2011): Die Schlacht um Chile. Der Kampf eines Volkes ohne Waffen, in: Bibliothek des Widerstands Bd. 7, Hamburg.

BAKKER SCHUT, Pieter H. (Hg.) (1987): das info. Briefe der Gefangenen aus der RAF 1973–1977, mit einem Beitrag von NGUYEN DUC THUAN: Poulo Condor oder Der Sinn des Lebens (S. 322–334), Hamburg.

BARBEN, Judith (2009): Spin doctors im Bundeshaus. Gefährdungen der direkten Demokratie durch Manipulation und Propaganda, Baden (Schweiz).

BARTSCH, Hans-Werner / BUSCHMANN, Martha / STUBY, Gerhard / WULFF, Erich (1974): Chile. Ein Schwarzbuch, Köln.

BAUMANN, Bommi / MEYER, Till (2007): Radikales Amerika. Wie die amerikanische Protestbewegung Deutschland veränderte, Berlin.

BEN, Michael (1993): Die normative Kraft des Faktischen. Zur gesellschaftlichen, wirtschaftlichen, außen- und innenpolitischen Situation der Bundesrepublik in den 60er Jahren, in: SIEPMANN et al. (Hgg.) (1993), S. 475–496.

Blum, William (2008): Zerstörung der Hoffnung. Bewaffnete Interventionen der USA und des CIA seit dem Zweiten Weltkrieg, Frankfurt/M.

Bonwetsch, Bernd (1993): Arme Sieger. Die Sowjetunion 1945–1949, in: Siepmann et al. (Hgg.) (1993), S. 145–152.

Braunbuch über Reichstagsbrand und Hitlerterror. Faksimile-Nachdruck des Originals von 1933, Frankfurt/M.

Braunbuch Kriegs- und Naziverbrecher in der Bundesrepublik. Staat, Wirtschaft, Armee, Verwaltung, Justiz, Wissenschaft, hg. vom Nationalrat der Nationalen Front des demokratischen Deutschland, Berlin (DDR) 1965.

Breaking the Silence (Hg.) (2012). Breaking the Silence. Israelische Soldaten berichten von ihrem Einsatz in den besetzten Gebieten, Berlin.

Brenner, Michael (2008): Geschichte des Zionismus, München.

Bruhn, Jürgen (1983): Schlachtfeld Europa oder Amerikas letztes Gefecht. Gewalt und Wirtschaftsimperialismus in der US-Außenpolitik seit 1840, Berlin/Bonn.

Buber-Neumann, Margarete (1958): Von Potsdam nach Moskau. Stationen eines Irrweges, Stuttgart.

Bühler, Wolf-Eckart / Kothmann, Hella (2010): Vietnam [Reiseführer], Bielefeld.

Butcher, Tim (2008): Blood River. Ins dunkle Herz des Kongo, München.

Charisius, Albrecht / Lambrecht, Rainer / Dorst, Klaus (1983): Weltgendarm USA. Der militärische Interventionismus der USA seit der Jahrhundertwende. Kurzgefaßter Überblick, Berlin (DDR).

Coulmas, Florian (2010): Hiroshima. Geschichte und Nachgeschichte, München.

Daré, Miriam (2005): Schröders Raubstaat und der Funktionswandel der Banken, in: Ketzerbriefe. Flaschenpost für unangepaßte Gedanken 125, S. 5–13, Freiburg.

Dedijer, Vladimir (⁶2011): Jasenovac – das jugoslawische Auschwitz und der Vatikan, hg. und mit einem Vorwort von Alexander Dorin, Freiburg.

Demny, Oliver (2000): Die Wut des Panthers. Die Geschichte der Black Panther Party. Schwarzer Widerstand in den USA, Münster.

Deschner, Karlheinz (2012): Mit Gott und den Faschisten. Der Vatikan im Bunde mit Mussolini, Franco, Hitler und Pavelić, Freiburg.

– (1976): Abermals krähte der Hahn. Eine Demaskierung des Christentums von den Evangelisten bis zu den Faschisten, Reinbek bei Hamburg.

– (1995): Der Moloch. Eine kritische Geschichte der USA, München.

Dien Bien Phu. Hinh anh va su kien / Pictures and Events, Ho Chi Minh-Stadt (Saigon) 2004.

Dittmar, Heinrich (1964): Der Kampf der Kathedralen. Politik, Macht und Kirchenbau im Ringen zwischen Ost und West, Düsseldorf.

Dobias, Tibor / Kozaczuk, Wladyslaw / Marcinkowski, Adam / Roschlau, Wolfgang / Schröter, Lothar (1983): NATO. Chronik – Fakten – Dokumente. Zur aggressiven Militärpolitik des Nordatlantikpakts 1949–1982, Berlin (DDR).

Dorin, Alexander / Jovanović, Zoran (²2012): Srebrenica – wie es wirklich war, hg. und mit einem Geleitwort von Peter Priskil, Freiburg.

Dorin, Alexander (²2012a): Srebrenica. Die Geschichte eines salonfähigen Rassismus, Berlin.

– (²2012b): In unseren Himmeln kreuzt der fremde Gott. Verheimlichte Fakten der Kriege in Ex-Jugoslawien (Kroatien, Bosnien und Kosovo), hg. und mit einem Vorwort von Peter Priskil, Freiburg.

Duclert, Vincent (1994): Die Dreyfus-Affäre. Militärwahn, Republikfeindschaft, Judenhaß, Berlin.

Dusik, Roland (2009): Vietnam [Reiseführer], Dormagen.

Du-Yul Song / Werning, Rainer (2012): Korea. Von der Kolonie zum geteilten Land, Wien.

Effenberger, Wolfgang (2011): Das amerikanische Jahrhundert – Teil 1. Die verborgenen Seiten des Kalten Krieges, Norderstedt.

Eliseit, Horst (1978): Korea – das zerrissene Lächeln, Berlin (BRD).

Engelmann, Bernt (1982): Weißbuch: Frieden, Köln.

Fanon, Frantz (1981): Die Verdammten dieser Erde. Mit einem Vorwort von Jean-Paul Sartre, Frankfurt/M.

Feynman, Richard P. (2004): »Sie belieben wohl zu scherzen, Mr. Feynman!« Abenteuer eines neugierigen Physikers, München.

Finkelstein, Norman G. (2001): Die Holocaust-Industrie. Wie das Leiden der Juden ausgebeutet wird, München.

Flocken, Jan von (2008): Die Pearl Harbor-Lüge, Berlin.

Flounders, Sarah (1996): Die bosnische Tragödie. Die unbekannte Rolle der USA, in: Ketzerbriefe. Flaschenpost für unangepaßte Gedanken 68, S. 14–47, Freiburg.

Freud, Sigmund (1917): Eine Schwierigkeit der Psychoanalyse, in: Gesammelte Werke (GW) Bd. 12, S. 3–12.

Friedman, George (2009): Die nächsten hundert Jahre. Die Weltordnung der Zukunft, Frankfurt/New York.

Fukuyama, Francis (1992): Das Ende der Geschichte. Wo stehen wir? München.

Fuld, Werner (2012): Das Buch der verbotenen Bücher. Universalgeschichte des Verfolgten und Verfemten von der Antike bis heute, Berlin.

Gerger, Haluk (o. J.): Der Nahe Osten im Widerstand nach 1945, die Politik der USA und der Westmächte gegen den arabischen Raum [maschinenschriftliches Manuskript].

Gipfeltreffen in Genf, DDR 1985 (nähere bibliographische Angaben sind nicht möglich, da die ersten Seiten der Broschüre zwecks Vernichtung herausgerissen sind).

Giesenfeld, Günther (1984): Land der Reisfelder. Vietnam, Laos, Kampuchea. Geschichte und Gegenwart. Mit einem Vorwort von Erich Fried, Köln.

Glasneck, Johannes (2010): Kemal Atatürk und die moderne Türkei, hg. und mit einer Einleitung von Peter Priskil, Unerwünschte Bücher zur Kirchen- und Religionsgeschichte 12, Freiburg.

Gossweiler, Kurt (1997): Wider den Revisionismus. Aufsätze, Vorträge, Briefe aus sechs Jahrzehnten, München.

GRAY, Colin S. / PAYNE, Keith (1980): »Sieg ist möglich«. Eine amerikanische Einladung zum Atomkrieg, in: Blätter für deutsche und internationale Politik 12/1980, S. 1502–1509, Köln.

GREINER, Bernd (2009): Krieg ohne Fronten. Die USA in Vietnam, Hamburg.

– (2010): Die Kuba-Krise. Die Welt an der Schwelle zum Atomkrieg, München.

– Der Preis der Angst. Die Entwicklung der »imperialen Präsidentschaft« in den USA, in: Der Kalte Krieg (2010), S. 97–100.

– und STEINHAUS, Kurt (1980): Auf dem Weg zum 3. Weltkrieg? Amerikanische Kriegspläne gegen die UdSSR. Eine Dokumentation, Köln.

GROSSHEIM, Martin (2011): Ho Chi Minh. Der geheimnisvolle Revolutionär. Leben und Legende, München.

GÜNTHER, Siegwart-Horst (1996): Uran-Geschosse: Schwergeschädigte Soldaten, mißgebildete Neugeborene, sterbende Kinder, hg. von Beate MITTMANN und Peter PRISKIL, mit Geleitworten von Tony BENN, Margarita PAPANDREOU und Freimut SEIDEL, Freiburg.

GUEVARA, Ernesto Che (1978): Episoden aus dem Revolutionskrieg, Leipzig.

– (1981a): Politische Schriften. Eine Auswahl, hg. von Horst KURNITZKY, Berlin.

– (1981b): Bolivianisches Tagebuch, München.

HAARMANN, Harald (2010): Die Indoeuropäer. Herkunft – Sprachen – Kulturen, München.

HAFFNER, Sebastian (1994): Anmerkungen zu Hitler, Frankfurt/M.

– (³2004): Geschichte eines Deutschen. Die Erinnerungen 1914–1933, München.

HALBERSTAMM, David (1965): Vietnam oder Wird der Dschungel entlaubt? Reinbek bei Hamburg.

HEYNOWSKI, Walter / SCHEUMANN, Gerhard (1968): Piloten im Pyjama, Berlin (DDR).

– (1977): Die Teufelsinsel, Berlin (DDR).

Hibakusha. Wir haben überlebt. Augenzeugen aus Hiroshima und Nagasaki berichten, München/Zürich/Wien 1986.

HICKEL, Rudolf (1981): Reagans »amerikanischer Traum« – ein Alptraum für Europa, in: Blätter für deutsche und internationale Politik 3/1981, S. 286–300, Köln.

HISTOR, Manfred (1989): Willy Brandts vergessene Opfer. Geschichte und Statistik der politisch motivierten Berufsverbote in Westdeutschland 1971–1988, mit einem Vorwort von Vladimir DEDIJER, Freiburg.

– (1990): Willys Erben. Vom Hamburger zum Rostocker Modell. Berufsverbote in der DDR, Freiburg.

HOEVELS, Fritz Erik (1983): Marxismus, Psychoanalyse, Politik. Freiburg.

– (1989): *Editorial*: Was bedeutet das späte Interesse westdeutscher Medien an unseren Fällen? In: Ketzerbriefe. Flaschenpost für unangepaßte Gedanken 14, S. 3–9, Freiburg.

– (1991): Der zweite Golfkrieg und die Sache der Aufklärung, in: Ketzerbriefe 23 (Sonderausgabe »Golfkrieg spezial«), S. 7–18, Freiburg.

– (1994): Egoismus und kollektive Selbstbestimmung – Ein wenig Grundsätzliches zu dem, was wir wirklich wollen, in: Ketzerbriefe 50, S. 5–45, Freiburg.

– (1998) (Hg.): 30 Jahre Ketzer. Der interessanteste Bohrkern aus den Sedimenten der Studentenbewegung bis ins traurige Alluvium der Pax Americana. Über 200 Analysen, Stellungnahmen und Flugblätter der MRI – Bunte Liste Freiburg – Bund gegen Anpassung (1967–1997), Freiburg.

– (2009a): Wie unrecht hatte Marx wirklich? Band I: Gesellschaft und Wirtschaft, Freiburg.

– (2009b): Was ich schon immer mal kapieren wollte: Die (gegenwärtige) Wirtschaftskrise (Aus der Welt der Ideologeme XIV), in: Ketzerbriefe 155, S. 5–17, Freiburg.

– (2010a): Moralische Implikationen des Lebens in totalitären Systemen, in: Ketzerbriefe 162, S. 5–22, Freiburg.

– (2010b): Anti-Islamismus – gibt's den? In: Ketzerbriefe 164, S. 5–21, Freiburg.

– (2011/12): Der Mythos vom starken China und den armen schwachen USA, in: Ketzerbriefe 171, S. 7–22, Freiburg.

– (2012): [Rezension:] Martin Großheim, Ho Chi Minh. Der geheimnisvolle Revolutionär – Leben und Legende, in: Ketzerbriefe 178, S. 58–72, Freiburg.

Hofschen, Heinz-Gerd / Ott, Erich / Rupp, Hans Karl (1975): SPD im Widerspruch. Zur Entwicklung und Perspektive der Sozialdemokratie im System der BRD, Köln.

Holland, Jack (2010): Misogynie. Die Geschichte des Frauenhasses, Frankfurt/M.

Horlemann, Jürgen / Gäng, Peter (2008 [1966]): Vietnam. Genesis eines Konflikts, Frankfurt/M.

Jahnke, Karl Heinz (1995): Ermordet und ausgelöscht. Zwölf deutsche Antifaschisten, mit einem Geleitwort von Karl Kielhorn und einer Nachbetrachtung von Peter Priskil, Freiburg.

Kade, Gerhard (1981): Wer bedroht uns? SS-20 oder Pershing II / Cruise-Missiles. Plädoyer für eine alternative Sicherheitspolitik, mit einem Nachwort von General a. D. Senator Nino Pasti, Köln.

Kartin, Viktor (2011): *Food stamps* und *Car dwellers* – Das US-amerikanische Modell für Europa, in: Ketzerbriefe 167, S. 26–46, Freiburg.

Keegan, John (2012): Der amerikanische Bürgerkrieg, Reinbek bei Hamburg.

Kemper, Peter (2010): Muhammad Ali, Berlin.

Kinder, Hermann / Hilgemann, Werner (1969): dtv-Atlas zur Weltgeschichte. Karten und chronologischer Abriß, 2 Bde., München.

Koch, Peter (1982): Wahnsinn Rüstung, Hamburg.

Kohnert, Birger (1993): Bewegungen gegen die atomare Bewaffnung der Bundeswehr in den Jahren 1957/58, in: Siepmann et al. (Hgg.) (1993), S. 260–275, Berlin.

Korovessis, Periklis (1981): Die Menschenwärter, Frankfurt/M.

Krell, Gert / Schmidt, Hans Joachim (1982): Der Rüstungswettlauf in Europa, Frankfurt/M. [Auszüge in: Mechtersheimer / Barth 1983, S. 30–33].

Kühnl, Reinhard (1971): Formen bürgerlicher Herrschaft. Liberalismus – Faschismus, Reinbek bei Hamburg.

Latcham, Ricardo E. (1988 [1915]): Die Kriegskunst der Araucanos. Chiles Ureinwohner gegen die Conquista, hg. und eingeleitet von Ralf Seiffert, Hamburg.

Lawrezki, Josef (1975): Salvador Allende, Berlin (DDR).

Lenin, Wladimir Iljitsch [Uljanow] (1917): Staat und Revolution. Die Lehre des Marxismus vom Staat und die Aufgaben des Proletariats in der Revolution, in: GW 25, S. 393–507.

–   (1918a): Brief an die amerikanischen Arbeiter, in: GW 28, S. 48–62.

–   (1918b): Rede über die internationale Lage, 8. November [1918], in: GW 28, S. 145–159.

–   (1919a): Außerordentliche Sitzung des Plenums des Moskauer Sowjets der Arbeiter und Rotarmistendeputierten, 3. April 1919. I: Bericht über die äußere und innere Lage der Sowjetrepublik, in: GW 29, S. 242–259.

–   (1919b): Antwort auf Fragen eines amerikanischen Journalisten, in: GW 29, S. 507–511.

–   (1920a): Antwort auf die Fragen des Korrespondenten der amerikanischen Zeitung »New York Evening Journal«, in: GW 30, S. 357–359.

–   (1920b): Ursprünglicher Entwurf der Thesen zur nationalen und kolonialen Frage (Für den Zweiten Kongreß der Kommunistischen Internationale), in: GW 31, S. 132–139.

–   (1920c): Der »linke Radikalismus«, die Kinderkrankheit im Kommunismus, in: GW 31, S. 1–106.

–   (1920d): II. Kongreß der Kommunistischen Internationale. 3: Bericht der Kommission für die nationale und koloniale Frage, 26. Juli [1920], in: GW 31, S. 228–234.

–   (1922): Über die internationale und die innere Lage der Sowjetrepublik. Rede in der Sitzung der kommunistischen Fraktion des Gesamtrussischen Verbandstages der Metallarbeiter, 6. März 1922, in: GW 33, S. 197–212.

Maiwald, Stefan / Mischler, Gerd (1999): Sexualität unter dem Hakenkreuz. Manipulation und Vernichtung der Intimsphäre im NS-Staat, Hamburg/Wien.

Marx, Karl / Engels, Friedrich (1848): Manifest der Kommunistischen Partei, in: MEW 4, S. 459–493.

Marx, Karl (1850): Die Klassenkämpfe in Frankreich 1848 bis 1850, in: MEW 7, S. 9–107.

–   (1852): Der achtzehnte Brumaire des Louis Bonaparte, in: MEW 8, S. 111–207.

McCoy, Alfred W. (2006): Foltern und foltern lassen. 50 Jahre Folterforschung und -praxis von CIA und US-Militär, Frankfurt/M.

MECHTERSHEIMER, Alfred (Hg.) (1981): Nachrüsten? Dokumente und Positionen zum NATO-Doppelbeschluß [Bd. 1], Reinbek bei Hamburg.

MECHTERSHEIMER, Alfred / BARTH, Peter (Hgg.) (1983): Den Atomkrieg führbar und gewinnbar machen? Dokumente zur Nachrüstung Bd. 2, Reinbek bei Hamburg.

MEEROPOL, Robert (2008): Als die Regierung entschied, meine Eltern umzubringen. Der Fall Rosenberg. Ein Sohn erzählt, Frankfurt/M.

MEYER-LEVINÉ, Rosa (1982): Im inneren Kreis: Erinnerungen einer Kommunistin in Deutschland von 1920–1933, hg. und eingeleitet von Hermann WEBER, Frankfurt/M.

MOESSNER–HECKNER, Ursula (1991): Pforzheim Code Yellowfin. Eine Analyse der Luftangriffe 1944–1945. Quellen und Studien zur Geschichte der Stadt Pforzheim Bd. 2, Sigmaringen.

MOHR, Oliver (2000): Hinter dem 38. Breitengrad. Mit der »Cap Anamur« in Nordkorea, Göttingen.

MÜLLER, C. (2012): Massenverstümmelung. Ein perverses Spektakel auf den Philippinen und ein Nachtrag zur W»H«O, in: Ketzerbriefe 173, S. 5–16.

MYNAREK, Hubertus (2005): Der polnische Papst. Bilanz eines Pontifikats. Unerwünschte Bücher zur Kirchen- und Religionsgeschichte Bd. 6, Freiburg.

NAGAI, Paul Takashi (1957): Die Glocken von Nagasaki, Leipzig.

NEHRING, Holger (2010): Die Angst vor der Bombe. Entspannungspolitik und Friedensbewegung, in: Der Kalte Krieg (2010), S. 101–108.

NEUBERGER, Günter (Hg.) (1982): Der Plan Euroshima. Aus Reden und Schriften von R. Reagan, A. Haig, C. Weinberger u. a., Köln.

NORTH, David (²2012): Verteidigung Leo Trotzkis, Essen.

PAGE, Tim (2002): Ein anderes Vietnam. Bilder des Krieges von der anderen Seite, hg. von Dong NIVEN und Chris RILEY, Hamburg.

PICKER, Henry (1983): Hitlers Tischgespräche im Führerhauptquartier, Wiesbaden.

PRISKIL, Peter (1983): Mit Feuer das Gelüst legen. Zur Psychoanalyse der Hexenverfolgung, in: System ubw. Zeitschrift für klassische Psychoanalyse 1/1983, S. 10–61.

–   (1998): Ein Ideologem sagt leise Servus: Die »Wohlstandsgesellschaft«, in: Ketzerbriefe 82, S. 41–45.

–   (2003): Jacques-René Hébert, »Den Papst an die Laterne, die Pfaffen in die Klapse!«, Schriften zu Kirche und Religion 1790–1794. Unerwünschte Bücher zur Kirchen- und Religionsgeschichte Bd. 4, Freiburg.

–   (2009): Knechtschaft ist teuer. Der Ausverkauf Europas durch »Cross-Border-Leasing«, in: Ketzerbriefe 152, S. 5–12.

–   (2012): »Das Undenkbare denken«. Erinnerungen an das Jahr 1977, in: Ketzerbriefe 176, S. 41–62.

REICH, Wilhelm (1972 [1933]): Massenpsychologie des Faschismus, Kopenhagen/Prag/Zürich.

REISSNER, Simone (2010): [Rezension:] Judith Barben, Spin doctors im Bundeshaus, in: Ketzerbriefe 161, S. 72–76.

ROGOWIN, Wadim S. (1998): 1937. Jahr des Terrors, Essen.

– (1999): Die Partei der Hingerichteten, Essen.

ROSENBERG, Ethel und Julius (1954): Briefe aus dem Totenhaus, Berlin (DDR).

ROTH, Jan-Martin (1974): Handel und Wandel. Zur Entstehungsgeschichte sozialdemokratischer Ostpolitik, in: SPD und Staat. Geschichte, Reformideologie, »Friedenspolitik«, hg. von Mitarbeitern der »darmstädter studentenzeitung«, S. 141–168, Berlin.

ROY, Jules (1965): Der Fall von Dien Bien Phu. Des weißen Mannes Stalingrad in Indochina, München.

SALENTINY, Fernand (1980): Santiago! Die Zerstörung Altamerikas, Frankfurt/M.

SCHAFRANEK, Hans (1990): Zwischen NKWD und Gestapo. Die Auslieferung deutscher und österreichischer Antifaschisten aus der Sowjetunion an Nazideutschland 1937–1941, Frankfurt/M.

SCHMID, Hans (2009): Psychopathen, Psychiater und Psychonauten. http://www.heise.de/tp/druck/mb/artikel/30/30803/1.html

SCHORMANN, Gerhard (1981): Hexenprozesse in Deutschland, Göttingen.

SCHÜLER, Harald / YAEKO OSONO / HEMSTEGE, Thomas (1981); Hiroshima – Nagasaki 1945 bis heute. Die Auswirkungen der ersten Atombomben, Hamburg/Freiburg.

SCHULER, Ingo (2009): Depleted Uranium. Der schleichende Tod nach den US-Bomben, in: Ketzerbriefe 154 (Sonderheft Kritische Medizin XVI), S. 5–43.

SCHWEIZER, Tanja (2008): Männliche Genitalverstümmelung von W»H«O empfohlen, in: Ketzerbriefe 144 (Sonderheft Kritische Medizin XV), S. 5–23.

SCOVILLE jr., Herbert (1979): Neue Waffen rücken die atomare Katastrophe näher, in: Blätter für deutsche und internationale Politik 2/79, S. 156–164.

SIEPMANN, Eckhard / LUSK, Irene / HOLTFRETER, Jürgen / SCHMIDT, Maruta / DIETZ, Gabriele (Hgg.) (1993): Heiß und kalt. Die Jahre 1945–69, Berlin.

SMITH, Howard K. (1982): Feind schreibt mit. Ein amerikanischer Korrespondent erlebt Nazi-Deutschland, Berlin.

SNOW, Edgar (1986 [1938]): Roter Stern über China. Mao Tse-tung und die chinesische Revolution, Frankfurt/M.

STEINBACH, Kerstin (2004): Es gab einmal eine bessere Zeit … 1965–1975. Die verhaßten Bilder und ihre verdrängte Botschaft, Freiburg.

– (2007): EU verschärft auf US-Befehl das Sexualstrafrecht – Michael Jackson, Anand Jon, Marco Weiss, Genarlow Wilson … und kein Ende mit der »Kinderschänderei«, in: Ketzerbriefe 142, S. 19–38.

– (2009): In memoriam Kurt Demmler – »Kinderschänder« oder ein weiteres Opfer des modernen Hexenwahns?, in: Ketzerbriefe 153, S. 5–13.

STEINIGER, Klaus (2010): Angela Davis. Eine Frau schreibt Geschichte. Mit einem Vorwort von Angela DAVIS, Berlin.

Stengl, Anton (2011): Zur Geschichte der K-Gruppen. Marxisten-Leninisten in der BRD der Siebziger Jahre, Frankfurt/M.

Stöver, Bernd (2008): Der Kalte Krieg, München.

– (2011): Der Kalte Krieg 1947–1991. Geschichte eines radikalen Zeitalters, München.

Stulz, Percy (1975): Schlaglicht Atom. Ereignisse – Tatsachen – Zusammenhänge, Berlin (DDR).

Szczesny, Horst (1986): Schlachten des Kalten Krieges. Wege und Ziele imperialistischer Politik, Berlin (DDR).

Tevres, Jens (2003): Hände weg von Nordkorea!, in: Ketzerbriefe 115, S. 5–48 (2013 bei Ahriman als Buch mit einem aktuellen Vorwort von Fritz Erik Hoevels erschienen).

– (2007): Kurze Geschichte Afghanistans – oder: Wer war Nur Mohammed Taraki?, in: Ketzerbriefe 140.

Trepper, Leopold (1995): Die Wahrheit. Autobiographie des »Grand Chef« der Roten Kapelle, Freiburg.

Trotzki, Leo (1924): Aussichten der Weltentwicklung. Nochmals über die Voraussetzungen der proletarischen Revolution, in: Ders., Europa und Amerika. Zwei Reden, Berlin 1972 (1926), S. 9–49.

– (1926): Europa und Amerika, in: ebd., S. 50–91.

– (1973 [1927]): Die Fälschung der Geschichte der Russischen Revolution, Berlin.

USA-Provokation über Sachalin. Dokumente über Wahrheit und Lüge, Berlin (DDR) 1983.

Verfahren gegen die KPD vor dem Bundesverfassungsgericht. Teil II: Die Schlußplädoyers der Bundesregierung, hg. vom Presse- und Informationsdienst der Bundesregierung, o. J., Karlsruhe.

Viet Nam Cuoc Chien 1858–1975 / The War 1858–1975 in Viet Nam / La Guerre 1858–1975 au Viet Nam, Hanoi 2001.

Virjat, Angela (2007): Das ungeschlachtete Schwein … und warum 9/11 einen gewissen US-Hang zur Symbolik andeutet, in: Ketzerbriefe 138, S. 18–40.

Vltchek, Andre (2012): Indonesia – Archipelago of Fear, London.

Vo Nguyen Giap (2009): Dien Bien Phu, The Gioi Publishers, Vietnam.

– (2010): Unforgettable Days, The Gioi Publishers, Vietnam.

Weber, Herrmann / Dahmer, Helmut et al.: Ein Brief an den Suhrkamp Verlag, in: North (²2012), S. 333–337.

Weidauer, Walter (1983): Inferno Dresden. Über Lügen und Legenden um die Aktion »Donnerschlag«, Berlin (DDR).

Wiegand, Richard (1999): »Wer hat uns verraten …« Die Sozialdemokratie in der Novemberrevolution. Mit einem Vorwort von Fritz Erik Hoevels, Freiburg.

Wüthrich, Beverly und Andreas (2000): Unser Sohn Raoul in den Fängen der US-Justiz. Intrigen und Wahrheit, Steinhausen (Schweiz).

Zadak, Armin (2007): [Rezension:] Murat Kurnaz, Fünf Jahre meines Lebens – Ein Bericht aus Guantánamo, in: Ketzerbriefe 141, S. 69–76.

Zilkenat, Reiner (1993): Die Vollendung der Westintegration der BRD, in: Siepmann et al. (Hgg.) (1993), S. 250–258.

Zorn, Monika (Hg.) (1994): Hitlers zweimal getötete Opfer. Westdeutsche Endlösung des Antifaschismus auf dem Gebiet der DDR, mit einem Geleitwort von Gilles Perrault, Freiburg.

B. Literatur und Musik

Andersch, Alfred: Sansibar oder der letzte Grund, Frankfurt/M. 1971.

Artaud, Antonin: Surrealistische Texte, Briefe, hg. und übersetzt von Bernd Mattheus, München 1985.

Babel, Isaak: Die Reiterarmee, hg., übersetzt und kommentiert von Peter Urban, Berlin 1994.

Bentley, Eric (Hg.): Bertolt Brecht vor dem Ausschuß für un-amerikanische Tätigkeit. Repräsentantenhaus 80. Kongreß, 1. Sitzungsperiode, 20.–30. Oktober 1947. Ein historisches Dokument, New York 1963.

Berendt, Joachim-Ernst: Photo-Story des Jazz, Frankfurt/M. 1982.

Brecht, Bertolt: Leben des Galilei, GW Bd. 3, S. 1228–1345, Frankfurt/M. 1982.

– [Einigung der deutschen Hitlergegner im Exil], [Brief an Thomas Mann], GW Bd. 19, S. 478–480, Frankfurt/M. 1982.

– Briefe an einen erwachsenen Amerikaner, GW Bd. 20, S. 293–302, Frankfurt/M. 1982.

– [Notizen über Amerika], GW Bd. 20, S. 338, Frankfurt/M. 1982.

Burroughs, William S.: Naked Lunch, Frankfurt/M. 1978.

Capote, Truman: Frühstück bei Tiffany, Reinbek bei Hamburg 2006.

Conrad, Joseph: Herz der Finsternis, München 2005.

Di Prima, Diane: Memoiren eines Beatniks, Frankfurt/M. 2009.

Droege, Heinrich: Begegnung mit Arno Schmidt. Mit Bildern, Briefen, Faksimiles. Bücherei »Der Rüsselspringer« Heft 12, Assenheim 1985.

Dürrenmatt, Friedrich: Meisterdramen, Stuttgart o. J.

Dwars, Jens-Fietje: Und dennoch Hoffnung. Peter Weiss. Eine Biographie, Berlin 2007.

Entartete Kunst 1993 – Sonderausgabe der Ketzerbriefe, Flaschenpost für unangepaßte Gedanken 43 (Interviews mit Chick Corea und Gottfried Hellnwein).

Enzensberger, Hans Magnus: Gedichte. Die Entstehung eines Gedichts, Frankfurt/M. 1970.

Fried, Erich: Höre Israel, [Melzer] 2010.

Fuchs, Thomas: »Ein Mann von Welt«. Mark Twain. Eine Biographie, Berlin 2012.

Genet, Jean: 4 Stunden in Chatila, Göttingen 1983.

Gronau, Dietrich: Nâzım Hikmet, Reinbek bei Hamburg 1991.

Hesse, Eva (Hg.): Ezra Pound. Lesebuch. Dichtung und Prosa, Frankfurt/M. 1997.

Hilsenrath, Edgar: Moskauer Orgasmus. Roman, München 2010.

Hoevels, Fritz Erik: Becketts Traurigkeit, in: System ubw. Zeitschrift für klassische Psychoanalyse 2/1985, S. 94–123, Freiburg.

–   Der Film »Howl«, in: Ketzerbriefe. Flaschenpost für unangepaßte Gedanken 166, S. 70–75, Freiburg.

Hopkins, Jerry: Jim Morrison und der König der Eidechsen. Die endgültige Biographie und die großen Interviews, München 1993.

Jerofejew, Wenedikt: Die Reise nach Petuschki. Ein Poem, München 2008.

Jonasson, Jonas: Der Hundertjährige, der aus dem Fenster stieg und verschwand. Roman, München 2011.

Kemper, Peter: Jimi Hendrix, Reinbek bei Hamburg 2009.

Kerouac, Jack: Unterwegs, Reinbek bei Hamburg 1998.

–   Mein Bruder, die See, Hamburg 2011.

Kipphardt, Heinar: In der Sache J. Robert Oppenheimer. Schauspiel, Frankfurt/M. 1971.

Koeppen, Wolfgang: Tauben im Gras. Roman, Frankfurt/M. 1980.

–   Das Treibhaus, Frankfurt/M. 1972.

–   Der Tod in Rom. Roman, Frankfurt/M. 1975.

Lippegaus, Karl: John Coltrane. Biographie, Hamburg 2011.

Mahābhārata. Indiens großes Epos. Aus dem Sanskrit übersetzt und zusammengefaßt von Biren Roy, München 1993.

Metken, Günter (Hg.): Als die Surrealisten noch recht hatten. Texte und Dokumente, Hofheim 1983.

Miles, Barry (Hg.): Allen Ginsberg, Howl / Geheul, Frankfurt/M. 2004.

–   Zappa, Frankfurt/M. 2011.

Neugebauer, Rosamunde: Der Satire wird der Prozeß gemacht – der Fall Grosz, in: Peter-Klaus Schuster, George Grosz. Berlin/New York, S. 166–174, Berlin [Ausstellungskatalog].

Occhiogrosso, Peter: Frank Zappa. I am the American Dream, München 1991.

Priskil, Peter: Zum Tod von William S. Burroughs, in: Ketzerbriefe. Flaschenpost für unangepaßte Gedanken 76, S. 5–16.

Reemtsma, Jan Philipp / Eyring, Georg (Hgg.): In Sachen Arno Schmidt../. Prozesse 1 & 2, Zürich 1988.

Sadie, Stanley / Latham, Alison (Hgg.): Das Cambridge Buch der Musik, Frankfurt/M. 1996.

Schmidt, Arno: Seelandschaft mit Pocahontas, BA I/1, S. 391–437, Zürich 1987.

–   Schwarze Spiegel, BA I/1, S. 199–260.

–   Das steinerne Herz, BA I/2, S. 7–163.

–   Die Gelehrtenrepublik, BA I/2, S. 221–349.
–   Kaff auch Mare Crisium, BA I/3, S. 7–277.
–   Eberhard Schlotter : Das Zweite Programm, Zürich 1989.
SCHRÖTER, Klaus: Thomas Mann, Reinbek bei Hamburg 2005.
Tantzteuffel: Das ist / wider den leichtfertigen / vnuerschempten Welt tantz / vnd
      sonderlich wider die Gottß zucht vnd ehrvergessene Nachttänze: Gestellet
      durch Florianum Daulen von Fürstenberg / Pfarrherrn die zeit zu Schnellewal-
      de. Franckfurt am Mayn / Anno 1569.
THOMPSON, Hunter S.: Angst und Schrecken in Las Vegas. Eine wilde Reise in das
      Herz des Amerikanischen Traumes, München 2005.
WEISS, Peter: 10 Arbeitspunkte eines Autors in der geteilten Welt, in:
      Rapporte 2, Frankfurt/M. 1971, S. 14–22.
–   Vietnam! In: ebd., S. 51–62.
–   Der Sieg, der sich selbst bedroht, in: ebd., S. 70–72.
–   Che Guevara! In: ebd., S. 82–90.
–   Notizbücher 1971–1980, 2 Bde., Frankfurt/M. 1981.
–   Die Ästhetik des Widerstands, Frankfurt/M. 1976.
–   Rekonvaleszenz, Frankfurt/M. 1991.

Namensregister

Bei Personen, die lediglich mit ihrem Nachnamen aufgeführt sind, wurde zur besseren Orientierung ihr Beruf bzw. Rang oder Funktion in Klammern hinzugefügt.

A

Abs, Hermann Josef 833
Abu-Jamal, Mumia 891 f.
Adderley, Julian »Cannonball« 659
Adenauer, Konrad 185, 200, 256, 258, 264, 266 f., 269 f., 272–278, 283, 352, 501, 508, 605, 694, 696 ff., 722, 724 f., 730, 735, 761, 773, 783, 832, 909
Adi, Yasmina 519
Adorno, Theodor W. 173, 175, 784
Agee, Philip 961
Agnew, Spiro 585
Agnoli, Johannes 657
Ahmadinedschad, Mahmud 547
Albers, Hans 187
Albright, Madelaine 451
Alexander II. (russ. Zar) 822
Ali, Muhammad (auch Cassius Clay) 332, 384, 428, 431, 701–706
Allen, Lewis 882
Allen, Richard 871
Allende, Andrés Pascal 619, 629 ff., 633 f.
Allende, Beatriz 611
Allende, Hortensia (Bussi) 602

Allende, Isabel 600, 611
Allende, Ramón 605
Allende, Salvador 73, 298, 332, 334, 344, 387, 600–629, 632 f., 636, 638, 693, 737, 958
Alman, Dave 307
Alman, Emily 307
Alvarez, Jorge Montt 602
Amin, Idi 506
Anders, Günther 196, 555
Andersch, Alfred 185 f., 693
Anderson (US-General) 359
Andreotta, Glenn 575
Andropow, Juri 895, 902
Antonioni, Michelangelo 781
Apel, Hans 915
Arafat, Jassir 332, 643
Araya, Arturo 627
Araya, Manuel 618
Archimedes 185
Ardenne, Manfred von 238
Aristophanes 714
Aristoteles 984
Artaud, Antonin 193, 679 f., 711

Psychoanalyse und Literatur

282 S., € 13,– / ISBN 978-3-89484-803-3

283 S., € 13,– / ISBN 978-3-89484-807-1

»Fritz Erik Hoevels, Psychoanalytiker der Freud'schen Schule, zeigt in seinem Buch [...], wie mit dem Werkzeug der klassischen Psychoanalyse die unbewußten Gehalte aus den literarisch gestalteten Phantasien geschält werden können. [...] interessant und durchaus überzeugend.«

WORT, BILD UND TON

Aus dem Inhalt:
Zur Psychoanalyse des Psychemärchens und des Apuleius · Die Spaltung der sinnlichen und zärtlichen Strömung in Arrabals Stück ›La bicyclette du condamné‹ · Becketts Traurigkeit · ›1984‹ – Orwells Roman im Lichte der Psychoanalyse · Eine Fetischistennovelle von O. Panizza · Das Tabu des bestimmten Artikels

Der in »Psychoanalyse und Literaturwissenschaft« gelegte Grundstock wird mit diesem Band konsequent ausgebaut.

Aus dem Inhalt:
Infantiler Sexualkonflikt und Regression in Rainer Maria Rilkes Werk · Das Grauen bei Howard Phillips Lovecraft · »Bin das furchtsamste Tier auf Erden...« – Das Selbstzeugnis eines religiösen Melancholikers (Adam Bernd)

* * *

»[...] einer der empfehlenswertesten Einführungstexte in die Psychoanalyse.«
WIENER ZEITUNG

5. erweiterte Auflage,
69 S., € 3,–
ISBN 978-3-922774-00-6
Auch auf Russisch, Italienisch,
Chinesisch und Taiwanesisch!

Bildnachweis

ALTHAUS / SUTCLIFFE 2012: 355

Aufnahmen des Verfassers: 469, 493, 530, 533, 536, 541, 582

BARTSCH et al. 1974: 635

Booklet: Echaffaud à l'ascenseur: 430

Broschüre des Kommunistischen Bundes (KB), Stammheim – Wir glauben nicht an Selbstmord: 834

Broschüre des Presse- und Informationsamts der Bundesregierung zum Verbotsverfahren gegen die KPD: 269

Bunte Liste Freiburg: 130, 131, 132, 133, 134, 135, 138, 139, 140

Catechetical Guild Educational Society of St. Paul, Minnesota, 1947: 292, 293

CD: The best of Bud Powell: 661

Cuba. La Fotografía de los Años 60, Colección Calibán 1988: 392, 397, 404

Die Neue, 23.10.1981: 934

Dien Bien Phu 2004: 489, 493, 495, 498, 499, 501, 502

dpa Picture-Alliance GmbH: 528

Getty Images: 105, 246, 249, 484, 486, 540, 580, 702

HEYNOWSKI / SCHEUMANN 1977: 513, 515

http://ecubsu.wordpress.com/category/black-history/page/2/: 441

http://flot.com/blog/historyofNVMU/derzhat-glubinu-flotskie-byli-vlberezovskiy-severod-vinsk-2009-chast-12.php: 418

http://nabiaorebia.blogspot.ch/: 580

http://tonyflood.blogspot.ch/2010/12/hard-bop-mecca-birdland-1949-1965.html: 429

http://www.murb.biz/?p=17516: 382

http://www.shotinthedark.info/wp/?cat=112: 98

http://www.youtube.com/watch?v=cOYQjegItnM: 382

junge Welt, 29.10.2011: 590

junge Welt, 15.2.2012: 443

KING, David: Roter Stern über Rußland, 2010: 35, 466

Koen Wessing / Hollandse Hoogte, LAIF: 635

LAWRETZKI 1975: 612

Los Angeles Times, 7.8.1945: 150

Frederic Mellors: 976

NAGAI 1957: 142

NORTH 2012: 49

PAGE 2002: 569

Privatarchiv: 503

Revolutionsmuseum Havanna: 390

ROSENBERG 1954: 308, 319

ROY 1965: 501

SALISBURY, Harrison E.: Bilder der russischen Revolution, 1978: 46

Son My vestige and museum, Informationsbroschüre: 576

Spiegel 12/1976: 381

Spiegel 14/1980: 967

Spiegel 17/1980: 894

Spiegel 36/1980: 967

Spiegel 39/1981: 894

Spiegel 08/1982: 894

Spiegel 24/1983: 956

Spiegel 36/1983: 923

Spiegel 46/1983: 795

STULZ 1975: 252, 298, 308

Titelblatt der Zeitung ›Arbeiterkampf‹ des Kommunistischen Bundes, 7.12.1981: 912

TWAIN, Mark: König Leopolds Selbstgespräch, Berlin (DDR) 1961: 374, 377

Viet Nam Cuoc Chien 2001: 537, 540, 542, 544, 557, 565, 566

Zepino Pictures: 531, 532

AHRIMAN-Verlag
Unser Programm ist die
Wiederkehr des Verdrängten